MW00713831

BRAVO!

SEVENTH EDITION

BRAVO!

JUDITH A. MUYSKENS
Nebraska Wesleyan University

LINDA L. HARLOW
The Ohio State University

MICHÈLE VIALET
University of Cincinnati

JEAN-FRANÇOIS BRIÈRE
State University of New York at Albany

Australia • Brazil • Japan • Korea • Mexico • Singapore • Spain • United Kingdom • United States

Bravo!, Seventh Edition
Muyskens | Harlow | Vialet | Brière

Publisher: Beth Kramer
Acquisitions Editor: Nicole Morinon
Development Editor: Florence Kilgo
Senior Content Project Manager: Esther Marshall
Assistant Editor: Kimberly Meurillon
Editorial Assistant: Timothy Deer
Senior Media Editor: Morgen Murphy
Marketing Manager: Mary Jo Prinaris
Marketing Coordinator: Janine Enos
Marketing Communication Manager: Glenn McGibbon
Senior Art Director: Linda Jurras
Senior Print Buyer: Betsy Donaghey
Permissions Editor: Sylvie Pittet
Production Service: PreMediaGlobal
Text Designer: Anne Dauchy/Hecht Design
Photo Manager: PreMediaGlobal
Cover Designer: Hecht Design
Cover Image: ©Ingrid Rasmussen/ Getty Images
Compositor: PreMediaGlobal

Library of Congress Control Number: 2010937700

ISBN-13: 978-0-495-91603-1
ISBN-10: 0-495-91603-X

Heinle
20 Channel Center Street
Boston, MA 02210
USA

Cengage Learning is a leading provider of customized learning solutions with office locations around the globe, including Singapore, the United Kingdom, Australia, Mexico, Brazil and Japan. Locate your local office at **international.cengage.com/region**

Cengage Learning products are represented in Canada by Nelson Education, Ltd.

For your course and learning solutions, visit **www.cengage.com.**

Purchase any of our products at your local college store or at our preferred online store **www.ichapters.com**.

Printed in Canada
1 2 3 4 5 6 7 13 12 11 10

Sommaire

Table des matières

RÉALISATEUR

RÉALISATEUR

RÉALISATRICE

RÉALISATEUR

EN SOMME... 417

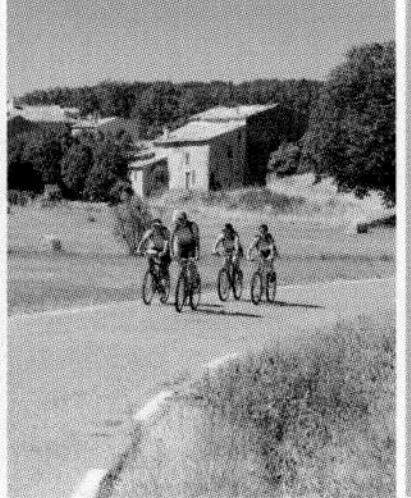

10

THÈME Les loisirs (les sports et le cinéma)

Introduction to the Seventh Edition

Introduction

The Seventh Edition of **BRAVO! Communication, Grammaire, Culture et Littérature** is an intermediate program created to provide students with the opportunity to use their language skills in a highly functional way and to bridge the gap between intermediate and upper division work. It is different from other comprehensive intermediate programs in a variety of ways. Special features include:

- organization of chapter materials around high-frequency functions of language;
- expressions, vocabulary, and grammar selected according to what is needed to carry out each organizing function of language;
- division of chapter content into three **leçons**, with built-in lesson planning and culminating activities for each **leçon;**
- contextualized activities that relate to real-life situations;
- a focus on culture (photographs, authentic documents) and ***Liens culturels*** readings develop cultural insights and provide information on the practical, everyday culture of the French-speaking world; ***Intermède culturel*** readings provide information on the culture and civilization of France and francophone countries, (e.g., historical events, art, architecture, societal institutions);
- Web-based Internet activities related to chapter functions and themes that explore contemporary culture through task-based format;
- a video program, ***Ciné Bravo*** that builds both listening comprehension and cultural competence;
- a literary reading with corresponding ***Avant*** and ***Après la lecture*** activities to develop further skills in reading comprehension and literary analysis;
- a process-oriented writing component, ***Dossier d'expression écrite,*** that enables students to expand their writing skills in an organized fashion;
- a ***Compréhension*** section in the Student Activities Manual (SAM) Audio Program consisting of authentic recordings, such as radio ads, interviews, weather and news reports that are intended to stretch students' listening skills;
- a music component at the end of each chapter to enhance listening comprehension and discussion skills through songs related to chapter themes and grammar topics by some of the most popular singers in the French and francophone world.

Philosophy and Approach

The approach used in developing **BRAVO!** originally came from a desire on the part of the authors to make intermediate-level study of French an opportunity for the learner to actively use the language rather than spend time reviewing the entire grammatical system. The following beliefs guided their writing:

- **The goal of functional use of language is aided by an organization centered around the different communicative uses to which language can be put.** Thus, functions of language, such as expressing opinions, persuading, and apologizing, are the point of departure for each chapter.

- **Language is not used in a vacuum.** The settings, social roles, and topics likely to be needed most when performing given language functions are presented and practiced to allow students to become aware of language use in different sociocultural contexts.
- **Students come to an intermediate class with widely divergent skills and knowledge of French.** Because of this, instructors often spend time in class reviewing everything, even when this goes beyond the individual needs of students. By means of the separate review grammar section ***La grammaire à réviser,*** comprised of simple grammar points that students are expected to have mastered by the end of the beginning-level courses, students will be able to review prerequisite grammar at home, spending as much time as needed. Instructors can then use class time for practicing new material. The result is a more productive, motivating experience for learners and instructors alike.
- **Exploration of the French culture, begun in most first-year books, should be continued at the intermediate level as well.** Thus, culture plays an important role in **BRAVO!** A ***Liens culturels*** section is included in each **leçon**, and every chapter concludes with an ***Intermède culturel.*** Throughout the chapters, authentic documents, paired with thought-provoking questions, illustrate various aspects of culture.
- **A distinction should be made between language for productive and receptive use.** The music selections, short films, Internet sources, and materials in the ***Compréhension*** section of the SAM Audio Program were produced for native speaker audiences. Thus, it is understood that students will not need to produce everything that they hear on the CD. Rather, the accompanying activities guide students to listen for specific purposes and, thus, give them practice in using context to extract the essential information without understanding every word.
- **A cyclical approach to language learning rather than a linear organization provides a built-in review across chapters.** In **BRAVO! Communication, Grammaire, Culture et Littérature**, Seventh Edition, important language functions, themes, and structures are recycled throughout the program.
- **Learning to write well is a process not learned overnight.** Writing multiple drafts of a paper following a step-by-step approach produces better writing skills than simply writing one product for the instructor. Thus students are directed to complete drafts of their papers at least four times during every chapter, incorporating new strategies and techniques each time.

Major Changes in the Seventh Edition

The authors collected reactions to the Sixth Edition from instructors and students who have used the book. Based on this input and on their own experience and insights, they decided to make the following changes:

- At the end of each even-numbered chapter, a video section ***(Ciné Bravo)*** offers students a chance to further practice their comprehension and listening skills. ***Ciné Bravo*** introduces a short French film and engages students in activities that help enhance their viewing experience.
- In every chapter, in ***Leçon 2,*** the chapter-opening ***Conversation*** is replaced with a ***Blog,*** including responses to the blogger's comments. This format enables students to experience the most current language, as it is used in a contemporary context, helping them to connect with authentic and current French and francophone cultural topics.

- The Seventh Edition of **BRAVO!** is accompanied by new technology offerings including the iLrn: Heinle Learning Center, the all-in-one, online language learning system and a new Premium Website, that offers a full suite of digital resources for both instructors and students.
- Several of the ***Liens culturels*** and ***Intermède culturel*** readings have been updated or replaced.
- The ***Activités musicales*** section has been expanded to include ***Pendant que vous écoutez: Compréhension*** activities, as well as listening-to-write activities that allow students to explore the cultural and social contexts in which the songs are situated, leading to additional writing opportunities. In addition, two new songs have been incorporated.
- Thirty-two Interactive Web-based Grammar Modules provide students with alternate grammar explanations and additional practice opportunities. These modules are designed to facilitate better student comprehension of difficult grammar topics.
- The chapter vocabulary has been moved to the end of each chapter for more convenience. The vocabulary has also been recorded for additional listening practice. The audio files are accessible via the iLrn Heinle Learning Center.
- Icons have been added throughout to visually direct instructors and students to pair and group activities.
- The integration of themes reflecting current French preoccupation with such topics as use of social media and attention to the environment are reflected throughout the book.
- The highly successful process-writing approach that is incorporated at the end of each **leçon** has been enhanced with the addition of post-process writing activities in which students perform real world tasks that take them out of their personal sphere.
- The National Standards for Foreign Language Learning again guided the revision of this edition.

National Standards for Foreign Language Learning

BRAVO! reflects the principles of the National Standards for Foreign Language Learning. The rich and diverse content and activities enable students to meet each of the goals of the National Standards in the following ways: Instructors who wish to read more on the National Standards for Foreign Language Learning should refer to materials published by the American Council on the Teaching of Foreign Languages. This website: http://www.actfl.org/files/public/StandardsforFLLexecsumm_rev.pdf is particularly helpful for the instructor who is new to the standards.

	Communication	Cultures	Connections	Comparisons	Communities
Conversations/ Blogs	X	X		X	
Expressions typiques pour...	X	X	X		
Mots et expressions utiles	X	X	X		
Grammaire	X	X	X	X	

	Communication	Cultures	Connections	Comparisons	Communities
Liens culturels	X	X		X	
Dossier d'expression écrite	X	X		X	
Interactions	X	X			
Activités musicales	X	X	X	X	X
Intermède culturel	X	X	X	X	X
Ciné Bravo	X	X	X	X	X

Chapter Organization

BRAVO! Communication, Grammaire, Culture et Littérature, Seventh Edition, is composed of ten chapters whose format is presented below:

List of objectives Each chapter begins with a list of specific instructional objectives—the functions of language, the grammar, the cultural topics, and the themes—for each of the three lessons in the chapter.

La grammaire à réviser Grammatical structures that students should review before beginning the chapter are presented in this section. Brief presentations of the grammar topics are given in English. Charts and examples are also used to aid students in quick review. An activity to check students' understanding is located in the margin. For students needing extra review, exercises are provided in the Student Activities Manual.

Conversation/Blog Each conversation or blog is preceded by the ***Premières impressions*** section that provides practice in skimming and scanning for information. The conversation or blog illustrates the functions, vocabulary, cultural focus, and grammatical principles within each **leçon.** The conversations and blog form a unit or story within the chapter. New vocabulary words are glossed in the margin to provide for immediate understanding of the dialogue. The ***Observation et analyse*** questions check comprehension by asking for information and inferences. In addition, the ***Réactions*** questions invite students to provide their personal thoughts on the topics discussed during the conversation or blog.

Expressions typiques pour... **and** ***Mots et expressions utiles*** The ***Expressions typiques pour...*** section contains commonly used expressions and vocabulary needed to communicate a particular speech act or function, or a group of related functions. Language for both formal and informal styles of expression is presented.

The ***Mots et expressions utiles*** section provides thematic vocabulary related to the functions and/or the chapter theme(s) that are grouped by meaning. These words are to be learned for active use. A paragraph or dialogue, called ***Mise en pratique,*** follows the vocabulary section to provide a context for use of the words. An ***Activités*** section provides practice using these expressions by asking students to create conversations in different contexts or by identifying contexts for the expressions. All formats are contextualized and communicative.

La grammaire à apprendre Grammar principles directly related to the functions appear in each **leçon.** They are presented in English to maximize understanding by the student. Examples are translated into English when necessary. The ***Activités*** to practice the grammatical concepts proceed from structured to more open-ended. They attempt to simulate natural conversation. Many of these activities are adapted from authentic texts. Small-group activities provide students with additional practice.

Liens culturels **and authentic material** Each **leçon** contains realia and a ***Liens culturels*** section, which have been chosen for their cultural significance and their relation to the function being taught. The cultural information is practical and up-to-date, providing abundant demographic information. It gives students insights about French speakers and contemporary French society. These sections are accompanied by questions to develop cultural insights or cross-cultural comparisons.

Interactions The ***Interactions*** section at the end of each **leçon** contains role play activities. These interactions are designed to promote real language use in interesting contexts. Many of these situations are comparable to those used in the ACTFL Oral Proficiency Interview for intermediate learners. These activities encourage the use of the functional expressions and vocabulary, grammar, and culture of the **leçon.**

Dossier d'expression écrite Each writing activity constitutes an additional step in the student's portfolio of personal writing. In the ***Préparation,*** students are directed to write a specific type of paper (e.g., personal narrative, description, argumentative) and are given a choice of topics relating to chapter material. A brainstorming activity involving vocabulary and sometimes arguments or points of view is then presented, along with directions to share ideas with a classmate. In the ***Premier brouillon,*** students are taken step-by-step through the process of writing a first draft. In the ***Deuxième brouillon,*** additional hints and suggestions are given for the writing of the second draft (e.g., incorporate more detail, add examples). New ***Expressions utiles*** that would make the type of paper stronger are provided for students to incorporate as they wish. The ***Révision finale*** section asks students to reread the paper, making changes to reflect still other suggestions. Students are asked to check for spelling, punctuation, and the specific grammar points studied in the chapter, and then are told to prepare their final version. A post-writing activity asks students to complete a real-world task related to the writing assignment.

Synthèse The end-of-chapter activities are combined in the ***Synthèse*** section, which, as the name implies, is provided to enable students to synthesize all functions, vocabulary, and grammatical topics introduced throughout the chapter. These listening, oral, and written tasks serve as culminating activities so that any material that may have been originally memorized will be used in a meaningful and functional way by the end of the chapter.

Intermède culturel Cultural and literary readings are found in the ***Intermède culturel*** to develop students' analytical and context skills and prepare them for upper division study. The ***Culture*** reading focuses on topics such as history, art, education, and cinema, and the ***Littérature*** reading is a poem or extract from a short story or novel. Both include pre-reading activities that prepare students to read by activating their background knowledge of the topic. In addition, the literature readings teach useful reading strategies such as skimming, scanning, predicting, using context, and understanding word formation. Post-reading activities check comprehension, encourage discussion of themes, and enable students to synthesize and apply what they have read to new contexts.

Ciné Bravo, a video section at the end of each even-numbered chapter, offers students a chance to further practice their comprehension and listening skills. ***Ciné Bravo***

introduces a short French film and engages students in activities that help enhance their viewing experience.

End Matter The following appendices and indexes are included in **BRAVO! Communication, Grammaire, Culture et Littérature**, Seventh Edition:

Appendice A: Évaluation des compositions

Appendice B: Expressions supplémentaires

Appendice C: Les temps littéraires

Appendice D: Les verbes

Lexique français-anglais

Indice A: Expressions typiques pour...

Indice B: Mots et expressions utiles

Indice C: Grammaire

Appendice A provides a list of grammar codes for students to use during peer reviewing sessions. The authors have chosen to provide supplementary expressions such as dates, months, numbers, weather expressions, seasons, and telephone expressions in ***Appendice B.*** Instructors may wish to refer students to this section or may use it actively in class at some point. Indexes of functional expressions, thematic vocabulary, and grammar conclude the main text of the **BRAVO!** program.

Other BRAVO! Components

BRAVO! is used in conjunction with several ancillary components. Together they comprise a comprehensive, integrated learning system.

- **BRAVO! Student Activities Manual (SAM)**, Seventh Edition, by Jan Solberg, Larissa Dugas, Linda Harlow, and Judith Muyskens contains the following sections for each chapter:

  —***Exercices écrits***

  —***Exercices de laboratoire***

  —***Compréhension***

Written exercises practice the ***La grammaire à réviser*** grammar and the vocabulary and grammar of the three **leçons.** There are a variety of writing opportunities coordinated with the themes and functions of the chapter. All activities are contextualized and some are based on realia.

Also available, the answers to the Student Activities Manual and the script to accompany the SAM audio portion are included in the Answer Key with Audio Script. The SAM Audio Program provides listening practice of the ***Conversations*** of each **leçon** in the student text and a review of phonetics. The sounds featured in the phonetics section are those that are most difficult for learners of French and which, therefore, require the most practice. Oral and listening practice of each of the main grammar topics of the **leçons** is provided, as well as a dictation passage to synthesize functions, vocabulary, and grammar of the chapter. The ***Compréhension*** section consists of authentic listening materials to enable students to have access to French in natural contexts. These include interviews, conversations, radio commercials, weather and news reports, and train and airport announcements.

The Text Audio provides the ***Conversations*** recordings separate from the rest of the Audio Program for convenient use in class.

Acknowledgments

The publishers and authors would again like to thank those professional friends who participated in reviewing and content creation:

Daniele Arnaud, *Miracosta College*
Jody Ballah, *University of Cincinnati — Raymond Walters College*
Diane Beckman, *North Carolina State University*
Jana Brill, *Georgetown College*
Susan Clay, *Clemson University*
Nathalie Cornelius, *Bloomsburg University of Pennsylvania*
Laura Dennis-Bay, *University of the Cumberlands*
Jean Fouchereaux, *University of Southern Maine*
Françoise Frégnac-Clave, *Washington and Lee University*
Becky Iacopetti, *Waubonsee Community College*
Michele Langford, *Pepperdine University*
Kathleen Llewellyn, *Saint Louis University*
Lora Lunt, *State University of New York — Potsdam*
Brigitte Martin, *Indiana University — Purdue University Fort Wayne*
Christine Moritz, *University of Northern Colorado*
Marcella Munson, *Florida Atlantic University*
Aparna Nayak-Guercio, *California State University — Long Beach*
Pamela Paine, *Auburn University*
Amy Ransom, *Central Michigan University*
Robert Skinner, *Oral Roberts University*
Gregg Siewert, *Truman State University*
Françoise Sullivan, *Tulsa Community College*
Steven Taylor, *Marquette University*
Deirdre Wolownick, *American River College*

BRAVO! Seventh Edition List of Supplements Freelancers

Premium Website Tutorial Quizzes: Eileen M. Angelini (Canisius College); Premium Website Cultural Web Activities: Scott Powers (The University of Mary Washington); iLrn Diagnostics: John Angell

Many other individuals deserve our thanks for their support and help. Among them are: the teachers and students at Ohio State University and the University of Cincinnati for their many suggestions.

Our special thanks also go to the Heinle staff, and in particular to Beth Kramer and Nicole Morinon. Additional thanks extend to Florence Kilgo, Esther Marshall, Kimberly Meurillon, Linda Jurras, Timothy Deer, and MJ Prinaris. Our thanks also go to the freelancers, and in particular to Sev Champeny, Kelle Truby, and to the PreMediaGlobal project manager, Nicole Zukermann.

And most of all, our deepest thanks to our spouses and family members, especially Jessica and Julian Herraghty, Joe Harlow, Paul and Suzanne Vialet and Éloïse Brière, for the encouragement and support that kept us going to the end.

France

MER DU NORD
Pays-Bas
Allemagne
Angleterre
Belgique
Luxembourg
LA MANCHE
Dunkerque
Calais
Lille
NORD-PAS-DE-CALAIS
Valenciennes
Amiens
HAUTE-NORMANDIE
PICARDIE
Cherbourg
Le Havre
Rouen
Seine
Reims
Meuse
Metz
Rhin
Caen
BASSE-NORMANDIE
Paris
Versailles
ÎLE-DE-FRANCE
CHAMPAGNE-ARDENNE
LORRAINE
ALSACE
Nancy
Strasbourg
Saint-Malo
Brest
BRETAGNE
Fougères
Rennes
Troyes
Moselle
VOSGES
Le Mans
Orléans
Seine
Mulhouse
PAYS DE LA LOIRE
Angers
Blois
Chambord
BOURGOGNE
Saône
St-Nazaire
Loire
Tours
Dijon
Besançon
Nantes
Chinon
Azay-le-Rideau
Chenonceaux
Bourges
Chalon-sur-Saône
FRANCHE-COMTÉ
Suisse
Nevers
JURA
CENTRE
Loire
Poitiers
La Rochelle
LIMOUSIN
Vichy
Clermont-Ferrand
Annecy
OCÉAN ATLANTIQUE
POITOU-CHARENTES
Limoges
Rhône
Lyon
Saint-Étienne
RHÔNE-ALPES
Italie
Périgueux
AUVERGNE
Grenoble
Bordeaux
MASSIF CENTRAL
ALPES
Rhône
PROVENCE-ALPES-CÔTE-D'AZUR
Rodez
AQUITAINE
Garonne
MIDI-PYRÉNÉES
Avignon
Monte-Carlo
Nîmes
Tarascon
Grasse
Monaco
Montpellier
Aix-en-Provence
Biarritz
Bayonne
Toulouse
Béziers
Nice
Pau
Toulon
PYRÉNÉES
Carcassonne
Narbonne
Marseille
Cannes
LANGUEDOC-ROUSSILLON
Perpignan
Espagne
Andorre
MER MÉDITERRANÉE
CORSE
Ajaccio
0
75 km

Le monde francophone

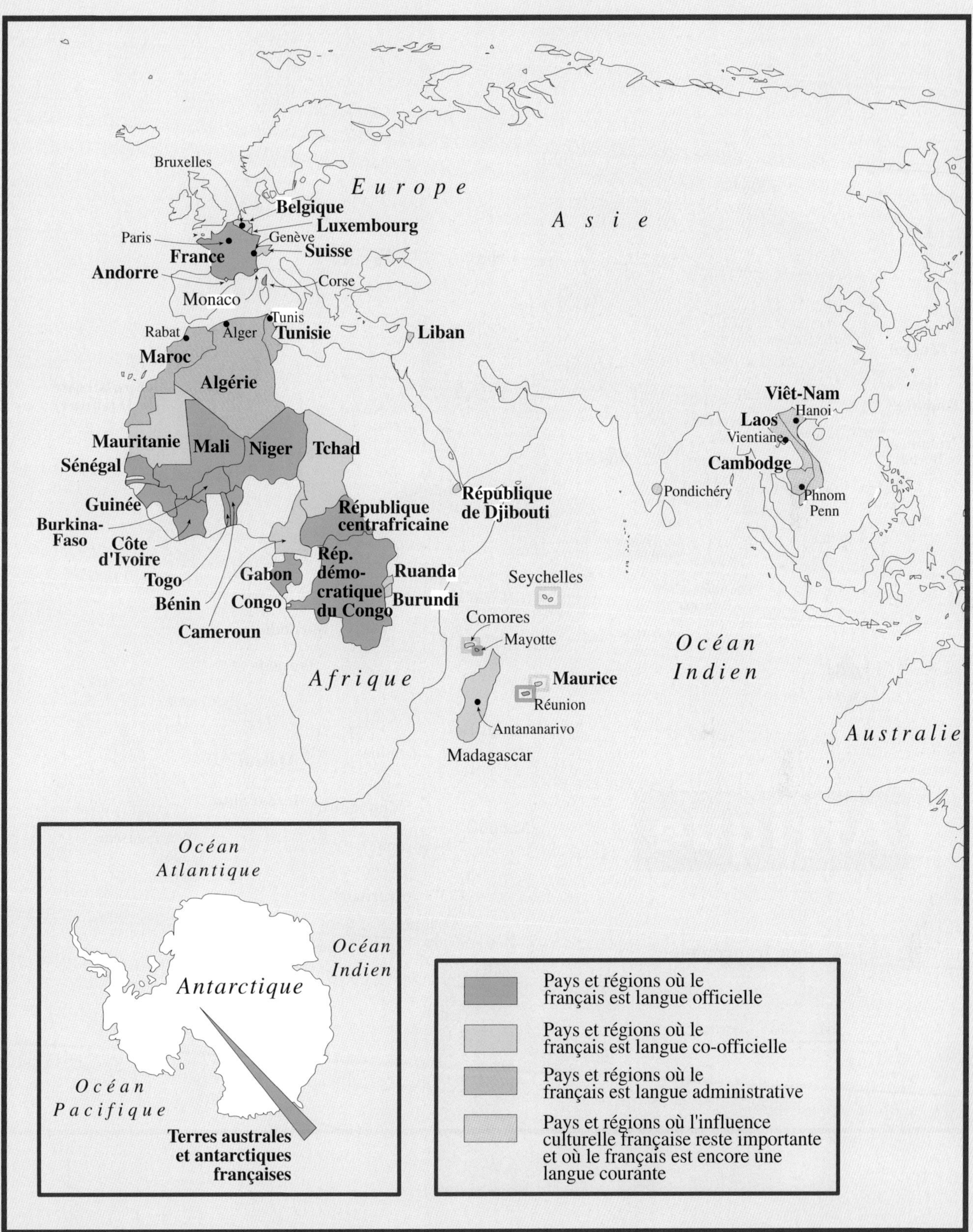
Europe
Asie
Bruxelles
Belgique
Luxembourg
Paris
Genève
Suisse
France
Andorre
Corse
Monaco
Tunis
Rabat
Alger
Tunisie
Liban
Maroc
Algérie
Mauritanie
Mali
Niger
Tchad
Sénégal
Guinée
Burkina-Faso
Côte d'Ivoire
Togo
Bénin
Cameroun
Gabon
Congo
République centrafricaine
Rép. démo-cratique du Congo
Ruanda
Burundi
République de Djibouti
Seychelles
Comores
Mayotte
Maurice
Réunion
Antananarivo
Madagascar
Afrique
Viêt-Nam
Hanoi
Laos
Vientiane
Cambodge
Phnom Penn
Pondichéry
Océan Indien
Australie
Océan Atlantique
Océan Indien
Antarctique
Océan Pacifique
Terres australes et antarctiques françaises
Pays et régions où le français est langue officielle
Pays et régions où le français est langue co-officielle
Pays et régions où le français est langue administrative
Pays et régions où l'influence culturelle française reste importante et où le français est encore une langue courante

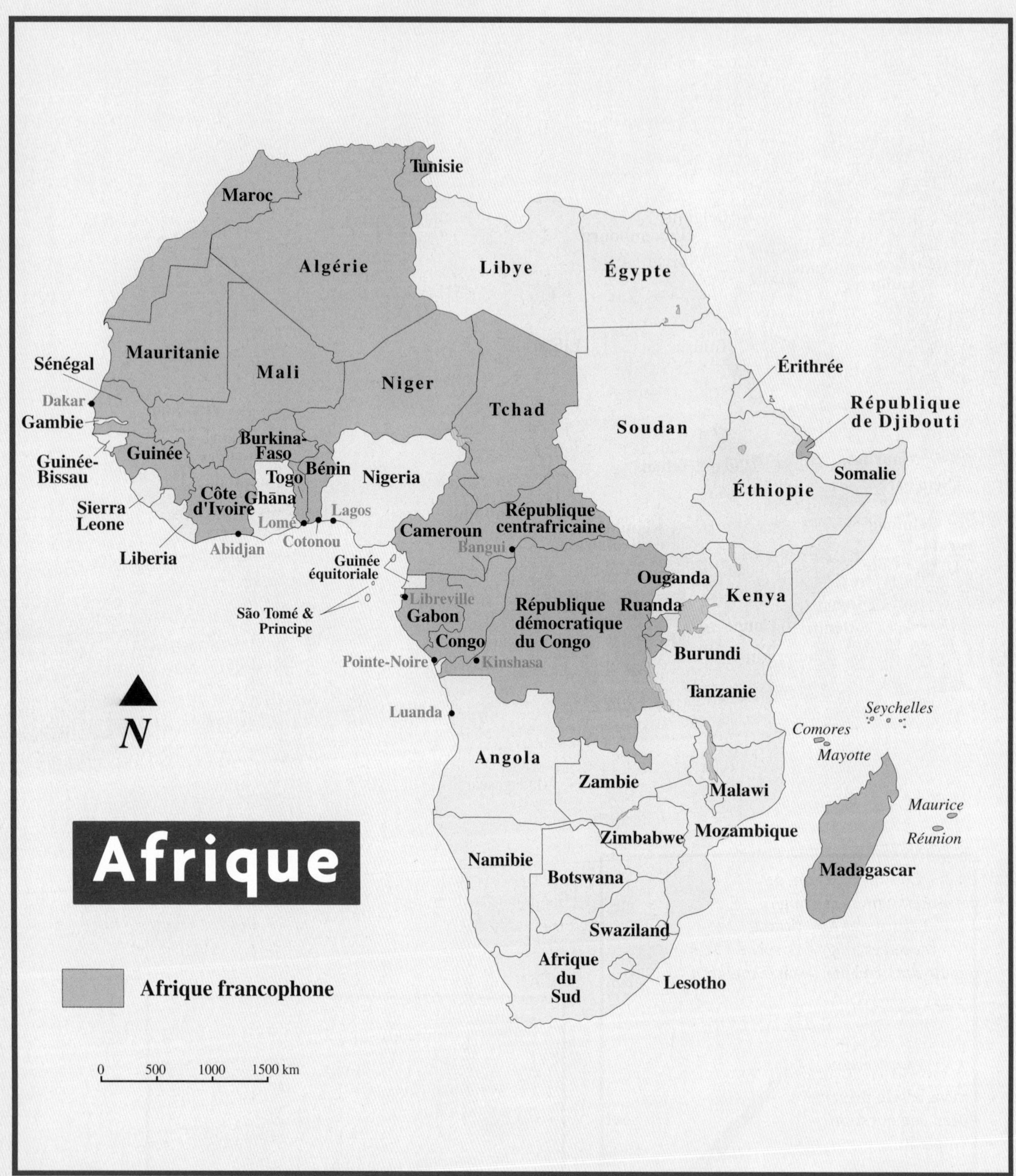
Tunisie
Maroc
Algérie
Libye
Égypte
Mauritanie
Sénégal
Dakar
Gambie
Mali
Niger
Tchad
Soudan
Érithrée
République
de Djibouti
Burkina-
Faso
Guinée
Guinée-
Bissau
Bénin
Togo
Nigeria
Côte
d'Ivoire
Ghāna
Sierra
Leone
Liberia
Abidjan
Lomé
Cotonou
Lagos
Somalie
Éthiopie
République
centrafricaine
Cameroun
Bangui
Guinée
équitoriale
São Tomé &
Principe
Libreville
Gabon
Congo
Pointe-Noire
Kinshasa
République
démocratique
du Congo
Ouganda
Ruanda
Kenya
Burundi
Tanzanie
Luanda
N
Seychelles
Comores
Mayotte
Angola
Zambie
Malawi
Maurice
Réunion
Afrique
Zimbabwe
Mozambique
Namibie
Botswana
Madagascar
Swaziland
Afrique
du
Sud
Lesotho
Afrique francophone
0
500
1000
1500 km

7

Heureux de faire votre connaissance

Newscom

Pour tester vos connaissances, visitez **www.cengagebrain.com/shop/ISBN/049590516X** 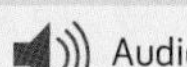 Audio iLrn Heinle Learning Center

LA GRAMMAIRE À RÉVISER

En classe.

Décrivez ce qui se passe en classe en utilisant la forme appropriée du verbe.

Modèle:
J'adore étudier. (nous)
Nous adorons étudier.

1. J'arrive 5 minutes avant le cours. (nous/vous/Éliane)
2. Le professeur attend mon arrivée. (mes amis/tu/vous)
3. J'espère arriver à l'heure demain. (nous/Robert et ses amis/tu)
4. Les étudiants réfléchissent aux questions du professeur. (je/toi et moi/vous)
5. Sophie essaie de bien travailler en classe. (les étudiants/je/tu)

The information presented here is intended to refresh your memory of various grammatical topics that you have probably encountered before. Review the material and then test your knowledge by completing the accompanying exercises in the workbook.

AVANT LA PREMIÈRE LEÇON

Les verbes: le présent

A. Verbes en *-er*

parler	je parle	nous parl**ons**
(to speak)	tu parl**es**	vous parl**ez**
	il/elle/on parle	ils/elles parl**ent**

→ Most verbs that end in **-er** in the infinitive are conjugated like **parler**.

B. Changements orthographiques dans certains verbes en *-er*

Some **-er** verbs require spelling changes in the stem of certain persons to reflect changes in pronunciation.

• e → è

acheter	j'ach**è**te	nous achetons
(to buy)	tu ach**è**tes	vous achetez
	il/elle/on ach**è**te	ils/elles ach**è**tent

→ Like **acheter: lever** *(to raise, lift up)*, **élever** *(to bring up [a child], raise)*, **mener** *(to take; to lead)*, **amener** *(to bring)*, **emmener** *(to take, take away)*

iLrn To review **Les verbes: le présent**, consult the *Indicative Mood – Present tense (regular* ***-er, -ir, -re*** *verbs)* Grammar Tutorial on iLrn.

• é → è

préférer	je préf**è**re	nous préférons
(to prefer)	tu préf**è**res	vous préférez
	il/elle/on préf**è**re	ils/elles préf**è**rent

→ Like **préférer: considérer** *(to consider)*, **espérer** *(to hope)*, **posséder** *(to possess, own)*, **répéter** *(to repeat)*

• l → ll or t → tt

appeler	j'appe**ll**e	nous appelons
(to call)	tu appe**ll**es	vous appelez
	il/elle/on appe**ll**e	ils/elles appe**ll**ent

→ Like **appeler: jeter** *(to throw, throw away)*, **rappeler** *(to remind; to call back)*

• **y → i**

ennuyer	j'ennuie	nous ennuyons
(to bore)	tu ennuies	vous ennuyez
	il/elle/on ennuie	ils/elles ennuient

→ Like **ennuyer: envoyer** *(to send)*, **nettoyer** *(to clean)*. For verbs like **essayer** *(to try)* and **payer** *(to pay)*, the change from **y** to **i** is optional (both spellings are acceptable—**essaie/essaye**).

Nowadays, the form **essaie** tends to be more commonly used than the other form.

• **c → ç** (when followed by the letters **a** or **o**)

commencer	je commence	nous commen**ç**ons
(to begin)	tu commences	vous commencez
	il/elle/on commence	ils/elles commencent

→ Like **commencer: agacer** *(to get on someone's nerves; to provoke)*, **avancer** *(to advance)*, **lancer** *(to throw)*, **placer** *(to place)*, **remplacer** *(to replace)*

• **g → ge** (when followed by the letters **a** or **o**)

manger	je mange	nous mang**e**ons
(to eat)	tu manges	vous mangez
	il/elle/on mange	ils/elles mangent

→ Like **manger: changer** *(to change)*, **voyager** *(to travel)*, **nager** *(to swim)*, **ranger** *(to tidy up; to put away)*, **venger** *(to avenge)*

C. Verbes en *-ir*

finir	je fin**is**	nous fin**issons**
(to finish)	tu fin**is**	vous fin**issez**
	il/elle/on fin**it**	ils/elles fin**issent**

→ Like **finir: bâtir** *(to build)*, **choisir** *(to choose)*, **obéir** *(to obey)*, **remplir** *(to fill, fill out)*, **réunir** *(to gather; to join)*, **réfléchir** *(to reflect)*, **réussir** *(to succeed)*, **punir** *(to punish)*

D. Verbes en *-re*

rendre	je rends	nous rend**ons**
(to give back;	tu rends	vous rend**ez**
to return)	il/elle/on rend	ils/elles rend**ent**

→ Like **rendre: attendre** *(to wait for)*, **défendre** *(to defend)*, **descendre** *(to descend, go down)*, **entendre** *(to hear)*, **perdre** *(to lose)*, **répondre** *(to answer)*, **vendre** *(to sell)*

AVANT LA DEUXIÈME LEÇON

Poser une question

To review **Poser une question,** consult the *Interrogatives* Grammar Tutorial on iLrn.

Formation et emploi

To ask a yes/no question in spoken French:

- Begin with **est-ce que** and continue with the subject and verb.

  Est-ce que vous parlez français?

  Est-ce qu'il parle français?

  Est-ce qu'il ne parle pas anglais?

- With friends, use rising intonation.

  Vous parlez français?

  Vous ne parlez pas anglais?

- When you want to speak in a more formal or proper way, or write formal letters and compositions, invert the order of the subject and verb.

  Parlez-vous français? N'êtes-vous pas français?

  Parle-t-elle anglais? Ne parle-t-elle pas français?

In the third-person singular, a -**t**- is inserted between the verb and pronoun when the preceding verb ends in a vowel.

When asking a question about someone or something, start with the name of the person(s) or the noun designating the thing(s), continue with the verb, and add the pronoun that corresponds to the noun subject:

Thiphanie est-elle étudiante?

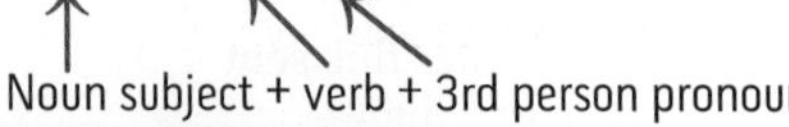

Noun subject + verb + 3rd person pronoun

NOTE When **je** is the subject of the sentence, it is seldom inverted. **Est-ce que** is usually used:

Est-ce que je suis en retard?

- Finally, to confirm an assumption you are making, add **n'est-ce pas** at the end of your statement.

  Vous parlez français, n'est-ce pas?

Les vacances.

Posez des questions sur les vacances en utilisant l'intonation, **est-ce que** et **n'est-ce pas.**

Modèle:
Vous aimez le soleil et la chaleur.
Vous aimez le soleil et la chaleur? Est-ce que vous aimez le soleil et la chaleur? Vous aimez le soleil et la chaleur, n'est-ce pas?

1. Tu voyages souvent.
2. Elle préfère voyager en avion.
3. Mes amis espèrent bientôt partir en vacances.
4. On achète toujours trop de vêtements pour partir en vacances.
5. Vous choisissez un hôtel intéressant.

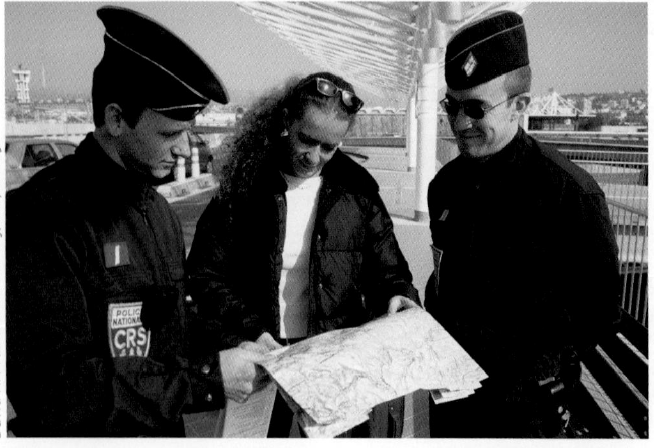

David R. Frazier Photolibrary, Inc./Alamy

Quelles questions est-ce que cette jeune femme pose aux policiers?

AVANT LA TROISIÈME LEÇON

L'impératif

The imperative is used to give directions, orders, requests, or suggestions. There are three forms of the imperative in French. To form the imperative, drop the subject pronoun. Note that the **s** is dropped in the **tu** form of **-er** verbs and the irregular verb **aller (Va!)**.

A. Formes régulières

	PARLER	FINIR	ATTENDRE
tu form:	**Parle!**	**Finis!**	**Attends!**
nous form:	**Parlons!**	**Finissons!**	**Attendons!**
vous form:	**Parlez!**	**Finissez!**	**Attendez!**

B. Formes irrégulières

	ÊTRE	AVOIR
tu form:	**sois**	**aie**
nous form:	**soyons**	**ayons**
vous form:	**soyez**	**ayez**

	SAVOIR	VOULOIR
tu form:	**sache**	**veuille**
nous form:	**sachons**	**veuillons**
vous form:	**sachez**	**veuillez**

NOTE In negative commands, the **ne** precedes the verb; the **pas** follows it:

N'oublie **pas** notre rendez-vous! — *Don't forget our meeting!*
Ne sois **pas** en retard! — *Don't be late!*

Heinle/Cengage Learning

Qu'est-ce que la jeune fille montre et qu'est-ce que les deux jeunes filles regardent?

iLrn To review **L'impératif,** consult the *Imperative* Grammar Tutorial on iLrn.

Des ordres stricts aux élèves.

Imaginez que vous êtes le professeur et que vous donnez des ordres aux élèves en utilisant la forme de **tu** et de **vous** de l'impératif.

Modèle:
écouter bien le professeur
Écoute bien le professeur!
Écoutez bien le professeur!

1. avoir un peu de courage
2. écrire la forme de **tu** sans fautes
3. ne pas oublier de préparer des questions
4. être original(e)
5. savoir les dates des examens

CHAPITRE 1
LEÇON 1

LEÇON 1

COMMENT SALUER, SE PRÉSENTER ET PRENDRE CONGÉ

Conversation

Track 2

Premières impressions

Identifiez: les expressions formelles et informelles pour saluer et présenter quelqu'un

Trouvez: a. la destination de Madame Flanoret et des Kudot (les Martiniquais), et celle de Nicole (la Belge)
b. la nationalité de Laurence

Rappel: Have you reviewed the present tense of regular and stem-changing verbs? Did you practice forming yes/no questions? (Text pp. 2–4 and SAM [Student Activities Manual] pp. 1–2)

Il est sept heures du matin, dans le train à grande vitesse Paris-Nice. Les cinq personnes qui ont passé la nuit en couchette° dans le même compartiment se réveillent et se disent bonjour. Il y a un jeune couple martiniquais°, Valérie et Jacques Kudot, qui voyage avec la mère de la jeune femme, Madame Flanoret. Par ailleurs, Nicole et un ami, Manu, vont à un congrès° de technologie. Les deux groupes ne se connaissent pas mais, en s'installant° pour la journée, ils échangent quelques mots.

cot, train bed

from Martinique

conference / **s'installer** *to get settled*

MANU Bonjour, Nicole! Tu vas bien, ce matin? J'ai bien dormi, et toi, tu es reposée?

NICOLE Pas trop... J'ai mal dormi. J'étais trop fatiguée! Je n'ai pas arrêté de me tourner et de me retourner° toute la nuit! Mais ça ne fait rien°! La journée s'annonce belle... Regarde... Il fait un beau soleil!

me tourner... *to toss and turn* / **ça...** *it's OK*

MANU *(qui est à côté de Madame Flanoret)* J'espère que nous ne vous avons pas dérangée°, madame.

déranger *to bother*

MME FLANORET Mais pas du tout, voyons! Ça fait partie de l'aventure! Je ne voyagerais pas en couchette si je n'aimais pas les rencontres inattendues°! Et d'ailleurs, permettez-moi de me présenter. Je m'appelle Madame Annette Flanoret. *(Madame Flanoret tend sa main droite pour serrer° celle de Nicole et celle de Manu.)*

rencontres... *unexpected encounters*

serrer la main de quelqu'un *to shake someone's hand*

NICOLE Enchantée, madame. Je m'appelle Nicole. Et voici mon ami, Manu.

MME FLANORET Enchantée de faire votre connaissance, à tous les deux. Je voyage avec ma fille et mon gendre°. Les voici, justement, qui reviennent de la voiture-restaurant. Nicole et Manu, je vous présente Valérie et Jacques Kudot. Ce couple adorable m'a offert le meilleur cadeau du monde: un voyage en Europe!

son-in-law

VALÉRIE Oh, ce n'est rien... Bonjour, Manu, bonjour, Nicole. Je suis heureuse de faire votre connaissance. Et je vous présente mon mari, Jacques.

JACQUES Enchanté. Comment-allez-vous?

MANU Très bien, merci. Vous allez loin?

JACQUES Pour le moment, nous allons en Grèce, mais on verra. Vous avez déjà visité la Grèce? *(Le train s'arrête à la gare de Marseille Saint-Charles.)*

LAURENCE *(une jeune Française qui vient d'entrer)* Est-ce qu'il y a une place de libre°?

une place... *an unoccupied seat*

VALÉRIE Oui, certainement, là, à côté de la porte.

LAURENCE Excusez-moi de vous déranger. J'ai vu que la place n'était pas réservée. C'est la seule dans cette voiture. Je me présente. Je m'appelle Laurence Delage.

MANU Bonjour, mademoiselle.

À suivre

Observation et analyse

1. Comment est-ce que Manu et Nicole ont dormi?
2. De quelle région viennent Madame Flanoret et les Kudot? Pourquoi est-ce qu'ils voyagent?
3. Où vont Manu et Nicole?
4. Expliquez l'emploi de **tu** et de **vous** entre les voyageurs.

Réactions

1. Avez-vous déjà voyagé en train? Si oui, est-ce que ce voyage en train vous a plu? Expliquez.
2. Est-ce que vous voudriez visiter la Grèce? Expliquez.

Expressions typiques pour...

Saluer

(rapports intimes et familiaux)

—Salut/Bonjour, Marc/Sylvie.

—Salut/Bonjour.

{ Ça va? / Comment ça va? / Oui, ça va. / Très bien. / Ça va bien, merci. / Pas mal, merci. }

(Oui, ça va. / Très bien. / Ça va bien, merci. / Pas mal, merci.) } Et toi?

Saluer

(rapports professionnels et formels)

—Bonjour, monsieur/madame/mademoiselle. Comment allez-vous?

—Très bien, merci. Et vous-même?

Présenter quelqu'un

(rapports intimes et familiaux)

Avant les présentations

Tu connais Jeanine?

Vous vous connaissez?

Vous ne vous connaissez pas, je crois.

Les présentations

J'aimerais te présenter...

Je te présente Julien, mon frère.

Sylvie, voici Georges, un copain de la fac.

Martine, Georges. Georges, Martine.

Répondre aux présentations

{ Salut! / Enchanté(e). / Très heureux/heureuse. }

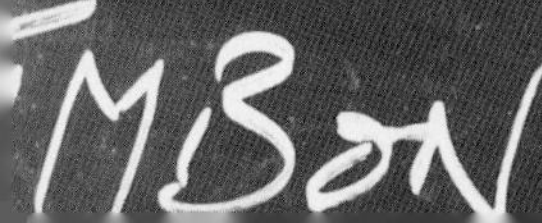

Tutoyer ou vouvoyer? This is not always an easy choice, because strict rules do not exist, and changes within French society continue to influence modern use of **tu/vous.** Age, socioeconomic background, status, familiarity can all have an influence on the choice of pronoun. In general, though, **tu** is used: within families • between adults and children • among children • among friends • with pets • among relatives • among young people in almost any situation • among people who are on a first-name basis.

Vous is used everywhere: in stores, supermarkets, banks, airport, open air market. It is the form used among: people who don't know each other • brief acquaintances • speakers in situations clearly marked for status, such as customer/shopkeeper, student/teacher.

The workplace is the area of most controversy where usage is still difficult to define. When in doubt, use **vous.**

You will need to actively learn the **Expressions typiques pour...** and the **Mots et expressions utiles** in order to complete the activities.

Présenter quelqu'un

(rapports professionnels et formels)

Avant les présentations

Vous connaissez M. Marchand?

Est-ce que vous vous connaissez?

Vous vous êtes déjà rencontrés?

Les présentations

Je voudrais/J'aimerais vous présenter Sylvie Riboni

Permettez-moi de vous présenter ma femme, Sylvie.

Je vous présente Karim Nouassa.

Répondre aux présentations

Je suis heureux(-euse) de faire votre connaissance *(meet).*

Très heureux(-euse)/content(e) de vous connaître *(meet).*

Enchanté(e) de vous rencontrer *(meet).*

Se présenter

Je me présente. Je m'appelle...

Je me permets de me présenter. Je m'appelle...

Prendre congé *(To take leave)*

(rapports intimes et familiaux)

Salut!

À plus! (pour «À plus tard!»)

Au revoir!

Ciao! (salutation italienne utilisée par les jeunes)

On peut ajouter...

Bonne journée.

Bonnes vacances.

Bonne soirée.

Bon retour.

Bon week-end.

À la prochaine *(Until next time).*

These expressions can also be used in informal situations.

Prendre congé

(rapports professionnels et formels)

Au revoir, monsieur/madame.

On peut ajouter...

À demain.

À ce soir.

À lundi.

À bientôt.

À tout à l'heure.

Alors, dans quinze jours...

Arrivées et départs The French have a special way of marking the existence of others through arrivals and departures. When French people see friends for the first time in a day, they shake each other's hand or they kiss (men tend to shake hands with each other). As they leave, they again shake hands or kiss. Sometimes tradition dictates that they give three or four kisses instead of two, depending on the region or personal preference, but they usually begin with a kiss on the right cheek.

Mots et expressions utiles

Saluer/Prendre congé

faire la connaissance (de) *to meet, make the acquaintance (of)*

(se) connaître *to meet, get acquainted with; to know*

(se) rencontrer *to meet (by chance); to run into*

(se) retrouver *to meet (by prior arrangement)*

(se) revoir *to meet; to see again*

(s')embrasser *to kiss; to kiss each other*

se faire la bise *to greet with a kiss*

à la prochaine *until next time*

Divers

une couchette *cot, train bed*

s'installer *to get settled*

une place (de) libre *unoccupied seat*

une place réservée *reserved seat*

Mise en pratique

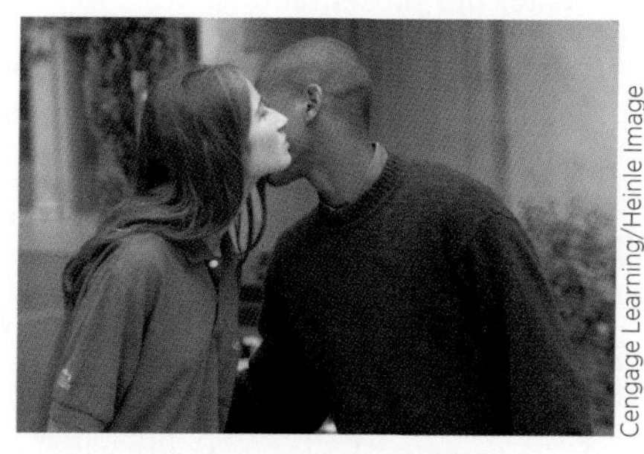
Cengage Learning/Heinle Image Resource Bank

Tu ne pourras jamais deviner qui **j'ai rencontré** hier à la bibliothèque. Je devais y **retrouver** mon amie Catherine, mais elle a oublié notre rendez-vous. En l'attendant, tu sais qui j'ai vu entrer dans la salle? Georges Pivot! Tu te souviens de lui? Celui dont **j'ai fait la connaissance** l'été passé? Nous **nous sommes connus** à la plage pendant nos vacances d'août. Mais depuis, je ne **l'ai** jamais **revu.** Bon, alors nous **nous sommes fait la bise**, nous avons parlé longtemps, et puis nous avons décidé de nous **revoir** la semaine prochaine. Quelle histoire, hein?

Activités

A. Présentations. Utilisez les ***Expressions typiques pour...*** pour faire les présentations suivantes.

MODÈLE: votre mère à un professeur

—Maman, je te présente le professeur Lédier. Monsieur le professeur, j'aimerais vous présenter ma mère, Madame Dumont.

—Enchantée de faire votre connaissance, monsieur.

—Très heureux de vous rencontrer, madame.

1. votre meilleur(e) ami(e) à un(e) autre ami(e) devant le cinéma
2. vous-même au président de votre université au cours d'une réception pour les nouveaux étudiants
3. un(e) collègue de bureau *(fellow office worker)* à votre femme/mari pendant un cocktail
4. un(e) camarade de classe à votre tante Madeleine

B. Conversation entre étudiants. Complétez les phrases avec les ***Mots et expressions utiles.*** Vous pouvez utiliser une expression plusieurs fois. Faites les changements nécessaires.

Par hasard, Anne et Sylvie se (s') ________ entre deux cours. Comme ce sont des amies d'enfance, elles se (s') ________ et décident de l'heure à laquelle elles peuvent ________ plus tard.

—Tu veux me ________ après le cours?

—D'accord, mais je n'aurai pas *(will not have)* beaucoup de temps. Je dois ________ Monique à une heure. Elle s'installe dans sa nouvelle chambre et je vais l'aider à déménager *(to move)*.

—J'aimerais bien ________ de Monique. Est-ce que je peux t'accompagner?

—Bien sûr! On a toujours besoin de bras quand on déménage! Et puis, tu verras, elle est vraiment sympa.

C. Les scènes. En groupes de trois, jouez les scènes suivantes où vous vous saluez et faites des présentations.

MODÈLE: En cours: Bonjour, Stéphanie...
—Bonjour, Stéphanie. Comment ça va?
—Ça va bien, merci. Et toi, ça va?
—Oui, très bien. Écoute, tu connais Christophe?
—Non, je ne pense pas.
—Eh bien, Stéphanie, je te présente Christophe. Christophe, Stéphanie.
—Bonjour.
—Bonjour.

1. Dans la rue: Bonjour, Monsieur Dupont. Vous connaissez ma tante... ?
2. En ville, avant une réunion d'étudiants: Je me présente. Je m'appelle...
3. Dans une salle de jeux électroniques: Salut. Je m'appelle... Voici...

D. Dans la salle de classe. Trouvez une personne dans la salle de classe que vous ne connaissez pas. Présentez-vous *(Introduce yourself)* à cette personne. Maintenant, présentez cette personne à quelqu'un d'autre ou laissez cette personne vous présenter à un(e) autre étudiant(e). (N'oubliez pas de vous serrer la main!) Circulez dans la classe jusqu'à ce que vous ayez fait la connaissance de la plupart *(most of)* des étudiants. Après les présentations, essayez de vous rappeler les noms des autres étudiants. Le professeur vous aidera. Commencez par: **Il/Elle s'appelle...**

Liens culturels

Français et Américains

Les Français et les Nord-Américains ont souvent une vision stéréotypée les uns des autres. Les stéréotypes sont des images simplistes et souvent déformées d'un autre peuple; elles sont transmises par le milieu familial ou les médias et elles remplacent la connaissance venant de l'expérience acquise en vivant au contact de l'autre. Ces images peuvent être positives ou négatives.

Suivant les stéréotypes français, les Nord-Américains sont tous grands et athlétiques, car ils travaillent peu à l'école et font beaucoup de sport. Ils sont audacieux, innovateurs, efficaces et font tout très vite. Ils sont ouverts aux autres, souriants, optimistes. Mais ils sont aussi racistes, ils aiment beaucoup l'argent au détriment d'autres choses, n'ont pas beaucoup de culture et sont excessifs dans tout ce qu'ils font. Ils sont prudes, un peu naïfs, ne savent pas faire la cuisine et ne mangent que des hamburgers.

Suivant les stéréotypes nord-américains, la France est le pays du charme, de l'élégance, du style. Les Français sont petits et maigres. Ils sont très intellectuels, gourmets, experts en vins et en fromages. On les voit romantiques, passionnés en amour, frivoles. Ils vivent dans des châteaux. Les femmes suivent la mode et sont élégantes. Mais les Français sont aussi arrogants, cyniques, sales, rebelles et difficiles à gouverner.

foodfolio/Alamy

Suivant les stéréotypes nord-américains, les Québécois sont athlétiques et ils jouent tous au hockey. Ils sont sophistiqués et européens dans leurs coutumes et leur façon de s'habiller. Ils mangent bien (comme les Français) en général, mais ils ne connaissent pas le bon vin et ils adorent le syrop d'érable et la poutine (pommes frites noyées dans une sauce au fromage cheddar *[cheddar cheese]*). Ils conduisent très vite et s'impatientent si vous roulez à moins de 120 kilomètres à l'heure (75 miles) sur l'autoroute. Ils sont tous catholiques et ont de grandes familles.

Que pensez-vous de ces idées? Lesquelles sont vraies? Lesquelles sont fausses? Après avoir commencé vos études de français, est-ce que vos idées ont changé? Expliquez comment et pourquoi. Y a-t-il un meilleur moyen de briser les stéréotypes que d'aller vivre dans l'autre pays?

La grammaire à apprendre

Les verbes irréguliers: *suivre, courir, mourir, rire, conduire, savoir* et *connaître*

A. You have already reviewed the present tense of the regular verbs ending in **-er**, **-ir**, and **-re**, as well as some stem-changing **-er** verbs. The following irregular verbs may not be quite so familiar to you, but can be used in talking about yourself or everyday life.

suivre	participe passé: **suivi**	
(to follow; — un cours *to take a course)*	je **suis**	nous **suivons**
	tu **suis**	vous **suivez**
	il/elle/on **suit**	ils/elles **suivent**

→ Like **suivre: vivre** *(to live)* participe passé: **vécu**
→ Nous **suivons** Marc qui rentre chez lui. Il **vit** près d'ici.

courir	participe passé: **couru**	
(to run)	je **cours**	nous **courons**
	tu **cours**	vous **courez**
	il/elle/on **court**	ils/elles **courent**

→ Elle **court** dans un marathon à Paris.

mourir	participe passé: **mort**	
(to die)	je **meurs**	nous **mourons**
	tu **meurs**	vous **mourez**
	il/elle/on **meurt**	ils/elles **meurent**

→ Je **meurs** de faim. Dînons tout de suite!

rire	participe passé: **ri**	
(to laugh)	je **ris**	nous **rions**
	tu **ris**	vous **riez**
	il/elle/on **rit**	ils/elles **rient**

→ Like **rire: sourire** *(to smile)*
→ Je **ris** quand je vois des films de Seth Rogan.

conduire	participe passé: **conduit**	
(to drive)	je **conduis**	nous **conduisons**
	tu **conduis**	vous **conduisez**
	il/elle/on **conduit**	ils/elles **conduisent**

→ Like **conduire: construire** *(to construct)*, **détruire** *(to destroy)*, **séduire** *(to seduce; to charm; to bribe)*
→ Cette étudiante **conduit** une Peugeot.

savoir	participe passé: **su**	
(to know from memory or from study; to know how to do something; to be aware of)	je **sais**	nous **savons**
	tu **sais**	vous **savez**
	il/elle/on **sait**	ils/elles **savent**

connaître	participe passé: **connu**	
(to know; to be acquainted with, be familiar with; to meet, get acquainted with)	je **connais**	nous **connaissons**
	tu **connais**	vous **connaissez**
	il/elle/on **connaît**	ils/elles **connaissent**

→ Like **connaître: apparaître** *(to appear, come into view; to become evident)*, **disparaître** *(to disappear)*, **paraître** *(to seem; to come out)*

B. The verbs **savoir** and **connaître** both mean to *know*. It will be important, however, to distinguish when to use one versus the other.

Offices de Tourisme, Belgique

Est-ce que vous connaissez la Belgique? Saviez-vous que la Belgique est un pays d'Europe de 10 480 000 habitants, situé au nord de la France? Ses langues officielles sont le néerlandais *(Dutch)*, le français et l'allemand. C'est un état fédéral, gouverné par le roi des Belges. (*Quid* 2007, pp. 852b; 853b)

- **Connaître** is always used to indicate acquaintance with or familiarity with people, works of art, music, places, academic subjects, or theories:

  Laura **connaît** assez bien les Français. Elle **connaît** aussi assez bien Paris.
  Laura knows French people rather well. She is also quite familiar with Paris.

NOTE In past tenses **connaître** sometimes means *to meet* in the sense of getting to know someone or getting acquainted with someone:

  Où est-ce que vous **avez connu** les Durand?
  Where did you meet the Durands?

- **Savoir** means to know from memory or study:

  Est-ce que vous **savez** la date de la Fête nationale en France?
  Do you know the date of the national holiday in France?
  Oui, je la **sais.**
  Yes, I know it.

NOTE **Savoir** may be used before a relative clause or before an infinitive. Before an infinitive it means *to know how to do something:*

  Elle **sait** où se trouve la tour Eiffel.
  She knows where the Eiffel Tower is located.
  Elle **sait** conduire dans Paris.
  She knows how to drive in Paris.

Activités

A. Voyage. Un groupe de jeunes Français organise un voyage en Belgique pour les vacances de Pâques. Ils expliquent ce qu'ils vont faire et comment ils vont organiser le voyage. Pour chacune des observations suivantes, remplacez le sujet en italique par les sujets entre parenthèses et faites les modifications nécessaires.

1. Bruxelles est à 242 kilomètres de Paris. C'est *Élise* qui conduit! (Marc et Manon/je/tu)
2. *Nous* suivons la route de Mons à Bruxelles. (On/Vous/Tu)
3. *Je* connais bien Bruxelles. (Vous/Manon et Marc/Tu)
4. *Je* sais que Christian veut nous faire visiter le jardin botanique et le parc de Bruxelles. (Nous/Tu/On)
5. *Il* court souvent dans les parcs pour faire de l'exercice, n'est-ce pas? (Tu/On/Vous)
6. *Je* meurs d'envie de voir le défilé du Carnaval. (Tu/Manon/Nous)

B. Un mot. Vous travaillez dans un hôtel. Une Anglaise a laissé un mot *(message)* pour le propriétaire. Vous le traduisez en français.

Mrs. Robinson called. She asked for the address of the hotel. She doesn't know where the hotel is located **(se trouver)** because she does not know Paris well. She does not know how to drive, so **(donc)** she will take a taxi at the airport. She met your brother in London last year. She is looking forward to **(Elle se réjouit à l'idée de)** meeting you.

C. Faisons connaissance! Utilisez les suggestions suivantes pour poser des questions aux autres étudiants de la classe. Faites un résumé des réponses.

1. combien / cours / suivre
2. est-ce que / courir / quand / être en retard
3. quelle / ville / connaître / bien
4. que / savoir / bien / faire
5. au cours de *(during)* / quel / émission télévisée / rire
6. qui / conduire / quand / aller / en vacances
7. où / vivre

Interactions

Utilisez les suggestions suivantes pour créer des conversations avec un(e) partenaire. Essayez d'employer autant que possible le vocabulaire et la grammaire de la **Leçon 1**.

A. Au café. Vous vous trouvez au café avec un(e) ami(e). Vous rencontrez un(e) autre ami(e) de la Sorbonne. Saluez-le/la. Présentez-le/la à votre ami(e). Discutez des cours que vous suivez. Dites que vous écrivez une rédaction pour un cours demain. À la fin de la conversation, vous remarquez qu'il se fait tard. Qu'est-ce que vous dites en partant?

B. Au travail. Vous entrez dans votre bureau avec un(e) client(e). Le directeur/La directrice passe et vous vous saluez. Vous le/la présentez à votre client(e). Demandez-lui s'il/si elle sait où se trouvent les dossiers de M. Bricard. Il/Elle ne le sait pas. Remerciez-le/la et dites quelque chose d'approprié en partant.

PRÉPARATION Dossier d'expression écrite

In this chapter your instructor may ask you to write a friendly letter to your classmates to introduce yourself. First, you'll need to come up with some ideas for your letter. You will refine your ideas and then write your letter.

1. Begin by brainstorming in four different categories: things you do, the places you go and where you have traveled, people you know, and what you know how to do. Write down your ideas as you think of them. Try to have at least six ideas for each category. Remember that you will narrow down your ideas later.
2. Discuss your brainstorming ideas with a classmate. Consider which ideas would help someone best get to know you. As you discuss these ideas, try to add new ones.

LEÇON 2

À VOUS DE DISCUTER

Blog (suite)

Premières impressions

Identifiez: trois sujets de discussion différents dans le blog de Laurence
Trouvez: quel temps il fait en Italie en ce moment

Un blog est comme une conversation.

Dans le train. Le temps passe... Laurence écrit son blog, que vous lirez ci-dessous. Les autres passagers ne veulent pas la déranger.

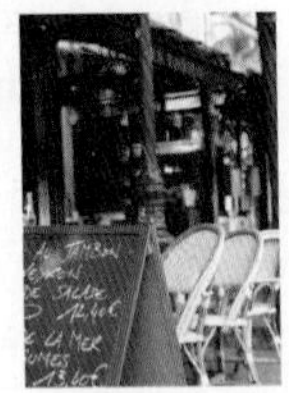

LE BLOG DE LAURENCE B—FREELANCEUSE POUR UNE STATION DE TÉLÉ RÉGIONALE—RHÔNE-ALPES

Bonjour! Je suis dans le train à destination de Florence où je dois faire un documentaire sur la ville et ses environs. La région est si pittoresque et si riche en histoire de l'art que je n'aurai pas le temps de tout voir. Après Florence, j'irai en Grèce, le pays que j'aime le plus au monde. Là, je ferai un autre documentaire sur la Grèce actuelle. Je passerai le mois de septembre à Athènes et à Thessalonique. C'est le mois le plus beau—il fera chaud mais l'air sera sec. Le ciel sera toujours bleu. Ça me fera du bien. De plus, il n'y a pas beaucoup de touristes à cette époque-là. Je consacrerai une partie de mon reportage aux incendies qui ont ravagé la région cet été. En fait, ces incendies se sont dangereusement approchés d'Athènes et les pompiers ont dû les combattre jour et nuit. On ne sait pas si ces feux de forêt sont d'origine criminelle ou s'ils résultent de la sécheresse. Tout est sec: l'air, la terre, les sous-bois.

Je mettrai aussi l'accent sur la montée du chômage qui a atteint 9,6% en juillet, contre 7,0% le même mois un an plus tôt. Le chômage touche plus les femmes et les jeunes. À Athènes, les jeunes ont essayé d'attirer l'attention des pouvoirs publics en mettant le feu à des poubelles dans la rue. Je veux tenir le monde francophone au courant des activités et des problèmes des jeunes Grecs.

Bien entendu, je vais consacrer une partie de mon documentaire aux sports et aux loisirs. Je parlerai aussi de l'actualité politique qui est très intéressante en ce moment. Le président de la République grecque est plutôt conservateur mais la majorité de l'assemblée législative est à tendance socialiste. Je ferai attention à ce qui se passera dans les semaines qui viennent.

Commentaire

COMMENTAIRES

RICHARD
J'ai fait le tour des théâtres anciens en Grèce l'été dernier. J'étais très content que le gouvernement ait rénové beaucoup de ces sites anciens et qu'on puisse voir des pièces classiques même aujourd'hui.
Réagir contre cet avis?

MARTINE
J'espère que vous allez dire la vérité sur le chômage en Grèce. On ne dit pas la vérité sur le nombre de chômeurs—il y en a beaucoup plus qu'on en dit.
Réagir contre cet avis?

Observation et analyse

1. Quels sont les projets *(plans)* de Laurence?
2. Pourquoi est-ce que Laurence adore l'Italie?
3. Quels sont les problèmes actuels les plus graves en Grèce?
4. De quels autres sujets Laurence va-t-elle parler?
5. Quel âge Laurence a-t-elle d'après ce que vous avez appris sur elle?

Réactions

1. De quoi est-ce que vous parlez quand vous écrivez un mail ou un blog? Et quand vous écrivez des tweets (des «gazouillis»)?
2. De quoi est-ce que vous parlez avec quelqu'un que vous connaissez bien?
3. De quoi parlerait un Français/une Française qui visite les USA pour la première fois?

Rappel: Have you reviewed how to form questions? (Text p. 4 and SAM p. 3)

Expressions typiques pour...

Discuter

Sans sujet défini de conversation, on parle du temps qu'il fait, de l'endroit où l'on se trouve et de ce qui s'y passe. Voici quelques sujets typiques:

Le temps

Quel temps fait-il? [1]

Quel beau temps!

Comme il fait beau/mauvais/chaud/froid!

Vilain temps, non?

Quel sale temps!

Est-ce qu'il pleuvra demain?

Belle journée, vous ne trouvez pas?

L'heure

Quelle heure est-il?

Il est tôt/tard.

Vous auriez l'heure, s'il vous plaît?

Le temps passe vite quand on bavarde *(chats)*.

Les éléments du lieu

le paysage: C'est intéressant.
C'est joli.
C'est vraiment triste comme endroit.

les gens: Elle est gentille.
Cette robe vous/lui va bien.
C'est choquant, ce qu'ils portent/font.

l'ambiance: On est bien ici.
C'est sympa, comme endroit/café/plage.
J'aime bien.

Ce qui se passe dans cet endroit

Qu'est-ce qu'ils font là-bas?

De quoi parlent-ils?

[1] In informal spoken French today, speakers eliminate the inversion when asking questions and rely more on intonation. For example, instead of **Quel temps fait-il?**, they are more likely to say: **Quel temps il fait?** Another example: **D'où est-il?** will often be stated as **D'où il est?** or even **Il est d'où? Est-ce que** is also used, although less often than rising intonation.

Quand on ne connaît pas très bien quelqu'un, mais qu'on essaie de mieux le connaître, on peut aborder *(touch on)* les sujets suivants:

La santé

Je suis un peu fatigué(e) ces jours-ci.

Vous avez/Tu as l'air en forme *(look in good shape)*.

Les sports

Est-ce que vous faites/tu fais du sport?

Vous aimez/Tu aimes le sport?

Les études—si on est étudiant(e)

Depuis quand est-ce que vous étudiez/tu étudies le français?

Combien de cours est-ce que vous suivez/tu suis?

Comment est votre/ton professeur de français?

D'autres idées

les loisirs *(leisure activities)*

la musique

l'enseignement et votre attitude envers l'enseignement

la politique et vos opinions politiques

vos expériences personnelles

le travail

Les actualités *(Current events)*

Vous avez/Tu as lu le journal ce matin?

Vous avez/Tu as entendu parler de ce qui s'est passé?

Avec ceux qu'on connaît bien, on peut parler des choses mentionnées ci-dessus ou de la vie privée:

Qu'est-ce que tu vas faire ce soir?
Tu as beaucoup de boulot *(work)*?
Tu as passé une bonne journée?

eddie linssen/Alamy

De quoi est-ce qu'ils parlent? Faites une liste de sujets possibles.

Mots et expressions utiles

Les voyages

un aller-retour *round-trip ticket*
atterrir *to land*
un (billet) aller simple *one-way (ticket)*
un billet électronique *electronic ticket*
valable *valid*

l'arrivée [f] *arrival*
le départ *departure*

un tarif *fare, rate*
un demi-tarif *half-fare*
une réduction *discount*

annuler *to void, cancel*
les frais d'annulation [m pl] *cancellation fees*

la consigne *checkroom*
le guichet *ticket window, office; counter*
desservir une gare, un village *to serve a train station, a village*
un horaire *schedule*
indiquer *to show, direct, indicate*
le quai *platform*
les renseignements [m pl] *information*
un vol *flight; theft*

La conversation

les actualités [f pl] *current events*
avoir l'air *to look, have the appearance of*
bavarder *to chat*
le boulot *(familiar) work*
être en forme *to be in good shape; to feel well*
les loisirs [m pl] *leisure activities*
le paysage *landscape*

Courtesy of British Airways

Mise en pratique

—Tu as entendu les nouvelles?

—Non, quoi?

—Il y a une guerre des prix sur les plus grandes lignes aériennes! On peut avoir une **réduction** sur presque tous les vols intérieurs en ce moment.

—C'est pas vrai!

—Si! Moi, je vais **annuler** tous mes rendez-vous de vendredi pour pouvoir passer un long week-end à la plage. J'ai déjà acheté mon **aller-retour**. Regarde!

—Hmm... Ce serait super bien si je pouvais rendre visite à mon petit ami. Merci beaucoup pour les **renseignements**!

Activités

A. Parlons! Choisissez un ou deux sujets de conversation tirés de la liste des ***Expressions typiques pour...*** et commencez une conversation avec les personnes indiquées dans les situations suivantes.

1. votre professeur dans l'ascenseur, sur le campus
2. un(e) copain/copine de classe devant la salle de classe
3. un(e) collègue de bureau pendant un cocktail
4. votre mère pendant le dîner
5. votre fille/fils pendant le bain
6. une personne dans le train
7. la personne près de vous au match de basket

B. À la gare Saint-Lazare. Un voyageur américain veut utiliser son Eurailpass pour la première fois. Complétez ses phrases avec les ***Mots et expressions utiles*** appropriés. Faites les accords nécessaires.

—Pardon, monsieur... J'ai besoin de quelques ________ sur mon Eurailpass. Pourriez-vous m' ________, par exemple, où il faut aller pour valider la carte? Je l'ai achetée il y a quatre mois. Est-ce que vous sauriez si elle est toujours ________? Si je veux l'annuler, y aura-t-il des ________? Pourriez-vous aussi m'aider à comprendre les ________ de trains? Je voudrais savoir quel est le prochain ________ pour Rouen et quelles autres villes sont ________ pendant le trajet... Je vous remercie, monsieur. Vous êtes bien aimable.

C. Dis-moi, s'il te plaît... Thérèse, qui a six ans, va accompagner sa mère en voyage d'affaires. Pendant que sa mère fait leurs valises, Thérèse lui pose sans cesse des questions. Jouez le rôle de sa mère et expliquez-lui ce que veulent dire les mots suivants qui se trouvent sur leurs billets d'avion.

MODÈLE: un billet aller simple
un billet pour aller à sa destination, mais pas pour revenir

1. un aller-retour
2. un vol
3. un demi-tarif
4. une réduction

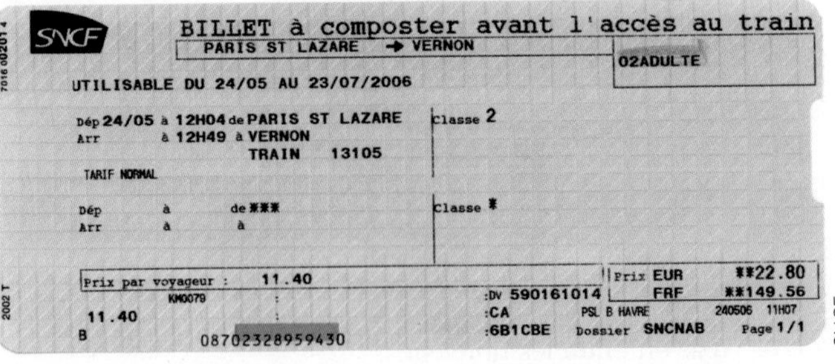

SNCF

D. Circulez. Circulez dans la salle de classe et parlez avec vos copains/copines. Choisissez au moins trois des sujets suivants: les actualités, le temps, les loisirs, la politique, la vie à l'université, ce qui se passe dans la salle de classe. N'oubliez pas d'utiliser les expressions pour saluer et prendre congé. Après, parlez de votre expérience en tenant compte des questions suivantes.

1. Avec combien de personnes est-ce que vous avez parlé?
2. De quoi est-ce que vous avez préféré parler? Pourquoi?
3. Est-ce qu'il était difficile de commencer une discussion avec quelqu'un? Expliquez.
4. Vous préférez parler de sujets comme le temps, le sport et les actualités ou bien de votre vie de tous les jours et de sujets plus intimes?

La grammaire à apprendre

Les expressions de temps

- When you want to ask a question regarding how long an action that began in the past has continued into the present, you use an expression with **depuis.** Note that French uses the present tense, whereas English uses a past tense.

    Depuis quand êtes-vous en France?
    How long *have you been in France?*

    Depuis combien de temps est-ce que vous jouez au tennis?
    How long *have you been playing tennis?*

- Questions such as these are answered in the present tense with **depuis.** In English, **depuis** is translated as *for* when a period of time is given.

    Je suis en France **depuis** six mois.
    I have been in France ***for*** *six months.*

    Je joue au tennis **depuis** quatre ans.
    I have been playing tennis ***for*** *four years.*

- When you answer using a specific point in time or date, **depuis** means *since.*

    Je suis en France **depuis** le 5 juin.
    I've been in France ***since*** *June 5th.*

- The expressions **il y a... que, ça fait... que,** and **voilà... que** have the same meaning as **depuis** when used with the present tense, but notice the different word order.

    Il y a six mois **que** je suis en France.
    I've been in France ***for*** *six months.*

    Voilà quatre ans **que** je joue au tennis.
    I've been playing tennis ***for*** *four years.*

    Ça fait trois heures **que** je travaille.
    I've been working ***for*** *three hours.*

NOTE When you use **il y a** followed by a period of time and without **que**, it means *ago.* A past tense must be used with this construction.

J'ai pris des cours de tennis **il y a** quatre ans.
I took tennis lessons four years ***ago.***

Il y a cinq ans, il était en très bonne forme.
Five years ***ago,*** *he was in great shape.*

- **Pendant combien de temps** is used when asking about the duration of an action that is completed.

    Pendant combien de temps est-ce qu'ils ont étudié aux États-Unis?
    How long *did they study in the United States?*

    Ils ont étudié aux États-Unis **pendant** deux ans.
    They studied in the United States ***for*** *two years.*

• When asking about the duration of a repeated action in the present, the expression **passer du temps** is used.

Combien **de temps** est-ce que vous **passez** à lire le journal?
*How much **time** do you **spend** reading the newspaper?*

Je **passe** une heure par jour à le lire sur Internet.
*I **spend** an hour a day reading it on the Internet.*

Activités

A. Répétitions. Aïssa donne de ses nouvelles à sa tante Jasmina qu'elle n'a pas vue depuis plusieurs mois. Mais Jasmina n'entend pas très bien et lui demande de répéter. Jouez les rôles d'Aïssa et de Jasmina avec un(e) partenaire. Pour formuler les réponses d'Aïssa, choisissez parmi les différents modèles donnés ci-dessous.

MODÈLES: Ça fait six ans que je joue au volley-ball.
Il y a six ans que je joue au volley-ball.
Voilà six ans que je joue au volley-ball.
Je joue au volley-ball depuis six ans.

1. J'étudie l'anglais depuis douze ans.
2. Il y a quatre mois que Mme Marchand me trouve indispensable. J'enseigne l'anglais à ses enfants.
3. Ça fait déjà cinq ans que je donne des leçons d'anglais.
4. Voilà onze ans que je joue au tennis.
5. Il y a six ans que je suis joueuse professionnelle de tennis.
6. Je gagne beaucoup de tournois de tennis depuis cinq ans.

B. Une histoire. Lisez cette petite histoire et répondez aux questions.

Depuis l'âge de quatre ans, la petite Karine, qui a sept ans, va à beaucoup de fêtes d'anniversaire. Elle semble les adorer et on adore l'avoir comme invitée. Sa mère, par contre, n'aime pas acheter des cadeaux ou trouver une jolie robe pour chaque anniversaire! En plus, lorsqu'elle emmène *(brings)* Karine à une fête qui commence à deux heures, elle ne peut en général pas partir avant trois heures parce que les autres parents la retiennent en bavardant avec elle. Au mois de décembre, la maman a dit à sa petite fille qu'elle ne pouvait plus aller à ces fêtes d'anniversaire. La petite lui a demandé tout de suite qui viendrait fêter son anniversaire si elle n'allait plus chez les autres. Sa mère a compris que Karine avait raison. Nous sommes en mars et Karine continue à aller à des fêtes d'anniversaire!

1. Depuis combien d'années Karine fête-t-elle les anniversaires de ses camarades?
2. Pendant combien de temps la maman doit-elle rester avec Karine à ces fêtes?
3. Quand la maman a-t-elle dit à Karine qu'elle ne pouvait plus aller aux fêtes d'anniversaire? Combien de temps cela fait-il?
4. Pourquoi la maman a-t-elle changé d'avis?

 **C. Ne soyez pas indiscrets!** Posez les questions suivantes à un(e) copain/copine. Faites un résumé de ses réponses à la classe. Ne posez pas les dernières questions si vous les trouvez trop indiscrètes!

1. Depuis combien de temps tu es à l'université/au lycée?
2. Depuis quand tu étudies le français?
3. Combien de temps est-ce que tu passes chaque jour à étudier pour ce cours?
4. Quel sport est-ce que tu préfères? Depuis combien de temps est-ce que tu fais ce sport?
5. Quelle musique est-ce que tu préfères? Depuis quand est-ce que tu préfères cette musique?
6. Quel parti politique est-ce que tu préfères? Depuis quand?
7. Est-ce que tu as déjà échoué à un examen? Si oui, il y a combien de temps?
8. Qu'est-ce que tu faisais il y a trois heures? il y a trois mois? il y a trois ans?
9. Qui est-ce que tu n'aimes pas du tout? Depuis quand?
10. À quel moment dans ta vie est-ce que tu t'es senti(e) le/la plus heureux/heureuse?

Liens culturels

La vie privée/la vie publique

Les Français accordent énormément d'importance à la vie privée, qui est mieux protégée du regard public qu'aux États-Unis. Cela se voit quand on se promène dans la rue en regardant les maisons et les appartements. Par exemple, les fenêtres ont souvent des volets que les gens ferment le soir pour être à l'abri des regards dans leurs salons et dans leurs chambres à coucher. Des murs entourent les maisons et les jardins des rues passantes. Beaucoup de familles ont un chien de garde ou un portail d'entrée de cour. De même dans la maison, un invité qui irait ouvrir le frigo pour y prendre une boisson serait considéré comme très impoli. Les Français qui reçoivent chez eux ont aussi tendance à garder fermées les portes des chambres à coucher et des WC.

La loi française interdit aux médias d'informer le public sur la vie privée des individus. Personne ne pose de questions trop personnelles. Par exemple, on ne demande pas à un(e) Français(e) qu'on ne connaît pas bien: «Quel métier faites-vous?» ou «Qu'est-ce que vous avez fait hier soir?» parce que les réponses à ces questions révèlent l'origine et le statut social de ces personnes et sont donc considérées comme trop directes. Il est permis, néanmoins, de lui demander son opinion. Les opinions appartiennent à tout le monde, donc il n'y a pas de risque sérieux. Toutefois, il est bon d'être prudent. Ne demandez pas: «Vous êtes socialiste ou êtes-vous de droite?» Dites plutôt: «Qu'est-ce que vous pensez de la nationalisation des banques?» Si la personne que vous interrogez ne veut pas se compromettre, elle peut avoir recours à une réponse évasive.

Quelles questions est-ce que les Américains considèrent impolies? Avez-vous jamais posé une question indiscrète? Décrivez les circonstances et les réactions de votre interlocuteur/interlocutrice. Comment est-ce que vous réagissez quand on vous pose une question indiscrète? Pourquoi?

La grammaire à apprendre

Les noms

A. Le genre des noms

All nouns in French have a gender: masculine or feminine. When you learn a noun, it is beneficial to memorize the article with it in order to learn the gender. If you are not sure of the gender of a word, look it up in the dictionary.

- As a general rule, the gender of a noun referring to a person or animal is determined by the sex of the person or animal:

 un homme/une femme un roi/une reine un bœuf/une vache

- The names of languages, trees, metals, days, months, and seasons are usually masculine:

 le français le chêne *(oak)* l'argent *(silver)*
 le lundi le printemps

- The names of continents, countries, provinces, and states ending in an unaccented **e** are usually feminine:

 la France la Caroline du Nord l'Australie

 EXCEPTIONS le Mexique le Maine

- Certain endings to nouns may give clues as to their genders. The following are common masculine and feminine endings:

Masculin

-age	un paysage	**-eau**	un bureau
-ail	un travail	**-et**	un objet
-al	un journal	**-ier**	un cahier
-asme	le sarcasme	**-ent**	l'argent
-isme	le communisme	**-ment**	un appartement

Féminin

-ance	une ambiance	**-ette**	une couchette
-ence	une conférence	**-oire**	une histoire
-ture	une lecture	**-ière**	une matière
-son	une chanson	**-ie**	la géographie
-ion	une expression	**-ié**	la pitié
-tion	l'inscription	**-ée**	une journée
-esse	la vitesse	**-té**	la santé
-ace	une place	**-anse**	une danse
-ade	une salade	**-ense**	la défense

- Some nouns that refer to people can be changed from masculine to feminine by adding an **e** to the masculine form:

un ami → une amie	un étudiant → une étudiante
un assistant → une assistante	un avocat → une avocate

- Nouns with certain endings form the feminine in other ways:

-(i)er →	**-(i)ère**	**-on/-en** →	**-onne/-enne**
un banquier	une banquière	un patron	une patronne
un ouvrier	une ouvrière	un musicien	une musicienne
un boulanger	une boulangère	un pharmacien	une pharmacienne
un couturier	une couturière		
-eur →	**-euse**	**-et** →	**-ette**
un chanteur	une chanteuse	un cadet	une cadette
un danseur	une danseuse		
-teur →	**-trice**	**-f** →	**-ve**
un acteur	une actrice	un veuf	une veuve
un directeur	une directrice		
-x →	**-se**	**-eau** →	**-elle**
un époux	une épouse	un jumeau	une jumelle

- Some nouns have the same gender whether they refer to males or females:

un mannequin	une vedette
une personne	

- A few nouns denoting professions have no feminine form. These are usually the professions that were traditionally male. For clarity, the phrase **une femme** is added:

une femme cadre	une femme ingénieur
une femme médecin	

The feminine personal pronoun can also be used:

Mon médecin m'a dit qu'**elle** va déménager.

- Two nouns had only a masculine form until recently:

un auteur	un professeur

Now one commonly says:

une auteure	une professeure

- Several French nouns have different meanings in the masculine and feminine:

un aide *helper*	une aide *help, aid*
un critique *critic*	une critique *criticism; review*
un livre *book*	une livre *pound*
un tour *trip*	une tour *tower*
un poste *job; radio, television set*	une poste *post office*

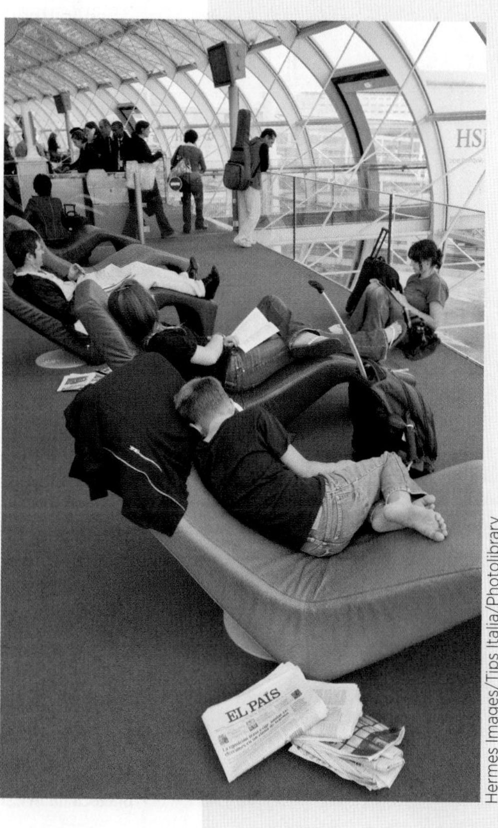

Hermes Images/Tips Italia/Photolibrary

B. Le pluriel des noms

- Generally, nouns are made plural by adding an **s**:

  un homme → des hommes
  une femme → des femmes

- Nouns ending in **-s**, **-x**, or **-z** do not change in the plural:

  un pays → des pays
  un nez → des nez

- Nouns ending in **-eu**, **-au**, and **-eau** take an **x** in the plural:

  un cheveu → des cheveux
  l'eau → des eaux

  EXCEPTION un pneu → des pneus

- Seven nouns ending in **-ou** take an **x**:

  un bijou → des bijoux *(jewels)*
  un caillou → des cailloux *(pebbles, stones)*
  un chou → des choux *(cabbages)*
  un genou → des genoux *(knees)*
  un hibou → des hiboux *(owls)*
  un joujou → des joujoux *(toys)*
  un pou → des poux[2] *(lice)*

NOTE All others add an **s**: un trou → des trous *(holes)*
un clou → des clous *(nails)*

- Nouns ending in **-al** and **-ail** change to **-aux**:

  un journal → des journaux
  un travail → des travaux

  EXCEPTIONS un festival → des festivals
  un détail → des détails

- Certain nouns are always plural in French:

  les gens les vacances les mathématiques (les maths)

- Some plurals are completely irregular:

  un ciel → des cieux mademoiselle → mesdemoiselles
  un œil → des yeux madame → mesdames
  monsieur → messieurs

- Some nouns have different pronunciations for the singular and plural:

  un œuf [œ] → des œufs [ø]

- A compound noun is a noun formed by two or more words connected by a hyphen. The formation of the plural depends on the words that make up the compound noun. In general, if the first word is a verb, it doesn't take the plural. It is best to look up compound nouns in the dictionary when making them plural.

  le beau-frère → les beaux-frères le gratte-ciel → les gratte-ciel

[2] For generations French children have learned this short list by heart and it has become a cultural joke: **bijou-caillou-chou-genou-hibou-joujou-pou.**

- The plural of family names in French is indicated by the plural definite article. No **s** is added to the family name itself:

  Les Martin ont salué des amis dans la rue.
  The Martins greeted some friends in the street.

Activités

A. L'égalité! Vous essayez d'apprendre à votre petite fille que les femmes peuvent faire le même travail que les hommes. Corrigez-la, en suivant le modèle.

MODÈLE: directeur

Votre fille: Les hommes sont directeurs!
Vous: Oui. Et un jour tu seras peut-être directrice.

1. chanteur
2. homme d'affaires
3. écrivain
4. avocat
5. artisan
6. pharmacien
7. patron
8. couturier

B. Quel est le genre? Vous écrivez une composition en cours de français. Vous ne savez pas le genre de certains des mots que vous voulez utiliser et le professeur ne vous permet pas d'utiliser le dictionnaire. Servez-vous donc de votre connaissance des terminaisons pour indiquer le genre de chaque mot.

location / serment / russe / Louisiane / qualité / animal / pilier / prêtresse / carnet / cuillère / couteau / Colombie / lion / couture / marxisme / adage / victoire / fusée / fourchette

C. Une lettre. Un jeune Français écrit pour la première fois à un correspondant américain. Complétez ses phrases. Attention aux articles.

Lyon, le 5 janvier

Cher Jack,

Je / être / de Lyon. Je / aller / aller / à New York cet été. Ma sœur / être / critique de musique / très connu / à New York. Ce / être / ancien / chanteur / d'Opéra. Le mari / de / sœur / être / banquier / important / qui / travailler / à la Banque nationale de Paris à New York. Ils me feront faire / tour / de / ville. Je / vouloir / voir / gratte-ciel / et / théâtres / de Manhattan. Peut-être que / je / pouvoir / faire / ta / connaissance / en juillet. En attendant, je / vouloir / aller / tout de suite / à / poste.

À bientôt, j'espère.

Michel

Interactions

Utilisez les suggestions suivantes pour créer des conversations avec un(e) partenaire. Essayez d'employer autant que possible le vocabulaire et la grammaire de la **Leçon 2.**

A. Dans l'ascenseur *(elevator).* Vous vous trouvez dans un ascenseur avec un(e) copain/copine de classe et l'ascenseur s'arrête entre deux étages. Votre camarade de classe explique qu'il/qu'elle est un peu claustrophobe. Pour le/la calmer, vous décidez de bavarder.

- Discutez de vos cours, de vos notes, de vos profs, etc.
- Discutez de vos intérêts. Est-ce que vous avez des intérêts en commun?
- Posez une question ou initiez une conversation à partir de quelque chose d'intéressant que vous avez remarqué chez votre interlocuteur/interlocutrice (une broche, un chapeau, le journal, l'accent anglais qu'il/qu'elle a, etc.).

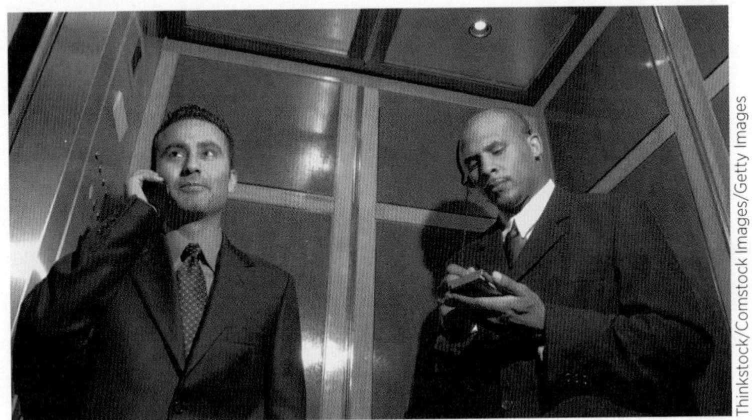

Thinkstock/Comstock Images/Getty Images

Quand vous êtes dans l'ascenseur, est-ce que vous vous adressez aux autres personnes? De quoi est-ce que vous leur parlez?

B. Présentations. Faites la connaissance de quelqu'un dans la classe. Parlez avec lui/elle d'où il/elle habite, de ses loisirs et d'où il/elle voudrait aller. Après, présentez-le/la aux autres étudiants de la classe.

PREMIER BROUILLON Dossier d'expression écrite

1. Look over your brainstorming notes from **Leçon 1** and circle the points you want to use in your informal letter. Use at least three examples in each of the four categories: things you do, the places you go and where you have traveled, people you know, and what you know how to do. As you choose your examples, ask yourself which ones would best serve to introduce you to your classmates. You might decide to give more detail on one example and keep the others short. Or you may choose to use a large number of very short examples. Look at each category and consider your message and your audience to decide.

2. Follow the format below as you begin to write your letter. In an informal letter, note that you will write your name and address on the top, left hand side. On the right put the date. Choose an appropriate salutation. For the body of your letter, arrange your thoughts in paragraphs. You may want to use the four categories as your organizing principle, or you may prefer to organize the body of your letter around some multi-category examples. Choose a suitable closing.
3. Select from the salutations and closings shown below, or write your own. Consider to whom you are writing and the extent of your familiarity with your audience as you make your selections. Examine the sample letter for help with your formatting and organization.

Salutations:

Chère Anne-Marie,	*Chers toutes et tous,*
Chers amis,	*Chers camarades,*

Closings:

À bientôt,	*Grosses bises,*
À mardi,	*Gros bisous,*
À demain,	*Je t'embrasse,*
À la semaine prochaine	*Amicalement,*
après le cours,	*Affectueusement,*

Note: You will find reference to formal openings and endings in letters in the **Dossier d'expression écrite** section of **Chapitre 7** of ***Bravo!*** Many bilingual dictionaries are also good references.

Mathéo Leroy
33, avenue de Grenoble
45000 Orléans
France

le 28 août

Chers amis américains,

Je suis ravi d'avoir l'occasion de me présenter. Je voudrais vous parler un peu de moi pour vous aider à mieux me connaître.

Vous vous demandez peut-être ce que je fais...

Chaque vendredi, je vais à...

Je connais pas mal de monde. Ma famille, bien entendu, mes parents, ma tante Camille, qui enseigne au Maroc,... À l'université, j'ai fait la connaissance de...

Je sais faire beaucoup de choses. J'ai appris à nager quand j'avais six ans, et maintenant je suis champion de natation. Quand...

Bon, j'espère vous avoir donné une assez bonne idée de qui je suis. Et vous,...

Amicalement,

Mathéo

LEÇON 3

COMMENT DEMANDER OU OFFRIR UN SERVICE

Conversation (conclusion)

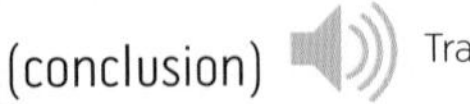

Rappel: Have you reviewed the formation and the use of the imperative? (Text p. 5 and SAM pp. 3–4)

Premières impressions

Identifiez: les expressions pour demander et offrir un service

Trouvez: qui déjeune au wagon-restaurant

Dans le train. Il est presque midi trente. Tout le monde commence à avoir faim.

NICOLE Mme Flanoret, si ça ne vous dérangeait° pas, est-ce que vous pourriez nous parler de la Martinique? Manu et moi, nous n'avons jamais visité les Antilles°.

MME FLANORET Ah, c'est dommage, mais je vais trop vous donner envie d'y aller, si je vous en parle. La Martinique est une île° tellement belle, vous savez. Il y fait chaud toute l'année, il y a de la musique et des fleurs partout, même à Noël! Les gens sont chaleureux° et aiment la vie, mais il n'y a pas assez de travail. Dans les grandes villes comme Fort-de-France, la pauvreté est un problème. Il y a trop de chômage°.

LAURENCE Vous savez, mon éditeur a mentionné un projet possible dans une île antillaise et je lui ai déjà dit que je voudrais bien le faire. S'il me donnait cette mission, est-ce que vous auriez la gentillesse de me donner une interview après votre retour en Martinique?

JACQUES Bien sûr! Avec plaisir! De plus, si vous voulez, nous pouvons vous montrer beaucoup de sites très intéressants.

LAURENCE C'est très gentil. Je vous remercie d'avance, Jacques.

NICOLE Dis, Manu, tu n'as pas un peu faim? Il est quelle heure, à propos°?

MANU Il est midi et demi.

NNICOLE Ah oui, je me disais bien que c'était l'heure du déjeuner. On va prendre quelque chose au wagon-restaurant? Vous venez avec nous?

VALÉRIE Nous, en fait, nous avons nos sandwichs dans nos sacs. Je pense qu'on va déjeuner ici. Tu veux descendre° notre sac, Jacques?

JACQUES OK... Tu pourrais me donner un coup de main? Tiens là... Pendant que je soulève° la valise, tu tires° le sac vers toi.

VALÉRIE Comme ça?

JACQUES Oui, voilà. Ça y est. Attention. Je vais le prendre maintenant... Il est lourd!

NICOLE Bien, alors, nous, euh... nous, on va au wagon-restaurant. Laurence, vous voulez venir?

LAURENCE Oui, c'est une bonne idée. À tout à l'heure...

MME FLANORET Oui, à tout à l'heure. Bon appétit!

MANU Merci. À vous aussi...

déranger *to bother*
the West Indies
island
warm, warm-hearted
unemployment
à propos *by the way*
to bring down
lift (up) / pull

Observation et analyse

1. Qu'est-ce que Nicole demande à Mme Flanoret? Pourquoi?
2. Parlez des contrastes de la Martinique.
3. Qu'est-ce que les passagers font pour le déjeuner?
4. Quel service est-ce que Laurence demande au couple martiniquais? Quelle expression est-ce qu'elle emploie? Quel est le mode du verbe qu'elle utilise?
5. Quel service est-ce que Valérie demande à Jacques? Comparez sa demande à celle de Laurence. En quoi est-ce que ces demandes diffèrent?
6. Quelle expression est-ce que Jacques emploie pour demander l'aide de Valérie quand il prend leur sac? En quoi est-ce que sa demande diffère de celles de Laurence et de Valérie?

Martinique Tourisme

Réactions

1. Qu'est-ce que vous faites quand vous vous trouvez dans une situation où vous devez déranger quelqu'un?
2. Donnez plusieurs exemples de situations dans lesquelles vous demandez ou vous offrez un service à quelqu'un. En quoi est-ce que votre façon de vous exprimer change selon les situations?

Expressions typiques pour...

Demander à quelqu'un de faire quelque chose

(rapports intimes et familiaux)

Est-ce que tu pourrais m'aider à mettre cette valise sur le porte-bagages *(suitcase rack)*, s'il te plaît?

Tu peux ouvrir la fenêtre, s'il te plaît?

Excuse-moi, papa/maman, mais tu pourrais me prêter *(lend)* ta voiture?

Tu veux me donner un morceau de pain, s'il te plaît?

Chéri, donne-moi un petit coup de main! *(familiar — give me a hand)*

Demander à quelqu'un de faire quelque chose

(rapports professionnels et formels)

Pardon, est-ce que vous pourriez ouvrir la fenêtre, s'il vous plaît?

Excusez-moi de vous déranger, madame/monsieur, mais j'ai un problème...

Pardon, madame/monsieur, est-ce que vous pourriez m'aider à mettre cette valise sur le porte-bagages?

Est-ce que cela vous ennuierait *(bother)* si on enlevait *(took down)* cette valise?

Excusez-moi, madame/monsieur, est-ce que vous auriez la gentillesse de me dire où se trouve la réception?

Proposer de l'aide
(rapports intimes et familiaux)

Tu veux que je t'accompagne?

Je te donne un coup de main? *(familiar)*

Tu as besoin d'un coup de main?

Je peux t'aider?

Laisse-moi t'aider.

Proposer de l'aide
(rapports professionnels et formels)

Je vous aide?

Si vous voulez, je peux vous accompagner.

Si cela peut vous rendre service, je veux bien m'en charger.

Laissez-moi vous aider.

Accepter une offre d'aide

Oui, je vous remercie.

Oui, d'accord. Merci.

Oui, c'est très gentil. Merci.

Oui, c'est sympa. *(familiar)*

Merci, ça va beaucoup mieux.

Refuser une offre d'aide

Merci. Je peux le faire moi-même.

Merci, mais ce n'est pas nécessaire.

C'est très gentil, mais j'ai presque terminé.

Non, non. Je crois que ça va.

Merci, mais ce n'est pas la peine. *(Don't bother.)*

Mots et expressions utiles

L'argent

une carte de credit *credit card*

un chèque de voyage *traveler's check*

le chéquier *checkbook*

le portefeuille *wallet, billfold; portfolio*

un prêt *loan*

encaisser *to cash (a check)*

emprunter *to borrow*

prêter *to lend*

Mise en pratique

—Laura, j'ai un petit problème. Je n'ai plus d'argent! J'ai oublié d'**encaisser** un **chèque de voyage** et je n'ai pas apporté mon **chéquier.** Pourrais-tu me **prêter** de l'argent pour le déjeuner?

—Bien sûr! J'ai ma **carte de crédit.** Je peux bien t'offrir le déjeuner.

—Merci! Tu es vraiment sympa!

Rendre un service

aider quelqu'un (à faire quelque chose) *to help someone (do something)*

donner un coup de main à quelqu'un *(familiar) to give someone a hand*

Ce n'est pas la peine. *Don't bother.*

déranger, ennuyer *to bother*

descendre *to go down; to get off (train, off, down etc.); to bring down (luggage)*

monter *to go up; to get on (train, etc.); to bring up (luggage)*

enlever *to take something out, off, down*

le porte-baggages *suitcase rack*

le quai *(train) platform*

Le voyage

les Antilles [f pl] *the West Indies*

Divers

à propos *by the way*

Mise en pratique

—Tu es prête? Nous n'avons que quelques minutes avant de partir.

—Oui. Euh... non! J'ai laissé un sac sur le **porte-bagages.** Donne-moi un **coup de main,** s'il te plaît... Voilà. Merci.

Liens culturels

Demander un service

Quand vous voulez demander à un(e) Français(e) de vous rendre un service, certaines tournures de phrases sociolinguistiques et socioculturelles peuvent vous aider à obtenir ce que vous désirez, surtout dans les situations formelles. Premièrement, au point de vue sociolinguistique, utilisez des mots comme «Pardon, monsieur/madame», «Excusez-moi de vous déranger», «Auriez-vous la gentillesse/la bonté de..., s'il vous plaît?» De plus, pour être plus poli, employez le conditionnel. «Est-ce que vous pourriez me dire... ?» Enfin, notez que l'on peut utiliser «est-ce que» ou l'inversion pour formuler des demandes dans les situations formelles (mais «est-ce que» est plus souvent utilisé). Dans les situations informelles, utilisez l'intonation ou «est-ce que»: «Tu pourrais m'aider, s'il te plaît? Est-ce que tu pourrais m'aider, s'il te plaît?»

Un étranger ou une étrangère qui se trouve en France et qui a besoin d'aide ou d'un service doit faire très attention à la façon dont il/elle formule sa demande. Sinon, sa demande risque d'être ignorée ou une excuse sera donnée pour ne pas y répondre. Pour vous débrouiller dans n'importe quelle situation, souvenez-vous de deux choses très importantes: Abordez d'abord votre interlocuteur avec politesse. Deuxièmement, utilisez les dix mots les plus importants pour tout étranger en France: «Excusez-moi de vous déranger, monsieur/madame, mais j'ai un problème...» Si vous utilisez cette phrase, vous montrerez que vous êtes une personne bien élevée qui respecte les autres et méritera donc le respect. Par conséquent, vous recevrez tout ce que vous voulez—ou presque tout.

Comparez la façon de demander un service chez les Français et chez les Américains. Est-ce que cela vous gêne de demander un service? Si oui, dans quelles circonstances?

Adapté de Elaine M. Phillips, *Polite Requests: Second Language Textbooks and Learners of French* Foreign Language Annals 26, iii (Fall 1993), pp. 372–383; Linda L. Harlow, *Do They Mean What They Say? Sociopragmatic Competence and Second Language Learners.* The Modern Language Journal 74, iii (Autumn 1990), pp. 328–351.

Activités

A. J'ai un petit problème. Trouvez deux façons de demander de l'aide à chacune des personnes suivantes. Variez, bien sûr, vos expressions.

MODÈLE: une amie / vous n'avez pas d'argent
Excuse-moi, Julie, je voudrais te demander un grand service. Tu pourrais me prêter de l'argent?
OU: *Tu peux me prêter de l'argent, s'il te plaît?*

1. votre mère / votre voiture ne marche pas
2. un agent de police / vous avez perdu votre portefeuille
3. dans l'autobus / vous ne savez pas où descendre
4. à l'ambassade de France / vous avez besoin d'un visa tout de suite
5. la concierge / vous allez en vacances
6. un dîner en famille / votre viande n'est pas assez salée

B. Offrir de l'aide. Maintenant, imaginez que vous voulez aider la personne dans cette situation difficile.

1. votre mère / sa voiture ne marche pas
2. un ami / il a perdu son portefeuille
3. dans l'autobus / une personne âgée essaie de mettre un gros paquet sur le porte-bagages
4. une amie / elle doit aller chez son père à la campagne parce qu'il est très malade

C. Jouez le rôle. Choisissez maintenant une des situations de l'exercice A ou B et jouez les rôles avec un(e) copain/copine de classe. N'oubliez pas de vous saluer et de prendre congé d'une façon adaptée à la situation.

D. Imaginez. Demandez de l'aide à quelqu'un dans les contextes suivants. Imaginez un problème, puis sa solution.

MODÈLE: en classe
Excuse-moi. Je n'ai pas de stylo. Tu peux m'en prêter un?
OU: ***Excusez-moi, Monsieur Goudin. Je n'ai pas entendu la dernière phrase. Auriez-vous la gentillesse de la répéter?***

1. dans un train
2. à la bibliothèque
3. au restaurant
4. à la banque
5. à l'hôpital
6. au travail

La grammaire à apprendre

Le conditionnel

Formation

The conditional in French is useful when making a request or asking for favors. It is equivalent to a compound verb form in English (*would* + infinitive).

Je **voudrais** un renseignement, s'il vous plaît.
*I **would like** some information, please.*

To form the conditional, add the imperfect endings (**-ais**, **-ais**, **-ait**, **-ions**, **-iez**, **-aient**) to the infinitive. Notice that the final **e** of **-re** verbs is dropped before adding the endings.

- **Verbes réguliers**

	parler	**finir**	**rendre**
je	parler**ais**	finir**ais**	rendr**ais**
tu	parler**ais**	finir**ais**	rendr**ais**
il/elle/on	parler**ait**	finir**ait**	rendr**ait**
nous	parler**ions**	finir**ions**	rendr**ions**
vous	parler**iez**	finir**iez**	rendr**iez**
ils/elles	parler**aient**	finir**aient**	rendr**aient**

J' **aimerais** bien parler avec le propriétaire.
*I **would like** to talk with the owner.*

- Changements orthographiques dans certains verbes en **-er**
  Some **-er** verbs undergo changes in the infinitive before the endings are added:

  Verbs like **acheter:** j'achèterais; nous lèverions
  Verbs like **essayer:** j'essaierais; vous paieriez
  Verbs like **appeler:** j'appellerais; ils jetteraient

- Verbes irréguliers

  The following verbs have irregular stems:

aller:	j'**irais**	devoir:	je **devrais**
avoir:	j'**aurais**	envoyer:	j'**enverrais**
courir:	je **courrais**	être:	je **serais**
faire:	je **ferais**	savoir:	je **saurais**
falloir:	il **faudrait**	tenir:	je **tiendrais**
mourir:	je **mourrais**	valoir:	il **vaudrait**
pleuvoir:	il **pleuvrait**	venir:	je **viendrais**
pouvoir:	je **pourrais**	voir:	je **verrais**
recevoir:	je **recevrais**	vouloir:	je **voudrais**

Je **voudrais** trois billets aller-retour, s'il vous plaît.
*I **would like** three round-trip tickets, please.*

Emploi

- The conditional is often used to express wishes or requests.

  Maman, tu **pourrais** m'aider à faire mes devoirs?
  *Mom, **could** you help me with my homework?*

- It also lends a tone of deference or politeness, which makes a request less abrupt.

  Pourriez-vous me dire où se trouve la gare, s'il vous plaît?
  ***Could** you please tell me where the train station is?*

- Often, expressions such as **Pardon, madame** or **Excusez-moi, monsieur** are used to make a request more polite.

  Pardon, monsieur, auriez-vous la gentillesse de m'indiquer où se trouve la rue Victor Hugo?

  ***Pardon me, sir, would** you be so kind as to show me where Victor Hugo Street is?*

- The conditional of the verb **devoir** corresponds to *should* in English. It is frequently used to give advice.

  Vous **devriez** bien étudier pour cet examen!
  *You **should** study hard for this test!*

- The use of the conditional to indicate a hypothetical fact that is the result of some condition will be presented in **Chapitre 7**.

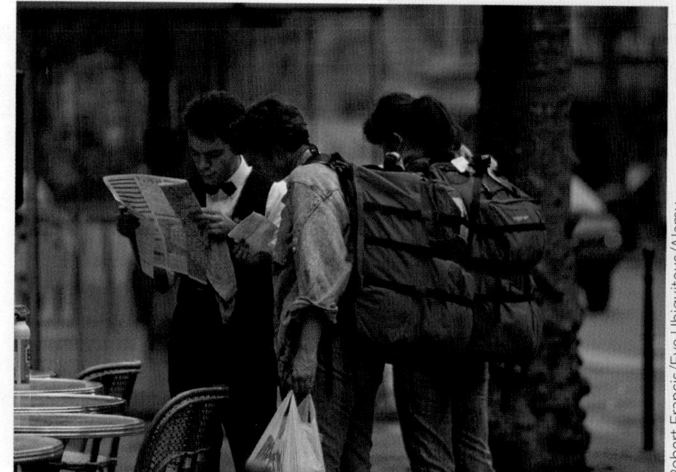

Pourriez-vous me montrer où se trouve la gare, s'il vous plaît?

Robert Francis/Eye Ubiquitous/Alamy

Activités

A. Soyez poli(e)! Vous êtes en voyage et vous avez besoin d'un billet. Mettez ces phrases au conditionnel.

1. Pardon, monsieur. Pouvez-vous m'aider à acheter un billet?
2. Il me faut un billet aller-retour.
3. Je peux vous poser une question?
4. Vous acceptez les chèques de voyages?
5. Je préfère voyager en première classe.
6. Il est possible de m'envoyer des renseignements sur les tarifs réduits à mon adresse permanente?

B. Les rêves. Si nous pouvions partir en voyage (n'importe où)...

MODÈLE: Nous visitons des pays exotiques.
Nous visiterions des pays exotiques.

1. Marianne passe tout son temps à faire du ski en Suisse.
2. Mes autres amis choisissent l'Espagne.
3. Je connais très bien les pays d'Asie.
4. Tu suis tes cours de langue avec beaucoup plus d'enthousiasme.
5. Nous n'avons plus le temps d'aller en cours.
6. Nous sommes très sensibles aux différences culturelles.

C. Dans le métro. On parle très peu aux inconnus dans le métro, mais on entend de temps en temps les phrases suivantes. Pour les compléter, mettez les verbes ci-dessous au conditionnel.

pouvoir / vouloir / savoir / devoir / avoir

1. ________ -vous la gentillesse de me céder votre place? J'ai mal aux jambes.
2. ________ -vous ouvrir la fenêtre? Il fait vraiment chaud ici.
3. ________ -vous l'heure, monsieur?
4. Vous ________ vous asseoir, madame. Vous êtes pâle comme tout.
5. Est-ce que je ________ m'asseoir à côté de vous, monsieur?

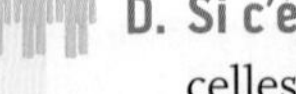

D. Si c'était possible... Complétez les phrases suivantes. Comparez vos réponses à celles de vos copains/copines de classe.

1. Ça me plairait de...
2. Vous devriez...
3. Je voudrais...
4. Il me faudrait...
5. J'aimerais...

Cette femme ne sait pas quelle ligne de métro prendre. Imaginez sa conversation avec l'homme.

Interactions

Utilisez les suggestions suivantes pour créer des conversations avec un(e) partenaire. Essayez d'employer autant que possible le vocabulaire et la grammaire de la **Leçon 3**.

A. Une situation embarrassante. Vous êtes en voyage et vous avez laissé votre serviette *(briefcase)* dans un taxi. Vous quittez la France dans deux jours et vous voulez que la compagnie de taxi vous l'envoie aux États-Unis. Décrivez votre serviette en détail, bien sûr, et ce qu'il y avait dedans. Si la compagnie la trouve et refuse de vous l'envoyer, demandez-lui de l'envoyer à votre frère qui viendra en France dans deux semaines. Prenez les mesures nécessaires, en utilisant toutes les expressions polies que vous connaissez!

B. Soyez ferme! Il y a des moments où on ne doit pas être poli. Un jeune homme essaie de vous vendre des montres et des bijoux dans le jardin des Tuileries. Il vous montre ses produits tout en marchant près de vous. Vous ne voulez rien acheter. Soyez ferme mais pas grossier/grossière *(abusive)*. Expliquez que vous n'avez besoin de rien. Demandez-lui d'être gentil et de vous laisser partir. Exigez qu'il vous laisse tranquille et expliquez que, s'il continue, vous allez appeler quelqu'un à l'aide.

DEUXIÈME BROUILLON Dossier d'expression écrite

1. Write a second draft of your letter from **Leçon 2**, focusing on the most interesting examples. Provide adequate details for those illustrations. Ask yourself if you have used the examples that best typify the category and whether you have used an appropriate number of examples to provide an accurate portrait of yourself to your readers. Check that the organization of your letter is effective and conveys the impression you want.
2. Add some expressions of politeness at the beginning and end to smooth the way to getting to know your classmates and to have them get to know you: **Je suis content(e) de faire votre connaissance**, etc.
3. Make your letter read more smoothly by using transition words and combining very short sentences to form longer ones. Use some of the following expressions:

- **Transition words that qualify: mais** *(but)*, **cependant** or **pourtant** *(however)*, **sauf** *(except for)*
- **Transitions that contrast: par contraste** *(in contrast)*, **tandis que** *(but on the other hand, whereas)*, **à la place de** *(instead of)*
- **Transitions that concede: néanmoins** *(nevertheless)*, **bien sûr** *(of course)*, **après tout** *(after all)*

SYNTHÈSE

Pierre Roussel/Newscom

La chanteuse, Isabelle Boulay

To experience this song, go to **www.cengagebrain.com/shop/ISBN/049590516X**

Turn to the end of the chapter for a complete list of active chapter vocabulary.

Activités musicales

Isabelle Boulay: *Parle-moi*

Avant d'écouter: Le contexte et les réflexions

1. Regardez le titre de la chanson d'Isabelle Boulay. À qui est-ce que la chanson s'adresse, à votre avis? À un(e) inconnu(e) ou à quelqu'un que la chanteuse connaît bien? D'après le titre, est-ce que vous pensez que la chanson va parler de la vie publique ou de la vie privée? D'après vous, quel est le sujet de la chanson?
2. Est-ce que vous connaissez des chansons qui parlent des relations sentimentales? Est-ce qu'il y en a une que vous aimez particulièrement? Laquelle? Décrivez le sujet de cette chanson et expliquez pourquoi vous la trouvez belle.
3. En général, est-ce que les chansons d'amour sont tristes ou heureuses? Pourquoi, à votre avis?

Pendant que vous écoutez: Compréhension

1. Quelles expressions répète la chanteuse? Pourquoi les répète-t-elle?
2. Quelles expressions illustrent un style informel?

Après avoir écouté: Communication

1. Résumez en quelques phrases le problème décrit dans la chanson. Est-ce que la personne qui dit «je» (la narratrice/la voix de la narratrice) est heureuse ou triste? Décrivez ses sentiments.
2. «Je ne sais plus... » est répété tout au long de la chanson. Qu'est-ce que cela indique au sujet de la situation de la narratrice? Faites une liste de ce qu'«elle ne sait plus».
3. La narratrice dit: «Tu es là, mais tu es si loin de moi». Est-ce que la personne à qui la chanson s'adresse est partie? Où est cette personne? Expliquez le sens *(meaning)* de la phrase.
4. Imaginez le début de la relation de la narratrice et de la personne aimée dans la chanson. Depuis combien de temps est-ce qu'ils se connaissent? Où est-ce qu'ils ont fait connaissance? Dans quelles circonstances? De quoi ont-ils peut-être parlé pendant leur première rencontre? Donnez plusieurs sujets de conversation possibles.
5. À votre avis, est-ce que cette relation va avoir une fin heureuse? Pourquoi ou pourquoi pas? Imaginez ce qui va se passer.
6. Parlez à la place de la narratrice et écrivez une lettre ferme mais gentille qui explique son point de vue de façon très claire.
7. Donnez des conseils ou faites des suggestions à la narratrice pour l'aider à faire face à sa situation.

Activités orales

A. Ah, le temps! Vous dormez et, dans votre rêve, vous êtes dans une situation où vous ne trouvez aucun sujet de conversation, sauf celui du temps. Jouez les rôles avec un(e) copain/copine de classe. Discutez des sujets suivants:

- le temps aujourd'hui
- le temps d'hier; le temps qu'il fera demain
- la même saison mais l'année passée
- le temps dans d'autres parties du pays ou en Europe

B. Dîner avec une vedette. Vous avez gagné une soirée en ville avec votre acteur préféré ou votre actrice préférée. Vous allez dîner au meilleur restaurant de la ville. Saluez votre idole et bavardez un peu. Parlez des sujets suivants:

- pourquoi votre idole a choisi ce métier
- ses futurs projets
- ses rôles ou ses films que vous avez admirés
- sa vie personnelle (frères, sœurs, loisirs, etc.)
- demandez-lui s'il/si elle pourrait signer votre menu
- demandez-lui si vous pourriez lui rendre visite

Activité écrite

Un(e) correspondant(e). Vous avez un(e) nouveau/nouvelle correspondant(e). Écrivez une courte lettre dans laquelle vous vous présentez. Parlez-lui de la région dans laquelle vous habitez, de votre famille, de vos intérêts et de votre vie (à l'université/au lycée ou au travail). Posez-lui des questions sur sa vie. Commencez la lettre par «Cher/Chère...» et terminez-la par «Amicalement».

RÉVISION FINALE Dossier d'expression écrite

1. Reread your letter and focus on the tone. Do you sound friendly and energetic or dull and boring? If the tone conveys the latter, go through and enliven the content without exaggerating the examples.
2. Examine your letter one last time. Check for correct spelling, grammar, and punctuation. Pay special attention to your use of the present tense, the conditional, the time expressions, and topics of conversation.
3. Prepare your final version using interesting stationery or paper. The appearance of the letter should make the impression that you want to give. Remember that this letter will be your introduction to the class. Make sure that there are no mistakes and that everyone can read your handwriting if you don't type your letter.
4. Be aware that your instructor may read your letter for the class, so be prepared to answer questions about yourself.

Intermède culturel

I. *ILS SONT FOUS, CES FRANÇAIS* de Polly Platt

Sujets à discuter

- Comment est-ce que la plupart des Américains voient les Parisiens? Froids? Chaleureux *(Warm)*? Gentils? Impolis? Accueillants *(Friendly)*? Comment est-ce que vous les voyez?
- Quand vous êtes dans un endroit inconnu et que vous avez des problèmes, qu'est-ce que vous attendez des gens de la région? De la gentillesse? De l'indifférence? De l'impolitesse?
- Est-ce que votre voiture a déjà calé *(stalled)* dans une grande rue? Qu'est-ce que vous avez fait? Est-ce que vous avez pu repartir?

Introduction

This article by Polly Platt will provide examples of several of the cultural themes in the chapter. She talks, for example, about living in a new culture in Paris and of offers of help that she has witnessed. Polly Platt, an American who lived in Paris for 20 years, has become well acquainted with the French and French culture. She believes, contrary to what many Americans think, that Parisiens are not indifferent and cold to those they don't know. She cites several examples of how the French are very generous with their time when they see a stranger in distress.

Lecture

Les Parisiens ont beau être toujours débordés°, ils savent aussi se montrer extrêmement prévenants° avec les gens dans la rue, à condition qu'ils soient sur la même longueur d'ondes° (qu'ils ne sourient pas). S'ils remarquent quelque chose qui risque de vous mettre dans l'embarras°—un coffre° de voiture ouvert, une boîte d'œufs qui va tomber de votre porte-bagages—ils se plieront en quatre° pour vous prévenir°.

Les Parisiens... *However overwhelmed the Parisians always are / nice, pleasant*
longueur... *wavelength*
difficulté / *trunk*
ils se plieront... *they will bend over backwards / to warn*

Dans la rue, en France, on vous court après si vous laissez tomber quelque chose. Essayez si vous ne me croyez pas! Et, en cas d'urgence, les Français savent s'unir contre ces «Autres» impitoyables que sont les flics°, le mauvais temps, le gouvernement, les accidents, la négligence, le manque de chance.

cops

Les chauffeurs de bus vous attendent. Ils s'arrêtent même parfois exprès pour vous. Si quelqu'un trouve un objet dans la rue, il le dépose contre une vitrine au cas où le propriétaire reviendrait le chercher. C'est comme ça qu'hier, j'ai aperçu, posés sur le rebord des fenêtres°, un chausson de bébé°, un guide de Paris et des lunettes de ski.

windowsills / **un...** *baby bootie*

Peu de temps après notre arrivée à Paris, je suis tombée sur un bon samaritain. Je conduisais les enfants à l'école à l'heure de pointe°, sous une pluie battante, lorsque ma 4 L° a calé° dans une rue à sens unique°. Derrière moi, une vingtaine de voitures—toutes conduites par des hommes d'affaires qui se rendaient à leur travail. Ils se sont mis° à klaxonner à qui mieux mieux°. Mais impossible de redémarrer°. Les klaxons ont monté d'un ton. Dans tous mes états, je tirais éperdument° sur le starter. Peine perdue°. Les klaxons faisaient maintenant un bruit assourdissant°. C'est alors que le conducteur de la voiture de derrière se présenta° poliment devant ma portière, tout dégoulinant° de pluie, et me demanda° si je voulais qu'il essaie de démarrer la voiture. Soulagée°, je me glissai° sur le siège du passager. Devant cette initiative, les autres chauffeurs m'ont prise en pitié, et ils ont cessé de klaxonner. Mais mon sauveur n'est pas arrivé, lui non plus, à démarrer la voiture. Il m'a aidée à la pousser sur une place de stationnement et m'a dit: «Madame, j'ai peur que vous ne° soyez obligée d'emmener vos enfants à l'école en taxi. Pendant ce temps, j'enverrai quelqu'un examiner votre voiture. Je travaille chez Renault.»

l'heure de... *rush hour*

Renault 4 L / *stalled* / **à sens...** *one way*

se sont... ont commencé / **à qui...** *trying to beat each other, very loudly* / *start up again* / *violently* / *Lost cause* / **faisaient...** *made it hard to hear* / (passé simple) s'est présenté / **tout...** *dripping wet* / (passé simple) m'a demandé / *Relieved* / (passé simple) me suis glissée *(slid over)*

no negative meaning in this instance

Quand je suis revenue, un peu plus tard, deux mécanos en salopettes° bleues s'affairaient° autour de ma voiture. Ils m'apprirent° que, malheureusement, ils ne pouvaient pas la réparer sur place et qu'il fallait qu'ils l'apportent chez le concessionnaire°. Le concessionnaire? Mais où ça?

deux... *mechanics in overalls*

were working hard / (passé simple) m'ont appris

car dealer

«Chez Renault, Madame. Avenue de la Grande-Armée. Elle sera prête à six heures.» Lorsque j'arrivai° pour la chercher, on m'apprit° que je n'avais rien à payer. On refusa° même de me donner le nom de mon bienfaiteur. «Monsieur le directeur préfère garder l'anonymat.» Mon français n'était pas assez bon pour que je puisse plaider ma cause (prendre un air contrit° et refuser de partir avant qu'ils vous aient répondu).

(passé simple) je suis arrivée / (passé simple) m'a appris / (passé simple) a refusé

prendre... *to look sorry*

C'était il y a longtemps, mais je le revois marchant sous la pluie et frappant à ma portière. S'il lit cette histoire et qu'il se souvient de la pauvre Américaine avec ses trois enfants à l'arrière de sa 4 L, j'espère qu'il se fera connaître.

Polly Platt, *Ils sont fous, ces Français* (French or Foe), www.pollyplatt.com

Compréhension

A. Observation et analyse

1. Donnez 3 ou 4 exemples que Polly Platt utilise pour illustrer la gentillesse inattendue des Parisiens envers des inconnus.
2. Qu'est-ce qui est arrivé à Mme Platt et à ses enfants dans la rue le jour où il pleuvait beaucoup?
3. Qu'est-ce que le bon samaritain a fait pour eux?
4. Quel est le plus cher espoir de Mme Platt?

Heinle/Cengage Learning

B. Grammaire/Vocabulaire

Relisez cette histoire. En utilisant les expressions pour offrir ou demander un service et le conditionnel, que diriez-vous dans les circonstances suivantes?

1. Vous remarquez que le coffre d'une voiture arrêtée au feu rouge est ouvert.
2. Une personne a du mal à porter ses achats. En fait, une boîte d'œufs va tomber de son sac.
3. Votre voiture ne redémarre pas. Il fait un temps horrible et la circulation devient plus dense.
4. Vous voulez savoir le nom de la personne qui vous a aidé(e) à réparer votre voiture. On ne vous le dira pas.

C. Réactions

1. Est-ce que vous avez déjà eu l'occasion d'aider quelqu'un qui était dans un grand besoin? Si oui, qu'est-ce que vous avez fait?
2. Est-ce que vous pensez que la dame qui a écrit l'histoire est trop optimiste et trop naïve? Est-ce que vous croyez qu'il y a beaucoup d'inconnus qui seraient prêts à vous dépanner comme cela à Paris?
3. Comparez: Qu'est-ce qui se passerait dans une grande ville américaine si votre voiture calait en pleine rue?

Interactions

1. Formez un groupe de trois étudiants pour jouer les rôles de cette scène. La voiture d'un d'entre vous ne redémarre pas. Les deux autres personnes viennent à l'aide de ce malheureux/cette malheureuse. Imaginez la conversation.
2. On pense, en général, que les gens des grandes villes, surtout d'une ville comme Paris, sont moins obligeants *(helpful)* que ceux des petites villes. Pourquoi, à votre avis? D'où viennent ces stéréotypes? Discutez-en en petits groupes.

Expansion

Allez sur l'Internet et faites des recherches sur la compagnie automobile Renault. Donnez une brève histoire de cette compagnie. Est-ce que vous connaissez d'autres compagnies automobiles françaises? Lesquelles?

II. *PÈRE ET FILLE EN VOYAGE* d'Annie Ernaux

Sujets à discuter

- Est-ce que vous avez déjà fait un voyage organisé? Avec qui? (classe, équipe, association, agence de voyages?) Le moyen de transport utilisé était-il le car, le train, l'avion, le bateau? Quels souvenirs avez-vous de ce voyage?
- Pourquoi est-ce que les gens partent en voyage organisé, à votre avis? Où est-ce que ça vous plairait d'aller avec un groupe?
- Quand vous aviez 13 ans, est-ce que vous vous compariez aux autres jeunes? Dans quelles circonstances?

Stratégies de lecture

Familles de mots Des mots inconnus peuvent souvent ressembler à des mots que vous avez déjà appris. Vous connaissez probablement les mots de la colonne de gauche. En utilisant le contexte et votre connaissance des mots de la colonne de gauche, déterminez puis expliquez à un(e) camarade de classe le sens des mots soulignés dans les phrases ci-dessous. Si vous ne connaissez pas les mots de la colonne de gauche, utilisez votre dictionnaire!

inscription	**1.** Au cours de l'hiver, ma mère nous avait inscrits, mon père et moi, à un voyage organisé par la compagnie d'autocars de la ville.
pays	**2.** Au fur et à mesure que nous descendions vers le sud, le dépaysement m'envahissait.
terre	**3.** Derrière nous, une veuve, propriétaire terrienne, avec sa fille de treize ans.
content	**4.** Elle n'a pas répondu à mes avances, se contentant de me sourire quand je lui parlais...
le col	**5.** À une petite table près de nous, il y avait une fille de quatorze ou quinze ans, en robe décolletée, bronzée, avec un homme assez âgé...
goût	**6.** Elle dégustait une sorte de lait épais dans un pot en verre...

Introduction

This literary reading focuses on the chapter theme of ***le voyage.*** *Travel often involves much more than seeing new sights and having a good time. While travelers become acquainted with new areas and possibly new customs and ways of living one's life, they also become better acquainted with themselves, their position in the world, and their relationships with others. Self-knowledge can, however, lead to disappointment or disillusionment.*

The writer Annie Ernaux has made many voyages of discovery. In 1952, she was 12 and lived in a working-class family in Rouen, in Normandy. In La honte *(1997), one of her autobiographical books, she recalls the pilgrimage she made that year with her father to Lourdes, in southern France, where the virgin Mary had appeared to a young woman a century earlier, and to the* ***châteaux de la Loire.*** *She describes how difficult it was for her to establish contact with other teenage girls during this trip. These slightly older strangers were a source of both curiosity and envy.*

Lecture

Au cours de l'hiver, ma mère nous avait inscrits, mon père et moi, à un voyage organisé par la compagnie d'autocars de la ville. Il était prévu de descendre vers Lourdes en visitant des lieux touristiques, Rocamadour, le gouffre de Padirac°, etc., d'y rester trois ou quatre jours et de remonter vers la Normandie par un itinéraire différent de celui de l'aller, Biarritz, Bordeaux, les châteaux de la Loire. C'était au tour de mon père et moi d'aller à Lourdes. Le matin du départ, dans la deuxième quinzaine d'août—il faisait encore nuit—nous avons attendu très longtemps sur le trottoir° de la rue de la République le car qui venait d'une petite ville côtière°, où il devait embarquer des participants au voyage. On a roulé° toute la journée en s'arrêtant le matin dans un café, à Dreux, le midi dans un restaurant au bord du Loiret, à Olivet. Il s'est mis° à pleuvoir sans discontinuer et je ne voyais plus rien du paysage à travers la vitre. [...] Au fur et à mesure que nous descendions vers le sud, le dépaysement m'envahissait. Il me semblait que je ne reverrais plus ma mère. En dehors d'un fabricant de biscottes et sa femme, nous ne connaissions personne. Nous sommes arrivés de nuit à Limoges, à l'hôtel Moderne. Au dîner, nous avons été seuls à une table, au milieu de la salle à manger. Nous n'osions pas parler à cause des serveurs. Nous étions intimidés, dans une vague appréhension de tout. [...] Derrière nous, une veuve, propriétaire terrienne°, avec sa fille de treize ans. [...]

J'avais cru naturel de rechercher la compagnie de la fille de treize ans, Élisabeth, puisque nous n'avions qu'un an de différence et qu'elle allait aussi dans une école religieuse, même si elle était déjà en cinquième°. Nous étions de la même taille mais elle avait le corsage° gonflé° et déjà l'air d'une jeune fille. Le premier jour, j'avais remarqué avec plaisir que nous portions toutes les deux une jupe plissée° marine avec une veste, la sienne rouge et la mienne orange. Elle n'a pas répondu à mes avances, se contentant de me sourire quand je lui parlais, de la même façon que sa mère, dont la bouche s'ouvrait sur plusieurs dents en or et qui n'adressait jamais la parole à mon père. Un jour, j'ai mis la jupe et le chemisier de mon costume de gymnastique, qu'il fallait user une fois la fête de la Jeunesse° passée. Elle l'a remarqué: «Tu es allée à la fête de la Jeunesse?» J'ai été fière de dire oui, prenant sa phrase accompagnée d'un grand sourire pour une marque de connivence° entre nous deux. Ensuite, à cause de l'intonation bizarre, j'ai senti que cela signifiait, «tu n'as rien d'autre à te mettre que tu t'habilles en gymnastique».

Un soir, le dernier du voyage, à Tours, nous avons dîné dans un restaurant tapissé° de glaces, brillamment éclairé, fréquenté par une clientèle élégante. Mon père et moi étions assis au bout de la table commune du groupe. Les serveurs négligeaient celle-ci, on attendait longtemps entre les plats. À une petite table près de nous, il y avait une fille de quatorze ou quinze ans, en robe décolletée, bronzée, avec un homme assez âgé, qui semblait être son père. Ils parlaient et riaient, avec aisance et liberté, sans se soucier des° autres. Elle dégustait une sorte de lait épais° dans un pot en verre—quelques années après, j'ai appris que c'était du yoghourt, encore inconnu chez nous. Je me suis vue dans la glace en face, pâle, l'air triste avec mes lunettes, silencieuse à côté de mon père, qui regardait dans le vague. Je voyais tout ce qui me séparait de cette fille mais je ne savais pas comment j'aurais pu faire pour lui ressembler.

(a cavern in the Padirac region): site touristique naturel avec une rivière souterraine (une des merveilles du plateau du Haut-Quercy) au nord-est de Cahors (voir Internet) / endroit réservé aux piétons *(pedestrians)* entre les magasins et la rue / *coastal* /*travelled* (l'autocar a roulé) / **s'est...** *began*

propriétaire... *landowner*

en cinquième *corresponds to 7th grade in the US (second year of Junior High) / blouse / swollen*

pleated

la fête... *a public celebration by all schools in a city that included athletic and gymnastic displays; common until the 1960s / complicity*

covered

se soucier des *take interest in, take care of / thick*

Sophie Bassouls/Sygma/Corbis

L'écrivaine, Annie Ernaux

Compréhension

A. Observation et analyse

1. La narratrice (la personne qui raconte l'histoire) a quel âge quand elle fait ce voyage? Et quand elle écrit ce récit, à votre avis?
2. Où est-ce qu'elle va avec son père? Pourquoi?
3. Le voyage organisé a lieu pendant quel mois?
4. Est-ce que la jeune fille connaît beaucoup de participants?
5. Est-ce que la jeune fille a l'habitude d'aller en voyage? Expliquez son attitude.
6. Avec qui veut-elle parler? Décrivez les conversations qu'elle a avec cette personne.
7. Comment est-ce qu'elle s'habille pendant le voyage? Est-ce que les vêtements ont de l'importance pour elle? Et pour les autres?
8. Décrivez le restaurant à Tours. Décrivez l'ambiance dans ce restaurant.
9. En faisant ce voyage touristique, est-ce que la jeune fille fait aussi un «voyage intérieur»? Qu'est-ce qu'elle découvre?
10. À votre avis, qu'est-ce qui a le plus marqué la jeune fille pendant ce voyage: les lieux, les visites, la découverte de l'ouest de la France, l'indifférence des autres envers elle, sa timidité, ses rapports avec son père, autre chose? Expliquez et justifiez votre opinion.

B. Grammaire/Vocabulaire

Dans la colonne de gauche, il y a des mots tirés du texte. Essayez de dire la même chose en choisissant un mot ou une phrase qui a la même signification dans la colonne de droite.

1. il était prévu	un chemin, une succession de routes ou de rues
2. descendre	un signe de complicité, d'entente silencieuse
3. un itinéraire	essayer de connaître
4. la vitre	être pareil(le) à quelqu'un
5. être intimidé	selon le programme, on devait
6. rechercher	jamais vu
7. être de la même taille	être peu sûr de soi
8. remarquer	être aussi grand(e)
9. adresser la parole	le verre de la fenêtre
10. une marque de connivence	constater, noter dans sa tête
11. encore inconnu	aller dans le sud
12. lui ressembler	dire un mot, parler

Paul Almasy/CORBIS

Aimez-vous voyager en bus? Expliquez.

C. Réactions

1. Décrivez les sentiments que vous avez eus en lisant cette histoire. Par exemple, est-ce que vous êtes triste ou content(e) pour la jeune fille? Pourquoi? Est-ce que vous la trouvez naïve, innocente, complexée ou sotte? Expliquez.
2. Parlez des autres personnages de l'histoire: le père, la veuve et sa fille Élisabeth, les serveurs, etc. Comment les trouvez-vous? Décrivez les rapports entre la narratrice et ces personnes.
3. Est-ce que vous avez déjà eu une réaction comme celle de la jeune fille pendant un voyage ou dans une autre situation? Expliquez.
4. Quelle serait votre réaction si une étudiante de la classe agissait comme Élisabeth, la fille de la veuve?

Interactions

1. Avec un(e) copain/copine de classe, décrivez un voyage organisé et les participants idéaux. Pensez aux choses suivantes: la destination, le temps, la saison, les repas, le moyen de transport, etc.
2. Jouez les rôles et imaginez une scène entre la jeune fille et Élisabeth, peut-être pendant la visite d'un château de la Loire.
3. Depuis le seizième siècle, on dit beaucoup en France que «les voyages forment la jeunesse». Avec deux ou trois autres étudiants, analysez ce dicton. Est-ce que vous êtes d'accord? Pourquoi? Préparez au moins trois exemples pour justifier votre point de vue et présentez-les à la classe.

Expansion

1. Choisissez un des endroits suivants et faites des recherches à la bibliothèque ou sur Internet: Lourdes, le gouffre de Padirac, Biarritz, Bordeaux, les châteaux de la Loire, Limoges. Expliquez pourquoi c'est un lieu connu.
2. Dessinez une carte de la France et tracez l'itinéraire du voyage du père et de la fille.

VOCABULAIRE

SALUER/PRENDRE CONGÉ *(TO TAKE LEAVE)*

(se) connaître *to meet, get acquainted with; to know*

(s')embrasser *to kiss; to kiss each other*

se faire la bise *(familiar) to greet with a kiss*

faire la connaissance (de) *to meet, make the acquaintance (of)*

(se) rencontrer *to meet (by chance); to run into*

(se) retrouver *to meet (by prior arrangement)*

(se) revoir *to meet; to see again*

LES VOYAGES

un aller-retour *round-trip ticket*

annuler *to void, cancel*

l'arrivée [f] *arrival*

atterrir *to land*

un (billet) aller simple *one-way ticket*

un billet électronique *an electronic ticket*

la consigne *checkroom*

un demi-tarif *half-fare*

le départ *departure*

desservir une gare, un village *to serve a train station, a village*

la destination *destination*

les frais d'annulation [m pl] *cancellation fees*

le guichet *ticket window, office; counter*

un horaire *schedule*

indiquer *to show, direct, indicate*

le quai *platform*

une réduction *discount*

les renseignements [m pl] *information*

un tarif *fare, rate*

valable *valid*

un vol *flight; theft*

LA CONVERSATION

les actualités [f pl] *current events*

avoir l'air *to look, have the appearance of*

bavarder *to chat*

le boulot *(familiar) work*

être en forme *to be in good shape*

les loisirs [m pl] *leisure activities*

le paysage *countryside*

L'ARGENT

une carte de crédit *a credit card*

un chèque de voyage *traveler's check*

le chéquier *checkbook*

emprunter *to borrow*

encaisser *to cash (a check)*

le portefeuille *wallet, billfold; portfolio*

un prêt *a loan*

prêter *to lend*

RENDRE UN SERVICE

aider quelqu'un (à faire quelque` chose) *to help someone (do something)*

Ce n'est pas la peine. *Don't bother.*

déranger, ennuyer *to bother*

donner un coup de main à quelqu'un *(familiar) to give someone a hand*

LE VOYAGE

les Antilles [f pl] *the West Indies*

descendre *to go down; to get off (train, etc.); to bring down (luggage)*

enlever *to take something out, off, down*

monter *to go up; to get on (train, etc.); to bring up (luggage)*

le porte-bagages *suitcase rack*

le quai *(train) platform*

DIVERS

à propos *by the way*

une couchette *cot, train bed*

s'installer *to get settled*

une place (de) libre *an unoccupied seat*

une place réservée *a reserved seat*

Je t'invite...

2

Pour tester vos connaissances, visitez **www.cengagebrain.com/shop/ISBN/049590516X**  Audio iLrn Heinle Learning Center

Bob Handelman/Stone/Getty Images

LA GRAMMAIRE À RÉVISER

Activités d'un weekend typique.

Conjuguez les verbes en remplaçant le sujet des phrases suivantes.

1. Nous avons du monde à déjeuner. (tu/Marc et Marielle/je)
2. Je prends un petit déjeuner simple. (nous/Marielle/nos amis)
3. Marine fait les courses au marché de la Place de la République. (Marc et Marielle/vous/nous)
3. Tu vas à la boulangerie-pâtisserie. (je/nous/Marielle)
4. Paul ne dort plus jusqu'à 10 heures. (les enfants/tu/nous)
5. Mon frère et ma belle-sœur mettent la table. (je/vous/tu)
6. Je crois que les repas en famille valent la peine. (nous/Marc/les enfants)
7. Ce soir, nous voulons bien dîner avec Aïssa. (tu/Marc et Marielle/vous)

iLrn To review **Quelques verbes irréguliers: le présent**, consult the *Irregular French Verbs* Grammar Tutorials on iLrn.

The information presented here is intended to refresh your memory of various grammatical topics that you have probably encountered before. Review the material and then test your knowledge by doing the drills in the margin and completing the accompanying exercises in the workbook.

AVANT LA PREMIÈRE LEÇON

Quelques verbes irréguliers: le présent

A. Les plus communs

avoir *(to have)*	j'**ai** tu **as** il/elle/on **a**	nous **avons** vous **avez** ils/elles **ont**
être *(to be)*	je **suis** tu **es** il/elle/on **est**	nous **sommes** vous **êtes** ils/elles **sont**
aller *(to go)*	je **vais** tu **vas** il/elle/on **va**	nous **allons** vous **allez** ils/elles **vont**
faire *(to do; to make)*	je **fais** tu **fais** il/elle/on **fait**	nous **faisons** vous **faites** ils/elles **font**

B. Verbes en *-ir*

partir *(to leave)*	je **pars** tu **pars** il/elle/on **part**	nous **partons** vous **partez** ils/elles **partent**

→ Like **partir: sortir** *(to go out)*; **mentir** *(to lie)*

dormir *(to sleep)*	je **dors** tu **dors** il/elle/on **dort**	nous **dormons** vous **dormez** ils/elles **dorment**
servir *(to serve)*	je **sers** tu **sers** il/elle/on **sert**	nous **servons** vous **servez** ils/elles **servent**

venir (to come)	je **viens**	nous **venons**
	tu **viens**	vous **venez**
	il/elle/on **vient**	ils/elles **viennent**

→ Like **venir: revenir** *(to come back)*; **devenir** *(to become)*; **tenir** *(to hold)*; **retenir** *(to hold back)*

NOTE **venir de + infinitif** = *to have just done something*

C. Verbes en *-re*

mettre (to put; to put on)	je **mets**	nous **mettons**
	tu **mets**	vous **mettez**
	il/elle/on **met**	ils/elles **mettent**

→ Like **mettre: permettre** *(to permit)*; **promettre** *(to promise)*; **battre** *(to beat)*

dire (to say; to tell)	je **dis**	nous **disons**
	tu **dis**	vous **dites**
	il/elle/on **dit**	ils/elles **disent**

→ Like **dire: lire** *(to read)* (*except for the regular* **vous** *form:* **vous lisez**)

écrire (to write)	j'**écris**	nous **écrivons**
	tu **écris**	vous **écrivez**
	il/elle/on **écrit**	ils/elles **écrivent**

→ Like **écrire: décrire** *(to describe)*; **s'inscrire à/pour** *(to join; to sign up for)*

prendre (to take)	je **prends**	nous **prenons**
	tu **prends**	vous **prenez**
	il/elle/on **prend**	ils/elles **prennent**

→ Like **prendre: comprendre** *(to understand)*; **apprendre** *(to learn)*; **surprendre** *(to surprise)*

D. Verbes en *-oir(e)*

pouvoir (to be able)	je **peux**	nous **pouvons**
	tu **peux**	vous **pouvez**
	il/elle/on **peut**	ils/elles **peuvent**
vouloir (to wish; to want)	je **veux**	nous **voulons**
	tu **veux**	vous **voulez**
	il/elle/on **veut**	ils/elles **veulent**
devoir (to have to; to owe)	je **dois**	nous **devons**
	tu **dois**	vous **devez**
	il/elle/on **doit**	ils/elles **doivent**

croire *(to believe)*	je **crois**	nous **croyons**
	tu **crois**	vous **croyez**
	il/elle/on **croit**	ils/elles **croient**

→ Like **croire: voir** *(to see)*

valoir *(to be worth)*	je **vaux**	nous **valons**
	tu **vaux**	vous **valez**
	il/elle/on **vaut**	ils/elles **valent**

NOTE The third-person singular form is most often used: **il vaut.**

valoir mieux *(to be better)*
valoir la peine *(to be worth the trouble)*

falloir *(to be necessary)*
il faut

pleuvoir *(to rain)*
il pleut

AVANT LA DEUXIÈME LEÇON

Les articles

To review **Les articles,** consult the *Definite and Indefinite Articles* Grammar Tutorials on iLrn.

A. L'article défini

	SINGULIER	PLURIEL
Masculin	le restaurant	les restaurants
Féminin	la gare	les gares
Voyelle ou h muet	l'ami	les amis
	l'amie	les amies
	l'hôtel	les hôtels

The definite article contracts with **à** *(at, to, in)* and **de** *(from, of, about)* as follows:

- Definite article with **à**

	SINGULIER	PLURIEL
Masculin	au restaurant	aux restaurants
Féminin	à la gare	aux gares
Voyelle ou h muet	à l'hôtel	aux hôtels

- Definite article with **de**

	SINGULIER	PLURIEL
Masculin	du restaurant	des restaurants
Féminin	de la gare	des gares
Voyelle ou h muet	de l'hôtel	des hôtels

Les articles.

Mettez l'expression au pluriel. Faites attention à l'article ou à la préposition.

Modèles:
la femme → **les femmes**
de l'hôtel → **des hôtels**

1. le garçon
2. l'homme
3. un hôtel
4. une voiture
5. à l'école
6. au cinéma
7. de la boutique
8. du supermarché

B. L'article indéfini

	SINGULIER	PLURIEL
Masculin	un hôtel	des hôtels
Féminin	une gare	des gares

C. Le partitif

The partitive article is used with a noun to indicate part of a whole. In English, we use the words *some* or *any* or nothing at all in place of the partitive article. The partitive article in French is a combination of **de** and the definite article.

	SINGULIER	PLURIEL
Masculin	du pain	des fruits
Féminin	de la crème	des framboises
Voyelle ou h muet	de l'eau	des hors-d'œuvre

Some grammarians do not consider the plural form **des** as a true partitive. They regard it as the plural indefinite article. In practical usage, there is no difference.

Courtesy of Restaurant Chez Paul, Paris, France

Combien de fois par mois est-ce que vous allez au restaurant? Combien de fois est-ce que vous voudriez y aller? Quels sont vos restaurants préférés?

En France il y a plus de 155 000 restaurants.

Traduction.

Vous faites des courses dans une petite épicerie-fromagerie avec un(e) ami(e) qui parle mal le français. Traduisez pour que le marchand comprenne.

1. Some bread, please.
2. Some butter, please.
3. A big piece of gruyère, a little less than a kilo, please.
4. A dozen oranges, please.
5. A kilo of beef, please.
6. A can of peas, please.
7. A liter of milk, please.
8. A package of spaghetti, please.
9. Some strawberries.
10. And a liter of mineral water, please.

D. Les expressions de quantité

Expressions of quantity are followed by **de** plus the noun. The article is omitted.

assez de *enough*
autant de *as much, as many*
beaucoup de *many, a lot of*
combien de *how many, how much*
moins de *less, fewer*
peu de *few, little*
plus de *more*
tant de/tellement de *so much, so many*
trop de *too much*
une boîte (un paquet) de *a box, can (a package) of*
une bouteille (une tasse, etc.) de *a bottle (a cup, etc.) of*
une cuillerée de *a spoonful of*

une douzaine de *a dozen of*
un kilo (une livre, etc.) de *a kilo (a pound, etc.) of*
un litre de *a liter of*
un morceau de *a piece of*
une paire de *a pair of*
un peu de *a little*
une tranche de *a slice of*
Ce café a beaucoup de clients. *This café has many customers.*
Il reste peu de citron pressé dans son verre. *There is only a little freshly squeezed lemonade left in his/her glass.*

EXCEPTIONS **Bien de, la plupart de, la plus grande partie de,** and **la majorité de** are followed by and combined with the definite article:

La plupart du temps, le service est compris dans le prix du menu. — *Most of the time, the service is included in the price of the meal.*

AVANT LA TROISIÈME LEÇON

Les mots interrogatifs

iLrn To review **Les mots interrogatifs,** consult the *Interrogatives* Grammar Tutorials on iLrn.

où *(where)*
à quelle heure *(when, at what time)*
quand *(when)*
combien *(how much)*
combien de *(how much, how many)*
comment *(how)*
pourquoi *(why)*

Où est-ce que je peux trouver une épicerie?
À quelle heure est-ce que l'épicerie ouvre?
Quand arrivent les pommes de terre nouvelles?
Combien coûte un kilo de bananes?
Combien de kilos voulez-vous?
Comment sont les pêches aujourd'hui?
Pourquoi est-ce que tout est si cher?

NOTE Both **est-ce que** and inversion are correct in spoken and written information questions, although **est-ce que** is much more common. In spoken French, the following patterns are also frequently heard:

Un kilo de bananes coûte **combien**? — **Pourquoi** tout est si cher?

LEÇON 1

COMMENT INVITER; COMMENT ACCEPTER OU REFUSER UNE INVITATION

Conversation

Track 4

Premières impressions

1. Identifiez: les expressions pour inviter, accepter et refuser une invitation
2. Trouvez: où habite Éric

Rappel: Have you reviewed the present tense of common irregular verbs? (Text pp. 48–50 and SAM pp. 31–32)

C'est la rentrée°. Isabelle et Éric, amis d'enfance, ne se sont pas vus depuis plusieurs années. Maintenant étudiants à l'université, ils se retrouvent comme par hasard dans le même cours de maths et s'attendent à la sortie de la salle de classe.

start of the new school year

ISABELLE Eh, Éric, salut! Qu'est-ce que tu fais là?

ÉRIC Isabelle, c'est toi? Ça fait longtemps!

ISABELLE Oui, euh... à peu près six ans, hein?

ÉRIC Eh oui, dis donc! Ça va?

ISABELLE Oui, ça va bien. Enfin, ça va, quoi! Je trouve qu'il est dur, ce cours! Pas toi?

ÉRIC Si, moi aussi, j'ai du mal. Euh... dis-moi, qu'est-ce que tu fais mercredi?

ISABELLE Écoute, mercredi, en principe, euh, je n'ai rien de prévu°. Mais, attends, je vais vite vérifier° mon agenda°... J'ai tout là dans mon iPhone... Ah, ben non, attends... non, j'ai mon cours d'aérobic mercredi soir. Pourquoi?

The French tend to use many pause words (i.e., conversational fillers) in oral speech, such as **ben, euh, alors,** and **écoute.** You will study them in **Chapitre 4.**

ne rien avoir de prévu *to have no plans / to check / engagement calendar*

ÉRIC Ben, maman et moi, nous allons dîner au restaurant Chez Clément un soir cette semaine, alors je pensais que tu pourrais nous accompagner, peut-être...

ISABELLE Ah! Oui, cela me ferait vraiment plaisir de la revoir! Ça fait longtemps! Oh, oui, mais alors, mercredi, malheureusement, je ne peux pas. Euh... jeudi?

ÉRIC Oui, pourquoi pas?

ISABELLE Alors, à quelle heure?

ÉRIC Je ne sais pas, sept heures, sept heures et demie. Ça te va?

ISABELLE Oui, très bien. Chez Clément est toujours au 36 rue de Cluny?

ÉRIC En bas de la rue, c'est ça.

ISABELLE Très bien, d'accord.

ÉRIC Super! Je confirme avec maman et je te passe un coup de fil°, OK? Tu me donnes tes coordonnées°?

passe... *give you a telephone call / contact info*

ISABELLE Bien sûr. Mon numéro de portable est le 06-41-95-59-60. À bientôt.

ÉRIC Ciao!

À suivre

Observation et analyse

1. Où a lieu *(takes place)* cette conversation?
2. Pourquoi est-ce qu'Éric et Isabelle sont surpris de se revoir?
3. Quels sont les détails de l'invitation: le jour, l'heure, l'endroit, ce qu'ils vont faire?
4. Quel âge ont Éric et Isabelle approximativement? Est-ce qu'ils se connaissent bien? Comment le savez-vous?

Réactions

1. Imaginez que vous rencontrez un(e) vieil(le) ami(e) que vous n'avez pas vu(e) depuis longtemps. Est-ce que vous invitez cette personne à faire quelque chose avec vous? Qu'est-ce que vous lui proposez de faire?
2. Quelle est l'invitation la plus intéressante (bizarre, ennuyeuse) que vous ayez jamais reçue? Expliquez.

De quelle sorte d'invitation s'agit-il?
Est-ce que vous accepteriez cette invitation? Expliquez.

Au cours de la séance solennelle
présidée par Madame Michèle GENDREAU-MASSALOUX
Recteur-Chancelier des universités de Paris,

Le diplôme de Docteur Honoris Causa
de l'université de Paris-Sorbonne sera décerné

à Sir John BOARDMAN
Professeur en Art et Archéologie classique
à l'université d'Oxford

* * *

à M. Wolf LEPENIES
Professeur de Sociologie
Recteur du Wissenschaftskolleg de Berlin

le Recteur Jean-Pierre POUSSOU
Président de l'université de Paris-Sorbonne

et le Conseil de l'Université
vous prient de leur faire l'honneur d'assister à la
séance solennelle de l'université:

Vendredi 17 juin à 15 heures

Cette cérémonie sera suivie d'une réception.

Cette invitation strictement personnelle sera exigée à l'entrée:
47, rue des Écoles
75005 PARIS

Université de Paris-Sorbonne

Expressions typiques pour...

Inviter

(rapports intimes et familiaux)

Si tu es libre, je t'invite au restaurant.

J'ai envie *(feel like)* d'aller au ciné. Ça t'intéresse?/Ça te dit?/Ça te va?

Qu'est-ce que tu fais ce soir? Tu veux venir avec nous?

Si tu étais libre, tu pourrais dîner à la maison.

Accepter l'invitation

Oui, c'est une bonne idée.

Entendu!

D'accord. Je veux bien.

Oui, je suis libre. Allons-y!

Je n'ai rien de prévu.

Ça me ferait plaisir (de)...

Refuser l'invitation

Malheureusement, je ne peux pas ce soir-là.

Tu sais, je n'ai pas le temps ce soir, mais...

Ce n'est pas possible: je suis pris(e) *(not available)*.

Ce serait sympa, mais...

Inviter

(rapports professionnels et formels)

Pourriez-vous venir dîner au restaurant?

Ça vous intéresserait de...

Nous aimerions vous inviter à...

On se fera un plaisir de vous recevoir.

Accepter l'invitation

Ça me ferait grand plaisir.

Volontiers. *(Gladly.)* Je serais enchanté(e) de venir.

J'accepte avec plaisir. Merci.

Je vous remercie. *(Thank you.)* C'est gentil à vous.

Refuser l'invitation

Je suis désolé(e) *(sorry)*, mais...

Merci beaucoup, mais je ne suis pas libre.

C'est gentil de votre part, mais j'ai malheureusement quelque chose de prévu *(I have plans)*.

Many of the expressions for accepting and refusing an invitation can be used in both formal and informal contexts, particularly those that are starred.

Remember to use the **vous** form when addressing more than one person.

Mots et expressions utiles

L'invitation

un agenda *engagement calendar*

donner (un) rendez-vous à quelqu'un *to make an appointment (with someone)*

emmener quelqu'un *to take someone (somewhere)*

regretter/être désolé(e) *to be sorry*

remercier *to thank someone*

vérifier *to check*

avoir envie de (+ infinitif) *to feel like (doing something)*

être pris(e) *to be busy (not available)*

avoir quelque chose de prévu *to have plans*

ne rien avoir de prévu *to have no plans*

prévoir/projeter de (+ infinitif) *to plan on (doing something)*

les projets [m pl] *plans*

faire des projets *to make plans*

passer un coup de fil à quelqu'un *(familiar) to telephone someone*

poser un lapin à quelqu'un *(familiar) to stand someone up*

Qui?

le chef *head, boss*

le directeur/la directrice *director*

le/la patron(ne) *boss*

un(e) collègue *fellow worker*

un(e) copain/copine *friend, boyfriend/friend, girlfriend*

Quand?

dans une heure/deux jours *in an hour/two days*

samedi en huit/en quinze *a week/two weeks from Saturday*

la semaine prochaine/mardi prochain *next week/next Tuesday*

tout de suite *right away*

Où?

aller au cinéma/à un concert/au théâtre *to go to a movie/a concert/the theater*

aller à une soirée *to go to a party*

aller en boîte *to go to a nightclub*

aller voir une exposition de photos/de sculptures *to go see a photography/sculpture exhibit*

prendre un verre/un pot *(familiar) to have a drink*

Divers

la rentrée *start of the new school year*

volontiers *gladly, willingly*

Mise en pratique

Quelle journée! Mon **patron m'a donné rendez-vous** à onze heures ce matin afin de discuter de nos projets pour un nouveau client. Eh bien, j'ai travaillé presque toute la nuit pour me préparer et, par conséquent, j'ai peu dormi. Tu sais ce qui est arrivé? Il **m'a posé un lapin**! Il a dû oublier notre rendez-vous (il ne l'a sûrement pas noté dans son **agenda**) et il est parti. À son retour, il m'a dit qu'il **était** vraiment **désolé.** Qu'est-ce que je pouvais lui dire? C'est mon **patron**!

Activités

A. Invitons. Invitez chacune des personnes suivantes, de deux ou trois façons différentes. Aidez-vous des ***Expressions typiques pour...***

1. un(e) bon(ne) copain/copine à manger dans un restaurant
2. votre nouveau voisin à dîner chez vous
3. un(e) nouvel(le) employé(e) de votre entreprise à manger à la cafétéria
4. les parents de votre copain/copine, dont vous venez de faire la connaissance, à dîner chez vous dimanche soir
5. votre grand-mère à passer le week-end chez vous

B. Une leçon de vocabulaire... Aidez votre copain/copine de classe à apprendre le nouveau vocabulaire en lui donnant un synonyme pour chaque expression. Utilisez les ***Mots et expressions utiles.***

1. ne pas aller à un rendez-vous que l'on a avec quelqu'un
2. ne pas être pris(e)
3. désirer faire quelque chose
4. quelqu'un avec qui on travaille
5. le patron
6. boire quelque chose ensemble
7. le contraire de **la semaine passée**
8. être désolé(e)
9. téléphoner à quelqu'un
10. dire merci

C. Conversation entre amis après les cours. Complétez la conversation suivante avec les ***Mots et expressions utiles.*** Faites les changements nécessaires.

GAËLLE Est-ce que ça vous intéresse de _______ au café Tantin? J'ai soif!

SYLVIE C'est une bonne idée. Mais je ne peux pas y rester trop longtemps. Je _______ de retrouver Robert _______ deux heures devant le musée d'Orsay.

MARC C'est qui, Robert? Un de tes _______ de bureau?

SYLVIE Oui, et il est très sympa. Si j'arrive en retard, il pensera probablement que je lui *(passé composé)* _______.

GAËLLE Et toi, Thérèse?

THÉRÈSE Zut! Je _______, je ne peux pas y aller; j'ai quelque chose _______. En fait, je suis déjà en retard. Au revoir!

THOMAS Je pense aller voir _______ Picasso ce soir. Quels sont tes _______, Sara? Ça t'intéresse d'y aller?

SARA Oui, mais je suis _______. J'ai promis à ma petite sœur de l'_______ au cinéma pour voir le nouveau film de Disney.

Pablo Picasso *(The Pub, The Ham)*

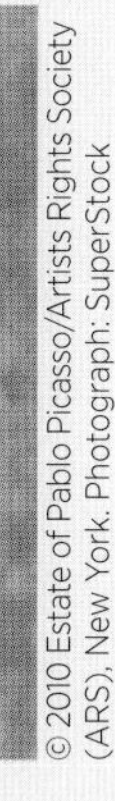

D. Imaginez. Acceptez ou refusez chacune des invitations suivantes en variant vos réponses. Si vous refusez, donnez une raison. Attention au degré de respect dont vous devez faire preuve.

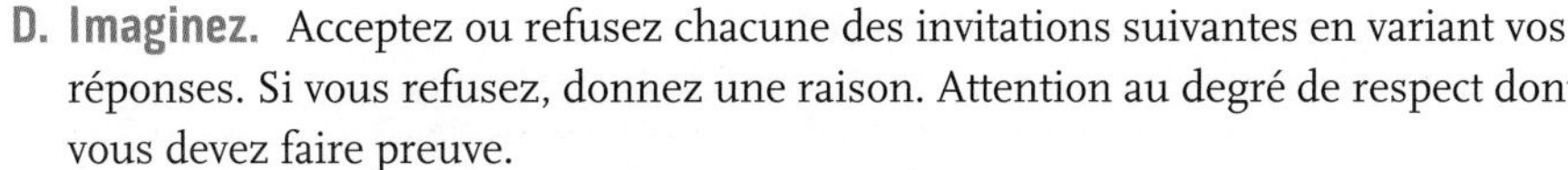

1. (M. Journès) Pourriez-vous venir prendre l'apéritif avec nous dimanche?
2. (un[e] collègue) Ça vous intéresserait d'aller au concert ce soir?
3. (un[e] copain/copine) Tu es libre demain soir? Viens dîner chez moi.
4. (votre cousin[e]) Je t'invite à voir le nouveau film de Pierre Jolivet ce week-end.
5. (votre petit[e] ami[e]) J'ai envie d'aller au musée après le cours. Tu as quelque chose de prévu?

La grammaire à apprendre

Les verbes irréguliers: *boire, recevoir, offrir* et *plaire*

You have already reviewed the present tense of some very common irregular verbs in ***La grammaire à réviser.*** The following irregular verbs are important in contexts related to inviting, as well as offering food and drink.

- **boire** *(to drink)*

participe passé: bu

je **bois**	nous **buvons**
tu **bois**	vous **buvez**
il/elle/on **boit**	ils/elles **boivent**

→ D'habitude, je **bois** du café le matin, mais hier j'**ai bu** du thé.

When a **c** is followed by **a, o,** or **u,** a **cédille** (**ç**) is added under it to keep the soft **c** sound. In a few words, such as **vécu,** the **c** sound is meant to be hard, and thus no **cédille** is used.

- **recevoir** *(to receive; to entertain)*

participe passé: reçu

je **reçois**	nous **recevons**
tu **reçois**	vous **recevez**
il/elle/on **reçoit**	ils/elles **reçoivent**

→ Like **recevoir: décevoir** *(to disappoint);* **apercevoir** *(to notice, see)*
→ Je **reçois** beaucoup de coups de téléphone, mais je n'en **ai** jamais **reçu** de cet homme dont tu parles.

- **offrir** *(to offer)*

participe passé: offert

j'**offre**	nous **offrons**
tu **offres**	vous **offrez**
il/elle/on **offre**	ils/elles **offrent**

→ Like **offrir: ouvrir** *(to open);* **souffrir** *(to suffer)*
→ Ma grand-mère **souffre** d'arthrose. Elle en **a souffert** toute sa vie, la pauvre.

- **plaire** *(to please)*

participe passé: plu

→ Most common forms: il/elle/on **plaît** ils/elles **plaisent**
→ Like **plaire: déplaire** *(to displease)*

→ Est-ce que le décor de ce restaurant **te plaît?**
→ *Do you like the décor of this restaurant? (Does the décor of this restaurant please you?)*

NOTE An indirect object is always used with **plaire** (something or someone is pleasing *to* someone), and thus the word order is the opposite of that in English:

Les mauvaises manières du garçon lui **ont déplu.**
He/She didn't like the waiter's bad manners.
(The waiter's bad manners displeased him/her.)

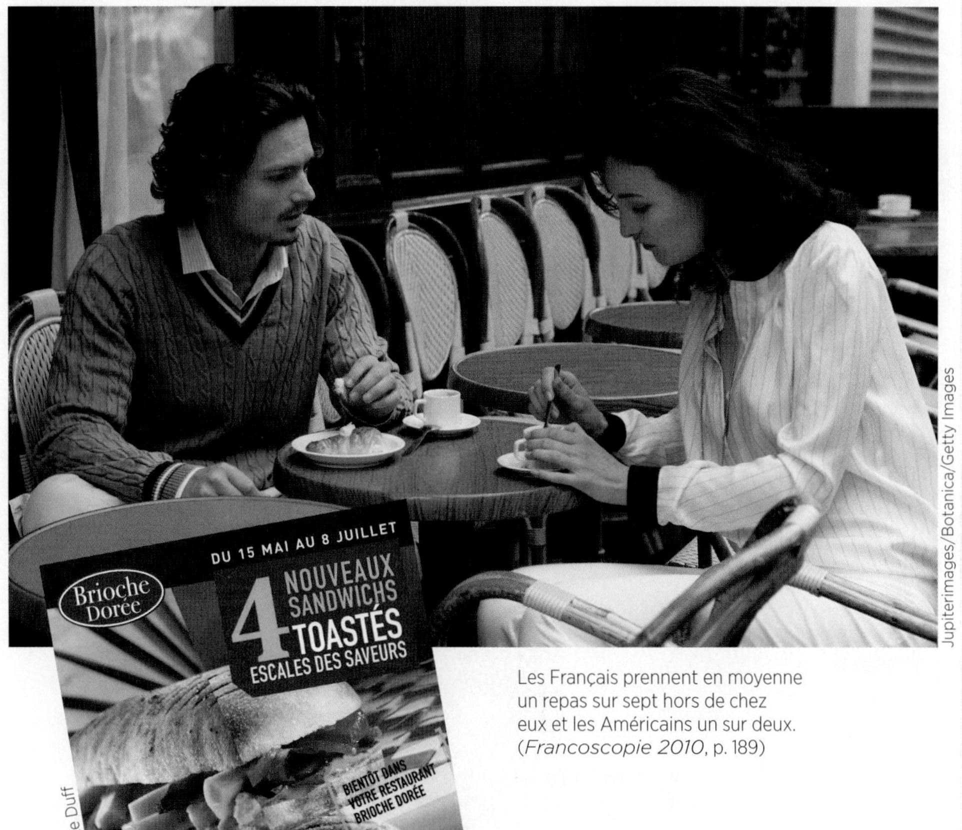

Jupiterimages/Botanica/Getty Images

Courtesy of Brioche dorée, Groupe Le Duff

Les Français prennent en moyenne un repas sur sept hors de chez eux et les Américains un sur deux. (*Francoscopie 2010*, p. 189)

La Brioche dorée, c'est quel type de restaurant?

Activités

A. Au restaurant. Vous entendez des fragments de conversation. Remplacez les mots en italique par les mots entre parenthèses et faites les changements nécessaires pour compléter les phrases suivantes.

1. *Tu* bois du Coca, n'est-ce pas? (Vous/Elle/Antoine et Adrien)
2. *L'ambiance de ce restaurant* me plaît beaucoup. (Les tableaux/Les nouveaux prix ne... pas/Ce quartier)
3. *Nous* ouvrons bientôt un bistro. (Ils/On/Mon cousin et moi)
4. *Je vous* offre une boisson. (Est-ce que vous me... ?/Le patron nous/Nous vous)
5. *L'attitude du garçon me* déplaît. (Le service nous/Les sports américains ne vous... pas/Votre proposition ne nous... pas, au contraire)

Liens culturels

Les sorties entre copains

En France, les jeunes de moins de vingt ans n'ont pas l'habitude de sortir en couple. Les sorties à deux sont moins courantes qu'aux États-Unis. Si un garçon passe chercher une fille chez elle, c'est en général dans le but de rejoindre un groupe d'amis à un endroit prévu et de décider ensemble de ce qu'ils veulent faire.

Dans les milieux lycéens et en fac, les jeunes ont souvent des amis dont la famille vient d'une autre région de France que la leur ou même d'une autre partie du monde, comme d'Afrique, des Antilles, du Moyen-Orient, d'Asie ou des Amériques. Le monde est devenu un grand village. En Europe, le programme d'échanges Erasmus permet aux étudiants de licence d'étudier pendant un semestre ou une année entière dans l'un des 33 pays participants. Créé en 1987 pour 11 pays de l'espace européen, ce programme favorise la maîtrise d'une langue étrangère. Il s'applique maintenant à 33 pays et a déjà bénéficié à plus de 2 millions d'Européens. Erasmus Mundus est un nouveau programme qui étend le concept d'une formation internationale au reste du monde.

Parlez de vos sorties entre copains. Sortez-vous en groupe ou à deux? Est-ce qu'il y a des avantages à sortir en groupe pour les jeunes? Et pour les parents? Expliquez. Est-ce qu'il y a des programmes comme Erasmus pour les étudiants américains?

Qu'est-ce que ce groupe de jeunes fait?

B. Chez Chantal. Chantal reçoit des amis. Dans les extraits suivants de leurs conversations, remplissez les blancs avec la forme appropriée d'un de ces verbes.

recevoir / boire / décevoir / offrir / servir / souffrir / plaire / déplaire

1. Hélène, qu'est-ce que tu ______ ce soir? Du vin?
2. Marc, je peux t'______ quelque chose à boire aussi?
3. Est-ce que ce vin blanc vous ______?
4. Nous ______ rarement des amis, vous savez. Mon mari et moi travaillons tous les deux et, malheureusement comme tout le monde, nous ______ de la maladie moderne qui s'appelle «le manque de temps»!
5. Et les filles de Marc? Qu'est-ce qu'elles ______? Du Coca, comme toujours?
6. Mais qu'est-ce qu'on entend? C'est un CD de Jaques Brel? J'espère que ses chansons ne vous ______ pas...
7. Bon, tout est enfin prêt. Je vous ______ un repas très simple, mais à la française!

C. Questions indiscrètes. Posez les questions suivantes à un(e) copain/copine. Faites un résumé de ses réponses à la classe.

1. Qu'est-ce que tu bois quand tu vas à une soirée?
2. Que préfères-tu boire après avoir travaillé au soleil?
3. Qu'est-ce que tu bois quand tu manges une pizza ou un sandwich?
4. Tu ouvres une bouteille de cidre ou de champagne au réveillon du Nouvel An?
5. Tu souffres de maux de tête quand on met la musique très fort en boîte ou dans une soirée? quand tu passes des examens?

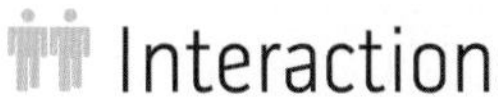

Interactions

Utilisez les suggestions suivantes pour créer des conversations avec un(e) partenaire. Employez autant que possible le vocabulaire et la grammaire de la **Leçon 1**.

A. Je t'invite. Votre partenaire est un(e) ami(e). Dites-lui bonjour et discutez de choses et d'autres. Invitez-le/la à dîner chez vous. Il/Elle accepte avec plaisir. Demandez ce qu'il/elle préfère boire et manger. Demandez s'il/si elle aime la cuisine française. Suggérez un jour pour le dîner et décidez de l'heure. Il/Elle vous remercie.

B. Invitation au musée. Vous passez voir votre belle-mère qui habite assez loin de chez vous. Dites-lui bonjour et discutez de choses et d'autres. Demandez-lui si elle est libre le week-end prochain. Vous proposez d'aller à une exposition de peintres impressionnistes au musée près de chez vous. Elle a quelque chose de prévu et ne peut pas accepter. Vous suggérez le week-end suivant et elle accepte. Fixez l'heure et la date de son arrivée. Elle vous remercie et vous répondez poliment.

PRÉPARATION Dossier d'expression écrite

This chapter's writing focus is on comparison and contrast. One benefit of comparison and contrast is that it can be used to help the reader make a decision.

1. Write down the names of two of your favorite restaurants or two of the courses that you are currently taking in preparation for setting up the reader to make an informed choice.
2. After you have chosen your topic, write a list of similarities and a list of differences between the two restaurants or courses that you are going to describe. Consider the following aspects of your topic and any others that you can think of:

   restaurants: type of food, price, service, atmosphere, size of restaurant, placement of tables

   courses: subjects, teachers, requirements, grades, structure of the classes, tests, projects
3. Show your lists to at least one classmate to help brainstorm further ideas.

LEÇON 2

COMMENT OFFRIR À BOIRE OU À MANGER
Blog (suite)

Rappel: Have you reviewed definite articles, indefinite articles, partitive articles, and expressions of quantity? (Text pp. 50–52 and SAM pp. 32–35)

Premières impressions

1. Identifiez: les expressions pour offrir à boire et à manger, pour accepter ou refuser
2. Trouvez: a. ce que le restaurateur propose comme entrée[1]
   b. les fromages recommandés

Isabelle trouve sur Internet le blog du restaurateur de Chez Clément où elle va dîner jeudi avec Éric et Mme Fournier.

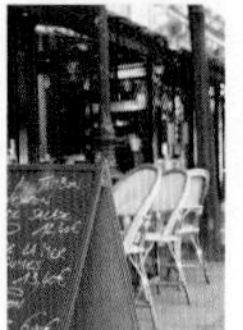

Bienvenue au restaurant Chez Clément! Au cœur du Quartier latin, proche de l'Odéon, nous vous proposons une cuisine française traditionnelle et pleine de saveurs. Choisissez un des plateaux d'amuse-gueule°. Est-ce que nous pouvons vous servir un de nos apéritifs°—un petit kir[2], peut-être? À la carte ou dans les formules menu, nous vous proposons comme entrée la salade niçoise avec de beaux cœurs d'artichauts et des anchois de la mer Baltique. Comme plat principal, nous vous recommandons les côtelettes de veau° rôties aux pêches de vigne. C'est la spécialité de la maison. Après, laissez-vous tenter° par le plateau de fromages. Le brie et les chèvres° viennent d'un très bon producteur de la région. Pour le dessert, vous ne serez pas déçus par le café liégeois°, un vrai régal° pour le palais! La maison propose toutes sortes de bières et une carte de vins intéressante.

Commentaire

appetizer
before-dinner drinks
les côtelettes... *veal chops*
to tempt, try
goat's milk cheeses
café... *mocha ice cream on top of cold espresso / treat, pleasure*

COMMENTAIRES

CHARLOTTE
Les côtes d'agneau sont très bien préparées et les haricots verts cuits comme il faut (pas trop...). La dernière fois, pas de dessert pour moi—je n'en pouvais plus! Le service est par contre inégal et dépend du bon vouloir du serveur.
Réagir contre cet avis?

GABRIELLE
Ce soir-là, service impeccable. Des desserts très intéressants. La crème brûlée—je voulais bien, mais c'était par pure gourmandise°...
Réagir contre cet avis?

par... *for the love of food/ eating*

NATHAN
Quelle belle brasserie! Le décor est magnifique et le lieu confortable. La cuisine est traditionnelle tout en se permettant quelques pointes d'originalité. Cette brasserie existe depuis le début du 20ème siècle et son décor art déco nous a beaucoup plu.
Réagir contre cet avis?

SAMUEL
C'est beau et c'est bon! Pour l'apéro, prendre le kir ☺. Tchin-tchin°!
Réagir contre cet avis?

(familiar) Cheers!

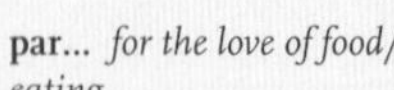

[1] Bien que le mot **entrée** signifie le plat principal d'un repas en anglais, en français, il désigne le plat servi avant le plat principal.
[2] un apéritif populaire qui se compose de vin blanc et de crème de cassis *(black currant liqueur)*

Ludovic Maisant/Encyclopedia/Corbis

On fabrique plus de 300 fromages différents en France (*Quid 2007*, p. 1695a). Pourquoi est-ce que les Français produisent tant de fromages, à votre avis?

Observation et analyse

1. Qu'est-ce qu'on dit avant de boire?
2. Qu'est-ce que le restaurateur propose comme apéritif? comme entrée? comme viande? Que servent-ils d'autre?
3. Comment est le décor de Chez Clément, d'après les clients? Et le service?
4. Après avoir lu le blog du restaurateur et les commentaires de quelques clients, est-ce que vous pensez qu'Isabelle va aimer le restaurant? Expliquez.

Réactions

1. Normalement, qu'est-ce que vous buvez avant un repas spécial? Et après?
2. Est-ce que vous avez déjà mangé du brie? du chèvre? Si oui, comment avez-vous trouvé ces fromages?
3. Est-ce que les Français et les Américains accordent la même importance au fromage? Expliquez.
4. Avez-vous jamais écrit des commentaires sur des restaurants où vous avez mangé? Décrivez-les ou imaginez de tels commentaires.

Expressions typiques pour...

Offrir à boire ou à manger

(rapports intimes et familiaux)

Je t'offre/te sers quelque chose à boire/à manger?

On se boit un petit apéro[3]?

Tu veux du café?

Tu mangeras bien quelque chose?

Accepter

These expressions for accepting food and drink can be used in both formal and informal contexts.

Oui, merci. Je veux bien.

Oui, merci bien.

Oui, volontiers.

Avec plaisir.

Je me laisse tenter. *(I'll give in to temptation.)*

Je veux bien, mais c'est par pure gourmandise.

Resservir

(rapports intimes et familiaux)

Encore un peu de vin?

Tu en reprends un petit peu?

Je te ressers?

Offrir à boire ou à manger

(rapports professionnels et formels)

Est-ce que je peux vous servir quelque chose?

Vous prendrez bien l'apéritif?

Vous laisserez-vous tenter par ce dessert au chocolat?

Que puis-je vous servir?

Refuser

Non, merci. Ça va comme ça.

Ce sera tout pour moi, merci.

Merci[4].

Je n'ai plus faim, merci.

Merci, mais je crois vraiment que je ne peux plus *(I've had enough)*.

Resservir

(rapports professionnels et formels)

Vous allez bien reprendre un peu de quiche?

Puis-je vous resservir?

Vous aimez le chocolat?

Qu'est-ce que vous prenez pour le petit déjeuner?

[3] (familiar) shortened form of **apéritif**
[4] with slight shake of the head to indicate "no, thank you"

Mots et expressions utiles

La nourriture et les boissons

L'Atrium

vous propose...

Buffet froid°

Assiette de charcuterie° 10,50 / Assiette-jambon de Paris 8,50

Œuf dur° mayonnaise 5,20

SALADES COMPOSÉES°

Salade de saison° 5,60 / Thon° et pommes de terre à l'huile 7,50
Salade niçoise (thon, anchois°, œuf, pommes de terre, tomate, poivron vert°) 11,50
Artichauts vinaigrette 6,70

ŒUFS

Omelette nature° 7,50 / Omelette jambon 8,00

Buffet chaud°

VIANDES

Côtelettes de porc° 10,40 / Côtes d'agneau° aux herbes 16,50

Brochette de poulet° 14,50 / Steak frites 11,15 / Lapin° forestier 11,40

Veau° à la crème 13,50

LÉGUMES

Asperges 4,50 / Choucroute° 10,00 / Épinards° 4,90
Petits pois° 3,90 / Haricots verts 4,90 / Pommes sautées 7,00

PÂTES° 5,70

FROMAGES

Chèvre° 5,20 / Fromage blanc 5,40 / Gruyère, Camembert 5,20
Yaourt° 4,40 / Roquefort 5,40

Gourmandises°

DESSERTS

Tarte aux pommes° 6,00 / Crème caramel 5,40
Coupe de fruits° au Cointreau 5,40

GLACES°-SORBETS

Poire Belle Hélène (poire, glace vanille, sauce chocolat, chantilly°, amandes grillées) 7,50
Banana Split (glace vanille, fraise, chocolat, banane, chantilly) 8,00

Vins (au verre)

Côtes-du-Rhône 4,00 / Beaujolais 5,00 / Sauvignon 4,00 / Bordeaux blanc 4,00

Bières

Pression° 3,00 / Heineken 4,00 / Kronenbourg 4,00 / Bière brune 4,00

Boissons fraîches

14 Perrier° 4,60 / 14 Vittel° 4,60 / Fruits frais pressés 5,00
Lait froid 4,40 / Orangina° 4,60 / Coca-Cola 5,00 / Schweppes 4,60

Service 15% compris. Nous acceptons la «Carte Bleue». La direction n'est pas responsable des objets oubliés dans l'établissement.

*Les prix sont donnés en euros.

Cold dishes
Cold cuts
Hard-boiled egg
Salads
Seasonal salad / Tuna
anchovies / green pepper
Plain omelette
Warm dishes
Pork chops / Lamb chops
Chicken skewer / Rabbit
Veal
Sauerkraut / Spinach
Peas
Noodles, Pasta
Goat cheese
Yogurt
Delicacies
Apple pie
Fruit salad with Cointreau
Ice cream-Sherbet
whipped cream
Draft
type of sparkling mineral water / type of mineral water / type of orange soft drink

Au repas

un amuse-gueule *appetizer, snack*

un apéritif *before-dinner drink*

une boisson gazeuse *carbonated drink*

de l'eau plate/de l'eau gazeuse *plain, non-carbonated water/sparkling, carbonated water*

À votre santé! (À la vôtre!/À la tienne!) *To your health!*

Bon appétit! *Have a nice meal!*

Tchin-tchin! *(familiar) Cheers!*

Mise en pratique

Hmm... qu'est-ce que je pourrais prendre... ? Du **veau** à la crème avec des **asperges**? Ou une salade de **thon**, d'**anchois** et de tomates? Une **tarte aux pommes** ou un **sorbet**? Un petit verre de **vin** ou une **boisson gazeuse**? Hmm... C'est tellement difficile de choisir!

Activités

Offrir in this context means that you are going to buy your friend a drink.

A. Au café. Qu'allez-vous offrir à ces personnes? Utilisez la liste des boissons à la page 65 comme guide. Employez aussi les différentes boissons de la liste à la page 67.

MODÈLE: Vous emmenez un ami au café.
—Je t'offre un Coca?

1. Vous emmenez un(e) client(e) au restaurant.
2. Vous invitez un(e) collègue à la maison pour prendre quelque chose à boire.
3. Vous allez en boîte avec des copains.
4. Votre patron(ne) prend l'apéritif chez vous.
5. Votre grand-mère est au café avec vous.

B. Oui ou non? Allez-vous accepter ou refuser? Avec un(e) partenaire, jouez les scènes suivantes. Variez vos réponses en tenant compte de votre interlocuteur/interlocutrice.

1. Un(e) ami(e) vous offre l'apéritif.
2. Votre mère vous offre du lait chaud et vous détestez ça.
3. Le professeur de français vous offre un morceau de fromage de chèvre pendant une petite fête dans la salle de classe.
4. L'ambassadeur de France vous offre un kir à un cocktail officiel.
5. Un(e) collègue vous invite à prendre un pot.
6. Le patron/La patronne vous offre un chocolat chaud. Vous êtes allergique au chocolat.

BOISSONS

Eau minérale	
Perrier 33 cl	3,60 €
Badoit-Vittel	3,60 €
Évian	4,00 €
Jus de fruits	4,00 €
Coca Cola	3,60 €
Schweppes	3,60 €
Orangina	3,60 €
Limonade ¼ L	3,00 €
Café-Thé	2,80 €
Infusion-Chocolat	2,80 €
Vin rouge Pichet 25 cl	3,60 €
Vin rouge Pichet 50 cl	5,60 €
Bière 1664 Kronenbourg 25 cl	4,10 €
Ricard-Pontarlier 2 cl	3,70 €
Martini 5 cl	4,60 €
Whisky 4 cl	7,00 €
Baby Whisky 2 cl	4,00 €
Gin 2,5 cl	6,50 €
Porto 4 cl	6,00 €
Cognac 4 cl	8,00 €
Vin rouge Bt "Btes Côtes"	12,00 €
Vin rouge Bt "Santenay"	19,60 €
Bouteille de champagne	46,00 €
½ Bouteille de champagne	27,00 €

PRIX NETS

Notre prestation servie sur plateau étant assurée par le personnel accueil, une légère attente est possible, nous vous remercions de votre patience.

Quelles boissons est-ce que vous préférez? Lesquelles est-ce que vous prenez le plus souvent?

C. Sur le vocabulaire. Le serveur se trompe! Trouvez son erreur dans les phrases suivantes.

1. Aujourd'hui, comme salades, nous avons... une salade au crabe / une salade niçoise / une omelette nature / du thon et des pommes de terre à l'huile / des crudités.
2. Comme plat de viande... du poulet / un steak / du lapin / des petits pois.
3. Comme dessert... des côtes d'agneau / une crème caramel / une poire Belle Hélène / de la tarte.
4. Et comme boisson... une pression / des coupes de fruits / des boissons gazeuses / des fruits frais pressés.
5. Maintenant, créez un exemple. Faites une liste de quatre plats dont un qui n'appartient pas à la même catégorie que les autres.

D. Imaginez. Utilisez les nouveaux mots de vocabulaire et ceux que vous avez appris auparavant pour imaginer les repas suivants.

1. Décrivez le déjeuner de quelqu'un qui a toujours un énorme appétit.
2. Imaginez le repas de deux végétariens.
3. Vous invitez Jacques Pépin[5] à dîner chez vous. Qu'est-ce que vous préparez?
4. Décrivez votre repas préféré.

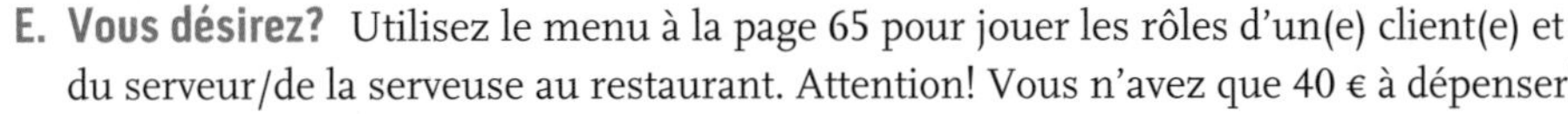

E. Vous désirez? Utilisez le menu à la page 65 pour jouer les rôles d'un(e) client(e) et du serveur/de la serveuse au restaurant. Attention! Vous n'avez que 40 € à dépenser!

[5] C'est un grand chef de cuisine français.

Liens culturels

Les repas en France

Pendant le repas, gardez les mains sur la table de chaque côté de votre assiette. Mettez le pain directement sur la table. Sauf pendant le petit déjeuner, mangez-le sans beurre en petits morceaux que vous détachez discrètement. Les tartines du petit déjeuner se mangent entières et avec du beurre et de la confiture.

En France, on fait souvent resservir les invités et il est poli de reprendre un peu de l'un des plats (même en petite quantité). Il est aussi poli de refuser en disant que c'est très bon mais qu'on n'a plus faim. Les repas français sont plus longs que les repas américains (surtout les repas pris avec des amis, des parents, etc.) parce qu'en général, les Français mangent moins souvent que les Américains entre les repas. Les enfants, cependant, prennent un goûter en rentrant de l'école, et de plus en plus de jeunes grignotent *(snack)* au lieu de déjeuner. Les repas en France se passent de moins en moins à heure fixe à cause des activités des membres de la famille. Cela veut dire que les parents et les enfants mangent moins souvent ensemble.

From *Francoscopie 2007*, 2010, p. 182, by Gérard Mermet

Quel repas est-ce que cette famille prend?

Mike Mazzaschi/Stock Boston

Si vous êtes invité(e) à manger chez des Français, restez pour bavarder avec vos hôtes après le repas. En partant, complimentez l'hôte (l'hôtesse) sur son repas.

En quoi les habitudes américaines sont-elles différentes de celles des Français? Est-ce que certaines habitudes françaises vous paraissent plus logiques que celles des Américains? Expliquez.

La grammaire à apprendre

Les articles: choisir l'article approprié

You have reviewed the various types and forms of articles in ***La grammaire à réviser.*** The focus will now be on choosing the proper article.

A. The partitive article **(du, de la, de l', des)** is used to indicate that you want some part of a quantity. It is used for "mass" nouns, things that cannot be or are not usually counted.

D'abord, il commande **des** crudités et **du** pain. Ensuite, il prend **du** lapin, **des** asperges et **de la** salade.
First of all, he orders some raw vegetables and bread. Next he has rabbit, asparagus, and salad.

NOTE A partitive article is also used when mentioning abstract qualities attributed to people:

Le serveur a **de la** patience avec ce client.
The waiter has patience (is patient) with this customer.

B. The definite article **(le, la, l', les)** is used to:

- designate a specific object

  Tu peux me passer **le** sel et **le** poivre, papa? Et **l'**eau, s'il te plaît?
  Can you pass me the salt and pepper, Dad? And the water, please?

- express general likes, dislikes, and preferences

  Comme boisson, j'aime **l'**eau minérale, Évian ou Perrier, et **le** café.
  As for drinks, I like mineral water, Évian or Perrier, and coffee.

- make generalizations about objects, people, or abstract subjects

  J'admire **la** patience et **la** compétence chez un serveur.
  I admire patience and competence in a waiter.

  Les vins français sont plus secs que **les** vins américains.
  French wines are drier than American wines.

The definite article is also used with geographical names (countries, continents, mountains, lakes, rivers), names of seasons, names of languages, titles (e.g., **le commandant Cousteau**), and names of subjects and leisure activities **(les maths, la natation).**

See **Chapitre 8, Leçon 2,** for further information on geographical names.

C. The indefinite article **(un, une, des)** is used to talk about something that is not specified or specific and corresponds to the English *a, an,* and *some.* If you can count the number of items you are mentioning, you will often use the indefinite article.

Il y a **une** orange, **une** banane et **des** raisins secs dans la salade.
There are an orange, a banana, and some raisins in the salad.

Achetons **un** fromage de chèvre et **un** camembert.
Let's buy a goat's milk cheese and a camembert.

When speaking French, you will normally use **des** with a plural noun to express indefiniteness. In English we often omit this article.

Le brie et le camembert sont **des** fromages à pâte molle.
Brie and camembert are soft cheeses.

D. It can be difficult to differentiate between the definite article and the partitive article, especially when the definite article is used in a general sense. The statement **les pommes sont bonnes** means that all apples, or apples in general, are good. When talking in general terms, the definite article is usually used. Common verbs used with the definite article to state a preference are **admirer, adorer, aimer, détester, préférer,** and **aimer mieux.**

Elle préfère **le** Beaujolais.
She prefers Beaujolais wine.

Il y a des pommes sur la table implies that *there are some apples on the table.* The possible use of *some* in English should give you the hint that the partitive article is appropriate. Sometimes, however, it is not used in English.

Je mange souvent **des** pommes.
I often eat apples.

The partitive is often used with the following verbs: **acheter**, **avoir**, **boire**, **demander**, **donner**, **manger**, **prendre**, and **vendre**.

Elle boit souvent **du** café.
She often drinks coffee.

Observe these examples to help you discern the correct article:

L'article défini	**L'article partitif**
Elle adore **la** glace.	Elle vend **de la** glace dans son supermarché.
Il déteste **le** lait.	Il prend **du** lait dans son café seulement le matin.

NOTE If you want to say that you like *some* type of food or drink, the following constructions can be used:

J'aime **certains** fromages.
Il y a **des** fromages que j'aime (et **d'autres** que je n'aime pas).

E. As you may remember, when you use an expression of quantity, no article follows **de**. The same is true for a negative expression of quantity. For example, negative expressions such as **ne... pas**, **ne... plus**, and **ne... jamais** are followed by **de** without an article. See **Chapitre 8**, **Leçon 1**, for a complete explanation of negative expressions.

Il reste un peu **de** jus d'orange.
There is a little orange juice left.

Il y a **du** jus de pomme dans le réfrigérateur.
There is some apple juice in the refrigerator.

Il n'y a plus **de** jus d'ananas dans le congélateur.
There is no longer any pineapple juice in the freezer.

Tu veux **du** café, alors?
Do you want some coffee, then?

Non merci, je ne veux pas **de** café.
No thank you, I don't want any coffee.

Activités

A. Conversation au café. Le café est un endroit très bruyant! On dirait que tout le monde parle en même temps. Complétez les fragments de conversation suivants. N'oubliez pas de conjuguer les verbes et d'ajouter les articles appropriés.

1. Tu / préférer / boire / boissons gazeuses / ou / boissons alcoolisées?
2. Nous / commander / Coca light *(diet)*.
3. Moi, je / ne... jamais / prendre / boissons alcoolisées. Je / prendre / eau minérale.
4. Anglais / à cette table là-bas / boire / trop / bière!
5. serveuse / avoir / patience / avec / Anglais, n'est-ce pas?

B. Une lettre. Édouard vient de recevoir une lettre d'Amérique, mais elle a été endommagée *(damaged)* à la douane et quelques passages ne sont plus très lisibles. Aidez Édouard à lire la lettre en remplissant les blancs avec l'article défini ou indéfini, le partitif ou **de**, selon le cas.

le 4 novembre

Cher Édouard,

Dans ta dernière lettre, tu m'as demandé ______ nouvelles d'Allal. Tu sais qu'il devait partir le 8 septembre. Il a été très heureux de son séjour. ______ semaine dernière, il a tenu à remercier ses amis pour tout ce qu'ils avaient fait pour lui pendant son séjour aux États-Unis. Il a décidé de nous inviter à prendre ______ «brunch» chez lui. Il voulait servir ______ repas français, marocain et américain. Il a servi ______ jus d'orange et ______ café au début. Il a mis beaucoup ______ pain sur ______ table. Il a préparé ______ belle omelette décorée avec ______ olives et ______ tranches ______ tomates. ______ viande était assaisonnée avec ______ épices arabes. ______ dessert était bien américain—______ «bananas splits»! Nous avons accompagné le tout d'un bon thé à la menthe. Dommage que tu n'aies pas pu être des nôtres.

Grosses bises,

Jessica

C. Généralisations. Utilisez des stéréotypes pour compléter les phrases suivantes.

1. Aux États-Unis, on mange souvent...
2. Au contraire, en France, on préfère...
3. Avec les repas, les Américains prennent souvent...
4. Mais les Français boivent...
5. Les Américains pensent que les Français ne... pas...
6. Mais les Français pensent que les Américains mangent trop...

D. Questions indiscrètes. Posez les questions suivantes à un(e) copain/copine. Faites un résumé de ses réponses à la classe.

1. LE PETIT DÉJEUNER: À quelle heure est-ce que tu prends le petit déjeuner? Qu'est-ce que tu bois? Qu'est-ce que tu manges?
2. LE DÉJEUNER: Où est-ce que tu déjeunes quand tu es sur le campus? Qu'est-ce que tu manges le plus souvent? Qu'est-ce que tu préférerais manger si tu avais plus de temps ou plus d'argent?
3. LE GOÛTER *(snack around 4 P.M.):* Tu prends un goûter? Et quand tu étais petit(e)? Tu grignotes *(Do you snack)* souvent entre les repas?
4. LE DÎNER: À quelle heure est-ce que tu dînes? Qu'est-ce que tu prends au dîner? Tu invites souvent des amis à dîner? Parle de ce que tu leur sers.

Interactions

Utilisez les suggestions suivantes pour créer des conversations avec un(e) partenaire. Employez autant que possible le vocabulaire et la grammaire de la **Leçon 2.**

A. Invitation à la maison. Vous invitez quelqu'un de très spécial chez vous. Demandez s'il/si elle:

1. préfère la viande, le poisson ou les légumes
2. aime la cuisine française
3. boit de l'eau plate ou de l'eau gazeuse
4. regarde la télé pendant le repas
5. peut laisser son chien chez lui/elle ou dehors
6. est allergique à certains fruits ou légumes

B. Invitation. Vous invitez un(e) ami(e) à prendre un apéritif.

1. Offrez-lui à boire.
2. Parlez du temps et de vos activités quotidiennes.
3. Offrez-lui une autre boisson. (Il/Elle n'accepte pas.)
4. Posez toutes sortes de questions sur sa famille et ses amis.
5. Votre ami(e) doit partir. Donnez-lui rendez-vous pour la semaine prochaine.

To form comparisons in French, follow these models:

plus/moins/aussi + adjective + **que**
plus/moins/aussi + adverb + **que**
plus de/moins de/autant de + noun + **que**

For more information, see **Chapitre 9**, pp. 390–392.

PREMIER BROUILLON Dossier d'expression écrite

1. Use the characteristics that you brainstormed in **Leçon 1** to begin writing your first draft. Write an introductory paragraph in which you acquaint the reader with your topic.
2. In your second paragraph, present the similarities between the two restaurants or courses.
3. In your third paragraph, describe the differences between the two.
4. Write a draft of your concluding paragraph in which you summarize your main points. You may want to recommend one of the two restaurants or courses or allow the reader to make his/her own decision.

LEÇON 3

COMMENT POSER DES QUESTIONS ET RÉPONDRE

Conversation (conclusion) 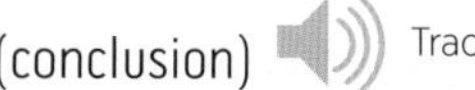 Track 5

Rappel: Have you reviewed interrogative expressions? (Text p. 52 and SAM p. 35)

Premières impressions

1. Identifiez: les mots spécifiquement utilisés pour poser des questions
2. Trouvez: a. où est M. Fournier en ce moment
   b. où est le frère d'Isabelle

À la fin du repas au restaurant, Isabelle, Éric et Mme Fournier boivent un café et ils continuent à discuter de choses et d'autres°.

ISABELLE Oh, c'était délicieux, Éric et Mme Fournier. Quel bon choix de restaurant! Merci beaucoup de m'avoir invitée à dîner avec vous ce soir!

MME FOURNIER De rien, cela nous a fait plaisir de te revoir.

ISABELLE Oui, moi aussi. Et M. Fournier, où est-il?

MME FOURNIER Ah, il est parti en voyage d'affaires à Boston. Il voyage beaucoup pour son travail.

ÉRIC C'est vrai. On ne le voit plus jamais ou presque. Il a toujours un congrès° quelque part.

MME FOURNIER Oui, il y a tellement de choses qui changent en médecine. Il faut rester au courant. Et avec ses responsabilités de chef du service de cardiologie, il n'a pas le choix.

ISABELLE Oui, pour ma mère, c'est pareil°. Elle voyage tout le temps pour son travail. C'est fou!

MME FOURNIER Oui, d'ailleurs comment va-t-elle?

ISABELLE Elle va bien. Le petit cabinet de comptabilité qu'elle a créé il y a longtemps s'est beaucoup agrandi. Donc, ça prend tout son temps...

ÉRIC Et ton frère, Christian, qu'est-ce qu'il devient°?

ISABELLE Christian, euh... eh bien, il est professeur d'histoire, comme il le voulait. Mais il prend une année sabbatique en ce moment pour donner des conférences° sur son nouveau livre.

MME FOURNIER Ah, très bien... Bon, quand mon mari sera de retour, on se fera un plaisir de te recevoir à la maison.

ISABELLE Oui, ça me fera très plaisir aussi! C'est vraiment gentil.

discuter... *to talk about this and that*

conference

the same

qu'est-ce... *(familiar) what's become of him*

lectures

Observation et analyse

1. Quelle est la profession de M. Fournier? Et celle de Christian?
2. Que pensent Éric et Isabelle des voyages de leurs parents?
3. Qu'avez-vous appris sur le frère d'Isabelle?
4. Quelle invitation est-ce qu'Isabelle reçoit?
5. Quel est le statut socio-économique des familles d'Éric et d'Isabelle?

Réactions

1. Est-ce que votre père ou votre mère part souvent en voyage d'affaires? Si oui, quelle est la réaction des enfants? Quelles questions est-ce qu'il/elle pose à son retour?
2. Quelle sorte de questions est-ce que vous posez quand vous n'avez pas vu quelqu'un depuis longtemps?
3. Que pensez-vous des parents qui voyagent souvent et qui laissent les enfants à la maison?

Expressions typiques pour…

Poser des questions et répondre

- In general, when seeking information from someone, you should first use expressions that lead up to questions so as not to appear too rude or blunt. For example:

À un(e) inconnu(e)	**À votre ami(e)**
Pardon, monsieur. Pourriez-vous me dire… ?	Est-ce que tu peux m'indiquer… ?
Excusez-moi, madame, mais est-ce que vous savez… ?	Est-ce que tu sais… ?
J'aimerais savoir…, s'il vous plaît.	Dis-moi, s'il te plaît…
	Excuse-moi, mais…

- Asking questions can take many forms. You may wish to request information about time, location, manner, number, or cause, as in the following situation:

  VOYAGE À PARIS: Où se trouve la tour Eiffel?
  Il y a un ascenseur pour y monter?
  Mon Dieu! Pourquoi il y a tant de touristes ici?

- Or you may wish to ask about persons or things:

  Qui va monter avec moi? Marine?
  Qu'est-ce que tu fais? Allons-y!
  Regarde la belle vue! Lequel de ces bâtiments est notre hôtel?

- Most answers to requests for information are fairly straightforward:

  —Est-ce que vous savez où se trouve la sortie?
  —Mais oui, mademoiselle. Là-bas, au fond à droite.

- However, an affirmative answer to a negative question requires the use of **si**, instead of **oui**:

  —Ce billet *(ticket)* n'est plus valable *(valid)*?
  —Si, mademoiselle, il l'est toujours.

Mots et expressions utiles

L'enseignement

une conférence *lecture*
un congrès *conference*
une leçon particulière *private lesson*
une lecture *reading*
facultatif/facultative *elective; optional (subject of study)*
obligatoire *required (subject of study)*
les frais d'inscription [m pl] *registration fees*
une matière *subject, course*
la note[6] *grade*
se spécialiser en *to major in*
assister à un cours *to attend a class*
se débrouiller *to manage, get along*
manquer, sécher *(familiar)* un cours *to miss, skip a class*
réviser (pour) *to review (for)*
passer un examen *to take an exam*
réussir à un examen *to pass an exam*
échouer (à) *to fail*
rater *to flunk*
rattraper *to catch up*
tricher (à) *to cheat*

Divers

discuter de choses et d'autres *to talk about this and that*
pareil(le) *the same*

Mise en pratique

Mes parents me disent que si j'**échoue à** mes examens de fin d'année, ils ne paieront plus mes **frais d'inscription.** Oh, mais ce sont des soucis *(worries)* inutiles! Je **me débrouille** bien dans mes cours. Je n'**ai manqué** que deux ou trois **cours** ce semestre, j'**ai assisté** à toutes les **conférences** et j'ai fait toutes les **lectures**, même dans les **matières facultatives**, et mes **notes** sont bonnes. Mais je dois **réviser pour** l'examen final parce que j'ai pris du retard la semaine passée. Il y avait beaucoup de boulot au magasin où je travaille et j'ai fait des heures supplémentaires. Il faut que je **rattrape.** Je ne veux tout de même pas **rater** le dernier examen!

Owen Franken/Corbis

Auriez-vous peur de monter à la tour Eiffel?

[6] En France, les notes vont de 0 à 20: 17–20 = très bien; 14–16 = bien; 12–13 = assez bien; 10–11 = passable; moins de 10 = insuffisant (ne permet pas de passer dans la classe supérieure).

Liens culturels

Le bac

«Passe ton bac d'abord!» est la litanie que des générations de parents ont déversé *(have poured out)* sur des générations de lycéens. Le bac, l'examen qui marque la fin des études du lycée, est le visa nécessaire à l'entrée dans la vie professionnelle. Il ouvre les portes des universités et entrouvre *(half opens)* celles des grandes écoles.

En 2009, 78,4% des lycéens ont réussi au bac (http://www.europe1.fr/Societe/Le-bac-2009-un-tres-bon-cru-66831/), mais il faut dire que ce n'est pas sans effort. Des «recettes» *(recipes)* pour réussir sont publiées, dont les respectables *Annales Vuibert*, qui tiennent une large part du marché. Il y a aussi quantités de manuels de révision: *Annabac, Prépabac, Point Bac.* Des compagnies privées offrent des leçons particulières; le centre national d'enseignement offre des cours de soutien *(support)*; il y a aussi des séjours linguistiques à l'étranger pour perfectionner les langues étudiées. Il y a de nombreux sites sur le Web qui donnent des conseils sur l'orientation et fournissent des exercices et des guides de révision pour le bac. Par exemple, *Annabac* présente maintenant un tutorat en ligne. Un autre site promet que «les cyberprofs de *Corrigebac* sont là pour vous aider». L'existence d'un fort taux de chômage *(high rate of unemployment)* provoque beaucoup d'anxiété dans toutes les familles. Le grand nombre de clients potentiels fait qu'il y a une grande industrie du bac.

Il y a quelques années, *L'Express* a préparé un «grand quiz» pour que parents et étudiants puissent vérifier s'ils ont le niveau du bac. Ils pouvaient choisir 60 questions selon leur profil en tant que littéraires, scientifiques ou économistes. Voici plusieurs questions dans les catégories Histoire, Géographie et Anglais:

- En quelle année le mur de Berlin a-t-il été édifié?
- Quel président des États-Unis a été contraint à la démission en 1974?
- Combien y a-t-il d'états aux États-Unis?
- Quel est le pays qui connaît aujourd'hui la plus forte croissance économique?

Si ces questions vous étaient posées, pensez-vous que vous pourriez réussir au bac? Comment est-ce que vous vous prépareriez pour y réussir?

Activités

A. La recherche de renseignements. Posez les questions suivantes de manière courtoise en utilisant les ***Expressions typiques pour...***

MODÈLE: (à un[e] inconnu[e]) où se trouve le musée Pablo Picasso
—Pardon, monsieur. Pourriez-vous me dire où se trouve le musée Pablo Picasso?

1. (à votre ami[e]) à quelle heure est notre cours d'anglais
2. (à votre ami[e]) où on peut acheter une encyclopédie sur CD-ROM
3. (à un[e] inconnu[e]) combien coûtent les livres pour le cours de philosophie
4. (à un[e] inconnu[e]) où trouver la salle où a lieu la conférence du Professeur Rousset
5. (à votre ami[e]) à quelle heure ouvre la cafétéria

B. Vous êtes le prof. Vos élèves ne comprennent pas les mots suivants. Aidez-les en leur donnant un synonyme pour chaque élément du premier groupe et un antonyme pour les éléments du deuxième groupe. Utilisez les ***Mots et expressions utiles.***

Synonymes

1. une réunion professionnelle
2. un discours littéraire ou scientifique
3. une évaluation
4. se présenter à un examen
5. parler de beaucoup de choses différentes
6. quelque chose qu'on lit

Antonymes

1. assister à un cours
2. facultative
3. une matière obligatoire
4. réussir à un examen
5. différent

La grammaire à apprendre

Les pronoms interrogatifs

When forming information questions in French with interrogative pronouns, different forms are used according to whether you are referring to persons or things, and whether you are referring to a subject, direct object, or object of a preposition. Either **est-ce que** or inversion can be used, although **est-ce que** is more common and almost exclusively used in spoken context. (See contexts below where neither is used.)

A. Questions sur les gens *(who/whom)*

Regardless of how it is used in the question, **qui** will be appropriate.

Qui emmène papa à l'aéroport? *(subject)*

Neither inversion nor **est-ce que** is used. **Qui est-ce que/qui** is an alternate form, although the simple **qui** is more commonly used.

Qui est-ce qu'il va rencontrer au congrès? *(direct object)*
Qui va-t-il rencontrer au congrès?

Hint: Subject = doer of action
Direct object = receiver of action
Object of preposition = word(s) that follow preposition

Questions about objects of prepositions begin with the preposition, contrary to spoken English.

Chez **qui** est-ce qu'il compte rester? *(object of preposition)*
Chez **qui** compte-t-il rester?

NOTE **Qui** does *not* contract: **Qui** est ici?

B. Questions sur les choses *(what)*

The manner in which the word *what* is used in the sentence determines which interrogative expression is used. Note the different forms used below.

Qu'est-ce qui se passe? *(subject)*

Neither inversion nor **est-ce que** is used.

Qu'est-ce que tu bois?

Que bois-tu? *(direct object)*

Short questions with a noun subject and simple tense use the order **que** + verb + subject: **Que** boivent tes amis?

NOTE **Que** contracts to **qu'** before a vowel or mute h: **Qu'**as-tu bu?

> Avec **quoi** est-ce que nous pouvons ouvrir cette bouteille? *(object of preposition)*
> Avec **quoi** pouvons-nous ouvrir cette bouteille?

C. Demander une définition

> **Qu'est-ce que c'est?** *What is it?*
> **Qu'est-ce que** la démocratie? *What is democracy?*
> **Qu'est-ce que c'est que** la démocratie? *What is democracy?*
> La démocratie, **c'est quoi**? *(familiar) What is democracy?*

In all four cases, you are asking for a definition or explanation of what something is.

Activités

A. Imaginez. Vous vous trouvez à une soirée organisée par le patron de votre fiancé(e). L'hôtesse et les invités vous ont posé beaucoup de questions. Voici vos réponses. Imaginez les questions qui ont inspiré chacune de vos réponses.

1. Je voudrais *un Coca*, s'il vous plaît.
2. Je suis venu(e) avec *ma fiancée Nathalie (mon fiancé Christophe)*.
3. Ça? *Oh, ce ne sont que les initiales de mon nom.*
4. Malheureusement, *on ne passe pas grand-chose d'intéressant* au cinéma ce soir.
5. En dehors de mon travail, je m'intéresse surtout *au cinéma et au théâtre.*
6. C'est *un ami de Bruno.*

B. Au restaurant. Dans un restaurant, vous entendez le garçon poser les questions suivantes. Remplissez les blancs avec **qui**, **que**, **quoi**, etc., selon le cas. N'oubliez pas d'utiliser **est-ce que** si nécessaire.

1. Bonjour, monsieur. _______ aimeriez-vous manger aujourd'hui? *(What)*
2. _______ vous voudriez boire? *(What)*
3. Pardon, monsieur, mais _______ a commandé la salade niçoise? *(who)*
4. _______ vous plairait comme dessert? *(What)*
5. _______ vous a recommandé ce restaurant? *(Who)*
6. _______ je pourrais vous apporter? *(What)*
7. «Une Cadillac»? _______? *(What is it?)* Une boisson?
8. De _______ est-ce qu'un kir se compose? *(what)*

La grammaire à apprendre

Quel et *lequel*

A. Quel *(What, Which)*

	SINGULIER	PLURIEL
Masculin	quel	quels
Féminin	quelle	quelles

Quel is an interrogative *adjective* and thus must agree in number and gender with the noun it modifies.

Quel vol est-ce que vous prenez?
À **quelle** porte d'embarquement *(departure gate)* est-ce qu'il faut aller?

Quel is also used when asking someone to identify or describe himself/herself or his/her belongings. The construction **quel** + **être** + noun asks *what (which) is/are.*

Quelle est votre nationalité? **Quels sont** vos horaires de travail?

NOTE In the above examples, the noun that **quel** modifies follows the verb **être**.

Quelle est votre nationalité? = **Quelle** nationalité avez-vous?

When asking for identification, **quel** + **être** + noun is used; when asking for a definition, **qu'est-ce que** is used.

—**Quelle est** votre profession?
—Je suis herboriste.
—**Qu'est-ce qu'**un herboriste?
—C'est quelqu'un qui vend des plantes médicinales.

B. Lequel *(Which one, Which)*

	SINGULIER	PLURIEL
Masculin	lequel	lesquels
Féminin	laquelle	lesquelles

Lequel is an interrogative *pronoun* that agrees in number and gender with the noun it stands for. It always refers to one, or more than one, of a pair or group.

Vous connaissez une des sœurs Dupont? **Laquelle**?
Lequel de ces garçons est son frère? Je ne le reconnais pas sur cette photo.

Lequel contracts with **à** and **de** in the same manner as the definite article.

auquel, à laquelle
auxquels, auxquelles } *to, at, in which one*

—Je m'intéresse à plusieurs clubs sociaux de l'université.
—Moi aussi! **Auxquels** est-ce que tu t'intéresses?

duquel, de laquelle
desquels, desquelles } *of, about, from which one*

—J'étais en train de parler d'un film que j'ai vu récemment.
—Ah, oui? **Duquel** tu parlais?

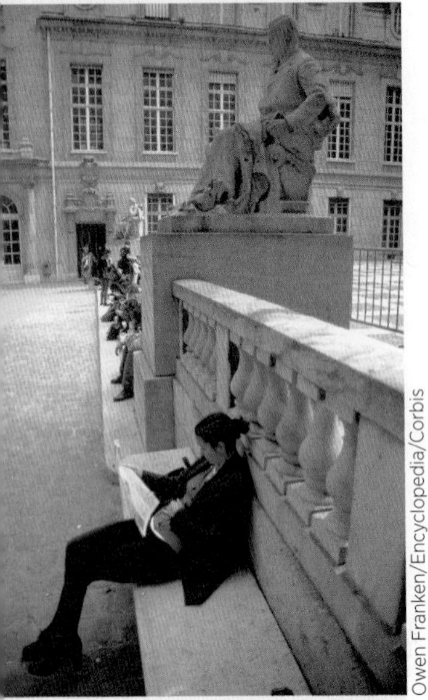

Owen Franken/Encyclopedia/Corbis

Qu'est-ce que cette jeune fille fait en attendant son premier cours à la Sorbonne?

Activités

A. L'inscription. Vous allez suivre des cours à la Sorbonne cet été, mais vous avez plusieurs questions à poser en ce qui concerne votre inscription. Remplissez les blancs avec une forme de **quel**.

1. _______ est la date du premier jour des cours?
2. _______ sont les frais d'annulation si je décide de ne pas y aller?
3. _______ sorte d'hébergement est disponible pour les étudiants étrangers?
4. _______ sont les activités culturelles organisées par l'université?

Maintenant, remplissez les blancs avec une forme de **lequel**.

5. Madame, vous avez mentionné la possibilité d'une bourse de la ville. J'ai des renseignements sur plusieurs bourses. De _______ est-ce que vous parliez?
6. Je sais que je dois remplir un de ces formulaires, mais _______?

B. Au café. Des amis se retrouvent dans un café près de l'université. Ils discutent de choses et d'autres. Remplissez les blancs avec une forme de **quel** ou de **lequel**.

1. —Je suis sortie avec un des maîtres-assistants hier soir.
   —Vraiment! Avec _______?
2. —Nous avons vu un film.
   —_______ film est-ce que vous avez vu?
3. —J'aime la plupart de mes cours ce semestre.
   —_______ est-ce que tu aimes le mieux?
4. —Vous savez, j'ai raté mon examen de... *(bruit à l'extérieur)* aujourd'hui.
   —Comment? _______ examen est-ce que tu as raté?
5. —_______ de ces boissons est à moi?

C. Chez Marie. Marie et son amie Alice sont en train de parler de leurs enfants. Complétez la conversation en remplissant les blancs avec une forme de **quel** ou de **lequel**, selon le cas.

—Je sais qu'on ne doit pas comparer ses enfants, mais il faut dire que de mes deux enfants, Paul est l'athlète et Marc est l'intellectuel.
—Ah, oui? _______ est le plus âgé?
—Paul a trois ans de plus que Marc.
—_______ est-ce que j'ai vu bavarder avec toi l'autre jour?
—_______ jour?
—Tu te souviens, devant la boulangerie... ?
—Ah, oui, c'était Marc. Tiens! Voilà quelques photos d'eux.
—Elles sont bien, ces photos, surtout ces deux-là. Et toi, _______ est-ce que tu préfères?
—Je les aime toutes. Mais parlons de tes enfants. _______ âge a Cécile?
—Elle aura dix-neuf ans dans un mois.
—En _______ année de fac est-ce qu'elle est?
—Elle est en deuxième année et toujours à Bordeaux.

D. Question de goût! Demandez à votre partenaire ses préférences en ce qui concerne les sujets ci-dessous. Utilisez une forme de **quel**, puis de **lequel**, selon le modèle.

MODÈLE: la musique

—Quelle sorte de musique est-ce que tu aimes?

—Lequel de ces genres préfères-tu: le rock ou le jazz?

1. les sports
2. les films
3. la cuisine
4. les boissons
5. les moyens de transport
6. les automobiles

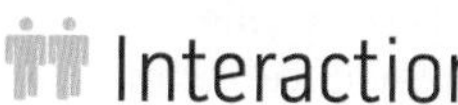

Interactions

Utilisez les suggestions suivantes pour créer des conversations avec un(e) partenaire. Employez autant que possible le vocabulaire et la grammaire de la **Leçon 3.**

A. La vie universitaire. Votre meilleur(e) ami(e) et vous n'êtes pas inscrit(e)s à la même université. Vous ne vous êtes pas vu(e)s depuis la rentrée. Posez-lui cinq à dix questions sur la vie universitaire (les classes, les autres étudiants, les professeurs, la nourriture, les résidences universitaires, la vie sociale, etc.). Utilisez des expressions interrogatives.

B. Une question d'argent. Votre copain/copine veut vous emprunter $200. Vous aimez beaucoup cette personne. En fait, vous êtes peut-être amoureux/amoureuse d'elle. Mais vous vous demandez pourquoi il/elle veut vous emprunter de l'argent. Posez-lui cinq à dix questions pour en comprendre la raison. Votre copain/copine va répondre aux questions.

DEUXIÈME BROUILLON Dossier d'expression écrite

1. Write a second draft of your paper from **Leçon 2**, incorporating more detail and adding examples to clarify the comparisons and contrasts.
2. You might want to add a rhetorical question or two to your paper to add interest.
3. To strengthen the comparisons and contrasts, use some of the following expressions:

EXPRESSIONS UTILES: de la même façon *(similarly)*, **similaire à, partager les mêmes caractéristiques, en commun avec, se ressembler, paraître** *(to seem)*, **en revanche** *(on the other hand)*, **par contraste avec, par opposition à, différent de, se distinguer de** *(to differ from)*

SYNTHÈSE

Activités musicales

Gérald Genty: *Détention universitaire*

Studio Myqua

Gérald Genty

To experience this song, go to **www.cengagebrain.com/shop/ISBN/049590516X**

Avant d'écouter: Le contexte et les réflexions

1. Où habitez-vous? Chez vos parents? Dans une maison ou un appartement (avec ou sans colocataires)? Dans une résidence universitaire? Décrivez votre situation personnelle en quelques phrases et expliquez ce que vous aimez et ce que vous n'aimez pas en ce qui concerne votre logement.
2. Décrivez (ou imaginez) une résidence universitaire typique dans votre ville. Combien d'étudiants y vivent? Quelles sont leurs activités à la résidence? Comment sont les chambres? Quels sont les avantages et les inconvénients d'habiter dans une résidence universitaire?

Pendant que vous écoutez: Compréhension

1. Donnez plusieurs exemples du style informel utilisé dans le texte de la chanson. Quel est le ton de cette chanson? Que pensez-vous de l'interprétation qu'en donne Gérald Genty?
2. Commentez les deux emplois différents du mot «occupé».

Après avoir écouté: Communication

1. De quels aspects de la vie universitaire est-ce que le locuteur (ou le narrateur) parle dans cette chanson?
2. Décrivez la résidence universitaire du locuteur. Est-ce qu'il est content des conditions de vie dans cette résidence? Quels sont les problèmes principaux qu'il mentionne?
3. Que se passe-t-il à la résidence universitaire en été? Où vont la plupart des étudiants? Et le narrateur, que fait-il? D'après vous, est-ce qu'il est content de ses projets pour l'été? Pourquoi?
4. À quoi est-ce que le locuteur compare sa résidence universitaire? Donnez quelques exemples tirés de la chanson pour illustrer votre réponse. À votre avis, est-ce que cette comparaison est justifiée? Pourquoi?
5. Faites des recherches sur Internet au sujet de Gérald Genty. En quelle année est sorti l'album contenant sa chanson *Détention universitaire*? Qu'est-ce qu'il a produit depuis? Trouvez son site Web ou son blog et écrivez-lui un message. Donnez votre opinion sur sa musique et posez-lui plusieurs questions.

Activités orales

A. À table. En groupes de trois étudiants, une personne joue le rôle de l'hôte/l'hôtesse. Les deux autres sont les invité(e)s. Jouez les rôles pendant un dîner où l'hôte/l'hôtesse sert beaucoup de plats et boissons différents et insiste pour que tout le monde mange et boive beaucoup. Finalement, les invité(e)s partent en remerciant l'hôte/l'hôtesse pour un excellent dîner.

B. Est-ce que tu es libre... ? Vous téléphonez à une baby-sitter, Anne, et vous lui demandez de garder votre enfant qui a un an. Vous vous trompez de numéro de téléphone la première fois, mais vous arrivez à la joindre la deuxième fois. Demandez-lui si elle est libre samedi soir et si elle peut garder votre fils/fille. Elle vous posera des questions comme, par exemple, à quelle heure elle doit venir et jusqu'à quelle heure elle devra rester chez vous. Vous répondez et vous lui dites quand vous allez aller la chercher.

See **Appendice C** for expressions related to telephone behavior.

Activité écrite

Une requête. Vous faites partie de l'Union nationale des étudiants de France (UNEF). Vous devez écrire une lettre très polie au/à la président(e) de votre université pour lui faire savoir que les étudiants ne sont pas satisfaits et qu'ils désirent des changements. Utilisez les expressions du poster ci-dessous pour demander le maintien du libre choix de son université et la validation de tous les diplômes. Dites aussi que les étudiants sont opposés à la hausse des droits d'inscription. Demandez également que l'université aide les étudiants à trouver du travail. Enfin, essayez d'obtenir un rendez-vous avec le/la président(e) de l'université afin de discuter de vos requêtes. Commencez votre lettre par «Monsieur le Président/Madame la Présidente» et terminez-la par «Veuillez agréer, Monsieur le Président/Madame la Présidente, l'expression de mes sentiments respectueux».

RÉVISION FINALE Dossier d'expression écite

1. Reread your paper and focus on the beginning and ending sentence of each paragraph, making sure that they are clear to the reader. Note that the beginning sentence should introduce your ideas and the ending sentence should be a way of providing closure or transition to the next paragraph.
2. Examine your composition one last time. Check for correct spelling, grammar, and punctuation. Pay special attention to your use of articles, irregular verbs such as **offrir**, **servir**, and **plaire**, and interrogatives if you included any rhetorical questions.
3. Prepare your final version.
4. If you wrote about two restaurants, go to the Internet and find a Web page of a restaurant in a francophone city that you'd like to visit. Write a paragraph in French comparing it with one of the restaurants you wrote about for this assignment. If you compared two courses, go to the Internet and find an interesting course offered at a French university and compare it with one of your two courses.

Intermède culturel

I. LES IMMIGRANTS À L'ÉCOLE DU FRANÇAIS

Sujets à discuter

- Qu'est-ce que vous savez sur le Québec (population, langue, culture, histoire, économie, etc.)? Est-ce que vous y êtes déjà allé(e)? Combien de fois? Expliquez.
- Parlez des immigrants aux États-Unis. Quels sont les problèmes d'intégration auxquels ils font face aujourd'hui? Pensez-vous que les immigrants du siècle dernier ont eu des difficultés semblables ou différentes? Expliquez.
- Croyez-vous que le gouvernement fédéral devrait faciliter l'intégration des immigrants aux États-Unis? Expliquez.

Secondary schools in Quebec (**écoles secondaires**) are for five years and are divided into two **cycles** corresponding to junior high school grades 7–8 and senior grades 9–11. High school students who complete Secondary V obtain the governmental **Diplôme d'études secondaires (DES).** Most students continue to **CEGEP** or **Collège d'enseignement général et professionnel.** These students can specialize in a number of different vocational or pre-university fields. The term of study is two years for pre-university and three years for most vocational diplomas. Students completing **CEGEP** earn the **Diplôme d'études collégiales.** Students then enter the university and spend typically three years to obtain their university degree.

Introduction

Quebec has a strong devotion to the French language and expects that everyone there speaks French. This requirement can be problematic for its immigrants who are already trying to adjust to new surroundings, new customs, a new workplace and often another type of work, and different ways of accomplishing even routine tasks. The necessity of learning a new language can be yet another obstacle that immigrants must overcome. For a long time, immigrants to the Canadian French-speaking province of Quebec came primarily from Western Europe. Over the last thirty years, however, immigrants have become a great deal more diverse, with a large proportion of arrivals from other regions of the world (Eastern Europe, Asia, the Middle East, the Caribbean, Africa). Although the government of Quebec gives preference to francophone immigrants, many of the ***nouveaux Québécois*** *are not proficient in the French language and must therefore learn it.*

Lecture

Ils viennent d'arriver au Québec et sont là pour apprendre le français. «Pas le français littéraire, mais celui qu'on parle dans la rue ou le métro!» précise leur professeur, Marcel Dubé, un professeur malicieux qui fait de son cours un vrai spectacle.

Dans la classe, il y a Iglika la Bulgare, Yun Tao le Chinois, Bhavini l'Indienne, Louri le Russe... 19 adultes qui s'amusent comme des gamins°. «L'objectif, c'est qu'ils se débrouillent° rapidement au quotidien, dit Dubé. Et s'intègrent en douceur dans la société québécoise.» «Chui zallé chez l'dentiss'°», «Hier, j'travaillais», «J'ai manqué l'autobus». Bien qu'ils débutent à peine leur formation, les élèves de Marcel Dubé ont déjà tous un petit accent du Québec. Pour les faire rire, Dubé en rajoute° et leur apprend volontiers des expressions locales... et coquines°. Il chante aussi, les fait chanter et les encourage avec bonne humeur. «Difficile pour des adultes de se rasseoir sur les bancs d'école pour apprendre une nouvelle langue, dit-il. Mais ils sont motivés: ils savent que le français est indispensable pour fonctionner au Québec.» [...] Question de survie pour le Québec. En raison de son faible taux de

kids
fend for themselves
Je suis allé chez le dentiste
goes even further
mischievous

natalité°, du vieillissement de sa population et de la baisse de son poids démographique au sein du Canada°, la province attend beaucoup des immigrants. «Alors qu'en Europe l'immigration connote souvent l'insécurité, chez nous c'est plutôt la sécurité», dit André Boulerice, ministre délégué aux Relations avec les Citoyens et de l'Immigration°. «La sécurité d'être encore là demain, de nous développer, de grandir et de parler français.» D'où un recrutement intensif à l'étranger et une sélection rigoureuse des candidats—axée°, tant sur leur capacité à trouver un emploi que leur connaissance du français. Le Québec n'est cependant pas totalement maître de son immigration: cette année, il aura sélectionné 65% des immigrants—les 35% restants (demandeurs d'asile et personnes invoquant la réunification familiale) relevant du gouvernement fédéral canadien. [...]

birth rate

au sein... *in the heart of Canada*

ministre... *Ministry for Citizen Relations and Immigration, Quebec, often called the MRCI*

centered on

Que ce soit à Montréal ou dans les régions, rien n'est négligé pour faciliter leur intégration. En plus des carrefours°, des dizaines d'organismes communautaires subventionnés par le MRCI s'efforcent de répondre aux moindres besoins des nouveaux venus—depuis l'aide à l'achat de vêtements d'hiver jusqu'à l'inscription des enfants à la garderie ou à l'école, en passant par la recherche d'un logement à prix raisonnable. [...]

organizations that fall under the MRCI which offer services to immigrants

Le jumelage° est un autre moyen imaginé au Québec pour que les immigrants se sentent chez eux. Pendant six mois, un Québécois bénévole° et un immigrant sont «jumelés» en fonction de leurs affinités, de leur âge ou de leur emploi. [...] Karen Emmanuel, 29 ans, québécoise d'origine haïtienne, professeur de français à la Maison d'Haïti de Montréal, a ainsi été jumelée avec Sylvia Perez, une Mexicaine de 26 ans. [...] Karen n'y a pas perdu au change°: elle est allée améliorer son espagnol au Mexique, où Sylvia l'a invitée l'été dernier. [...]

twinning

volunteer

n'y... *to not lose anything in the exchange*

«La socialisation et l'intégration des immigrants prennent du temps, reconnaît [...] Jean Renaud [professeur de sociologie à l'université de Montréal]. Adopter une nouvelle langue aussi. L'immigration génère au Québec une francisation° tranquille. Mais celle-ci est irréversible.» La pub° de la télévision gouvernementale qui souligne les 25 ans de la Charte de la langue française donne d'ailleurs à voir une francophonie québécoise de toutes les couleurs: immigrants et Québécois «de souche°» chantant d'une même voix *La Langue de chez nous,* d'Yves Duteil°.

frenchification / ad

ancestry

Quebec singer

Compréhension

A. Observation et analyse

1. Quels sont deux objectifs des cours de français que prennent les immigrants au Québec?
2. De quelles techniques d'enseignement est-ce que le professeur Dubé se sert avec les adultes? Qu'en pensez-vous?
3. Comment est-ce que les Québécois voient les immigrants? Pourquoi?
4. Qu'est-ce que c'est que le MRCI? Quelle est sa fonction?
5. Expliquez en quoi consiste le programme de jumelage créé par le gouvernement provincial du Québec pour faciliter l'immigration.

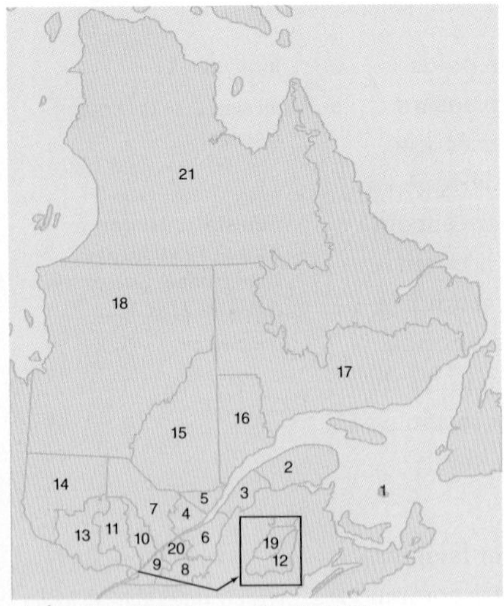

01 - Îles de la Madeleine
02 - Gaspésie
03 - Bas Saint Laurent
04 - Région de Québec
05 - Charlevoix
06 - Chaudière-Appalaches
07 - Mauricie
08 - Cantons de l'Est
09 - Montérégie
10 - Lanaudière
11 - Laurentides
12 - Montréal
13 - Outaouais
14 - Abitibi-Témiscamingue
15 - Saguenay-Lac Saint-Jean
16 - Manicouagan
17 - Duplessis
18 - Nord du Québec
19 - Laval
20 - Centre du Québec
21 - Nunavik

6. Décrivez d'autres moyens utilisés pour faciliter l'intégration des immigrants au Québec.
7. Pourquoi est-ce que l'auteur mentionne la chanson *La Langue de chez nous* d'Yves Duteil?

B. Grammaire/Vocabulaire

Révisez la grammaire du chapitre 2 et indiquez la forme appropriée de **quel** (l'adjectif interrogatif) ou de **lequel** (le pronom interrogatif) pour chacune des phrases qui suivent.

1. __________ français est-ce que les immigrants apprennent en arrivant au Québec?
2. __________ sont les objectifs que Marcel Dubé a pour ses étudiants?
3. __________ expressions et __________ chansons est-ce que le professeur malicieux utilise pour encourager la bonne humeur?
4. L'immigration est-elle un facteur de sécurité ou d'insécurité? __________ de ces points de vue est-ce que le gouvernement du Québec a adopté?
5. Les organismes subventionnés par le MRCI ont beaucoup de programmes d'entraide *(aid)*. __________ vous semblent les plus utiles?

C. Réactions

1. Que pensez-vous de tous les efforts du gouvernement québécois pour faciliter l'intégration des immigrants au Québec? Est-ce que «le jeu en vaut la chandelle» (est-ce que cela en vaut la peine)? Expliquez.
2. Est-ce que le gouvernement fédéral ou les états américains doivent faire des efforts équivalents pour les immigrants aux États-Unis? Expliquez.
3. En vous basant sur ce que vous avez lu dans cet article, comparez l'attitude des Québécois envers la langue française et celle des Américains envers la langue anglaise.

Interactions

1. Votre partenaire et vous êtes des jeunes Sénégalais(es) en train d'émigrer aux États-Unis sans une bonne connaissance de l'anglais. Jouez une petite scène dans laquelle vous vous plaignez de tous les problèmes d'intégration que vous rencontrez dans la vie américaine.
2. Votre partenaire est professeur de français et vous êtes son élève. Jouez une petite scène où il/elle essaie en vain de vous apprendre la langue française.

Expansion

Faites des recherches sur l'Internet et à la bibliothèque pour approfondir votre connaissance sur l'immigration au Québec. Trouvez: a) les pays d'où viennent les plus grands nombres d'immigrants et indiquez le pourcentage que représente chaque groupe; b) ce que les immigrants doivent faire pour devenir citoyens du Québec; c) le taux de natalité du Québec et celui des États-Unis; d) d'autres chansons québécoises qui célèbrent l'unité de tous les habitants. Faites un rapport où vous soulignez deux ou trois faits qui vous ont surpris(e) ou impressionné(e); quelles conclusions pouvez-vous tirer de ces faits?

II. *LE PETIT PRINCE DE BELLEVILLE* de Calixthe Beyala

Sujets à discuter

- Quand vous étiez petit(e), est-ce que vous écoutiez toujours bien la maîtresse ou le maître d'école? Et les autres enfants?
- Quand vous étiez petit(e), est-ce qu'il y avait des enfants qui n'étaient pas beaux ou qui étaient différents des autres? Comment est-ce que les autres enfants les traitaient d'habitude? Pour se moquer d'eux ou pour tester leur patience, que faisait-on ou que disait-on?
- Est-ce que vous connaissez une personne dont les parents ont divorcé quand elle était enfant ou adolescente? Si oui, quelles ont été les réactions de cet(te) enfant? Est-ce qu'il/elle vous a parlé du divorce des ses parents? Expliquez.

AP Photo/KEYSTONE/Salvatore Di Nolfi

Calixthe Beyala

Stratégies de lecture

1. Parcourez rapidement le texte et trouvez les noms des petites filles dans l'histoire.
2. Ensuite trouvez les mots ou les actions qui montrent l'attitude des garçons envers ces petites filles ou envers la nouvelle maîtresse. Faites une liste de ces mots.
3. Trouvez le sujet de la narration de chaque petite fille et notez la différence dans la réaction du narrateur.

Introduction

To complement the first reading in this chapter which touches upon a connection between the Québécois educational system and adult immigrants' integration, the following literary reading evokes an elementary school setting in France. The central character in Calixthe Beyala's novel Le petit prince de Belleville *is Loukoum, a boy of African ancestry who lives in Belleville, a working-class area in the north of Paris. Loukoum can read the Koran in Arabic but he cannot read French. In this section of the book, the boy describes a day in school.*

Calixthe Beyala herself grew up in Cameroon in extreme poverty, separated from her parents, and raised by a sister four years older. She left for France at the age of 17, got married, passed the ***bac,*** *and eventually studied Management and Liberal Arts. She is the author of more than 15 novels and 3 books of essays.*

Belleville is the neighborhood in Paris where Beyala lives. She often writes about the plight of African immigrants who, while living in Paris, remain attached to their home countries.

Lecture

La nouvelle maîtresse a vraiment du mal. Personne ne l'écoute. Elle a beau crier, crier°, mais c'est comme si elle jetait une salive° dans la mer. Alors, elle a dit:

—Mes enfants, aujourd'hui, nous allons faire un exercice de narration spéciale. On va raconter à tour de rôle les vacances de Noël. Ça sera génial.

Ç'a été le tour de Johanne Dégoud de parler. Personne ne l'écoutait. Elle est de la race de ces filles que personne n'écoute, même pas le bon Dieu tellement

can scream and scream / spittle, saliva

elle est moche°! Et collante°! Elle est tellement moche que quand elle passe, les oreilles des chiens tombent, et quand elle est de face, elle a l'air de dos. C'est une blague° pour vous dire combien elle est moche. C'est la plus laide fille de France. Jacques Millano a dit:

—Le son! le son! On entend rien. Faut augmenter le micro!

Et la nouvelle maîtresse a dit à Johanne d'attendre que la classe soit calmée.

—Pour les vacances de Noël, mes parents et moi étions en vacances de neige en Savoie°. En Savoie, on trouve les montagnes les plus neigeuses de France avec des sites touristiques blottis° au fond des vallées.

Elle a sorti de sa poche un morceau de papier et elle s'est mise à lire!

—Avant son annexion à la France, la Savoie était une République autonome. En 17...

Alexis s'est jeté par terre à quatre pattes° et s'est mis à faire le chien en aboyant°. C'était vraiment drôle et tout le monde riait à cœur joie. La Mademoiselle était en colère. Elle a d'abord crié. Puis elle est venue l'attraper° par le col. Elle l'a tiré jusqu'à sa place. Johanne Dégoud ne s'est pas arrêtée de parler. De toute manière, on l'entendait pas. Lolita s'est retournée et elle m'a regardé. Je l'ai vue. J'ai baissé la tête et j'ai fait semblant° de dessiner. Mademoiselle est retournée à sa place. Elle a dit de baisser la tête et de croiser° les bras jusqu'à ce que le calme soit revenu. Johanne Dégoud lisait toujours sur son morceau de papier.

—Ça va, Johanne! Va t'asseoir. Tu as assez parlé comme ça.

C'est alors que Lolita a levé la main.

—Lolita, qu'est-ce que tu fabriques? Croise les bras immédiatement!

Mais elle a fait comme si elle n'entendait pas. Elle s'est levée et elle est partie se mettre à côté du bureau de la maîtresse.

Elle souriait. Elle était heureuse. Je croyais qu'elle allait se mettre à siffloter° de bonheur. Elle a arrangé sa robe. Elle a ajusté son bandeau°. Elle s'est tenue bien droite et elle a commencé à parler ni trop fort ni pas assez.

—Le matin de Noël, je me suis réveillée et j'ai eu une surprise. Il y avait une valise près de la porte comme quand on va en voyage. Mon père était devant la télévision et ma mère préparait le petit déjeuner.

«On va en voyage? j'ai demandé à mon père.

—En quelque sorte, il a dit.

—On va à Disney World? j'ai demandé.

—Non, ma chérie, ça sera pour la prochaine fois.

—Ah! j'ai dit. Où on va alors?»

Il m'a rien dit. Il s'est levé, il m'a serrée fort dans ses bras comme ça puis il est parti avec la valise.

«Papa!» j'ai crié.

Mais il n'est pas revenu. Ma maman m'a servi mon déjeuner, des Kellogs, je n'avais pas faim, je boudais°. Elle a dit:

«Lolita, t'es une grande fille maintenant et tu peux comprendre certaines choses. Ton père et moi, nous avons cru bon qu'il fallait se séparer quelque temps.

—Vous allez divorcer? j'ai demandé.

—On n'en est pas là, elle a dit. Mais...

—Chouette! j'ai crié. J'aurai deux maisons!»

Personne n'a rien dit.

Je la regardais, moi, avec mes yeux. De tous mes yeux avec des points d'interrogation qui sont toujours là quand ça te tombe dessus. Elle fixait le fond de la classe où il y avait un dessin, un zèbre tout colorié. Dans mon cœur,

ugly / clinging like a leech

joke

a region of the French Alps, close to Geneva / nestled

à... *on all fours*

barking

to grab

j'ai... *I pretended*

to cross

to whistle

headband

sulked

j'ai senti quelqu'un qui me tordait les boyaux°, qui tordait, qui serrait de plus en plus. Personne n'a bougé. Lolita s'est tournée vers la porte. Elle l'a ouverte. Elle est sortie. Personne ne l'a rattrapée°.

tordait... *turned my stomach*

held her back

Calixthe Beyala, *Le petit prince de Belleville* © Éditions Albin Michel, pp. 179–183.

Compréhension

A. Observation et analyse

1. Quel exercice est-ce que la classe va faire?
2. Qui parle d'abord? Que dit Jacques Millano? Pourquoi est-ce qu'il le dit? Que fait Alexis? Quelle est la réaction de la maîtresse?
3. Où est-ce que Johanne est allée pendant les vacances de Noël?
4. Décrivez l'attitude de Lolita quand elle commence à parler. Qu'est-ce qui s'est passé chez elle le jour de Noël? Où va son père? Après avoir raconté son histoire, qu'est-ce qu'elle fait?

Maître/Maîtresse or **instituteur/institutrice** is now called **professeur des écoles.** The word **enseignant(e)** may also be used to refer "generically" to a teacher.

B. Grammaire/Vocabulaire

Indiquez les adjectifs qui décrivent le mieux Lolita et justifiez vos réponses.

géniale	triste	fière
en forme	heureuse	collante
moche	rebelle	en colère

Avez-vous d'autres adjectifs à ajouter pour décrire cette petite fille? Lesquels?

C. Réactions

1. Décrivez votre réaction à la scène où Johanne raconte ses vacances. Est-ce que vous avez trouvé que Jacques et Alexis étaient méchants ou amusants? Expliquez. Qu'est-ce que vous diriez à Johanne si vous pouviez parler avec elle?
2. Décrivez votre réaction à la scène où Lolita parle à la classe. Qu'est-ce que vous diriez à Lolita si vous étiez son/sa camarade de classe? Et si vous étiez son instituteur/institutrice?

Interactions

1. **En classe.** Mettez-vous à la place des élèves ou de la maîtresse de cette histoire. Qu'est-ce que Johanne dit à la classe? Que répondent les garçons? Qu'est-ce que la maîtresse dit à la classe? Quelle est la réaction de la classe?
2. **À la maison.** Vous expliquez ce qui arrive à Lolita. Discutez avec vos parents. Et Lolita, qu'est-ce qu'elle dit à ses parents? Qu'est-ce qu'ils répondent?

Expansion

Trouvez, sur Internet ou dans un journal ou magazine, des renseignements sur le divorce en France et aux États-Unis afin d'écrire un essai comparant les deux sociétés. Faites des recherches sur le taux de divorce dans les deux pays, les raisons de séparation les plus fréquentes, la durée moyenne des mariages, les effets du divorce sur les enfants, la manière dont les tribunaux se prononcent sur les demandes de divorce et règlent la question de la garde des enfants, etc.

VOCABULAIRE

L'INVITATION

un agenda *engagement calendar*

avoir envie de (+ infinitif) *to feel like (doing something)*

avoir quelque chose de prévu *to have plans*

donner (un) rendez-vous à quelqu'un *to make an appointment with someone*

emmener quelqu'un *to take someone (somewhere)*

être pris(e) *to be busy (not available)*

ne rien avoir de prévu *to have no plans*

passer un coup de fil à quelqu'un *(familiar) to give (someone) a telephone call*

poser un lapin à quelqu'un *(familiar) to stand someone up*

prévoir/projeter de (+ infinitif) *to plan on (doing something)*

les projets [m pl] *plans*

faire des projets *to make plans*

regretter/être désolé(e) *to be sorry*

remercier *to thank someone*

vérifier *to check*

QUI?

le chef *head, boss*

un(e) collègue *fellow worker*

un(e) copain/copine *friend, boyfriend/friend, girlfriend*

le directeur/la directrice *director*

le/la patron(ne) *boss*

QUAND?

dans une heure/deux jours *in an hour/two days*

samedi en huit/en quinze *a week/two weeks from Saturday*

la semaine prochaine/mardi prochain *next week/next Tuesday*

tout de suite *right away*

OÙ?

aller au cinéma/à un concert/au théâtre *to go to a movie/a concert/the theater*

aller à une soirée *to go to a party*

aller en boîte *to go to a nightclub*

aller voir une exposition de photos/de sculptures *to go see a photography/sculpture exhibit*

prendre un verre/un pot *(familiar) to have a drink*

LA NOURRITURE ET LES BOISSONS

les anchois [m pl] *anchovies*

l'assiette [f] **de charcuterie** *cold cuts*

une brochette de poulet *chicken skewer*

le buffet chaud *warm dishes*

le buffet froid *cold dishes*

de la (crème) chantilly *whipped cream*

le chèvre *goat cheese*

la choucroute *sauerkraut*

les côtelettes [f pl] **de porc** *pork chops*

les côtes [f pl] **d'agneau** *lamb chops*

la coupe de fruits *fruit salad*

les épinards [m pl] *spinach*

la glace *ice cream*

les gourmandises [f pl] *delicacies*

le lapin *rabbit*

l'œuf [m] **dur** *hard-boiled egg*

l'omelette [f] **nature** *plain omelette*

les pâtes [f pl] *noodles, pasta*

les petits pois [m pl] *peas*

le poivron vert *green pepper*

la pression *draft beer*

les salades [f pl] **composées** *salads*

la salade de saison *seasonal salad*

la tarte (aux pommes) *(apple) pie*

le thon *tuna*

le veau *veal*

le yaourt *yogurt*

AU REPAS

un amuse-gueule *appetizer, snack*

un apéritif *before-dinner drink*

une boisson gazeuse *carbonated drink*

de l'eau plate/de l'eau gazeuse *plain, non-carbonated water/sparkling, carbonated water*

À votre santé! (À la vôtre!/À la tienne!) *To your health!*

Bon appétit! *Have a nice meal!*

Tchin-tchin! *(familiar) Cheers!*

L'ENSEIGNEMENT

assister à un cours *to attend a class*

une conférence *lecture*

un congrès *conference*

se débrouiller *to manage, get along*

échouer à *to fail*

facultatif/facultative *elective; optional (subject of study)*

les frais [m pl] **d'inscription** *registration fees*

une leçon particulière *private lesson*

une lecture *reading*

manquer, sécher *(familiar)* **un cours** *to miss, skip a class*

une matière *subject, course*

la note *grade*

obligatoire *required*

passer un examen *to take an exam*

rater *to flunk*

rattraper *to catch up*

réussir à un examen *to pass an exam*

réviser (pour) *to review (for)*

se spécialiser en *to major in*

tricher à *to cheat*

DIVERS

discuter de choses et d'autres *to talk about this and that*

pareil(le) *same, such a*

la rentrée *start of the new school year*

volontiers *gladly, willingly*

Ciné Bravo

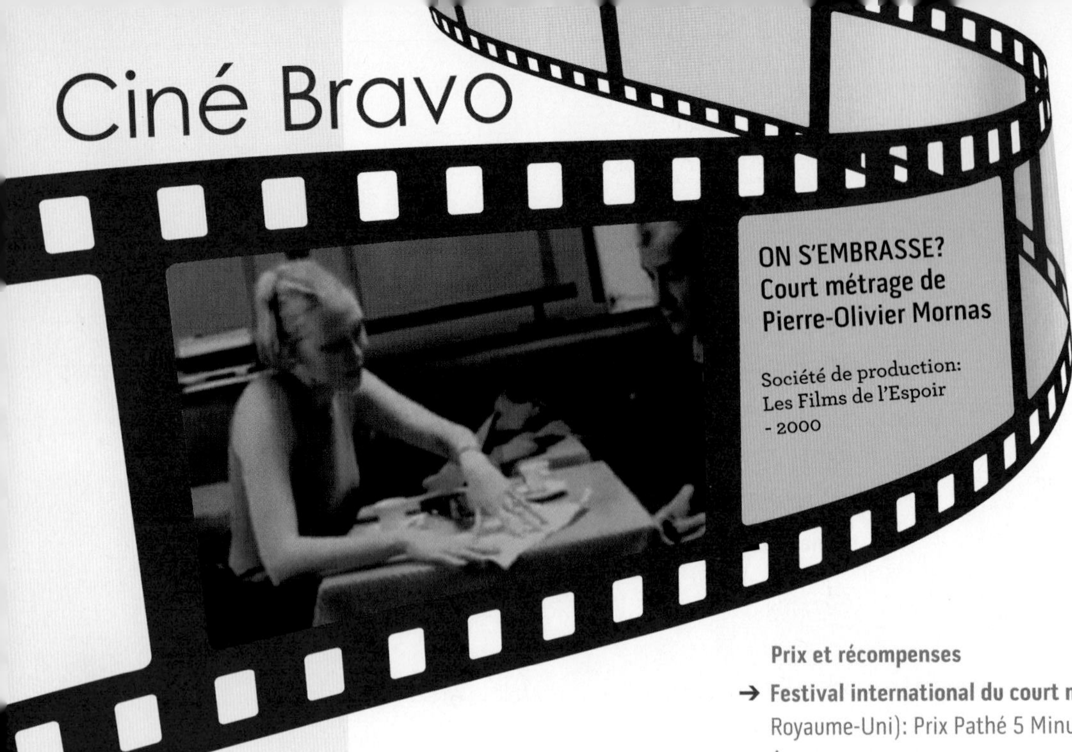

Prix et récompenses

→ **Festival international du court métrage** (Bristol, Royaume-Uni): Prix Pathé 5 Minutes 2001

→ **Écran Libre** (Aigues-mortes): 1er prix du jury 2001

→ **Journées romantiques** (Cabourg): Prix d'interprétation féminine et masculine 2001

NOTE CULTURELLE

On dit en français populaire que quelqu'un **fait du cinéma** quand il ou elle fait une démonstration exagérée de ses émotions. Est-ce que vous faites du cinéma de temps en temps ou connaissez-vous quelqu'un qui en fait? Quand et dans quelles situations?

À CONSIDÉRER AVANT LE FILM

Quand un cinéaste fait un film, il s'inspire plus ou moins du monde réel. Et pourtant, le monde réel peut aussi s'inspirer du cinéma. De quelles façons est-ce que les films populaires vous influencent? Y a-t-il un film qui vous a particulièrement influencé(e)? Lequel? Et vos amis? Voyez-vous l'influence des films dans leur comportement? leurs vêtements? ailleurs?

On va au cinéma?

1. **Au café.** Ce film se passe dans un café parisien. Expliquez pour quelles raisons on va au café:

Qui?	Quand?
un homme de 70 ans à la retraite	à 14h00
une femme d'affaires de 35 ans	à 10h00
un adolescent de 16 ans	à 16h00
vous et votre collègue	à midi
2 étudiants universitaires	à 11h00
une femme de 20 ans	à 20h00
un homme de 22 ans	à 20h00
votre choix	à 20h00

2. **La rupture.** Vous entendez une scène de rupture dans un café français et vous remarquez que les scènes de rupture répètent souvent les mêmes clichés. Trouvez l'équivalent américain des expressions suivantes.

Je ne t'aime plus. ____	a. *What are we doing together?*
Je me suis détaché de toi. ____	b. *It's over.*
À quoi ça rime, la vie qu'on mène? ____	c. *I don't love you anymore.*
C'est fini. ____	d. *Don't be angry.*
Ne m'en veux pas. ____	e. *We've grown apart.*

ÇA COMMENCE!

Premier visionnage

1. **Le langage du cinéma.** Voici quelques mots et expressions associés au cinéma. Identifiez ceux que vous entendez dans le film.

faire réciter un texte *(to help someone with his/her lines)* ________
une audition ________
le plateau *(the set)* ________
les répliques *(the lines of dialogue)* ________
une séquence *(a scene)* ________
un scénario *(a screenplay)* ________
un tournage *(a film shoot)* ________

2. **D'autres expressions à chercher.** Indiquez les expressions que vous entendez dans le film.

à la prochaine *(until next time)* ________
à propos *(by the way)* ________
ça marche *(right away)* ________
d'un seul coup *(all at once)* ________
doucement *(slowly)* ________
en souriant *(while smiling, with a smile)* ________
malgé moi *(unintentionally)* ________
serré *(strong [as an espresso])* ________
tire-toi *(get lost)* ________
volontiers *(gladly, willingly)* ________

Deuxième visionnage

Complétez les phrases suivantes en choisissant la réponse que vous entendez dans le film.

1. Pour demander un café, la jeune femme dit:
   a. Vous me donnez un café, s'il vous plaît?
   b. Je peux avoir un café, s'il vous plaît?
   c. Un café, s'il vous plaît.
2. Pour demander un service, la jeune femme dit:
   a. Pourriez-vous m'aider, monsieur?
   b. Excusez-moi. Je peux vous demander un service?
   c. Accepterez-vous de me rendre un service?
3. Pour accepter de rendre service, le monsieur répond:
   a. D'accord.
   b. Je veux bien.
   c. Bon.
4. Avant de partir, la jeune femme dit:
   a. Merci, au revoir.
   b. Il faut que j'y aille.
   c. À bientôt, j'espère.

ET APRÈS

Observations

1. Pourquoi est-ce que la jeune actrice s'approche de cet homme inconnu et non pas d'un autre?
2. Qu'est-ce que cet homme fait au café? Pourquoi, à votre avis, accepte-t-il de rendre service à la jeune femme?
3. À votre avis, est-ce que la jeune femme a une audition pour un grand rôle dans un film important ou pour un petit rôle dans une série télévisée *(soap opera)*? Qu'est-ce qui vous donne cette impression?
4. Comment est-ce que l'homme aide la jeune femme à se préparer? Pourquoi sait-il ce qu'il faut faire pour rendre la scène plus émouvante?
5. Qui vient à la table de l'homme après le départ de la jeune actrice? Où était-elle?

Avant et après

1. Imaginez la vie des personnages avant le film. Où habitent-ils? Que font-ils dans la vie? Comment se décriraient-ils?
2. Que se passe-t-il dans la vie des personnages après le film? Est-ce que la jeune femme réussira son audition? Est-ce que l'homme retrouvera le bonheur après sa rupture? Est-ce qu'ils vont se revoir un jour?

À vous de jouer

La scène. Voici la scène de rupture que la jeune femme prépare pour son audition.

—C'est fini, Paul.

—Je ne comprends pas.

—À quoi ça rime, la vie qu'on mène?

—À quoi ça rime?

—À rien.

—Je ne comprends pas.

—Je t'aime plus, Paul. C'est comme ça. Ça ne s'est pas fait d'un seul coup. Je me suis détachée de toi, doucement, malgré moi. Ne m'en veux pas. Ne me regarde pas comme ça. Ne m'en veux pas. Excuse-moi. Bon, je vais y aller. On s'embrasse?

—Non. Tire-toi.

Jouez cette scène avec un(e) partenaire. Ensuite, écrivez votre propre scène de rupture et jouez-la devant la classe.

Version anglaise/ Version française

The title of the film *On s'embrasse?* has been translated (rather awkwardly) into English as *Can we kiss?* Based onyour knowledge of French culture and your understanding of the subject matter, suggest a better title for the film.

Qui suis-je? 3

Joel Damase/Photononstop/PhotoLibrary

THÈMES La famille; Les rapports

 Pour tester vos connaissances, visitez **www.cengagebrain.com/shop/ISBN/049590516X** 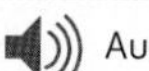 Audio iLrn Heinle Learning Center

LA GRAMMAIRE À RÉVISER

Qui est-ce?

Identifiez les personnes suivantes en utilisant des adjectifs possessifs.

Modèle:
moi / chef C'est...
C'est mon chef.

1. nous / patronne C'est...
2. Christophe / sœur C'est...
3. Margot / directrice C'est...
4. vous / professeur? C'est...?
5. Éric et Brice / collègues Ce sont...
6. toi / copine? C'est...?
7. Élise et Marine / mère C'est...

iLrn To review **L'adjectif possessif,** consult the *Possessives* Grammar Tutorial on iLrn.

Qualités et défauts.

Décrivez les personnes suivantes avec la forme appropriée de l'adjectif.

Modèle:
Élisabeth? sportif / généreux

Élisabeth est sportive et généreuse.

1. Laura? poli / mignon
2. Karine? beau / intelligent
3. Abdoul? toujours content / riche
4. Alicia? sympathique / ambitieux
5. Mes professeurs? professionnel / gentil
6. Mes sœurs? paresseux / fou
7. Tiffanie? pas très actif / mais assez fort

iLrn To review **L'adjectif qualificatif,** consult the *Adjectives* Grammar Tutorial on iLrn.

The information presented here is intended to refresh your memory of various grammatical topics that you have probably encountered before. Review the material and then test your knowledge by completing the accompanying exercises in the workbook.

AVANT LA PREMIÈRE LEÇON

L'adjectif possessif

MASCULIN	FÉMININ	PLURIEL	ÉQUIVALENT
mon	ma/mon	mes	*my*
ton	ta/ton	tes	*your*
son	sa/son	ses	*his/her/its*
notre	notre	nos	*our*
votre	votre	vos	*your*
leur	leur	leurs	*their*

- Possessive adjectives agree with the possessor in terms of meaning (**mon, ma, mes** versus **ton, ta, tes**) and with the object possessed in terms of gender and number (**mon** versus **ma** versus **mes**):

  his/her dog = **son** chien
  his/her car = **sa** voiture

- Feminine singular objects beginning with a vowel or silent **h** require the masculine form (**mon, ton, son**):

  mon amie Chloé — **ton** habileté
  my friend Chloe — *your skillfulness*

- French possessive adjectives are repeated before each noun unless the nouns represent the same person or object possessed:

  Où sont **mon** frère et **ma** sœur?
  Je vous présente **mon** collègue et ami, Raphaël.

AVANT LA DEUXIÈME LEÇON

L'adjectif qualificatif

A. Le féminin singulier

- In general, an **e** is added to the masculine singular to form the feminine.

  content → contente gâté → gâtée poli → polie

If the masculine form already ends in an unaccented **e,** nothing is added:

  sympathique/sympathique

- Some irregular patterns:

MASCULIN		FÉMININ	EXEMPLES	
-eux	→	**-euse**	généreux	généreuse
-f	→	**-ve**	sportif	sportive
-el	→	**-elle**	professionnel	professionnelle
-il	→	**-ille**	gentil	gentille
-on	→	**-onne**	mignon	mignonne
-os	→	**-osse**	gros	grosse
-as	→	**-asse**	bas	basse
-en	→	**-enne**	ancien	ancienne

B. Le pluriel

- In general, an **s** is added to the singular to form the plural:

  content → contents contente → contentes

If the masculine singular adjective ends in an **s** or **x**, nothing is added to form the plural.

- Feminine adjectives follow the regular pattern in the plural:

  les gros messieurs → les grosses femmes
  les hommes généreux → les femmes généreuses

- Some irregular patterns:

SINGULIER		PLURIEL	EXEMPLES	
-eau	→	**-eaux**	nouveau	nouveaux
-al	→	**-aux**	légal	légaux

EXCEPTIONS examen final → examens finals
roman banal → romans banals

→ Like these exceptions: **fatal, natal, naval**

C. Adjectifs à forme masculine double

MASCULIN	MASCULIN AVANT VOYELLE OU H MUET	FÉMININ	PLURIELS
vieux	vieil	vieille	vieux/vieilles
nouveau	nouvel	nouvelle	nouveaux/nouvelles
beau	bel	belle	beaux/belles
fou	fol	folle	fous/folles

AVANT LA TROISIÈME LEÇON

Les verbes pronominaux

Pronominal verbs must be conjugated with a reflexive pronoun. The basic patterns are:

A. Affirmatif

Je **me** couche tard.	Nous **nous** couchons tard.
Tu **te** couches tard.	Vous **vous** couchez tard.
Il/Elle/On **se** couche tard.	Ils/Elles **se** couchent tard.

Mon quartier.

Décrivez où vous habitez en utilisant la forme appropriée des adjectifs.

Modèles:
J'habite dans une belle ville. (grand)
J'habite dans une grande ville.

J'habite dans une belle ville. (village)
J'habite dans un beau village.

1. C'est un vieux quartier. (ville/appartement/musée)
2. J'habite une maison moderne. (beau/nouveau/agréable)
3. Les voisines sont gentilles. (vieux/gros/généreux)

Votre routine typique.

Décrivez votre routine typique et celle des autres en utilisant des verbes pronominaux.

Modèle:
Je me réveille assez tard. (Sylvie)
Sylvie se réveille assez tard aussi.

1. Je me lave très vite. (Ma sœur/Mes parents... ne... pas/Vous?)
2. Mon père se rase tous les jours. (Je/Nous... ne... pas/Tu?)
3. Je me brosse les dents. (Mes petites sœurs/Vous/Mon frère)
4. Est-ce que vous vous préparez à partir? (Édouard/tu/tes copains/copines)
5. Je vais me coucher vers 10 heures du soir. (Tu/Nous/Grand-mère)

To review **Les verbes pronominaux,** consult the *Reflexive Verbs* Grammar Tutorial on iLrn.

La Mare au Diable

La mare (pond) *au diable* est le titre d'un roman écrit par l'écrivain George Sand. George Sand est le pseudonyme qu'a choisi cette femme écrivain. Née en 1804, elle a beaucoup écrit (romans, contes, pièces de théâtre, lettres) et elle a fréquenté les grands artistes romantiques et réalistes du XIXe siècle (Delacroix, Musset, Chopin, Flaubert). Elle s'est aussi engagée dans les luttes sociales et féministes des années 1830 à 1876.

B. Négatif

Nous **ne nous** couchons **pas** trop tôt. Ils **ne se** détendent **pas** assez.

C. Interrogatif

Est-ce que tu **t'**appelles Marie? *(form used most often)*

T'appelles-tu Marie? Ne **t'**appelles-tu pas Marie?

D. Impératif

Affirmatif: The reflexive pronoun follows the verb and is attached with a hyphen (**te** changes to **toi**):

Lavez-vous les mains, les enfants! On va manger tout de suite!

Lucien, **dépêche-toi**!

Négatif: The reflexive pronoun precedes the verb:

Ne vous couchez **pas** trop tard.

Lucien, **ne te** couche **pas** tout de suite.

E. Infinitif

Je vais **me** reposer pendant quelques minutes.

Nous allons **nous** préparer à sortir.

www.mondesauvage.be

www.enjeu.be

Lisez ces publicités. Elles décrivent quelques passe-temps. Qu'est-ce que vous faites pour vous détendre en famille?

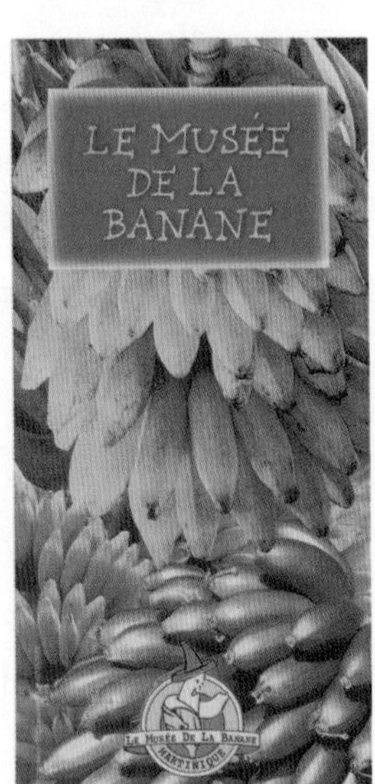

Musée de la Banane

LEÇON 1

COMMENT IDENTIFIER LES OBJETS ET LES PERSONNES

Rappel: Have you reviewed possessive adjectives? (Text p. 96 and SAM pp. 57–58)

Conversation

Track 6

Premières impressions

1. Identifiez: les expressions qui vous permettent d'identifier les professions et les personnes
2. Trouvez: a. où Damien et Philippe se sont connus autrefois
   b. où habite Philippe

Deux amis, qui ne se sont pas vus depuis longtemps, se rencontrent par hasard au café à Paris dans le quartier universitaire où ils passaient beaucoup de temps auparavant°. Ils commencent à se parler et à se montrer des photos.

before

DAMIEN Philippe! Eh bien! Dis donc! Ça fait longtemps, hein?

PHILIPPE Le temps passe, Damien! Mais tu as l'air en forme. Qu'est-ce que tu deviens?

DAMIEN Bof! En fait, je cherche du travail! Mais c'est très dur en ce moment... Et toi? Je croyais que tu avais déménagé°!

moved

PHILIPPE Oui, j'en avais un peu marre° de la situation en France, et puis je me suis marié, tu sais? Maintenant j'habite aux États-Unis.

j'en avais... j'en avais assez *(familiar) I was fed up*

DAMIEN Ce n'est pas vrai!

PHILIPPE Si, Damien! J'avais de grandes difficultés à trouver un boulot en France. Tu sais, avec le chômage... Donc maintenant je travaille aux États-Unis. Je sais que j'ai de la chance parce que le taux de chômage a aussi beaucoup augmenté aux USA.

DAMIEN C'est incroyable! Mais, dis-moi, tu aimes ce que tu fais?

PHILIPPE Oui, ça me plaît beaucoup. J'aime beaucoup la vie là-bas, aux States. Je la trouve formidable mais elle est différente de la vie en France. Euh... C'est difficile à expliquer. La conversation entre copains ou entre collègues me manque.

DAMIEN Je ne comprends pas. Explique.

PHILIPPE Ben, il me semble que tout le monde vit dans un monde à lui, et du coup, chacun a des connaissances moins variées et moins étendues° que celles des Français en général. Mais, tu sais, ça me fait vraiment plaisir de te voir!... Tiens, j'ai des photos à te montrer. Tu sais, j'ai un fils.

extensive, wide-ranging

DAMIEN Toi, un fils? Eh bien, félicitations, mon vieux°! Il faut que tu me fasses voir tout ça.

mon vieux *old man*

PHILIPPE C'est une amie qui a pris les photos au moment de quitter l'hôpital. Tiens, regarde... là, j'installe le siège-voiture°.

siège-bébé *(car seat)*

le petit... *(term of endearment) little man* / *pillow*

DAMIEN	Elle est à toi cette Ford?
PHILIPPE	Oui, elle est à moi, enfin, elle est à nous, à ma femme et à moi.
DAMIEN	Et là, qui est-ce qui tient le bébé? C'est ta femme?
PHILIPPE	Oui, c'est elle, avec le petit bonhomme°, dans sa chambre. Tiens, le voilà dans toute sa splendeur, sur l'oreiller° de sa maman!

À suivre

Observation et analyse

1. Quelle est la situation familiale de Philippe?
2. Quelle est la situation économique de Damien?
3. De quelle période date la plupart de ces photos?
4. À propos de sa vie aux États-Unis, de quoi est-ce que Philippe se plaint? Est-ce que vous êtes d'accord avec lui? Expliquez.

Réactions

1. Est-ce que vous aimez les photos d'enfants? Est-ce que vos parents ont pris beaucoup de photos de vous quand vous étiez petit(e)? Expliquez.
2. Avez-vous déjà des enfants ou pensez-vous en avoir? Parlez de votre famille.

Expressions typiques pour...

Identifier un objet

C'est ta voiture?
- Non, c'est la voiture du voisin.
- Oui, j'ai une voiture japonaise.

Qu'est-ce que c'est?
- C'est un ordinateur *(computer)*.
- Ce sont mes écouteurs *(headphones)*.
- Ça, c'est mon appareil photo numérique *(digital camera)*.

Identifier le caractère d'un objet

Quel type d'ordinateur/de portable est-ce? C'est un Mac/un BlackBerry Storm 2.

Quelle marque de voiture est-ce que tu as? J'ai une Peugeot.

Quel modèle est-ce? C'est le modèle hybride.

Identifier une personne

Qui est-ce, là, sur cette photo? C'est Alain.

Qui est Alain? C'est le mari de notre voisine Hélène.

Identifier les activités d'une personne

Que fait ton mari/ta femme?
- Il/Elle est dentiste/psychiatre/ingénieur/secrétaire/homme (femme) d'affaires/vendeur (vendeuse).
- Il/Elle est à la retraite *(retired)*.

Qu'est-ce que tu fais?
- Je suis étudiant(e)/avocat(e)/biologiste/professeur/employé(e) de banque/femme (homme) au foyer *(housewife/househusband)*/pilote/serveur (serveuse).

More professions can be found in **Chapitre 7.**

Identifier le/la propriétaire

À qui est cet appareil photo?
- C'est mon appareil photo.
- Il est à moi (toi/lui/elle/nous/vous/eux/elles).

Disjunctive pronouns are in **Chapitre 6.**

Mots et expressions utiles

La famille

les arrière-grands-parents *great-grandparents*
le beau-frère/beau-père *brother-/father-in-law* or *stepbrother/-father*
la belle-sœur/belle-mère *sister-/mother-in-law* or *stepsister/-mother*
le demi-frère/la demi-sœur *half brother/sister*
être de la famille *parent; relative, cousin*
une femme/un homme au foyer *housewife/househusband*
le mari/la femme *spouse; husband/wife*
célibataire/marié(e)/divorcé(e)/remarié(e) *single/married/divorced/remarried*
une mère célibataire *single mother*
un père célibataire *single father*
une famille nombreuse *large family*
les gens du troisième âge/les personnes âgées *people over 70*
la vie de famille *home life*

Les enfants

l'aîné(e) *elder, eldest*
le cadet/la cadette *younger, youngest*
un fils/une fille unique *only child*
un jumeau/une jumelle *twin*
un(e) gosse *(familiar) kid*
le siège-voiture/siège-bébé *car seat*
bien/mal élevé(e) *well/badly brought up*
gâté(e) *spoiled*

Divers

déménager *to move*
en avoir marre *(familiar) to be fed up*

Mise en pratique

Médoune parle de sa famille au Sénégal: Je viens d'une **famille nombreuse.** J'ai neuf frères et sœurs. Mes **arrière-grands-parents** habitent avec mes parents, ainsi qu'une de mes sœurs et mon **beau-frère.** La **cadette** va au lycée, donc elle habite toujours à la maison. Le mélange des générations rend la vie intéressante. Heureusement que la maison est grande! La plupart de mes frères et de mes sœurs ont voyagé. On habite un peu partout dans le monde. Par exemple, **l'aîné** et moi, nous sommes tous les deux aux États-Unis.

La possession

C'est à qui le tour? *Whose turn is it? (Who's next?)*

C'est à lui/à toi. *It's his/your turn.*

être à (+ pronom disjoint) *to belong to (someone)*

Les affaires

l'appareil photo *camera*

l'appareil photo numérique *digital camera*

le DVD *DVD player*

le Blu-ray disc *Blu-Ray disc player*

le caméscope *camcorder*

les écouteurs [m pl] *headphones*

l'iPod [m] *iPod*

le lecteur de CD *CD player*

le lecteur DVD DVX *high definition DVD player*

l'ordinateur [m] *computer*

le logiciel *software*

le scanner *scanner*

Mise en pratique

Fabienne prépare ses valises pour aller passer deux ans à Strasbourg dans une des grandes écoles. Comme elle partage tout avec sa sœur, elle vérifie ce qui est à elle.

FABIENNE Il **est à moi** ou **à toi**, cet **appareil photo numérique**? Je pense que maman me l'a acheté comme cadeau de Noël, mais c'est toi qui l'utilises toujours.

VÉRONIQUE Tu as raison. Il **est à** toi. Mais attention, l'**iPod** est à moi. Tu le laisses à la maison!

FABIENNE Et l'**ordinateur** que nous utilisons toutes les deux... qu'est-ce que nous allons en faire?

VÉRONIQUE Ça, il faut en parler avec papa et maman.

See **Chapitre 9, Leçon 2** for more technology vocabulary.

Activités

A. Une réplique *(response)*. Pour chacune des répliques suivantes, posez la question appropriée. Aidez-vous des ***Expressions typiques pour...***

1. Nous avons une vieille Ford Mustang.
2. Là, dans la voiture, c'est mon fils, Julien.
3. Mon fils est à l'école primaire. Il a seulement huit ans!
4. Jean-Claude? C'est mon mari.
5. C'est le logiciel de photo que mon mari préfère.

B. Une famille nombreuse. Imaginez que les portraits suivants soient ceux de votre propre famille. Écrivez une phrase pour identifier le membre de la famille et son activité.

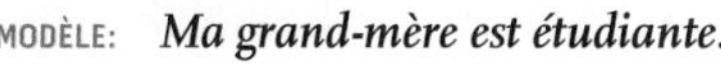

MODÈLE: *Ma grand-mère est étudiante.*

MODÈLE

1.

2.

3.

4.

5.

C. Ma famille. Écrivez le nom de trois membres de votre famille immédiate ou de vos parents. Indiquez leurs liens de parenté *(family ties)* avec les autres parents et membres de votre famille en utilisant les ***Mots et expressions utiles.***

MODÈLE: ***Georges: Georges est mon père. C'est le mari de ma belle-mère Marthe et aussi le cadet de sa famille. Georges est le beau-père de ma belle-sœur Céline qui est mariée à mon demi-frère Paul.***

D. Des photos. Apportez des photos en classe. Formez des groupes de trois ou quatre personnes et identifiez la personne ou l'objet sur la photo.

E. Questions indiscrètes. Posez les questions suivantes à un(e) copain/copine. Faites un résumé de ses réponses à la classe.

1. Est-ce que tu as un ordinateur? un DVX? un caméscope? un iPod? un scanner? De quelle marque sont-ils?
2. Quelle sorte de voiture ont tes parents?
3. Dans ta famille, est-ce que tu es fils/fille unique? le cadet/la cadette? l'aîné(e)?
4. Qui est gâté dans la famille? Explique.
5. Est-ce que tu es célibataire? marié(e)? divorcé(e)? remarié(e)?
6. Qu'est-ce que tu veux faire comme travail plus tard? Explique.

La grammaire à apprendre

C'est et *il/elle est*

A. When identifying or describing someone, you frequently say what that person's profession is. With **être, devenir,** and **rester,** no determiner is used before a profession unless it is modified by an adjective that expresses an opinion or judgment.

Mon cousin est **pilote** dans l'Armée de l'Air, et c'est **un pilote** célèbre.
My cousin is a pilot in the Air Force, and he is a famous pilot.

The same rule also applies to stating one's religion, nationality, political allegiance, social class, or relationships.

Son beau-frère est **français,** mais il n'est pas **catholique.**
His brother-in-law is a Frenchman, but he is not a Catholic.

Il vient de devenir **papa** de jumeaux.
He's just become a father of twins.

Sa femme est **une réceptionniste** très efficace, mais elle voudrait créer sa propre entreprise et devenir **femme d'affaires.**
His wife is a very efficient receptionist, but she would like to create her own company and become a business woman.

C'est or **ce sont** must be used instead of **il/elle est** or **ils/elles sont** when the noun after **être** is modified by an adjective. An article or a determiner (possessive or demonstrative) must also be used.

Je recommande chaudement le docteur Dupin. **C'est un** psychiatre brillant.
I highly recommend Dr. Dupin. He is a brilliant psychiatrist.
(Il est brillant; il est psychiatre. C'est un psychiatre brillant; c'est mon nouveau psychiatre.)

NOTE **C'est** + article without an adjective can be used as well, although **il/elle** is more common.

Il est psychiatre.
C'est un psychiatre. } *He is a psychiatrist.*

B. Additional uses of *c'est*

- **c'est** + masculine adjective referring to an idea:

  15 euros le kilo? C'est cher!

- **c'est** + proper noun:

  C'est Marc à l'âge de douze ans.

- **c'est** + disjunctive pronoun:

  Mlle Piggy dit toujours: «C'est moi!»

- **c'est** + noun being identified:

  Qu'est-ce que c'est?

  C'est une marionnette.

C. Additional uses of *il/elle est*

- **il/elle** + adjective referring to a particular person or thing:
  Mon cours de français?
  Il est excellent bien sûr.
- **il/elle** + preposition of location:
  La salle de classe? Elle est près d'ici.

Activités

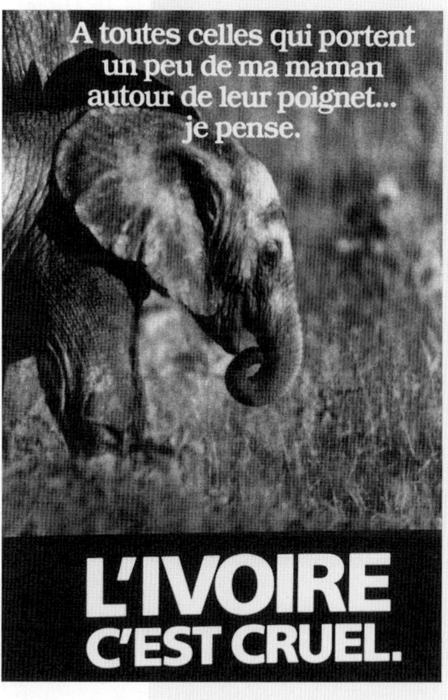

A. Sondage de télévision. Mme Le Bois reçoit un coup de téléphone d'une représentante de France 3 qui veut savoir ce qu'elle aime regarder à la télé. Choisissez l'expression appropriée afin de compléter chacune de ses réponses.

Allô? Bonjour, madame. Oui, ________ (c'est/elle est) la résidence Le Bois... Mon mari? Non, ________ (ce n'est pas/il n'est pas) à la maison en ce moment, mais je pourrais peut-être répondre à vos questions... Sa profession? ________ (C'est/Il est) homme d'affaires... Ma profession? Je ________ (suis/suis une) avocate... Oui, je ________ (suis/suis une) mère... de trois enfants... L'émission «Questions pour un champion»? Oui, nous la regardons très souvent. Nous trouvons que (qu') ________ (c'est/elle est) intéressant(e) mais ________ (c'est/il est) notre fils Paul qui l'aime le plus... Oui, ________ (c'est/il est) étudiant... Il veut ________ (devenir/devenir un) pilote... Pardon, madame. On sonne à la porte. ________ (C'est/Il est) probablement mon voisin d'à côté *(next-door neighbor)*... Je vous en prie. Au revoir, madame.

B. Notice nécrologique. Voici une description d'un auteur célèbre qui est mort récemment. Complétez la description en remplissant les blancs avec un article (si c'est nécessaire) ou avec **il/elle** ou la forme appropriée de **ce**.

Carlos B. était ________ écrivain connu du grand public depuis trente-cinq ans. Il était ________ espagnol de naissance mais il est devenu ________ citoyen français en 1970 quand il a épousé Angélique, ________ jeune secrétaire française. Devenu ________ père de jumeaux, il est entré au service de la maison d'édition L'homond comme ________ lecteur, puis comme ________ directeur du service des ventes. ________ C(c)atholique dévoué, il est resté ________ socialiste pendant toute sa vie. ________ est lui qui a écrit *Le Citoyen de demain*. Mais ________ est sa *Guerre des enfants* qui l'a rendu célèbre. ________ est un homme dont l'humour tendre nous manquera. ________ est très regretté de tous ceux qui l'ont connu de près ou de loin.

C. Sondage d'étudiants. Posez les questions suivantes à un(e) copain/copine. Faites un résumé de ses réponses à la classe.

1. Quelle est ta profession? ta nationalité? ta religion?
2. Tu appartiens à un parti politique? Auquel?
3. Est-ce que tu as un emploi? Si oui, est-ce que l'entreprise où tu travailles est près ou loin d'ici?
4. Que fait ton père? ta mère? Que font tes grands-parents?
5. Quand tu étais petit(e), qu'est-ce que tu voulais devenir? Et aujourd'hui?

D. Un jeu. Décrivez une personne dans la classe. Les autres étudiants vont deviner qui c'est. Utilisez **c'est** et **il/elle est** autant que possible, bien sûr!

MODÈLE: *C'est une Américaine. Elle est enthousiaste. C'est aussi une étudiante dynamique. Elle veut être ingénieur. Elle a les cheveux blonds. Elle est grande.* **Réponse:** *C'est Julie.*

La grammaire à apprendre

Les pronoms possessifs

A. Saying what belongs to you or what you possess is another common use of the function of identifying. You reviewed the use of possessive adjectives to show ownership in ***La grammaire à réviser.*** Now you will learn to express possession with possessive pronouns. This method is preferred when making comparisons or contrasts:

		ADJECTIF POSSESSIF		PRONOM POSSESSIF
la maison de Pierre	=	sa maison	=	la sienne
Pierre's house	=	*his house*	=	*his*

—À qui sont ces clés? —Elles sont **à moi.**
—Est-ce mon livre? —Non, c'est **le mien.**

Like possessive adjectives, possessive pronouns agree with both the possessor and the person or object possessed. Note the need for a definite article, as well as the **accent circonflexe** (ˆ) on **nôtre(s)** and **vôtre(s).**

MASCULIN SINGULIER	FÉMININ SINGULIER	MASCULIN PLURIEL	FÉMININ PLURIEL	ÉQUIVALENT
le mien	la mienne	les miens	les miennes	*mine*
le tien	la tienne	les tiens	les tiennes	*yours (familiar)*
le sien	la sienne	les siens	les siennes	*his/hers/its*
le nôtre	la nôtre	les nôtres	les nôtres	*ours*
le vôtre	la vôtre	les vôtres	les vôtres	*yours*
le leur	la leur	les leurs	les leurs	*theirs*

—Tu as apporté les photos de la naissance de ta fille?

—Oui, je les ai apportées, mais commençons par **les tiennes.**

—Tu sais, j'ai oublié **les miennes,** mais mon mari a toujours **les siennes** sur lui. Attends, je vais les lui demander.

B. Contrary to English, the following expression in French requires a possessive adjective (rather than a possessive pronoun):

a friend of mine = un(e) de **mes** ami(e)s
a cousin of ours = un(e) de **nos** cousin(e)s

NOTE The usual contractions of **à** and **de** occur with the definite article preceding the possessive pronoun:

J'ai écrit à mes parents. Est-ce que tu as écrit **aux tiens**?

Liens culturels

La famille

Aujourd'hui le taux de natalité *(birth rate)* est de 2,02 contre 2,84 en 1964, mais est en augmentation régulière depuis 1994 (1,66). Les femmes ont donc en moyenne plus d'enfants qu'au cours des années 90, mais il y a néanmoins une baisse par rapport aux années 60. Les raisons de cette baisse sont nombreuses: l'activité professionnelle des femmes, l'usage généralisé de la contraception, la légalisation de l'avortement *(abortion)*, la diminution du nombre des mariages et, tout simplement, le «coût de l'enfant». Puisqu'il faut que chaque femme ait en moyenne 2,08 enfants pour assurer le renouvellement des générations, le gouvernement finance les charges sociales versées par une famille qui emploie une personne à domicile pour garder un ou plusieurs enfants de moins de trois ans.

Environ 834 000 enfants sont nés en France en 2008. Dix-huit pour cent de ces nouveau-nés ont un parent (mère ou père) étranger. Le nombre des demandes d'adoption a doublé en une vingtaine d'années mais le nombre annuel d'adoptions n'a pas beaucoup changé.

La famille évolue en France comme aux États-Unis. Il y a moins de familles nombreuses et plus de familles monoparentales. De plus, avec la pratique de la cohabitation (les jeunes habitent ensemble avant de se marier), 48,3% des naissances se produisent en dehors du mariage.

Depuis 1999, le droit français *(French law)* reconnaît le pacte civil de solidarité (PACS). Un peu comme le mariage, le pacte civil de solidarité permet à deux personnes majeures (de sexe opposé ou de sexe identique) d'organiser juridiquement leur vie commune: assurance maladie, transmission de biens par héritage, etc. Le nombre de couples «pacsés» continue à s'accroître. Il a atteint 147 000 en 2008 (dont 141 000 sont entre personnes de sexe différent) ce qui représente près de la moitié du nombre de mariages.

Selon vous, est-ce que la famille américaine évolue? Décrivez les changements dont vous avez entendu parler ou que vous avez remarqués. Est-ce que les raisons expliquant les changements dans les familles françaises et ceux dans les familles américaines sont les mêmes? Expliquez.

Nismes est une ville en Belgique. Que fait cette famille?

Adapté de Gérard Mermet, *Francoscopie 2010* (Larousse, pp. 113–116; 133–138).

CHAPITRE 3
LEÇON 1

Activités

A. En voyage. Vous voyagez en France. À l'aéroport, en passant par la douane *(customs)*, vous essayez de déterminer à qui appartiennent les objets suivants.

MODÈLE: bouteille de champagne / Éric
C'est la sienne?

1. sac / Chantal
2. appareil photo / moi
3. valise / Amidou et Fatima
4. billets / nous
5. écouteurs stéréo / vous

B. C'est à qui? Vous et votre ami(e) êtes en train de déménager de votre appartement pour retourner chez vos parents pour l'été. Dans la première phrase, identifiez le/la propriétaire de chaque objet avec un pronom possessif. Affirmez la possession en complétant la deuxième phrase avec un adjectif possessif ou un pronom disjoint.

1. —Ce vieux lecteur DVD? C'est _______ *(mine)*.
   —Tu es sûr(e)?
   —Oui, il est à _______.
2. —Tous les vieux DVD? Ce sont _______ *(yours)*. Ils sont à _______.
3. —Cette belle plante appartient à ta mère, n'est-ce pas?
   —Oui, c'est _______ *(hers)*. C'est _______ plante.
4. —Ce pull-over bleu... Est-ce que c'est _______ *(yours)*? Tu m'écoutes? C'est _______ pull-over, hein?
5. —Ces affiches *(posters)*? Ce sont _______ *(mine)*. Elles sont à _______.
6. —Mon Dieu! Voilà les assiettes que j'ai empruntées à nos voisins d'à côté il y a longtemps. Ce sont _______ *(theirs)*, pas _______ *(ours)*.
   —Il faut leur rendre _______ *(their)* assiettes tout de suite!

C. On adore se vanter *(to brag)*! Deux petits gamins *(kids)* de sept ans se trouvent dans la cour de récréation. Ils sont en train de se vanter. Complétez leurs phrases en donnant l'équivalent français des mots entre parenthèses.

1. Mes parents sont beaucoup plus riches que _______ *(yours)*.
2. Ah oui? Écoute. Mon père est plus grand que _______ *(yours)*.
3. Mais ta sœur n'est pas aussi intelligente que _______ *(mine)*.
4. J'aime mieux notre chien que le chien de ton frère. _______ *(Ours)* est beaucoup mieux dressé *(trained)* que _______ *(his)*.
5. C'est possible, mais si on compare nos deux chats avec tes chats, il faut dire que _______ *(yours)* ne sont pas aussi gentils que _______ *(ours)*.

Heinle/Cengage Learning

Vous avez un chien (une chienne)?

51,2% des foyers français possèdent un animal domestique (c'est le record d'Europe): 24% possèdent un chien; 27% un chat; 12,3% des poissons, etc. Une difficulté à Paris: les chiens produisent plus de 16 tonnes d'excréments par jour. (Adapté de *Francoscopie 2010*, Larousse, pp. 199; 202.)

Interactions

A. Une question de plus... Votre partenaire est un(e) journaliste curieux/curieuse qui fait des sondages auprès de consommateurs américains typiques. Vous êtes le consommateur/la consommatrice qui répond à ses questions concernant: votre situation de famille *(marital status)*; votre famille; la façon dont vous gagnez votre vie/vos parents gagnent leur vie; votre religion; la marque de voiture que vous possédez/vos parents possèdent; si vous avez accès à Internet chez vous et si oui, par quel moyen (câble, ADSL ou 3G+); où vous habitez et de quel type de logement il s'agit; le type de musique que vous écoutez. Répondez aux questions de votre camarade. Ensuite, changez de rôle.

B. À la douane. Jouez le rôle d'un professeur qui rentre d'un séjour aux États-Unis avec un groupe de lycéens. Vous descendez du bus qui vous a transportés de l'aéroport au lycée où les parents vous attendent. Demandez aux élèves d'identifier les choses oubliées dans le car:

- la valise verte/le sac marron
- les deux bouteilles de vin de Californie
- l'iPod/l'appareil photo
- la bouteille de sirop d'érable *(maple syrup)*
- les santiags [f pl] *(cowboy boots)*
- un objet de votre choix!

Questionnaire de Proust

Nicole Garcia

Selon Charlie *est son sixième film en tant que réalisatrice. Et c'est l'un des trois longs-métrages qui, cette année, portent les espoirs du cinéma français au Festival de Cannes*

Le principal trait de votre caractère ?
▶ La soif d'aimer.
Et celui dont vous êtes le moins fière ?
▶ La soif d'être aimée.
Votre dernier fou rire ?
▶ Ce matin, en me voyant dans la glace.
La qualité que vous préférez chez un homme ?
▶ La fidélité.
Et chez une femme ?
▶ La fidélité aussi.
A quel moment de votre vie avez-vous été le plus heureuse ?
▶ A la naissance de mes enfants.
Le metteur en scène qui vous a le plus marquée ?
▶ Alain Resnais.
L'actrice qui vous a fait le plus rêver ?
▶ Kim Novak.
Votre film culte ?
▶ Sueurs froides, de Hitchcock.
Votre compositeur préféré ?
▶ Schubert.
Vos écrivains favoris ?
▶ Jean Echenoz. Et Yasmina Reza.
Votre personnage de fiction préféré ?
▶ Hamlet.
Votre livre de chevet, si vous en avez un ?
▶ *De la vie heureuse*, de Sénèque.
Le personnage historique que vous admirez ?
▶ Simone de Beauvoir.
Votre héroïne aujourd'hui ?
▶ Hillary Clinton.
Votre plat favori ?
▶ Le canard sous toutes ses formes.
Votre drogue favorite ?
▶ L'amour.
Que détestez-vous plus que tout ?
▶ La jalousie.
Votre devise ?
▶ Cette phrase de Descartes : « Tâcher toujours plutôt à me vaincre que la fortune, et à changer mes désirs que l'ordre du monde. »
Votre plus grande peur ?
▶ L'amnésie.
Comment aimeriez-vous mourir ?
▶ En tout cas, pas des suites d'une longue maladie.
Et quel serait votre plus grand malheur ?
▶ Ne pas avoir assez aimé.

Bio express

1946 Naissance, le 22 avril, à Oran.
1974 *Que la fête commence*, de Bertrand Tavernier.
1979 *Mon oncle d'Amérique*, d'Alain Resnais.
1980 César de la meilleure comédienne dans un second rôle pour *Le Cavaleur*, de Philippe de Broca. *Les Uns et les autres*, de Claude Lelouch.
1983 *Garçon !*, de Claude Sautet.
1990 *Un week-end sur deux*. Et joue *Partage de midi*, de Paul Claudel, au théâtre de l'Atelier.
1994 *Le Fils préféré et Raphaël*.
1998 *Place Vendôme*.
2002 *L'Adversaire*.
2006 Sortie, le 23 août, de *Selon Charlie*, avec Jean-Pierre Bacri, Benoît Magimel et Vincent Lindon.

PRÉPARATION Dossier d'expression écrite

The focus of this chapter is describing people, places, or things.

1. First, choose a person that you would like to describe. You are going to write a physical and personality portrait of this person. Begin by making a list of all the possible people you might describe. Choose someone you know quite well so you can develop your composition.
2. After you have chosen your subject, write a long list of adjectives to describe the person. Think about the character traits of the person as well as the physical traits.

LEÇON 2

COMMENT DÉCRIRE LES OBJETS ET LES PERSONNES

Blog (suite)

Rappel: Have you reviewed descriptive adjectives? (Text pp. 96–97 and SAM p. 58)

Premières impressions

1. Identifiez: les expressions qui décrivent le bébé et la femme de Philippe
2. Trouvez: a. où Philippe et sa femme se sont rencontrés
   b. où la femme de Philippe travaille

Philippe écrit un blog pour les Français aux USA. Souvent, il parle de sa vie quotidienne et de sa famille. De temps en temps, il parle des différences culturelles.

Bonjour à tous mes compatriotes qui habitent aux USA. Je suis dans le Midwest depuis trois ans seulement. Je ne suis pas trop content de mon travail. J'aimerais changer de société mais ma femme a un excellent poste qu'elle aime beaucoup. Il faut donc que je trouve quelque chose dans un rayon de 30 miles. Je veux être à la maison tous les soirs avec ma femme et mon fils. Nous aimerions avoir un deuxième enfant bientôt. Il n'est pas question de sacrifier ma vie familiale ni la vie amoureuse que nous avons ma femme, Martha, et moi depuis notre première rencontre en Irlande.

Un soir, chacun de son côté°, on attendait le début d'un concert à un festival de musique. On était dans un pub. Elle était avec des Américains, j'étais tout seul, et… c'est là qu'on s'est parlé pour la première fois. Elle est vraiment mignonne° … cheveux ondulés°, yeux bleus!

Elle est toujours agréable et de bonne humeur. Nous nous entendons bien. Elle travaille dans une maison d'édition°. Elle fait partie de l'équipe de rédaction°.

Et maintenant nous avons un enfant, un garçon, incroyable. Je n'ai jamais vu un bébé comme ça. Il est intelligent et amusant.

J'aime vivre ici. C'est facile même si la vie est plus fragmentée que la vie en France, et peut-être aussi plus monotone. Peut-être que j'ai tort mais je crois que les Français en savent plus sur plus de sujets, ce qui rend leur conversation plus intéressante, et c'est ce qui me manque.

Vous autres qui êtes aux USA depuis quelque temps—êtes-vous d'accord avec moi?

chacun... *each on his/her own* / *cute*

wavy

maison... *publishing company* / **équipe...** *editorial team*

COMMENTAIRES

MÉLANIE
Je suis d'accord avec vous. Les Américains sont très sympathiques mais ils ne s'intéressent pas à beaucoup de choses. Mes conversations ne sont pas très intéressantes. Dans l'ensemble, les gens d'ici n'apprécient pas l'esprit critique. Ils se fâchent ou se vexent quand on pose des questions ou qu'on fait des suggestions. Réagir contre cet avis?

GEORGES
Je crois que les étrangers qui vivent aux USA devraient être contents d'avoir du travail. Il y a beaucoup d'Américains qui sont au chômage. Ne vous plaignez pas. Réagir contre cet avis?

MARTINE
Je suis parisienne et je vis aux USA depuis 1984. J'adore les Américains. Je les trouve chaleureux et très intéressants. Réagir contre cet avis?

Observation et analyse

1. Comment est-ce que Philippe et Martha se sont rencontrés?
2. Pourquoi est-ce que Philippe n'a pas changé de travail?
3. Comment est Martha?
4. Pensez-vous que le mariage de Philippe et de Martha soit solide? Trouvez-vous que Philippe est réaliste dans sa description de sa vie personnelle? Expliquez.

Réactions

1. Est-ce que vous avez de bons rapports *(good relationship)* avec quelqu'un en particulier? Comment est-ce que vous avez fait la connaissance de cette personne? Décrivez cette personne.
2. Quels sont les avantages et les inconvénients de vivre dans un pays qui n'est pas celui qu'on connaît depuis qu'on est tout petit?

Expressions typiques pour...

Décrire les personnes

Comment est-il/elle (physiquement)?	Il/Elle a les cheveux blonds/châtains *(chestnut)*/gris/roux. Il/Elle a les cheveux longs/courts. Il/Elle a les yeux bleus/verts/ marron.
Quel âge a-t-il/elle?	Il/Elle a (à peu près)... ans. Il/Elle est d'un âge mûr/vieux (vieille)/ (assez) jeune.
Combien mesure-t-il/elle?	Il/Elle mesure... un mètre soixante/ quatre-vingt-cinq.[1]
Combien est-ce qu'il/elle pèse?	Il/Elle est fort(e)/mince. Il/Elle pèse cinquante-cinq kilos.
Quel genre d'homme/de femme est-ce?	Il/Elle est sympa/timide/drôle. Il/Elle a bon/mauvais caractère. C'est un(e) imbécile! Elle est géniale.

Décrire les objets

Comment est-ce?	C'est petit/grand. C'est long/court.
En quoi est-ce?	C'est en métal/plastique/coton/nylon.
À quoi est-ce que ça sert?	Ça sert à... C'est un truc *(familiar)* pour... On s'en sert pour/quand... Les gens s'en servent pour...

[1] **1 mètre** = approx. 39 inches; **2,5 centimètres** = approx. 1 inch

Mots et expressions utiles

Les personnes

avoir les cheveux
- roux *to have red hair*
- châtains *chestnut*
- bruns *dark brown*
- noirs *black*
- raides *straight*
- ondulés *wavy*
- frisés *curly*

avoir les yeux marron *to have brown eyes*

avoir une barbe/une moustache/des pattes *to have a beard/mustache/sideburns*

avoir des boucles d'oreille/un anneau au nez *to have earrings/a nose ring*

être chauve *to be bald*

porter des lunettes/des lentilles de contact *to wear glasses/contact lenses*

être de petite taille *to be short*

être de taille moyenne *to be of average height*

être grand(e) *to be tall*

être fort(e) *to be heavy, big, stout*

être gros (grosse)/mince *to be big, fat/thin, slim*

avoir la vingtaine/la trentaine, etc. *to be in one's 20s/30s, etc.*

être d'un certain âge *to be 60 or older*

ne pas faire son âge *to not look one's age*

faire jeune *to look young*

être aveugle *to be blind*

être dans une chaise roulante *to be in a wheelchair*

être infirme *to be disabled*

être paralysé(e)/tétraplégique *to be paralyzed/quadriplegic*

être sourd(e) *to be deaf*

marcher avec des béquilles *to be on crutches*

marcher avec une canne *to use a cane*

être de bonne/mauvaise humeur *to be in a good/bad mood*

être marrant(e)/gentil (gentille)/mignon (mignonne) *to be funny/nice/cute, sweet*

Les objets

être gros (grosse)/petit(e)/minuscule *to be big/small/tiny*

être grand(e)/petit(e), bas (basse) *to be big, tall, high/small, short/low*

être large/étroit(e) *to be wide/narrow*

être long (longue)/court(e) *to be long/short*

être lourd(e)/léger (légère) *to be heavy/light*

être pointu(e) *to be pointed*

être rond(e)/carré(e)/allongé(e) *to be round/square/oblong*

être en argent/or/acier/coton/laine/plastique *to be made of silver/gold/steel/cotton/wool/plastic*

Rolf Bruderer/Masterfile

Décrivez les membres de cette famille: Comment sont la maman et le papa et leurs enfants?

Mise en pratique

Une petite fille fait deviner sa mère:

—Maman, devine qui est très **grand, fort** et **mignon.** Il a de **grandes** oreilles bleues et **pointues** et un nez **long, large** et bleu aussi. **Il ne fait pas son âge,** mais il est vraiment **vieux.**

—C'est Jake Sully, qui, via son avatar, fait partie d'une mission d'infiltration sur Pandora et qui finit par trouver sa place parmi les Na'vi dans le film *Avatar.*

Elle continue:

—Maman, devine à quoi je pense: C'est **en or** et **en argent.** C'est assez **léger** et c'est **rond.** Ça donne l'heure.

—C'est une montre!

Activités

A. Descriptions. Décrivez au hasard les personnes ou les choses suivantes en utilisant les ***Mots et expressions utiles*** de la **Leçon 2.** Quelqu'un dans la classe va deviner qui ou ce que vous décrivez. Après, ajoutez d'autres exemples.

1. Lance Armstrong
2. Beyoncé
3. Justin Timberlake
4. Maria Sharapova
5. Stephen Hawking
6. Sandra Bullock
7. une règle *(ruler)*
8. un tee-shirt
9. des ciseaux *(scissors)*

B. Mes rêves. Avec un(e) partenaire, décrivez l'apparence physique et le caractère de votre meilleur(e) ami(e) ou de l'homme (de la femme) de vos rêves.

C. Comment est-il/elle? Retournez aux portraits à la page 103. Décrivez l'apparence physique de chaque personne dans les portraits. Imaginez aussi leurs personnalités et décrivez-les.

D. Comment est-ce? Choisissez trois objets dans votre poche ou dans votre sac, mais ne les montrez à personne. Les membres de la classe vont vous poser des questions concernant l'apparence et l'utilité de ces objets. Vous devez répondre en donnant une description aussi détaillée que possible. Continuez jusqu'à ce que quelqu'un devine l'objet, après quoi montrez-le.

MODÈLE: ***—En quoi est-ce?***
—C'est en acier.
—Quelle est sa taille/forme?
—C'est petit et court, mais très lourd...

E. Questions indiscrètes. Posez les questions suivantes à un(e) copain/copine. Faites un résumé de ses réponses à la classe.

1. Décris-toi. Parle de tes cheveux, de tes yeux, de ton âge, de ta taille.
2. Qu'est-ce qui est préférable—porter des lunettes ou des lentilles de contact? Pourquoi?
3. Est-ce que tu fais ton âge? Et tes grands-parents? Et ton frère/ta sœur?
4. Est-ce que tes parents sont grands ou petits? Et toi?
5. À ton avis, qu'est-ce qu'il faut faire pour être en forme?

La grammaire à apprendre

L'adjectif qualificatif

In order to make detailed descriptions in French, you must be able to use adjectives properly, that is, make them agree with the modified noun and place them correctly in a sentence. You reviewed a series of adjective formation patterns in ***La grammaire à réviser.*** Below are some additional irregular patterns to form the feminine singular.

MASCULIN		FÉMININ	EXEMPLES	
-er	→	**-ère**	premier	première
-et	→	**-ète**	inquiet	inquiète
-et	→	**-ette**	muet	muette *(mute)*
-c	→	**-che**	blanc	blanche
-c	→	**-que**	public	publique
-eur	→	**-eure**	supérieur	supérieure
but:				
-eur	→	**-euse**	menteur	menteuse
-eur	→	**-rice**	conservateur	conservatrice

C'était un couple étrange: lui, il avait l'air toujours **inquiet**; elle, elle était **menteuse.** On avait vraiment du mal à les connaître.

A few adjectives follow no regular pattern:

MASCULIN	FÉMININ	MASCULIN	FÉMININ
doux	douce *(soft; sweet)*	frais	fraîche *(fresh)*
faux	fausse *(false)*	long	longue *(long)*
favori	favorite *(favorite)*	sec	sèche *(dry)*

On a eu une journée **longue** et difficile.

Although adjectives generally agree in number and gender with the nouns they modify, in the following situations the adjective remains unchanged:

- a qualified color: des cheveux **châtain foncé** (dark brown)/**châtain clair** *(light brown)*
- adjectives of color (**orange, citron, crème, marron**, etc.) that are also nouns: des rideaux *(curtains)* **crème**
- **snob, chic, bon marché:** Quelle femme **chic!**
- **demi** before **heure:** une **demi**-heure BUT deux heures et **demie**

NOTE When an adjective modifies two or more nouns of different genders, the masculine plural is used:

une fille et un fils **américains**

Several adjectives ending in **-t** (**complet, incomplet, concret, discret, indiscret, inquiet, secret**) do not double the **t** in the feminine form but take the grave accent on the preceding **e** (**complète, incomplète, concrète, discrète, indiscrète, inquiète, secrète**). Others take double **t** (as in **muet/muette**).

Adjectives like **menteur** and **travailleur** that have a corresponding verb (**mentir, travailler**), and present participle (**mentant** *[lying]*, **travaillant** *[working]*), form the feminine by adding **-euse**.
EXCEPTIONS **enchanteur** and **vengeur**, add **-esse** to the corresponding infinitive (**enchanteresse, vengeresse**).
Adjectives that do not have a corresponding present participle ending in **-ant** form their feminine with **-trice: consolateur/consolatrice; conservateur/conservatrice.**
Note, however, that several comparative adjectives form their feminine by adding **-e: meilleur(e), supérieur(e), inférieur(e), extérieur(e), intérieur(e)**, etc.

Note that **bon marché** never changes, but **chic** and **snob** agree in number though not in gender with the nouns they are modifying:

—Martine est **chic**, n'est-ce pas?

—Moi, je trouve que Timothée et Martine sont toutes les deux **chics.**

Liens culturels

La nouvelle image du couple

Aujourd'hui les femmes en France représentent près de la moitié de la population active. Le couple biactif (les deux travaillent en dehors de la maison) est devenu la norme. «Après des siècles d'inégalité officielle (l'homme à l'usine ou au bureau, la femme au foyer), les rôles des deux partenaires se sont rapprochés, que ce soit pour faire la vaisselle… ou l'amour.» L'accès à la vie professionnelle a donné aux Françaises le goût de l'indépendance, mais il est toujours vrai que les femmes font la plupart des tâches domestiques. L'équilibre entre les sexes n'est certainement pas atteint, mais la situation des femmes a considérablement progressé au cours de la dernière génération.

Depuis début 2002, il existe en France un congé de paternité d'une durée de onze jours. Ce congé a eu un succès énorme. Les pères passent leur congé à aider la maman.

Et aux États-Unis, savez-vous comment le rôle de la femme a évolué? Est-ce que l'égalité entre les sexes a été atteinte? Expliquez. Considérez les catégories suivantes: l'éducation, les salaires, le genre de postes, etc. en expliquant vos réponses.

Radius Images/Photolibrary

Que font le père et la petite fille, à votre avis?

Adapté de Gérard Mermet, *Francoscopie 2010*, pp. 120 et 122

Activité

Qui suis-je? Complétez la description de Céline et de ses parents en utilisant la forme correcte de l'adjectif entre parenthèses.

J'ai un père et une mère _______ (célèbre) dont je suis très _______ (fier). Mon père est un journaliste _______ (indépendant) depuis longtemps. Il a reçu de _______ (nombreux) prix pour ses œuvres _______ (créatif).

Ma mère est une artiste _______ (contemporain) de renommée *(fame)* _______ (mondial). Dans ses idées _______ (politique), elle est un peu _______ (conservateur) comme mon père, mais c'est une mère _______ (affectueux), _______ (gentil) et _______ (juste).

Moi, je ne suis pas du tout _______ (exceptionnel). Je suis une élève _______ (ordinaire) et même _______ (moyen) dans une école _______ (privé) de Paris. Dans l'ensemble je ne suis ni très _______ (travailleur) ni trop _______ (paresseux). Mes parents pensent que je suis _______ (fou), mais un jour j'espère devenir actrice.

La grammaire à apprendre

La position des adjectifs

Adjectives in French usually *follow* the noun.

une histoire agréable   un livre intéressant

A. A few common adjectives are normally placed *before* the noun:

autre	beau	joli	gentil
nouveau	vilain	gros	haut
jeune	bon	grand	long
vieux	mauvais	petit	court

premier/première, deuxième, etc. (all ordinal numbers)

In formal speech, **des** becomes **de** before a plural adjective and a noun.

de bons voisins
BUT **les** bons voisins

However, when the adjective is considered as part of the noun, **des** does not change.

des jeunes filles
BUT **d'**agréables jeunes filles

B. When there is more than one adjective modifying a noun, the word order normally associated with each adjective is used:

une **belle** ville pittoresque   la **vieille** église gothique

C. **Et** is generally used if both adjectives follow the noun. If both precede the noun, the use of **et** is optional:

un homme **intelligent et sympathique**

un **beau petit** garcon   une **grande et jolie** femme

D. The following adjectives change their meaning according to their placement:

ancien	mon ancien professeur *my former professor*	un livre ancien *an ancient book*
certain	un certain homme *a certain, particular man*	une victoire certaine *a sure win*
cher	mes chers collègues *my dear colleagues*	des machines chères *expensive machines*
dernier	la dernière année *the final year (in a series)*	l'année dernière *the last, preceding year*
grand	un grand homme *a great man*	un homme grand *a big, tall man*
même	la même idée *the same idea*	l'idée même *the very idea*
pauvre	la pauvre famille *poor, unfortunate family*	la famille pauvre *poor, penniless family*
prochain	la prochaine fois *next time (in a series)*	la semaine prochaine *next week (one coming)*
propre	ma propre chambre *my own room*	une chambre propre *a clean room*
seul	le seul homme *the only man*	un homme seul *a solitary man*

Activités

A. De beaux souvenirs. Avec un(e) copain/copine de classe, vous regardez des photos prises pendant les vacances. Décrivez ce que vous voyez. Faites des phrases complètes. Attention au genre et à la position des mots.

1. Regarde / maisons / vieux / en Normandie
2. C'est / homme / français / vieux / dont j'ai fait la connaissance
3. Tu vois / plages / beau / sur la côte
4. Regarde / cathédrale / grand / gothique
5. Regarde / armoire / gros / ancien
6. C'est un / enfant / petit / pauvre / de Paris
7. J'ai pris ces photos / magnifique / avec / mon / appareil / propre
8. C'était / notre / journée / dernier / à Paris

B. Petites annonces. Voici quelques petites annonces incomplètes. Pour les terminer, mettez le nom et les adjectifs entre parenthèses à la bonne place, en faisant l'accord nécessaire. Ajoutez **et** s'il le faut.

1. Un ______ ______ (jeune, Français) désire correspondre avec une ______ ______ (étudiante, américain).
2. Une ______ ______ ______ (femme, californien, beau) cherche un ______ ______ ______ (compagnon, gentil, francophone) pour aller voir des pièces de théâtre et des ______ ______ (films, français).
3. Une ______ ______ ______ (dame, raffiné, élégant), de soixante-douze ans, de ______ ______ ______ (personnalité, gai, charmant), et ______ ______ (maîtresse, très bon) de maison, désire correspondre avec un monsieur qui est septuagénaire, de ______ ______ (situation, aisé). Écrire en fournissant des détails et une ______ ______ (photo, récent).

C. Au secours! M. Tremblay, directeur d'une grande enterprise de Montréal, doit afficher l'annonce suivante en anglais et en français. Écrivez la version française pour lui.

> One of our fellow workers needs your help. This unfortunate man and his family lost their home in a fire (**dans un incendie**) last night. The only clothes they have are those (**ceux**) they are wearing. They especially need money and clean, new clothing. Please (**Veuillez**) bring what you would like to give to room 112 by Friday of next week. With your help, our drive (**initiative,** *f*) will be a sure success. Thank you very much.
>
> *M. Tremblay*

D. Trouvez quelqu'un qui... Traduisez les phrases suivantes et posez des questions à vos copains/copines de classe pour trouver quelqu'un qui...

MODÈLE: has a famous sister
—Tu as une sœur célèbre?
—Non, ma sœur n'est pas célèbre.

1. has a little brother
2. likes old books
3. dislikes expensive clothes
4. has a long day today
5. has the same cell phone (**un téléphone portable**) as you
6. has a clean room
7. is going on a trip next week
8. has bought numerous cars

Interactions

A. Le vol *(Robbery)*. Imaginez que quelqu'un vient de vous cambrioler *(to burglarize)*. Vous avez vu le voleur/la voleuse *(thief)* quitter votre maison avec votre scanner et un sac rempli *(full)* d'autres choses qui vous appartiennent. Votre partenaire va jouer le rôle du policier qui vous demande une description du voleur/de la voleuse et de vos objets qui ont disparu. Utilisez autant de détails que possible dans votre description.

B. Devinez mon nom. Imaginez que vous êtes votre personnage de télé préféré. Décrivez votre apparence physique, votre profession et quelques traits de votre personnalité. Ne dites pas le nom de l'émission dans laquelle vous jouez, mais donnez beaucoup de détails pour décrire votre caractère. Le reste de la classe va essayer de deviner votre identité.

PREMIER BROUILLON Dossier d'expression écrite

1. Use the adjectives you listed in **Leçon 1** to begin writing your first draft. Choose the most characteristic adjectives, finding one extraordinary feature (personality or physical) that you want to emphasize. It might help to circle those adjectives that clarify this feature. Imagine that you will give this composition to your friend so write in a warm, friendly tone.
2. Write an introductory paragraph in which you present your subject to your reader by giving a general impression.
3. Write at least two subsequent paragraphs in which you discuss separately the personality traits and the physical traits of this person. Describe the cultural background of your friend and what has influenced his/her life. Be sure that your reader can visualize the person you are describing. As you write your description, compare this person to yourself or someone else you know well. How are you similar? How are you different? Review the ***Expressions utiles*** that you learned in **Chapitre 2**, p. 81, on comparisons and contrasts.
4. Write a short concluding paragraph in which you give your reader one more interesting bit of information by which to remember this person. Think about how this person has impacted you or others in a positive way.

LEÇON 3

COMMENT DÉCRIRE LA ROUTINE QUOTIDIENNE ET LES RAPPORTS DE FAMILLE

Conversation (conclusion)   Track 7

Rappel: Have you reviewed pronominal verbs? (Text pp. 97–98 and SAM pp. 59–60)

Premières impressions

1. Identifiez: a. comment Philippe décrit la routine quotidienne
   b. comment il décrit les rapports personnels
2. Trouvez: quand Philippe se dispute avec sa femme

Philippe et Damien discutent toujours. Ils parlent de la vie quotidienne° de Philippe et de sa famille aux États-Unis.

DAMIEN Et la vie de tous les jours, comment ça se passe pour vous, aux États-Unis?

PHILIPPE Eh bien, c'est un peu la routine... Je commence à en avoir un peu assez... c'est beaucoup trop «métro-boulot-dodo°». Je travaille en ville, alors j'ai pratiquement vingt-cinq minutes de transport le matin et autant le soir pour rentrer.

DAMIEN Et à la maison, comment est-ce que vous vous occupez du° bébé?

PHILIPPE Un bébé, cela te change la vie. Il a une routine très stricte et tu ne fais pas ce que tu veux.

DAMIEN Alors finie la grasse matinée°!

PHILIPPE Oui, la grasse matinée, et même des nuits entières de sommeil! Six heures de suite°, c'est un luxe pour le moment.

DAMIEN Est-ce que tu taquines° ta femme comme tu le faisais avec les filles à l'université?

PHILIPPE Oui, on a des rapports très détendus. Nous sommes de très bons amis. On se traite en bons camarades, en fait, on est autant amis qu'amants. Nous nous disputons rarement.

DAMIEN C'est rare de bien s'entendre tout le temps.

PHILIPPE Oui, mais ça ne veut pas dire que nous n'avons pas de petits accrochages° de temps en temps. La dernière fois, c'était ses parents qui étaient venus pour le baptême du petit, et euh... Je les aime bien, mes beaux-parents, mais seulement à petite dose, et là, ils sont restés trois semaines. La troisième semaine j'aurais aimé être ailleurs... *(Il rit.)*

DAMIEN *(Il hausse les sourcils°, comme s'il avait l'air de comprendre.)* La patience n'a jamais été ta grande vertu, Philippe!

PHILIPPE *(d'un air innocent)* Moi, je suis un ange de patience! Et puis, ne t'inquiète pas! Nous nous sommes tous remis de° l'expérience!

daily

the daily grind of commuting, working, sleeping

s'occuper de *to take care of, handle*

faire la grasse matinée *to sleep late*

de suite *in a row, in succession*

tease

avoir de petits accrochages *to disagree with*

hausse... *raises his eyebrows*

se remettre de *to get over*

Observation et analyse

1. Décrivez les rapports que Philippe a avec sa femme et avec les parents de sa femme.
2. Parlez de la vie de tous les jours de Philippe. Est-ce qu'il est content de sa routine? Expliquez.
3. Comment est-ce que le bébé a changé la vie de ses parents?
4. Pensez-vous que Philippe s'entende bien avec ses beaux-parents? Comment le savez-vous?

Réactions

1. Est-ce que vous aimez votre routine quotidienne? Expliquez.
2. Est-ce que vous connaissez quelqu'un qui a un bébé? Est-ce que cet enfant lui a changé la vie? Expliquez.
3. Comment sont vos rapports avec vos parents ou vos beaux-parents?

Expressions typiques pour...

Décrire la routine quotidienne

Quelle est votre routine typique?

- Je me lève, je me lave (je prends une douche/un bain),
- je me peigne, je me brosse les dents,
- je me rase,
- je m'habille, je me maquille, je prends mon petit déjeuner, je vais au...,
- je déjeune à..., je rentre à..., je dîne à...,
- je fais mes devoirs, je me déshabille, je me couche.

Décrire les rapports personnels

Quelle sorte de rapports avez-vous avec...?

- Je m'entends bien/mal avec mon petit ami/ma petite amie.
- J'ai de bons/mauvais rapports *(good/bad relationship)* avec lui/elle.
- Nous sommes de très bons amis.
- Nous nous disputons *(argue)* rarement/souvent/de temps en temps.
- Nous (ne) nous comprenons (pas) bien.
- Nous nous sommes rencontrés l'an dernier.
- Nous nous sommes fiancés/mariés.
- Nous avons divorcé.

Mots et expressions utiles

Les bons rapports

le coup de foudre *love at first sight*

tomber amoureux/amoureuse de quelqu'un *to fall in love with someone*

se revoir *to see each other again*

fréquenter quelqu'un *to go steady with someone*

se fiancer *to get engaged*

s'entendre bien avec *to get along well with*

être en bons termes avec quelqu'un *to be on good terms with someone*

les liens [m pl] *relationship*

les liens de parenté *family ties*

les rapports [m pl] *relationship*

Les rapports difficiles

une dispute *a quarrel*

se disputer *to argue*

se plaindre (de quelque chose à quelqu'un) *to complain (to someone about something)*

rompre avec quelqu'un *to break up with someone*

se brouiller avec quelqu'un *to get along badly/quarrel with someone*

être en mauvais termes avec quelqu'un *to be on bad terms with someone*

le manque de communication *communication gap*

taquiner *to tease*

exigeant(e) *demanding*

tendu(e) *tense*

Divers

faire la grasse matinée *to sleep late*

hausser les sourcils *to raise one's eyebrows*

s'occuper de *to take care of, handle*

quotidien(ne) *daily*

T. Ozonas/Masterfile

Mise en pratique

Trop souvent les histoires d'amour suivent ce scénario:

Le jeune couple se rencontre par hasard. C'est le **coup de foudre.** Les jeunes gens **se revoient.** Ils **s'entendent bien.** Les **rapports** sont très bons. Ils sont parfaits l'un pour l'autre. Ils **se fiancent...**

Après le mariage, les **disputes** commencent. L'un des deux **se plaint de** tout. Les **rapports** sont de plus en plus **tendus.** Une personne veut **rompre.** Il est trop tard pour résoudre les problèmes: le **manque de communication** a détruit les **liens** qui existaient au début.

Activités

A. Les rapports sociaux. Donnez deux phrases pour décrire vos rapports avec chacune des personnes ci-dessous. Variez vos réponses.

MODÈLE: votre mère
J'ai de bons rapports avec ma mère.
Nous nous disputons rarement.

1. votre sœur/frère
2. votre petit(e) ami(e)
3. votre père/mère
4. votre copain/copine de chambre
5. un copain/une copine que vous connaissez depuis longtemps
6. votre professeur de français

B. Ma routine. Décrivez la routine d'un jour de semaine typique. Contrastez cette description avec celle d'un jour de week-end idéal.

C. Questions indiscrètes. Posez les questions suivantes à un(e) copain/copine. Faites un résumé de ses réponses à la classe.

1. Tu es déjà tombé(e) amoureux/amoureuse? Quand? Est-ce que c'était un coup de foudre? Est-ce que vous vous voyez toujours?
2. Quelles situations te causent le plus de stress? Pourquoi? Qu'est-ce que tu fais pour réduire ce stress?
3. Est-ce que tu te plains souvent? De quoi? À qui? Est-ce que tu te sens mieux après t'être plaint(e)?

Décrivez les rapports de ce jeune couple.

Liens culturels

Les rapports entre parents et enfants

Si vous habitiez en France, vous remarqueriez que les rapports entre parents et enfants sont différents de ceux qui existent en Amérique. En France, on exige que l'enfant, même quand il est très petit, sache se tenir comme il le faut... debout ou assis à table. L'obéissance est très importante en France car la société juge les parents sur la conduite de leurs enfants: un Français va corriger son enfant même devant des invités ou des étrangers. Les enfants américains, eux, demandent souvent «pourquoi» quand leurs parents leur disent de faire quelque chose, et reçoivent souvent une explication. En France, les parents ont toujours raison.

Quand on devient parent en France, on est censé apprendre à l'enfant à bien se conduire au sein de la société. Les parents ont une responsabilité vis-à-vis de la société en ce qui concerne l'éducation de leurs enfants. De façon générale, ils doivent s'assurer que leurs enfants deviennent des êtres sociables, honnêtes et responsables. La société a un droit de regard sur la manière dont les parents éduquent leurs enfants. Les parents américains contractent une obligation envers l'enfant plutôt qu'envers la société. On apprend, bien sûr, à l'enfant américain les bonnes manières et les usages de la société mais c'est pour lui donner une chance de plus dans la vie. L'enfance est surtout une période de jeux et d'expérimentation.

À l'adolescence, les jeunes Français obtiennent plus de liberté. Par contre, les adolescents américains sont encouragés à prendre des responsabilités financières.

Quelle sorte d'éducation vos parents vous ont-ils donnée? Décrivez les rapports entre parents et enfants dans votre famille. Est-ce que vous espérez avoir des enfants un jour? Si oui, quelle sorte de parent serez-vous? Comment est-ce que vous corrigerez vos enfants?

Source: Laurence Wylie et Jean-François Brière, *Les Français* (Englewood Cliffs: Prentice Hall, 2001, pp. 84–85; 87–96).

Décrivez les rapports entre les personnes sur la photo. Dinant se situe en Bretagne dans le nord-ouest de la France.

Dinant Aventure, Lesse Kayaks, Belgique

La grammaire à apprendre

Les verbes pronominaux

A. Pronominal verbs are often used when describing daily routines and personal relationships. You reviewed the basic patterns of use and word order in ***La grammaire à réviser.*** The most common type of pronominal verbs, *reflexive verbs,* reflect the action back to the subject.

Il se couche à onze heures. *He goes to bed at eleven o'clock.*

Many common reflexive verbs can be found in the ***Expressions typiques pour...*** on page 120. Additional reflexive verbs are listed below:

s'amuser *to have fun*
s'arrêter *to stop*
se couper *to cut oneself*
se débrouiller *to manage, get along*
se demander *to wonder*
se détendre *to relax*
se fâcher contre *to get angry with*
s'inquiéter de *to worry about*
s'intéresser à *to be interested in*
se moquer de *to make fun of*
se reposer *to rest*

B. Other pronominal verbs, known as *reciprocal verbs,* describe an action that two or more people perform on or for each other rather than on or for themselves. These verbs are conjugated in the same way as reflexive verbs; however, they can only be used in the plural.

Nous nous aimons bien.	*We like each other a lot.*
Nous nous parlons chaque jour.	*We speak to each other every day.*

The addition of **l'un(e) l'autre** (for two people) and **les un(e)s les autres** (for more than two people) can be used if ambiguity exists:

Abdul et Marie se comprennent.
Abdul and Mary understand themselves.
Abdul and Mary understand each other.

BUT Abdul et Marie se comprennent l'un l'autre.
Abdul and Mary understand each other.

Note the placement of a preposition:

Ils s'entendent bien les uns **avec** les autres.
They get along fine with one another.

The use of pronominal verbs in the past tenses will be presented in **Chapitre 4.**

C. *Idiomatic pronominal verbs* change meaning when used in a pronominal construction.

Non-pronominal	**Pronominal**
aller *to go*	s'en aller *to go away*
apercevoir *to see*	s'apercevoir *to realize*
attendre *to wait*	s'attendre à *to expect*
douter *to doubt*	se douter de *to suspect*
ennuyer *to bother*	s'ennuyer *to be bored, get bored*
entendre *to hear*	s'entendre (avec) *to get along (with)*
faire *to do, make*	s'en faire *to be worried*
mettre *to put, place*	se mettre à *to begin*
passer *to pass*	se passer de *to do without*
plaindre *to pity*	se plaindre de *to complain*
rendre compte de *to account for*	se rendre compte de *to realize*
servir *to serve*	se servir de *to use*
tromper *to deceive; to cheat on*	se tromper *to be mistaken*

Some verbs exist only in pronominal form:

se méfier de *to be wary, suspicious of*
se souvenir de *to remember*
se spécialiser en *to specialize, major in*
se taire *to be quiet*

En 2009, Sébastien et Marine—un couple de restaurateurs parisiens—**s'inquiétaient** beaucoup **de** leur situation financière et avaient décidé de **se passer de** vacances pour faire des économies *(save money).* Les pauvres! Ils ne **se doutaient** pas que toute une année de travail sans congés, c'est dur! Dès le mois de juillet, Marine **se plaignait de** tout et **de** rien et Sébastien **s'ennuyait** dans sa cuisine. Il **se sont** vite **aperçus** qu'ils avaient eu tort d'annuler *(cancel)* leurs vacances, et ils ont donc décidé de **s'en aller** quelques jours pour se changer les idées. Ils **sont passés** par le Tunnel du Mont Blanc et **ont mis** beaucoup de temps pour arriver à Rome, parce qu'ils **ont fait** le tour d'un tas de *(a lot of)* petits restaurants! Sébastien **se méfiait**

de chaque plat qu'on lui **servait** et **se mettait** souvent **à** critiquer les recettes... Bref, une vraie catastrophe! Sébastien et Marine **se souviendront** longtemps **de** ce petit voyage désastreux. Et quant aux cuisiniers entre Paris et Rome... n'en parlons pas!

Activités

A. Comment? Choisissez la phrase qui complète logiquement la situation décrite ci-dessous.

1. Je ne peux pas me passer de voiture.
   - a. Une voiture est essentielle pour moi.
   - b. Je ne me laisse jamais doubler *(pass)* par une autre voiture.
2. Ils ne s'entendent pas bien.
   - a. On doit toujours répéter ce qu'on dit quand on leur parle.
   - b. On les entend souvent se disputer.
3. Nous nous doutons qu'elle est gravement malade.
   - a. Elle n'est pas sortie de sa maison depuis longtemps.
   - b. On l'a vue faire du ski récemment.
4. Je ne me trompe jamais.
   - a. Je suis toujours honnête.
   - b. J'ai toujours raison.
5. Paloma s'ennuie beaucoup à la campagne.
   - a. Elle dit qu'il n'y a rien à faire.
   - b. Elle dit que les insectes sont très embêtants.

Cercle Equestre

Faites-vous de l'équitation? Si oui, depuis quand? Sinon, aimeriez-vous apprendre à en faire?

B. Ma famille. Ambre, une jeune fille de quatorze ans, doit écrire une rédaction sur sa famille. Traduisez sa rédaction en français en utilisant autant de verbes pronominaux que possible.

There are five of us in my family—my mother, father, half-sister, half-brother, and myself, the youngest. For the most part **(Dans l'ensemble)**, we all get along fairly well. Of course I get angry with my older brother when he makes fun of me. But I tell him to be quiet and he usually stops. Maybe I am wrong but I think that he teases me because he gets bored. My older sister, Justine, is majoring in science at the university. She has a lot of work but she never complains.

My parents have a great relationship. It's easy to see that they love each other very much.

And me? I am fourteen years old. I get along fine at school and like most of my classes, but I am mainly interested in vacations.

C. Interview. Utilisez les verbes et les expressions interrogatives ci-dessous pour interviewer un(e) copain/copine de classe.

1. se lever, se coucher: à quelle heure?
2. s'habiller: comment?
3. se débrouiller: à l'université?
4. s'intéresser: à quoi?
5. s'amuser: comment?
6. se fâcher: contre qui? quand?
7. s'inquiéter: de quoi?
8. se détendre: quand? comment?
9. s'ennuyer: quand?
10. se marier: un jour?

Interactions

A. Au café. Vous êtes au café avec un(e) ami(e). Échangez des nouvelles *(gossip)* sur Chloé et Lucas que vous connaissez tous les deux. Discutez du fait que vous avez entendu dire qu'ils ont rompu et que vous vous demandez pourquoi. Parlez de qui Chloé fréquente maintenant et de l'apparence physique de cette personne. Discutez de l'état mental de Lucas et mentionnez que Lucas et Chloé ne se voient plus et ne se parlent plus. Ajoutez des détails pour rendre l'histoire plus intéressante.

B. Imaginez. Vous êtes professeur des écoles. Téléphonez aux parents d'un de vos élèves de dix ans (Christophe) et invitez-les à l'école pour un entretien sur les progrès de leur fils. Ils acceptent votre invitation et vous arrangez la date et l'heure du rendez-vous. Pendant l'entretien, discutez des points suivants:

- Christophe ne s'entend pas bien avec ses copains d'école
- il ne se tait jamais en classe
- vous vous doutez qu'il s'ennuie

Demandez:

- comment il s'entend avec ses parents et ses frères aînés
- s'il se plaint de maux de tête à la maison
- s'il se couche assez tôt
- s'il a vu un ophtalmologue *(ophthalmologist)* récemment

DEUXIÈME BROUILLON Dossier d'expression écrite

1. Write a second draft of your paper from **Leçon 2**, incorporating more details about the person. Think about why this person is interesting and focus more attention on that aspect.

2. To strengthen your use of details, think about the following aspects: **le visage** *(face);* **la bouche ronde/grande; les yeux en amande/grands; les lèvres fines/bien définies; le nez droit** *(straight)*/**long/gros; le front** *(forehead)* **large/fuyant** *(receding);* **le corps: être mince** *(thin)*/**fort** *(heavy)*/**corpulent** *(large)*/**obèse; les gestes calmes/brusques; le look conservateur/BCBG (bon chic bon genre** *[preppy]*); **ses rapports avec les autres (bons/difficiles).**

SYNTHÈSE

Activités musicales

Stephan Eicher: *Déjeuner en paix*

Avant d'écouter: Le contexte et les réflexions

1. Qu'est-ce que vous faites en général le dimanche matin? Est-ce que votre routine est différente des autres jours de la semaine? Décrivez-la.
2. Est-ce que vous lisez souvent la presse? Pourquoi ou pourquoi? Quels sujets d'actualité vous intéressent surtout? Lesquels ne vous intéressent pas? Expliquez.

Pendant que vous écoutez: Compréhension

L'amie du narrateur veut déjeuner en paix *(peace)*. Veut-elle lire le journal? Veut-elle parler avec le narrateur? Pourquoi ou pourquoi pas?

Après avoir écouté: Communication

1. Imaginez et décrivez la scène chez le chanteur. C'est quel jour? Quelle heure est-il? On est en quelle saison? Qui sont les personnes présentes? Quels sont leurs rapports? Qu'est-ce que ces personnes font?
2. La femme dit qu'elle veut «déjeuner en paix» aujourd'hui. Qu'est-ce que cela veut dire? De quoi est-ce qu'elle ne veut pas parler? Est-ce qu'elle a une vision optimiste ou pessimiste du monde? Expliquez.
3. Imaginez le début de la relation du narrateur et de la jeune femme dans la chanson. Décrivez leur routine quotidienne quand ils se sont mariés. De quoi parlaient-ils au début?
4. À votre avis, est-ce que le couple veut avoir un bébé?
5. Imaginez que la jeune fille quitte le narrateur pour toujours. Écrivez la lettre, le mail ou le texto *(text message)* qu'elle lui laisse avant de partir. Expliquez pourquoi elle s'en va et ce qu'elle va faire maintenant.

Eric Fougere/Corbis

To experience this song, go to **www.cengagebrain.com/shop/ISBN/049590516X**

Activités orales

A. L'union libre. Votre fils vous informe qu'il veut cohabiter avec sa petite amie. Demandez-lui pourquoi et expliquez si vous êtes d'accord ou non. Il continue en vous disant qu'il veut rester à la maison pendant que sa petite amie travaillera pour subvenir à leurs besoins *(support them)*. Donnez encore une fois votre réaction et justifiez-la.

B. Décisions. Vous et un(e) bon(ne) ami(e) (qui va être votre copain/copine de chambre l'automne prochain) discutez de ce que vous allez apporter de chez vous ou acheter pour votre chambre à la résidence. Discutez de vos préférences sur la couleur, la taille et la forme de chaque objet et choisissez qui va s'occuper de trouver chaque objet.

MOTS UTILES: **l'affiche** [f] *(poster)*; **le tapis** *(rug)*; **le couvre-lit** *(bedspread)*; **le réfrigérateur** *(refrigerator)*; **le four à micro-ondes** *(microwave oven)*

C. Le jeu des professions. Une moitié de la classe va jouer les concurrents *(contestants)* et l'autre moitié les spectateurs. Un(e) étudiant(e) ou le professeur joue le rôle de l'hôte/l'hôtesse du jeu. Chaque concurrent(e) doit décrire sa profession en détail sans en dire le nom et sans utiliser une autre forme du mot. Les spectateurs doivent essayer d'identifier la profession de chaque concurrent.

MODÈLE: ***—Dans mon travail, je parle avec beaucoup de gens qui désirent qu'on leur prête de l'argent.***
—Est-ce que vous êtes banquier?
—Non, je n'ai pas cette chance.
—Est-ce que vous êtes employé(e) de banque?
—Oui.

Activité écrite

Chère Dr. AGA... Écrivez une lettre au «courrier du cœur» *(advice columnist)* du magazine *Elle* en décrivant un problème que vous avez avec votre camarade de chambre, votre petit(e) ami(e) ou vos parents. Commencez avec **Chère Dr. AGA** et terminez avec **Amicalement vôtre.**

RÉVISION FINALE Dossier d'expression écrite

1. Reread your composition from the ***Deuxième brouillon*** section and focus on the description. Make sure that you have adopted the tone you want—objective and detached or warm. This tone will influence the reader's attitude toward your subject.
2. Examine your composition one last time. Check for correct spelling, grammar, and punctuation. Pay special attention to your use of **c'est** or **il/elle est**, adjectives, and pronominal verbs.
3. Prepare your final version. Make sure you send or give a copy to your friend!

Intermède culturel

I. *ALLONS, ENFANTS DE LA PATRIE:* LA RÉVOLUTION FRANÇAISE DE 1789

Sujets à discuter

- Comment s'appelle l'hymne national américain?
- Quelles images évoque cet hymne?
- Pourquoi, selon vous, est-ce qu'il y a des révolutions? Pensez, par exemple, à la Révolution américaine. Quel était le but de cette révolution?
- Que savez-vous sur la Révolution française de 1789?

Giraudon/Art Resource

Eugène Delacroix, *La liberté guidant le peuple*

Introduction

The themes of **Chapitre 3** *are the family and relationships. An individual's country and the environment and beliefs fostered by that country naturally influence the formation of the individual, his/her expectations, definition of happiness, and the pursuit of that happiness. A government may be seen as carrying out the responsibilities of a head of household, on a grander scale. In France, the government oversees family programs, education, health care, public assistance, and even guarantees the separation of state and religion.*

The government's role as the patriarch of the nation was evident during the period of the French monarchy, when the king held absolute power over his subjects and opposed intervention from the Pope in the kingdom's religious and international affairs. The legal system reinforced this patriarchal role, with threats against the king's person punishable as parricide. The French Revolution, which brought the absolute monarchy to an end, meant the termination of the king as patriarch and caused France to enter a tumultuous period before the modern French Republic was finally able to emerge. This reading will help you understand some of the history that has shaped the French and their relationships with others, and the importance placed upon the pursuit of liberty, equality, justice, and democracy.

Lecture

La Révolution française a produit tout un ensemble de textes, nés des circonstances: chansons, discours, textes politiques, témoignages° individuels. Dans la nuit du 24 au 25 avril 1792, juste avant un assaut contre l'Autriche, Rouget de Lisle a composé le *Chant de guerre pour l'armée du Rhin*. En juin, cet air a été chanté lors d'un banquet offert par la ville de Marseille à 500 volontaires qui allaient monter à Paris pour défendre la patrie. Impressionnés par les Marseillais qui défilaient et chantaient avec conviction, les Parisiens ont baptisé leur chant *La Marseillaise*. Sous la IIIe République, le 14 juillet 1879, c'est devenu l'hymne national français.

testimonies

Allons, enfants de la Patrie°
Le jour de gloire est arrivé!
Contre nous de la tyrannie
L'étendard° sanglant° est levé! *(bis)*
Entendez-vous dans les campagnes
Mugir° ces féroces soldats?
Ils viennent jusque dans nos bras
Égorger° nos fils, nos compagnes.
Aux armes°, citoyens!
Formez vos bataillons!
Marchons, marchons!
Qu'un sang° impur
Abreuve° nos sillons°!

- *Motherland, Homeland*
- *Standard (Flag) / blood-stained*
- *Bellow, Roar*
- *Slit the throat*
- **Aux armes** *Take up your weapons*
- *blood*
- *Drenches / furrows*

Depuis 1787, le royaume° de France était dans une profonde crise financière. Les caisses du trésor étaient vides. La Guerre de Sept ans avait coûté cher. Le soutien financier et militaire à la cause révolutionnaire américaine empêchait de faire des économies. Les dépenses de la Cour restaient énormes. Une série de mauvaises récoltes° et des températures très froides avaient beaucoup fait monter le prix du pain et des vivres. Des impôts° excessifs, prélevés° par les agents du roi, les seigneurs des villages et l'Église prenaient la moitié des revenus des artisans, des commerçants et des petites gens. Les paysans étaient réduits à la misère, voire° à la famine. De plus, les agents du roi ne toléraient pas les protestations. En régime de monarchie absolue, le roi peut jeter n'importe qui° en prison pour n'importe quelle raison. Les Français n'avaient aucune liberté.

- *kingdom*
- *harvests*
- *taxes / imposed*
- *indeed, even*
- **n'importe...** *anyone*

La révolution française de 1789 met fin à la monarchie absolue. Mais le rejet de la monarchie et l'adoption d'une constitution républicaine ne se sont pas faits facilement. Certains historiens de la période disent qu'il a fallu presque cent ans pour que Révolution française réussisse à donner à la France les institutions d'une république, celles de la IIIe République (4 septembre 1871–10 juillet 1940). Sans entrer dans les détails, retenons quelques événements importants qui vont au-delà du folklore.

Soulignons donc la décision du 9 juilllet 1789, décision par laquelle l'assemblée des États Généraux[1] s'était déclarée Assemblée constituante. Autrement dit,

[1] **l'assemblée des États Généraux** les représentants du peuple appelés par Louis XVI pour résoudre les problèmes financiers de la France

elle avait eu l'audace de proclamer qu'elle entreprenait° la rédaction° d'une constitution du royaume. La monarchie absolue n'existait donc plus. Comme l'Angleterre, la France devenait une monarchie constitutionnelle.

was undertaking / drafting

Une seconde décision de l'Assemblée constituante confirme son désir de donner à la France de nouvelles structures sociales, fiscales et politiques. La nuit du 4 août 1789, les constituants de la noblesse et du clergé renoncent à leurs privilèges et aux droits féodaux. De fait, ils renoncent au régime féodal qui règne en France et en Europe depuis des siècles, régime qui les favorisait en tous points° aux dépens° du peuple. Ce geste généreux et admirable établit les bases d'une société fondée sur le respect des droits de chaque individu. Dans les deux semaines qui suivent, l'Assemblée Constituante rédige la Déclaration des Droits de l'homme et du citoyen qui est adoptée le 16 août.

en... *in all aspects /* **aux...** *at the expense*

Devant l'ampleur° des décisions prises pendant l'été, les Français commencent à réagir, les uns avec espoir, les autres avec crainte° et colère. L'agitation monte aussi à l'étranger puisque les familles royales et impériales d'Europe ont peur d'une contagion des idées révolutionnaires: les États-Unis d'Amérique en 1776, puis la France en 1789. Leur pays sera-t-il le suivant?

enormity
fear

Une troisième décision importante, cette fois-ci celle du roi Louis XVI[2], fait dérailler° l'établissement d'une monarchie constitutionnelle française. Après avoir accepté, apparemment, la constitution qui limite le pouvoir du roi de France, Louis XVI et la reine Marie-Antoinette s'enfuient de Paris, en cachette, pour rejoindre l'empereur d'Autriche qui, à la tête de son armée, les attend avant d'envahir la France. La «trahison» de Louis XVI va amener le durcissement de la Révolution et le règne de la terreur (mars 179–juillet 1794). Malgré des tentatives multipliées de créer des formes de démocratie (le Directoire, le Consulat), la France ne réussit pas à se doter d'institutions républicaines. Finalement, le jeune général Napoléon Bonaparte qui a été élu Consul impose un retour à l'ordre en se proclamant lui-même empereur des Français en 1804.

derail, throw off

Bridgeman Art Library

La consécration de l'empereur Napoléon (1769–1821) et le couronnement de l'impératrice Joséphine (1763–1814), le 2 décembre 1804: peinture de Jacques-Louis David.

[2] **Louis XVI** est né à Versailles en 1754. Il est roi de France de 1774 à 1791, puis roi des Français de 1791 à 1792. Après sa tentative de fuite en 1791, le peuple n'a plus confiance en lui. Il est arreté pendant sa fuite, jugé coupable de trahison et condamné à mort. Il meurt guillotiné le 21 janvier 1793.

Compréhension

A. Observation et analyse. Répondez.

1. Pour quelle occasion est-ce que Rouget de Lisle a écrit le *Chant de guerre pour l'armée du Rhin*?
2. Pourquoi est-ce qu'on a donné le nom *La Marseillaise* à ce chant? Quand ce chant est-il devenu l'hymne national?
3. Décrivez les conditions de vie en France en 1789.
4. Quel était le but de l'assemblée des États Généraux en se déclarant Assemblée constituante?
5. Quelle est l'importance de la seconde décision de l'Assemblée constituante?
6. En 1792, de quoi est-ce que le peuple soupçonnait Louis XVI et sa femme?
7. Quel rôle a joué Napoléon Bonaparte?

B. Grammaire/Vocabulaire

Le ton et la description. Un auteur crée un certain ton par les mots qu'il choisit. Nous allons étudier le ton et la description dans l'hymne national français.

1. Relisez d'abord *La Marseillaise*. Décrivez les sentiments que vous avez ressentis en la relisant.
2. Choisissez huit mots de l'hymne qui ont évoqué les sentiments dont vous avez parlé.
3. Pour chaque mot que vous avez choisi, dites si c'est un nom, un verbe, un adjectif, un adverbe, etc.
4. Expliquez le rôle de chacun de ces mots en ce qui concerne le ton de cet hymne.
5. Enfin, réécrivez *La Marseillaise* en utilisant des mots qui n'évoquent pas autant de sentiments ou qui sont plus neutres. Comparez les sentiments qu'un auditeur aurait en écoutant la version neutre et ceux qu'il aurait en écoutant l'hymne tel qu'il existe. Quelle version incite le plus à l'action?

C. Réactions

1. Comparez l'hymne national français à d'autres hymnes nationaux que vous connaissez. Si vous n'en connaissez aucun, faites des recherches pour en trouver. Quelle image est-ce que ces hymnes donnent de leur pays? Quel rôle joue un hymne national dans la culture d'un pays?
2. Quelles ont été les conséquences de la Révolution française? Pourquoi est-ce que la Révolution a pris fin, selon vous?

Interactions

En petits groupes, pensez à d'autres moments dans l'histoire du monde où un leader ou un parti politique autoritaire a provoqué une révolution ou des émeutes populaires importantes. Faites une liste des pays ou des dictateurs. Pensez à des exemples historiques (par exemple, la révolte des esclaves à Rome sous la direction de Spartacus, la révolution anglaise avec Cromwell) ou à des exemples des XXe et XXIe siècles (par exemple, la révolution russe, l'indépendance des colonies, la dictature de Franco en Espagne, la chute du Shah en Iran, le cas de l'Irak). Expliquez si, dans vos exemples, les résultats ont été les mêmes que ceux de la Révolution française. Autrement dit, est-ce qu'il y a eu beaucoup de violence et de morts, puis un changement de régime? Ensuite, présentez vos exemples et votre analyse à la classe.

Expansion

1. Faites des recherches sur la Révolution française sur Internet ou dans un manuel d'histoire de France. Choisissez une personne, un événement ou un fait culturel qui vous intéresse et écrivez un paragraphe que vous présenterez à la classe ou au professeur.
2. Est-ce que vous connaissez d'autres événements historiques importants dans l'histoire de France qui ont menacé l'ordre établi? Faites des recherches sur l'histoire de France sur Internet ou dans un manuel d'histoire de France pour choisir un événement important. Quelques possibilités: la Fronde (XVIIe siècle), la guerre d'Algérie, l'affaire Dreyfus ou la «révolution» de mai 1968. Ensuite, créez un poster que vous présenterez à la classe.

II. *JE T'ÉPOUSE* de Mariama Bâ

Sujets à discuter

- Où se trouve le Sénégal? Est-ce que vous avez déjà été en Afrique? Sinon, est-ce que vous avez envie d'y aller?
- Êtes-vous d'accord avec cette phrase sur le mariage:
  «... c'est un acte de foi *(faith)* et d'amour, un don *(gift)* total de soi *(oneself)* à l'être que l'on a choisi et qui vous a choisi.»
- Ce passage se termine par la phrase: «Je ne serai jamais le complément de ta collection.» Imaginez à qui et pourquoi une femme peut dire cela. Est-ce que vous avez déjà exprimé la même chose ou pourriez-vous vous imaginer exprimant cette idée? Dans quelles sortes de circonstances?
- D'après les questions ci-dessus, quel est le thème de l'histoire?

Stratégies de lecture

A. Dictionnaire. Connaissez-vous les mots suivants? Sinon, utilisez le dictionnaire pour trouver leurs équivalents anglais.

le deuil	l'éclatement
l'offre de marriage	le refus
le choc	

B. Idées principales. Parcourez le texte et donnez un titre à chacun des cinq paragraphes en utilisant les mots ci-dessus.

Introduction

This text expands upon the themes of **Chapitre 3** *by giving you a view of the family and of relationships in a Muslim society.*

Mariama Bâ (1929–1981) was born in Senegal, a Muslim country in West Africa that became independent from France in 1960. She was brought up in a traditional Muslim environment by her maternal grandparents after the death of her mother. Bâ received her teaching diploma and taught school for 12 years, had 9 children, and eventually divorced her husband, the politician Obèye Diop. In her novel, Une si longue lettre *(1979), she uses her personal experience to portray women's lives and problems in Senegal. The novel is a long letter to a friend. The narrator, Ramatoulaye Fall, is in mourning after the death of her husband, Modou Fall, and is writing to her best friend, Aissatou Bâ, during the 40-day mourning period of* ***mirasse*** *required by Islam. In a society where marriage is seen as an economic safety net and women do not stay unmarried, Modou's brother Tamsir follows the tradition by deciding to marry his sister-in-law. The narrator's assertion of her own individuality is a radical act of defiance against this tradition.*

Lecture

JÖRG SCHMITT/dpa/Landov

J'ai célébré hier, comme il se doit, le quarantième jour de la mort de Modou. Je lui ai pardonné. Que Dieu exauce° les prières que je formule quotidiennement pour lui. Des initiés° ont lu le Coran. Leurs voix ferventes sont montées vers le ciel. Il faut que Dieu t'accueille parmi ses élus, Modou Fall!

Après les actes de piété, Tamsir[1] est venu s'asseoir dans ma chambre dans le fauteuil bleu où tu te plaisais. En penchant sa tête au dehors, il a fait signe à Mawdo[2]; il a aussi fait signe à l'Imam[3] de la mosquée de son quartier. L'Imam et Mawdo l'ont rejoint. Tamsir parle cette fois. Ressemblance saisissante° entre Modou et Tamsir, mêmes tics° de l'inexplicable loi de l'hérédité. Tamsir parle, plein d'assurance; il invoque (encore) mes années de mariage, puis conclut: «Après ta «sortie» (du deuil)°, je t'épouse. Tu me conviens° comme femme et puis, tu continueras à habiter ici, comme si Modou n'était pas mort. En général, c'est le petit frère qui hérite de l'épouse laissée par son aîné. Ici, c'est le contraire. Tu es ma chance. Je t'épouse. Je te préfère à l'autre[4], trop légère, trop jeune. J'avais déconseillé° ce mariage à Modou.»

Quelle déclaration d'amour pleine de fatuité° dans une maison que le deuil n'a pas encore quittée. Quelle assurance et quel aplomb° tranquilles! Je regarde Tamsir droit dans les yeux. Je regarde Mawdo. Je regarde l'Imam. Je serre mon châle° noir. J'égrène mon chapelet°. Cette fois, je parlerai.

answers
students of the Koran
striking
uncontrollable gestures
sortie... *mourning ends* / **me conviens** *are suitable*
advised against
self-satisfaction
audacity
shawl / **égrène...** *say my rosary*

[1] frère aîné de Modou
[2] ami de Modou
[3] chef de prière dans une mosquée
[4] une autre femme de Modou, la dernière épousée

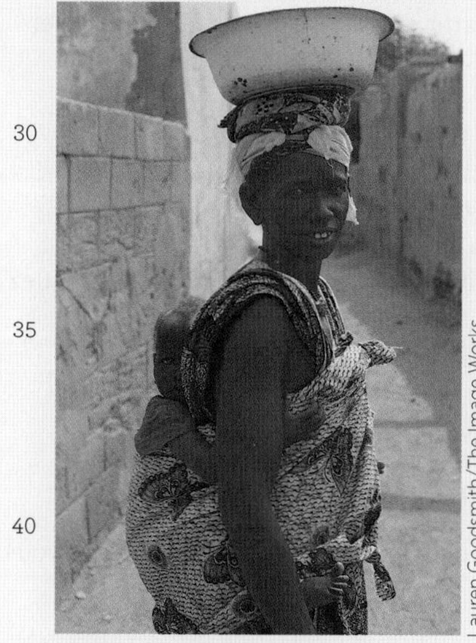
Lauren Goodsmith/The Image Works

Ma voix connaît trente années de silence, trente années de brimades°. Elle éclate°, violente, tantôt sarcastique, tantôt méprisante°.

—As-tu jamais eu de l'affection pour ton frère? Tu veux déjà construire un foyer neuf sur un cadavre chaud. Alors que l'on prie pour Modou, tu penses à de futures noces. Ah! oui: ton calcul, c'est devancer° tout prétendant° possible, devancer Mawdo, l'ami fidèle qui a plus d'atouts° que toi et qui, également, selon la coutume, peut hériter de la femme. Tu oublies que j'ai un cœur, une raison, que je ne suis pas un objet que l'on se passe de main en main. Tu ignores° ce que se marier signifie pour moi: c'est un acte de foi° et d'amour, un don° total de soi à l'être que l'on a choisi et qui vous a choisi. Et tes femmes, Tamsir? Ton revenu ne couvre ni leurs besoins ni ceux de tes dizaines d'enfants[5]. Pour te suppléer dans tes devoirs financiers, l'une de tes épouses fait des travaux de teinture°, l'autre vend des fruits, la troisième inlassablement° tourne la manivelle° de sa machine à coudre°. Toi, tu te prélasses° en seigneur vénéré, obéi au doigt et à l'œil°. Je ne serai jamais le complément de ta collection... »

vexation
explodes
scornful
to get ahead of / suitor
winning cards
Tu... *You don't know*
faith / gift
dyeing
patiently / crank-handle / **machine...** *sewing machine /* **tu...** *you are not doing anything /* **au doigt...** *immediately*

Mariama Bâ, *Une si longue lettre* © Les Nouvelles Éditions Africaines du Sénégal, Dakar, 1979.

Compréhension

A. Observation et analyse. Répondez aux questions suivantes.

1. Depuis combien de temps est-ce que le mari est mort?
2. Décrivez la personnalité de Tamsir, de la femme qui parle, de son mari qui est mort.
3. Qui est le frère le plus âgé de la famille?
4. Combien de femmes Tamsir a-t-il?
5. Qu'est-ce que Tamsir a proposé?
6. Quelle a été la réponse de la narratrice?
7. Que font les femmes de Tamsir? Expliquez.
8. Imaginez pourquoi la narratrice a passé trente ans dans le silence.

[5] D'après le Coran (Qur'an), un homme peut avoir jusqu'à quatre co-épouses. Mais le Coran interdit à un homme d'avoir plus de femmes qu'il ne peut faire vivre décemment, avec ses revenus.

B. Grammaire/Vocabulaire. Mariama Bâ utilise des adjectifs pour décrire les émotions de Tamsir. Formez des adjectifs à partir des mots suivants. Par exemple: saisir = saisissante

1. tranquillité
2. fidélité
3. violence
4. mépriser
5. amour

Maintenant, entourez les adjectifs qui décrivent le mieux la narratrice et expliquez vos réponses.

calme agitée fâchée triste fière arrogante

Lesquels décrivent le mieux Tamsir?

paresseux fier inquiet serein égocentrique

Trouvez d'autres adjectifs pour décrire ces personnages. Lesquels est-ce que vous suggérez?

C. Réactions. Donnez votre réaction.

1. Que pensez-vous de la réponse de la narratrice? Expliquez.
2. Comment est-ce que vous réagiriez aux paroles de Tamsir si c'était à vous (ou à votre sœur) qu'il avait parlé?
3. En quoi est-ce que Tamsir modifie la tradition musulmane?
4. En quoi est-ce que cette histoire pose un problème universel? Expliquez.

Interactions

En petits groupes, travaillez ensemble et imaginez...

1. la réaction de Tamsir aux paroles de la femme: Qu'est-ce qu'il va dire? Qu'est-ce qu'il va faire?
2. que la narratrice, veuve, n'ait pas explosé et qu'elle n'ait pas dit ce qu'elle ressentait: Que serait-il arrivé?
3. la fin de cette histoire: Est-ce que la narratrice va se marier avec Tamsir? Dans ce cas, quels seront les résultats de ce mariage? Et si elle ne se marie pas avec lui, qu'est-ce qu'elle fera?

Choisissez un de ces scénarios et préparez un sketch de théâtre que vous présenterez à la classe.

Expansion

Choisissez un thème de la vie en Afrique de l'Ouest (au Sénégal, en Côte d'Ivoire, etc.) qui vous intéresse (par exemple: le mariage, le deuil, l'éducation, etc.). Faites des recherches sur les réseaux Internet et préparez une présentation. Notez les différences et les similarités avec les coutumes que vous connaissez. Donnez votre opinion des coutumes sur lesquelles vous avez fait des recherches et expliquez comment vous réagiriez si vous viviez dans cette culture.

VOCABULAIRE

LA FAMILLE

les arrière-grands-parents *great-grandparents*

le beau-frère/beau-père *brother-/father-in-law* or *stepbrother/-father*

la belle-sœur/belle-mère *sister-/mother-in-law* or *stepsister/-mother*

le demi-frère/la demi-sœur *half brother/sister*

être de la famille *parent; relative, cousin*

une femme/un homme au foyer *housewife/househusband*

le mari/la femme *spouse; husband/wife*

célibataire/marié(e)/divorcé(e)/remarié(e) *single/married/divorced/remarried*

une mère célibataire *single mother*

un père célibataire *single father*

une famille nombreuse *large family*

les gens du troisième âge/les personnes âgées *people over 70*

la vie de famille *home life*

LES ENFANTS

l'aîné(e) *elder, eldest*

le cadet/la cadette *younger, youngest*

un fils/une fille unique *only child*

un jumeau/une jumelle *twin*

un(e) gosse *(familiar) kid*

le siège-voiture/siège-bébé *car seat*

bien/mal élevé(e) *well/badly brought up*

gâté(e) *spoiled*

LA POSSESSION

C'est à qui le tour? *Whose turn is it? (Who's next?)*

C'est à lui/à toi. *It's his/your turn.*

être à (+ pronom disjoint) *to belong to (someone)*

LES AFFAIRES

l'appareil photo *camera*

l'appareil photo numérique *digital camera*

le DVD *DVD player*

le Blu-ray disc *Blu-Ray disc player*

le caméscope *camcorder*

les écouteurs [m pl] *headphones*

l'iPod [m] *iPod*

le lecteur de CD *CD player*

le lecteur DVD DVX *high definition DVD player*

l'ordinateur [m] *computer*

le logiciel *software*

le scanner *scanner*

LES PERSONNES

avoir les cheveux

- **roux** *to have red hair*
- **châtains** *chestnut*
- **bruns** *dark brown*
- **noirs** *black*
- **raides** *straight*
- **ondulés** *wavy*
- **frisés** *curly*

avoir les yeux marron *to have brown eyes*

avoir une barbe/une moustache/des pattes *to have a beard/mustache/sideburns*

avoir des boucles d'oreille/un anneau au nez *to have earrings/a nose ring*

être chauve *to be bald*

porter des lunettes/des lentilles de contact *to wear glasses/contact lenses*

être de petite taille *to be short*

être de taille moyenne *to be of average height*

être grand(e) *to be tall*

être fort(e) *to be heavy, big, stout*

être/mince *to be thin, slim*

avoir la vingtaine/la trentaine, etc. *to be in one's 20s/30s, etc.*

être d'un certain âge *to be 60 or older*

ne pas faire son âge *to not look one's age*

faire jeune *to look young*

être aveugle *to be blind*

être dans une chaise roulante *to be in a wheelchair*

être infirme *to be disabled*

être paralysé(e)/tétraplégique *to be paralyzed/quadriplegic*

être sourd(e) *to be deaf*

marcher avec des béquilles *to be on crutches*

marcher avec une canne *to use a cane*

être de bonne/mauvaise humeur *to be in a good/bad mood*

être marrant(e)/gentil (gentille)/mignon (mignonne) *to be funny/nice/cute, sweet*

LES OBJETS

être gros (grosse)/petit(e)/minuscule *to be big/small/tiny*

être grand(e)/petit(e), bas (basse) *to be big, tall, high/small, short/low*

être large/étroit(e) *to be wide/narrow*

être long (longue)/court(e) *to be long/short*

être lourd(e)/léger (légère) *to be heavy/light*

être pointu(e) *to be pointed*

être rond(e)/carré(e)/allongé(e) *to be round/square/oblong*

être en argent/or/acier/coton/laine/plastique *to be made of silver/gold/steel/ cotton/wool/plastic*

LES BONS RAPPORTS

le coup de foudre *love at first sight*

tomber amoureux/amoureuse de quelqu'un *to fall in love with someone*

se revoir *to see each other again*

fréquenter quelqu'un *to go steady with someone*

se fiancer *to get engaged*

s'entendre bien avec *to get along well with*

être en bons termes avec quelqu'un *to be on good terms with someone*

les liens [m pl] *relationship*

les liens de parenté *family ties*

les rapports [m pl] *relationship*

LES RAPPORTS DIFFICILES

une dispute *a quarrel*

se disputer *to argue*

se plaindre (de quelque chose à quelqu'un) *to complain (to someone about something)*

rompre avec quelqu'un *to break up with someone*

se brouiller avec quelqu'un *to get along badly/quarrel with someone*

être en mauvais termes avec quelqu'un *to be on bad terms with someone*

le manque de communication *communication gap*

taquiner *to tease*

exigeant(e) *demanding*

tendu(e) *tense*

DIVERS

déménager *to move*

en avoir marre *(familiar) to be fed up*

faire la grasse matinée *to sleep late*

hausser les sourcils *to raise one's eyebrows*

s'occuper de *to take care of, handle*

quotidien(ne) *daily*

4

On ne croira jamais ce qui m'est arrivé...

THÈMES Les vacances; Les moyens de transport; La douane; L'hôtel

 Pour tester vos connaissances, visitez **www.cengagebrain.com/shop/ISBN/049590516X** 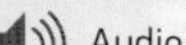 Audio iLrn Heinle Learning Center

Ingram Publishing/Photolibrary

LA GRAMMAIRE À RÉVISER

Voyage à San Francisco.

Mettez les phrases suivantes au passé composé.

1. Jessica et moi, nous arrivons à San Francisco à 3 heures de l'après-midi.
2. Nous allons tout de suite à l'hôtel.
3. Après, je visite Fisherman's Wharf.
4. Jessica préfère se promener près des boutiques.
5. Plus tard nous dînons au bord de l'eau.
6. Nous rentrons à l'hôtel assez tard.

iLrn To review **Le passé composé,** consult the *Le passé composé with* ***avoir*** *and Le passé composé with* ***être*** Grammar Tutorials on iLrn.

The information presented here is intended to refresh your memory of various grammatical topics that you have probably encountered before. Review the material and then test your knowledge by completing the accompanying exercises in the workbook.

AVANT LA PREMIÈRE LEÇON

Le passé composé

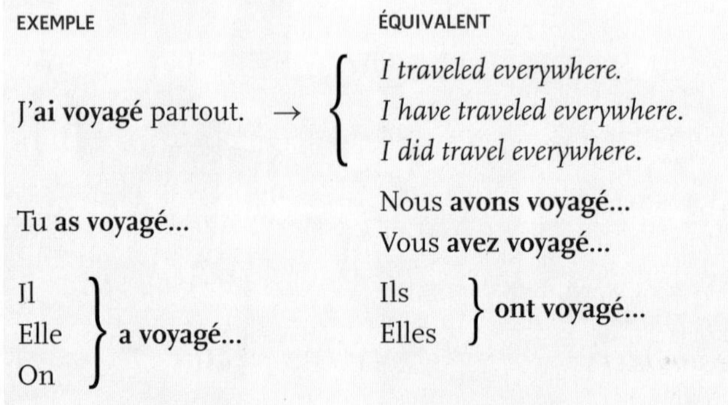

EXEMPLE	ÉQUIVALENT
J'**ai voyagé** partout. →	*I traveled everywhere.* *I have traveled everywhere.* *I did travel everywhere.*
Tu **as voyagé...**	Nous **avons voyagé...** Vous **avez voyagé...**
Il / Elle / On } **a voyagé...**	Ils / Elles } **ont voyagé...**

FORMATION present tense of **avoir** or **être** (auxiliary verb) + past participle

A. Le participe passé: formes régulières

- Change **-er** ending of infinitive to **é.**
- Change **-ir** ending of infinitive to **i.**
- Change **-re** ending of infinitive to **u.**

traverser → traversé
finir → fini
perdre → perdu

B. L'auxiliaire

- Most verbs are conjugated with **avoir.**
- All pronominal (reflexive) verbs, as well as the following verbs of motion, require **être:**

naître	partir	descendre	aller	devenir	rentrer
mourir	passer	entrer	venir	rester	tomber
arriver	monter	sortir	revenir	retourner	

NOTE All object and reflexive pronouns precede the auxiliary verb:

Il **m**'a regardé longtemps. Puis, il **s'en** est allé.

C. L'accord du participe passé

- When the auxiliary verb is **être,** the past participle agrees (in gender and number) with the *subject:*

Claire est **arrivée** en retard, comme d'habitude.

- When the auxiliary verb is **avoir**, there is usually no agreement:

  Elle a **fourni** *(provided)* ses excuses habituelles.

- With a *preceding direct object*, the past participle agrees (in gender and number) with the *direct object:*

  Elle **les** a **présentées** d'un air contrit.
  Les excuses qu'elle a **données** étaient assez compliquées.

- With a *preceding indirect object* or **en**, there is no agreement:

  On ne **lui** a pas **fait** beaucoup de compliments.

D. Le négatif

Je **n'ai pas** oublié ton anniversaire, ma chérie, mais je **ne** me suis **pas** souvenu de t'envoyer une carte à temps!

E. L'interrogatif

Est-ce que **vous avez** voyagé à l'étranger?
Avez-vous voyagé à l'étranger?
Est-ce que **vous** ne **vous êtes** pas arrêté(e)(s) en Grèce?
Ne **vous êtes-vous** pas arrêté(e)(s) en Grèce?

AVANT LA DEUXIÈME LEÇON

L'imparfait

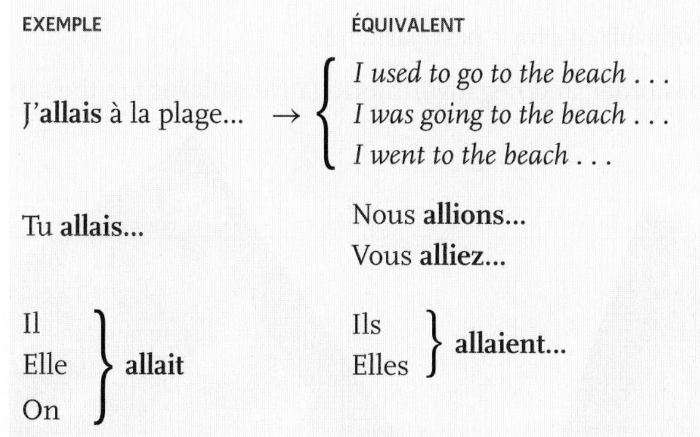

EXEMPLE		ÉQUIVALENT
J'**allais** à la plage...	→	*I used to go to the beach . . .* *I was going to the beach . . .* *I went to the beach . . .*
Tu **allais**...		Nous **allions**... Vous **alliez**...
Il / Elle / On **allait**		Ils / Elles **allaient**...

FORMATION

- *stem:* **nous** form of present tense minus **-ons**

  EXEMPLE **ven**-ons, **écriv**-ons
  ONLY EXCEPTION **être** (*stem:* **ét-**)

- *endings:*

-ais	**-ions**
-ais	**-iez**
-ait	**-aient**

iLrn **To review L'imparfait**, consult the *Imperfect Past* Grammar Tutorial on iLrn.

L'enfance.

Complétez les phrases suivantes en utilisant l'imparfait. Quand j'étais petit(e)...

1. je dors beaucoup.
2. ma mère prépare les repas.
3. ma grande sœur me lit des livres.
4. nous ne regardons pas souvent la télé.
5. je vais à l'école maternelle.
6. je n'aime pas les légumes.
7. mon père promène le chien.
8. je me couche de bonne heure.

REMINDER Verbs ending in **-cer** add a **cédille** to the **c (ç)** before the endings **-ais**, **-ait**, and **-aient**; verbs ending in **-ger** add **e** before the same endings.

Quand il **commençait** à faire chaud, nous allions à la plage.
Tes parents **voyageaient** souvent à l'étranger, n'est-ce pas?

NOTE

- In the **nous** and **vous** forms, however, the verbs that end in **-ger** do not take an **e:**

  Nous **voyagions** souvent en Afrique.

- Remember the spelling of **nous étudiions** in the imperfect. All verbs ending in **-ier** (**crier**, **prier**) take two **i**'s.

iLrn To review **Le plus-que-parfait**, consult the *Pluperfect Past* Grammar Tutorial on iLrn.

AVANT LA TROISIÈME LEÇON

Le plus-que-parfait

EXEMPLE		ÉQUIVALENT
J'**avais** déjà **téléphoné** quand Marc est rentré.	→	*I had already telephoned when Marc got home.*
Tu **avais téléphoné...**		Nous **avions téléphoné...**
		Vous **aviez téléphoné...**
Il / Elle / On } **avait téléphoné...**		Ils / Elles } **avaient téléphoné...**

FORMATION imperfect tense of **avoir** or **être** + past participle

NOTE Agreement rules, word order, and negative/interrogative patterns are the same as for the **passé composé**.

Une visite inopportune.

Complétez les phrases suivantes en utilisant le plus-que-parfait. Malheureusement, quand tu es venue me voir,...

1. ma mère sort.
2. mon frère va au cinéma.
3. mon père part en voyage d'affaires.
4. je ne dors pas beaucoup.
5. nous ne nettoyons pas la maison.
6. mes amis rentrent chez eux.

Parmi les 322 châteaux situés dans la vallée de la Loire se trouve Cheverny qui a la plus belle collection de meubles de l'époque.

VISITEZ CHEVERNY

VAL DE LOIRE

Est-ce que vous voudriez visiter les châteaux de la Loire? Pourquoi?

Courtesy of Domaine de Cheverny, France

LEÇON 1

COMMENT DIRE QU'ON SE SOUVIENT/ QU'ON NE SE SOUVIENT PAS DE QUELQUE CHOSE

Conversation

Track 8

Rappel: Have you reviewed the **passé composé**? (Text pp. 140–141 and SAM pp. 87–88)

Premières impressions

1. Identifiez: a. plusieurs façons de dire qu'on se souvient de quelque chose
   b. plusieurs façons de demander à quelqu'un de raconter ses souvenirs
2. Trouvez: où Katia et Marc sont allés en vacances

Après un bon repas ensemble, un groupe de jeunes parlent de choses diverses. La conversation en vient maintenant à des vacances passées.

KATIA Eh bien, nous, nos vacances de 2009 ont été... ça va vous surprendre... épouvantables°...

NADINE Qu'est-ce qui vous est arrivé?

KATIA Tu te souviens, Marc?

MARC Oui, je me souviens. Ça a commencé avec le voyage, et ça a continué jusqu'au retour. Au départ de Paris, gare de Lyon, il y avait deux adolescents, sales, mal habillés, qui se sont installés en face de nous dans le compartiment. Bon début!

KATIA Ça devait être des frères. Il y en avait un qui devait avoir 13 ou 14 ans, l'autre un an de plus. Ils étaient vraiment mal élevés. Tu te rappelles? Ils étaient très, très grossiers°... Et en plus, tu te souviens, l'aîné n'arrêtait pas de jurer°...

MARC C'était agaçant°. Et puis, ils n'arrêtaient pas de se lever et de se bousculer°. Ils voulaient tout le temps descendre leur sac, pour un oui ou pour un non°: leurs billets, leurs sandwichs, leurs gourdes° et j'en passe°!

NADINE Ça devait être pénible!

KATIA Oui, je ne l'oublierai jamais. C'est la première fois qu'on allait en Suisse, hein, Marc?

MARC Oui, c'est ça. Et puis le lendemain, on m'a piqué° mon iPod nano.

KATIA Ah bon? Je ne me souviens pas de ça, moi, c'est marrant°! C'était quand?

MARC Je ne sais plus, mais pendant la nuit, je crois. Je dormais et quand je me suis réveillé, plus d'iPod. On l'a cherché partout, tu ne te rappelles pas?

KATIA Ah, si, si! Je me souviens maintenant! Quelle horreur! Et tu venais de l'acheter.

MARC Je me sentais tout perdu sans ma musique, mes podcasts et mes livres audio! C'est drôle, on n'a pas l'habitude.

NADINE Dis donc, est-ce que vous avez lu le blog de Laurence sur ses vacances au Sénégal? C'est incroyable!...

À suivre

horrible

rude
to swear
annoying / to bump each other / **pour un oui...** *for any old thing / flasks /* **j'en...** *and that's not all; and I spare you the rest of it*

(slang) stole
(familiar) funny; strange

Observation et analyse

1. Qui parle de ses vacances passées à l'étranger?
2. Qu'est-ce que vous savez des adolescents qui étaient dans le compartiment avec Katia et Marc?
3. Quel autre événement mémorable leur est arrivé pendant le voyage?
4. Est-ce que vous pensez que Katia et Marc partent souvent en vacances? Comment le savez-vous?

Réactions

1. Qu'est-ce que vous pensez de ces adolescents? Est-ce que vous auriez eu la même réaction que Katia et Marc? Expliquez.
2. Est-ce que quelqu'un vous a déjà volé votre iPod ou votre MP3? autre chose? Racontez l'incident.
3. Est-ce que vous avez eu des vacances mémorables comme celles de Katia et de Marc? Expliquez.

Se souvenir de and **se rappeler** both mean *to remember*. Note, however, that you will use the preposition **de** with **se souvenir**. For example:

—Je me souviens **de** nos vacances en Grèce.

—Moi, je me rappelle nos vacances en Italie.

When using a pronoun, you will say **Je m'en souviens or Je me les rappelle.**

Expressions typiques pour...

Demander si quelqu'un se souvient de quelque chose

Est-ce que tu te souviens de (nos vacances à...)?

Est-ce que tu te rappelles (nos vacances à...)?

Vous n'avez pas oublié...?

Dire qu'on se souvient

Je me souviens encore de...

Je me rappelle bien le...

Je ne l'oublierai jamais.

Dire qu'on ne se souvient pas

Je ne m'en souviens pas.

Tiens! Je ne me le rappelle plus!

J'ai complètement oublié.

Demander à quelqu'un de raconter ses souvenirs

Qu'est-ce qui t'est arrivé?

Parle-moi du jour où tu...

Il paraît qu'une fois tu...

Une fois, n'est-ce pas, tu...

Commencer à raconter des souvenirs

J'ai de très bons/mauvais souvenirs *(memories)* de...

Si j'ai bonne mémoire *(memory)*...

Autant que je m'en souvienne... *(As far as I remember . . .)*

Je me souviens de l'époque où j'étais gosse *(kid)* et où j'aimais...

Quand j'étais jeune,...

Mots et expressions utiles

Les vacances

une agence de voyages *travel agency*
une brochure/un dépliant *pamphlet*
les congés [m pl] payés *paid vacation*
passer des vacances magnifiques/épouvantables *to spend a magnificent/horrible vacation*
un séjour *stay, visit*
un souvenir *memory* (avoir un bon souvenir); *souvenir* (acheter des souvenirs)
le syndicat d'initiative *tourist office*
visiter (un endroit) *to visit (a place)*

Des choix

aller à l'étranger *to go abroad*
aller voir quelqu'un *to visit someone*
un appartement de location *a rental apartment*
descendre dans un hôtel *to stay in a hotel*
rendre visite à (quelqu'un) *to visit (someone)*
un terrain de camping *campground* (aller dans un...)

Les transports

atterrir *to land (plane)*
décoller *to take off (plane)*
un vol (direct/avec escale) *a flight (direct/with a stopover)*
manquer le train *to miss the train*
se tromper de train *to take the wrong train*
descendre (de la voiture/du bus/du taxi/de l'avion/ du train) *to get out (of the car/bus/taxi/plane/train)*
monter dans (une voiture/un bus/un taxi/un avion/ un train) *to get into (a car/bus/taxi/plane/train)*
flâner *to stroll*
avoir une contravention *to get a ticket, fine*
avoir un pneu crevé *to have a flat tire*
un car *bus (traveling between towns)*
la circulation *traffic*
être pris(e) dans un embouteillage *to be caught in a traffic tie-up/jam*
faire le plein *to fill up (gas tank)*
garer la voiture *to park the car*
ramener *to bring (someone, something) back; to drive (someone) home*
se perdre *to get lost*
tomber en panne d'essence *to run out of gas*

Divers

grossier (grossière) *rude*
jurer *to swear*
piquer *(slang) to steal*

Mise en pratique

En juillet, au moment où des milliers de Québécois se trouvaient sur la côte est des États-Unis, le cyclone Bob se dirigeait vers le Cap Hatteras. Martine et Paul Duchesne étaient en vacances en Caroline du Nord. Ils **rendaient visite** à la sœur de Paul, qui habitait près des îles-barrières des Outer Banks. Martine voulait **flâner** sur les plages, au soleil, mais ce **séjour** n'allait pas être calme...

La police avait mis des barrages routiers *(barriers)* en place pour arrêter les automobilistes qui se dirigeaient vers les îles-barrières des Outer Banks et faisait évacuer *(evacuate)* les touristes qui étaient **descendus dans les hôtels** et les **appartements de location** des îles et de la côte. La **circulation** était dense et il y avait beaucoup d'**embouteillages.** Sur la côte, il n'y avait plus assez d'essence pour **faire le plein.** Comme les avions avaient du mal à **atterrir** à cause du vent et de la pluie, la plupart des **vols** avaient été annulés. Le service national des parcs avait aussi pris des mesures de sécurité et avait fermé des **terrains de camping** et les plages de la côte et des îles. Paul et Martine se demandaient où ils pouvaient aller...

Adapté du *Journal de Québec.*

Liens culturels

Les transports

Les Français dépensent 15% de leur budget pour les transports. Bien sûr, la voiture représente la plus grande partie des dépenses de transport. Ceci dit, la France est connue pour l'innovation dans le secteur des transports. En voici quelques exemples bien connus:

Airbus: Le nom Airbus est synonyme d'innovation. Airbus fait partie de la société EADS (European Aeronautic Defence and Space), une société qui fabrique et vend des avions dans le monde entier, y compris aux États-Unis. (Son grand rival est Boeing, la compagnie américaine.) Le super-jumbo A380 qui peut transporter 555 passagers est un des avions les plus silencieux jamais produits. Airbus Military est leader mondial dans le secteur des marchés d'avions de transport militaire de petite et moyenne capacité.

Ariane: Ariane 5 symbolise l'accès autonome de l'Europe à l'espace. C'est une fusée spatiale *(launch rocket)* européenne (à la fabrication de laquelle participe la France) qui lance des satellites de communication et de commerce.

Le TGV (Train à grande vitesse): Le train le plus rapide du monde (300 km/h maximum), caractérisé par le confort et l'économie, est exclusivement un service de transport de voyageurs. Le train est très confortable et moderne. On peut réserver des billets sur le site voyages-sncf.com.

Les transports à Paris: Les Parisiens ont accès à plusieurs moyens de transport (métro, bus, trains de banlieue).

JTB Photo/Photolibrary

D'où vient ce train?

Cengage Learning

Ils peuvent acheter un Passe Navigo (qui a remplacé la Carte orange), une carte à puce *(smart card)* qui permet l'accès à tous les transports parisiens pour une semaine ou un mois. Le billet qui est valable pour un an s'appelle la Carte intégrale. La Carte Imagine R est un billet annuel à tarif réduit, destiné à tous les étudiants de moins de 26 ans. D'autres cartes sont disponibles pour visiter Paris, par exemple, Paris Visite qui permet l'accès à tous les transports parisiens pour 1, 2, 3, ou 5 jours. Le réseau régional de bus, le Noctilien, est accessible la nuit pour les gens qui se déplacent après la fermeture du métro et du RER.

Le tunnel sous la Manche: Ce projet franco-britannique relie l'Angleterre à la France dans des TGV qu'on a baptisés Eurostar et qui mettent Londres à environ trois heures de Paris. Quant aux automobilistes, ils peuvent traverser le tunnel sous la Manche dans leur voiture, installés dans un train spécialement aménagé à cet effet. Le train qui emprunte le tunnel peut transporter plus de 110 voitures, plus de 10 bus et plus de 20 camions et produit 10 fois moins de CO_2 que le même trajet en avion! Le programme «Voyage Vert» vise à réduire de 25% les émissions de CO_2 par voyage d'ici 2012 et au-delà, à rendre ses voyages neutres en CO_2, sans surcoût pour ses clients.

Comparez les systèmes de transports français et américain. Quelles formules de transport est-ce que vous utilisez le plus souvent? Quelles formules utiliseriez-vous si elles étaient disponibles dans votre région?

Quid 2007 (p. 183b); *Francoscopie 2010*, Larousse, p. 190; http://www.airbus.com and http://www.sncf.com/fr

Activités

A. Souvenirs. Demandez à chaque personne suivante si elle se souvient de l'événement donné. Un(e) copain/copine de classe va jouer les rôles. Variez la forme des questions et des réponses en utilisant les ***Expressions typiques pour...***

MODÈLE un(e) ami(e) d'université: le voyage à New York

—Est-ce que tu te souviens du voyage à New York que nous avons fait il y a trois ans?

—Oui, je m'en souviens bien.

1. votre mère/père: le jour où vous êtes né(e)
2. votre copain/copine: votre premier rendez-vous
3. les autres étudiants: les devoirs pour aujourd'hui
4. votre frère/sœur aîné(e): les vacances à...
5. votre ami(e): la première fois qu'il/elle a conduit une voiture
6. votre colocataire: ce qu'il/elle a fait hier soir à la petite fête *(party)*

B. À l'agence de voyages. Vous parlez avec l'agent de voyages, mais vous avez du mal à entendre à cause des autres conversations dans le bureau. Remplissez les blancs avec les mots suivants: **flâner, à l'étranger, visiter, rendre visite à, vols, circulation, garer, séjour, brochures.**

VOUS Bonjour, Madame Riboni.

L'AGENT Bonjour. Comment allez-vous?

VOUS Bien, merci. Et vous?

L'AGENT Très bien. Eh bien, est-ce que je peux vous renseigner?

VOUS Oui, je veux aller ________ cette fois-ci, au mois de mai. J'aimerais ________ un endroit où il fasse très beau à ce moment-là.

L'AGENT Préférez-vous la mer ou la montagne?

VOUS Plutôt la mer. Je veux me reposer. Mais je veux également pouvoir ________ en ville.

L'AGENT Préférez-vous les grandes villes ou les petites?

VOUS Ça m'est égal, pourvu qu'il *(provided that)* n'y ait pas trop de ________. Je veux pouvoir ________ la voiture sans trop de problèmes. Mais je dois dire que je préférerais une région où l'on parle français. Après, je vais ________ un ami à Miami, en Floride.

L'AGENT Alors, pourquoi ne pas aller dans une île des Caraïbes? Je pense, par exemple à la Guadeloupe ou à la Martinique. Il y a des ________ de Paris à Fort-de-France tous les jours. Vous pourriez passer un ________ très agréable là-bas. Il y a même le Club Med, si ça vous intéresse.

VOUS Est-ce que vous auriez des ________ ou des dépliants à me donner?

Que voudriez-vous faire si vous voyagiez à l'étranger? Décrivez.

À peu près 11% des Français passent des vacances à l'étranger chaque année. Mais 22% des Français de 15 ans et plus sont partis au moins une fois pour l'étranger. (Adapté de *Francoscopie 2010*, Larousse, p. 513)

C. En famille. Vous vous trouvez à une réunion de famille. Faites raconter aux personnes suivantes les expériences ci-dessous. Jouez chaque scène avec un(e) copain/copine de classe. Variez la forme des questions et des réponses.

MODÈLE tante Christine et son accident de voiture

—Parle-moi du jour où tu as eu un accident de voiture.

—Oh! Quelle histoire! C'est un mauvais souvenir que j'essaie d'oublier. C'était...

1. cousine Manon et son voyage en Californie
2. vos grands-parents et leur voyage de noces
3. oncle Jean-Pierre et ses aventures comme coureur *(racer)* au Tour de France 1995
4. vos parents et leur lune de miel *(honeymoon)*
5. oncle Mathieu et la Croix de Guerre qu'il a reçue pendant la Seconde Guerre mondiale

D. Questions indiscrètes. Posez les questions suivantes à un(e) ami(e). Faites un résumé de ses réponses à la classe.

1. Combien de semaines de congés payés est-ce que tu as généralement? Et tes parents?
2. Pendant ton dernier voyage, où est-ce que tu es allé(e)? Comment est-ce que tu as voyagé? Tu as rendu visite à quelqu'un? À qui?
3. Tu voyages souvent en voiture? À quelle vitesse est-ce que tu roules le plus souvent sur l'autoroute?[1]
4. Tu as déjà eu une contravention pour excès de vitesse? À quelle vitesse est-ce que tu roulais? Combien est-ce que la contravention t'a coûté?
5. Tu as déjà eu un pneu crevé? Si oui, qui a changé le pneu?
6. Tu es déjà tombé(e) en panne d'essence sur la route? Qu'est-ce que tu as fait?
7. Est-ce que tu as déjà pris un train ou un car ici ou dans un autre pays? Où allais-tu? Avec qui?

La grammaire à apprendre

Le passé composé

The **passé composé** is one of the past tenses used frequently in French to talk about past events. The following rules complete the description, begun in ***La grammaire à réviser,*** of how to form the tense.

A. Le participe passé: formes irrégulières. The following irregular verbs also have irregular past participles:

avoir	**eu**	**-ert**		**-u**	
craindre	**craint**	découvrir	**découvert**	boire	**bu**
être	**été**	offrir	**offert**	connaître	**connu**
faire	**fait**			courir	**couru**
mourir	**mort**	**-it**		croire	**cru**
naître	**né**	conduire	**conduit**	devoir	**dû**
		dire	**dit**	falloir	**fallu**
		écrire	**écrit**	lire	**lu**
				plaire/pleuvoir	**plu**
		-is		pouvoir	**pu**
		asseoir	**assis**	recevoir	**reçu**
		mettre	**mis**	savoir	**su**
		prendre	**pris**	venir	**venu**
				vivre	**vécu**
		-i		voir	**vu**
		rire	**ri**	vouloir	**voulu**
		suivre	**suivi**		

[1] La limite de vitesse en France est de 130 km à l'heure (84 miles/hr) sur les autoroutes. Quand il pleut, cette limite est réduite à 110 km à l'heure.

B. Le choix de l'auxiliaire. A few verbs—**descendre, monter, passer, sortir, retourner,** and **rentrer**—that normally use **être** as the auxiliary, take **avoir** and follow the **avoir** agreement rules when there is a direct object in the sentence. Notice how the meaning changes with some of the verbs in the following examples.

(C'est Mathieu qui parle.)

Hier je **suis descendu** *(went down)* voir mon amie Sylvie.

La rue que j'**ai descendue** *(went down)* était en construction.

Je **suis monté** *(went up)* à son appartement... et j'**ai monté** *(climbed, went up)* l'escalier.

L'après-midi **est** vite **passé** *(went by, passed).*

En fait, j'**ai passé** *(spent)* tout l'après-midi chez elle.

À sept heures, nous **sommes sortis** *(went out)* pour manger.

Après le repas, j'**ai sorti** *(took out)* mon argent, mais elle a insisté pour partager l'addition.

Je l'ai ramenée chez elle vers dix heures, puis je **suis retourné** *(returned)* au restaurant pour aller chercher le parapluie que j'y avais laissé.

J'ai eu une idée que j'**ai** tournée et **retournée** *(turned over)* dans ma tête.

Pensif, je **suis rentré** *(came home)* chez moi.

J'ai rentré *(put away)* la voiture dans le garage et je suis entré dans le salon.

Finalement, j'ai téléphoné à Sylvie pour lui demander si elle voulait bien devenir ma femme.

C. Le passé composé des verbes pronominaux. As you know, pronominal verbs are conjugated with **être**, and the reflexive pronoun precedes the auxiliary.

Malheureusement, il ne **s'est** pas **rappelé** mon adresse.

- The past participle will agree with the reflexive pronoun if it acts as a direct object. If the verb is followed by a direct object noun, the reflexive pronoun becomes the indirect object, and consequently no agreement is made.

Elle s'est **lavée.**

Elle s'est **lavé** la figure.

- With verbs such as **s'écrire, se dire, se téléphoner, se parler, se demander,** and **se rendre compte,** the reflexive pronoun functions as an indirect object because the simple verbs **écrire, dire, téléphoner,** etc., take the construction **à quelqu'un.** Thus, agreement is not made.

Les sœurs **se sont écrit** pendant leur longue séparation.

Elles **se sont dit** beaucoup de choses dans leurs lettres.

Elles **se sont téléphoné** une fois par semaine.

77% des Québécois sont francophones; 37% de ces francophones parlent aussi anglais. Parmi les anglophones qui vivent au Québec, 67% d'entre eux parlent aussi français. Avec plus de 3.6 millions d'habitants, Montréal est la deuxième ville francophone du monde. (*Quid 2007*, p. 858C; *Sorry I Don't Speak French*, Fraser, 2006, p. 296.)

Le nouveau train récréo-touristique avec animation pour toute la famille!

Quand sonne l'heure du départ à la gare Windsor, vous partez à la découverte du riche patrimoine historique et culturel de la métropole montréalaise à bord d'un train à l'apparence unique. Tout en mettant le cap sur le charmant village de Ste-Anne-de-Bellevue, vous sillonnez la belle région du lac St-Louis, berceau de multiples réseaux de transport, d'anciens villages et de belles banlieues.

Cette attrayante excursion ferrovière à saveur historique est commentée par des animateurs colorés et ponctuée de ralentissements aux endroits stratégiques. De plus, de l'animation spéciale pour les jeunes a été prévue, de même qu'une aire de jeu!

Destination de choix, Ste-Anne-de-Bellevue vous offre une foule d'activités pour tous les goûts! Des guides se feront un plaisir de vous conseiller un itinéraire en fonction du temps dont vous disposez, afin de vous permettre de découvrir à votre rythme les merveilleux attraits de ce site enchanteur. Écluses, rapides, sites patrimoniaux, restaurants, boutiques... vous pouvez même vous offrir une croisière! Et pour votre retour à la gare Windsor, soyez sans inquiétude car nous avons prévu plusieurs options!

Le Riverain est le tout premier des " trains de la découverte ", un important projet récréo-touristique mis de l'avant par l'Agence métropolitaine de transport (AMT).

Bienvenue à bord!

Agence métropolitaine de transport, Montréal, Canada; from *Quid 2007*, Robert Laffont

Est-ce que vous aimeriez prendre le Riverain pour découvrir la métropole montréalaise?

Activités

A. Les nouvelles. Voici quelques titres *(headlines)* tirés d'un numéro du journal français *Libération* (16 juillet 2008). Racontez ce qui s'est passé ce jour-là en mettant chaque titre au passé composé.

1. Monde: Medvedev dénonce le «paternalisme» occidental.
2. Liban: Kantar, doyen des détenus en Israël, rentre en héros.
3. Belgique: Le Royaume s'enfonce *(sinks)* dans une crise qui menace son existence après l'échec de son Premier ministre démissionnaire.
4. Éco-Terre: Au Tricastin, les contaminations (nucléaires) s'annoncent en chaîne.
5. Économie: Goodyear Amiens renonce au 4 × 8 et licencie.
6. Lecture: Dix-huit bibliothèques sortent leurs ouvrages dans les parcs de Paris.
7. Voile: En solitaire, Coville mate *(breaks)* le record de la traversée de l'Atlantique.

La Crêpe Nanou

La Crêpe Nanou bistro, La Nouvelle-Orléans

B. La Louisiane. Caroline raconte ses souvenirs de vacances en Louisiane. Complétez son histoire en remplissant les blancs avec le passé composé d'un des verbes suivants.

lire arriver voir ramener aller
manquer être suivre souffrir

Je me rappelle bien les vacances de l'été 2009 quand nous ________ en Louisiane. C'était 4 ans après que l'ouragan Katrina, ce cyclone meurtrier, a atteint La Nouvelle-Orléans. Avant de partir, notre agence de voyages nous avait donné *(had given)* des brochures touristiques que nous ________ avec grand plaisir.

Donc quand nous ________ à La Nouvelle-Orléans, nous ne (n') ________ pas ________ de passer par le Vieux Carré *(the French Quarter)* où nous ________ la vieille cathédrale Saint-Louis. Heureusement, le Vieux Carré ________ presque totalement épargné par les inondations *(floods)* qui ________ l'ouragan Katrina. Ce sont les quartiers plus bas et moins anciens qui ________.

descendre faire partir
parcourir *(to travel up and down)*

Nous ________ la rue Decatur pour visiter le Marché français. Une partie du groupe ________ les bayous célèbres et d'autres ________ une croisière *(cruise)* sur le Mississippi.

passer découvrir flâner
rentrer s'offrir boire goûter

Mais tout le monde ________ les délices extraordinaires de la cuisine créole. Dans les restaurants de La Nouvelle-Orléans, nous nous ________ toutes les spécialités louisianaises, comme le jambalaya et les beignets *(doughnuts)* Calas. Et bien sûr, nous ________ du café brûlot *(coffee mixed with whiskey)*. Quand nous ________ en France, c'était avec regret mais avec le désir de retourner à La Nouvelle-Orléans. C'est une ville qui vous prend au cœur.

C. En vacances. Choisissez un des deux groupes de verbes et de mots ci-dessous pour interviewer un(e) copain/copine au sujet de son dernier voyage.

1. passer les vacances: avec qui?
   s'arrêter: dans quelles villes?
   s'amuser: comment?
   pleuvoir: pendant le séjour?
   écrire des cartes postales: à qui?
2. faire du tourisme: où?
   s'ennuyer: un peu/pourquoi?
   lire/boire: qu'est-ce que?
   prendre des photos: combien?
   rentrer: quand?

Gavin Hellier/Jon Arnold Travel/Photolibrary

Aimez-vous prendre vos vacances à la montagne?

Interactions

A. Il était une fois... Jouez le rôle de votre grand-père/grand-mère ou d'une autre personne âgée de votre famille. Votre partenaire sera le petit-fils/la petite-fille. Il/Elle essayera de vous faire vous rappeler un incident de votre jeunesse. Par exemple, votre première journée à l'école, la première fois que vous êtes sorti(e) avec quelqu'un, le jour où vous avez séché un cours, le jour où vous êtes tombé(e) en panne d'essence pendant votre lune de miel, etc. Au début, vous ne vous souvenez pas de ce qu'il/elle raconte mais après un petit moment vous commencez à raconter l'histoire. Utilisez les cinq ***Expressions typiques pour...*** présentées à la page 144.

B. Vacances exotiques. Imaginez que vous êtes en vacances dans un endroit exotique—un endroit que vous rêvez de visiter depuis longtemps. Écrivez trois cartes postales différentes à des amis ou aux membres de votre famille. Racontez des événements différents à chaque personne.

PRÉPARATION Dossier d'expression écrite

The focus for this chapter is writing a personal narrative for your blog or website in which you tell or narrate something interesting that happened to you or someone you know.

1. First of all, choose two or three important events in your life (for example, receiving an award, meeting the person of your dreams, a sporting event, your wedding or a wedding you were in, a memorable vacation, the worst/best day of your life, a funny/embarrassing moment, a sad or touching event).
2. After you have listed these events, next to each item, write some interesting details that you remember about the event.
3. Free write on one or more of these topics to see how much you have to say. Describe what happened and try to organize your notes in a time-ordered sequence.
4. In pairs or small groups, share your notes to get ideas from classmates.

LEÇON 2

Rappel: Have you reviewed the imperfect tense? (Text pp. 141–142 and SAM p. 88)

Dakar, située sur la presqu'île du Cap Vert, est une ville de 2 500 000 habitants. C'est une des plus grandes agglomérations de l'Afrique de l'Ouest.

COMMENT RACONTER UNE HISTOIRE
Blog (suite)

Premières impressions

1. Identifiez: a. les expressions qu'on utilise pour prendre la parole
   b. les expressions pour lier *(link)* une suite *(series)* d'événements
2. Trouvez: ce que Laurence a fait au Sénégal

Marc, Nadine et Katia trouvent sur Internet le blog de Laurence où elle raconte ses vacances au Sénégal.

Écoutez, il faut que je vous raconte quelque chose. J'ai passé une semaine au Sénégal, en Afrique de l'Ouest, sur la côte Atlantique, et c'était vraiment extraordinaire! D'abord, on est descendu dans un hôtel tout près du centre ville de la capitale. Dakar est une ville dynamique et moderne qui est un mélange d'Europe et d'Afrique dans son architecture et dans sa culture aussi. Après avoir passé deux journées en ville, on a pris un taxi pour aller dans les dunes autour du Lac Rose. Là, mon copain, Scott, s'est baigné dans le lac où tout flotte. Moi, j'ai regardé les femmes extraire le sel du fond du lac.

Ce lac est très salé. On dit qu'il est dix fois plus salé que la mer… Et quand le soleil tombe d'aplomb°, le lac est rose à cause de la réflexion de la lumière sur le sel au fond du lac. C'est très joli…

tombe d'aplomb *beat straight down (the sun)*

Le lendemain, nous avons pris un car rapide[2] pour aller à Joal-Fadiout[3]. Nous avions réservé une chambre dans une auberge à Joal. Mais vous ne croirez jamais ce qui nous est arrivé! Nous n'avons pas compris que c'était deux villes séparées—Joal et Fadiout. Nous sommes descendus du car à Fadiout et nous avons continué à pied pour aller jusqu'à Joal. Au bout d'une heure, il a commencé à faire nuit et nous avons eu peur… Il faisait noir et on voyait mal la route. En plus, il y avait toutes sortes de bruits.

Nous nous trouvions en pleine campagne et nous avions vraiment peur de nous perdre. Dès que nous avons vu quelqu'un, nous avons demandé notre chemin. Une dame qui parlait français nous a dit que Joal était assez loin—de l'autre côté d'un petit bras de mer et qu'il valait mieux° que quelqu'un nous y emmène en voiture. Finalement, c'est son frère qui nous a emmenés et nous a aidés à trouver l'auberge. Le jeune homme qui s'occupait de l'auberge nous a traités en amis°. Abdou nous a donné des noms africains et, le jour suivant, il nous a fait visiter son village où nous avons fait la connaissance de sa famille. Sa mère nous a servi du thé. Elle était très gentille. Dans l'après-midi, il nous a emmenés à Fadiout pour visiter l'île constituée de coquillages°… Grâce à Abdou nous avons eu une expérience vraiment extraordinaire. C'était intéressant— Abdou parlait français avec nous et wolof[4] avec sa famille. Je ne comprenais pas quand les gens parlaient wolof entre eux, bien sûr. Mais en général, on s'est bien débrouillés°.

il valait... *it would be better*

traiter... *befriend*

shells

se débrouiller *to manage, get along*

[2] un car rapide *(a minivan or bush taxi)*: un car pour 10 à 20 personnes à destination de la campagne. Un billet en car rapide coûte moins cher qu'un taxi mais les heures d'arrivée et de départ peuvent être incertaines.
[3] Joal et Fadiout sont des villages de pêcheurs situés à peu près à 135 kilomètres au sud de Dakar. Joal est la ville où Léopold Sédar Senghor, le premier président de la République sénégalaise (1960–1980), est né (1906). Fadiout est une ville qui attire beaucoup de touristes à cause de ses coquillages *(sea shells)*.
[4] Au XVIIe siècle, les Français se sont installés au Sénégal. Le pays est devenu indépendant en 1960, mais le français est toujours la langue officielle. Les gens parlent aussi la langue de leur groupe ethnique. Les Wolofs constituent le plus grand groupe ethnique du Sénégal. Le wolof est la langue principale du Sénégal: à peu près 80% des Sénégalais parlent wolof.

Commentaires

COMMENTAIRES

THIBAULT
Génial—quel voyage intéressant! Vous avez vraiment eu de la chance à Joal!
Réagir contre cet avis?

VALÉRIE
Merci de nous faire partager tes voyages! Ça me rappelle bien des aventures qui me sont arrivées en Inde... Faire des rencontres fantastiques de gens qu'on n'oubliera jamais... c'est ça qui rend les voyages aussi merveilleux!
Réagir contre cet avis?

PHILIPPE B
Hello Laurence! Merci pour l'anecdote au Sénégal... j'imagine tellement la situation! Ça donne vraiment envie de partir à l'aventure!
Réagir contre cet avis?

Observation et analyse

1. Où est-ce que Laurence a passé ses vacances? Qu'est-ce qui lui est arrivé d'intéressant?
2. Pourquoi est-ce qu'elle a dû marcher pendant une heure?
3. Quelles langues est-ce que les Sénégalais parlent? Expliquez.
4. Est-ce que vous pensez que la petite aventure de Laurence est vraie? Expliquez.

Réactions

1. Est-ce que vous avez déjà voyagé en Afrique de l'Ouest? Si oui, qu'est-ce que vous avez pensé de cette région? Sinon, qu'est-ce que vous savez des pays francophones d'Afrique?
2. Quels accents français est-ce que vous connaissez, de réputation ou par expérience personnelle? Savez-vous les origines de certains de ces accents? Et quels accents américains est-ce que vous connaissez?

Africa No. 1

Qu'est-ce que c'est que Africa N°1? Est-ce que vous le trouveriez utile si vous voyagiez en Afrique?

Expressions typiques pour...

Raconter une histoire

Prendre la parole

Est-ce que tu sais ce qui (m')est arrivé?
Tu ne croiras jamais ce qui (m')est arrivé!
Écoute, il faut que je te raconte quelque chose.
Devine ce que je viens de faire!

Céder la parole à quelqu'un

Dis-moi (vite)!
Raconte!
Je t'écoute.
Qu'est-ce qui s'est passé?

Lier une suite d'événements

Commencer

D'abord...
Au début...
Quand (je suis arrivé[e])...
J'ai commencé par (+ infinitif)...

Commencer par indicates the first action in a series.

Continuer

Et puis...
Alors...
Ensuite...
Au bout d'un moment...
En même temps/Au même moment...
Un peu plus tard...
Tout à coup...
Avant (de)...
Après...
À un moment donné... *At one point . . .*

avant + noun; **avant de** + infinitive: **avant midi/avant de partir; avant que:** see **Chapitre 7** for this form.

après + noun/pronoun; **après** + past infinitive (inf. of auxiliary + past part.): **après minuit/après avoir lu**

Terminer

Enfin...
Finalement...
À la fin...
J'ai fini par (+ infinitif)...

Finir par means to *end up doing something* after other options have been considered: **D'abord nous voulions aller en Louisiane, puis nous avons pensé à la Martinique et à la Guadeloupe. Nous avons fini par aller à Haïti.**

Mots et expressions utiles

À la douane *(customs)* / Aux contrôles de sûreté *(security)*

l'agent/l'agente de sûreté *security officer*
le douanier/la douanière *customs officer*
le passager/la passagère *passenger (on an airplane)*
confisquer *to confiscate*
déclarer (ses achats) *to declare (one's purchases)*
déclencher une alarme sonore *to set off the alarm*
faire de la contrebande *to smuggle goods*
faire une fouille corporelle *to do a body search*
fouiller les bagages/les valises *to search, go through baggage/luggage*
montrer son passeport/sa carte d'identité *to show one's passport/identification card*

passer à la douane/aux contrôles de sûreté *to go through customs/security*

passer dans un appareil de contrôle radioscopique *to go through x-ray security*

payer des droits *to pay duty/tax*

poser les objets sur le tapis de l'appareil de contrôle radioscopique *to put objects on the belt*

se présenter à la douane/aux contrôles de sûreté *to appear at customs/security*

reprendre les objets ou vêtements après le passage sous le portique de détection *to take back objects or clothes after passing through the x-ray machine*

L'avion

débarquer *to get off*

embarquer *to go on board*

Divers

se débrouiller *to manage, get along*

Mise en pratique

Anne raconte les **contrôles de sûreté** et de **douane** de son retour aux États-Unis: «Eh bien, avant de quitter Paris-Charles de Gaulle, nous avons dû **passer aux contrôles de sûreté.** Il y avait beaucoup de voyageurs ce week-end-là. Et comme les **agents faisaient des fouilles corporelles**, ça a pris plus de temps que d'habitude. Quand nous sommes arrivés à New York, nous **nous sommes présentés à la douane**, avec nos **bagages**, bien sûr. Mon mari et moi devions **déclarer nos achats.** Vous savez que j'avais acheté pas mal de cadeaux. Après nous avoir posé des questions, **la douanière a fouillé nos valises.** Elle devait croire que nous **faisions de la contrebande**! Elle n'a rien trouvé d'illégal, mais elle **a confisqué** des bijoux au monsieur qui était derrière nous. Il avait acheté du jade en Thaïlande et il **ne l'avait pas déclaré.**»

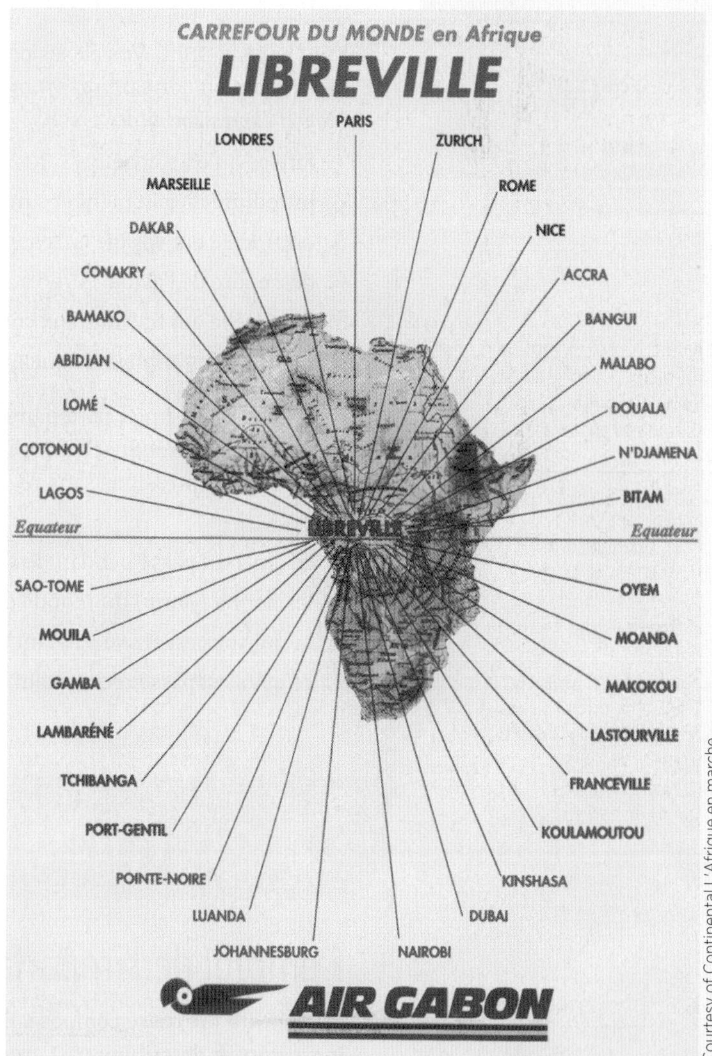

Quels pays francophones est-ce que vous connaissez en Afrique? en Europe? en Amérique? Dans quel pays est Bangui? Et Abidjan?

Activités

A. Les événements. Racontez une suite de trois à cinq événements pour chaque sujet suivant. Utilisez les expressions pour lier une suite d'événements de la liste d'*Expressions typiques pour...*

MODÈLE comment vous avez commencé votre journée
D'abord, je me suis réveillé(e) à 6h30. Au bout d'un moment, je me suis levé(e). Puis, je me suis lavé(e) et je me suis habillé(e). Ensuite, j'ai fait mon lit. Quand j'ai finalement bu mon café, il était déjà 7h30.

1. comment vous vous êtes préparé(e) à vous coucher hier soir
2. ce qui s'est passé en cours de français hier
3. ce que vous (et vos parents) avez fait pendant votre première visite sur le campus
4. comment vous avez étudié pour votre dernier examen
5. ce que vous avez fait hier soir

B. Vous êtes le prof. Vos élèves ne comprennent pas leur vocabulaire. Aidez-les à l'apprendre en donnant un synonyme pour les expressions suivantes. Utilisez les *Mots et expressions utiles.*

1. dire ce qu'on a acheté
2. introduire illégalement des marchandises
3. celui/celle qui voyage en avion
4. descendre de l'avion
5. celui/celle qui travaille aux contrôles de sûreté
6. inspecter les affaires de quelqu'un

C. Racontez! Avec un(e) partenaire, racontez une petite histoire en employant les expressions pour prendre et céder la parole. Ensuite, changez de partenaire et utilisez à nouveau les expressions sans regarder la liste.

SUJETS POSSIBLES

1. ce qui s'est passé pendant le week-end
2. les potins *(gossip)* du monde du cinéma ou de la chanson
3. ce qui vous est arrivé pendant un rendez-vous avec votre copain/copine récemment
4. ce qui s'est passé récemment dans un aéroport près de chez vous

La grammaire à apprendre

L'emploi de l'imparfait

A. Along with the **passé composé**, the imperfect tense plays an important role when telling a story or describing past events or conditions in French. Its main emphasis is on description, as the following uses illustrate:

- *Background description:* To say what the weather was like; what people were doing; what was going on; what the setting and time frame were.

  C'**était** il y a trois ans, en juin. Il **faisait** très beau ce jour-là. Tout le monde **s'amusait** à la plage.

- *Habitual, repetitive action:* To describe or state past events that were repeated for an unspecified period or number of times.

  CLUES **souvent; d'habitude; chaque semaine; toujours; tous les jours, tous les lundis**, etc.

  On **allait souvent** au bord de la mer. Mes frères **étaient** petits, donc c'**était** facile.

- *Conditions or states of mind:* To describe states or conditions that continued over an unspecified period of time.

  CLUES **savoir, connaître, penser, être, avoir, vouloir, pouvoir, aimer, détester** (abstract verbs)

  Tout ce que je **voulais** faire, c'**était** me reposer et m'amuser avec mes frères.

- *Continuous actions:* To describe how things were or to describe an action that was going on when another action (in the **passé composé**) interrupted it.

  Un jour je **dormais** sur le sable chaud quand soudain j'ai entendu des appels au secours qui **venaient** de la mer.

  NOTE To express that the action *had been going on* for a period of time before it was interrupted, use imperfect + **depuis.** This is the past equivalent of present + **depuis.**

  C'était Julien, mon petit frère. Apparemment, il **était** en difficulté **depuis** quelques minutes.

- With **venir de** + infinitive: To describe an action that *had just* happened. Notice that this is the past tense equivalent of **venir de** (present tense) + infinitive.

  Je me suis levé à toute vitesse; j'ai couru vers lui aussi vite que j'ai pu et puis je l'ai rejoint à la nage. Je **venais de** l'atteindre quand j'ai vu une vedette à moteur *(motor boat)* qui approchait...

B. The imperfect can also be used with **si** to carry out functions such as:

- inviting someone to do something

  Si nous **dînions** au restaurant ce soir?
  How about having dinner at a restaurant this evening?

- suggesting a course of action

  Si je **faisais** des réservations?
  Why don't I make reservations?

- expressing a wish or regret

  Ah, si seulement j'**étais** riche!
  If only I were rich!

Activités

A. Votre enfance. Posez les questions suivantes à un(e) copain/copine. Faites un résumé de ses réponses à la classe.

1. En général où est-ce que tes parents et toi, vous alliez en vacances quand tu étais petit(e)?
2. Qu'est-ce que tu faisais pour t'amuser avec tes amis? Est-ce que vous vous disputiez souvent?
3. Qu'est-ce que tu voulais devenir? Et maintenant?
4. Dans quelle sorte de logement est-ce que tu habitais?
5. Tu aimais l'école? Tu lisais beaucoup?

B. Invitations. Faites les propositions suivantes en utilisant **si + l'imparfait**. Variez les sujets. Votre partenaire doit répondre.

MODÈLE aller au concert
—Si nous allions au concert?
—Oui, c'est une bonne idée.

1. faire une promenade sur la plage
2. voir le dernier film de Robert Pattison
3. prendre un verre à votre café préféré
4. sortir ensemble demain soir
5. venir chez vous pour le dîner
6. boire un peu de champagne pour fêter un événement

Les vacances à la mer restent toujours très attrayantes pour les Français. Ils sortent moins de leurs frontières que les habitants des autres pays européens parce qu'ils y trouvent une grande variété de destinations telles que la Bretagne et la région Provence-Alpes-Côte d'Azur. (Adapté de Gérard Mermet, *Francoscopie 2010*, Larousse, p. 512.)

Est-ce que vous alliez souvent à la plage quand vous étiez petit(e)? Où?

C. À l'école en France. Jessica, une jeune Américaine, a fait sa quatrième année d'école primaire en France parce que son père avait été muté *(transferred)* à Nancy pour un an. Aidez-la à faire la description de son séjour en France avec des notes qu'elle a prises.

Je / avoir / dix ans à cette époque-là. Je / parler / très peu le français. Malheureusement, en France, toutes mes leçons / être / en français. Je / devoir / faire les maths et les sciences en français! Le pire, ce / être de parler / avec les autres / pendant la récréation *(recess)*. Je / me sentir / toute seule / au début. Personne ne / parler / anglais. Après deux mois, il / se produire (passé composé) / un miracle. Je / commencer / à tout comprendre et à m'exprimer en français. Maintenant je / se débrouiller / toujours bien en français.

La grammaire à apprendre

L'emploi du passé composé

A. Whereas the **imparfait** describes past actions or conditions with reference to their continuation, the **passé composé** describes past events from the point of view of their completion:

- *Completed, isolated action:* A reported event tells what happened or what someone did.

  Je **suis allée** faire du ski.

- *Action completed in a specified period of time:* The beginning and/or end of the period is specified.

  J'**ai passé** une semaine dans une station de ski.

- *Action that happened a specific number of times:* The number of times an action occurred is detailed or implied.

  Je **suis allée** quatre fois sur les pistes.

- *Series of events:* A series of actions that advance the story are reported. Each answers the question, "And what happened next?"

  Le dernier jour de mes vacances je **suis montée** sur le télésiège *(chairlift)* comme d'habitude. Une fois arrivée, j'**ai respiré** à fond *(took a deep breath)*; je **me suis mise** en position de départ; je **me suis concentrée**; j'**ai pris** mes bâtons de ski; et je **suis partie.** Je **suis arrivée** en bas sans tomber une seule fois. C'était la première fois!

- *Change in state or condition:* Something occurs which causes alteration of an existing state or condition.

  Avant de descendre du télésiège, j'avais peur de tomber. Quand je **me suis rendu compte** que j'allais réussir un parcours *(ski run)* sans chute *(fall)*, j'**ai été** très heureuse.

B. A few abstract verbs have special meanings when used in the **passé composé:**

	Imparfait		Passé composé	
savoir	je savais	*I knew*	j'ai su	*I found out*
pouvoir	je pouvais	*I could/was able*	j'ai pu	*I succeeded in*
vouloir	je voulais	*I wanted (to)*	j'ai voulu	*I tried to*
			je n'ai pas voulu	*I refused to*

Ce jour-là j'**ai pu** skier sans tomber... Le soir je **savais** que le ski allait devenir une passion.

Liens culturels

Les vacances—c'est sacré!

Depuis 1982, la loi garantit à chaque travailleur salarié français cinq semaines annuelles de congés payés (c'est-à-dire 30 jours). Beaucoup, par le jeu de l'ancienneté ou de conventions particulièrement avantageuses, disposent en fait de plus de cinq semaines de congés annuels. Malgré les efforts du gouvernement pour encourager les Français à étaler *(spread out)* leurs congés sur l'année, deux Français sur trois partent en vacances pendant la saison d'été (1er avril au 30 septembre), dont près de 40% au mois d'août et près de 30% en juillet. Comme dans les années précédentes, la mer, la montagne et la campagne sont les destinations les plus populaires. Une sensibilité à l'environnementalisme se montre dans le tourisme «éthique», «responsable» ou «durable», surtout jusqu'ici parmi les voyageurs plutôt aisés et éduqués.

Même avec la récession économique, les Français restent très attachés à leurs vacances. Afin de pouvoir continuer à partir en vacances, ils adoptent des stratégies pour faire des économies. Par exemple, ils font plus de séjours de courte durée que de séjours de longue durée; ils font des réservations longtemps en avance; et ils font leurs achats de voyages sur Internet. Les Français réduisent leurs dépenses pendant les séjours et prennent le train plus fréquemment au détriment de l'avion ou de la voiture.

Il faut ajouter que, depuis 1989, la France est la première destination mondiale des touristes. En nombre de séjours d'étrangers, l'Espagne et les États-Unis viennent en seconde et troisième positions.

Où sont ces gens? Qu'est-ce qu'ils font?

À votre avis, quels sont les avantages et les inconvénients d'avoir cinq semaines de congés payés par an pour un pays et pour ses habitants? Si vous aviez cinq semaines de vacances, est-ce que vous les prendriez toutes ensemble ou est-ce que vous les étaleriez sur l'année?

Adapté de Gérard Mermet, *Francoscopie 2010* (Larousse, pp. 500; 506; 509–512; 529).

Comparaison entre l'imparfait et le passé composé

Almost any time that you tell a story in French, you need to use a combination of past tenses. Study the comparison chart below to further your understanding of the **imparfait** and the **passé composé.**

Imparfait	Passé composé
Pendant ses années de lycée, Delphine **allait** souvent à Nantes pour rendre visite à ses grands-parents. *(habitual, repetitive action)*	
	Elle y **est allée** trois fois l'été passé. *(specific number of times)* Pendant sa dernière visite, quelque chose de formidable **s'est passé.** *(specified period of time)* Elle **est tombée** amoureuse. *(completed, isolated action)*
C'**était** un jour splendide. Il **faisait** beau dans la ville, mais il ne **faisait** pas trop chaud. *(background description)* Delphine **voulait** acheter un petit cadeau pour sa grand-mère. *(condition/state)*	
	Alors, elle **a pris** son sac et elle **est sortie** de la maison. Elle **a traversé** la rue, puis elle **a tourné** à gauche. *(series of events)*
Distraite par ses pensées, elle **marchait** sans regarder devant elle... *(continuing action)*	
	jusqu'au moment où elle **a bousculé** *(bumped into)* un jeune homme *(interruption)*
qui **regardait** une vitrine. *(condition/state)*	
	Surpris, ils **ont** tous les deux **été** gênés *(change in mental state)* et ils **ont commencé** à s'excuser. Cela **a été** le début d'un amour qui semble être éternel! *(specified period of time)*

NOTE Although certain words may provide clues to a particular tense (e.g., **souvent** for the **imparfait** and **tout à coup** for the **passé composé**), the context will always provide the most help.

Activités

A. Comparaison. Retournez au ***Blog*** de cette leçon et relisez l'histoire racontée par Laurence. Justifiez l'emploi du passé composé ou de l'imparfait dans chaque phrase en indiquant de quelle sorte de condition ou d'action il s'agit.

B. À compléter. Terminez les phrases suivantes en utilisant un verbe à l'imparfait pour indiquer le contexte des actions.

1. Hier soir j'ai téléphoné à mon ami(e) parce que...
2. Je n'ai pas fait mes devoirs parce que...
3. Quand je me suis couché(e), mon chien...

Terminez les phrases suivantes en utilisant un verbe au passé composé qui indique l'action survenue *(intervening)*.

4. Je dormais depuis une demi-heure quand le téléphone...
5. J'étais certaine que c'était Samuel, alors je...
6. J'avais raison. Pendant un quart d'heure nous...

Terminez les phrases suivantes en utilisant un verbe à l'imparfait ou au passé composé, selon le contexte.

7. Le lendemain il faisait très beau, par conséquent nous...
8. Je venais de finir mon livre quand...
9. Puisque j'étais très fatigué(e), je...

C. Les aventures d'un chat. Karine a une histoire à raconter à propos de son chat. Remplissez les blancs avec l'imparfait ou le passé composé du verbe entre parenthèses, selon le cas.

—Tu ne croiras jamais ce qui m'est arrivé!

—Raconte!

—Eh bien, l'autre jour je ________ (se faire bronzer) dans la cour quand je ________ (entendre) un chat. Les sons ________ (sembler) venir de l'autre côté de notre clôture *(fence)*. Bon, alors, je (j') ________ (courir) à toute vitesse puisque je ________ (s'attendre) à trouver mon chat mort à la suite d'une bagarre avec un autre animal. Mais ce ________ (ne pas être) le cas. Mon chat noir, bien vivant, ________ (être) là avec sa proie *(prey)*, une petite souris grise. Évidemment, il ________ (être) tellement fier de sa prouesse qu'il ________ (vouloir) me la montrer. D'abord je ________ (se fâcher) parce qu'il m'avait fait peur. Mais, au bout de quelques secondes, j' ________ (être) très contente. Mon chat, normalement indifférent à tout humain, m'avait invitée à entrer dans son monde à lui pendant quelques instants.

Plus de la moitié des familles françaises ont un animal domestique. On dit que les intellectuels, les artistes, les instituteurs et les fonctionnaires préfèrent les chats, tandis que les commerçants, les artisans, les policiers, les militaires et les contremaîtres *(factory supervisors)* aiment mieux les chiens. (Adapté de *Francoscopie 2010*, Larousse, p. 199–200)

D. En vacances. Voici les pensées de M. Thibault pendant une journée lors de *(at the time of)* ses vacances à Paris. Le soir, il veut écrire ses pensées dans un journal. Récrivez les événements au passé pour son journal, en faisant attention au temps du verbe.

> Ce matin il fait chaud et il y a du soleil. J'espère voir le soleil toute la journée. Je vais au syndicat d'initiative à dix heures parce que je veux faire une excursion dans le Val de Loire. Les employés du syndicat me donnent beaucoup de renseignements utiles. Avec leur aide je sais où m'adresser pour louer une voiture. Je les remercie.
>
> La circulation à Paris est épouvantable et éprouvante, comme d'habitude, mais je réussis à sortir de la ville sans incident. Je conduis depuis une demi-heure quand j'entends un bruit d'éclatement *(blow-out)*. Zut, alors! Un pneu crevé! Je veux changer le pneu mais je ne sais pas comment faire. Il y a une station-service qui n'est pas trop loin, et donc je décide d'y aller à pied.
>
> Il n'y a pas cinq minutes que je marche quand il commence à pleuvoir et qu'il se met à faire froid. Ce n'est pas mon jour de chance! Enfin j'arrive à la station-service où l'on m'aide. Au bout d'une heure, je peux reprendre la route du Val de Loire!

Interactions

A. Une histoire. Racontez une histoire en français (au passé, bien sûr). Décrivez quelque chose qui vous est arrivé. Mettez autant de détails que possible. N'oubliez pas de lier les événements avec les expressions que vous venez d'apprendre. Après, vos copains/copines vous poseront des questions pour deviner si votre histoire est vraie ou fausse.

MODÈLE ***Alors, un jeune Français, qui avait très faim, est entré dans un restaurant qui se trouvait dans la banlieue de Londres. Il a demandé à la serveuse:***
—Mademoiselle, s'il vous plaît, donnez-moi le plat du jour et... un petit mot aimable.
Au bout de quelques instants elle lui a apporté le plat. Puis elle est retournée à la cuisine. Le Français l'a rattrapée et lui a demandé:
—Et mon petit mot aimable?
Alors, elle s'est penchée à son oreille et lui a dit:
—Ne mangez pas ça.

B. Une autre histoire. Travaillez en groupes de quatre étudiants. Chaque personne raconte une petite histoire. Les autres répondent d'une manière appropriée en utilisant des expressions que vous venez d'apprendre.

SUJETS POSSIBLES la première fois que vous avez conduit une voiture, ce que vous avez fait hier soir, des vacances récentes, le jour où vous avez fait la connaissance d'un(e) très bon(ne) ami(e), etc.

CHAPITRE 4
LEÇON 2

PREMIER BROUILLON Dossier d'expression écrite

1. After you have chosen your topic in **Leçon 1** for your blog or website, organize the notes you have written by thinking about these important elements of a narrative: *Characters:* for example, how old were the characters at the time of the incident? What did they look like? How were they dressed? *Setting:* if it is important to your narrative, give descriptive details about the time and place. *Plot:* because you are telling about something that really happened, you know the basic plot. Will there be a conflict? What final words will you use to close your narrative?
2. Begin writing your introductory paragraph by focusing on the topic sentence that describes the incident for the reader. Use your opening paragraph to get your reader's attention.
3. Write two or three paragraphs in which you use details to describe the events. Since this is a narrative about a past event, you will have to make decisions about your use of the **imparfait** and **passé composé.**
4. Write a concluding paragraph in which you end your story with a description of the last event.

Hotel Olympia, Bourges, France

Croix Verte

LEÇON 3

COMMENT RACONTER UNE HISTOIRE

Conversation (conclusion) 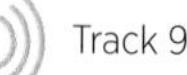 Track 9

Rappel: Have you reviewed the **plus-que-parfait**? (Text p. 142 and SAM p. 89)

Premières impressions

1. Identifiez: a. les expressions qu'on emploie pour encourager celui/celle qui raconte
   b. les petites expressions qu'on utilise pour gagner du temps quand on parle
2. Trouvez: ce qu'on peut faire à La Nouvelle-Orléans

Une semaine plus tard, les amies prennent un pot avec Laurence et continuent à se raconter leurs aventures de voyages exotiques. Deux ans avant d'aller au Sénégal, Laurence était allée en Louisiane.

NADINE Mais, Laurence, avant ton voyage au Sénégal, tu étais allée à La Nouvelle-Orléans, n'est-ce pas?

LAURENCE Ben oui, c'était pendant l'été 2004, un an avant l'ouragan Katrina. C'était une autre destination exotique... Tu ne croiras jamais ce qui nous est arrivé là, à Marc et à moi!
Un jour, on est allé dans les bayous. On était dans une barque°, avec d'autres passagers, y compris un enfant qui jouait avec son nounours°. On regardait les alligators sur la rive° et dans l'eau, autour de nous. Le petit s'amusait bien à lancer son nounours en l'air quand, tout à coup, un alligator a arraché° le nounours de l'enfant, sous nos yeux, dans notre barque!

small boat
teddy bear
bank
arracher... de *to grab . . . from*

NADINE C'est pas vrai!...

LAURENCE Si, je t'assure. L'enfant n'était pas blessé mais il a commencé à pleurer. Notre guide, qui était Cajun, nous a rassurés, mais je crois que tout le monde avait peur qu'il n'y ait une autre attaque et qu'elle ne soit plus grave.

NADINE Et alors? Qu'est-ce que vous avez fait après cet incident?

LAURENCE Tu sais, le guide a bien compris que nous avions tous peur, et il a fait demi-tour. Nous sommes donc partis plus tôt que prévu. C'est impressionnant, une gueule° d'alligator grande ouverte...

mouth (of an animal)

NADINE C'est même difficile à imaginer, tu sais.

LAURENCE Et pourtant, c'est vrai!

KATIA À part ça, La Nouvelle-Orléans t'a plu? Qu'est-ce qu'il y avait d'intéressant à voir?

LAURENCE Bon, euh, il y avait le quartier français, euh, le Vieux Carré, qui était un quartier très diversifié. L'architecture... les balcons, les maisons, enfin, tout était de style espagnol. Et puis il y avait le jazz, partout, et pratiquement du matin au soir. C'était fou! Dans les cafés, dans la rue, tu entendais toujours des airs de jazz, les grands tubes° du Dixie. Ça faisait très rétro°, comme ambiance! Je me demande ce qu'il reste de tout cela, maintenant.

hits / typical of a past style (1930s)

NADINE Moi aussi... D'après ce que j'ai lu dans les journaux, ces temps-ci, le quartier français a retrouvé la vie. C'est le centre de la vie nocturne. Même si ce n'est pas la même chose qu'avant l'ouragan, il y a de l'animation et tout le monde semble investi dans la revalorisation de la ville. Mais il y a toujours des quartiers, surtout ceux qui ont été dévastés par la rupture des digues° et qui sont restés sous l'eau pendant des semaines, qui ressemblent plus à des terrains vagues qu'à des quartiers habités.

sea walls

LAURENCE Et ce n'est pas seulement la côte qui a souffert, mais l'intérieur des terres aussi: maisons, villages, entreprises, routes, champs, forêts, tout!

NADINE En fait, je pense y aller cet hiver, comme volontaire. Je voudrais aider, même si c'est de façon minime, à la reconstruction. Ça te dirait de venir avec moi, avec une association?

Observation et analyse

1. Décrivez ce qui s'est passé dans les bayous.
2. Parlez de l'architecture de La Nouvelle-Orléans.
3. Quelle sorte de musique est-ce que Laurence a entendue?
4. Est-ce que vous pensez que La Nouvelle-Orléans a plu à Laurence? Expliquez.

Réactions

1. Est-ce que vous croyez l'histoire dans la barque racontée par Laurence? Expliquez.
2. Quelle autre ville est-ce qu'on peut comparer avec La Nouvelle-Orléans? Est-ce que vous y êtes allé(e)?
3. Quelle sorte de musique est-ce que vous préférez? Quand est-ce que vous écoutez de la musique? Vous êtes amateur/amatrice de musique *(music lover)*?
4. Avez-vous jamais participé comme bénévole à un projet de restauration ou de reconstruction après un désastre? Quels souvenirs avez-vous de ce projet? Où était-ce?

Des 734 345 Louisianais qui se reconnaissent d'origine française, 196 784 (à peu près 27%) parlent ou comprennent le français. (*Quid 2007*, p. 878b)

Charles Bowman/bourbon st, new orleans, louisiana, usa/PhotoLibrary

La Nouvelle-Orléans, en Louisiane

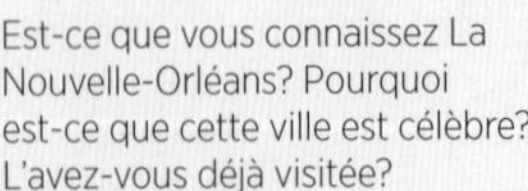

Est-ce que vous connaissez La Nouvelle-Orléans? Pourquoi est-ce que cette ville est célèbre? L'avez-vous déjà visitée?

Expressions typiques pour...

Gagner du temps pour réfléchir

Au début de la phrase	Au cours du récit	À la fin de la phrase
Enfin...		... n'est-ce pas?
Eh bien...	... enfin...	... quoi?
Euh...	... euh...	... tu vois/vous voyez?
Tu sais/vois.../Vous savez/voyez...	... alors...	... tu sais/vous savez?
Bon...	... donc...	... tu comprends/vous comprenez?
	... et puis...	
D'après moi/ce qu'on m'a dit...	... et puis ensuite...	... tu ne crois pas/vous ne croyez pas?
Ben... *(familiar)*	... mais...	... hein? *(familiar)*
Dis/Dites donc... *(By the way, tell me . . .)*		... voilà.
À propos... *(By the way . . .)*	... de toute façon/en tout cas... *(. . . in any case . . .)*	
En fait... *(In fact . . .)*		

Réagir à un récit

Exprimer la surprise

Non!
C'est incroyable!
Vraiment?
C'est (Ce n'est) pas vrai!/C'est vrai?
Sans blague! *(No kidding!—familiar)*
Tiens! *(familiar)*
Oh là là! *(familiar)*
C'est (vachement *[very]*) bizarre! *(familiar)*
Ça alors! *(intonation descendante)*

Dire que l'on comprend

Oui, oui.
Je comprends.
Et alors? *(intonation ascendante)*

Exprimer l'indifférence

Ça ne me surprend pas.
Ça ne m'étonne pas.
Et alors? *(intonation descendante)*
C'est tout?

Encourager celui/ celle qui raconte

Et qu'est-ce qui s'est passé après?
Qu'est-ce que tu as fait après?
Est-ce que tu savais déjà...?
Est-ce que tu t'étais déjà rendu compte que...?

NOTE Any of these expressions can be used with **vous.**

CHAPITRE 4
LEÇON 3

En France, en dehors des grandes villes, il est difficile de payer avec des chèques de voyage. Les commerçants, et même les petites banques, les refusent souvent à cause des nombreuses contrefaçons *(counterfeits)* qui circulent dans le monde entier. La carte bancaire est le moyen de payer le plus efficace. Mais avant de partir, pensez à informer la banque de votre voyage à l'étranger et des dates.

Mots et expressions utiles

L'hôtel

une chambre à deux lits *double room (room with two beds)*

une chambre avec douche/salle de bains *room with a shower/bathroom*

une chambre de libre *vacant room*

la clé *key*

un grand lit *double bed*

l'ascenseur *elevator*

le service d'étage *room service*

la réception *front desk*

le/la réceptionniste *hotel desk clerk*

réserver/retenir une chambre *to reserve a room*

payer en espèces/par carte de crédit/avec des chèques de voyage/par carte bancaire *to pay in cash/by credit card/in traveler's checks/by bank card*

régler la note *to pay, settle the bill*

Mise en pratique

Conversation à la **réception** de l'hôtel:

—Bonjour, madame. Est-ce que vous avez une **chambre de libre** pour une nuit?

—Oui, mademoiselle, il nous reste une **chambre à deux lits.**

—Oh, je n'ai besoin que d'un **grand lit**, mais... c'est une chambre **avec salle de bains**?

—Oui, il y a une salle de bains **avec douche.**

—Bon, ça va, je prends la chambre. Vous voulez que je **règle la note** maintenant?

—Non, je vais prendre note de votre numéro de carte de crédit... Voilà la clé...

Liens culturels

Pour vous aider à comprendre la conversation française...

L'expression orale comprend beaucoup plus que la grammaire et le vocabulaire. Les interlocuteurs utilisent aussi des petits silences, des sons («... euh...»), des mots («... enfin...») et des expressions («... de toute façon...») qui n'ont pas de signification au sens propre du terme, mais qui ont plusieurs fonctions dans la communication.

Ces mots et ces silences nous permettent «de maintenir la communication entre la personne qui parle et la personne qui écoute; de donner à la personne qui parle le temps de réfléchir aux mots qui vont suivre; et de signaler à la personne qui écoute que la personne qui parle a fini ou n'a pas fini de parler». Faites attention à ne pas utiliser ces petits sons et mots trop souvent dans la conversation formelle. Vous n'auriez pas l'air très fin.

Écoutez bien les conversations françaises—vous allez reconnaître ces mots et ces expressions! Quels mots ou sons est-ce qu'on utilise en anglais pour maintenir la communication? Est-ce qu'en général on entend ces mots et ces expressions dans d'autres modes de communication, par exemple, dans les débats politiques ou dans les actualités à la télé? Pourquoi?

(*Chamberlain & Steele, Guide pratique de la communication,* Éditions Didier, 1985)

Jupiterimages/Getty Images

De quoi est-ce qu'elles parlent? Est-ce que c'est une conversation intéressante?

Activités

A. Les réactions. Vous vous trouvez à une soirée où les sujets de conversation sont variés. Quelle est votre réaction à ce que disent les gens autour de vous? Utilisez les ***Expressions typiques pour...***

MODÈLE —Karine vient d'avoir des jumeaux...

—C'est vrai? Elle doit être contente!

1. —... et puis ils ont divorcé...
2. —On m'a dit que Fanny et Paul fêtaient leur troisième anniversaire de mariage...
3. —De toute façon, je ne veux pas y aller avec vous.
4. —Bon, j'ai rentré ma voiture dans le garage et je suis entré dans le salon...
5. —Les Dechamp partent pour l'Afrique demain...
6. —Est-ce que tu peux croire que son fiancé sort avec une autre fille?

B. Un film. Un scénariste a écrit le dialogue ci-dessous pour un nouveau film. Récrivez son dialogue afin de le rendre plus naturel en insérant dans les phrases des expressions qui donnent du liant à la conversation. Jouez la scène avec un(e) copain/copine.

—Qu'est-ce que tu fais le week-end prochain?

—Pas grand-chose. Je resterai à la maison, probablement.

—Si nous allions faire du ski à Val Thorens?

—C'est une bonne idée. Les pistes y sont excellentes.

—Je ferai des réservations d'hôtel.

—Je demanderai à mon frère de me prêter sa voiture.

—Je te téléphone ce soir.

—D'accord. Salut. À ce soir!

C. À l'hôtel. Imaginez que vous vous trouviez à la réception d'un hôtel en France. Jouez la scène avec un(e) copain/copine. Demandez:

1. si une chambre est disponible
2. le prix de la chambre
3. comment on peut régler la note
4. s'il y a des poubelles pour le recyclage dans les chambres
5. où l'on peut garer sa voiture (dans le parking public; au sous-sol; dans la rue)

Le/La réceptionniste (votre partenaire) va vous demander:

1. combien de personnes sont avec vous
2. la durée de votre séjour à l'hôtel
3. le type de chambre que vous voulez
4. votre adresse

La grammaire à apprendre

L'emploi du plus-que-parfait

The **passé simple,** used mainly in works of literature, is listed in **Appendice D.**

The **plus-que-parfait** is used primarily in narration to report events that *had* already happened or had been completed *before* another past event took place. Thus, it might be called a "past" past tense. Action is not habitual or continuous as is often seen with the imperfect.

The **plus-que-parfait** (pluperfect) is the last past tense you need to learn in order to tell a story in conversational French. As you saw in ***La grammaire à réviser***, its formation is like that of the **passé composé** except that it uses the imperfect of **avoir** or **être** instead of the present tense form.

Il s'est avéré que j'**avais** déjà **fait** sa connaissance il y a trois ans.
It turned out that I had already met him three years ago.

Sometimes in English the pluperfect is translated as a simple past tense, as in the examples below. However, in French, whenever it is clear that an action had been completed prior to another past action in the same time period, the **plus-que-parfait** must be used.

J'ai vu le film que vous m'**aviez recommandé.**
I saw the movie that you (had) recommended to me.

Le film était aussi bon que vous me l'**aviez dit.**
The movie was as good as you (had) said it would be.

The following is a summary of past tenses in French and their English equivalents:

plus-que-parfait	Il avait dit... *He had said . . .*
passé composé	Il a dit... *He said/has said/did say . . .*
imparfait	Il disait... *He said/was saying/used to say . . .*
venir (**imparfait**) de + infinitif	Il venait de dire... *He had just said . . .*
imparfait + depuis	Il disait... depuis... *He had been saying . . . for . . .*

NOTE The **plus-que-parfait,** when used with **si,** expresses a wish or regret about past events:

Si seulement j'**avais gagné** à la loterie!
Si seulement je n'**avais** pas **perdu** tout mon argent!

Activités

A. Un voyage. Répondez aux questions suivantes sur votre dernier voyage.

1. Quels préparatifs est-ce que vous aviez déjà faits deux jours avant le départ?
2. Est-ce que vous aviez déjà visité cet endroit?
3. Où est-ce que vous avez dormi (dans un hôtel, chez des amis, etc.)? Est-ce que vous y aviez dormi auparavant *(before)*?
4. Avant de partir, qu'est-ce que vous aviez projeté de faire pendant le séjour? Est-ce que vous avez vraiment fait ce que vous aviez prévu?

B. En métro. Complétez l'histoire suivante sur un voyage en métro, en mettant le verbe entre parenthèses au passé composé, à l'imparfait ou au plus-que-parfait selon le cas.

On lui ________ (dire) que le métro parisien ________ (être) le meilleur du monde, mais Danielle ________ (n'en pas être) si sûre. Ce ________ (être) son premier séjour à Paris; elle ________ (venir) d'une petite ville du Québec. Elle ________ (voyager) seule et elle ________ (ne jamais prendre) le métro auparavant.

Elle ________ (vouloir) aller au Centre Pompidou[5] sur la place Beaubourg. D'après le plan de métro qu'elle ________ (consulter), Rambuteau ________ (sembler) être la station de métro la plus proche. Avec quelques palpitations, donc, elle ________ (aller) à la station Cambronne tout près de son hôtel et elle ________ (acheter) ses premiers tickets de métro au guichet, un carnet de dix tickets.

Elle ________ (prendre) la direction Charles-de-Gaulle-Étoile. Elle ________ (attendre) sur le quai l'arrivée de la rame *(subway train)*. Après être montée dans un wagon, elle ________ (se rendre compte) du fait qu'elle ________ (devoir) faire deux changements. Elle ________ (avoir peur) de se tromper de ligne, mais il ________ (s'avérer) qu'elle ________ (s'inquiéter) pour rien. Avec l'aide des plans de métro affichés partout dans les stations et dans les voitures, elle ________ (se rendre) à Rambuteau sans le moindre problème.

C. Une lettre. Crystelle a écrit une lettre à son amie américaine. Voici la version anglaise. Quelle était la version française originale?

Dear Jennifer,

Hi! How are you? I am doing fine. In fact, I had just returned from vacation when I received your letter.

The photos you sent me were great! No kidding! I recognized several historic sites I had studied in my civilization course.

You will not believe what happened to Philippe during our vacation at the beach. (You remember Philippe, don't you?) He was in the process of paying the hotel bill when a crazy man (who was talking to the hotel clerk) pulled out a gun (**sortir un revolver**). Apparently the hotel had lost his reservation. The man got so upset (**se fâcher tellement**) that he threatened to kill the hotel clerk! And here I had always thought that I was high-strung (**nerveux/nerveuse**)!

I am enclosing (**joindre**) the book I promised to send you. I hope you like it (**plaire**).

Love, (**Grosses bises**)
Crystelle

[5] Le Centre Pompidou est un musée d'art moderne.

Interactions

A. Une fête. Imaginez que vous et un copain/une copine étiez à la même fête hier soir. Jouez les rôles et parlez de la fête, en utilisant les expressions d'hésitation et d'encouragement que vous avez apprises.

SUJETS POSSIBLES

- qui était là ou qui n'était pas invité
- ce que tout le monde portait
- si vous vous êtes amusé(e) ou ennuyé(e) et pourquoi
- un incident intéressant ou embarrassant

B. Eh bien... En groupes de trois personnes, racontez à tour de rôle une histoire sur un des sujets suivants (ou une autre histoire si vous préférez). Utilisez les expressions d'hésitation pour rendre la conversation plus réaliste. Vos partenaires vont réagir à ce que vous dites et vont vous poser des questions. Utilisez si possible une action qui s'est passée avant une autre (le plus-que-parfait).

SUJETS POSSIBLES un incident...

- qui vous a gêné(e)
- qui s'est passé en route pour l'école/l'université
- qui est arrivé quand vous êtes allé(e) en France/au Québec/en Afrique
- qui s'est passé pendant vos vacances

DEUXIÈME BROUILLON Dossier d'expression écrite

1. Write a second draft of the paper that you wrote in **Leçon 2**, focusing particularly on the order in which the events happened. Try to add details on pertinent events that happened before the events described in the narrative (i.e., using the **plus-que-parfait**).
2. To strengthen the time order used for the events that occurred, try to incorporate some of the following expressions:

EXPRESSIONS UTILES: **à ce moment là..., pendant (+ nom)/pendant que (+ verbe conjugué)..., en même temps..., hier..., avant-hier..., la semaine dernière..., après-demain..., la semaine prochaine..., la veille** *(the night before)*, **l'avant-veille..., l'année précédente..., le lendemain..., cinq jours après...**

Activités musicales

Zachary Richard: *Ma Louisiane*

Avant d'écouter: Le contexte et les réflexions

1. Est-ce que vous êtes déjà allé(e) en Louisiane? Si oui, décrivez votre séjour là-bas en utilisant le passé composé et l'imparfait et donnez vos impressions de cet état. Sinon, dites comment vous imaginez la Louisiane.
2. Qu'est-ce que vous savez de l'histoire de la Louisiane et de ses habitants?

Pendant que vous écoutez: Compréhension

1. Expliquez l'emploi de l'imparfait et du passé composé dans la chanson *Ma Louisiane.*
2. Commentez sur les différences linguistiques de grammaire et de prononciation entre le français standard et le français cajun dans la chanson.

Après avoir écouté: Communication

1. D'où viennent les Cadiens à l'origine? Pourquoi est-ce qu'ils ont quitté leur région d'origine? Est-ce qu'ils étaient heureux de partir? Est-ce qu'ils se sont bien habitués à leur nouvelle vie en Louisiane?
2. Est-ce que vous pensez que Zachary Richard est fier de ses origines? D'après lui, de quoi les Cadiens doivent-ils se souvenir?
3. Faites des recherches sur Internet sur Zachary Richard pour apprendre le nom de son dernier album; pour identifier les artistes et les genres qui influencent sa musique; pour connaître ses activités les plus récentes. Où est-ce qu'on peut aller pour l'écouter en concert? Écoutez une de ses chansons sur YouTube et écrivez un commentaire.

AP Photo/Cheryl Gerber

To experience this song, go to **www.cengagebrain.com/shop/ISBN/049590516X**

Activités orales

A. Mon pauvre Toutou! Vous êtes allé(e) en Floride pendant les vacances de printemps *(spring break)*. Vous avez laissé votre petit chien insupportable *(obnoxious)* chez un(e) ami(e). Vous venez de rentrer et vous téléphonez à votre ami(e) qui vous dit que malheureusement votre chien est mort pendant votre absence. Jouez les rôles de la conversation au téléphone. Posez cinq à dix questions sur cet événement triste. Votre ami(e) répondra.

B. Le voyage de mes rêves. Parlez de vacances récentes. Si possible, apportez des photos que vous avez sur papier ou que vous avez mises dans le forum de discussion du cours *(discussion board)* ou sur votre blog ou site Web; des dépliants; ou des images tirées de livres de voyage pour les montrer à la classe. Expliquez: les préparatifs de voyage; où vous êtes allé(e) et avec qui; comment vous avez voyagé; le temps qu'il a fait; où vous avez logé; si vous voulez y retourner; et des choses intéressantes qui se sont passées. Utilisez les expressions que vous avez apprises. La classe vous posera des questions pendant votre présentation.

Activité écrite

Bon anniversaire, bon anniversaire... Écrivez une composition où vous décrivez un anniversaire mémorable (votre 10ème, 12ème, 16ème, 21ème anniversaire). Donnez la date et des exemples de chansons ou films qui étaient très populaires à ce moment-là. Expliquez où vous habitiez, ce que vous avez fait pour célébrer cet anniversaire, ce que vous avez eu comme cadeaux, etc.

Cengage Learning

RÉVISION FINALE Dossier d'expression écrite

1. Reread your personal narrative and focus on the unity of the paragraphs. All of the sentences within each paragraph must be on the same topic. If a sentence is not directly related to the topic, it does not belong in the paragraph.
2. Examine your composition one last time. Check for correct spelling, grammar, and punctuation. Pay special attention to your use of the **passé composé, imparfait,** and **plus-que-parfait** tenses, and agreement with past participles.
3. Prepare your final version.
4. Find blog entries written in French by 3 people from France, Quebec, or other francophone countries on their travels to the US. Write a 1-paragraph summary of each and bring them to class to share.

Intermède culturel

I. LES CHÂTEAUX

Note that châteaux built during the Middle Ages (500–1500 A.D.) were needed for defensive purposes, thus they were squatter, more "formidable," whereas those built in the Renaissance (16th century) were less necessary for defense; architectural advances allowed for more "grace" in style. The construction of some of the châteaux extended over centuries, so one can see the evolution of styles within the same structure as needs changed and knowledge advanced.

Sujets à discuter

- Avez-vous déjà visité un château en France ou dans un autre pays? Si oui, décrivez votre expérience—où, quand, comment. Sinon, aimeriez-vous en visiter un? Pourquoi ou pourquoi pas?
- À votre avis, pourquoi est-ce qu'on a construit des châteaux?
- Pourquoi est-ce qu'en France, on trouve qu'il est important de préserver les vieux bâtiments et jardins? Comment est-ce qu'on doit financer leur préservation, à votre avis?

Dave Jacobs/Index Stock Imagery/PhotoLibrary

Chambord

Introduction

Following the travel theme of this chapter, we now take a journey through France's châteaux country. Interwoven into its rich heritage, the châteaux have played important historic and cultural roles for the country and remain incredibly popular sites for tourists from around the world.

Lecture

Les châteaux constituent un élément important du patrimoine° de la France. Les bâtiments, les meubles et les jardins racontent l'histoire des nombreuses familles royales et nobles, leur mode de vie, l'art et les traditions des siècles passés. Plusieurs des châteaux français les plus connus se trouvent dans la vallée de la Loire. L'intérêt d'une visite n'est cependant pas purement historique. On peut aussi en profiter pour faire des promenades dans les jardins et dans les parcs ou pour participer à d'autres événements: les châteaux de Blois et de Chenonceau, par exemple, offrent des spectacles son et lumière, et au château de Cheverny, de mai à novembre, on peut même monter en ballon et survoler° la région.

heritage

fly over

Comité Départemental de Tourisme

On voyait la salamandre comme le symbole du feu et du froid, parce qu'on croyait que cet animal pouvait vivre dans le feu sans se consumer et éteindre le feu grâce à la froideur de son corps. François Ier employait la salamandre comme emblème avec la devise *(slogan)* «J'y vis et je l'éteins».

Chambord

Le château de Chambord a été commencé en 1519 par le roi François Ier dont l'empreinte° est surtout évidente par les salamandres qu'on voit sculptées partout sur les murs et les plafonds en voûte°. *(Voir ci-dessus à droite)* François Ier est mort avant que la construction du château ne soit terminée. L'architecture de Chambord reflète par conséquent les goûts artistiques de plusieurs périodes. La décoration sculptée du célèbre double escalier en colimaçon° est considérée comme l'un des chefs-d'œuvre de la Renaissance. *(Voir à droite.)* La façade du château fait 128 mètres de long. Avec 440 pièces et 365 cheminées°, Chambord est le plus grand des châteaux de la Loire.

mark, impression

plafonds... *vaulted ceilings*

double... *two intertwined spiral staircases*

fireplaces

Comité Départemental de Tourisme

Double escalier en colimaçon

Chenonceau

Thomas Bohier, Receveur des Finances° sous François Ier, a fait construire Chenonceau *(voir la photo à la page 177)* en 1513 pour son épouse Catherine Briçonnet qui a eu une influence déterminante sur le style et la conception du château. L'architecte, un maçon° nommé Pierre Nepveu, a bâti le château sur les fondations d'un moulin° fortifié dont il a conservé le donjon°. Plus tard, Henri II a donné le château à sa maîtresse bien-aimée, Diane de Poitiers, qui y a habité pendant plusieurs années. Mais à la mort du roi, la reine Catherine de Médicis n'a pas perdu de temps pour reprendre possession du château.

En France, ainsi que dans d'autres pays d'Europe, beaucoup de monuments et de bâtiments importants du patrimoine ont été endommagés pendant les deux guerres mondiales. Les vitraux° de la chapelle de Chenonceau, par exemple, ont été détruits par un bombardement en 1944, mais on les a restaurés. Pendant la Première Guerre mondiale, Monsieur Gaston Menier, propriétaire du château, a fait aménager à ses frais° un hôpital temporaire dont les différents

Receveur... *General of Finances*

stonemason

mill / keep (most secure part of castle)

stained glass windows

a fait... *equipped with his own money*

Comité Départemental de Tourisme

Chenonceau

services occupaient toutes les salles, y compris l'étonnante Galerie, longue de soixante mètres. Au cours de l'occupation allemande, de 1940 à 1942, de nombreuses personnes ont mis à profit la situation privilégiée de la Galerie dont la porte sud donnait accès à la zone libre, alors que l'entrée du château se trouvait en zone occupée.

Comité Départemental de Tourisme, Orléans, France

La Galerie de Chenonceau

Cheverny

Cheverny, l'un des plus prestigieux et des plus magnifiquement meublés des châteaux de la Loire, est depuis plus de 600 ans la propriété de la même famille, les Hurault, grands personnages de la Cour et conseillers des rois Louis XII, François Ier, Henri III et Henri IV. La construction du château a été terminée en 1634 par Hurault de Cheverny. Ouvert au public dès 1922, l'intérêt particulier de Cheverny réside dans la splendide décoration intérieure, d'époques Louis XIII, Louis XIV et Louis XV, demeurée° dans son état primitif.

left

Comme les traditions de la vénerie° sont toujours pratiquées au château, Cheverny est donc aussi connu pour son impressionnant chenil° qui abrite° 70 chiens franco-anglais et sa salle des trophées où sont exposés 2 000 bois de cerfs°.

hunting on horseback and with dogs

kennel for the hunting dogs / shelters

bois de... *stag horns*

Comité Départemental de Tourisme

Angers

Les châteaux décrits ici datent des XVIème et XVIIème siècles, mais ils ne sont pas les plus anciens des châteaux de la Loire. Le château d'Angers, par exemple, a été construit en 1228 par Saint Louis. La vallée de la Loire n'est pas non plus le seul endroit où on peut visiter des châteaux en France. Il existe des centaines de châteaux dans toutes les régions. Beaucoup sont aujourd'hui des musées, comme Chambord. D'autres, moins importants dans l'histoire du pays, ont été reconvertis en hôtels ou appartiennent à des particuliers°.

private individuals

Adapté du *Guide de Tourisme Michelin,* Clermont-Ferrand: Michelin, 1987, p. 89; dépliant *Châteaux Cheverny,* Agence Créations; dépliant *Chambord,* Création Technical de Paris 12, imprimerie Landais, 1995; dépliant *Château de Chenonceau,* impr. Cadet.

Compréhension

A. Observation et analyse. **Répondez.**

1. Pourquoi est-ce qu'on visite les châteaux en France? Qu'est-ce qu'on peut y faire? (Citez au moins 4 activités.)
2. Quel était l'emblème de François Ier? Pourquoi croyez-vous qu'il l'avait choisi?
3. Quelle partie de Chambord est considérée comme un chef-d'œuvre de l'architecture de la Renaissance?
4. Qui était Catherine Briçonnet? Qui était Diane de Poitiers? Qui était Catherine de Médicis? Expliquez le rôle de ces femmes dans l'histoire du château de Chenonceau.
5. Pourquoi est-ce que Chenonceau était important pendant la Première et la Seconde Guerres mondiales?
6. Qui est actuellement propriétaire du château de Cheverny? Pourquoi?
7. Quelle tradition est toujours pratiquée par cette famille?

8. Combien de châteaux est-ce qu'il y a aujourd'hui en France?
9. Est-ce que tous les châteaux français sont aujourd'hui des musées publics? Expliquez.

B. Grammaire/Vocabulaire. Choisissez toutes les réponses possibles pour compléter les phrases suivantes.

1. Le château de Chambord...
   a. est le plus grand château de la Loire.
   b. était la résidence de François Ier.
   c. est célèbre pour son double escalier en colimaçon.
   d. est le plus ancien des châteaux de la Loire.
2. Le château de Chenonceau...
   a. offre des spectacles son et lumière.
   b. est aujourd'hui un hôpital.
   c. a été détruit pendant la Première Guerre mondiale.
   d. peut être appelé «le château des femmes».
3. Le château de Cheverny...
   a. est célèbre pour ses animaux.
   b. est aujourd'hui la propriété d'une famille qui avait autrefois des liens avec la royauté.
   c. a des vitraux qui ont été restaurés après un bombardement pendant la Seconde Guerre mondiale.
   d. a été construit par Saint Louis.

C. Réactions

1. L'entretien des vieux châteaux exige beaucoup d'effort et d'argent. Avec tous les problèmes graves qui existent aujourd'hui, comme la faim, le terrorisme et la pauvreté, selon vous, est-ce que cela vaut la peine de préserver ces vieux châteaux? Expliquez.
2. Il y a actuellement beaucoup de châteaux en France qui sont la propriété d'individus qui y habitent et les ouvrent aussi au public. Voudriez-vous être propriétaire et habiter un de ces châteaux? Quels sont les avantages et les inconvénients de posséder et d'habiter un château? Expliquez.

Interactions

1. Vous êtes Diane de Poitiers. Jouez une petite scène au moment où Catherine de Médicis vous fait déménager du château de Chenonceau.

2. Parlez en petits groupes des films que vous avez vus qui représentent la vie médiévale ou de la Renaissance, par exemple, *Le Retour de Martin Guerre* ou *Monty Python, Sacré Graal.* Si vous n'avez jamais vu un film de ce genre, inventez une intrigue *(plot)* intéressante pour un nouveau film dont l'histoire se passe au Moyen Âge ou à la Renaissance.

David Brabyn/Corbis News/Corbis

B. Zaro/SuperStock

Ci-dessus, une vue du château d'Amboise et de la Loire. Ci-dessous, le château d'Azay-le-Rideau.

Expansion

1. Faites des recherches sur un château français. Quelle est l'histoire de ce château? Qui l'a fait construire et quand? Trouvez quelques faits intéressants ou surprenants sur ce château. Quel en est le statut aujourd'hui? Préparez un petit guide touristique pour présenter vos recherches.
2. Est-ce que vous préféreriez vivre dans un château ou dans un appartement? Essayez de trouver sur les réseaux Internet ou dans un journal des châteaux en vente. Écrivez une courte description du château (Quel en est le prix? Combien de chambres il y a? Est-ce que ce château respecte l'environnement?, etc.) et comparez les avantages et les inconvénients de la vie dans un château et de la vie dans un appartement à Paris.

II. *LA FANETTE* de Jacques Brel

Sujets à discuter

- Avez-vous déjà été amoureux/amoureuse? De qui? Décrivez son apparence physique et sa personnalité. Est-ce qu'il/elle vous a aimé(e) aussi? Expliquez. Si vous n'avez jamais été amoureux/amoureuse, décrivez le cas de quelqu'un que vous connaissez.
- Avez-vous déjà été trahi(e) *(betrayed)* en amour? Si oui, qui était cette personne qui vous a trahi(e)? Quels sentiments avez-vous éprouvés? de la tristesse? de l'amertume *(bitterness)*? de la colère? du soulagement *(relief)*? de la haine *(hate)*? Comment est-ce que la situation s'est résolue? Si vous n'avez jamais été dans cette situation, imaginez comment vous réagiriez si vous étiez trahi(e).

Jacques Brel

Stratégies de lecture

A. Technique poétique: la répétition. Dans cette chanson, Jacques Brel utilise la technique poétique de la répétition. Combien de fois trouvez-vous les mots **Faut dire** dans la chanson? Quels autres mots y sont répétés? Quel est l'effet de ces répétitions?

B. Technique poétique: les mots en opposition. Les poètes mettent souvent en opposition des mots qu'ils veulent souligner. De cette façon, le lecteur peut mieux apprécier l'effet de ces mots. Par exemple, dans la chanson que vous allez lire:

> Faut dire qu'ils ont <u>ri</u>
> Quand ils m'ont vu <u>pleurer</u>

Les mots **ri** et **pleurer** font contraste. Parcourez *(Scan)* la chanson et trouvez d'autres exemples de mots mis en opposition. Où se trouvent ces mots dans les vers? Expliquez leur position.

Introduction

The function of telling a story is illustrated in the following song by Jacques Brel (1929–1978), a Belgian poet/singer who was famous throughout the French-speaking world in the 1960s and 1970s for his songs. The pains of solitude and nostalgia for love and friendship were dominant themes in his works. The following song (part of the musical review Jacques Brel is Alive and Well and Living in Paris*) is about himself, a friend, and a young woman named* ***la Fanette.***

Lecture

Nous étions deux amis et Fanette m'aimait
La plage était déserte et dormait sous juillet
Si elles s'en souviennent les vagues° vous diront
Combien pour la Fanette j'ai chanté de chansons

Faut dire
Faut dire qu'elle était belle
Comme une perle d'eau
Faut dire qu'elle était belle
Et je ne suis pas beau
Faut dire
Faut dire qu'elle était brune
Tant la dune était blonde
Et tenant l'autre et l'une
Moi je tenais le monde
Faut dire
Faut dire que j'étais fou
De croire à tout cela
Je le croyais à nous
Je la croyais à moi
Faut dire
Qu'on ne nous apprend pas
À se méfier de° tout

Nous étions deux amis et Fanette m'aimait
La plage était déserte et mentait° sous juillet
Si elles s'en souviennent les vagues vous diront
Comment pour la Fanette s'arrêta la chanson

Faut dire
Faut dire qu'en sortant
D'une vague mourante
Je les vis° s'en allant
Comme amant° et amante
Faut dire
Faut dire qu'ils ont ri
Quand ils m'ont vu pleurer
Faut dire qu'ils ont chanté
Quand je les ai maudits°
Faut dire
Que c'est bien ce jour-là
Qu'ils ont nagé si loin

waves
se méfier de *mistrust*
lied
saw
lover
cursed

Qu'ils ont nagé si bien
Qu'on ne les revit° pas
Faut dire
Qu'on ne nous apprend pas...
Mais parlons d'autre chose

saw again

Nous étions deux amis et Fanette l'aimait
La plage est déserte et pleure sous juillet
Et le soir quelquefois
Quand les vagues s'arrêtent
J'entends comme une voix
J'entends... c'est la Fanette

John Luke/Index Stock Imagery/Photolibrary

Compréhension

A. Observation et analyse. Répondez aux questions suivantes avec un(e) copain/copine de classe.

1. Pendant quelle saison le chanteur et la Fanette s'aimaient-ils?
2. Décrivez la Fanette.
3. Comment est-ce que la Fanette est morte? Avec qui? Où?
4. Qu'est-ce que le chanteur entend quelquefois? Et les vagues, de quoi se souviennent-elles selon le chanteur?
5. Quelle est l'attitude de Brel envers la Fanette dans la chanson?

B. Grammaire/Vocabulaire. Étudiez l'emploi du passé composé et de l'imparfait dans la chanson.

1. Expliquez comment le choix du temps de chaque verbe influe sur l'histoire.
2. Expliquez l'emploi du présent dans les vers suivants: 9, 21/43, 25, 46, 48, 49/50.
3. Comparez la première et la troisième strophes, vers par vers, en ce qui concerne leur signification, surtout les vers 4 et 26.

C. Réactions. Donnez votre réaction.

1. Comment avez-vous trouvé la chanson—intéressante, bizarre, triste, etc.? Expliquez.
2. Est-ce que cette chanson vous a fait penser à une chanson que vous connaissiez déjà? Expliquez.
3. Quelles sortes de chansons aimez-vous le mieux?

Interactions

1. Jouez les rôles. Imaginez que la Fanette n'est pas morte mais qu'elle a voulu rompre avec le chanteur. Jouez les rôles de la Fanette et du chanteur. Quelle raison lui donne-t-elle pour vouloir rompre avec lui? Quelle est la réponse du chanteur? Qu'est-ce qu'ils se disent avant de se quitter?
2. Imaginez que le chanteur raconte cette triste histoire dans son blog. Écrivez d'abord son histoire et sa demande d'aide. Écrivez ensuite un commentaire. Quelles suggestions est-ce que vous lui donneriez?

Expansion

Cherchez sur Internet une autre chanson de Jacques Brel qui traite des mêmes thèmes ou de thèmes similaires, par exemple, la solitude, la perte de l'amitié, la trahison *(betrayal)*, etc. Analysez le choix du temps des verbes, les techniques poétiques, la façon dont Brel raconte l'histoire, etc. Donnez votre réaction à cette chanson.

VOCABULAIRE

LES VACANCES

une agence de voyages *travel agency*

une brochure/un dépliant *pamphlet*

les congés [m pl] **payés** *paid vacation*

passer des vacances magnifiques/épouvantables *to spend a magnificent/horrible vacation*

un séjour *stay, visit*

un souvenir *memory* **(avoir un bon souvenir)**; *souvenir* **(acheter des souvenirs)**

le syndicat d'initiative *tourist bureau*

visiter (un endroit) *to visit (a place)*

DES CHOIX

aller à l'étranger *to go abroad*

aller voir quelqu'un *to visit someone*

descendre dans un hôtel *to stay in a hotel*

rendre visite (à quelqu'un) *to visit (someone)*

un appartement de location *rental apartment*

un terrain de camping *campground* **(aller dans un...)**

LES TRANSPORTS

atterrir *to land*

avoir une contravention *to get a ticket, fine*

avoir un pneu crevé *to have a flat tire*

être pris(e) dans un embouteillage *to be caught in a traffic tie-up/jam*

un car *bus (traveling between towns)*

la circulation *traffic*

décoller *to take off (plane)*

descendre (de la voiture/du bus/du taxi/de l'avion/du train) *to get out of (the car/bus/taxi/plane/train)*

faire le plein *to fill up (gas tank)*

flâner *to stroll*

garer la voiture *to park the car*

manquer le train *to miss the train*

monter dans (une voiture/un bus/un taxi/un avion/un train) *to get into (a car/bus/taxi/plane/train)*

se perdre *to get lost*

ramener *to bring (someone, something) back; to drive (someone) home*

se tromper de train *to take the wrong train*

tomber en panne d'essence *to run out of gas*

un vol (direct/avec escale) *flight (direct/with a stopover)*

À LA DOUANE (*CUSTOMS*)/AUX CONTRÔLES DE SÛRETÉ (*SECURITY*)

l'agent/l'agente de sûreté *security officer*

confisquer *to confiscate*

déclarer (ses achats) *to declare (one's purchases)*

déclencher une alarme sonore *to set off the alarm*

le douanier/la douanière *customs officer*

faire de la contrebande *to smuggle goods*

faire une fouille corporelle *to do a body search*

fouiller les bagages/les valises *to search, go through baggage/luggage*

montrer son passeport/sa carte d'identité *to show one's passport/identification card*

le passager/la passagère *passenger (on an airplane)*

passer à la douane/aux contrôles de sûreté *to go through customs/security*

passer dans un appareil de contrôle radioscopique *to go through x-ray security*

payer des droits *to pay duty/tax*

poser les objets sur le tapis de l'appareil de contrôle radioscopique *to put objects on the belt*

reprendre les objets ou vêtements après le passage sous le portique de détection *to take back objects or clothes after passing through the x-ray machine*

se présenter à la douane/aux contrôles de sûreté *to appear at customs/security*

L'AVION

débarquer *to get off*

embarquer *to go on board*

L'HÔTEL

un ascenseur *elevator*

une chambre à deux lits *double room (room with two beds)*

une chambre avec douche/salle de bains *room with a shower/bathroom*

une chambre de libre *vacant room*

la clé *key*

un grand lit *double bed*

payer en espèces/par carte de crédit/avec des chèques de voyage/par carte bancaire *to pay in cash/by credit card/in traveler's checks/by bank card*

la réception *front desk*

le/la réceptionniste *hotel desk clerk*

régler la note *to pay, settle the bill*

réserver/retenir une chambre *to reserve a room*

le service d'étage *room service*

DIVERS

se débrouiller *to manage, get along*

grossier (grossière) *rude*

jurer *to swear*

piquer *(slang) to steal*

Ciné Bravo

Prix et récompenses

→ Berlin International Film Festival, Ours d'argent – Prix du Jury

→ Sundance Film Festival 2007, Sélection Officielle

NOTE CULTURELLE

Le nom **un regard**, qu'on voit dans le texte, se traduit par *a look, a glance*, ou *a gaze*. Les relations romantiques commencent souvent par un regard. Par contre, quand on vous dit en France que vous avez *un look*, on veut dire que vous avez un style personnel prononcé. En quoi diffèrent les conceptions de **regard** et de **look** chez les Français et chez les Américains?

À CONSIDÉRER AVANT LE FILM

Dans le court-métrage que nous allons voir, deux jeunes personnes établissent un premier contact d'une façon peu commune. Comment est-ce que vous rencontrez vos amis le plus souvent? Comment gardez-vous le contact avec eux? Quels autres moyens est-ce que les jeunes utilisent pour faire connaissance aujourd'hui?

On va au cinéma?

1. **Dans le métro.** Ce film se passe dans le métro parisien. Y a-t-il un métro dans votre ville? Quels autres moyens de transport public sont disponibles dans votre ville? Le bus? le train? le taxi? l'avion? Que faites-vous pour passer le temps quand vous êtes à bord d'un moyen de transport?
2. **Look closely!** Le mot anglais **look** a plusieurs traductions possibles en français.

to look at **regarder**	*to look like* **ressembler à**
to look (meaning *to seem* or *to appear*) **sembler, avoir l'air**	*a look* (noun) **un regard**

Traduisez les phrases suivantes en utilisant une des expressions ci-dessous.

avoir l'air	regarder	ressembler à	un regard

MODÈLE She didn't look happy to see me.
Elle n'avait pas l'air contente de me voir.

1. Look at that adorable little girl!
2. She looks like her father, doesn't she?
3. He looks very proud of his daughter.
4. She gave her father a look of love.

ÇA COMMENCE!

Premier visionnage

Expressions à chercher. Indiquez les expressions trouvées dans le film.

autour *(around)* ________	**il s'assied** *(he/it is sitting)* ________
avant que *(before)* ________	**partir** *(to leave)* ________
bouger *(to move)* ________	**se plaindre** *(to complain)* ________
dehors *(outside)* ________	**les rapports** *(relationship)* ________
gronder *(to scold, to growl, to be brewing)* ________	**rassure-toi** *(don't worry)* ________
hélas *(alas)* ________	**le visage** *(the face)* ________
	voir *(to see)* ________

Deuxième visionnage

Lui ou elle? Identifiez la personne qui fait les actions suivantes dans le film: le jeune homme ou la jeune femme.

MODÈLE regarder par la fenêtre
C'est lui.

1. entrer en premier dans le métro
2. s'asseoir près de la fenêtre
3. prendre des notes dans son livre avec un crayon
4. vérifier quelque chose dans son agenda
5. sourire le premier
6. sortir le premier

ET APRÈS

Observations

1. Comment est-ce que le jeune homme se rend compte qu'il est assis à côté d'une belle femme?
2. Quelle méthode utilise-t-il pour communiquer avec elle?
3. À votre avis, est-ce qu'il réussit à l'attirer?
4. Que fait-elle juste avant de partir?

Avant et après

1. Imaginez la journée des personnages avant le moment du film. Pourquoi se trouvent-ils dans le métro? D'où viennent-ils? Où vont-ils?
2. À votre avis, est-ce que ces deux personnes se reverront? Expliquez.

À vous de jouer

1. **La scène.** Imaginez que le jeune homme raconte son aventure dans le métro à un copain. Complétez le dialogue avec un(e) partenaire et jouez la scène devant la classe.

   —Je crois que je suis tombé amoureux dans le métro aujourd'hui.

   —Sans blague°! Elle est comment? **sans...** *no kidding*

   ____

   —Comment tu as fait pour la draguer°? **draguer une femme** *to flirt with a woman*

   ____

   —Tu vas la revoir?

2. **Des bulles de pensée *(thought bubbles)*.** Voici deux images du jeune homme, une de lui avant et l'autre après sa rencontre avec la jolie jeune femme.

   Imaginez qu'il y a une bulle de pensée au-dessus de sa tête dans chaque photo, comme dans les bandes dessinées. Qu'est-ce qui est écrit dans chaque bulle? Comparez vos bulles de pensée à celles d'un(e) copain/copine de classe.

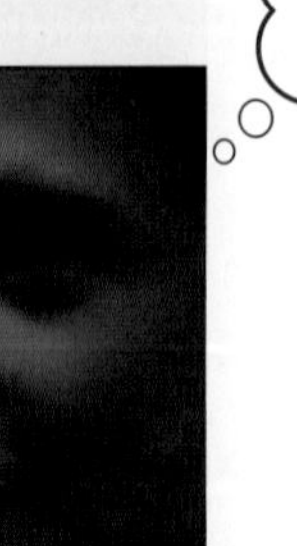

Exprimez-vous! 5

THÈME Les médias (la presse, la télévision, la radio)

Pour tester vos connaissances, visitez **www.cengagebrain.com/shop/ISBN/049590516X** Audio 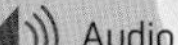 iLrn Heinle Learning Center

Photoalto/Photolibrary

LA GRAMMAIRE À RÉVISER

iLrn To review **Le subjonctif**, consult the *Subjunctive* Grammar Tutorial on iLrn.

Une visite nécessaire.

Donnez la forme appropriée du subjonctif pour chaque verbe.

1. Ma sœur veut que nous ________ (rendre) visite à notre tante. (je/tu/vous)
2. Il faut que nous ________ (se préparer) pour le voyage assez vite. (on/vous/ma sœur)
3. Il est important que nous ________ (trouver) des billets aller-retour. (tu/je/on)
4. Ce serait bien que nous ________ (partir) dans deux jours. (je/vous/mes frères)

The subjunctive mood was widely used in Latin. Since the Romance languages are derived from Medieval Latin, they also widely use this verb mood. It is not a matter of choice or social class or level of speech. Consider it as a standard verb form that is and must be used in many discourse situations. The constraint is syntactic; it is not a matter of personal choice.

If you know Spanish, you have learned to select the subjunctive mood after many verbs, phrases, and in many speech functions like discussing hypothetical situations. In French it is slightly less frequent than in Spanish, especially because French, like English, has a conditional mood. If you observe French speakers, you will see that they use the subjunctive mood with many phrases expressing opinion, doubts, wishes, states of mind **(je suis heureux que, j'ai peur que...)**, ordering someone else to do something.

The information presented here is intended to refresh your memory of a grammatical topic that you have probably encountered before. Review the material and then test your knowledge by completing the accompanying exercises in the workbook.

AVANT LA PREMIÈRE LEÇON

Le subjonctif

The subjunctive is used more frequently in French than in English. The subjunctive mood is used to express uncertainty or subjectivity. It expresses the personal feelings of the speaker, such as doubt, emotion, opinion, and volition. The subjunctive mood often occurs in a dependent clause beginning with **que.**

Main clause	**Dependent clause**
Le professeur veut	que je **finisse** mon devoir.

The present subjunctive of all verbs (except **avoir** and **être**) is formed by adding the following endings to the subjunctive stem: **-e, -es, -e, -ions, -iez, -ent.** To find the subjunctive stem of regular **-er, -ir,** and **-re** verbs and verbs conjugated like **sortir,** drop the **-ent** ending from the third-person plural form of the present tense.

	PARLER	RENDRE	FINIR	SORTIR
STEM:	PARLENT	RENDENT	FINISSENT	SORTENT
que je	parle	rende	finisse	sorte
que tu	parles	rendes	finisses	sortes
qu'il/elle/on	parle	rende	finisse	sorte
que nous	parlions	rendions	finissions	sortions
que vous	parliez	rendiez	finissiez	sortiez
qu'ils/elles	parlent	rendent	finissent	sortent

Télé top matin, Edipresse Publications Suisse SA

Qu'est-ce que vous vous attendez à trouver dans *Télé top matin*?

LEÇON 1

COMMENT DIRE CE QU'ON VEUT

Conversation

 Track 10

Premières impressions

1. Identifiez: les expressions pour exprimer ce qu'on veut ou ce qu'on préfère faire
2. Trouvez: la chaîne *(channel)* où passe l'émission que Julie désire voir

La famille Cézanne qui habite à Genève a fini de dîner. Bien qu'elle ait des tas de contrôles° en ce moment, Julie, qui a quinze ans, tient à° regarder la télévision ce soir.

JULIE J'aimerais bien voir l'émission° *Nouvelle Star*. S'il te plaît, maman, je voudrais vraiment voir l'épisode de ce soir!

MME CÉZANNE Dis donc, ma chérie, tu ne m'as pas dit que tu avais un contrôle demain?

JULIE Si, en maths, mais j'ai révisé en étude° cet après-midi.

MME CÉZANNE La dernière fois aussi, tu avais révisé en étude et tu as eu une assez mauvaise note, non? Il vaut mieux monter dans ta chambre maintenant et refaire quelques problèmes.

JULIE Oh non, s'il te plaît maman... *(tendre et suppliante)* je vais m'embrouiller° les idées si je refais des problèmes ce soir!

MME CÉZANNE *(incrédule)* Ne me raconte pas d'histoires, hein? Comment tu vas faire demain quand tu auras les sujets du contrôle devant toi?

JULIE J'ai l'intention de faire des exercices qui ressemblent à ceux du livre.

MME CÉZANNE Eh bien justement, il faut en refaire quelques-uns maintenant, un par chapitre, je dirais. Tu redescendras quand tu auras fini.

JULIE Maman, s'il te plaît! Je ne voudrais pas rater *Nouvelle Star*. C'est ce soir qu'on choisit le gagnant°. Je te promets de monter tout de suite après.

MME CÉZANNE Regarde l'heure. Il est déjà neuf heures moins le quart. Allez, monte travailler. Je fais la vaisselle et je vais voir où tu en es dans une demi-heure.

À suivre

Rappel: Have you reviewed the regular formation of the subjunctive? (Text p. 190 and SAM pp. 115–117)

tests / **tient à** *really wants to, insists on*
TV show

en étude [f] *in study hall*

s'embrouiller *to become confused*

winner, champion

Nouvelle Star is the Swiss version of *American Idol*.

Observation et analyse

1. Qu'est-ce que Julie veut faire? Pourquoi? (Donnez trois raisons.)
2. Est-ce que sa mère est d'accord avec elle? Expliquez.
3. Décrivez Julie (son âge, sa personnalité, ses désirs, etc.).
4. À votre avis, est-ce que c'est Julie ou sa mère qui va finalement avoir gain de cause *(win the argument)*? Pourquoi?

Réactions

1. Quelles émissions est-ce que vous suivez assez régulièrement? Pourquoi? Est-ce qu'il vous arrive de rater des épisodes? Qu'est-ce que vous faites pour savoir ce qui s'est passé?
2. Est-ce que vos parents surveillent ce que vous regardez? Est-ce qu'ils vous ont déjà empêché(e) de regarder une émission? Quand?
3. À votre avis, est-ce que les parents doivent limiter le nombre d'heures que les enfants passent devant le poste de télévision? Et à jouer à des jeux vidéo? Dans quelles conditions?

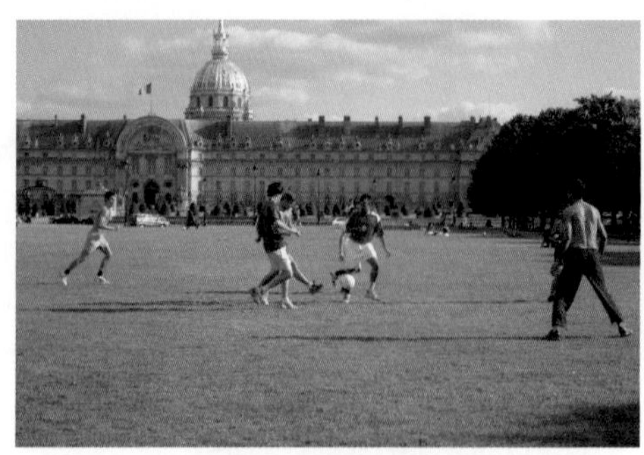
Index Stock Imagery/Photolibrary

Regardez ces jeunes gens. À quel sport est-ce qu'ils jouent? Et vous, quel sport préférez-vous?

Expressions typiques pour...

Dire ce qu'on veut ou espère faire

Je (veux) voudrais bien regarder la télévision.

J'aimerais bien regarder un feuilleton *(soap opera)*.

J'ai l'intention de faire mes devoirs demain.

Je tiens à *(really want)* travailler dur demain.

Je compte *(intend, plan on)* aller à Paris pour voir la nouvelle exposition.

J'ai envie de *(feel like)* voir un bon film.

J'espère aller au Brésil.

Je compte bien *(expect)* partir demain.

When deciding whether to use **je veux...** or **je voudrais...**, keep in mind that **je veux...** is much stronger, less polite, and could be interpreted as an order.

In a store, restaurant, or service institution, sometimes simply identifying what you want to buy is sufficient: **Une baguette, s'il vous plaît.** The addition of **je voudrais...** increases the level of politeness: **Je voudrais un steak-frites, s'il vous plaît.**

Dire ce qu'on préfère

Je préfère le sport.

J'aime mieux le foot.

J'aimerais mieux partir après le match.

Il vaut mieux partir tout de suite.

Je regarde plutôt *(rather)* les sports à la télé.

To express what you do not want or hope not to do, make the same expressions negative. Note that a similar distinction as above is made between **je ne veux pas...** and **je ne voudrais pas...**, the former being a very strong, less polite expression.

Mots et expressions utiles

La volonté

avoir envie de (+ infinitif) *to feel like (doing something)*

compter *to intend, plan on, count on, expect*

tenir à *to really want; to insist on*

La télévision

une émission *broadcast, TV show*

le programme *program listing*

diffuser/transmettre (en direct) *to broadcast (live)*

une rediffusion *rerun*

les actualités/les informations [f pl] *news (in the press, but especially on TV)*

le journal télévisé *TV news*

une causerie *talk show*

un débat *debate*

une émission de téléréalité *reality show*

un feuilleton *serial; soap opera*

un jeu télévisé *game show*

un reportage en direct *live report*

une série *series*

une publicité (pub) *TV commercial*

une chaîne *channel*

l'écran [m] *screen*

mettre la 3, 6, etc. *to put on channel 3, 6, etc.*

le poste de télévision *TV set*

rater *to miss*

une télécommande *remote control*

un téléspectateur/une téléspectatrice *TV viewer*

la télévision par câble *cable TV*

allumer la télé *to turn on the TV*

augmenter le son *to turn up the volume*

baisser le son *to turn down the volume*

éteindre la télé *to turn off the TV*

Les études

un contrôle *test*

bien se débrouiller en maths *to do well in mathematics*

bien se défendre en français *to speak French well*

s'embrouiller *to become confused*

Quel genre d'émission est-ce que ces jeunes regardent, d'après vous? Et vous, qu'est-ce que vous regardez à la télé?

Mise en pratique

—Tiens, il est presque midi! **Allume la télé**, s'il te plaît. Le **journal télévisé** commence dans cinq minutes sur France 2. Je ne veux pas manquer le résumé des **actualités**.

—Je me demande s'ils vont **transmettre en direct** l'arrivée de la navette spatiale *(space shuttle)*.

—Elle était prévue pour midi, non? En tout cas ce soir, il y aura un **débat** sur les problèmes des banlieues françaises. Le **programme** habituel est changé.

—Ce n'est pas grave. L'épisode du **feuilleton** peut bien attendre une semaine! Euh... puisque la **télécommande** est près de toi, peux-tu **augmenter le son**? Merci!

Liens culturels

Les médias

Presque tous les ménages ont au moins un poste de télé et paient la modeste redevance *(fee)* annuelle des chaînes nationales. De plus en plus de ménages s'abonnent aussi à des services de distribution de chaînes par câble, satellite ou Internet. 89% des foyers sont équipés d'un lecteur de DVD et 31% sont équipés d'un poste de télévision compatible HD (haute définition). Pour avoir la télé à haute définition, de plus en plus de familles combinent leur abonnement au téléphone avec un abonnement à TNT (télévision numérique terrestre) ou à l'ADSL (connexion Internet à haut débit). Beaucoup de familles ont maintenant une télévision à écran plat (LCD ou plasma) et s'intéressent aussi aux systèmes home vidéo.

La télévision occupe la plus grande partie du temps libre des Français. Les écoliers français passent autant de temps devant la télé qu'à l'école, soit environ 1058 heures par an à regarder les chaînes nationales gratuites. Les jeunes de 4 à 10 ans regardent la télévision en moyenne

Regardez les programmes à droite et à la page 195. Quelles émissions choisiriez-vous si vous vous intéressiez à la science-fiction? aux sports? à la musique? à la médecine? Quelles émissions américaines reconnaissez-vous? Quelle série choisiriez-vous de regarder? Quels films?

Mercredi 20 mai

TSR1

8.00 Quel temps fait-il? 181 575
8.25 Tout le monde aime Raymond 2 718 391
Saison 1 (12/22). La balle.
8.50 Top Models (R) 2 331 198
9.10 Dawson 5 334 049
Saison 4 (12 et 13/23).
10.40 EuroNews 8 142 020
11.10 Les feux de l'amour 1 891 778
11.50 Le rêve de Diana 8 918 198
12.15 Dolce vita (R) 713 488
12.45 Le journal 167 285
13.25 Toute une histoire 2 884 198
14.25 Navarro 5 339 759
Un bon flic. Téléfilm.
16.00 Wildfire 8 565 681
Saison 1 (6/12). Le fil magique.
16.50 FBI: portés disparus 4 342 136
Saison 2 (4/24). L'enfant prodige.
17.35 Dolce vita 644 469
18.05 Le court du jour 8 565 223
18.10 Top Models 2 280 827
18.35 Tapis rouge 684 643
18.55 Le journal - Météo 809 353
19.25 La minute Arctique 3 911 662
Le ballon sonde.
19.30 Le journal - Météo 206 339

20.05

Et si c'était vrai?

★ *Comédie sentimentale de Mark Waters (USA, 2005, 95 min). Avec Reese Witherspoon et Mark Ruffalo* 6 884 643
David s'installe dans son nouvel appartement quand il est dérangé par Elizabeth, une jeune femme qui prétend être chez elle. Comme elle apparaît et disparaît, il est persuadé qu'il s'agit d'un fantôme. Il consulte un adepte du mysticisme, qui lui conseille d'enquêter sur le passé de l'apparition.

21.40 FBI: portés disparus 7 842 117
Inédit. Saison 7 (16/24). Skeletons. Une femme et son enfant ont disparu après avoir suivi un cours d'auto-défense.
22.30 FBI: portés disparus 723 169
Saison 5 (17/24). Eaux profondes.
23.15 Les Tudors 7 454 894
Inédit. Saison 1 (3/10). Projets ambitieux.
0.15 Le journal 6 221 841
0.20 Météo (R) 6 220 112

TSR2

6.45 Mabule 86 630 575
8.00 Les Zozios 48 484 020
8.35 Quel temps fait-il? 56 297 136
9.15 tsrinfo 57 658 812
10.20 Santé (R) 25 326 223
10.50 Motorshow (R) 99 724 681
11.15 L'architecture de la Terre (R) 73 442 681
11.30 Les Zozios 67 445 778
12.00 Mabule 95 189 117
12.25 tsrinfo 24 735 399
12.45 Quel temps fait-il? 74 837 198
13.20 Le journal 63 382 117
13.55 Les Zozios 10 921 778
Caillou - Elias (2 épisodes).
14.55 Mabule 10 925 223
15.50 Inspecteur Gadget et le ptérodactyle géant 55 735 001
Téléfilm d'animation d'Ezekiel Norton. (USA, 2005, 75 min).
17.05 Beverly Hills 90210 69 737 001
Saison 6 (28/32). Suicide.
17.50 Charmed 69 753 049
Saison 8 (17/22). Génération Hex.
18.35 Dr House 45 156 198
Saison 3 (7/24). 24h pour vivre et mourir.
19.30 Le journal 21 307 310

20.00

Football: FC Sion - Young Boys Berne

Coupe de Suisse. Finale. A Berne, en direct 90 374 952
Trois ans après avoir déjà disputé la finale de la Coupe nationale, les Young Boys et le FC Sion d'Alvaro Dominguez s'affrontent à nouveau. Les Bernois, emmenés par leur gardien Marco Wölfli, ont réalisé un véritable exploit en demi-finale, en éliminant aux tirs au but le FC Bâle, double tenant du titre. Quant au FC Sion, il a sorti l'équipe de Lucerne au tour précédent.

22.35 Le court du jour 63 310 933
Magazine de société.
22.45 Au bord du fleuve (R) 60 131 488
Sur la frontière sino-coréenne. Le fleuve Yalu sépare sur toute sa longueur la Corée du Nord et la Chine, divisant deux mondes identiques vivant à des époques différentes.
23.45 Dieu sait quoi (R) 27 357 240
Charles Journet, le cardinal funambule.
0.35 Toute une histoire 36 463 334
1.30 Le journal (R) 93 837 537

TF1

6.45 TFou 37 284 575
Inédit. Ni hao, Kai-Lan - Chuggington - La Maison de Mickey - Le Petit Dinosaure - Diego - Bob l'éponge…
11.15 Une famille en or 22 401 681
11.55 Attention à la marche! 15 590 049
13.00 Journal 59 802 440
13.55 Julie Lescaut 77 118 575
L'école du crime. Téléfilm avec Véronique Genest et Samuel Dupuy.
15.40 Femmes de loi 98 412 827
Protection rapprochée. Téléfilm de Denis Malleval. (France, 2003, 105 min). Avec Natacha Amal. 16/9. Une avocate, amie d'Elisabeth, est renversée par une voiture. Il s'avère qu'il s'agit d'une tentative de meurtre, liée au dossier sur lequel elle travaillait.
17.25 Brothers & Sisters 93 508 136
Inédit. Saison 1 (8/23). Mea... (1/2).
18.15 Une famille en or 83 395 681
19.00 Qui veut gagner des millions? 18 444 049
19.50 La prochaine fois, c'est chez moi 51 762 117
19.55 Météo 51 761 488
20.00 Journal 56 041 372

20.45

Ushuaïa nature

Voyage extraordinaire en Afrique australe. *Magazine de la nature présenté par Nicolas Hulot. 16/9* 17 653 204
L'équipe de Nicolas Hulot se rend au cœur de l'Afrique australe, de la Zambie, ex-Rhodésie du Nord, jusqu'aux côtes namibiennes, à la rencontre d'animaux singuliers. Chauves-souris, kobs lechwe, zèbres, hippopotames ou otaries sont au menu du voyage, que Nicolas Hulot achève chez les Himbas, dans le Kaokoland.

22.40 Life 40 146 420
Inédit. Saison 2 (14/22). Derrière le masque.
23.25 Life 52 045 198
Inédit. Saison 2 (15/22). Sans toit, ni loi.
0.15 Life 39 736 082
Saison 2 (16/22). Dernière escorte.
1.05 Alerte Cobra 42 325 792
Saison 21 (7/8). Fuites en série. 16/9.
2.00 Céline et ses invités à Québec 85 375 353
Inédit. Concert.

 Explication des signes (R) Rediffusion / stéréo / bicanal / sous-titrage télétexte / noir-blanc / audiodescription

Mercredi

M6

6.35 M6 Kid 77 285 440
Charlotte aux fraises - Barbapapa - Les Schtroumpfs - Bakugan.
9.05 M6 boutique 38 334 925
10.00 Star6 music 22 758 074
11.20 Docteur Quinn, femme médecin 88 201 407
Saison 3 (6/29). Le monstre.
12.20 Une nounou d'enfer 21 246 933
Saison 3 (16/26). La routine.
12.50 Le 12.50 89 335 285
13.10 Une nounou d'enfer 12 516 488
Saison 3 (17/26). CC, l'impératrice du spectacle.
13.35 Miss Texas 53 546 556
Téléfilm d'Ute Wieland. (Allemagne, 2005, 110 min). (1/2). Avec Natalia Wörner et Robert Seeliger.
15.25 Miss Texas 66 325 594
Téléfilm d'Ute Wieland. (Allemagne, 2005, 115 min). (2/2).
17.20 Paris 16e 69 536 117
17.50 Un dîner presque parfait 74 322 827
18.50 100% Mag 25 275 136
19.45 Six' 89 359 865
20.00 Malcolm 45 853 933
Saison 3 (5/22). Bonnes œuvres.

20.35

Football: Coupe de l'UEFA

Chakhtior Donetsk - Werder Brême. *Finale. Au stade Sükrü Saracoglu, à Istanbul, en direct. Commentaires: Thierry Roland, Jean-Marc Ferreri et Alex Goude* 93 028 778
La dernière finale de l'histoire de la Coupe de l'UEFA - la compétition s'appellera Europa League la saison prochaine - voit les Ukrainiens du Chakhtior Donetsk affronter, à Istanbul, les Allemands du Werder Brême.

22.40 Enquête exclusive 56 803 914
Miami: la ville de tous les excès. Miami est une ville en pleine explosion: explosion du trafic de drogue, car elle est la capitale américaine de la cocaïne, explosion démographique avec l'immigration en provenance d'Amérique du Sud, et enfin, explosion immobilière.
0.05 Enquête exclusive (R) 14 294 082
La trépidante vie des forains.
1.40 M6 Music - Les nuits de M6 20 487 228

France 2

6.00 Les Z'amours (R) 58 378 952
6.30 Télématin 13 009 310
8.55 Des jours et des vies 76 984 551
9.20 Amour, gloire et beauté 82 289 943
9.45 KD2A 47 811 952
10.55 Motus junior 40 121 556
11.30 Les p'tits Z'amours 36 199 662
12.00 Tout le monde veut prendre sa place 22 732 407
13.00 Journal 59 833 310
14.00 Toute une histoire 17 583 594
15.05 Un cas pour deux 94 220 285
Saison 13 (8 et 9/10). Un aller simple pour le paradis - La mort de Martin.
17.05 Point route 45 423 204
17.15 Brigade du crime 27 541 469
Inédit. Saison 3 (5/6). Le voyant. 16/9.
18.00 Côté match du jour 74 694 020
18.05 Urgences 47 835 204
Saison 10 (13/22). Docteur Schweitzer.
18.55 Point route 46 835 730
19.00 N'oubliez pas les paroles 18 432 204
19.44 Point route 450 811 198
19.45 Eclats de Croisette 50 810 469
19.50 Météo 2 66 505 662
20.00 Journal 56 049 914

20.35

Ils font bouger la France

Route: tous hors-la-loi? *Magazine présenté par Béatrice Schönberg depuis le PC de Rosny-sous-Bois. 16/9.* 53 661 933
Alcool au volant: tolérance zéro: L'alcool reste le fléau n°1 sur les routes. - **Ils roulent sans permis: les nouveaux délinquants:** Entre 300 000 et 2 millions de personnes rouleraient sans permis. - **Chauffeurs routiers, attention danger?:** Les chauffeurs routiers seraient poussés à la faute.

22.45 Panique dans l'oreillette 58 221 827
Invités principaux: Julien Courbet et Clémentine Célarié. Invités: Nathalie Corré, Laurent Célarié, Frédéric Longbois, Sidney, Nathalie Fellonneau, Olivier Delibiot, Thierry Courbet, Hervé Pouchol et Bernard Sabbah. 16/9.
0.30 Journal de la nuit 44 494 131
0.45 Des mots de minuit 46 990 599
Magazine culturel présenté par Philippe Lefait. 16/9.
2.15 Emissions religieuses 64 961 889

France 3

6.00 EuroNews 77 400 778
6.45 Toowam 37 278 914
Garfield & Cie - Tom et Jerry Tales (3 épisodes) - Titeuf (3 épisodes).
11.10 Plus belle la vie (R) 86 186 827
11.40 Le 12-13 31 916 372
13.00 30 millions d'amis collector 22 730 049
13.40 Inspecteur Derrick 58 474 662
Saison 24 (4/10). Les poteaux indicateurs.
14.55 Questions au gouvernement 54 524 952
16.05 Zorro (R) 32 547 136
Saison 2 (24/39). Zorro et l'homme de la montagne.
16.30 @ la carte 77 860 049
17.30 Des chiffres et des lettres 74 697 117
18.00 Questions pour un champion 52 783 372
18.35 Le 19-20 85 033 310
20.00 Tout le sport 26 547 778
20.10 Plus belle la vie 96 101 285
Inédit. Les habitants du Mistral sont sous le choc, après une découverte macabre.

20.35

La véritable histoire de Joe Dassin

Documentaire (Fra., 2009) 78 239 846
De sa naissance à New York, en novembre 1938, à sa mort à Papeete, en août 1980, retour sur le parcours de Joe Dassin, jalonné de succès comme «Dernier Slow», «Les Dalton», «Les Champs-Elysées» et «L'Eté indien». Des témoignages de ses proches, mais aussi des extraits de quelques-unes des interviews du chanteur permettent de retracer sa carrière et d'évoquer sa vie privée et ses drames personnels.

22.30 Soir 3 78 060 730
23.00 Ce soir (ou jamais!) 14 121 136
Magazine culturel présenté par Frédéric Taddeï.
0.10 Le mieux c'est d'en parler (R) 12 579 268
Magazine de société présenté par Marcel Rufo et Charline Roux. Familles recomposées.
1.05 Soir 3 24 777 266
1.30 Plus belle la vie (R) 47 054 570
Feuilleton réaliste français.

17-23 mai 2009 Télé top matin 33

2 heures 13 minutes par jour, mais les adultes la regardent 3 heures 30 minutes par jour!

Qu'est-ce que les Français regardent le plus souvent? En 2007, les Français disent avoir consacré 263 heures aux émissions de fiction (feuilletons), 207 heures aux magazines et aux documentaires, 146 heures aux informations et aux journaux télévisés, 103 heures aux jeux, 92 heures à la publicité, 56 heures aux films, 53 heures aux variétés, 47 heures au sport, 32 heures aux émissions pour la jeunesse et 44 heures aux autres genres de programmes. Les émissions de téléréalité commencent à perdre leur popularité au profit des séries.

Est-ce que vous ou vos parents avez une télé à écran plat (LCD ou plasma)? Quelles sont les chaînes que vous regardez? Et vos parents? Est-ce que vous regardez les émissions en famille? Et des DVD? Lesquels?

Texte adapté de Gérard Mermet, *Francoscopie 2010*, Larousse.

Nouvelle star

Inédit. *Divertissement présenté par Virginie Guilhaume.* 25 732 838
Semaine après semaine, l'étau se resserre autour des cinq candidats encore en compétition. Leur objectif: gagner un contrat avec une grande maison de disques et devenir la Nouvelle Star. Alors que la réalisation de leur rêve est proche, le rythme s'accélère pour les candidats, qui devront interpréter plusieurs chansons en solo et en groupe sur la scène du Pavillon Baltard.

Avez-vous déjà vu des émissions comme *Nouvelle star,* c'est-à-dire des émissions similaires aux émissions américaines *American Idol, Dancing with the Stars,* ou *America's Next Top Model*? Lesquelles aimez-vous regarder? Quelles émissions de téléréalité vous plaisent?

Activités

A. Désirs, espoirs et intentions. En utilisant les ***Expressions typiques pour...***, dites à chacune de ces personnes ce que vous comptez faire dans les situations suivantes.

MODÈLE: votre père—vos projets pour les vacances de Pâques *(Easter)*
Papa, j'aimerais aller en Normandie pour les vacances de Pâques.

1. le professeur de français—votre intention de finir vos exercices de laboratoire
2. votre fille/fils—ses projets pour sa chambre en désordre
3. une amie—vous voulez emprunter sa voiture
4. un ami—vous allez au cinéma ensemble et vous voulez voir un film qu'il n'a pas envie de voir
5. une voisine—elle fait beaucoup de bruit
6. un copain de classe—il parle avec un autre étudiant et vous n'entendez pas le professeur

B. Mot de passe. Imaginez que vous participiez au jeu télévisé *Mot de passe.* Devinez à quels mots ou expressions (de la liste à la page 193) s'appliquent les définitions suivantes.

1. une émission de télé où l'animateur/animatrice *(announcer)* invite des gens célèbres à venir parler avec lui/elle et à divertir les téléspectateurs
2. le contraire d'**allumer la télé** (ou ce qu'on fait quand on ne veut plus regarder la télé)
3. la partie du poste de télé où l'image est projetée
4. un petit appareil qui permet de contrôler la télé à distance
5. la liste et l'horaire des émissions
6. le contraire d'**augmenter le son**

Maintenant, c'est à vous! Donnez un synonyme ou une définition en français pour les mots et les expressions suivants afin que votre copain/copine ou le reste de la classe puisse les deviner. (Il serait utile de réviser les expressions utilisées pour identifier et décrire les objets et les personnes, **Leçons 1** et **2** du **Chapitre 3**.)

7. les actualités
8. un feuilleton
9. avoir envie de
10. un téléspectateur/une téléspectatrice

C. Vos projets d'avenir. Vous parlez avec un(e) ami(e) et vous lui expliquez ce que vous voulez faire dans l'avenir. Complétez les phrases ci-dessous. Les sujets suivants peuvent vous donner des idées: le travail, le mariage et les enfants, une maison ou un appartement, les voyages, les loisirs, les études, créer une entreprise, écrire un livre.

1. J'aimerais...
2. J'ai l'intention de...
3. Je préfère... mais en ce moment je...
4. Dans cinq ans, je compte... et je tiens surtout à...
5. Maintenant, il vaut mieux...

La grammaire à apprendre

Le subjonctif: formation irrégulière

When expressing wants and intentions regarding other people and events, it is necessary to use the subjunctive mood. In ***La grammaire à réviser,*** you reviewed the formation of verbs that are regular in the subjunctive. This section completes the discussion of how to form the subjunctive.

A. Some verbs have two subjunctive stems—one for the **nous** and **vous** forms and one for the remaining forms. To find the subjunctive stem for the **nous** and **vous** forms, you drop the **-ons** ending from the first person plural of the present tense. For example:

appeler	
que j'**appelle**	que nous **appelions**
que tu **appelles**	que vous **appeliez**
qu'il/elle **appelle**	qu'ils/elles **appellent**

The following verbs have two subjunctive stems:

croire	que je **croie**	que nous **croyions**
devoir	que je **doive**	que nous **devions**
envoyer	que j'**envoie**	que nous **envoyions**
mourir	que je **meure**	que nous **mourions**
prendre	que je **prenne**	que nous **prenions**
recevoir	que je **reçoive**	que nous **recevions**
venir	que je **vienne**	que nous **venions**
voir	que je **voie**	que nous **voyions**

B. The following verbs have irregular stems but regular subjunctive endings:

	aller	**faire**	**pouvoir**
que je (j')	**aille**	**fasse**	**puisse**
que tu	**ailles**	**fasses**	**puisses**
qu'il/elle/on	**aille**	**fasse**	**puisse**
que nous	**allions**	**fassions**	**puissions**
que vous	**alliez**	**fassiez**	**puissiez**
qu'ils/elles	**aillent**	**fassent**	**puissent**

	savoir	**valoir**	**vouloir**
que je	**sache**	**vaille**	**veuille**
que tu	**saches**	**vailles**	**veuilles**
qu'il/elle/on	**sache**	**vaille**	**veuille**
que nous	**sachions**	**valions**	**voulions**
que vous	**sachiez**	**valiez**	**vouliez**
qu'ils/elles	**sachent**	**vaillent**	**veuillent**

NOTE The irregular subjunctive form of **falloir** is **qu'il/elle/on faille.**

Avoir and **être** have completely irregular forms in the subjunctive, which must simply be memorized:

	avoir	**être**		**avoir**	**être**
que je (j')	**aie**	**sois**	que nous	**ayons**	**soyons**
que tu	**aies**	**sois**	que vous	**ayez**	**soyez**
qu'il/elle/on	**ait**	**soit**	qu'ils/elles	**aient**	**soient**

Le subjonctif: la volonté

As stated in ***La grammaire à réviser,*** the subjunctive mood is used to express the attitudes and opinions of the speaker. The subjunctive is required after verbs expressing wish, preference, desire, or will. Verbs of volition include: **(bien) aimer, désirer, exiger** *(to demand)*, **préférer, souhaiter** *(to wish)*, **vouloir**, and **bien vouloir.** Notice that, in the examples below, the subject of the main verb is different from the subject of the verb in the dependent clause.

Mon père ne veut pas que je **regarde** la télévision.
My father does not want me to watch television.

Il veut que je **fasse** mes devoirs.
He wants me to do my homework.

Je voudrais que mes parents **puissent** me comprendre.
I wish that my parents could understand me.

Notice that it is only with the **nous** and **vous** forms that there is a difference between the present indicative and the present subjunctive.

The verb **espérer** *(to hope)* is an exception. It is one of the few verbs of volition that does not take the subjunctive. It is followed by the indicative—in general, the future tense.

J'espère qu'ils me **donneront** plus de liberté l'année prochaine.
I hope (that) they'll give me more freedom next year.

REMINDER In French **que** is required; in English *that* may or may not be used.

Activités

A. Deux opinions. Voici deux lettres de téléspectateurs envoyées à un magazine télé à propos de l'émission *Les disparus (Lost)*. Pour les compléter, remplissez chaque blanc en utilisant le verbe approprié de la liste (tous les verbes ne sont pas utilisés et certains verbes peuvent être utilisés plus d'une fois) et en conjugant le verbe au subjonctif si nécessaire. Faites attention à l'emploi du verbe **espérer.**

être avoir écrire faire pouvoir savoir
trouver vouloir prendre (prendre fin: ***to end*****)**

Une lettre de fans, Mesdames et Messieurs!

Nous sommes de nombreux spectateurs français à souhaiter que la série américaine *Les disparus* _______ rediffusée. Nous aimerions que la chaîne _______ les moyens de négocier un contrat de rediffusion avec ABC. Cette chronique de la survie de 71 rescapés du vol 815 de la compagnie aérienne Oceanic nous passionne depuis 2005. Nous ne voulons pas que nos rendez-vous hebdomadaires avec *Les disparus* _______ fin avec la sixième saison! Pour ma part, je souhaite que la plupart des téléspectateurs _______d'accord avec moi et qu'ils _______ eux aussi à TF1.

Une autre opinion:

Bonne nouvelle! La série *Les disparus* qui donne une image stéréotypée de la lutte entre le destin et le choix a enfin disparu des écrans de TF1! On avait depuis longtemps perdu le fil de l'histoire! Il était temps que cette histoire rocambolesque ______ fin. Nous aimerions bien que TF1 ______ diffuser des séries plus agréables à suivre en famille. À vrai dire, nous aimons les feuilletons plus traditionnels et tenons à ce que les séries à suspense, pour adultes, ne ______ pas diffusées aux heures de grande écoute. Je souhaite que les chaînes ______ plus attention à la qualité de leurs programmes et j'espère que ceux qui sont de mon avis ______ le bon sens d'écrire eux aussi.

B. Préférences. Choisissez un(e) copain/copine et complétez chaque phrase à l'aide d'un verbe approprié au subjonctif qui exprimera les préférences de ces personnes.

1. Le professeur de français veut que nous...
2. Je souhaite que le professeur de français...
3. Je désire que l'université...
4. Mon/Ma colocataire préfère que je...
5. J'aime bien que mes amis...
6. Les Américains veulent que le président...
7. Les Français préfèrent que les Américains...
8. Les téléspectateurs désirent que les réalisateurs de télévision *(TV producers)*...

C. Une lettre. Stéphane écrit à sa mère, qui habite dans l'est de la France. Il a pris des notes. Aidez-le maintenant à composer la lettre. Faites attention au mode et au temps des verbes!

Paris, le 25 novembre

Chère maman,

Je / savoir / que / tu / travailler / beaucoup / pour payer mes études à l'université. Je / te / demander / donc / un grand service. Mes amis / vouloir / que / je / aller / avec eux en Grèce au mois de mars. Il y a / vols pour étudiants / qui / être / bon marché. Je voudrais bien / que / tu / me / permettre / d'y aller avec eux. Je / souhaiter / aussi / que / tu / me / envoyer / 350 € pour le billet. Pour les meilleurs prix, sur le site Web où on va faire les réservations, on / exiger / nous / payer / que / nous / payer / le vol d'ici deux semaines. Tu / vouloir / que / je / obtenir / mon diplôme / et que / je / devenir / médecin, et c'est normal. Je / travailler / de mon mieux / mais je / avoir besoin de / me reposer / pendant deux semaines en mars. Ce voyage m'aidera à mieux travailler au printemps. Je / espérer / que / tu / comprendre.

Affectueusement,

Stéphane

D. Une émission annulée *(canceled).* Choisissez une émission de télévision américaine qui a été annulée cette année. Écrivez une lettre aux réalisateurs dans laquelle vous exprimez votre opinion (pour ou contre). Utilisez les lettres de l'exercice A comme modèles.

Interactions

A. Un poste. Vous discutez d'un poste (que vous voudriez bien avoir) avec un membre de votre famille. Exprimez votre désir d'obtenir le poste et dites pourquoi vous seriez parfait(e) pour ce genre de travail. Discutez de vos intentions pour l'avenir. Dites que vous espérez qu'on prendra votre demande d'emploi en considération.

B. Samedi. Un(e) ami(e) vous téléphone pour vous demander d'aller faire les magasins avec lui/elle samedi. Vous êtes déjà pris(e). Expliquez-lui ce que vous avez l'intention de faire ce jour-là. Soyez ferme dans vos projets et demandez-lui plutôt de se joindre à vous; ou bien trouvez un compromis et faites quelque chose que vous aimeriez faire tous/toutes les deux.

PRÉPARATION Dossier d'expression écrite

In this chapter, you may be asked to choose a point of view on a controversial topic and develop it using a good introduction, some examples, and a strong conclusion.

1. Choose a controversial subject that is discussed often in the newspaper or on the radio or television. If you have trouble choosing a subject, make a list of possible topics and find one that you can develop most easily with the vocabulary you know in French.
2. After you've chosen your topic, make a list of the different points of view on the topic. This should help you see the different sides to the issue.
3. In order to make sure that you've listed all the possible positions, show your list to at least one classmate who will help you develop your topic.

Heinle, Cengage Learning

Est-ce que vous utilisez Internet pour vous tenir au courant des nouvelles?[1]

[1] Les grands journaux français (*Le Monde, Le Figaro, Libération*) sont disponibles sur Internet, ainsi que certains journaux provinciaux comme *Les Dernières Nouvelles d'Alsace, Le Télégramme de Brest, La Voix du Nord, Le Progrès de Lyon, Nice-Matin* et *Ouest-France*, et des journaux francophones, comme *Jeune Afrique, Le Journal de Montréal* et *Le Mauricien*.

LEÇON 2

COMMENT EXPRIMER LES SENTIMENTS ET LES ATTITUDES

Blog (suite)

Premières impressions

1. Identifiez: les expressions qui expriment le contentement, l'admiration, l'inquiétude et la crainte
2. Trouvez: ce que Julie préfère aux études

M. Cézanne écrit un blog chaque semaine. Aujourd'hui, il donne son opinion sur la télévision. Il s'inquiète° parce que sa fille Julie passe trop de temps devant la télé. Il discute du problème de la télé avec les autres bloggeurs.

worries

On a un petit problème avec notre fille et on ne sait pas quoi faire. En ce moment, c'est télé, télé, télé; il n'est pas question de la faire travailler... Elle a des 7 et des 8 sur 20 comme notes et j'ai peur qu'elle finisse par redoubler° sa seconde. Ma femme dit que j'exagère un petit peu. Mais ma fille trouve que ses notes n'ont pas d'importance. C'est ça qui m'inquiète peut-être encore plus que ses notes elles-mêmes. En plus, elle veut regarder ses émissions toute seule, ce qui m'agace aussi. Cela veut dire que ma femme et moi n'avons pas l'occasion de parler de l'émission et de discuter entre nous de ce qui nous dérange° dans les situations ou dans les choix des personnages ou de ce qui nous pose un problème° dans la vie et les médias. Ce qui me dérange, par exemple, c'est le manque de présence des minorités visibles dans les émissions. Il y a peu de gens des quatre coins du monde... et des quatre coins de notre pays. Et pourtant, quand je vais au supermarché ou que j'emmène mes enfants à l'école, je vois beaucoup de gens différents. Où sont-ils à la télé, sinon dans les nouvelles locales BCBG° et parfois scandaleuses? Je trouve que même les femmes sont sous-représentées.

Commentaire

repeat

disturb

pose... *bother*

(for **Bon Chic Bon Genre***) chic and conservative*

COMMENTAIRES

PAUL
Ce n'est pas facile maintenant avec les jeunes. À quinze ans, ils se croient adultes et ils veulent être indépendants. Cela ira mieux dans deux ou trois ans.
Réagir contre cet avis?

MARTINE
Ça m'étonne que vous ayez une télé. Débarrassez-vous° en. Vous serez plus tranquilles. Depuis qu'on a mis notre télé au rebut°—on l'a donnée aux Compagnons d'Emmaüs°—ça va beaucoup mieux. On écoute de la musique, on joue au Scrabble®... on s'entend bien mieux.
Réagir contre cet avis?

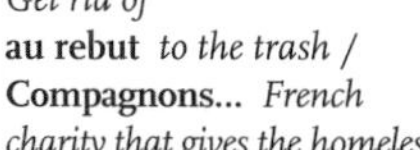

Get rid of
au rebut *to the trash /*
Compagnons... *French charity that gives the homeless lodging and work.*

SYLVIE
Espèce de crétin. Dites à votre fille que vous allez éteindre la télé. Un point, c'est tout.
Réagir contre cet avis?

ALLAL
Je suis d'accord avec vous. Le petit écran ne représente pas la diversité culturelle et ethnique de la France... et ça ne changera pas de sitôt.
Réagir contre cet avis?

À suivre

Observation et analyse

1. Qu'est-ce qui inquiète M. Cézanne au sujet de sa fille? Qu'est-ce qu'il craint?
2. Comment réagissent les autres bloggeurs?
3. Pourquoi M. Cézanne préfère-t-il regarder la télé avec Julie?
4. Selon M. Cézanne quelle image la télé donne-t-elle du monde?
5. Pensez-vous que Julie continuera à donner des problèmes à ses parents quand elle sera plus âgée? Expliquez.

Réactions

1. Est-ce que vous avez beaucoup étudié au lycée? Pourquoi? Est-ce qu'on vous a encouragé(e) dans un sens ou dans l'autre?
2. Que feriez-vous à la place de M. Cézanne? Êtes-vous d'accord avec M. Cézanne? Et avec les autres bloggeurs?

Expressions typiques pour...

Dire qu'on est content...

Je suis { content(e) / heureux/heureuse / enchanté(e) } qu'elle soit arrivée.

Ça me plairait de revoir ce film.
C'est parfait.
Formidable!

... ou mécontent

Je suis { agacé(e) *(annoyed).* / ennuyé(e) *(bored, annoyed, bothered).* }

fâché(e).
en colère.

Exprimer la déception *(disappointment)*

J'ai été très déçu(e) *(disappointed)* par le film.

Ça m'a beaucoup déçu.

Exprimer la crainte *(fear)* et l'inquiétude *(worry, anxiety)*

J'ai très peur de prendre l'avion. / J'ai peur qu'on ne survive pas au vol!
Je crains l'altitude.
Je crains qu'il n'y ait des turbulences et qu'il ne faille garder nos ceintures attachées pendant tout le vol.
Je suis inquiet/inquiète *(worried).*
Ça m'inquiète un peu.

In more formal speech, **craindre, avoir peur,** and other verbs expressing fear require the **ne explétif** to be used before the verb of the second clause, but the **ne** has no meaning (see p. 39).

Exprimer le soulagement *(relief)*

L'avion a atterri sans le moindre problème, heureusement *(thank goodness)*!
On a eu de la chance!

Ouf! On a eu chaud! *(familiar—That was a narrow escape!)*
Tout s'est très bien passé.

Exprimer la joie ou l'admiration

Je trouve ça génial!
C'est formidable/merveilleux/génial *(fantastic)*/super/le top!
Qu'est-ce que c'est beau/bien/bon!
Qu'est-ce que vous avez de la chance! *(How lucky you are!)*

Manifester de la réticence *(hesitation)* ou du dégoût *(disgust)*

Je n'ai aucune envie de faire cela.
Ça ne me dit rien.
Ça m'embête *(bothers)*.
Je trouve ça dégoûtant/détestable.
C'est barbant *(familiar—boring)*.
L'histoire du film est débile *(stupid)*.

Protester/Exprimer l'irritation

C'est insupportable/inacceptable/révoltant!
Ça m'énerve!
J'en ai assez *(have had enough)* de ces histoires.
J'en ai marre *(familiar—am fed up)* de vivre comme ça.
Ah, zut alors!
Cela m'agace! *(It's getting on my nerves!)*

Dire des insultes

ATTENTION Utilisez ces expressions quand vous êtes très fâché(e). Elles sont très insultantes. N'en abusez pas.

(en s'adressant à une personne)
Espèce d'idiot/de crétin!
Sale type!

(en parlant d'une personne)
C'est un(e) { imbécile! / idiot(e)!

Mise en pratique

— Tu as vu le film *Bienvenue chez les Ch'tis*[2] de Dany Boon? Il est **génial**! Les stéréotypes sur les habitants du nord de la France dont il se sert donnent des résultats hilarants!

— Ah bon? J'ai été très **déçu** par son dernier film en 2006, alors, je n'avais pas l'intention d'aller voir celui-ci. Son utilisation constante de personnages très types, presque ridicules, m'**agace**. Je trouve son sens de l'humour **insupportable** et **ennuyeux.**

— Tu as tort. *Bienvenue chez les Ch'tis* est **formidable.**

The following additional vocabulary of emotions may be useful: **le bonheur** *happiness;* **le choc** *shock;* **l'ennui** [m] *boredom;* **la gêne** *embarrassment;* **la surprise** *surprise;* **la tristesse** *sadness*

[2] L'expression «les Ch'tis» désigne les habitants de la région Nord-Pas-de-Calais. Le ch'ti est un patois de la langue picarde parlé par ces personnes.

CHAPITRE 5
LEÇON 2

Mots utiles: le podcasting (audio et vidéo), les sites Internet

Mots utiles: la participation des lecteurs à travers les échanges (blogs, forums, sites, tweets)

Mots et expressions utiles

Les émotions

agacer *to annoy*
barber *(familiar) to bore*
embêter *to bother*
ennuyé(e) *annoyed, bored, bothered*
ennuyeux/ennuyeuse *annoying, boring, tedious, irritating*
en avoir assez *to have had enough*
en avoir marre *(familiar) to be fed up*
la crainte *fear*
inquiet/inquiète *worried, anxious*
s'inquiéter *to worry*
l'inquiétude [f] *worry, anxiety*
insupportable *unbearable, intolerable*
supporter *to put up with*
génial(e) *fantastic*
heureusement *thank goodness*
On a eu chaud! *(familiar) That was a narrow escape!*
le soulagement *relief*

La radio

un animateur/une animatrice *radio or TV announcer*
un auditeur/une auditrice *member of (listening) audience*
une station *(TV, radio) station*

La presse

un abonnement *subscription*
être abonné(e) à *to subscribe to*
annuler *to cancel*
une annonce *announcement, notification*
les petites annonces *classified advertisements*
les nouvelles [f pl] *printed news; news in general*
une publicité *advertisement*
un reportage *newspaper report; live news or sports commentary*
une rubrique *heading, item; column*
un bi-mensuel *bimonthly publication*
un hebdomadaire *weekly publication*
un journal *newspaper*
un magazine *magazine*
un mensuel *monthly publication*
un quotidien *daily publication*
une revue *magazine (of sophisticated, glossy nature)*
un lecteur/une lectrice *reader*
un numéro *issue*
le tirage *circulation*

Mise en pratique

Ça fait longtemps que je **suis abonnée** à cet **hebdomadaire**, mais je trouve qu'il contient trop de **publicité** en ce moment. Où sont les bons articles, les **reportages** sur les événements internationaux, les analyses sur telle ou telle personne, les **rubriques** spécialisées? Si la qualité ne s'améliore pas, je vais **annuler** mon abonnement et prendre un **bi-mensuel** comme *Lire*. Je serai plus au courant des sorties de livres.

Magasins FNAC

La FNAC (Fédération nationale d'achats) est une chaîne de magasins spécialisés dans la distribution de biens culturels et de loisirs. Recherchez sur Internet dans quels pays elle existe, quelle est son histoire et ce qu'on peut y acheter.

Activités

A. Contradictions. Vous n'êtes pas d'accord avec votre copain/copine et vous le/la contredisez systématiquement.

MODÈLE: — Je suis très heureux/heureuse d'aller chez elle demain.
— *Moi, ça m'embête. Je préfère rester à la maison.*

1. Je trouve ce tableau très chouette. Et toi?
2. Je suis content(e) d'avoir choisi ce film.
3. Qu'est-ce qu'elle est belle, cette voiture!
4. Je trouve cette publicité révoltante.
5. J'en ai marre de cette pluie qui ne s'arrête jamais.
6. J'adore écouter ses histoires.

Liens culturels

La presse: les journaux

En matière d'information, la presse est considérée comme le média le plus crédible par les Français. Pourtant *(However)*, depuis 1970, les quotidiens ont enregistré une baisse très sérieuse de leurs ventes. La concurrence *(competition)* de la télévision et de l'Internet n'explique pas la situation française si on la compare à celle des autres pays développés. Mais l'une des causes probables est le prix élevé des quotidiens en France, ce qui a mené au développement de la presse quotidienne gratuite, par exemple, *20 minutes* (un quotidien d'information gratuit local, disponible dans plusieurs grandes villes) et *Métro* (qui ressemble à *20 minutes*, mais qui est distribué dans les métros des grandes villes). En 2008, les journaux quotidiens nationaux les plus importants par leur tirage étaient: *L'Équipe* (un quotidien sportif—2,5 millions de lecteurs), *Le Parisien/Aujourd'hui en France* (un journal qui exploite le sensationnel—2,3 millions de lecteurs dans la région parisienne et l'Oise), *Le Monde* (un journal sérieux avec 2,1 millions de lecteurs), *Le Figaro* (1,3 million de lecteurs dans la région parisienne et l'Oise) et *Libération* (un quotidien de gauche—906 000 lecteurs).

La presse: les magazines

Les magazines français se sont adaptés au monde actuel avec intelligence et imagination. Chaque année de nouveaux titres tentent de s'installer dans les «créneaux» *(niches)* ouverts par les centres d'intérêt des Français. Les sujets s'étendent de l'aventure à l'informatique en passant par le golf ou la planche à voile. La presse française compte aujourd'hui plus de 2 550 magazines et 97 pour cent des Français lisent régulièrement un magazine.

Barry Mason/Alamy

Comparez la presse américaine et la presse française. Comment est-ce que vous vous tenez au courant? Est-ce en lisant un journal tous les jours? les nouvelles sur l'Internet? les gazouillis *(tweets)*? Est-ce en regardant les informations à la télévision? Quel(s) magazine(s) est-ce que vous préférez?

Adapté de Gérard Mermet, *Francoscopie 2010* (Larousse)

B. Les médias. Vous écoutez une émission de Radio Énergie Montréal, mais vous n'entendez pas bien à cause de l'électricité statique. Complétez le passage en choisissant parmi les mots proposés entre parenthèses.

Bonsoir. Ici Jacques Baumier.

Voici un résumé des dernières ________ (nouvelles/petites annonces). Aujourd'hui à Ottawa, selon le ________ (journal/tirage) *Le Devoir,* une réunion très importante a eu lieu entre le Président des États-Unis et le Premier Ministre canadien. La ________ (chaîne/station) de télévision TV 5 transmettra une émission spéciale ce soir. *L'Actualité,* l(e) ________ (auditeur/magazine) québécois le plus lu, interviewera le Président américain et publiera un ________ (reportage/tirage) sur son séjour à Ottawa. Ce ________ (numéro/programme) spécial comptera aussi des analyses pour permettre aux ________ (auditeurs/lecteurs) de mieux comprendre les nouveaux accords.

C. Exprimez-vous. Expliquez ce que vous diriez dans les situations suivantes.

1. Vous venez de payer $200 pour un repas qui n'était pas très bon.
2. Vous venez d'avoir une contravention. L'agent de police est parti. Vous êtes fâché(e).
3. Votre frère/sœur vient d'arriver. Vous ne vous êtes pas vu(e)s depuis un an.
4. Vous venez de recevoir vos notes. Elles sont très bonnes. Vous vous attendiez *(expected)* à de mauvaises notes.
5. Une personne vient d'accrocher *(run into)* votre voiture.
6. Un ami vient de vous offrir un très joli cadeau.
7. Un meurtre a été commis dans votre quartier.

D. Questions indiscrètes. Posez les questions suivantes à un(e) copain/copine. Faites un résumé de ses réponses à la classe.

1. Dans quelles occasions est-ce que tu es content(e)?
2. Dans quelles circonstances est-ce que tu es mécontent(e)?
3. De quoi est-ce que tu as souvent peur?
4. Raconte un événement où tu as exprimé ton soulagement.
5. Pour qui est-ce que tu éprouves de l'admiration?
6. Qu'est-ce qui te dégoûte?
7. Décris une situation où tu as protesté.

La grammaire à apprendre

Le subjonctif: l'émotion, l'opinion et le doute

A. Most verbs and clauses expressing emotions require the use of the subjunctive in the dependent clause. As with verbs of volition, the subjects of the main and dependent clauses must be different. For example:

être heureux(-euse)	furieux(-euse)
content(e)	étonné(e)
triste	surpris(e)
désolé(e)	ravi(e) (*delighted*)
fâché(e)	déçu(e) (*disappointed*) que

regretter que

avoir peur que/craindre que

Je **suis déçue** que vous ne **puissiez** pas regarder la télévision. Le poste est en panne *(out of order)*.

Je **regrette** que nous n'**ayons** pas de deuxième poste.

Ma famille **est heureuse** que ce ne **soit** pas un week-end, parce que nous regardons beaucoup plus la télé le week-end.

Nos parents **ont peur** que les réparations ne **soient** chères.

B. Some impersonal expressions indicate points of view or opinions that are uncertain, hypothetical, or emotional. These begin with the impersonal **il** or, in less formal language, **ce.** For example:

il vaut mieux que

il est bon/triste/étonnant/utile/curieux/bizarre/étrange/honteux/surprenant/important/naturel/regrettable/rare/normal que

c'est dommage/ce n'est pas la peine que

Il est important que nous **voyions** ce match.

Mais, **il vaut mieux** que nous **attendions** le week-end pour aller au cinéma.

C. To express doubt, uncertainty, or possibility, the following verbs and impersonal expressions may be used:

douter que

ne pas être sûr(e)/certain(e) que

il est douteux/impossible/peu probable que

il se peut que

il est possible que

il semble que

Il se peut que ce cinéma **soit** plein.

Nous doutons que Marc **vienne** au ciné-club avec nous.

NOTE When the expressions **être sûr(e) que** and **être certain(e) que** are used in the affirmative, they take the indicative mood. The expressions **il me semble que** and **il est probable que** also take the indicative.

Il est probable qu'ils **viendront**.
Il me semble qu'il **a dit** qu'ils allaient venir.
Moi, **je suis sûre qu'**ils **arriveront** bientôt.

After verbs of thinking, believing, and hoping (**penser, croire,** and **espérer**) in the negative or interrogative, the subjunctive is used to indicate uncertainty on the part of the speaker.

Pensez-vous que la télé **soit** une drogue?
Oui, je pense que la télévision est une drogue douce.
Crois-tu que nous **ayons** le temps de regarder la télé ce soir?
Non, **je ne pense pas** que vous **ayez** le temps ce soir. Il faut faire vos devoirs.

However, after both the negative and interrogative used together, the indicative is necessary.

Mais **ne penses-tu pas** que nous **méritons** quand même une demi-heure de télé ce soir?
Voyons... voyons... permission accordée! Pour une émission seulement!

L'infinitif pour éviter le subjonctif

An infinitive is used instead of the subjunctive when the subject of the dependent clause is the same as that of the main clause or if the subject is not specified.

- With verbs of volition:

Moi, je veux **partir** bien en avance.
I want to leave well in advance.

Mon mari préfère ne pas **partir** trop tôt.
My husband prefers not to leave too early.

BUT

À vrai dire, je préfère qu'il **parte** en avance avec moi.
Really, I prefer that he leave early with me.

- With impersonal expressions or with **être** + adjective + **de:**

Il est bon de se détendre le mercredi après-midi, n'est-ce pas?
It is good to relax on Wednesday afternoons, isn't it?

Je suis content de ne pas **avoir** grand-chose à faire.
I am happy to not have much to do.

In the present infinitive form, **ne pas** precedes the infinitive.

Activités

A. Doutes et certitudes. Nous avons souvent des doutes sur notre avenir. Un étudiant nouvellement arrivé à l'université de Dijon réfléchit à haute voix. Complétez ses pensées en mettant les verbes suivants au **subjonctif**, à l'**indicatif** ou à l'**infinitif** selon le cas.

devoir / donner / obtenir / réussir à / trouver / être / savoir

Je doute que les professeurs me ________ de bonnes notes. Je ne suis pas sûr de ________ l'université. Il se peut que je ne ________ pas mon diplôme. Impossible alors que mes parents ne ________ pas fâchés contre moi!

Je suis sûr, cependant, que je ________ travailler dur. Il est probable qu'on me ________ souvent dans la salle d'études du Foyer des Étudiants. Il me semble qu'on ________ reconnaître mes efforts.

B. C'est le matin. Mal réveillée, Chloé répète ce que dit Pierre-Étienne d'une façon un peu différente. Répondez comme elle aux déclarations suivantes de Pierre-Étienne.

MODÈLE: —Je suis content qu'on soit tranquille le matin.
—Tu es content d'être tranquille le matin?

1. Il est bon qu'on lise le journal le matin.
2. Je préfère qu'on ne regarde pas la télévision le matin.
3. J'aimerais mieux qu'on écoute la radio.
4. Il vaut mieux qu'on ne se parle pas le matin.
5. Il est important que je prenne une douche le matin.
6. Il n'est pas normal que je fasse de l'exercice le matin.

Apply Pictures/Alamy

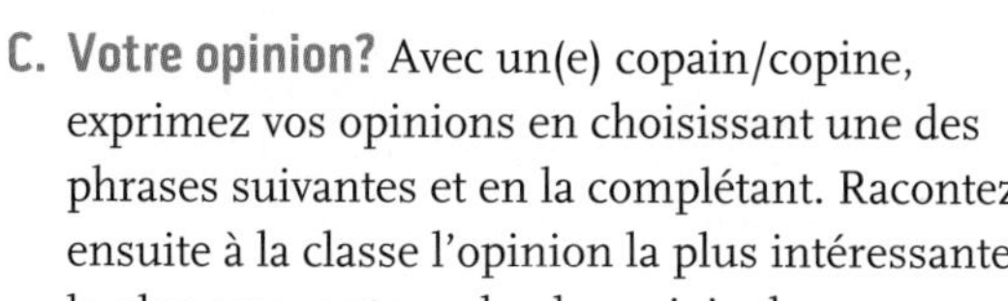

C. Votre opinion? Avec un(e) copain/copine, exprimez vos opinions en choisissant une des phrases suivantes et en la complétant. Racontez ensuite à la classe l'opinion la plus intéressante, la plus amusante ou la plus originale que vous ayez entendue.

MODÈLE: ***Il est curieux que la plupart des Américains ne parlent qu'une langue.***

Il est important		les étudiants...
Il est triste		les professeurs...
Il est curieux		les enfants...
Il est étrange	que	les parents...
Il est normal		les Français...
Il est bon		les Américains...
Il est regrettable		le Président américain...
Il vaut mieux		???

D. Les médias: ce que vous pensez. Le professeur va vous poser quelques questions. Discutez de vos attitudes respectives.

1. Que pensez-vous de la télé comme baby sitter pour les enfants en bas-âge—c'est-à-dire quand elle permet au papa et à la maman de préparer le petit déjeuner ou le dîner?
2. Quelle est l'influence de la télé sur les snacks que les enfants réclament quand ils font les courses avec leurs parents?
3. On dit que la télé a créé des générations d'enfants qui n'aiment pas se concentrer sur quelque chose pendant plus de deux minutes. Qu'est-ce que vous pensez de ce phénomène: Est-ce vrai? Et est-ce que la télé en est responsable?

E. Chère Micheline... Lisez cette lettre adressée à «Chère Micheline» (la rubrique «Courrier du cœur» d'un journal français) et inventez des conseils à donner en vous servant des expressions ci-dessous. Attention: Pensez à mettre les verbes au **subjonctif**, à l'**indicatif** ou à l'**infinitif** selon le cas.

Chère Micheline,

Mon mari Laurent ne veut jamais sortir! Depuis que nous avons acheté une Xbox, il préfère s'installer devant la télé tous les soirs. Il passe énormément de temps à jouer aux jeux Xbox les plus débiles. À part cela, c'est un assez bon mari. Il gagne bien sa vie et c'est un bon père—bien qu'il ne parle plus beaucoup à nos enfants.

Nous sommes encore jeunes et j'aimerais beaucoup pouvoir sortir avec nos amis. Je veux aussi que mes enfants sachent que leur papa les aime. Que suggérez-vous que je fasse?

Manon

Chère Manon,

Voilà ce que je pense de votre situation:

Il est important que vous... Je ne pense pas que votre mari...

Il est probable que... Il est étonnant que vous...

N'oubliez pas qu'il est important de...

J'espère que vous...

Interactions

A. Maintenant à vous. Décrivez un des problèmes suivants à un(e) copain/copine qui va jouer le rôle de Micheline. Micheline va vous dire comment elle voit les choses et vous suggérer quelques conseils à suivre.

1. Votre petit(e) ami(e) aime sortir le week-end. Il/Elle flirte avec vos ami(e)s et dit qu'il/qu'elle va chez ses parents chaque week-end, mais refuse de vous donner leur numéro de téléphone. Exprimez votre inquiétude et votre irritation, et demandez ce que vous devez faire.
2. Votre colocataire ne fait jamais le ménage, laisse traîner ses vêtements partout, ne fait jamais la vaisselle et regarde la télévision pendant que vous faites vos devoirs ou quand vous invitez un(e) ami(e) chez vous. Exprimez votre irritation et demandez ce que vous devez faire.

B. La personnalité. Avec un(e) copain/copine, racontez une histoire à propos de chaque personne dans les deux photos ci-dessous. Imaginez ce qui se passe, ce qu'ils/elles disent et ce à quoi ils/elles pensent. Laissez courir votre imagination et votre humour.

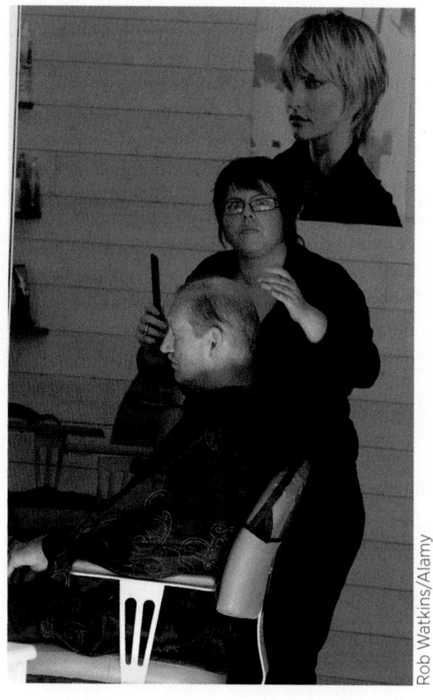
Rob Watkins/Alamy

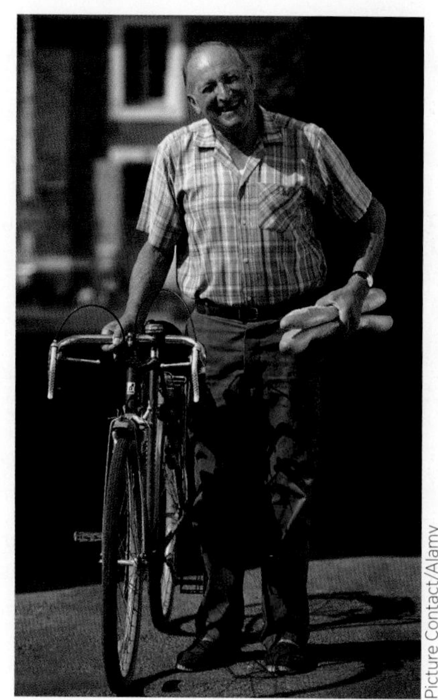
Picture Contact/Alamy

PREMIER BROUILLON Dossier d'expression écrite

1. Using the subject that you developed in **Leçon 1**, begin writing your first draft. Your introduction will be very important. You may need to rewrite it several times. To begin, use a question or an interesting sentence to attract your reader's attention.
2. Give your point of view on the topic and address several of the opposing arguments.

Richard Hutchings/CORBIS

Avez-vous des conseils pour l'occupant(e) de cette chambre? Imaginez une conversation avec cette personne concernant ce que vous lui conseillez.

LEÇON 3

COMMENT PERSUADER ET DONNER DES ORDRES

Conversation (conclusion)

Track 11

Premières impressions

1. Identifiez: les expressions pour persuader et donner des ordres
2. Trouvez: pourquoi le match de foot FC Sion-Young Boys Berne est très important

Julie, son frère Adrien et Samuel, leur cousin, sont en plein milieu d'une discussion où il s'agit de décider de l'émission qu'ils vont regarder à la télévision.

JULIE Il y a une bonne série policière américaine sur TSR1 ce soir: *FBI: portés disparus.* Ça ne vous tente pas?

ADRIEN Ah, non, écoute, je vois que sur TSR2 il y a le match de foot FC Sion-Young Boys Berne...

JULIE Oh, non! Pas du foot!

SAMUEL Passe-moi le programme, s'il te plaît.

ADRIEN *(à sa sœur)* Ça ne te dit rien de regarder le match de foot? C'est la finale de la Coupe nationale ce soir.

JULIE Tu sais bien que je ne comprends pas grand-chose au foot! Alors, regarder trois heures de match à la télé, ça ne me dit vraiment rien!

ADRIEN Oui..., mais tu ne comprends pas: c'est la Coupe de Suisse ce soir. Allez, sois sympa, je t'en prie°, et regarde le match avec nous, quoi. Samuel et moi, nous t'expliquerons. *FBI: portés disparus* est une rediffusion.

JULIE Mais je ne l'ai pas encore vu, moi! Et puis, les séries policières, ça me plaît.

SAMUEL Bon, eh bien, je vous propose un compromis. Qu'est-ce que vous diriez d'une partie de Scrabble®?

ADRIEN Tiens, pourquoi pas? Ça fait longtemps qu'on n'y a pas joué. Et on pourra mettre le match en sourdine°, juste pour voir le score de temps en temps.

JULIE Tu ne renonces° jamais, Adrien, hein? Eh bien, puisque tu nous imposes ton choix, c'est toi qui vas chercher le jeu dans le placard° de ma chambre.

je t'en prie *will you please*

mettre en sourdine *to turn on mute*

give up

closet

MIGUEL RIOPA/AFP/Getty Images

Aujourd'hui «à la retraite», Zinédine Zidane a joui d'une grande popularité en France pendant sa brillante carrière.

Tous les quatre ans (2006, 2010, etc.), la Coupe du Monde met en compétition les meilleures équipes nationales de football du monde. Le football, introduit en France en 1890, y est devenu le sport le plus populaire. La Fédération Française de Football, qui compte à peu près 22 608 clubs, organise chaque année les Championnats de France et la Coupe de France. En 1998, la France, opposée au Brésil, a gagné la Coupe du Monde. En 2002, les «Bleus», l'équipe de France, ont été éliminés au premier tour de la Coupe du Monde. En 2006, la France a perdu la finale contre l'équipe d'Italie au cours des prolongations *(overtime)*, plus précisément au cours des tirs au but *(penalty shoot-outs)*. La France s'est qualifiée pour la Coupe de 2010 et est allée en Afrique du Sud et a été éliminée au premier tour.

Observation et analyse

1. Qu'est-ce que Julie veut voir à la télé? Quels arguments est-ce qu'elle utilise pour convaincre les autres?
2. Que veut voir Adrien? Pourquoi?
3. Est-ce qu'on aboutit à *(reach)* un compromis à la fin? Quelle sorte de compromis?
4. Pensez-vous que Julie et son frère aient souvent ce genre de petite discussion? Justifiez votre point de vue.

Réactions

1. Quelle émission est-ce que vous auriez choisie et pourquoi? (J'aurais choisi...)
2. Autrefois, est-ce que vous aviez souvent des discussions avec votre famille au sujet de l'émission que vous vouliez regarder à la télé? Qui avait gain de cause *(won the argument)*?

Expressions typiques pour...

Persuader

Si tu me laisses/vous me laissez tranquille, je te/vous promets qu'on sortira dans dix minutes.

Cela ne te/vous dit rien de regarder le match?

Ferme/Fermez la porte pour me faire plaisir.

Efforce-toi *(Try hard)* de te calmer./Efforcez-vous de vous calmer.

Sois sympa, je t'en prie./Soyez sympa, je vous en prie.

Qu'est-ce qu'il faut dire pour te/vous persuader de venir avec nous au cinéma?

Que dirais-tu d'une pizza?/Que diriez-vous d'un apéritif? Ça ne te/vous tente pas?

Je serais content(e)/heureux(-euse) si tu venais/vous veniez avec nous.

Donner des ordres[3]

Couche-toi!/Couchez-vous! Il est tard!

Tu vas te coucher tout de suite!

Je te/vous demande d'éteindre la télé.

Je te (t')/vous défends/interdis *(forbid)* de regarder cette émission.

Je te/vous prie de me laisser seul(e).

Ne parle pas la bouche pleine!

Veux-tu monter dans ta chambre tout de suite!

[3] Note that these orders refer to talking to a child or children. Persuasion techniques would be used to talk to another adult.

Est-ce que vous regardez les reportages sportifs en sourdine de temps en temps? Est-ce que vous utilisez parfois un casque ou des écouteurs pour éviter des disputes avec vos parents ou vos voisins? Expliquez.

Exprimer la nécessité ou l'obligation

Il est indispensable que tu étudies/vous étudiiez. *(subjonctif)*

Il est obligatoire que tu fasses tes devoirs/vous fassiez vos devoirs. *(subjonctif)*

Il faut absolument que tu me laisses tranquille/vous me laissiez tranquille. *(subjonctif)*

Tu dois/Vous devez dormir.

Tu as/Vous avez besoin de cela pour mieux travailler.

Tu as/Vous avez intérêt à *(You'd better)* écouter le professeur!

Mots et expressions utiles

La persuasion

aboutir à un compromis *to come to or reach a compromise*

avoir des remords *to have (feel) remorse*

avoir gain de cause *to win the argument*

convaincre (quelqu'un de faire quelque chose) *to persuade (someone to do something)*

une dispute *an argument*

s'efforcer de *to try hard, try one's best*

le point de vue *point of view*

renoncer *to give up*

l'esprit [m] ouvert *open mind*

têtu(e) *stubborn*

changer d'avis *to change one's mind*

se décider (à faire quelque chose) *to make up one's mind (to do something)*

indécis(e) (sur) *indecisive; undecided (about)*

prendre une décision *to make a decision*

défendre (à quelqu'un de faire quelque chose) *to forbid (someone to do something); to defend*

interdire (à quelqu'un de faire quelque chose) *to forbid (someone to do something)*

je te/vous prie (de faire quelque chose) *will you please (do something)*

Mise en pratique

—Maman, **je t'en prie**, laisse-moi aller à Genève pour le week-end! Tous mes amis y vont, et je serai le seul à rester ici si tu ne me donnes pas la permission.

—Des lycéens qui vont à Genève sans surveillance *(supervision)*? C'est impossible! J'ai généralement l'**esprit ouvert**, mais cette fois, je n'ai pas le choix. Tu es trop jeune. Je dois t'**interdire** d'y aller.

—Qu'est-ce que tu veux que je te promette pour te faire **changer d'avis**?

—Désolée, je n'ai pas le droit de me laisser **convaincre**. S'il t'arrivait quelque chose... j'en **aurais des remords** toute ma vie. Mais je te propose un **compromis**. On ira tous à Genève pendant les grandes vacances.

Activités

A. Le bon choix. Pour chacune des situations suivantes, choisissez l'expression qui vous semble la meilleure ou inventez-en une autre.

1. Votre fille de quatre ans veut regarder un film d'épouvante à la télévision. Vous dites:
   a. Si tu regardes ce film, je t'envoie au lit.
   b. J'aimerais que tu regardes ce film avec moi.
   c. ?
2. Votre femme/mari ne veut pas vous acheter de cadeau d'anniversaire. Elle/Il ne veut pas dépenser trop d'argent. Vous dites:
   a. Je t'assure que je ne te parlerai plus jamais de la vie si tu ne m'achètes rien.
   b. Sois gentil(le) et achète-moi un petit quelque chose.
   c. ?
3. Vous avez froid. Votre colocataire préfère les appartements froids. Vous dites:
   a. Si tu montes *(raise)* le thermostat, je te prépare du thé glacé *(iced tea)*.
   b. Il faut qu'on monte le thermostat. Sinon, je vais attraper un rhume.
   c. ?
4. Vous voulez sortir pour célébrer le Nouvel An. Votre fiancé(e) veut rester à la maison. Vous dites:
   a. Qu'est-ce qu'il faut faire pour te persuader de sortir? Je te promets un bon dîner demain...
   b. Tu vas sortir avec moi.
   c. ?
5. Vous voulez acheter une nouvelle voiture. Votre mère n'offre pas de vous prêter de l'argent. Vous dites:
   a. Tu me prêteras de l'argent, n'est-ce pas?
   b. Si tu ne me prêtes pas d'argent, je vais faire un caprice *(throw a tantrum)*.
   c. ?
6. Vous avez choisi la voiture que vous voulez. Elle est trop chère. Vous dites au vendeur:
   a. Il faut que vous baissiez le prix de $2 000.
   b. Si vous baissez le prix de $2 000, je l'achète tout de suite!
   c. ?

B. L'indécision. Pauvre Anne! Elle est toujours indécise. Utilisez les expressions et les mots suivants pour compléter ses pensées. Faites tous les changements nécessaires.

l'esprit ouvert changer d'avis indécis
prendre une décision s'efforcer de

Oh! Je n'arrive pas à me décider. Je suis tellement ________ . Mon problème, c'est que j'ai ________ ; alors, pour moi, il est très difficile de ________ parce que je peux toujours comprendre les deux points de vue. Les rares occasions où je prends position *(take a stand)*, je finis par *(end up)* ________ après deux ou trois jours. Qu'est-ce que je dois faire? Est-ce que quelqu'un peut ________ me convaincre pour de bon?

C. Imaginez. Pour chacune des expressions suivantes, inventez un contexte approprié (**où, quand, avec qui**, etc.). Jouez ensuite la scène.

MODÈLE: Essaie de te calmer.
Situation imaginée: Mon ami(e) et moi sommes coincé(e)s (stuck) *dans un ascenseur qui s'est arrêté entre deux étages. Pendant que nous attendons que quelqu'un nous aide, mon ami(e) a une crise de nerfs. Pour le/la détendre, je lui dis: Essaie de te calmer. Si tu te calmes, tu t'en sortiras mieux. Ne t'inquiète pas,* etc.

1. Donnez-moi votre portefeuille.
2. Efforcez-vous de paraître contents.
3. Souris un peu, juste pour me faire plaisir.
4. Il est essentiel que tu coures aussi vite que possible.
5. Sois gentil(le), ne me laisse pas seul(e). J'ai très peur.

chaPitre.com
VOTRE LIBRAIRIE SUR INTERNET

"Quand j'ai un peu d'argent je m'achète des **livres** et s'il m'en reste, j'achète de la **nourriture** et des **vêtements**"

Erasme
(1469-1536)

www.chapitre.com

www.chapitre.com

Aimez-vous lire? Quelle sorte de livres est-ce que vous lisez? Combien d'heures par semaine est-ce que vous lisez?

La grammaire à apprendre

Le subjonctif: la nécessité et l'obligation

These expressions are followed by the subjunctive and will be helpful when you are requesting or persuading someone to do something.

demander que
insister pour que
empêcher que
il faut (absolument) que
il est nécessaire que
il est essentiel que
il suffit que

Il est nécessaire que nous **choisissions** les meilleurs livres à lire.
It is necessary that we choose the best books to read.

J'insiste pour que nous **lisions** des auteurs classiques.
I insist that we read classical authors.

Certain expressions of obligation **(il est nécessaire que, il faut que, il est essentiel que)** can be replaced by **devoir** + infinitive. The meaning conveys less of a sense of obligation, however.

Il est nécessaire qu'on y aille avec lui.
On **doit** y **aller** avec lui.
It is necessary to go there with him.

Il faut que nous écrivions à sa sœur.
Nous **devons écrire** à sa sœur.
We must write to his sister.

Le passé du subjonctif

The past subjunctive is a compound tense used to refer to actions or conditions that took place at any time prior to the time indicated by the main verb. It is formed with the present subjunctive of the auxiliary verbs **avoir** or **être** plus the past participle. You will choose the same auxiliary verb as you would for the **passé composé.**

regarder

que j'**aie regardé**	que nous **ayons regardé**
que tu **aies regardé**	que vous **ayez regardé**
qu'il / qu'elle / qu'on } **ait regardé**	qu'ils / qu'elles } **aient regardé**

partir

que je **sois parti(e)**	que nous **soyons parti(e)s**
que tu **sois parti(e)**	que vous **soyez parti(e)(s)**
qu'il **soit parti**	qu'ils **soient partis**
qu'elle **soit partie**	qu'elles **soient parties**
qu'on **soit parti(e)(s)**	

se réveiller

que je **me sois réveillé(e)**	que nous **nous soyons réveillé(e)s**
que tu **te sois réveillé(e)**	que vous **vous soyez réveillé(e)(s)**
qu'il **se soit réveillé**	qu'ils **se soient réveillés**
qu'elle **se soit réveillée**	qu'elles **se soient réveillées**
qu'on **se soit réveillé(e)(s)**	

There is no *future* subjunctive form. The present subjunctive is used to express future actions.

Mon frère a demandé que je lui achète une chanson sur iTunes.
My brother asked that I buy him a song from iTunes.

Il est content que j'aie trouvé une carte-cadeau pour lui.
He is happy that I found a gift card for him.

Il sera content que je lui apporte sa carte-cadeau aujourd'hui!
He will be happy that I'm bringing the gift card to him today!

Esther Marshall

Avec Internet, est-ce qu'il est toujours nécessaire de fréquenter des magasins comme la Fnac?

Liens culturels

Les gestes

On a eu chaud!

Les gestes sont un moyen d'expression révélateur. En analysant les gestes français et américains, on peut remarquer un degré de tension musculaire plus élevé parmi les Français que parmi les Américains. Les Français ont tendance à avoir un torse plus droit et plus rigide et des épaules *(shoulders)* hautes et carrées *(square)*. Mais en conversation, «les épaules restent des instruments de communication étonnamment flexibles. On les ramène souvent vers

J'en ai marre!

Quelle barbe! *(How dull!)*

l'avant et ce geste s'accompagne d'une expiration ou d'une moue *(pout)*, créant ainsi un mouvement du corps que les étrangers trouvent typiquement français.»

On peut distinguer un Américain d'un Français de loin. Le premier a tendance à balancer *(swing)* les épaules et le bassin *(pelvis)* et à faire des moulinets avec les bras *(whirl the arms around)*. Le second s'efforce d'occuper un espace plus restreint; pas de balancement sur le côté. Autre différence, «les hommes américains, lorsqu'ils sont debout, mettent souvent les mains dans leurs poches (en s'appuyant le dos contre un mur s'ils attendent quelque chose). Les hommes français... ont plus tendance à croiser les bras—attitude qui évoque une plus grande tension.»

T'es dingue! *(You're nuts!)*

Les gestes jouent un rôle fondamental dans la communication. «En France comme aux États-Unis, les gestes de la main varient beaucoup selon le niveau social, le sexe, l'âge ou la région. On remarque toutefois certaines différences générales entre Français et Américains.»

Est-ce que vous pourriez donner quelques exemples de personnages tirés de films français et américains qui illustrent ces différences? Donnez des exemples de gestes typiquement américains.

Mon œil! *(You can't fool me!)*

Super!

Laurence Wylie et Jean-François Brière, *Les Français*, 2001 (Englewood Cliffs: Prentice Hall, pp. 68, 70–74)

Activités

A. Exigences. Une Anglaise va bientôt faire un voyage en France. Elle est très difficile. Elle veut que l'hôtel soit parfait. Voici ses conditions. Traduisez-les en français.

I ask that the hotel be clean **(propre)**. Furthermore **(De plus)**, I insist that the employees smile **(sourire)**. It is necessary that breakfast be on time and that the tea be hot. The croissants must be fresh. It is essential that the bed not be too soft **(mou)**. I must sleep in silence. It is therefore necessary that the other guests **(clients)** be quiet **(discrets)**.

B. Le cadeau d'anniversaire. Sébastien a acheté un cadeau à Manon, mais il y a un problème. Combinez les phrases en suivant le modèle et vous découvrirez de quel problème il s'agit.

MODÈLE: Manon est heureuse. Sébastien lui a offert un cadeau.
Manon est heureuse que Sébastien lui ait offert un cadeau.

1. Manon est toute contente. Sébastien lui a acheté un iPhone.
2. Sébastien ne regrette plus. L'iPhone lui a coûté une fortune.
3. Il avait un peu peur. Manon n'aimera pas l'iPhone.
4. Mais Manon est triste. Sébastien ne lui a pas offert le modèle de luxe.
5. Elle n'est pas sûre. Il faut expliquer à Sébastien qu'elle aurait préféré avoir le modèle le plus performant.
6. Sébastien est surpris. Manon a l'air de plus en plus triste et elle le remercie sans enthousiasme.
7. Les parents de Manon sont désolés. Leur fille est une personne ingrate.
8. Quelques jours plus tard, ils sont aussi étonnés. Manon et Sébastien se sont brouillés *(quarreled)* chez eux.

Selon vous, quel est le problème?

C. Quel professeur! Un professeur parle avec ses étudiants. Un(e) étudiant(e) du fond de la salle répète moqueusement tout ce qu'il dit. Jouez le rôle de cet(te) étudiant(e) et répétez les déclarations suivantes.

MODÈLE: ***—Il faut que vous alliez au laboratoire de langues tous les jours.***

1. Il est nécessaire que vous écriviez ces phrases pour demain.
2. Il faut que trois étudiants me remettent *(hand in)* leurs cahiers demain matin.
3. Il est essentiel que nous lisions ce paragraphe tout de suite.
4. Il faut que Jérémy et Angélique écrivent leurs réponses au tableau.
5. Il est nécessaire que vous fassiez attention à ce que je dis.
6. Il faut que Laura vienne me voir après le cours.

Que pensez-vous de ce professeur? Voulez-vous suivre son cours? Expliquez.

D. Que dois-je faire? Donnez trois suggestions à un(e) copain/copine qui vous demande des conseils.

Que dois-je faire...

1. pour bien dormir?
2. pour bien manger?
3. pour être heureux/heureuse?
4. pour être riche?
5. pour rester jeune?
6. pour vivre longtemps?

Interactions

A. Une contravention. Vous retournez à votre voiture et vous voyez un agent de police vous donner une contravention pour stationnement sur le trottoir. Expliquez que vous n'étiez garé(e) là que quelques minutes et que vous deviez faire quelque chose de très important. Donnez quelques détails. Persuadez l'agent de ne pas vous donner de contravention.

B. Une publicité. Avec un(e) copain/copine, préparez une courte publicité pour un produit et présentez-la à un petit groupe d'étudiants. Utilisez votre publicité pour les persuader d'acheter votre produit.

DEUXIÈME BROUILLON Dossier d'expression écrite

1. Look over the first draft that you wrote in **Leçon 2.** Find at least one point in your argument where you can insert an example. If possible, use two different examples. These will provide a concrete link to your discussion, which will be primarily abstract.
2. Use some of the following expressions to link your example to your composition.

EXPRESSIONS UTILES **par exemple; Rappelons l'exemple de...; confirme...; Considérons l'exemple de...**

Activités musicales

MC Solaar: *Nouveau Western*

Avant d'écouter: Le contexte et les réflexions

1. Est-ce que vous aimez regarder des westerns à la télévision? Comment sont ces films en général? Qui sont les personnages? Quels sont les thèmes typiques des westerns? Est-ce qu'il y a des stéréotypes qu'on retrouve souvent dans les westerns?
2. Imaginez un «nouveau western», c'est-à-dire un western dont l'histoire se passe aujourd'hui. Qui seront les personnages? De quoi est-ce que l'histoire va parler? Est-ce que les thèmes et les stéréotypes vont ressembler à ceux des westerns traditionnels? Qu'est-ce qui va être différent?

Pendant que vous écoutez: Compréhension

1. Sur une feuille de papier, faites une liste des noms propres que vous entendez en écoutant la chanson la première fois.
2. Ensuite, faites deux colonnes et, en écoutant une deuxième fois, notez les éléments du western traditionnel et ceux du «nouveau western» décrits par MC Solaar.

Après avoir écouté: Communication

1. Regardez la liste que vous avez faite. Quelles sont les ressemblances et les différences entre le western traditionnel et le «nouveau western»? Qu'est-ce que vous pensez des comparaisons de MC Solaar?
2. D'après MC Solaar, la ruée vers l'or *(goldrush)* est le seul but *(goal)* du cow-boy. Expliquez cette phrase dans le contexte du western traditionnel et dans celui du «nouveau western». Est-ce que vous êtes d'accord avec MC Solaar? Expliquez votre opinion en utilisant le subjonctif et des expressions que vous avez apprises dans ce chapitre.
3. Cherchez sur Internet d'autres chanteurs francophones qui ont choisi de parler du thème du western. Dites à vos copains/copines qui vous avez identifié et donnez le titre de leur(s) chanson(s). Indiquez aussi si la chanson vous plaît ou non et expliquez pourquoi. Si vous utilisez Twitter, envoyez un gazouilli avant la classe de français. Sinon, donnez votre réponse en classe.

MC Solaar est d'origine sénégalo-tchadienne (il est né au Sénégal de parents tchadiens). Il est un des premiers à aider à populariser le rap en France.

To experience this song, go to **www.cengagebrain.com/shop/ISBN//049590516X**

Activités orales

A. Je m'excuse... Vous êtes au restaurant où vous avez commandé un bon déjeuner pour un(e) ami(e) et sa mère. Quand l'addition arrive, vous vous rendez compte du fait que vous n'avez pas votre portefeuille sur vous. Discutez de la situation avec le maître d'hôtel, en décrivant vos sentiments. Convainquez-le de vous laisser partir et de revenir plus tard avec l'argent.

B. La loterie. Vous recevez un coup de téléphone qui vous apprend que vous venez de gagner à la loterie. Jouez la scène où vous recevez cette nouvelle inattendue. Exprimez votre joie. Expliquez ce que vous avez l'intention de faire avec l'argent. Persuadez la personne qui vous a téléphoné de faire la fête avec vous.

Activité écrite

Un vol annulé. Vous êtes en voyage d'affaires et vous attendez votre vol Paris-Strasbourg quand l'hôtesse de l'aéroport vous informe qu'on a annulé le vol. L'agent peut arranger un autre vol, mais il arrivera trop tard pour la présentation de votre ligne de produits dans le studio d'une radio de Strasbourg. Le train prendrait aussi trop de temps. Écrivez une lettre de réclamation dans laquelle vous insistez pour qu'on vous rembourse votre billet et vos frais de déplacement (taxi, etc.). Décrivez aussi les clients que vous avez perdus. Demandez qu'on vous envoie un chèque aussitôt que possible. Commencez par: **Monsieur/Madame.** Terminez par: **Veuillez accepter, Monsieur/Madame, mes sentiments les plus distingués.**

RÉVISION FINALE Dossier d'expression écrite

1. Focus on your conclusion. Make sure it recaptures your arguments. You can propose another solution or incite your reader to act in some way. Don't include any new ideas in your conclusion.
2. Examine your composition one last time. Check for correct spelling, grammar, and punctuation. Pay special attention to your use of the subjunctive mood.
3. Prepare your final version. Your professor may ask you to present your controversial topic for a debate among your classmates.

Intermède culturel

I. «MA CITÉ VA VOTER»

GENERATIONS 88.2

Generationsfm.com

Sujets à discuter

- Écoutez-vous la radio souvent? Quand et pourquoi? Quelle station est-ce que vous préférez? Connaissez-vous des gens qui n'écoutent pas la radio?
- Est-ce que vous avez déjà participé à une émission à lignes ouvertes *(call-in program)*, c'est-à-dire une émission de radio où le public peut appeler en direct? Expliquez.
- Décrivez deux ou trois groupes de gens défavorisés *(underprivileged, disadvantaged)* aux États-Unis. Qui sont-ils? Quel âge ont-ils? Est-ce qu'ils sont pauvres? éduqués? illettrés? militants? passifs? Où est-ce qu'ils habitent? en ville? en banlieue? Qu'est-ce qu'ils veulent? Quelles actions est-ce qu'ils font de temps en temps pour attirer l'attention?

Introduction

The media, a focus of this chapter, often plays roles other than simply informing. Sometimes it is used for purposes of change, for solving societal problems. Générations 88.2 is a unique radio broadcasting station tailored for young people from the working class suburbs (colloquially called ***cités*** *or* ***quartiers sensibles****) around Paris. Many of these young listeners are of North African descent and feel deeply alienated from the mainstream culture as well as from the political process. Générations 88.2 is offering them a platform where they can express their frustrations and also their hopes. Following the riots of October-November 2005, and the realization that most young people did not participate in elections and had an even lower political representation, locally and nationally, than their parents, coordinated efforts have been made to encourage them to register and vote so that their expectations might be expressed by way of the political process rather than through confrontation with the police.*

Lecture

«Cartes d'identité, cartes de séjour, bonjour!» Yassine, Thomas et Chloé ouvrent leur libre antenne quotidienne aux auditeurs de Générations 88.2. De 6 heures à 10 heures, le trio blague°, écoute et reçoit des invités entre un flash info et une revue de presse à leur sauce°, le tout ponctué de rap.

joke
à leur... *to their liking*

Ce jour-là, le débat porte sur l'inscription des jeunes des quartiers sur les listes électorales. Le trio a lancé un grand jeu concours° baptisé RTT, République tout-terrain. La cité qui aura inscrit le plus de jeunes dans son département verra l'équipe de Générations s'installer chez elle pour une émission avec concert en direct. Les nouveaux électeurs envoient la photocopie de leur

competition

receipt / Président-directeur-général *CEO*
disc jockeys
drummed in

récépissé° d'inscription à la radio. Et *«ça marche»*, selon le PDG° de la radio, Bruno Laforestrie. *«L'année dernière, vous avez brûlé des voitures; cette année, vous allez vous inscrire et voter!»* hurlent les animateurs° au micro. Un message martelé° aux 530 000 auditeurs que rassemble cette radio commerciale chaque semaine en Île-de-France.

delivery men

salam aleïkoum *peace be with you (equivalent of* **bonjour** *in Arabic)* / *pick up* / **Les Mureaux** *an industrial city about 39 km to the west of Paris*

expresses warmly and with a protective tone

Les auditeurs de Générations sont coursiers°, employés municipaux, chauffeurs de poids lourds, parfois étudiants ou chômeurs, tous issus des quartiers de Paris ou de sa banlieue. La moitié a moins de 19 ans, ils parlent de leurs maux et ont le sentiment d'être *«enfin écoutés»*. Sur Générations, les musulmans peuvent dire *«salam aleïkoum°»* et échanger quelques mots en arabe avec des animateurs qui leur ressemblent et décrochent° eux-mêmes le téléphone. *«Yassine, toi qui connais Les Mureaux°, tu vois la route qui va du grand mur à la mosquée?»* commence un auditeur. Tout est fait pour que l'auditeur se sente chez lui. *«On t'écoute, frère», «porte-toi bien, ma sœur»*, cajole° Yassine, d'origine marocaine, fils de chauffeur de taxi et de femme de ménage.

slang for being hit with something—here a ticket

bite

Au centre des débats, sur la libre antenne matinale comme sur Générations 2000 le samedi avec Bob, la vie dans les cités et les mauvaises relations avec les forces de l'ordre. *«Les policiers de la brigade anti-criminalité, c'est tout sauf des gentils,* dit Mohammed, des Mureaux. *Ils vont toujours te chercher un truc qui ne va pas: ton feu arrière ne fonctionne pas bien? Tiens, une prune°!» «À force de traiter les jeunes comme des chiens, ne vous étonnez pas qu'ils mordent°»*, lance un autre.

Adapté de *Libération* (novembre 2006)

Compréhension

A. Observation et analyse. Répondez aux questions suivantes.

1. Qu'est-ce que c'est que la radio Générations 88.2? Combien d'auditeurs l'écoutent?
2. Qu'est-ce que Yassine, Thomas et Chloé utilisent pour attirer l'attention de leurs auditeurs?
3. Quel est le sujet de discussion dans ce passage?
4. Décrivez le concours organisé par la radio. Quel en est le prix?
5. Pourquoi l'inscription de ces jeunes sur les listes électorales est-elle si importante?
6. Quels emplois ont ces auditeurs, typiquement? Quel âge ont-ils?
7. Pourquoi est-ce que les jeunes aiment parler avec les animateurs de Générations 88.2?
8. D'après cet article, quels sont les deux sujets principaux de discussion pour les jeunes qui appellent cette station de radio?

B. Grammaire/Vocabulaire. Les noms ci-dessous ou des mots de la même famille apparaissent dans le texte que vous venez de lire. Définissez chaque mot et puis donnez le verbe qui lui correspond. Enfin, écrivez une phrase qui emploie des mots de la même famille.

MODÈLE: invités—*guests;* inviter—*to invite*
Les invités de cette station de radio sont rappeurs.
Les animateurs ont invité mes rappeurs préférés vendredi soir.

1. identité
2. débat
3. inscription
4. émission
5. électeurs
6. récépissé
7. employés
8. étudiants
9. animateur
10. téléphone
11. connaissance
12. ménage
13. chercheur
14. traitement

C. Réactions

1. Est-ce que vous êtes inscrit(e) sur une liste électorale? Avez-vous déjà voté? Expliquez.
2. Pourquoi pensez-vous que les jeunes qui habitent les cités en France en viennent à brûler des voitures?
3. Est-ce qu'il y a des endroits aux États-Unis où les habitants d'une ville ou d'une banlieue ont eu de mauvaises relations avec la police? Donnez des exemples. Est-ce qu'on a trouvé des solutions aux problèmes? Expliquez.

Interactions

1. **Jouez les rôles.** Divisez la classe en groupes de cinq. Chaque groupe représente une station de radio. Dans chaque groupe, décidez qui en sont les trois animateurs et qui sont les deux auditeurs qui appellent pendant l'émission. Les membres de chaque groupe doivent aussi se mettre d'accord sur le type d'auditeurs qui écoutent (âge, profession, statut économique, etc.), le type de musique qu'on passe et les principaux sujets de discussion. Les animateurs doivent créer un scénario pour une émission du matin. Ceux qui téléphoneront doivent préparer des questions à poser aux animateurs. Chaque groupe joue sa scène à tour de rôle. Ensuite, choisissez, en votant, celui qui aura joué la meilleure scène.
2. **La violence est-elle parfois justifiée?** Organisez un débat sur la violence. Pensez, par exemple, à des confrontations qui ont eu lieu aux États-Unis: le mouvement de revendication des droits civils dans les années 1960, les émeutes *(riots)* de Miami ou de Philadelphie dans les années 1980 ou la brutalité policière contre Rodney King à Los Angeles en 2001. Est-ce qu'on peut parfois justifier la violence?

Expansion

1. Faites des recherches sur la violence dans les rues en France en 2005 ou en 2007 quand des jeunes des quartiers sensibles ont brûlé des véhicules, des écoles élémentaires, des bus, etc. Trouvez-en les causes, le nombre de morts et de blessés et identifiez ce qui a mis fin à la violence. Est-ce qu'on voit encore ces actes de violence aujourd'hui dans les rues de France? Qu'est-ce qu'on doit faire pour éviter cette violence?
2. Trouvez des renseignements sur la station de radio Générations 88.2. Regardez **http://generationsfm.com** et décrivez la station. Parlez du playlist, des chanteurs, des nouvelles, etc. que vous trouvez. Entrez en Tchat ou cherchez Générations 88.2 sur Facebook si cela vous intéresse.

II. *BARBARA* de Jacques Prévert

Sujets à discuter

- Est-ce que vous avez déjà visité la Bretagne? la ville de Brest? Expliquez.
- Quel effet est-ce que la pluie a sur vous? Quelles sont vos émotions quand il pleut? Est-ce que vous aimez faire des promenades sous la pluie ou est-ce que vous préférez rester au sec *(dry)* chez vous?
- Est-ce que vous connaissez quelqu'un qui est allé à la guerre? Parlez de ce qu'il/elle a vécu. Si vous ne connaissez personne qui est allé à la guerre, imaginez ce qui peut arriver à quelqu'un qui y va.

Stratégies de lecture

Trouvez les détails Parcourez le texte rapidement et trouvez tous les mots qui décrivent 1) le bonheur, l'amour; 2) la guerre. Faites une liste de ces mots. Est-ce que vous pouvez deviner le thème de ce poème?

Introduction

In this chapter you have been studying how to express emotions in French and in what contexts they are typically found. This poem by Jacques Prévert demonstrates some of the emotions that have been presented in this chapter. Using very simple language and grammar, Prévert expresses deep emotions that translate across the years, to other times and other situations. Prévert is known for his poetic style which resembles spoken language and which evokes strong emotions about love and liberty as well as compassion for those in difficulty. He often strongly criticizes figures of authority and sides with the less fortunate in society. In this poem, the poet observes a young woman and her lover before the war, and after the war, he reflects on what might have happened to them. As you read, note the emotions of the observer.

Lecture

Hulton-Deutsch Collection/CORBIS

Rappelle-toi Barbara
Il pleuvait sans cesse sur Brest ce jour-là
Et tu marchais souriante
Épanouie° ravie ruisselante°
Sous la pluie
Rappelle-toi Barbara
Il pleuvait sans cesse sur Brest
Et je t'ai croisée° rue de Siam
Tu souriais
Et moi je souriais de même
Rappelle-toi Barbara
Toi que je ne connaissais pas
Toi qui ne me connaissais pas
Rappelle-toi
Rappelle-toi quand même ce jour-là
N'oublie-pas
Un homme sous un porche s'abritait°
Et il a crié ton nom
Barbara
Et tu as couru vers lui sous la pluie
Ruisselante ravie épanouie
Et tu t'es jetée dans ses bras
Rappelle-toi cela Barbara
Et ne m'en veux pas° si je te tutoie°
Je dis tu à tous ceux que j'aime
Même si je ne les ai vus qu'une seule fois
Je dis tu à tous ceux qui s'aiment
Même si je ne les connais pas
Rappelle-toi Barbara
N'oublie pas
Cette pluie sage et heureuse
Sur ton visage heureux
Sur cette ville heureuse
Cette pluie sur la mer

Radiant / dripping wet

met you

was taking shelter

ne m'en... *don't hold it against me* / **je te...** *I use the* ***tu*** *form*

Sur l'arsenal
Sur le bateau d'Ouessant°
Oh Barbara
Quelle connerie° la guerre
Qu'es-tu devenue maintenant
Sous cette pluie de fer°
De feu d'acier de sang
Et celui qui te serrait dans ses bras
Amoureusement
Est-il mort disparu ou bien encore vivant
Oh Barbara
Il pleut sans cesse sur Brest
Comme il pleuvait avant
Mais ce n'est plus pareil et tout est abîmé°
C'est une pluie de deuil° terrible et désolée
Ce n'est même plus l'orage
De fer d'acier de sang
Tout simplement des nuages
Qui crèvent° comme des chiens
Des chiens qui disparaissent
Au fil de l'eau° sur Brest
Et vont pourrir° au loin
Au loin très loin de Brest
Dont il ne reste rien.

bateau... *ferry that goes to the westernmost inhabited island, Ouessant*

a really stupid action (argot)

iron

ruined

mourning

die

Au fil... *With the current*

rot

Compréhension

A. Observation et analyse. Répondez aux questions suivantes.

1. Pourquoi est-ce que la femme marchait «souriante»?
2. Pourquoi est-ce que le poète souriait à la femme?
3. Quelles sont les différentes descriptions de la pluie dans le poème?
4. Que symbolise l'emploi des «nuages»? Qu'est-ce qui s'est passé?
5. Quel est l'effet du contraste des images de la guerre dans la deuxième partie avec les images du bonheur dans la première partie?
6. Combien de fois est-ce que «Rappelle-toi» est répété dans le poème? Quel est l'effet de cette répétition? Pourquoi est-ce que «Rappelle-toi» n'est pas répété dans la deuxième partie du poème?

7. Est-ce que le poète connaît la jeune femme? Pourquoi est-ce qu'il l'appelle Barbara? Quel est l'effet de l'emploi de ce prénom pour cette femme que le poète ne connaissait pas et qui ne le connaissait pas (vers 13–14)?

B. Grammaire/Vocabulaire. Le rôle des adjectifs dans *Barbara* est très important et vous améliorerez ce que vous écrivez en les employant correctement. Révisons-en la formation. Ci-dessous, vous avez des noms modifiés par des adjectifs. Faites l'accord de chacun de ces adjectifs avec le nom qui suit. Ensuite, expliquez quel sentiment est exprimé par cet adjectif: le désir, l'espoir, le désespoir, la déception, la crainte, l'inquiétude, la joie, l'admiration, l'irritation, le calme, la fureur, le bonheur, l'indécision, le respect, etc.

MODÈLE: la dame souriante—les monsieurs ***souriants***
L'adjectif exprime la joie ou le bonheur.

1. la pluie incessante—les cris ______________
2. le monsieur fâché—les filles ______________
3. l'agent de police gêné—les professeurs ______________
4. le gentil garçon—les ______________ fillettes
5. l'endroit tranquille—les nuages ______________
6. le soldat déçu—l'actrice ______________
7. le professeur furieux—les commerçantes ______________
8. la dame ravie—les étudiants ______________
9. le visage ruisselant de larmes—les mains ______________
10. la jeune fille désolée—le grand-père ______________

C. Réactions. Donnez votre réaction.

1. Est-ce que vous souriez de temps en temps aux gens que vous ne connaissez pas? Pourquoi?
2. Quelle est l'image du poème la plus frappante pour vous? Pourquoi?
3. Décrivez les sentiments que vous ressentez en lisant ce poème.

Interactions

1. Dans quelles circonstances la guerre est-elle justifiée?
2. Imaginez ce qui est arrivé, pendant la guerre, à l'homme qui appelait Barbara. Et à Barbara, qu'est-ce qu'il lui est arrivé?

Expansion

1. Faites des recherches sur la ville de Brest sur l'Internet et à la bibliothèque et faites un reportage sur son histoire pour la classe. Comment est la ville aujourd'hui?
2. Faites des recherches sur les plages de Normandie. Qu'est-ce qui s'est passé sur ces plages en 1944? Qu'est-ce qu'on y voit de nos jours quand on les visite?

VOCABULAIRE

LA VOLONTÉ

avoir envie de (+ infinitif) *to feel like (doing something)*

compter *to intend, plan on, count on, expect*

tenir à *to really want; to insist on*

LA TÉLÉVISION

une émission *broadcast, TV show*

le programme *program listing*

diffuser/transmettre (en direct) *to broadcast (live)*

une rediffusion *rerun*

les actualités/les informations [f pl] *news (in the press, but especially on TV)*

le journal télévisé *TV news*

une causerie *talk show*

un débat *debate*

une émission de téléréalité *reality show*

un feuilleton *serial; soap opera*

un jeu télévisé *game show*

un reportage en direct *live report*

une série *series*

une publicité (pub) *TV commercial*

une chaîne *channel*

l'écran [m] *screen*

mettre la 3, 6, etc. *to put on channel 3, 6, etc.*

le poste de télévision *TV set*

rater *to miss*

une télécommande *remote control*

un téléspectateur/une téléspectatrice *TV viewer*

la télévision par câble *cable TV*

allumer la télé *to turn on the TV*

augmenter le son *to turn up the volume*

baisser le son *to turn down the volume*

éteindre la télé *to turn off the TV*

LES ÉTUDES

un contrôle *test*

bien se débrouiller en maths *to do well in mathematics*

bien se défendre en français *to speak French well*

s'embrouiller *to become confused*

LES ÉMOTIONS

agacer *to annoy*

barber *(familiar) to bore*

embêter *to bother*

ennuyé(e) *annoyed, bored, bothered*

ennuyeux/ennuyeuse *annoying, boring, tedious, irritating*

en avoir assez *to have had enough*

en avoir marre *(familiar) to be fed up*

inquiet/inquiète *worried, anxious*

s'inquiéter *to worry*

l'inquiétude [f] *worry, anxiety*

insupportable *unbearable, intolerable*

LA RADIO

un animateur/une animatrice *radio or TV announcer*

un auditeur/une auditrice *member of (listening) audience*

une station *(TV, radio) station*

le soulagement *relief*

supporter *to put up with*

génial(e) *fantastic*

heureusement *thank goodness*

On a eu chaud! *(familiar) That was a narrow escape!*

LA PRESSE

un abonnement *subscription*

être abonné(e) à *to subscribe to*

annuler *to cancel*

une annonce *announcement, notification*

les petites annonces *classified advertisements*

les nouvelles [f pl] *printed news; news in general*

une publicité *advertisement*

un reportage *newspaper report; live news or sports commentary*

une rubrique *heading, item; column*

un bi-mensuel *bimonthly publication*

un hebdomadaire *weekly publication*

un journal *newspaper*

un magazine *magazine*

un mensuel *monthly publication*

un quotidien *daily publication*

une revue *magazine (of sophisticated, glossy nature)*

un lecteur/une lectrice *reader*

un numéro *issue*

le tirage *circulation*

LA PERSUASION

aboutir à un compromis *to come to or reach a compromise*

avoir des remords *to have (feel) remorse*

avoir gain de cause *to win the argument*

convaincre (quelqu'un de faire quelque chose) *to persuade (someone to do something)*

une dispute *an argument*

s'efforcer de *to try hard, try one's best*

le point de vue *point of view*

renoncer *to give up*

l'esprit [m] **ouvert** *open mind*

têtu(e) *stubborn*

changer d'avis *to change one's mind*

se décider (à faire quelque chose) *to make up one's mind (to do something)*

indécis(e) (sur) *indecisive; undecided (about)*

prendre une décision *to make a decision*

défendre (à quelqu'un de faire quelque chose) *to forbid (someone to do something); to defend*

interdire (à quelqu'un de faire quelque chose) *to forbid (someone to do something)*

je te/vous prie (de faire quelque chose) *will you please (do something)*

6

À mon avis...

Peter Horree/Alamy

THÈMES Les actualités; Les arts

Pour tester vos connaissances, visitez **www.cengagebrain.com/shop/ISBN/049590516X** 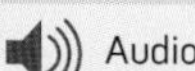 Audio iLrn iLrn Heinle Learning Center

LA GRAMMAIRE À RÉVISER

iLrn To review **Les pronoms objets directs et indirects,** consult the *Object pronouns (me, te, le...)* Grammar Tutorial on iLrn.

Je veux aller au cinéma.

Reformulez les phrases suivantes en utilisant des pronoms objets directs.

Modèle:
Je choisis le film de Matt Damon.

Je le choisis.

1. Je consulte le journal.
2. Je trouve l'adresse du cinéma.
3. Je choisis l'heure de la séance.
4. J'invite mes copains de la classe de français.
5. Je cherche mon portefeuille.
6. Je quitte la maison.
7. Je retrouve mes amis.

Mes vacances à Paris avec ma famille.

Reformulez les phrases suivantes en utilisant des pronoms objets indirects.

Modèle:
Je montre Paris à mes parents.

Je leur montre Paris.

1. Je parle des monuments à mes parents.
2. Je téléphone à une amie française, Anne.
3. J'explique le voyage à Anne.
4. Elle parle des musées à mes parents et moi.
5. Elle montre le Louvre à ma mère.
6. Elle explique l'histoire de Paris à mon père.
7. Après notre retour, nous écrivons une carte à Anne.

The information presented here is intended to refresh your memory of various grammatical topics that you have probably encountered before. Review the material and then test your knowledge by completing the accompanying exercises in the workbook.

AVANT LA PREMIÈRE LEÇON

Les pronoms objets directs et indirects

A. Formes

PRONOMS OBJETS DIRECTS		PRONOMS OBJETS INDIRECTS	
me	nous	me	nous
te	vous	te	vous
le	les	lui	leur
la			

B. Fonctions

- *Direct* object pronouns replace nouns referring to persons or things that receive the action of the verb directly:

  Est-ce que tu as la clé?
  Do you have the key?

  Est-ce que tu **l'**as?
  Do you have it?

- Note that it is common in spoken French to represent an idea twice in the same sentence, once as a noun and once as a pronoun:

  La clé, tu **l'**as?
  Tu **l'**as, la clé?
  Do you have the key?

- When an adjective or an entire clause or phrase is replaced, the neuter pronoun **le** is used:

  Est-ce que tu penses que **tu as perdu la clé**?
  Non, je ne **le** pense pas.
  No, I don't think so.

- *Indirect* object pronouns replace nouns referring to persons (not things) that receive the action of the verb indirectly. In English *to* either precedes the noun or is implied:

  Alors, est-ce que tu as donné la clé à Anne?
  Oui! Je **lui** ai donné la clé!
  Yes! I gave the key to her. (I gave her the key.)

NOTE 1 Certain verbs, such as

écouter *(to listen to)* — **regarder** *(to look at)*
payer *(to pay for)* — **chercher** *(to look for)*
attendre *(to wait for)*

take direct object pronouns in French, contrary to their English usage.

NOTE 2 On the other hand, certain verbs that take a direct object in English require an indirect object in French, such as

téléphoner à *(to telephone)* — **demander à** *(to ask)*
dire à *(to tell)* — **plaire à** *(to please)*
offrir à *(to offer)*

Connaissez-vous des films classiques? des films en noir et blanc? des films muets? Lesquels, par exemple?

AVANT LA DEUXIÈME LEÇON

La position des pronoms objets

Affirmative:	La clé? Je **l'**ai.
Negative:	Je ne **l'**ai pas.
Interrogative:	**L'**as-tu, la clé?
Compound tense:	Je **l'**ai perdue. Non! La voilà. Je ne **l'**ai pas perdue.
Infinitive:	Je vais **la** donner à Anne. Oui, je vais **lui** donner la clé.
Imperative	
affirmative:	Anne! Attrape-**la**! Regarde-**moi**!
negative:	Ne **la** perds pas, s'il te plaît. Ne **me** demande pas une nouvelle clé.

NOTE In an affirmative command, **me** changes to **moi** and **te** changes to **toi.** They are placed after the verb. Both pronouns retain their usual form and placement in negative commands.

Remember that past participles agree with preceding *direct* objects in gender and number. Past participles do not agree, however, with preceding *indirect* objects.

La clé? Oui, je **l'**ai perdu**e**.
Papa et maman? Je **leur** ai téléphon**é** hier.

LEÇON 1

COMMENT ENGAGER, CONTINUER ET TERMINER UNE CONVERSATION

Conversation

 Track 12

Rappel: Have you reviewed direct and indirect object pronouns? (Text pp. 232–233 and SAM pp. 141–142)

Premières impressions

1. Identifiez: a. les expressions pour engager une conversation
   b. les expressions pour terminer une conversation
2. Trouvez: qui arrive à la table d'Émilie et de Fabien et ce que cette personne veut

Émilie et Fabien, deux jeunes cadres, se trouvent dans une brasserie près de l'agence publicitaire où travaille Émilie. Ils viennent de déjeuner ensemble.

ÉMILIE Dis donc, Fabien, qu'est-ce que tu m'as dit à propos de Paul... Qu'il s'était fait licencier°?

FABIEN Non, pas encore, mais je crois que cela ne va pas tarder... il va être au chômage°.

Une volontaire d'Amnesty International arrive et les interrompt.

BÉNÉDICTE Pardon, messieurs-dames, excusez-moi de vous interrompre. Est-ce que vous seriez d'accord pour signer une pétition pour Amnesty? C'est pour une excellente cause. Nous nous opposons à la peine de mort°. Une petite signature ici, si ça ne vous dérange pas.

ÉMILIE On peut en savoir un peu plus? C'est pour quel pays?

BÉNÉDICTE C'est aux États-Unis, au Texas. Ils vont électrocuter un homme... qui a effectivement tué° quelqu'un. Mais Amnesty s'oppose totalement à la peine de mort et nous essayons d'obtenir autant de signatures que possible, pour que le gouvernement américain change d'opinion et abolisse aussi la peine de mort. Voilà! Voudriez-vous signer la pétition?

FABIEN Je pense que c'est une très bonne cause.

BÉNÉDICTE Si vous voulez signer ici. Alors...

FABIEN Ça me semble raisonnable. *(Il signe.)* Voilà.

ÉMILIE Attends, passe-moi la pétition. Je voudrais la lire mais... je ne la signerai pas. Je ne sais pas au juste si je suis pour ou contre.

BÉNÉDICTE Très bien. Merci. Au revoir, excusez-moi de vous avoir interrompus. Merci beaucoup messieurs-dames, au revoir.

FABIEN Bon, il faut que je m'en aille. Je reviendrai après cette petite réunion.

ÉMILIE Bon, alors, à tout de suite. *(Elle sort son laptop.)* Je vais aller sur Facebook en attendant Didier et Chloé pour voir ce que fait mon amie Chloé.

FABIEN Au revoir!

À suivre

se faire licencier *to get laid off*

être au... *to be unemployed*

la peine... *death penalty*

killed

Observation et analyse

1. Pourquoi est-ce qu'Émilie et Fabien parlent de leur ami Paul?
2. Qu'est-ce que Bénédicte propose à Émilie et à Fabien?
3. Quelle est la position d'Amnesty International sur la peine de mort?
4. Selon la conversation, quels sont les rapports entre Fabien et Émilie?
5. Est-ce qu'Émilie est du même avis que Fabien sur la question de la peine de mort?

Réactions

1. Est-ce que vous avez déjà signé une pétition? Pour quelles causes?
2. Est-ce que vous pensez que la pétition de Bénédicte aura des répercussions?
3. Parlez de la peine de mort aux États-Unis. Est-ce que les exécutions sont plus fréquentes en ce moment qu'avant? Expliquez.

AMNESTY INTERNATIONAL

Quid 2007

Amnesty International, dont le siège international est à Londres, a été créé *(created)* en «1961 à la suite de l'appel de l'avocat britannique Peter Benenson en faveur des prisonniers oubliés». Cette organisation mondiale dont le but est la «défense des droits de l'homme» est indépendante «de tout gouvernement, groupe politique, intérêt économique ou confession religieuse». Elle s'oppose «à la peine de mort et à la torture en toute circonstance» et a plus de 1,8 million membres dans 150 pays dont 20 200 sont français. (*Quid 2007, p. 778c*)

Expressions typiques pour...

Engager une conversation sur un sujet précis

(rapports intimes et familiaux)

Je te dérange?
J'ai besoin de te parler...
Dis donc, Marc, tu sais que...
Au fait *(By the way)*...

(rapports professionnels et formels)

Excusez-moi de vous interrompre...
Excusez-moi de vous déranger *(disturb you)*...
Je (ne) vous dérange (pas)?
Je peux prendre quelques minutes de votre temps?
Pardon, monsieur/madame...

See **Chapitre 1, Leçon 2**, pp. 15–16, for expressions to use when you want to make small talk but do not have a particular subject in mind.

Prendre la parole

Eh bien.../Bon.../Écoute(z)...

Je { veux / voulais / voudrais } { dire que... / demander que... }

Pour exprimer une opinion

Moi, je pense que...
À mon avis...

Pour répondre à une opinion exprimée

Mais.../Oui, mais.../D'accord, mais...
Je n'ai pas bien compris...
Justement.../Exactement.../Tout à fait...
En fait/En réalité *(Actually)*...

More expressions will be presented in **Leçon 2** of this chapter.

CHAPITRE 6
LEÇON 1

Remember to use the subjunctive mood after **il faut que.**

Terminer une conversation (annoncer son départ)

Bon.../Eh bien...
Bon.../Alors.../Excusez-moi, mais... { je dois m'en aller/partir. / il faut que je m'en aille/parte. / je suis obligé(e) de m'en aller/partir.

Allez, au revoir.
À bientôt./À tout de suite./À la prochaine.
On se revoit la semaine prochaine?
Alors, on se téléphone?

Mots et expressions utiles

Ulrich Baumgarten/vario images GmbH & Co.KG/Alamy

Est-ce que vous serez homme/femme politique un jour? Pourquoi ou pourquoi pas?

La politique

une campagne électorale *election campaign*
un débat *debate*
désigner/nommer *to appoint*
discuter (de) *to discuss*
un électeur/une électrice *voter*
élire (past part.: élu) *to elect*
être candidat(e) (à la présidence) *to run (for president)*
se faire inscrire *to register (to vote)*
la lutte (contre) *fight, struggle (against)*
un mandat *term of office*
la politique étrangère *foreign policy*
la politique intérieure *internal policy*
un problème/une question *issue*
un programme électoral *platform*
se (re)présenter *to run (again)*
réélire (past part.: réélu) *to reelect*
soutenir *to support*
un deuxième tour *run-off election*
voter *to vote*

Mise en pratique

Le suffrage universel masculin a été institué en France par la IIe République en 1848, mais les femmes n'ont acquis le droit de vote qu'en 1945. En 1974, l'âge minimum des **électeurs** et des **électrices** a été ramené *(brought back)* de 21 ans à 18 ans.

L'ancien maire de Paris, Jacques Chirac, a été **élu** Président de la République en mai 1995. En 2002, il a été **réélu** pour un **mandat** de cinq ans. (Une importante réforme constitutionnelle a été adoptée en septembre 2000: la réduction du mandat présidentiel de sept ans à cinq ans.)

En France, le président est élu au suffrage universel. Il n'y a pas de collège électoral. Comme de nombreux candidats peuvent se présenter, le premier tour des élections présidentielles résulte rarement en l'élection d'un des candidats. Pour être élu au premier tour un candidat doit obtenir plus de 50% des bulletins valides exprimés. En 2007, douze candidats **se sont présentés** aux élections présidentielles: quatre femmes et huit hommes. Nicolas Sarkozy a été élu au **deuxième tour** (avec 53,06% des votes contre 46,94% pour Ségolène Royal, son adversaire) pour un mandat de cinq ans.

Pendant la **campagne électorale**, Sarkozy avait promis d'assurer la sécurité et l'indépendance de la France en **politique étrangère**; de promouvoir les libertés et les droits de l'homme; et de promouvoir les intérêts économiques et commerciaux du pays. En **politique intérieure**, il avait souligné la nécessité de faire des économies en matière de dépenses publiques.

Les principaux partis politiques en France

À gauche

- L'extrême gauche est représentée par deux groupes trotskystes: *Lutte ouvrière (LO)* et *Nouveau parti anti-capitaliste (NPA)*.
- *Le Parti communiste français (PCF)* cherche de nouveaux terrains de lutte. Il a moins de succès depuis quelques années.
- *Le Parti socialiste (PS)* rassemble entre 17% et 26% de l'électorat souvent tiré des classes moyennes et des cadres. Il manque d'unité idéologique.

À droite

- *L'Union pour un mouvement populaire (UMP)*, auquel appartient Nicolas Sarkozy, est le parti qui a été fondé par Jacques Chirac, qui a été président de la République de 1995 à 2007. C'est le premier parti politique de France en nombre d'adhérents.
- *L'Union pour la démocratie française (UDF)* est un parti qui représente les intérêts du centre-droit, qui n'existe plus en 2010 et est sur le point d'être remplacé par le *Mouvement démocrate (MoDem)*.
- *Le Front national (FN)* et son président, Jean-Marie Le Pen, ont longtemps eu 15% de l'électorat, mais en avril 2007, son score est descendu à 10,5%. Ce parti d'extrême droite rejette la construction européenne et l'immigration. (Adapté du site proposé par la Documentation française 1/20/07; www.vie-publique.fr.)

La guerre *(War)*

l'armée [f] *army*
les armes [f pl] de destruction massive (ADM) *weapons of mass destruction*
l'engin [m] explosif improvisé (EEI) *improvised explosive device (IED)*
les forces [f pl] *forces*
le front *front; front lines*
le soldat *soldier*

les combats [m pl] *fighting*
le conflit *conflict*
une embuscade *ambush*

libérer *to free*
livrer *to deliver*
se produire *to happen, take place*
prendre en otage *to take hostage*
attaquer *to attack*
un attentat *attack*
la mort *death;* les morts [m pl] *the dead*
la peine de mort *death penalty*
le terrorisme *terrorism*
tuer *to kill*

céder à *to give up; to give in*
la négociation *negotiation*
la paix *peace*
la polémique *controversy*
les pourparlers [m pl] *talks; negotiations*

Divers

un sans-abri *homeless person*

Mise en pratique

Pendant le **conflit** entre l'Irak et le Koweït en 1990, les Français ont découvert leur désaccord sur le rôle de **l'armée** dans le monde d'aujourd'hui. Des unités spécialisées de l'armée de l'air ont fait partie des troupes qui **ont attaqué** les forces irakiennes sur le **front** ouest. Un pilote français a été **pris en otage.** Il **a été libéré** après la fin des **combats,** mais la **mort** de plusieurs **soldats** pendant les opérations de déminage *(minesweeping)* des plages a causé un débat public.

Le débat s'est ravivé en 2003 quand les États-Unis ont déclaré, sans l'accord des Nations Unies, la **guerre** à l'Irak. La France a alors décidé de ne pas prendre part à la guerre. Suite à l'absence apparente **d'armes de destruction massive (ADM),** bien des Français ont contesté les raisons avancées par les Américains pour déclencher cette guerre. La France a une présence en Afghanistan, cependant, depuis le déploiement des premières troupes alliées, fin 2001. Leur mission: obtenir le retour de la stabilité, le rétablissement de la **paix** et le développement d'une économie afghane équilibrée.

Activités

A. Pardon, monsieur. Engagez des conversations avec les personnes mentionnées. Parlez des sujets donnés en employant les ***Expressions typiques pour...***

MODÈLE: votre père: un emprunt de $50
—Papa, je te dérange? Non? Je voulais te demander si tu pourrais me prêter $50.

1. vos amis: l'article sur la prise d'otages
2. un étranger dans la rue: le chemin pour aller à la pharmacie la plus proche
3. M. Voulzy, votre patron: une idée qui vous est venue au sujet de la nouvelle publicité
4. vos voisins d'à côté: le vol qui a eu lieu dans la maison en face de la vôtre
5. votre mari/femme: quelque chose que vous voulez acheter

B. Eh bien... Maintenant, imaginez que vous terminiez chaque conversation que vous avez commencée dans l'exercice A. Que diriez-vous dans chaque situation? Utilisez les ***Expressions typiques pour...***

MODÈLE: ***—Bon, eh bien merci, papa. Je dois retourner à mes devoirs. J'en ai beaucoup pour demain.***

C. Sur le vocabulaire. Voici des phrases tirées d'un journal français. Remplissez les blancs avec le(s) mot(s) approprié(s) de la liste suivante. Faites tous les changements nécessaires.

SEMAINE NOIRE POUR LES TROUPES FRANÇAISES EN AFGHANISTAN

embuscade tué mort terroriste soldat EEI armée blessé

1. Un sous-officier français a été ________ ce mercredi lors d'une attaque contre un convoi. Cette attaque porte à trois le nombre de ________ français qui ont trouvé la ________ en moins de trois jours.
2. Il s'agit du troisième militaire français à perdre la vie cette semaine en Afghanistan. Lundi déjà, un sergent-chef et un capitaine avaient été pris dans une ________ au nord-est de Kaboul.
3. Le sous-officier a été victime ce mercredi de l'explosion d'un ________ le long de la route dans la province de Kapisa. Il se trouvait au sein d'un convoi logistique de l'________ afghane qui circulait dans cette province au nord-est de Kaboul.
4. Deux autres soldats ont été grièvement ________.

Adapté de *Métro (http://www.metrofrance.com)*.

ÉLECTIONS PRÉSIDENTIELLES

électeurs taux de participation mandat voter débat discuter soutenir

1. Le ________ du président de la République française est de cinq ans.
2. Puisque Nicolas Sarkozy a été élu en 2007, les ________ se prononceront *(will express their views)* à nouveau en 2012, en 2017 et en 2022.
3. Le ________ politique sur l'attitude que la France devrait avoir à l'égard de l'immigration divise l'opinion depuis les années 1970.
4. Selon les experts, la mobilisation des jeunes a fait monter leur ________ à 85%. En général, ils ________ les candidats qui apportent des idées neuves et constructives.
5. Mais en face du durcissement européen contre l'immigration illégale, est-ce qu'ils feront longtemps l'effort d'aller ________ aux présidentielles?

 **D. Une opinion.** Prenez la parole et exprimez une opinion sur les sujets suivants en deux phrases avec un(e) copain/copine de classe; il/elle répondra à l'opinion exprimée.

1. les dernières élections
2. le rôle des Nations Unies
3. le terrorisme
4. un événement sportif récent
5. la délinquance dans les grandes villes

La grammaire à apprendre

Les pronoms *y* et *en*

During a conversation, people often use pronouns to refer to persons, things, or ideas already mentioned. You reviewed direct and indirect object pronouns in ***La grammaire à réviser.*** The following is information relevant to the pronouns **y** and **en.**

A. L'usage du pronom y

- **Y** replaces a preposition of location (**à, en, sur, chez, dans, sous, devant,** etc., except for **de**) and its object. Translated as *there,* it is not always used in English, although it must be used in French:

  —Est-ce que tu es déjà allée au musée Rodin[1]?

  —Non, je n'**y** suis jamais allée. Allons-**y.**

- **Là** must be used to express *there* if the place has not been previously mentioned:

  —Déposez vos sacs au vestiaire, juste **là,** derrière le pilier, avant d'entrer dans le musée.

- **Y** is also used to replace **à** + noun referring to a thing. Typical verbs requiring **à** before a noun object are **s'intéresser, répondre, penser, jouer,** and **réfléchir:**

  —La technique de Rodin? J'**y** réfléchis en regardant ses sculptures.

  —Nos questions sur la technique de Rodin? Le guide peut **y** répondre.

  —La sculpture? Nous nous **y** intéressons beaucoup!

Jouer à is used for sports or games; **jouer de** is used with musical instruments.

NOTE À + person is replaced by an indirect object pronoun or a disjunctive pronoun. (Disjunctive pronouns will be discussed in the next lesson.)

—Est-ce que tu sais où se trouve notre guide? Je voudrais **lui** poser une question sur «Le Penseur».

- In the future and conditional tenses of **aller, y** is not used:

  —Le musée Rodin est formidable! Je voudrais aussi voir le musée Picasso. Est-ce que tu **irais** avec moi?

[1] Auguste Rodin (1840–1917) est un des sculpteurs les plus connus de France. Il est l'auteur du «Penseur», du «Baiser», de «Balzac», etc.

B. L'usage du pronom *en*

- **En** is used to replace the preposition **de** and its noun object referring to a place or thing. If the noun object refers to a person, a disjunctive pronoun is normally used instead. Typical verbs and verbal expressions whose objects are introduced by **de** are **avoir peur, avoir besoin, parler, se souvenir, penser, discuter,** and **jouer:**

  —Est-ce que tes parents t'ont jamais parlé du mouvement de révolte étudiant qui a eu lieu en 1986?

  —Oui, ils **s'en** souviennent bien. En fait, ils m'**en** parlent assez souvent.

Penser only requires **de** before a noun object when it is in the interrogative form, when asking for an *opinion.* For example, **Qu'est-ce que tu penses de «Dancing with the Stars»?** In all other cases, it takes **à.**

- Nouns preceded by the partitive or an indefinite article are replaced by **en.** The English equivalent *(some/any)* may be expressed or understood, but **en** is always used in French:

  —Ils connaissaient des étudiants qui ont participé aux manifestations *(demonstrations)*?

  —Oui, mon père **en** connaissait plusieurs. Un de ses amis, Paul Dufour, était très actif dans le mouvement.

- **En** is also used to replace a noun referring to a person or thing preceded by a number or other expression of quantity **(beaucoup de, peu de, trop de, un verre de, un kilo de, une bouteille de, plusieurs,** etc.). The noun object and the preposition **de** (if there is one) are replaced by **en;** only the number or expression of quantity remains. Although **en** may not be translated in English, it **must** be used in French:

  —Un grand nombre d'étudiants ont participé aux manifestations, n'est-ce pas?

  —Oui, il y **en** a eu beaucoup. Juste à Metz, ils étaient plus de 100 000!

  —Il y a eu des morts?

  —Malheureusement, il y **en** a eu un, un jeune étudiant de vingt-deux ans.[2]

Additional notes on the use of **y** *and* **en:**

- Placement in a sentence follows the same rules as other object pronouns.
- Past participle agreement is never made with **y** or **en.**
- In general, **y** replaces **à** + noun; **en** replaces **de** + noun.

Activités

A. Sondage. Sophie répond aux questions d'un journaliste qui fait un sondage pour *Femme Actuelle,* une revue française destinée aux femmes d'aujourd'hui. Complétez ses réponses en utilisant **y** ou **en.**

1. Les sports? Oui, je m'_______ intéresse beaucoup.
2. Des enfants? Non, je n'_______ ai pas.
3. Le cinéma? Oui, nous _______ allons souvent.
4. Les élections? Non, je n'_______ ai pas discuté au bureau.
5. Le bridge? Non, je n'_______ joue jamais.
6. Gagner plus d'argent? Bien sûr! J'_______ ai toujours besoin.
7. Des animaux domestiques? Oui, j'_______ ai deux: un chat et un oiseau.
8. Des amis américains? Oui, j'_______ ai plusieurs.
9. Le prochain concert de John Mayer? Oui, nous _______ allons.
10. Votre dernière question? Mais j'_______ ai déjà répondu!

[2] À la suite de la mort du jeune étudiant Malek Houssékine, Jacques Chirac, qui était Premier ministre à l'époque, a annoncé le retrait de la réforme de l'enseignement supérieur qu'il proposait (1986).

Liens culturels

L'art de discuter

Il y a plusieurs différences entre l'art de discuter chez les Français et chez les Américains. D'abord, les Français se tiennent plus près les uns des autres quand ils se parlent. Mal interprétée quelquefois par les Américains qui y voient un acte agressif, cette coutume reflète tout simplement un moindre besoin d'espace personnel. Ce trait culturel est aussi évident dans les mouvements plus restreints que font les Français, comparés avec les gestes plus expansifs des Américains.

Il est aussi admis dans certains cas d'interrompre son interlocuteur avant qu'il ait terminé sa phrase dans une conversation française, ce qui produit un effet de chevauchement *(overlapping)*. En outre, pendant qu'un Français vous parle, un autre Français commencera peut-être à vous parler aussi. Il faut alors écouter deux conversations en même temps! Alors qu'en général interrompre quelqu'un est considéré comme impoli chez les Américains, l'absence d'interruptions, lors d'une conversation animée chez les Français passe pour une certaine indifférence.

Quelles autres différences est-ce que vous avez remarquées entre les conversations françaises et américaines? Est-ce qu'il y a des différences dans la conversation selon la région aux USA? Donnez quelques petits mots et expressions que les Français utilisent pour maintenir la communication (voir le **Chapitre 4**).

Catherine Karnow/CORBIS

Imaginez la conversation entre ces deux personnes. De quoi est-ce qu'elles discutent?

B. Interview. Utilisez les verbes et les mots ci-dessous pour interviewer un(e) copain/copine de classe. Votre partenaire doit répondre en utilisant un pronom objet (direct, indirect, **y** ou **en**), selon le cas.

MODÈLE: aimer aller à: dans le centre des grandes villes / à la campagne / dans les parcs nationaux

—Est-ce que tu aimes aller dans le centre des grandes villes?

—Oui, j'aime y aller.

—Est-ce que tu aimes aller à la campagne?

—Non, je n'aime pas beaucoup y aller.

1. avoir trop (beaucoup, assez) de: temps / argent / ami(e)s / devoirs
2. s'intéresser à: la politique / l'art / la sculpture / les sports
3. connaître: la ville de New York / tous les étudiants de la classe / *(name of one student)*
4. se souvenir de: les devoirs pour aujourd'hui / mon nom / l'anniversaire de tes seize ans
5. aller souvent à: la bibliothèque / la cantine / le café du coin / chez tes grands-parents
6. téléphoner hier à: tes parents / le président de l'université / le professeur

C. La politique. Un homme qui travaille pour la campagne électorale d'un conseiller municipal parle avec un électeur. Remplissez les blancs avec un pronom objet (direct, indirect, **y** ou **en**), selon le cas. N'oubliez pas de faire tous les changements nécessaires.

—Je ne vous dérange pas?
—Non, vous ne (n') _______ dérangez pas. Entrez.
—Est-ce que vous vous intéressez à la politique?
—Oui, je me (m') _______ intéresse un peu.
—Bon. Je voulais _______ parler un peu de Jean Matou, qui se présente au Conseil municipal de votre mairie. Est-ce que vous connaissez Jean Matou?
—Oui, je (j') _______ connais. En fait, je (j') _______ ai rencontré à une soirée il n'y a pas longtemps.
—Et vous avez vu ses deux interviews à la télé?
—Euh, je (j') _______ ai vu une.
—Qu'est-ce que vous _______ avez pensé?
—Oh, j'ai pensé que... c'était pas mal.
—Très bien, monsieur. J'aimerais préciser quelques points de son programme électoral. Auriez-vous deux minutes?
—Bon. D'accord. Allez-_______...

L'homme commence à expliquer...
—Enfin, téléphonez-_______ si vous souhaitez que je (j') _______ donne plus de renseignements.
—D'accord. Je (J') _______ téléphonerai si je (j') _______ ai besoin.
—Une dernière chose: Est-ce que ça vous intéresserait de travailler comme volontaire dans cette campagne?
—Euh... Écoutez, je vais _______ réfléchir et je (j') _______ appellerai.

Interactions

A. Trouvez quelqu'un qui... Posez les questions suivantes à plusieurs étudiants. Trouvez des étudiants pour qui la réponse est vraie. Soyez poli(e) en posant les questions. Dites bonjour, présentez-vous et puis posez votre question. Après, continuez un peu la conversation. Puis excusez-vous et terminez la conversation. Si possible, utilisez les pronoms **y** et **en** ou des pronoms d'objets directs ou indirects.

Trouvez quelqu'un qui...
aime les mêmes grands hommes politiques que vous
est né(e) dans le même état que le président des États-Unis
étudie les sciences politiques ou les relations internationales
s'intéresse au problème de l'immigration
pense à une carrière politique
est volontaire dans la même organisation que vous

B. Au secours. Imaginez que vous perdez souvent les objets qui vous appartiennent. Un(e) copain/copine de classe va jouer le rôle de votre colocataire. Demandez-lui où vous avez mis des objets importants. (Utilisez les mots utiles ci-dessous.) N'oubliez pas d'engager la conversation comme il le faut. Votre copain/copine dira qu'il/qu'elle ne sait pas où vous avez mis ces objets, qu'il/qu'elle ne les a jamais vus ou qu'il/qu'elle les a vus récemment et qu'il/qu'elle sait où ils sont.

MOTS UTILES **sac à dos** [m] *(backpack)*; **livre de français; pull-over** [m] **marron; sur le plancher** *(floor)*; **dans un tiroir** *(drawer)*; **dans le panier à linge** *(laundry basket)*; **ne... nulle part** *(not anywhere)*

PRÉPARATION Dossier d'expression écrite

The focus of this chapter is writing an argumentative paper for your portfolio in which you express an opinion and try to convince the reader of your point of view. In order to be most effective, you'll want to address the opposing viewpoint to show that you are at least aware of the contrary position.

1. Choose your topic from the list below or create one of your own.
   - **a.** La possession d'armes à feu devrait être interdite.
   - **b.** Les États-Unis doivent rester neutres en ce qui concerne les conflits à l'étranger à moins qu'il ne s'agisse d'une question de sécurité nationale.
   - **c.** Les responsables d'attentats terroristes devraient être condamnés à la peine de mort.
   - **d.** Il est indispensable de définir le mariage dans la constitution américaine.
   - **e.** Il faudrait avoir des cours de citoyenneté et d'éthique.
   - **f.** Votre choix.
2. After you've chosen your topic, make a list of related vocabulary that might be useful for your paper.
3. Write a list of arguments both supporting and opposing your point of view. In order to make sure that you've listed all the possible positions, show your list to at least one classmate to help you develop your topic.

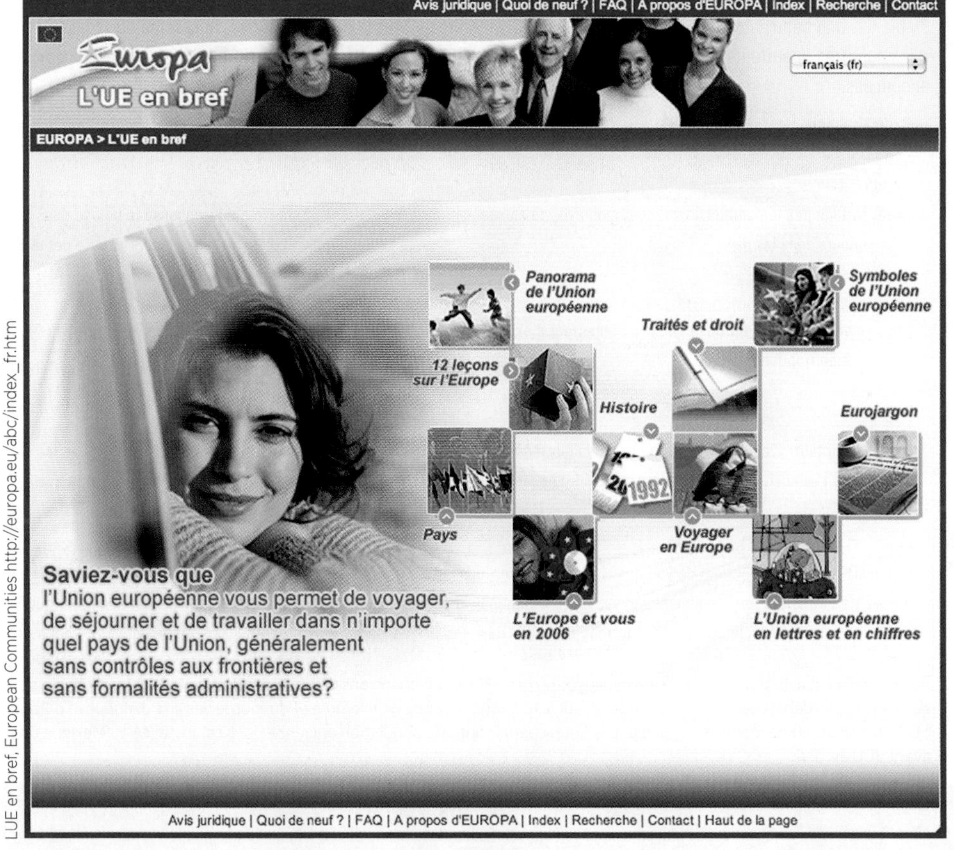

LUE en bref, European Communities http://europa.eu/abc/index_fr.htm

Le traité sur l'Union européenne a été conclu par les chefs d'État et de gouvernement des Douze lors du 45e sommet européen à Maastricht (Pays-Bas) en 1991 et est entré en vigueur *(put into effect)* en 1993. C'est un traité d'union économique, monétaire et politique. Les premières élections européennes après Maastricht ont eu lieu en 1994. Le 1er janvier 2002, les monnaies nationales ont été retirées et remplacées par des pièces et des billets en euros (€). L'euro est la monnaie officielle qui est utilisée par la plupart des pays-membres (il y en a maintenant 27 qui ont signé un traité d'adhésion.)

(Adapté de Dominique et Michèle Frémy, *Quid 2007*.)

LEÇON 2

COMMENT EXPRIMER UNE OPINION

Blog (suite)

Rappel: Have you reviewed the placement of object pronouns? (Text p. 233 and SAM pp. 142–143)

Premières impressions

1. Identifiez: a. plusieurs façons de donner son avis
   b. plusieurs façons de marquer son accord ou son désaccord
2. Trouvez: a. de quel musée on parle
   b. ce qu'on a fait

Après le départ de la représentante d'Amnesty International, Émilie se connecte sur Facebook pour trouver des nouvelles de son amie Chloé. Voici le blog de Chloé:

Au fait, la semaine dernière, je suis allée voir le musée du quai Branly[3] près de la tour Eiffel. C'est le musée entièrement consacré aux arts d'Afrique, d'Asie, d'Océanie et des Amériques. C'est l'architecte Jean Nouvel qui a conçu le bâtiment et les espaces d'exposition…

Eh bien… J'ai beaucoup aimé… je trouve que les œuvres présentées sont fantastiques. Apparemment, les collections sont très importantes… plus de 300 000 œuvres. Je vais y retourner en juin pour voir les nouvelles expos qui sont annoncées.

Commentaires

COMMENTAIRES

RACHID

Je ne partage pas ton enthousiasme… À mon avis, ce musée est une abomination! Je trouve qu'il symbolise le pillage des colonisateurs dans les pays colonisés.

Réagir contre cet avis?

ÉMILIE

Absolument pas! Moi, je trouve que c'est important d'exposer des œuvres de tous les coins du monde qui sont restées dans l'ombre° bien trop longtemps.

Réagir contre cet avis?

dans… *in the shadows (hidden away)*

LISE

Mais pas du tout! C'est honteux°! C'est scandaleux même! Ces œuvres d'art n'appartiennent pas à la France. En plus, je me demande si l'acquisition de ces trésors était légitime.

Réagir contre cet avis?

C'est honteux *It's a disgrace*

CHLOÉ

Oui, mais au moins, ça permet de voir des choses très rares, comme les statuettes chupicuaros[4] du Mexique. Tu sais, c'est une de ces statuettes qui sert d'emblème au musée. Je comprends la controverse, et même le scandale. Mais c'est important que ces collections, très anciennes parfois, sortent des oubliettes°.

Réagir contre cet avis?

les oubliettes *the deepest and dankest of prisons in medieval castles where people were thrown and forgotten*

[3] Le musée du quai Branly: Ce musée a été inauguré en juin 2006 après cinq ans de travaux qui ont coûté 232 millions euros. Il y a eu beaucoup de débats sur le nom du musée et sur la réunion du musée de l'Homme et du musée des arts d'Afrique et d'Océanie.
[4] Les statuettes chupicuaros du Mexique: Les Chupicuaros sont une population ancienne qui s'est installée au Mexique un peu avant 200 av. J.-C.

CHAPITRE 6
LEÇON 2

LISE

Ah non! Moi, je ne suis pas du tout d'accord! Je trouve que c'est une très mauvaise idée, parce que nous tirons des avantages touristiques de ces objets d'art. Finalement, cette belle structure a coûté très cher à la France. Et du coup, il a fallu fermer le musée de l'Homme du Trocadéro[5].

ÉMILIE

Eh oui... C'est dommage pour le musée de l'Homme. Mais le musée du quai Branly, ou le MQB comme on dit, réunit des œuvres incroyables!

CHLOÉ

Je suis de ton avis, Émilie. L'idée de Jacques Chirac[6] est que «les chefs d'œuvre du monde entier naissent libres et égaux°» comme il l'a dit dans un de ses discours.

naissent libres et égaux (naître) *born free and equal*

LISE

Eh bien, moi aussi, je veux bien le visiter! Je veux voir ce bâtiment qui nous a coûté les yeux de la tête°! Chaque président a son musée, n'est-ce pas? Pompidou avait voulu Beaubourg, Giscard d'Estaing a proposé le musée d'Orsay et Mitterrand avait sa pyramide du Louvre[7]... Quand vont-ils penser aux problèmes sociaux comme le chômage des jeunes et les banlieues?

coûter les yeux de la tête *to cost a fortune*

À suivre

Observation et analyse

1. Quel est l'avis de Lise sur le musée du quai Branly? Expliquez son point de vue.
2. Est-ce qu'Émilie est d'accord avec elle? Expliquez l'argument qu'elle avance.
3. Quelle est l'attitude de Chloé dans le débat?
4. Est-ce qu'on a rénové ou construit beaucoup de musées à Paris? Comment le savez-vous?

Réactions

1. Quels musées est-ce que vous avez visités? Lesquels est-ce que vous préférez et pourquoi?
2. Est-ce que l'apparence d'un musée est importante pour vous ou est-ce que c'est les expositions qui vous attirent?
3. Êtes-vous pour ou contre la construction de musées quand il y a des problèmes sociaux importants et que l'argent manque? Expliquez votre réponse.
4. Avec qui est-ce que vous êtes le plus d'accord dans le débat sur le musée du quai Branly?

Esther Marshall/Heinle, Cengage Learning

Le musée du quai Branly

[5] Le musée de l'Homme: Un musée fondé en 1937 qui prépare sa rénovation (conduite sur cinq années) autour d'une histoire naturelle et culturelle de l'homme. Avant d'être fermé, il a servi d'institution de recherche anthropologique et de préhistoire. Le futur musée aura une collection de préhistoire très prestigieuse.

[6] Jacques Chirac (né en 1932) a été président de la France de 1995 jusqu'en 2007 (un premier mandat de sept ans et un second mandat de cinq ans, selon la modification constitutionnelle). Auparavant, il avait été maire de Paris (1977–1995).

[7] Georges Pompidou (1911–1974) est devenu président en 1969 jusqu'à sa mort en 1974; Valéry Giscard d'Estaing (1926–) a été président de la République de 1974 à 1981; François Mitterrand (1916–1996) a été président de 1981 à 1995 (deux mandats de sept ans).

Expressions typiques pour...

After the negative of **croire** and **penser**, the subjunctive is used to imply doubt: **Je ne crois pas qu'il y aille.**

Contrary to several other opinion verbs, **J'ai l'impression que** and **Il me semble que** take the indicative mood, even in the negative and interrogative forms.

Demander l'avis de quelqu'un

Quel est ton/votre avis?

Qu'est-ce que tu penses de... ?

Qu'est-ce que vous en pensez?

Est-ce que tu es/vous êtes d'accord avec... ?

Selon toi/vous, faut-il... ?

Comment tu le trouves?/ Comment vous le trouvez?

Exprimer une opinion...

Je (ne) crois/pense (pas) que...

Je trouve que...

À mon avis.../Pour moi...

D'après moi.../Selon moi...

Par contre... *(On the other hand . . .)*

De plus/En plus/En outre... *(Besides . . .)*

... avec moins de certitude

J'ai l'impression que...

Il me semble que...

..., vous ne trouvez pas?

Dire qu'on est d'accord

Ça, c'est vrai.

Absolument.

Tout à fait. *(Absolutely.)*

Je suis d'accord (avec toi/vous).

Je suis de ton/votre avis.

Je le crois.

Je pense que oui.

C'est exact/juste.

Moi aussi. (Ni) moi non plus. *(Me neither.)*

Dire qu'on n'est pas d'accord

Ce n'est pas vrai.

Absolument pas.

Pas du tout. *(Not at all.)*

Je ne suis pas d'accord (avec toi/vous).

Je ne le crois pas.

Je pense que non.

C'est scandaleux/idiot/honteux *(shameful)*!

Cependant... *(However . . .)*

Je ne partage pas entièrement vos vues. (très poli)

Exprimer l'indécision

Vous trouvez?

C'est vrai?

C'est possible.

Je ne sais (pas) quoi dire.

Je ne suis pas sûr(e)/certain(e).

On verra.

Exprimer l'indifférence

Ça m'est (tout à fait) égal.

Tout cela est sans importance.

Au fond, je ne sais pas très bien.

Bof!

Mots et expressions utiles

Les arts/L'architecture

la conception *(from concevoir)* *design, plan*

en verre, en métal, en terre battue *made of glass, metal, adobe*

une œuvre *work (of art)*

rénover *to renovate*

chouette *(familiar) neat, nice, great*

passionnant(e) *exciting*

remarquable/spectaculaire *remarkable/spectacular*

réussi(e) *successful, well executed*

super *(familiar) super*

Les perspectives

honteux/honteuse *shameful*

insupportable *intolerable, unbearable*

laid(e) *ugly*

moche *(familiar) ugly, ghastly*

s'accoutumer à *to get used to*

attirer *to attract*

convaincre *to convince*

supprimer *to do away with*

Activités

A. Un sondage. Un reporter du journal de votre campus fait un sondage sur les idées et les goûts des étudiants. Répondez à ses questions en vous servant des expressions présentées pour donner votre opinion.

MODÈLE: —Qu'est-ce que tu penses de la musique de... *(current rock group)*?
—Moi, je la trouve super!

1. Est-ce qu'il faut supprimer les contrôles?
2. Faut-il assister à tous les cours pour bien comprendre le français (la philosophie, les mathématiques)?
3. À ton avis, est-ce que... est un(e) bon(ne) président(e) pour notre université?
4. D'après toi, est-ce qu'il faut censurer *(name of current student newspaper)*?
5. Qu'est-ce que tu penses de... *(name of new film)*?
6. Comment tu trouves... *(name of current TV program)*?

B. Les arts. Vous êtes au musée avec un(e) ami(e). Regardez ces œuvres d'art ci-dessous et à la page suivante et donnez vos réactions en utilisant les expressions données à la page 246.

Scala/Art Resource, NY

Nicolas Poussin, *L'inspiration du poète*

By Paulette Foulem-Lanteigne

Paulette Foulem, *Avant le «squall»*

Fernand Léger, *Le remorqueur* (tugboat)

Auguste Renoir, *Jeune fille au chapeau rouge*

C. À vous! Maintenant, menez une petite enquête sur les idées d'un ou d'une de vos copains/copines de classe. Demandez son avis sur les sujets suivants en employant les ***Expressions typiques pour...*** à la page 246.

1. les œuvres impressionnistes
2. le design des voitures écologiques
3. les rénovations d'un bâtiment sur le campus/en ville
4. la réduction/l'augmentation des frais d'inscription universitaires
5. les derniers films d'animation

D. Selon moi... Voici les résumés de plusieurs éditoriaux récents dans le journal de votre ville. Réagissez à chaque opinion en disant si vous êtes d'accord ou non, et pourquoi.

MODÈLE: Il faut légaliser la marijuana.
—Je ne le crois pas. La marijuana est une drogue et je suis contre toutes les drogues.

1. Le suicide assisté doit rester illégal.
2. Il faut interdire aux gens de porter des armes sur les campus.
3. M./Mme/Mlle... serait un(e) bon(ne) président(e) pour notre pays.
4. Les jeux de hasard *(gambling)* doivent être légalisés dans tous les états.

La grammaire à apprendre

La position des pronoms objets multiples

During the course of a conversation or debate, you occasionally need to use more than one pronoun to refer to previously mentioned persons, things, or ideas. You have already reviewed placement of one object pronoun in ***La grammaire à réviser.*** Be sure to do the practice exercises in the workbook.

The following chart illustrates pronoun order when you need to use two object pronouns together. Note that the same order applies to negative imperatives:

	me					
	te	le				
(sujet) (ne)	se	la	lui			verbe (pas)
	nous	les	leur	y	en	
	vous					

—Les tableaux de Degas? Vous **vous y** intéressez? Bien. Je **vous les** montrerai dans quelques minutes. Ne **vous en** allez pas...

NOTE When in doubt, remember that **en** clings to the verb; **y** also likes to precede the verb.

In affirmative commands, all pronouns follow the verb in the order below and are connected by a hyphen:

		me (moi)		
	le	te (toi)		
verbe	la	lui	y	en
	les	leur		
		nous		
		vous		

As you can see, direct object pronouns come before indirect object pronouns, and **y** and **en** are always last.

—Vos sacs et vos paquets à la consigne? Oui, mettez-**les-y**. Ils seront sous bonne garde.

—Vos tickets? Donnez-**les-moi,** s'il vous plaît.

Note that **me** and **te** change to **moi** and **toi** when they are the only or last pronouns after the imperative. However, when they precede **y** or **en,** they contract to **m'** or **t'** and an apostrophe replaces the hyphen.

—Des tableaux de Renoir? Oui, montrez-**m'en**.

Activités

A. Visite au musée d'Orsay. Voici des questions posées par un groupe de touristes à leur guide. Imaginez comment répondrait le guide en substituant des pronoms objets aux mots en italique.

1. Est-ce qu'il y aura beaucoup *de touristes* aujourd'hui?
2. Est-ce que nous devons acheter *les billets au guichet*?
3. Est-ce qu'il faut vous donner *les billets*?
4. Est-ce que nous verrons *des tableaux de Manet dans cette galerie*?
5. Peut-on parler *de l'art moderne à cet artiste qui est en train de peindre*?
6. En général, est-ce qu'on donne *un pourboire aux guides*?

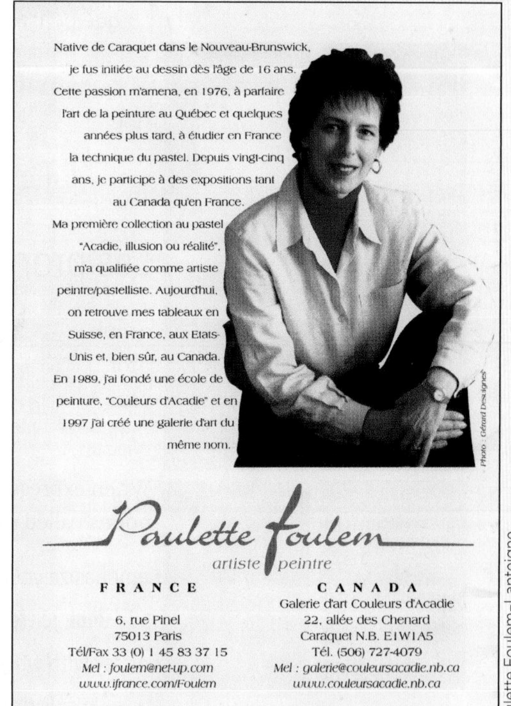

Paulette Foulem–Lanteigne

Paulette Foulem est une artiste peintre qui vient du Nouveau-Brunswick. Elle habite maintenant à Paris. Connaissez-vous des artistes qui viennent de votre région? Où habitent-ils maintenant?

B. Mais je suis ta maman! Une mère donne les conseils suivants à son fils, qui ne l'écoute pas très bien. Répétez chaque conseil en utilisant des pronoms objets appropriés.

1. Mange *tes pâtes,* mon petit.
2. Ne donne pas trop *de biscuits à ta sœur.*
3. Sers-toi *de ta fourchette,* s'il te plaît.
4. Attention! Ne te coupe pas *le doigt*!
5. Donne-moi *les allumettes* immédiatement!
6. Ne laisse pas *tes jouets sur le plancher.*
7. Donne *des bonbons à ta grand-mère.*
8. Bonne nuit, mon chou. N'aie pas peur *des monstres.*

C. Sondage. Circulez et posez les questions suivantes à plusieurs copains/copines de classe, qui répondront avec des pronoms, si possible. N'oubliez pas de saluer la personne et de lui dire au revoir. Après, dites à la classe une ou deux chose(s) intéressante(s) que vous avez apprise(s).

1. Est-ce que tu as vu une exposition d'art au musée récemment? Si oui, laquelle?
2. Tu as pris un bon repas dans un restaurant récemment? Si oui, où?
3. Tu as regardé une bonne émission à la télévision chez toi récemment? Si oui, laquelle?
4. Est-ce que tu dois faire des recherches *(research)* à la bibliothèque cette semaine? Si oui, sur quoi?
5. Tu as parlé de ta note au professeur de français récemment? Si oui, pourquoi?
6. Tu vas bientôt donner un cadeau à ton meilleur ami/ta meilleure amie? Si oui, que penses-tu lui acheter?

La grammaire à apprendre

Les pronoms disjoints

moi	nous
toi	vous
lui	eux
elle	elles

When expressing opinions in French, you often need to use a special group of pronouns called disjunctive pronouns in order to:

- emphasize your opinions

  —**Moi**, je trouve cette idée déplorable!

- or say with whom you agree or disagree

  —Je suis d'accord avec **lui**; c'est une idée absurde.

These and other functions of disjunctive pronouns are summarized below.

L'usage des pronoms disjoints

- To emphasize a word in a sentence:

—**Toi,** tu ne sais pas ce que tu dis.
You don't know what you are saying.
—Je ne te comprends pas, **moi.**
I don't understand you.
—Mais non. Ce n'est pas **moi** qui ne sais pas où j'en suis. C'est **toi**!
No, I'm not the one who is confused. You're the one!

In French, emphasis is achieved by the addition of a disjunctive pronoun or **c'est/ce sont** + disjunctive pronoun.

- To express a contrast:

Moi, je suis contre la peine de mort. Et **toi,** qu'est-ce que tu en penses?

- After most prepositions:

—Pour **moi,** l'idée même de la peine de mort est insupportable.
... Mes parents? Selon **eux,** la peine de mort est justifiable.

NOTE **Y** replaces the preposition **à** + a place or thing, and the indirect object pronouns replace **à** + a person. However, with expressions such as **penser à/de, faire attention à, s'habituer à, s'intéresser à, faire référence à, s'adresser à,** and **être à**, disjunctive pronouns are used after **à** or **de** when the object is a person.

—Qu'est-ce que vous pensez de ce nouvel homme politique, Alexandre? Qu'est-ce que vous pensez de **lui**?
—Pour le moment, je m'intéresse beaucoup à **lui.** Il me semble sincère.

- In compound subjects:

—Mon mari et **moi,** nous ne sommes pas de votre avis.

Notice that the plural subject pronoun may be used in addition to the disjunctive pronoun.

- In one-word questions and answers without verbs:

—Qui est d'accord avec nous?
—**Moi!**
—Et **toi,** Sonia?

France Miniature: Sur une immense carte en relief, sont regroupées les plus vieilles richesses de la France: 166 monuments historiques, 15 villages typiques des régions, les paysages et les scènes de la vie quotidienne à l'échelle *(scale)* du 1/30ième... au cœur d'un environnement naturel extraordinaire. (*France Miniature*, Groupe Musée Grévin)

Quelle est la valeur d'un musée comme France Miniature? Est-ce qu'il y a un musée comme France Miniature aux États-Unis? Si oui, où est ce musée?

• After **c'est/ce sont** in order to carry out the function of identifying*:

—C'est **elle** qui trouve cet homme politique honnête et sans défaut.

NOTE **C'est** is used in all cases except for the third-person plural, which takes **ce sont**.

—C'est **nous** qui avons raison; ce sont **eux** qui ont tort.

• In comparisons after **que:**

—Évidemment, Sonia n'est pas du même avis que **toi.**

• In the negative expressions **ne... ni... ni** and **ne... que:**

—Elle n'écoute que **toi.** Elle n'écoute ni **lui** ni **moi.**

• With the adjective -**même(s)** to reinforce the pronoun:

—Peut-être que Sonia **elle-même** devrait être candidate!
Maybe Sonia should run for office herself!

Activités

A. Au musée. Un groupe d'amis se retrouvent au musée du Louvre, où ils discutent de leurs tableaux préférés. Créez de nouvelles phrases en substituant les sujets entre parenthèses aux mots en italique. Changez aussi les pronoms disjoints en italique.

1. J'adore ce tableau de Delacroix. Selon *moi,* c'est sa meilleure œuvre. (Catherine / Tu / Tes sœurs)
2. *Éric* n'est pas d'accord avec *moi.* (Je, Éric / Nous, Éric et toi / Muriel et toi, tes amis)
3. *Éric* va peindre un tableau *lui-même.* (Nous / Je / Tom et Pierre)
4. Qui va au premier étage pour voir les œuvres de Rubens? *Moi*! (Anne et Sylvie / Toi / Éric et toi)
5. C'est *Catherine* qui est perdue! (nous / Chantal et Luc / Marc)

B. Questions indiscrètes. Posez les questions suivantes à un(e) copain/copine de classe. Faites un résumé de ses réponses à la classe.

MODÈLE: Est-ce que c'était ta mère qui préparait ton petit déjeuner quand tu étais à l'école primaire?

—Oui, c'était elle qui préparait mon petit déjeuner quand j'étais à l'école primaire.

1. Est-ce que ton (ta) colocataire fait plus souvent la cuisine que toi?
2. Est-ce que tu nettoies l'appartement/la maison toi-même?
3. À qui est la télé chez toi?
4. Ton (Ta) camarade de chambre et toi, vous sortez souvent ensemble?
5. D'habitude, est-ce que ton (ta) colocataire a plus de travail à faire que toi?

* See **Chapitre 3, Leçon 1.**

Liens culturels

Trois grands musées

Le musée d'Orsay: En 1986, l'ancienne gare d'Orsay a été transformée en musée de l'art du XIXe siècle. Ce musée contient les œuvres réalistes, impressionnistes, post-impressionnistes et fauves des années 1850 à 1914. Ces œuvres étaient autrefois exposées au Jeu de Paume, au musée Rodin, à Versailles et dans beaucoup d'autres petits musées et entrepôts *(warehouses)* dispersés dans Paris. Aujourd'hui, il y a de nombreux visiteurs (environ 3 200 000 millions par an) qui admirent les collections exposées à Orsay. Visitez le site Web (www.musée-orsay.fr) pour voir la liste des expositions.

Le musée d'Orsay

Jon Arnold Images Ltd/Alamy

Le centre Beaubourg

Derek Croucher/CORBIS

Le centre Pompidou (Beaubourg): Le Centre National d'Art et de Culture Georges Pompidou est situé dans le vieux quartier Beaubourg. Bien qu'on ait commencé sa construction pendant la présidence de Pompidou (1969 à 1974), ce musée d'art moderne n'a été fini qu'en 1977, après sa mort. Il a été fermé entre 1997 et 2000 pour des rénovations. Aujourd'hui, il continue à attirer l'attention à cause de son architecture singulière. Adoré ou détesté des Français, le centre Beaubourg est un des musées les plus fréquentés de Paris. Voir www.centrepompidou.fr.

Le Louvre: L'ancienne résidence des rois aux XVIe et XVIIe siècles est devenue un musée entre 1791 et 1793. Sous la présidence de François Mitterrand, on y a ajouté un niveau souterrain, dessiné par l'architecte sino-américain I.M. Pei. Pour donner de la grandeur à l'entrée, Pei a fait construire une grande pyramide en verre de vingt mètres de hauteur entourée de trois pyramides plus petites, jointes par des fontaines. Le Louvre est toujours en train d'évoluer. En 2008, on a commencé la construction des salles d'art islamique dans la cour Visconti, un projet autorisé par l'ancien président Jacques Chirac et financé par la France et l'Arabie saoudite. Voir www.louvre.fr.

Le Louvre

Robin Allen/Index Stock/Photolibrary

Qu'est-ce que vous pensez de l'esthétique de ces musées très différents les uns des autres? Laquelle est-ce que vous préférez et pourquoi? Est-ce que vous vous intéressez à l'architecture? Expliquez. Est-ce que vous avez un musée américain préféré? un bâtiment préféré?

Interactions

A. Imaginez. Jouez le rôle d'un homme/d'une femme politique qui se présente aux élections. Votre copain/copine de classe sera un électeur/une électrice qui n'a pas encore décidé pour qui il/elle va voter. Il/Elle posera des questions pour déterminer l'opinion du candidat/de la candidate que vous jouez.

SUJETS SUGGÉRÉS la peine de mort, la réduction du déficit national, la pollution, le terrorisme international, le droit aux soins médicaux, la sécurité sociale, le chômage, les énergies vertes, la police aux frontières

B. Petits débats. Travaillez en groupes de trois étudiants. La première personne exprimera son avis sur un sujet et demandera l'avis de la deuxième personne. Après cela, la troisième personne dira s'il/si elle est d'accord ou pas et expliquera pourquoi.

MODÈLE: la loi qui interdit aux jeunes de moins de 21 ans de boire de l'alcool

—À mon avis, cette loi n'est pas juste. Qu'est-ce que tu en penses?

—Je suis d'accord avec toi. Si on peut être envoyé à la guerre à dix-huit ans, on doit avoir le droit de boire de l'alcool au même âge.

—Mais non, je ne suis pas de ton avis. Il y a trop d'accidents de voiture causés par de jeunes conducteurs ivres.

1. la cohabitation avant le mariage
2. la violence dans les films
3. Sarah Palin/les médias
4. le chômage des jeunes diplômés
5. le mariage gai
6. (votre choix)

PREMIER BROUILLON Dossier d'expression écrite

Use the vocabulary and arguments that you brainstormed in **Leçon 1** to begin writing your first draft. Write an introductory paragraph in which you inform your reader of the object of your discussion.

1. Describe your point of view and then the opposing point of view. Give a response to each opposing argument and explain the reason for your opposition.
2. Present several solutions, choices, or possibilities and then write a possible conclusion.

LEÇON 3

COMMENT EXPRIMER LA PROBABILITÉ

Conversation  (conclusion)  Track 13

Premières impressions

1. Identifiez: les mots et les expressions que ces jeunes gens utilisent pour exprimer la probabilité ou l'improbabilité de certains événements
2. Trouvez: de quel problème on parle (citez deux exemples qui sont donnés)

Les jeunes amis continuent à discuter à la brasserie. Fabien est revenu de sa petite réunion.

ÉMILIE Oui, on s'occupe beaucoup des problèmes à l'étranger. Enfin, je ne sais pas ce que tu en penses, mais on devrait plutôt s'occuper de ce qui se passe chez nous.

CHLOÉ Oui, mais il ne me semble pas qu'il y ait autant de problèmes ici qu'ailleurs.

DIDIER On a quand même un gros problème avec l'immigration et le racisme, tu ne trouves pas?

CHLOÉ Non, pas tellement... je trouve que finalement les choses vont assez bien.

DIDIER On ne peut pas dire qu'on n'ait pas de problèmes de racisme!

ÉMILIE Et un des résultats est le climat d'insécurité dans les banlieues° surtout celles habitées par les immigrés nord-africains. Il y a beaucoup de jeunes Maghrébins qui ne se sentent pas chez eux. C'est pourquoi les banlieues restent difficiles et sont des secteurs chauds. En octobre-novembre 2005, il y a eu des émeutes° de jeunes.

suburbs

riots

CHLOÉ Ça a fait la une des journaux° et la télé aime bien faire peur. Mais au fond°, j'ai l'impression que beaucoup de Nord-Africains se sentent français maintenant. Il y en a beaucoup qui sont nés ici et qui sont allés à l'école ici.

la une... *front page* / **au fond** *basically*

ÉMILIE Oui, mais beaucoup sont au chômage. En plus, beaucoup se plaignent° d'une grande discrimination dans le travail. Il y a beaucoup de jeunes Maghrébins qui ne se sentent pas chez eux.

complain

FABIEN Tu sais, avec la faillite des banques et la récession économique qui s'aggrave° de jour en jour, il est possible que ces difficultés empirent°, au moins pendant quelques temps.

gets worse

worsen

CHLOÉ Mais enfin, il faut avoir un peu plus d'espoir et de confiance dans les gens. On va probablement voir baisser le taux de chômage. Je parie° que les choses s'arrangeront. On trouvera des solutions. Et ce n'est pas uniquement français d'ailleurs. C'est comme ça en Amérique depuis longtemps.

bet

DIDIER Oui, mais en France, c'est peut-être plus un problème de culture et de religion que de race. Ce n'est pas facile pour une minorité ethnique musulmane de s'intégrer dans une civilisation catholique...

Observation et analyse

1. Qui dans la conversation est optimiste? Qui ne l'est pas?
2. Décrivez l'évolution de la société selon Chloé.
3. Pourquoi est-ce qu'il y a un problème d'intégration pour les Nord-Africains parmi les Français? Pour la deuxième génération de Nord-Africains, comment est-ce que ce problème va peut-être se résoudre *(to be solved)*?
4. Dans le dialogue, avec qui est-ce que vous êtes d'accord? Pourquoi?

Réactions

1. Est-ce que vous avez un grand-parent ou un arrière-grand-parent qui a émigré d'un pays étranger pour venir en Amérique? De quel pays?
2. Quelles sortes de problèmes est-ce qu'un nombre croissant *(increasing)* d'immigrants pose à un pays?
3. Est-ce qu'il y a eu des événements dans les années récentes qui peuvent nous faire réfléchir au problème du racisme aux États-Unis? Expliquez.

Expressions typiques pour...

Exprimer la probabilité des événements

(The following expressions all take the indicative mood. Those with ***devoir*** *are followed by an infinitive.)*

D'aujourd'hui ou de l'avenir

Sans doute qu'ils viendront dans quelques minutes.

Il est probable qu'ils viendront en voiture.

Ils doivent être en route *(must be on the way)*.

Il est probable qu'ils s'excuseront.

Du passé

Ils ont été retenus *(held up)* sans doute.

Ils ont dû partir en retard *(must have gotten a late start)*.

Ils ont probablement oublié de nous téléphoner.

Ils devaient arriver à trois heures.

Exprimer l'improbabilité des événements

(The following expressions all take the subjunctive mood.)

Il ne semble pas que ce manque de ponctualité soit typique.

Il est improbable qu'ils aient oublié notre rendez-vous.

Il est peu probable qu'ils aient eu un accident de voiture.

Il est douteux qu'ils viennent.

Cela me semble peu probable qu'il ait oublié notre rendez-vous.

Mots et expressions utiles

L'immigration et le racisme

un(e) immigrant(e) *newly arrived immigrant*
un(e) immigré(e) *an immigrant well established in the foreign country*

un bouc émissaire *scapegoat, fall guy*
la main-d'œuvre *labor*
maghrébin(e) *from the Maghreb (Northwest Africa: Morocco, Algeria, Tunisia)*

l'accueil [m] *welcome*
accueillant(e) *welcoming, friendly*

la banlieue *the suburbs*
les quartiers [m pl] sensibles *slums*

s'accroître *to increase*
s'aggraver *to get worse*
blesser *to hurt*
croissant(e) *increasing, growing*
éclairer *to enlighten*
empirer *to worsen*
répandre *to spread*
rouer quelqu'un de coups *to beat someone black and blue*

le chômage *unemployment*
un chômeur/une chômeuse *unemployed person*

un incendie *fire*
les émeutes [f] *riots*
une manifestation/manifester *demonstration, protest (organized)/ to demonstrate, protest*
une menace *threat*
la xénophobie *xenophobia (fear/hatred of foreigners)*

Mise en pratique

Depuis les élections présidentielles de 2002 et le score relativement élevé du chef de file *(party leader)* du Front national (FN), Jean-Marie Le Pen, les exemples de racisme se sont multipliés en France. Le FN a profité du **chômage** qui **s'est aggravé** pour promouvoir une idéologie que beaucoup considèrent **xénophobe.** Quand Le Pen est parvenu au deuxième tour, beaucoup de Français, choqués par ce résultat, sont descendus dans la rue pour **manifester.** Ces **manifestations se sont répandues** et Le Pen a reçu peu de votes au deuxième tour que Jacques Chirac a gagné largement. Huit ans plus tard, aux élections régionales de 2010, les Français ont exprimé leur mécontentement envers la politique menée par Nicolas Sarkozy, le successeur de M. Chirac, en redonnant un nombre **croissant** de votes aux candidats du Front national et à ceux du parti socialiste.

See **Chapitre 7** for a review of the future tense.

Activités

A. Imaginez. Jouez le rôle de quelqu'un qui peut prédire l'avenir. Créez deux prédictions avec les mots donnés ci-dessous et une expression de probabilité ou d'improbabilité.

MODÈLE: ... le prochain président des États-Unis sera...
—Il est très probable que le prochain président des États-Unis sera une femme.
—Il est peu probable que je sois le prochain président des États-Unis.

1. ... le film qui gagnera l'Oscar du «meilleur film» de l'année sera...
2. ... je finirai mes études universitaires en...
3. ... je me marierai avec...
4. ... j'aurai... enfants.
5. ... je serai... (profession)
6. ... (votre choix)

B. Ça continue... Voici des phrases tirées d'un journal français. Complétez chaque phrase en utilisant les ***Mots et expressions utiles.***

1. Depuis quelques années, les incidents entre ________ et les Français se multiplient.
2. À cause de la crise économique et du ________, beaucoup de Français reprochent aux étrangers de s'approprier le travail revenant de droit aux nationaux.
3. Frédéric Boulay, un ________ de vingt-deux ans, a tué deux ouvriers turcs et en ________ cinq autres. Il a dit que c'était à cause de la ________ étrangère qu'il était sans travail.
4. Dans le 20e arrondissement de Paris, de septembre à décembre, trois ________ ont eu lieu dans des immeubles habités par des immigrés. Le feu a donc détruit leur logement.
5. S.O.S.–Racisme a organisé une ________ antiraciste qui a rassemblé entre 200 000 et 400 000 personnes. Aujourd'hui, ce groupe continue à être actif dans la campagne contre le racisme avec d'autres groupes, comme l'Obu (Organisation des banlieues unies).

Si vous vous intéressez à ce groupe, vous pouvez vous informer en visitant le site Internet de S.O.S.–Racisme (www.sos-racisme.org).

C. Vous êtes le prof. Vos élèves ne comprennent pas les expressions et mots suivants. Aidez-les en donnant un synonyme pour chaque expression dans le premier groupe et un antonyme pour chaque expression dans le deuxième groupe. Utilisez les ***Mots et expressions utiles.***

SYNONYME	ANTONYME
1. battre quelqu'un	1. améliorer
2. faire du mal à quelqu'un	2. un travailleur
3. un secteur pauvre d'une ville	3. le vrai responsable
4. le feu	4. diminuer

D. Qu'est-ce qui s'est probablement passé? Pour chacun des événements suivants, donnez une explication plausible.

MODÈLE: Votre ami arrive en retard pour votre rendez-vous.
—Il a dû partir en retard.

1. Votre mari/femme ne vous offre rien pour votre anniversaire.
2. Votre enfant, au bord des larmes *(tears)*, vient vous voir.
3. Votre colocataire veut vous emprunter $200.
4. Il est sept heures du matin et on dit à la radio que l'université sera fermée aujourd'hui.

La grammaire à apprendre

Le verbe *devoir*

A. One of the principal ways of expressing probability is to use **devoir** + infinitive. (Remember that when **devoir** is followed directly by an object it means *to owe.*) Note the difference in meaning implied by each tense.

Présent: Tu **dois** avoir raison, mon pote *(familiar—friend)*. *(must, probably)*
Imparfait: Je ne **devais** pas faire attention. *(was probably)*
Passé composé: J'**ai dû** oublier de fermer la porte à clé. *(must have)*

B. Devoir also may be used to express necessity or moral obligation, as in the following examples:

Présent: Nous **devons** réexaminer le problème de l'immigration clandestine aux États-Unis. *(must, have to)*
Passé composé: L'année passée, les douaniers **ont dû** arrêter plus de 1,2 million de personnes qui essayaient d'entrer illégalement dans le pays. *(had to)*
Imparfait: Autrefois, nous ne **devions** pas nous préoccuper de ce problème. *(used to have to)*
Futur: Je crois que le président **devra** proposer de nouvelles mesures. *(will have to)*
Conditionnel: Combien d'immigrants par an un gouvernement **devrait**-il accepter? *(should)*
Conditionnel passé: Nous **aurions dû** étudier ce problème plus tôt. *(should have)*

Activités

A. Questions indiscrètes. Posez les questions suivantes à un(e) copain/copine de classe. Faites un résumé de ses réponses à la classe.

1. Qu'est-ce que tu dois faire ce soir?
2. Est-ce que tu devras travailler ce week-end?
3. Tu dois être un(e) étudiant(e) exemplaire, non?
4. Quand tu étais petit(e), est-ce que tu recevais de l'argent de poche *(pocket money)* de tes parents? Quels genres de travaux ménagers *(chores)* est-ce que tu devais faire pour gagner cet argent?
5. Tu as dû être un(e) enfant sage, n'est-ce pas?
6. D'après toi, à quel âge est-ce que les parents devraient permettre aux enfants d'avoir un portable ou un BlackBerry?

B. Une lettre. Vous avez consenti à traduire en français une lettre écrite par les parents d'un(e) de vos ami(e)s aux propriétaires d'un petit hôtel à Caen. Voici la lettre en anglais.

Dear Mr. and Mrs. Lesage,

You probably do not often receive letters from Americans, but my husband and I have to tell you how much we enjoyed your hotel this summer.

Everyone was so friendly there, and the accommodations (**l'hébergement**) were great! We must have stayed at a dozen hotels during our trip, but yours was without any doubt the best.

We thank you once again for the warm (**chaleureux**) welcome that you gave us.

Sincerely,
Linda and Charles Jackson

C. Grand-mère passe la journée avec ses petits-enfants. Complétez la conversation en remplissant les blancs avec la forme correcte du verbe **devoir**.

1. Il fait froid dehors, Claude. Tu ________ mettre un pull.
2. Quand ta mère était petite, elle ________ aimer jouer dehors aussi.
3. La soupe que j'ai préparée au déjeuner était vraiment délicieuse. Ta sœur et toi, vous ________ vraiment la goûter!
4. Il pleut. Je pense que nous ________ rester à l'intérieur.
5. Je n'ai pas entendu la sonnette *(doorbell)*. Je ________ sûrement dormir.
6. Le bébé ne pleure plus. Il ________ s'endormir *(fall asleep)*.
7. Dans trente ans, les gens ________ penser davantage au nombre croissant de personnes qui arriveront à l'âge de la retraite, comme moi!

D. Qu'est-ce qu'on doit faire? Répondez en deux phrases aux questions suivantes avec un(e) copain/copine de classe. Notez vos conclusions.

1. Qu'est-ce qu'on doit faire pour rester jeune?
2. Qu'est-ce qu'on devrait faire pour ne pas dépenser trop d'argent?
3. Qu'est-ce qu'on devrait faire pour améliorer les écoles américaines?
4. Qu'est-ce qu'on aurait dû faire pour éviter la violence dans le Moyen-Orient?

Liens culturels

La France et l'immigration

Le nombre des immigrés qui vivent en France est estimé à plus de 5 millions. L'élection présidentielle de 2007 et la récession engagée en 2008 ont montré que l'immigration et la place des étrangers dans la société provoquent toujours de nombreux débats, en particulier sur les questions de religion et de culture. Le reproche principal qu'une partie des Français adresse à des catégories spécifiques d'étrangers et d'immigrés est de ne pas s'adapter aux modes de vie et aux valeurs de leur pays d'accueil, la France. L'attitude de ces Français n'est pas toujours xénophobe; elle est la conséquence d'une crainte de voir se développer un communautarisme fondé sur l'appartenance ethnique ou religieuse. Ces critiques s'adressent surtout aux personnes d'origine maghrébine ou africaine, dont les cultures et les habitudes sont les plus différentes de celles qui sont typiques des Français.

Comme l'ont montré le débat sur le port du voile *(the veil that Islamic women are required to wear)* qui a donné lieu en 2004 à une loi l'interdisant dans les écoles, les émeutes dans les banlieues en novembre 2005 et la discussion sur le port de la burqa en 2009, la société française a manifestement perdu, depuis quelques années, une partie de sa capacité d'intégrer les nouveaux immigrants.

Mais l'exigence d'adhérer à un système de valeurs et à la culture du pays d'accueil est parfois jugée contradictoire avec les principes de liberté individuelle, de reconnaissance et d'acceptation des «différences» (habitudes, religion, culture). Donc, la cohabitation entre les «Français» et les «étrangers» (dont beaucoup sont français par naissance) est souvent conflictuelle. Ce débat sur l'identité nationale continue aujourd'hui avec la question posée à tous: «Qu'est-ce qu'être français?»

Francis Apestegu y/Getty Images

Êtes-vous fier (fière) de votre culture et des origines de votre famille? Expliquez. D'après vous, pourquoi les discussions sur l'immigration sont-elles difficiles en France? Quels sont les grands points de discussion sur l'immigration aux États-Unis? Qu'est-ce qu'être «américain»?

(*Francoscopie 2010*, pp. 211, 213, 215.)

La grammaire à apprendre

Les adjectifs et les pronoms indéfinis

Indefinite adjectives and pronouns are useful for carrying out practically any function of language. Examples of the more common adjectives and pronouns are given below.

Adjectifs	Pronoms
quelque, quelques *some, a few*	**quelque chose (de)** *something*
	quelqu'un *someone, somebody*
	quelques-un(e)s *some, a few*

Il y a **quelques** jours, des terroristes ont pris des otages.
Quelques-uns des otages sont français.

The indefinite pronouns **quelque chose** and **quelqu'un** are both singular and masculine. Adjectives that modify these pronouns follow them and are introduced by **de.**

Exemples: J'ai vu **quelque chose de** sympathique aujourd'hui. Il y avait des jeunes qui parlaient avec **quelqu'un de** bizarre dans le métro et qui essayaient de l'aider.

The final **s** of **tous**, normally silent, is pronounced when it is used as a pronoun.

chaque *each* | **chacun(e)** *each one*

Les preneurs d'otages ont pris une photo de **chaque** otage.
Comme on pouvait s'y attendre, **chacun** avait l'air pâle et effrayé.

tout(e) (avant un nom singulier sans article) *every, any, all* | **tous, toutes** *all*

On a perdu presque **tout** espoir parce que les otages sont **tous** accusés d'espionnage.

tout, toute, tous, toutes *all, every, the whole* | **tout** (invariable) *everything*

On espère que **toutes** les personnes enlevées seront bientôt libérées.
Mais **tout** doit être fait pour éviter un affrontement *(confrontation)* militaire.

plusieurs (invariable) *several* | **plusieurs** (invariable) *several*

Les preneurs d'otages ont **plusieurs** fois menacé la vie des prisonniers.
On a peur que **plusieurs** d'entre eux ne soient déjà morts.

Activités

A. Écoutez-moi! Voici les phrases tirées d'un discours prononcé par un étudiant qui est candidat à la présidence du gouvernement étudiant. Complétez chaque phrase selon votre imagination.

1. Je crois que vous, les étudiants, êtes tous...
2. Si je suis élu, chaque étudiant recevra...
3. Quant au stationnement sur le campus, je promets que tous les étudiants...
4. De plus, je crois que tout professeur devrait...
5. J'ai plusieurs idées pour améliorer la qualité de la nourriture universitaire, par exemple...
6. Maintenant, si vous aimez mes idées, il faut que chacun de vous...

B. À la bibliothèque. Camille doit faire un exposé en classe sur l'art impressionniste. Elle se rend donc à la bibliothèque universitaire de la Sorbonne pour y faire des recherches. Complétez sa conversation avec l'employée de la bibliothèque en ajoutant les adjectifs et les pronoms indéfinis appropriés.

CAMILLE Bonjour, madame.

L'EMPLOYÉE Bonjour, mademoiselle.

CAMILLE Pourriez-vous m'aider? J'ai besoin de ______ *(several)* livres sur l'art impressionniste.

L'EMPLOYÉE Oui, alors, consultez ce catalogue et notez les livres que vous désirez voir... Voilà ______ *(a few)* de nos livres et ______ *(several)* de nos diapositives *(slides)*. Vous ne voulez probablement pas ______ *(all)* ces livres?

CAMILLE Euh, je ne sais pas. Je voudrais regarder ______ *(everything)* ce que vous m'avez apporté, si c'est possible.

L'EMPLOYÉE Bien sûr, mademoiselle. Prenez votre temps pour étudier le ______ *(everything)*.

 **C. Répondez sans réfléchir.** Dites la première chose qui vous vient à l'esprit. Posez les questions en français. Travaillez avec un(e) copain/copine de classe.

1. Name **(Nommez)** several French presidents.
2. Name each French professor you know.
3. Name someone interesting.
4. Name some French singers.
5. Think of **(Pensez à)** something orange.
6. Think of all the French cars you know.
7. Name several American cities with French names. Give the name of the state where each one is located.
8. Think of several famous French cities.

Interactions

 **A. Imaginez...** En groupes de trois étudiants, imaginez le monde et les États-Unis dans trois ans et puis dans dix ans. Quels changements est-ce qu'il y aura dans la vie de tous les jours? Quels événements ont peu de chance d'avoir lieu? Écrivez un petit résumé de vos prédictions pour les deux périodes. Expliquez aux autres étudiants de la classe ce que vous avez écrit et parlez des différences et des similitudes dans vos réponses.

B. Dans un grand magasin. Imaginez que vous travaillez dans un grand magasin au rayon des vêtements femmes ou hommes. Votre partenaire sera un client/une cliente qui veut se faire rembourser pour un pullover qu'il/qu'elle a visiblement porté plusieurs fois. Discutez des choses suivantes: s'il est probable qu'il/qu'elle a porté le pull; s'il est probable que le magasin va rembourser la personne pour le pull, etc. Expliquez au client/à la cliente qu'il/elle peut parler avec le directeur, etc.

MOTS UTILES **rendre quelque chose** *(to return something);* **porté** *(worn);* **un remboursement** *(refund);* **un échange; sale** *(dirty);* **il manque un bouton** *(it's missing a button);* **détendu** *(stretched-out [material]);* **ne servir à rien** *(to do no good)*

DEUXIÈME BROUILLON Dossier d'expression écrite

1. Write a second draft of your paper from **Leçon 2**, incorporating more detail and adding examples to illustrate your point of view or the opposing point of view.
2. To make your arguments more forceful and organized, insert some of the following expressions:

   EXPRESSIONS UTILES: **Commençons par...; il faut rappeler que...; il ne faut pas oublier que...; par conséquent...; contrairement à ce que l'on croit généralement...; de plus...; en tout...; enfin...; en premier (second, troisième, dernier) lieu...; il est possible que...; il se peut que...; mais...; il n'en est pas question parce que...; quant à** *(as far as)*...; **il est certain que...; d'autre part...**

SYNTHÈSE

Renaud Séchan, chanteur

Newscom

To experience this song, go to **www.cengagebrain.com/shop/ISBN/049590516X**

Activités musicales

Renaud: *Manhattan Kaboul*

Avant d'écouter: Le contexte et les réflexions

1. Regardez le titre de la chanson de Renaud. À votre avis, de quoi va parler cette chanson?
2. Qu'est-ce que vous savez au sujet des conflits en Afghanistan et en Iraq? Selon vous, comment est-ce que la situation va évoluer?

Pendant que vous écoutez: Compréhension

1. Quels mots et idées dans la chanson sont associés à New York et aux États-Unis? Lesquels sont associés à Kaboul et à l'Afghanistan?
2. Quel est l'effet produit par l'utilisation par Renaud des mots comme «je», «mon» et «moi»?

Après avoir écouté: Communication

1. Qui sont les deux personnes mentionnées dans la chanson? En quoi sont-elles différentes? similaires? À votre avis, pourquoi est-ce que Renaud décrit ces deux personnes? Quel est son message?
2. Que pense Renaud du rôle de la religion et des gouvernements dans les guerres? Quelles références vous aident à comprendre ses pensées?
3. Est-ce que vous êtes d'accord avec Renaud? Expliquez.
4. Trouvez un clip de la chanson sur YouTube et laissez un commentaire.
5. Recherchez la chanteuse belge Axelle Red, qui chante avec Renaud dans cette chanson, sur YouTube. Écoutez une de ses chansons et laissez un commentaire.

Activités orales

A. Moi, je pense que... Regardez un journal français à la bibliothèque ou sur Internet (www.lefigaro.fr/ ou www. lemonde.fr/) et trouvez un article sur un événement récent ou un problème politique ou social. En groupes de trois ou quatre étudiants, décrivez votre article à tour de rôle. Donnez, bien sûr, votre opinion sur le sujet. Les autres étudiants donneront leur réaction à ce que vous dites et puis ils présenteront leur article.

B. Faisons la fête! Vous célébrez la fin du semestre/trimestre chez un(e) ami(e). Il y a beaucoup de monde. Vous connaissez à peu près la moitié du groupe. Circulez parmi les invités (la classe) et engagez une conversation avec au moins huit personnes. Utilisez, bien sûr, les expressions que vous avez apprises pour engager, continuer et terminer une conversation.

SUJETS DE CONVERSATION les examens de fin de semestre/trimestre; vos notes probables; les projets de vacances; les cours du semestre/trimestre prochain; un(e) copain/copine; un film vu récemment; les actualités

Activité écrite

Immigration. Trouvez un article (dans un journal ou un magazine français ou sur Internet) où l'on parle des problèmes de l'immigration ou du racisme en France ou aux États-Unis. Utilisez cet article et les renseignements donnés dans ce chapitre pour écrire une composition dans laquelle vous comparez l'immigration ou le racisme dans les deux pays. Utilisez les questions suivantes comme guide:

- Quelles sont les ressemblances et les différences entre les deux situations?
- Est-ce que les immigrés viennent avec l'intention de rester en permanence dans les deux cas?
- Pourquoi est-il difficile de limiter l'entrée des immigrants?
- À votre avis, qu'est-ce qu'on doit faire pour résoudre le problème?
- Quelles seront les conséquences probables si on n'y prête pas attention?

RÉVISION FINALE Dossier d'expression écrite

1. Reread your composition and focus on the conclusion, making sure that it offers a synthesis or a solution. Choose a title that will capture the attention of your reader and indicate the topic.
2. Examine your composition one last time. Check for correct spelling, grammar, and punctuation. Pay special attention to your use of pronouns, the verb **devoir**, and indefinite adjectives and pronouns.
3. Prepare your final version.
4. Write a posting on your Facebook wall in French, expressing your opinion on a current problem at your university. Invite your classmates to comment. Read the essays on 5 of your classmates' Facebook walls and write a comment on each.

   SUGGESTED TOPICS: l'augmentation des droits d'inscription; la qualité de la nourriture servie dans les restaurants universitaires; l'incompétence du gouvernement étudiant; le stationnement sur le campus; l'entraîneur sportif récemment renvoyé par le président de l'université; les heures d'ouverture limitées de la bibliothèque

Intermède culturel

Réunion des Musées Nationaux/Art Resource, NY

Auguste Renoir, *La danse à la campagne*

I. L'IMPRESSIONNISME

Sujets à discuter

- Connaissez-vous des artistes impressionnistes? Lesquels?
- Qu'est-ce que vous savez de l'impressionnisme?
- Quelles seraient les caractéristiques probables de tableaux basés sur des impressions?

Introduction

In **Leçon 2** *of this chapter, you learned how to express opinions about a number of subjects, including art. The following reading describes perhaps the most well-known, although originally misunderstood, art movement in France,* **l'impressionnisme.** *Opinions about the movement at the time were strong and very different from the esteem in which impressionist art is held today.*

Lecture

L'impressionnisme est un terme qui s'applique à la littérature, à la musique et à la peinture. À l'origine, le mot faisait référence à un groupe de peintres français à Paris au XIXe siècle. Le plus connu de ces peintres est peut-être Claude Monet, mais le groupe comprend aussi Auguste Renoir, Édouard Manet et Camille Pissarro. Comme tout mouvement artistique, l'impressionnisme est né d'une réaction aux idées dominantes d'alors°. C'est l'aboutissement° d'un nouveau style d'expression.

d'alors *of that time / result*

Erich Lessing/Art Resource, NY

Claude Monet, *Le déjeuner sur l'herbe*

Les peintres impressionnistes se rebellaient d'une part contre l'Académie. Dans l'esprit de beaucoup d'artistes à l'époque, cette institution symbolisait ce qui était conventionnel et s'opposait à toute innovation qui menaçait son enseignement du dessin et de la peinture, ou contestait les doctrines établies. D'autre part les impressionnistes luttaient aussi contre le Salon officiel, une exposition importante pour les peintres, parce qu'elle représentait un des principaux moyens de se faire connaître. Les membres du jury°, en grande partie conservateurs, privilégiaient un groupe de peintres traditionnels et le Salon refusait donc d'exposer les œuvres des impressionnistes.

membres du... *in this context, members of the selection committee*

Quoique° les impressionnistes se soient opposés à l'Académie et aient introduit des méthodes nouvelles, ils gardaient néanmoins° une partie des techniques traditionnelles. Ils essayaient, dans leurs tableaux, de communiquer l'impression ressentie au cours de leur observation de la nature. La base de leur technique était l'observation des couleurs et de la lumière. L'eau et l'air étaient les éléments par excellence de l'univers impressionniste. Pour créer cet effet d'impression, les peintres ont remplacé la technique traditionnelle des touches° continues par celle de la touche divisée. Leur sujet étant fréquemment un paysage°, urbain aussi bien que campagnard; c'était en plein air° qu'ils aimaient travailler, afin de mieux apprécier les changements de temps et de qualité de la lumière. Pourtant, les peintres impressionnistes ont aussi peint des tableaux à grande échelle° destinés à des expositions particulières. Préparés de manière conventionnelle dans leurs ateliers°, ces tableaux étaient souvent basés sur des études faites en plein air.

Although
nevertheless
brushstrokes
landscape / **en...** *outside*
à grande... *large scale*
studios

Les impressionnistes ont introduit dans leurs tableaux quelques-unes des nouveautés caractéristiques de la vie moderne: des trains, des bateaux à vapeur°, des ponts métalliques et des cheminées d'usine°. Mais, ils ont aussi partagé le goût des maîtres de la modernité pour la peinture française du XVIIIe siècle. Ils ont peint des portraits, des bouquets et des scènes de la vie quotidienne, notamment des femmes à leur toilette, des danseuses en train de répéter°, des courses de chevaux° et des scènes de café parisien. Certaines de leurs pratiques trouvent leurs origines dans l'art du Japon: par exemple, la suppression de la ligne d'horizon; le recours° à des éléments du paysage pour entourer° le sujet et remplir la toile; et la suggestion que le paysage déborde° du tableau, comme s'il était un simple morceau du monde découpé dans° une réalité plus vaste.

bateaux à... *steam boats*
cheminées... *factory smokestacks*
practice
courses... *horse races*
use / *surround*
overflows
découpé dans *cut out of*

L'impressionnisme a été longtemps méconnu en France. Son exclusion du Salon officiel, des musées, des galeries fréquentées par le grand public, des revues et même des livres reflète l'indifférence ressentie par le public pour l'art impressionniste au XIXe siècle, indifférence qui explique peut-être le nombre restreint d'impressionnistes étrangers et leur apparition tardive.

Édouard Manet, *Chez le père Lathuille*

Compréhension

A. Observation et analyse. **Répondez.**

1. À quels arts est-ce que l'impressionnisme fait référence?
2. Nommez quelques artistes impressionnistes.
3. Contre quoi est-ce que les peintres impressionnistes réagissaient et pourquoi?
4. Quels aspects de la vie moderne est-ce que les impressionnistes représentaient?
5. Qu'est-ce qui était nouveau dans leurs méthodes et dans leurs techniques?

6. Quels sujets ont-ils surtout peints?
7. Comment est-ce que l'art du Japon a influencé l'art impressionniste?
8. Comment est-ce que les Français du XIXe siècle ont réagi à l'art impressionniste? Et le reste du monde?

B. Grammaire/Vocabulaire

1. Trouvez dans la lecture des exemples d'adjectifs et de pronoms indéfinis et expliquez leur emploi (e.g., **chaque otage** = *each hostage;* **tout** = *everything*).
2. Répondez aux questions suivantes en remplaçant les mots soulignés par un pronom.

   MODÈLE: L'impressionnisme est-il un terme qui s'est appliqué à la littérature?
   Oui, il s'y est appliqué.

   a. À l'origine, le mot faisait-il référence à un groupe de peintres français à Paris au XIXe siècle?
   b. Est-ce que les peintres impressionnistes se rebellaient contre l'Académie?
   c. Le Salon a-t-il refusé d'exposer les œuvres des impressionnistes?
   d. Est-ce que les peintres impressionnistes ont peint des tableaux à grande échelle?
   e. Est-ce que certaines pratiques impressionnistes trouvent leurs origines dans l'art du Japon?
   f. L'impressionnisme a-t-il été longtemps méconnu en France?

Cengage Learning

C. Réactions

1. Aimez-vous l'art impressionniste? Pourquoi?
2. Selon vous, pourquoi est-ce que l'art impressionniste est si populaire aujourd'hui?
3. D'après ce que vous avez lu sur les sujets choisis par les impressionnistes, quels sujets de notre vie quotidienne est-ce qu'un artiste impressionniste dépeindrait aujourd'hui?

Interactions

1. Jouez le rôle d'un(e) artiste impressionniste du XIXe siècle qui essaie de convaincre un membre de l'Académie d'accepter d'exposer ses toiles *(canvases)*.
2. Trouvez des reproductions de cinq œuvres impressionnistes dans un livre, dans un calendrier, etc. Jouez le rôle d'un(e) guide au musée d'Orsay. Décrivez les tableaux et répondez aux questions des membres de votre petit groupe (un père, une mère et deux enfants).

Expansion

Faites un exposé oral ou un reportage sur un peintre impressionniste en utilisant les réseaux de l'Internet, des livres, etc. N'oubliez pas d'inclure une petite biographie, les noms de ses œuvres importantes, ses sujets préférés, ses techniques particulières, etc.

II. *HUGO LE TERRIBLE* de Maryse Condé

Philippe Giraud/Sygma/Corbis

Maryse Condé

Sujets à discuter

- Est-ce que vous avez déjà visité une île des Caraïbes (des Antilles) comme la Guadeloupe ou Haïti? Laquelle? Quand? Expliquez les circonstances. Parlez, par exemple, de la population locale et de l'endroit où vous avez logé, des contacts que vous avez eus avec les gens, de vos impressions sur la population locale. Si vous n'avez pas visité d'îles des Caraïbes, comment imaginez-vous ces endroits?
- La discrimination est ainsi définie dans le dictionnaire *Le Petit Robert:* «le fait de séparer un groupe social des autres en le traitant plus mal». Quelles sortes de discrimination existent dans le monde? Sur quoi est-ce que la discrimination est basée? Pourquoi est-ce qu'il est difficile de mettre fin à la discrimination?
- Est-ce que vous avez déjà vu ou subi un cyclone, une tornade ou un tremblement de terre? Sinon, connaissez-vous quelqu'un qui a été victime d'une telle catastrophe mais qui y a survécu? Expliquez les circonstances.
- Connaissez-vous quelqu'un qui est photographe pour un journal, un magazine ou pour la télévision? Si oui, expliquez. Pensez-vous qu'il y a beaucoup de concurrence entre les journalistes pour obtenir les premières images d'un événement?
- Quelles sortes de risques est-ce que les photographes ou les photo-journalistes prennent? Quelles circonstances dangereuses ou difficiles justifient, à votre avis, la bravoure de certains d'entre eux? Qu'est-ce qui vous paraît extrême?

Stratégies de lecture

D'après le contexte. En utilisant le contexte et la structure de chaque phrase, trouvez dans la liste suivante une expression équivalente aux mots soulignés.

expérimenté(e)	très vite
gaspillé(e)	travailler aux côtés de
choqué(e)	se promener dans les rues au lieu d'aller à l'école
troubler	de la France, de la mère-patrie, pas du pays colonisé

1. Malgré nos signaux, les voitures passaient à toute allure sans faire attention à nous.
2. Elle [la voiture] avait à bord un couple de jeunes métropolitains, coiffés d'identiques visières vertes.
3. Mon père qui en côtoie plusieurs dans son travail, n'en reçoit jamais à la maison.
4. Comme ça, vous avez fait l'école buissonnière?
5. Frédéric leur conseillait les sites touristiques à visiter, les spécialités à déguster, les boîtes de nuit où danser, avec l'assurance d'un guide chevronné.
6. Ne dis pas cela! Alors notre voyage est gâché!
7. Je l'ai regardée d'un air offusqué et elle m'a adressé un petit sourire...
8. Cela ne vous gêne pas?

Introduction

In this chapter you learned to talk about issues related to France and immigration. Additional perspectives can be found in this reading, which takes place on the French island of Guadeloupe in 1989.

The West Indies are often threatened by hurricanes. In her book, Hugo le terrible, *Maryse Condé, a famous novelist from Pointe-à-Pitre, Guadeloupe, recounts the events of the giant hurricane Hugo which inflicted heavy damage on the island. In this excerpt, it is obvious that the Guadeloupeans and tourists from metropolitan France do not share the same view of the hurricane.*

«16 septembre 1989, 15h35

Attention Cyclone Hugo se dirige rapidement sur la Guadeloupe. Rejoignez les habitations ou les abris. Alerte 2 déclenchée ce jour à compter de 12 heures

Préfet Région Guadeloupe»

Lecture

à toute... *very fast*

Malgré nos signaux, les voitures passaient à toute allure° sans faire attention à nous. Je commençais à me décourager, car cela faisait près d'une heure que nous étions là à danser d'un pied sur l'autre et à agiter nos mouchoirs quand une jeep Cherokee noire a fini par s'arrêter.

people from mainland France / visors

polka dots

straw

works along side of

se... *stand apart, keep to oneself*

Elle avait à son bord un couple de jeunes métropolitains°, coiffés d'identiques visières° vertes. Le jeune homme était torse nu, très bronzé. La jeune fille, très bronzée elle aussi, portait sur son maillot un short à pois° roses. Ses longs cheveux couleur de paille° flottaient dans l'air. En m'installant à l'arrière de la jeep, je les ai regardés avec méfiance. Ils semblaient pourtant sympathiques et puis c'étaient les seuls qui se soient arrêtés pour nous prendre. Mais nous ne fréquentons guère de métropolitains. Mon père qui en côtoie° plusieurs dans son travail, n'en reçoit jamais à la maison. Petite Mère n'a dans son salon que des clientes guadeloupéennes. C'est que nous nous faisons d'eux une idée assez particulière. Nous croyons qu'ils ne s'intéressent pas vraiment à notre pays, à nos problèmes et désirent seulement profiter du soleil et de la mer. Ils appartiennent à un monde que nous ne cherchons ni à connaître ni à comprendre et que nous regardons de loin à travers des préjugés hérités de notre histoire. La réciproque est vraie. Les métropolitains se tiennent à l'écart° de nous. Je me demande s'il existe des pays où les problèmes entre les communautés ne se posent pas et où la couleur de la peau n'a pas d'importance.

Le jeune homme nous a souri:

faire l'école buissonnière *to play "hooky"*

—Je m'appelle Pascal; elle, c'est Manuéla. Comme ça, vous avez fait l'école buissonnière°?

to taste, savour

experienced

J'ai laissé à Frédéric le soin de répondre. Au bout de quelques minutes, voilà qu'ils riaient tous les trois, qu'ils étaient engagés dans une conversation des plus animées comme de vieilles connaissances. Frédéric leur conseillait les sites touristiques à visiter, les spécialités à déguster°, les boîtes de nuit où danser, avec l'assurance d'un guide chevronné°. À un moment, j'ai entendu Manuéla déclarer:

—Tout ce qui nous intéresse en fait, c'est Hugo, c'est le cyclone de demain!

Frédéric a haussé les épaules:

—Il n'y aura pas de cyclone!

Elle a protesté avec feu:

—Ne dis pas cela! Alors tout notre voyage est gâché!

Avait-elle tout son bon sens? Croyait-elle qu'un cyclone était une attraction au même titre que les combats de coq dans les pitt° ou les défilés de cuisinières le jour de la fête de Saint Laurent°? Savait-elle tout ce que cela risquait d'entraîner°?

Je l'ai regardée d'un air offusqué° et elle m'a adressé un petit sourire:

cock fighting arena

défilés... *on Saint Laurent Day, cooks march in parades held in their honor / to cause / shocked*

—Et toi, tu n'es pas bavard! Comment t'appelles-tu?

J'ai dit d'un ton sévère:

—Je ne suis pas de votre avis concernant Hugo. Ce sera peut-être un grand malheur pour nous autres Guadeloupéens.

Elle a incliné la tête:

—Je sais bien. Mais que veux-tu? Pascal et moi, nous sommes des photographes. Nous sommes arrivés de la Dominique où nous étions en vacances dès que nous avons entendu la nouvelle. Tu sais, les photographes sont des voyeurs. Ils parcourent les champs de bataille, les camps de réfugiés, ils sont présents lors des catastrophes et se battent pour prendre les clichés les plus sensationnels.

Je n'avais jamais pensé à cela. J'ai murmuré:

—Cela ne vous gêne° pas?

trouble

C'est Pascal qui a répondu gentiment:

—C'est notre métier! Tu aimes bien, n'est-ce pas, avoir des images de ce qui se passe à travers le monde? Il faut bien que quelqu'un les prenne!

Nous étions arrivés devant l'Hôtel Hybiscus. Je suis descendu. Il me semble que je regarderai plus jamais de la même manière les photos des grands magazines ou certains reportages à la télévision.

Maryse Condé, *Hugo le terrible,* © *Éditions SEPIA,* 1991.

Compréhension

A. Observation et analyse. **Répondez aux questions suivantes.**

1. Regardez le premier paragraphe de l'extrait. Qu'est-ce que Frédéric et le narrateur font?
2. Depuis combien de temps est-ce qu'ils attendent?
3. Décrivez les gens dans la jeep Cherokee.
4. Pourquoi le narrateur est-il un peu méfiant envers le couple?
5. Selon le narrateur, est-ce que les Guadeloupéens et les métropolitains se fréquentent? Pourquoi?
6. De quoi est-ce que Frédéric parle avec Pascal et Manuéla?
7. Comment est-ce que Pascal explique sa profession?
8. Quelle est la réaction du jeune narrateur face aux deux métropolitains?
9. Imaginez ce qui se passe après cette scène.

B. Grammaire/Vocabulaire. Complétez les phrases suivantes.

1. Le narrateur et sa famille ne fréquentent pas souvent les métropolitains parce que...
2. Selon Pascal, Manuéla et lui ont quitté la Dominique parce que...
3. Le cyclone qui menace la Guadeloupe s'appelle...
4. Selon Manuéla, les photographes sont...
5. Le jeune narrateur est gêné par les jeunes métropolitains parce que...

C. Réactions. Donnez votre réaction.

1. Décrivez Pascal et Manuéla et puis Frédéric et le jeune narrateur. Parlez ensuite de votre réaction à leurs attitudes les uns envers les autres. Selon vous, d'où viennent ces attitudes? Quelle est votre réaction à la situation décrite dans l'extrait?
2. Est-ce que vous avez lu d'autres livres ou histoires qui traitent des attitudes des colonisateurs envers les colonisés? Décrivez-les à un(e) copain/copine de classe.

Interactions

A. Les photographes et les photo-journalistes. À la fin de l'extrait, le jeune narrateur dit qu'il ne regardera «plus jamais de la même manière les photos des grands magazines ou certains reportages à la télévision». Est-ce qu'il y a des images à la télévision ou des photos que vous n'oublierez jamais? Pensez aux photos prises sur les champs de bataille, aux photos prises lors de catastrophes, aux photos prises lors de moments très heureux, etc. Parlez-en avec des copains/copines de classe.

B. Imaginons. Le narrateur se demande «s'il existe des pays où les problèmes entre les communautés ne se posent pas et où la couleur de la peau n'a pas d'importance». Qu'est-ce que vous connaissez, ou faites, comme efforts pour abolir la barrière des différences apparentes? pour comprendre les préoccupations et les besoins des gens de pays ou de cultures différents? Parlez-en avec des copains/copines de classe.

C. La conversation. Avec un(e) copain/copine de classe, relisez l'extrait en cherchant les techniques verbales ou non-verbales que les quatre personnages utilisent pour engager la conversation. Selon vous, est-ce que les métropolitains sont polis? Et le jeune narrateur, est-ce qu'il est poli? Donnez des suggestions à ces jeunes gens.

Expansion

Faites un reportage sur la France et le colonialisme. Qu'est-ce que la colonisation a apporté et qu'est-ce qu'elle a enlevé aux habitants des pays colonisés? Existe-t-il dans la société d'aujourd'hui des situations qui ressemblent à la colonisation? Lesquelles? Faites une liste de tous les pays que la France a colonisés. Choisissez un de ces pays pour rechercher plus à fond l'histoire et les résultats de cette colonisation. Dites si le pays est indépendant aujourd'hui et, s'il l'est, trouvez quand et comment il a acquis son indépendance. Décrivez son gouvernement actuel. Identifiez des auteurs, des poètes et des cinéastes célèbres de ce pays. Terminez en donnant votre opinion sur le colonialisme.

VOCABULAIRE

LA POLITIQUE

une campagne électorale *election campaign*

un débat *debate*

désigner/nommer *to appoint*

un deuxième tour *run-off election*

discuter (de) *to discuss*

un électeur/une électrice *voter*

élire (past part.: **élu**) *to elect*

être candidat(e) (à la présidence) *to run (for president)*

se faire inscrire *to register (to vote)*

la lutte (contre) *fight, struggle (against)*

un mandat *term of office*

la politique étrangère *foreign policy*

la politique intérieure *internal (domestic) policy*

un problème/une question *issue*

un programme électoral *platform*

réélire (past part.: **réélu**) *to reelect*

se (re)présenter *to run (again)*

soutenir *to support*

voter *to vote*

LA GUERRE *(WAR)*

l'armée [f] *army*

les armes de destruction massive (ADM) [f pl] *weapons of mass destruction*

attaquer *to attack*

un attentat *attack*

céder à *to give up; to give in*

les combats [m pl] *fighting*

le conflit *conflict*

l'engin [m] **explosif improvisé (EEI)** *improvised explosive device (IED)*

une embuscade *ambush*

les forces [f pl] *forces*

le front *front; front lines*

libérer *to free*

livrer *to deliver*

la mort *death;* **les morts** [m pl] *the dead*

la négociation *negotiation*

la paix *peace*

la peine de mort *death penalty*

la polémique *controversy*

les pourparlers [m pl] *talks; negotiations*

prendre en otage *to take hostage*

se produire *to happen, take place*

le soldat *soldier*

le terrorisme *terrorism*

tuer *to kill*

LES ARTS/L'ARCHITECTURE

la conception *(from* **concevoir***)* *design, plan*

en verre/en métal/en terre battue *made of glass/metal/adobe*

une œuvre *work (of art)*

rénover *to renovate*

LES PERSPECTIVES

s'accoutumer à *to get used to*

attirer *to attract*

chouette *(familiar) neat, nice, great*

convaincre *to convince*

honteux (honteuse) *shameful*

insupportable *intolerable, unbearable*

laid(e) *ugly*

moche *(familiar) ugly, ghastly*

passionnant(e) *exciting*

remarquable/spectaculaire *remarkable/spectacular*

réussi(e) *successful, well executed*

super *(familiar) super*

supprimer *to do away with*

L'IMMIGRATION ET LE RACISME

s'accroître *to increase*

l'accueil [m] *welcome*

accueillant(e) *welcoming, friendly*

s'aggraver *to get worse*

la banlieue *the suburbs*

blesser *to hurt*

un bouc émissaire *scapegoat, fall guy*

le chômage *unemployment*

un chômeur/une chômeuse *unemployed person*

croissant(e) *increasing, growing*

éclairer *to enlighten*

les émeutes [f] *riots*

empirer *to worsen*

un(e) immigrant(e) *newly arrived immigrant*

un(e) immigré(e) *an immigrant well established in the foreign country*

un incendie *fire*

maghrébin(e) *from the Maghreb (Northwest Africa: Morocco, Algeria, Tunisia)*

la main-d'œuvre *labor*

une manifestation/manifester *demonstration, protest (organized)/to demonstrate, protest*

une menace *threat*

les quartiers [m pl] **sensibles** *slums*

répandre *to spread*

rouer quelqu'un de coups *to beat someone black and blue*

la xénophobie *xenophobia (fear/hatred of foreigners)*

DIVERS

un sans-abri *homeless person*

Ciné Bravo

Prix et récompenses

→ **Festival des très courts 2005** (Paris, Berlin, Séoul, Dakar...): Prix Coup de Prod

NOTE CULTURELLE

En français, on utilise le mot *feeling* pour parler de la sensibilité d'un musicien ou d'une intuition personnelle, comme, par exemple dans:

C'est un grand pianiste mais il n'a pas de feeling pour le jazz.

Je ne crois pas avoir eu le poste. Pendant l'entretien, je n'avais pas le feeling.

À CONSIDÉRER AVANT LE FILM

Grâce aux médias, nous avons accès à toutes sortes d'interviews, touchant à une grande variété de sujets. Quel genre de sujet d'interview vous intéresse le plus? expert? célébrité? personne comme vous? Préférez-vous lire ce genre d'interviews dans les magazines ou les voir à la télévision ou même en ligne? Si c'était possible, avec qui aimeriez-vous faire une interview? Pourquoi? Quelles questions lui poseriez-vous?

On va au cinéma?

1. **Il faut en parler.** À qui vous adressez-vous dans les situations suivantes?

   EXEMPLE: Vous êtes en dispute avec votre sœur.
   J'en parlerai à ma mère.

   a. Vous ressentez *(feel)* le besoin de parler de vos émotions suite à une rupture romantique.
   b. Vous n'arrivez pas à vous décider concernant un problème moral particulier.
   c. Vous ne comprenez pas le comportement *(behavior)* d'un de vos amis.
   d. Vous vous faites du souci pour votre avenir professionnel.

2. **Une émotion s'exprime.** Répondez aux questions en vous référant aux termes de la liste suivante.

s'accepter	être content(e)	se sentir triste
aimer	pleurer	le bonheur
s'aimer	la crainte	les enfants
se faire aimer	le mariage	le silence
ressentir le regret	la souffrance	le sourire
avoir mal	????	
la tristesse		

a. Quels mots associez-vous aux émotions suivantes?
—l'amour
—la souffrance
—la paix intérieure

b. Comment expliqueriez-vous ces sentiments à une fille ou un garçon de huit ans?
—l'amour
—la souffrance
—la paix intérieure

ÇA COMMENCE!

Premier visionnage

1. **Observations.** Comment est-ce qu'Inès (la petite fille) remplit les silences quand elle cherche ses mots? Donnez deux exemples. Quels gestes fait-elle quand elle parle? Donnez deux exemples. Quels mots sont chuchotés *(whispered)* pendant le film? Donnez deux exemples.

2. **Associations.** Dites si Inès associe les expériences suivantes à l'amour, la souffrance ou la paix intérieure.

EXEMPLE: On fait des bébés.
l'amour

a. On ne veut pas que ça se passe.
b. S'aimer bien
c. C'est quelque chose d'assez personnel.
d. S'épouser
e. Se sentir bien dans sa peau

Deuxième visionnage

Complétez les phrases d'Inès pour expliquer ce qu'elle dit. N'utilisez pas les mêmes mots que ceux qu'elle a choisis.

1. Ben l'amour c'est quand on... On se marie et... J'étais amoureuse...
2. Pour moi, la souffrance c'est...
3. S'aimer soi-même, c'est... Mais c'est comme narcisse si tu...

ET APRÈS

Observations

1. Dans le film, Inès Bayet a 8 ans. Comment est-elle? Que savons-nous d'elle?
2. Pourquoi, à votre avis, est-ce que la réalisatrice l'a choisie comme sujet d'interview?
3. Comment définit-elle l'amour? Et vous, comment définiriez-vous l'amour?

Avant et après

1. Inès affirme avoir aimé un garçon. Imaginez cette histoire d'amour. Comment était ce garçon? Où est-ce qu'Inès l'a rencontré? Qu'ont-ils fait ensemble? Pourquoi se sont-ils séparés?
2. *Émotions* a été filmé en 2005. Quel âge a Inès maintenant? Est-ce que son idée de l'amour reste la même à votre avis? Expliquez votre réponse.

À vous de jouer

1. **Vous à 8 ans.** Avec un(e) copain/copine de classe, faites une comparaison entre Inès et vous-même à son âge.

   EXEMPLE: aimer parler
   Inès aime bien parler. À huit ans, j'aimais parler aussi.

   a. être intelligente
   b. avoir les cheveux bouclés
   c. parler français
   d. s'intéresser à l'amour

2. **Émotions célèbres.** Voici une représentation schématique des émotions communes. Si c'était à vous d'interviewer les célébrités suivantes, de quelles émotions leur demanderiez-vous de parler?

Émotions			
positives		**négatives**	
amour		colère	
	tendresse		jalousie
	engouement		mépris
joie			hostilité
	béatitude		mécontentement
	satisfaction	tristesse	
	fierté		souffrance
			chagrin
			solitude
			culpabilité
		peur	
			horreur
			souci

   EXEMPLE: Oprah Winfrey
   Je lui poserais des questions sur la joie. Je lui demanderais aussi sa définition du mot «fierté».

   a. Lady Gaga
   b. le Prince William
   c. Leonardo DiCaprio
   d. Tiger Woods
   e. Stephen Hawking

Vos définitions. Choisissez trois mots de la liste des émotions ci-dessus pour formulez vos propres définitions. Partagez vos réponses avec les autres étudiants de la classe. Choisissez la meilleure définition pour chaque émotion.

Qui vivra verra

7

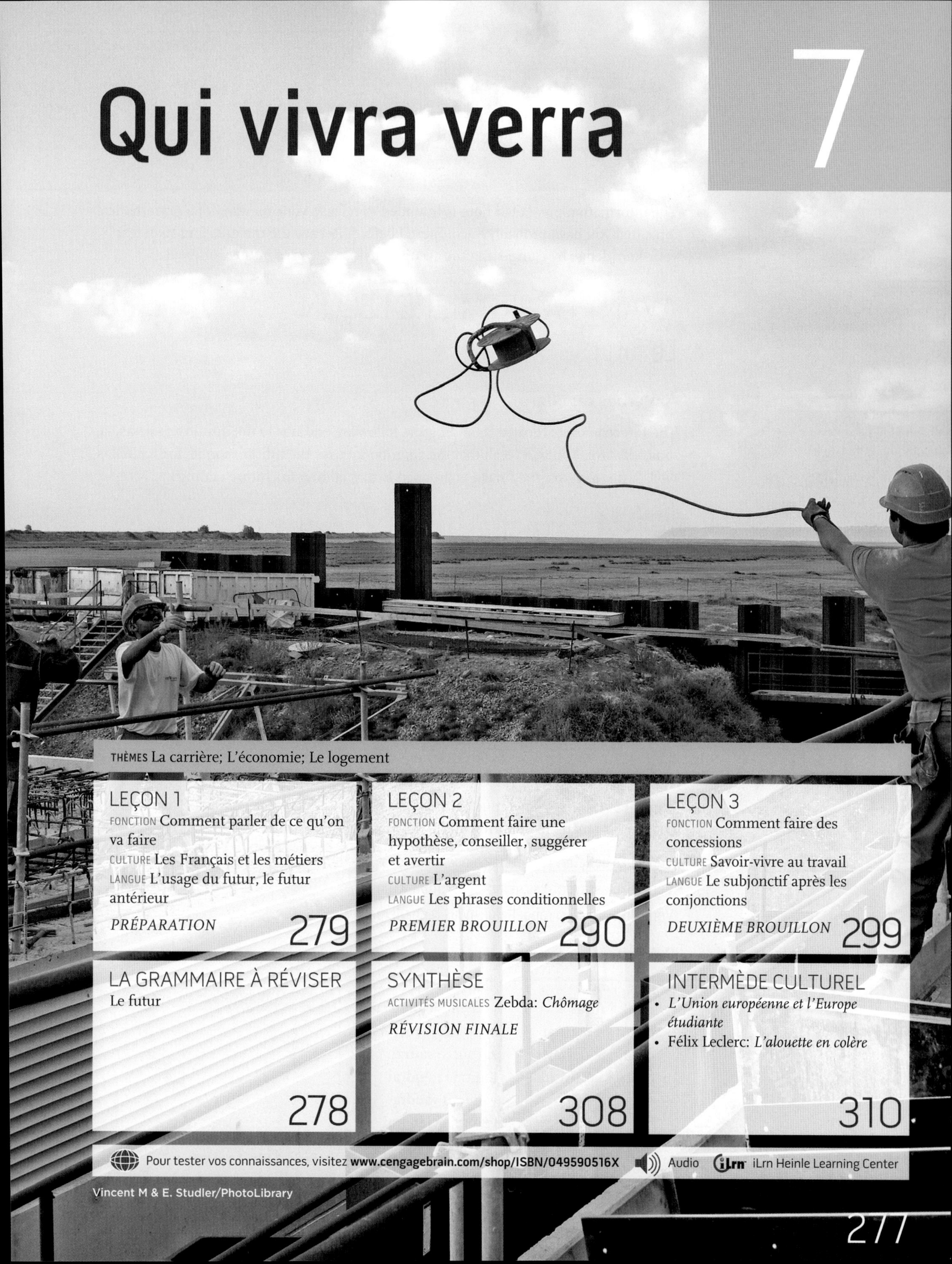

 Pour tester vos connaissances, visitez **www.cengagebrain.com/shop/ISBN/049590516X** 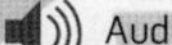 Audio iLrn iLrn Heinle Learning Center

Vincent M & E. Studler/PhotoLibrary

LA GRAMMAIRE À RÉVISER

Les musées.

Parlez de vos visites des musées à Paris.

1. Nous irons à Paris cet été. (je/vous/Simon).
2. On aura beaucoup de musées à voir à Paris. (nous/tu/il y a)
3. D'abord, je visiterai le musée d'Orsay. (nous/on/mes amis)
4. Et puis, nous pourrons voir le Louvre. (je/vous/tu)
5. J'y achèterai sans doute des souvenirs. (Caroline/nous/les visiteurs)

iLrn To review **Le futur**, consult the *Future tense (including **futur proche**)* Grammar Tutorial on iLrn.

The information presented here is intended to refresh your memory of a grammatical topic that you have probably encountered before. Review the material and then test your knowledge by completing the accompanying exercises in the workbook.

AVANT LA PREMIÈRE LEÇON

Le futur

A. Verbes réguliers

The future tense is formed by adding the following endings to the infinitive: **-ai, -as, -a, -ons, -ez, -ont.** You will recall that the conditional uses the infinitive in its formation as well. With **-re** verbs, the final **e** is dropped before adding the future endings.

parler	je parler**ai** tu parler**as** il/elle/on parler**a**	nous parler**ons** vous parler**ez** ils/elles parler**ont**
rendre	je rendr**ai** tu rendr**as** il/elle/on rendr**a**	nous rendr**ons** vous rendr**ez** ils/elles rendr**ont**
finir	je finir**ai** tu finir**as** il/elle/on finir**a**	nous finir**ons** vous finir**ez** ils/elles finir**ont**

B. Changements orthographiques dans certains verbes en *-er*

Some **-er** verbs have spelling changes before adding the future endings. These changes are made in all forms of the future and conditional.

- Verbs like **acheter:** j'ach**è**terai; nous m**è**nerons
- Verbs like **essayer:** j'essa**i**erai; nous emplo**i**erons
- Verbs like **appeler:** j'appe**ll**erai; nous rappe**ll**erons

C. Verbes irréguliers

aller: j'**irai**	pleuvoir: il **pleuvra**
avoir: j'**aurai**	pouvoir: je **pourrai**
courir: je **courrai**	recevoir: je **recevrai**
devoir: je **devrai**	savoir: je **saurai**
envoyer: j'**enverrai**	tenir: je **tiendrai**
être: je **serai**	valoir: il **vaudra**
faire: je **ferai**	venir: je **viendrai**
falloir: il **faudra**	voir: je **verrai**
mourir: je **mourrai**	vouloir: je **voudrai**

Je **ferai** des économies quand j'**aurai** un emploi.

—*Je serai bref...*

LEÇON 1

COMMENT PARLER DE CE QU'ON VA FAIRE

Conversation

Track 14

Premières impressions

1. Identifiez: les expressions pour dire ce qu'on va faire
2. Trouvez: ce qu'Alisa va choisir comme profession

Rappel: Have you reviewed the formation of the future? (Text p. 278 and SAM pp. 167–168)

Marine, une étudiante française, et Alisa, une étudiante américaine qui vit à Paris avec sa famille, sont en première année à l'université. Elles parlent de leurs études et de leur avenir°.

ALISA Dis-moi, qu'est-ce que tu étudies, toi?

MARINE Moi, je fais médecine.

ALISA Ah, bon? Tu as un bel avenir devant toi! C'est un métier° où l'on gagne bien sa vie et qui est intéressant en plus. Il faut faire de longues études, non?

MARINE Oui. Lorsque je terminerai ma formation°, j'aurai fait sept années d'études. C'est fou, non?

ALISA Et ça ne te fait rien° de ne pas avoir le temps de sortir, de partir en week-ends?

MARINE Tu sais, il ne faut pas exagérer. Je pense qu'il y a trois ans, peut-être quatre ans de sacrifices, et puis le reste du temps on peut quand même en profiter°. Et toi, qu'est-ce que tu fais?

ALISA Moi, j'étudie la psychologie. Justement, j'ai aussi pensé à la médecine, mais alors vraiment, la perspective de m'enfermer° avec mes livres pendant des années me fait peur... Je veux sortir et avoir des amis.

MARINE Oui, mais la psycho, c'est long aussi!

ALISA Oui, c'est long, mais il me semble qu'il y a quand même un meilleur équilibre° entre les études et la vie privée qu'avec la médecine. Il me semble que j'aurai plus de temps libre, surtout si je ne travaille pas en clinique.

MARINE Oui, tu as sans doute raison.

ALISA Si la médecine t'intéresse tellement, est-ce que tu as pensé à devenir infirmière°?

MARINE Naturellement. Ce serait peut-être moins stressant, mais pour moi, moins intéressant comme travail... Enfin, je verrai...

ALISA Eh bien, ce sera à moi de te téléphoner et de t'inviter pour te sortir de tes livres! À propos, nous allons au cinéma ce soir. Ça t'intéresse?

MARINE Certainement! J'ai besoin de me distraire après toute cette discussion!

À suivre

future

job, profession

training, education

ça ne... *it does not bother you*

en profiter *to enjoy life*

to close myself up

balance

nurse

Observation et analyse

1. Selon Alisa et Marine, quels sont les avantages d'être médecin? les inconvénients *(disadvantages)*?
2. Pourquoi est-ce qu'Alisa a choisi la psychologie?
3. Comment est-ce que Marine compare les professions de médecin et d'infirmière? Selon vous, a-t-elle raison? Est-ce que vous trouvez les deux jeunes femmes aussi idéalistes l'une que l'autre? Expliquez.

Réactions

1. Combien d'années d'études est-ce que votre future profession va exiger? Quels sont les avantages et les inconvénients de cette profession? (Si vous n'avez pas encore choisi de profession, décrivez-en une qui vous semble intéressante.)
2. Croyez-vous que les longues années d'études de médecine sont trop stressantes pour la santé des étudiants? À votre avis, est-ce que les patients que les jeunes internes traitent sont négligés? en danger? Est-ce que la rigueur des études forme le caractère?

Liens culturels

Les Français et les métiers

En France, trois quarts des actifs (des gens qui travaillent) sont dans le secteur tertiaire comme le commerce, le transport, la finance, l'éducation, la santé et l'administration. Selon Mermet, la plupart des nouveaux emplois sont dans le secteur des services comme le bâtiment, l'alimentation, le transport, l'informatique et les télécommunications.

Gérard Mermet, *Francoscopie 2010* (Larousse, p. 292)

Métiers d'hier et d'aujourd'hui

Quels métiers est-ce que les femmes françaises exercent le plus, d'après ces statistiques? Est-ce qu'on voit les mêmes pourcentages de femmes dans la répartition des métiers aux États-Unis? Expliquez.

Gérard Mermet, *Francoscopie 2010* (Larousse, p. 294)

(Services compris)

Actifs ayant un emploi selon le secteur d´activité (2007, en milliers et en % de la population active) et le sexe (en %)

	Total (milliers)	Part des femmes (%)	En % des actifs occupés
Agriculture, sylviculture et pêche	875	29,4	3,4
Industries agricoles	634	41,1	2,5
Industries des biens de consommation	639	48,1	2,5
Industrie automobile	318	16,2	1,2
Industrie des biens d´équipement	833	17,9	3,2
Industrie des biens intermédiaires	1302	25,9	5,1
Énergie	237	20,8	0,9
Construction	1668	9,1	6,5
Commerce et réparations	3503	45,8	13,7
Transports	1149	23,4	4,5
Activités financières	823	58,9	3,2
Activités immobilières	361	56,1	1,4
Services aux entreprises	3279	40,9	12,8
Services aux particuliers	2196	61,8	8,6
Éducation, santé, action sociale	4865	74,9	19,0
Administrations	2909	52,6	11,3
Total	**25628**	**46,9**	**100,0**

INSEE

la part *portion* / **la sylviculture** *forestry* / **industrie des biens...** *industry of consumer goods* / **services aux particuliers** *services to individuals*

Expressions typiques pour…

Dire ou demander ce qu'on va faire

- Quand on fait référence au futur en français parlé, on peut utiliser le présent du verbe.

Je pars { ce soir. / demain.

Tu viens { mardi? / la semaine prochaine?

Qu'est-ce que tu fais { demain? / ce week-end?

- Très souvent on utilise le futur proche (**aller** + infinitif) quand on parle d'un événement plus éloigné dans le futur.

On va partir { mercredi en huit. / dans un mois.

- On utilise le futur et le futur antérieur après **quand, lorsque, dès que, après que** et **aussitôt que,** et surtout en français écrit.

Dès que Patrice viendra, on partira.

Répondre à la question: Allez-vous faire quelque chose?

Oui! {
Je vais certainement/sûrement…
On ne m'empêchera pas de… *(You won't keep me from …)*
Je vais…, c'est sûr.

Oui, probablement. {
Je vais peut-être…
J'espère…
J'aimerais…

Peut-être. {
Peut-être que oui/que non…
Je ne suis pas sûr(e)/certain(e), mais…

Non, probablement pas. {
Je n'ai pas vraiment envie de…
Je ne vais probablement pas…

Non! {
Ça m'étonnerait que je… (+ subjonctif) *(I'd really be surprised that …)*
On ne m'y prendra pas! *(You won't catch me … !)*
Ne t'inquiète pas/Ne te fais pas de souci *(Don't worry)*, je ne vais pas…

When **peut-être** begins a sentence, **que** must follow it or the subject must be inverted: **Peut-être qu**'elle deviendra médecin. **Peut-être** Marine deviendra-t-elle médecin.

Mots et expressions utiles

Additional vocabulary: **s'enfermer** *to close oneself up;* **l'équilibre** [m] *balance;* **ne rien faire à quelqu'un** *to not bother anyone*

La recherche d'un emploi *(Job hunting)*

l'avenir [m] *future*
la réussite *success*
chercher du travail *to look for work*
trouver un emploi *to find a job*
changer de métier *to change careers*
occuper un poste *to have a job*
avoir une entrevue/un entretien *to have an interview*
le curriculum vitae (le C.V.) *résumé, CV*
être candidat(e) à un poste *to apply for a job*
la formation professionnelle *professional education, training*
l'offre [f] d'emploi *opening, available position*
remplir une demande d'emploi *to fill out a job application*
la sécurité de l'emploi *job security*
le service du personnel *personnel services, Human Resources*
les allocations [f pl] de chômage *unemployment benefits*
le salaire *pay (in general)*
le traitement mensuel *monthly salary*
en profiter *to take advantage of the situation; to enjoy*
la promotion *promotion*
être à la retraite *to be retired*
la pension de retraite *retirement pension*

Mise en pratique

Mon Dieu! La **recherche d'un emploi** prend vraiment du temps! Le **curriculum vitae** à préparer, les **demandes d'emploi à remplir** et, bien sûr, les **entrevues.** Tout ça me rend fou! Si jamais je **trouve un emploi,** je te jure que je ne **changerai** pas **de métier** tout de suite!

Les métiers *(Trades, professions, crafts)*

les artisans: un(e) chauffagiste *(heating-cooling service engineer),* un électricien/une électricienne, un mécanicien/une mécanicienne, un menuisier/une menuisière *(carpenter),* un plombier/une plombière, un serrurier/une serrurière *(locksmith),* un paysagiste *(landscaper),* un plâtrier-peintre/une plâtrière-peintre *(plasterer-painter)*

les professions [f pl] libérales: un médecin/une femme médecin, un(e) dentiste, un(e) avocat(e), un architecte, un infirmier/une infirmière *(nurse),* un notaire, un pharmacien/une pharmacienne, un vétérinaire, etc.

les fonctionnaires (employés de l'État): un agent de police, un douanier/une douanière, un magistrat *(judge),* etc.

les affaires [f pl] *(business)* (travailler pour une entreprise): un homme/une femme d'affaires *(businessman/woman),* un(e) secrétaire, un(e) employé(e) de bureau, un(e) comptable *(accountant),* un(e) représentant(e) de commerce *(sales rep),* etc.

le commerce (servir les clients): un boucher/une bouchère, un boulanger/une boulangère, un coiffeur/une coiffeuse *(hairdresser),* un épicier/une épicière, un(e) commerçant(e) *(shopkeeper)*

l'industrie [f] (travailler dans une usine): un ouvrier/une ouvrière *(worker),* un(e) employé(e), un(e) technicien(ne), un chef d'atelier *(shop),* un ingénieur, un cadre/une femme cadre *(manager),* un directeur/une directrice, etc.

l'informatique [f] *(computer science)*: un(e) informaticien(ne) *(computer expert)*, un(e) analyste en informatique, un programmeur/une programmeuse, etc.

l'enseignement [m]: un instituteur/une institutrice ou un professeur des écoles, un professeur, un enseignant, etc.

la sécurité: un agent de police, un(e) gardien(ne) d'immeuble ou de prison, un gendarme, un inspecteur/une inspectrice, un(e) militaire, un(e) surveillant(e), un veilleur/une veilleuse de nuit *(night guard)*

Un métier peut être...

ingrat *(thankless)*, dangereux, malsain *(unhealthy)*, ennuyeux, fatigant, mal payé, sans avenir

ou...

intéressant, stimulant *(challenging)*, passionnant, fascinant, enrichissant *(rewarding)*, bien payé, d'avenir

Directphoto.org/Alamy

Mise en pratique

Que faire dans la vie? Devenir **avocate**? C'est **bien payé,** mais je n'aime pas parler en public. **Comptable**? On peut travailler seul, mais le travail ne semble pas très **stimulant. Agent de police**? Hmmm..., peut-être un peu trop **dangereux** pour moi. Ou bien, **professeur**? C'est parfait! C'est une profession **d'avenir** qui a l'air **intéressante**, sauf, bien sûr, quand on a des étudiants paresseux comme moi!

Activités

A. Votre vie professionnelle. Vous cherchez du travail. Que faites-vous? Mettez les phrases dans l'ordre chronologique.

se présenter au service du personnel	remplir une demande d'emploi
préparer un curriculum vitae	accepter l'offre
demander des lettres de recommandation	avoir une entrevue/un entretien
	trouver une agence de placement

B. Quel avenir vous attend? Une voyante *(fortuneteller)* vous fait les prédictions suivantes. Réagissez en utilisant les ***Expressions typiques pour...***

MODÈLE: L'année prochaine vous serez riche.
Ça m'étonnerait que je devienne riche.

1. Ce week-end, vous allez aller au cinéma / vous allez étudier / vous allez beaucoup dormir.
2. L'année prochaine, vous serez toujours étudiant(e) / vous allez changer de vie / vous allez chercher du travail / vous allez entrer dans la marine ou l'armée / vous allez voyager.
3. Dans quinze ans, vous serez riche et célèbre / vous serez au chômage / vous aurez un métier dangereux / vous aurez cinq enfants.

Professeur: Isabelle forme des êtres humains

Le métier attire et recrute. La passion pour une discipline ne suffit pas pour devenir professeur. Il faut aimer les enfants, être pédagogue, avoir de l'autorité. Un métier que l'on choisit en connaissance de cause.

Isabelle, professeur de lettres : «Un cours, c'est un dialogue. J'essaie d'apporter la curiosité.»

Vous pensez être professeur un jour? Quels sont, d'après vous, les avantages et les inconvénients de ce métier?

L'ANPE est l'Agence nationale pour l'emploi.

C. À l'agence locale de l'ANPE. L'agent vous propose des métiers dans les secteurs suivants. Réagissez et dites ce que vous aimeriez ou n'aimeriez pas faire dans la vie et expliquez pourquoi.

MODÈLES: l'informatique

Je vais peut-être devenir informaticien(ne). J'adore les ordinateurs et je voudrais inventer des logiciels (software) *pour faciliter la vie de tous les jours.*

ou

Je n'ai pas vraiment envie de devenir informaticien(ne). Je déteste les ordinateurs, donc, pour moi, ce métier serait ennuyeux. Je préférerais un métier où on a des contacts avec les gens plutôt qu'avec les machines.

1. la sécurité
2. le droit *(law)*
3. le commerce
4. les affaires
5. l'enseignement
6. l'industrie du bâtiment
7. la médecine
8. votre choix

 **D. Faites des projets.** Travaillez avec un(e) copain/copine de classe pour préparer des projets. Utilisez les mots et expressions de la leçon.

1. Ce week-end: Décidez de ce que vous allez faire et parlez des préparatifs.
2. Les vacances: Discutez de ce que vous allez faire pendant les prochaines vacances.
3. Votre vie professionnelle: Parlez de votre avenir.

La grammaire à apprendre

L'usage du futur

You have reviewed the formation of the future in ***La grammaire à réviser.*** The future is used to express an action, event, or state that will occur in the future.

A. The future tense is used after **quand, lorsque** *(when)*, **aussitôt que** *(as soon as)*, **dès que** *(as soon as)*, and **après que** *(after)* when expressing a future action. In English the present tense is used.

Après que is generally only used with the future perfect. See section B on page 286.

Dès qu'elle **aura** son diplôme, Élise fera un voyage aux États-Unis pour perfectionner son anglais.
As soon as she has her diploma, Élise will travel to the United States to perfect her English.

Quand elle nous **rendra** visite en juillet, nous l'emmènerons à Washington, D.C., avec nous.
When she visits us in July, we will take her to Washington, D.C., with us.

B. The future tense also states the result of a **si** clause in the present tense.

Si elle réussit à cet examen compétitif, elle **sera** professeur d'anglais et son emploi **sera** garanti.
If she passes this competitive exam, she will be an English professor and her employment will be guaranteed.

Élise **acceptera** un poste à Strasbourg **si** son mari y trouve du travail.
Élise will accept a job in Strasbourg if her husband finds work there.

NOTE The **si** clause can be placed either at the beginning or the end of a sentence.

Le futur antérieur

A. The future perfect is formed with the future tense of the auxiliary **avoir** or **être** and the past participle of the main verb. Agreement rules, word order, and negative/interrogative patterns are the same as for the **passé composé**.

J'**aurai passé** dix ans à étudier la médecine avant de devenir médecin.
I will have spent ten years studying medicine before becoming a doctor.

To download a podcast on The Future Perfect, go to **www.cengagebrain.com/shop/ISBN/049590516X**

étudier	j'**aurai étudié**	nous **aurons étudié**
	tu **auras étudié**	vous **aurez étudié**
	il/elle/on **aura étudié**	ils/elles **auront étudié**
arriver	je **serai arrivé(e)**	nous **serons arrivé(e)s**
	tu **seras arrivé(e)**	vous **serez arrivé(e)(s)**
	il **sera arrivé**	ils **seront arrivés**
	elle **sera arrivée**	elles **seront arrivées**
	on **sera arrivé(e)(s)**	

se coucher	je me **serai couché(e)**	nous nous **serons couché(e)s**
	tu te **seras couché(e)**	vous vous **serez couché(e)(s)**
	il se **sera couché**	ils se **seront couchés**
	elle se **sera couchée**	elles se **seront couchées**
	on **se sera couché(e)(s)**	

B. The future perfect is used to express an action that will have taken place *before* another action in the future. It expresses the English *will have* + past participle.

En l'an 2040, tout **aura changé.**
By the year 2040, everything will have changed.

As stated earlier, a future tense must be used after the conjunctions **quand, lorsque, aussitôt que, dès que,** and **après que** when expressing a future action. The future perfect is the tense needed if the future action or state will have taken place before another future action. The main verb will be in either the future or the imperative.

Dès qu'il **aura trouvé** un emploi, il achètera une voiture.
As soon as he has found (will have found) a job, he will buy a car.

Partons aussitôt qu'il **aura appelé.**
Let's leave as soon as he has called (will have called).

At times it is up to the speaker to decide whether to use the simple future or the future perfect after one of the above conjunctions. When both clauses use the simple future, it is implied that both actions take place at the *same* time.

Aussitôt qu'il **achètera** sa nouvelle voiture, il nous **emmènera** faire un tour.
As soon as he buys his new car, he will take us for a ride.

Aussitôt qu'il **aura acheté** sa nouvelle voiture, il nous emmènera faire un tour.
As soon as he has bought his new car, he will take us for a ride.

NOTE After the conjunction **après que,** the future perfect is the most frequent choice.

Après que nous **serons revenus,** je te raconterai toutes nos aventures.
After we have returned, I will tell you about all our adventures.

Summary

	Si/conjunction clause	**Main clause**
si	present	present future imperative
quand **lorsque** **dès que**	future	future imperative future perfect
aussitôt que	future perfect	future imperative
après que	future perfect	future imperative

Note that verbs following **quand, lorsque, dès que, and aussitôt que** can occasionally be used in the present tense to convey the sense of habit: **Dès que mon bébé se réveille, je le change.**

Formations de Formateurs d'adultes

Deux formations diplômantes et professionnalisantes dans le domaine de la formation d'Adultes :

le DUFA : DIPLOME UNIVERSITAIRE DE FORMATEURS POUR ADULTES
- *niveau de recrutement : bac + 2, expérience professionnelle ou validation d'acquis (aide aux demandeurs d'emploi)*
- *début de la formation : janvier (à raison de 5 jours par mois)*
- *date limite des inscriptions : 25 octobre*

le SIFA : DESS DE STRATÉGIE ET INGÉNIERIE EN FORMATION D'ADULTES
- *niveau de recrutement : bac + 4 ou expérience significative*
- *début de la formation : janvier (à raison de 5 jours par mois)*
- *date limite des inscriptions : 25 octobre*

Pour tous renseignements : contactez Stéphanie RENAUDIN
Service Formation Continue - 2 bis boulevard Léon Bureau - 44200 NANTES

Université de Nantes

ISERPA

ETUDIANTS ou PROFESSIONNELS...

des DIPLOMES pour des EMPLOIS INDUSTRIELS

UNE ANNEE DE SPECIALISATION DE HAUT NIVEAU

dans des domaines porteurs:

Niveau d'entrée Bac + 4/5 (ou expérience professionnelle équivalente)

1. Expert en gestion de production et GPAO (maîtrise des flux - logistique industrielle)
2. Chef de projet en intelligence artificielle appliquée à la productique
3. Responsable de projets industriels et logistiques

Diplômes homologués niveau I

Niveau d'entrée Bac + 2 (ou expérience professionnelle équivalente)

1. Spécialiste en gestion de production et GPAO
2. Spécialiste en informatique industrielle, automatisation et intégration productique

Diplômes homologués niveau II

Pour les personnes en reconversion, possibilité de rémunération par les pouvoirs publics

ISERPA
Institut Supérieur d'Enseignement et de Recherche en Production Automatisée
122, rue de Frémur - BP 305 - 49003 ANGERS CEDEX 01
Minitel : 36 17 ISERPA (0,4 €/min)

ISERPA

Quelle sorte de formation est-ce que l'agence ISERPA offre? Et l'Institut d'Études Supérieures des Arts? Et l'université de Nantes?

Activités

A. Demain. Dites ce que nous aurons déjà fait demain.

VERBES UTILES **manger, déjeuner, étudier, parler, sortir, dîner, se coucher, se lever, enseigner, boire**

MODÈLE: À six heures demain matin...
j'aurai déjà beaucoup dormi.

1. À huit heures du matin, je...
2. À dix heures du matin, mes amis...
3. À midi, le professeur...
4. À cinq heures de l'après-midi, ma mère...
5. À sept heures demain soir, je...
6. À neuf heures demain soir, nous...
7. À minuit demain, les étudiants...

B. Forum de discussion sur Internet. Ce jeune homme a un problème. Il écrit à un forum de discussion sur Internet pour demander conseil. Choisissez les verbes qui conviennent et complétez son message. Attention au temps des verbes! Ensuite, imaginez la réponse.

le 27 février

Chers copains du Forum

Je vous écris pour vous demander votre avis. Dans une semaine je ______ (me marier / me promener) avec une jeune fille que je connais depuis longtemps. Dès que nous ______ (commencer / passer) nos examens, nous ______ (aller / quitter) en Angleterre. Nous y ______ (passer / visiter) deux mois. Lorsque nous ______ (enseigner / perfectionner) notre anglais, nous ______ (partir / finir) pour les États-Unis. Nous espérons travailler comme interprètes à Washington, D.C. Vous voyez, ma fiancée et moi, nous sommes spécialistes en langues. Nous ______ (gagner / savoir) beaucoup d'argent en travaillant aux États-Unis. Après que nous ______ (avoir / devenir) riches, nous ______ (aller / rentrer) au Japon où nous ______ (continuer / dépenser) à travailler. Ma mère dit que nous n'avons pas les pieds sur terre. A-t-elle raison?

Un jeune idéaliste

C. L'avenir. Avec un(e) copain/copine, complétez les phrases suivantes en imaginant votre avenir selon les circonstances données.

1. Dès que j'aurai mon diplôme, je...
2. Je me marierai quand...
3. J'aurai des enfants lorsque...

4. Quand je travaillerai, je...
5. Je changerai sans doute de travail quand...
6. Il faudra peut-être partir dans une autre ville si...
7. Si je ne trouve pas de travail, je...
8. Quand j'aurai gagné beaucoup d'argent, je...
9. Si je suis au chômage, je...
10. Je prendrai ma retraite quand...
11. En l'an 2055, je...

Interactions

A. Le week-end. Téléphonez à un(e) ami(e) et demandez-lui de prendre un week-end prolongé avec vous. Discutez d'où vous pourriez aller et de ce que vous pourriez faire à différents endroits. Puis, choisissez une destination et faites vos projets.

Review the telephone expressions in **Appendice C.**

B. Une offre d'emploi. Vous êtes le directeur/la directrice d'un petit bureau et vous avez besoin d'employer un(e) secrétaire bilingue. Vous téléphonez à un conseiller/une conseillère de placement pour vous aider à trouver l'employé(e) idéal(e). Le conseiller/La conseillère vous demandera de décrire les tâches *(duties)* que le/la secrétaire devra accomplir. Vous expliquez que vous voulez que le/la secrétaire réponde au téléphone et qu'il/qu'elle fasse du traitement de texte. Dites que votre budget est serré *(tight)* et que le salaire paraît peut-être un peu bas, mais que vous offrez en contrepartie la sécurité de l'emploi et une bonne ambiance de travail *(a pleasant working atmosphere)*.

PRÉPARATION Dossier d'expression écrite

In this chapter, your instructor may ask you to write a formal business letter.

1. First of all, choose what type of business letter you would like to write. Choose between the following options: a letter of recommendation or a job application letter. In either case, imagine that you are writing to a native French speaker whom you do not know well.
2. After you've chosen the type of letter you want to write, make an outline of what you want to say. You can write the letter about yourself or anyone you know well.

   If you are writing a recommendation letter **(une lettre de recommandation)**, describe why you or this person should be hired. Discuss formal training, experience, and personal characteristics.

   If you are writing a job application letter **(une lettre de demande d'emploi)**, explain why you (or the person about whom you're writing) want(s) the job and why you are (or he/she is) fit for it. Try to explain without too much bragging. Describe formal training, experience, and personal characteristics.
3. Fill in your outline and write freely under each of the areas mentioned above. Brainstorm your ideas with a partner.

LEÇON 2

COMMENT FAIRE UNE HYPOTHÈSE, CONSEILLER, SUGGÉRER ET AVERTIR

Blog (suite)

Premières impressions

1. Identifiez: les expressions pour conseiller et suggérer quelque chose, pour faire une hypothèse et pour avertir
2. Trouvez: a. combien d'argent Alisa aura pour payer son logement
   b. où habite Thibault

Depuis quelques mois, Alisa blogue en français. Elle veut créer et entretenir des liens avec ses copains en France. Aujourd'hui, elle demande comment s'y prendre pour trouver un logement étudiant à Paris.

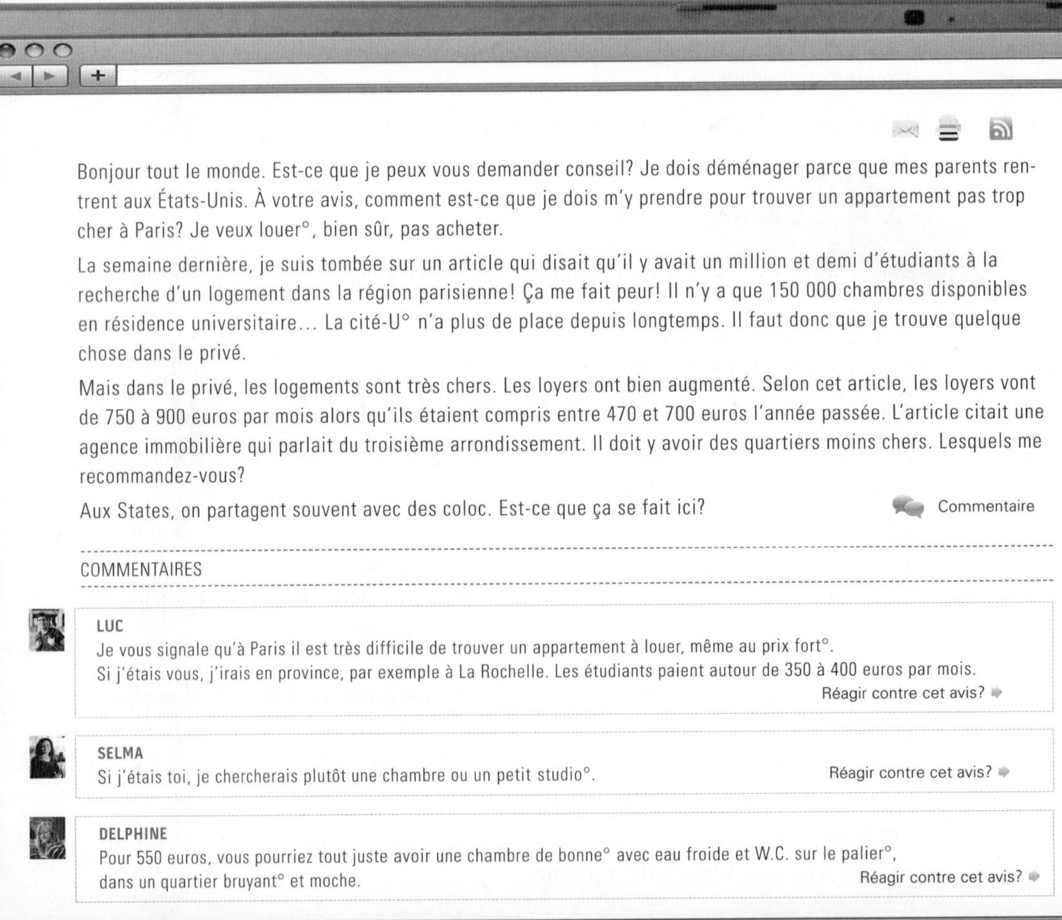

Bonjour tout le monde. Est-ce que je peux vous demander conseil? Je dois déménager parce que mes parents rentrent aux États-Unis. À votre avis, comment est-ce que je dois m'y prendre pour trouver un appartement pas trop cher à Paris? Je veux louer°, bien sûr, pas acheter.

La semaine dernière, je suis tombée sur un article qui disait qu'il y avait un million et demi d'étudiants à la recherche d'un logement dans la région parisienne! Ça me fait peur! Il n'y a que 150 000 chambres disponibles en résidence universitaire... La cité-U° n'a plus de place depuis longtemps. Il faut donc que je trouve quelque chose dans le privé.

Mais dans le privé, les logements sont très chers. Les loyers ont bien augmenté. Selon cet article, les loyers vont de 750 à 900 euros par mois alors qu'ils étaient compris entre 470 et 700 euros l'année passée. L'article citait une agence immobilière qui parlait du troisième arrondissement. Il doit y avoir des quartiers moins chers. Lesquels me recommandez-vous?

Aux States, on partagent souvent avec des coloc. Est-ce que ça se fait ici?

Commentaire

COMMENTAIRES

LUC
Je vous signale qu'à Paris il est très difficile de trouver un appartement à louer, même au prix fort°.
Si j'étais vous, j'irais en province, par exemple à La Rochelle. Les étudiants paient autour de 350 à 400 euros par mois.
Réagir contre cet avis?

SELMA
Si j'étais toi, je chercherais plutôt une chambre ou un petit studio°.
Réagir contre cet avis?

DELPHINE
Pour 550 euros, vous pourriez tout juste avoir une chambre de bonne° avec eau froide et W.C. sur le palier°, dans un quartier bruyant° et moche.
Réagir contre cet avis?

rent

cité-U (for **cité universitaire**) *student residence hall(s)*

au prix fort *at top price*

efficiency apartment

chambre de... *room for rent (formerly maid's quarters)* / **sur...** *on the landing* / *noisy*

Commentaire

COMMENTAIRES

THIBAULT
Moi, j'ai trouvé une chambre d'étudiant. Ce n'est pas le grand luxe, mais j'ai eu du mal à l'avoir! Je l'ai, je la garde! Fais quand même une demande, on ne sait jamais. Réagir contre cet avis?

VALÉRIE
C'est assez dur de trouver des colocataires en France, et encore plus à Paris. Les proprio veulent que le bail° soit signé par tous les coloc. C'est ce qui s'appelle la clause de solidarité. Si un des coloc ne paie pas, les autres sont responsables. C'est un peu compliqué… Il faudrait trouver quelqu'un qui t'accepte comme coloc, qui ait confiance en toi et à qui tu donnes des garanties. Réagir contre cet avis?

lease

LAURA
J'ai une idée. Tu pourrais aller à l'église américaine. Là, ils ont beaucoup de petites annonces de toutes sortes… Je te conseille vraiment d'y aller… Réagir contre cet avis?

ALLAL
Tu as pensé aussi à aller à la bibliothèque? Ils ont des petites annonces sur des panneaux d'affichage°, et parfois pour des logements… Réagir contre cet avis?

panneaux… *bulletin boards*

ALISA
Merci à tous! Ce sont de très bonnes idées. Il va falloir que je me renseigne sérieusement avant que mes parents ne déménagent pour les States. Merci!

À suivre

Observation et analyse

1. Quelle est la réaction des lecteurs d'Alisa à son idée de louer un appartement à Paris?
2. Quelle sorte de logement est-ce qu'ils lui suggèrent?
3. Est-ce que les étudiants français recourent souvent à la colocation? Expliquez.
4. Où les lecteurs conseillent-ils à Alisa d'aller pour trouver des renseignements sur les logements disponibles?
5. Pourquoi, à votre avis, est-ce qu'Alisa a tant de difficultés à comprendre la situation du logement à Paris?
6. Imaginez pourquoi les parents d'Alisa rentrent aux États-Unis. Imaginez ce qu'Alisa va trouver comme logement.

Ose Point Logement, Paris

Pour qui sont ces logements? Quels genres de logements propose-t-on?

Réactions

1. Quelle sorte de logement est-ce que vous chercheriez si vous étiez dans la même situation qu'Alisa à Paris? Expliquez.
2. Connaissez-vous beaucoup d'Américains qui étudient en Europe? Voudriez-vous le faire un jour? Expliquez.

Expressions typiques pour...

Faire une hypothèse

Si tu pars, où iras-tu?/Si vous partez, où irez-vous? *(action vue comme possibilité réelle)* — Si je pars, j'irai à Chicago.

Si tu partais, où irais-tu?/Si vous partiez, où iriez-vous? *(action vue comme hypothèse—irréelle au moment où l'on parle)* — Si je partais, j'irais à Paris.

Fondé en 1582, la Tour d'Argent est un des restaurants les plus chers et les plus célèbres de Paris, avec vue sur Notre-Dame, l'Île Saint-Louis et la Seine. En général, les étudiants n'y vont pas!

To advise against, use the negative form of the structures for advising.

Conseiller

Tu devrais/Vous devriez manger à la Tour d'Argent.
Je te/vous conseille/recommande de...
Il vaut mieux encaisser ce chèque *(cash this check)* tout de suite.
Tu ferais/Vous feriez mieux de louer un studio.
Si j'étais toi/vous, je chercherais une chambre.
Si j'étais à ta/votre place, je déposerais *(deposit)* mon chèque à la banque.
J'ai une très bonne idée/une idée sensationnelle...

Suggérer

Je te/vous suggère de
Tu peux/Vous pouvez
Tu pourrais/Vous pourriez
} chercher une chambre.

Tu as pensé à/Vous avez pensé à
Pourquoi ne pas
} acheter en copropriété *(condo[minium])*?

Accepter une suggestion

Tiens! C'est une bonne idée.
D'accord.
Pourquoi pas?
C'est une excellente suggestion.

Refuser une suggestion

Non, ce n'est pas une bonne idée.
Non, je ne veux/peux pas.
Merci de ton/votre conseil, mais ce n'est pas possible en ce moment.
Ça me paraît difficile/impossible.

Avertir *(To warn)*

Je te/vous signale *(point out)*
Je te/vous préviens *(warn)*
} que ce n'est pas facile.

Attention
Fais/Faites attention
Fais gaffe *(familiar—Be careful, watch out)*
} aux voitures!

Mots et expressions utiles

Le logement

l'agent [m] immobilier *real estate agent*
l'appartement [m] *apartment*
la chambre de bonne *room for rent (formerly maid's quarters)*
la cité-U(niversitaire)/résidence universitaire *student residence hall(s)*
une HLM (habitation à loyer modéré) *low income housing*
l'immeuble [m] *apartment building*
le logement en copropriété *condominium*
le studio *efficiency apartment*
les charges [f pl] *utilities (for heat and maintenance of an apartment or condominium)*
le/la locataire *tenant*
louer *to rent*
le loyer *rent*
le/la propriétaire *owner; householder*
acheter à crédit *to buy on credit*

Une habitation peut être...

grande, petite, vieille, ancienne, neuve *(brand new)*, récente, moderne, rénovée *(remodeled)*, confortable, agréable, sale, propre *(clean)*, commode *(convenient)*, pratique, facile à entretenir *(to maintain)*, au prix fort *(at a high price)*

Les avantages/inconvénients *(disadvantages)*

bien/mal conçu(e) *(designed)*, situé(e), équipé(e), entretenu(e) *(maintained)*, beau/belle, moche, laid(e), solide, tranquille, calme, bruyant(e) *(noisy)*, isolé(e)

Mise en pratique

Eh bien voilà, madame. J'ai enfin fini mes études universitaires et je viens de trouver un emploi bien payé. Il n'y a plus qu'une question à régler: où habiter? Ma mère me conseille de **louer** un **studio** ou une **chambre de bonne** pendant une année. Mais moi, j'en ai assez d'être **locataire**, je voudrais être **propriétaire**! Tout le monde **achète à crédit** de nos jours, alors pourquoi pas moi? Je pourrais acheter une **vieille** maison **située** dans un quartier **tranquille** ou un **logement en copropriété**, moderne, et **bien entretenu** par une association. En bref, madame l'**agent immobilier**, me voilà! Qu'est-ce que vous avez à me proposer?

La banque

le carnet de chèques *checkbook*
la carte de crédit *credit card*
la carte électronique *automatic teller card*
le distributeur automatique de billets *automatic teller machine*
le compte chèques *checking account*
le livret d'épargne *savings account*
changer de l'argent *to change money*
déposer *to deposit*
encaisser un chèque *to cash a check*
ouvrir un compte *to open an account*
prendre son mal en patience *to wait patiently*
retirer de l'argent *to make a withdrawal*
emprunter *to borrow*
le prêt *loan*
prêter *to lend*
l'intérêt *interest*
le taux d'intérêt *interest rate*

Additional banking vocabulary: le billet *bill;* **la monnaie** *change;* **la pièce** *coin;* **le virement** *transfer;* **virer** *to transfer;* **la Bourse** *stock market;* **un investissement** *investment*

Mise en pratique

—Tu as une minute? Il faut que je m'arrête à la banque pour **encaisser un chèque,** enfin si j'ai bien mon **carnet de chèques** avec moi. Sinon, je dois passer au **distributeur automatique de billets.**

—Je peux te **prêter** de l'argent.

—Ce **prêt** me serait fait à quel **taux d'intérêt?**

—Il vaut peut-être mieux que tu ailles à la banque. Ça te reviendra moins cher!

Bill Bachmann/PhotoLibrary

Heinle, Cengage Learning

Heinle, Cengage Learning

Décrivez ces logements. Lequel est-ce que vous préférez? Pourquoi?

Activités

A. Si j'étais à ta/votre place. En utilisant les ***Expressions typiques pour...***, donnez des conseils et des suggestions dans les situations suivantes.

MODÈLE: à un professeur qui veut préparer son prochain cours
J'ai une très bonne idée. Annulez le cours!

1. à un(e) ami(e) qui veut aller au cinéma
2. à votre petit frère/petite sœur qui cherche un bon livre
3. à un(e) touriste qui cherche un bon restaurant dans votre ville
4. à un(e) ami(e) qui fume beaucoup
5. à un(e) ami(e) qui veut voyager à l'étranger
6. à un(e) inconnu(e) qui porte un chapeau dans la salle de cinéma

B. Que décider? Une amie américaine qui a hérité d'une maison en France vous demande de l'aider à écrire à un agent immobilier. Traduisez la lettre en français pour elle.

Sir/Madam,

I would be very obliged if you could give me (**Je vous serais très obligée de bien vouloir me donner**) some advice. I have become the owner of an old house in Lyon. It is solid but badly maintained. I am renting it to a young couple who complains (**se plaint**). They say that many things in the house do not work (**ne pas marcher**). I would be very grateful (**reconnaissante**) if you could give me some suggestions. Should I sell the house? Should I borrow money to remodel it? Should I destroy (**démolir**) it?

I thank you in advance for your suggestions.

Sincerely, (**Veuillez agréer, Monsieur/Madame, l'assurance de mes sentiments distingués.**)

Marcia Cohen

Après avoir traduit la lettre, jouez le rôle de l'agent immobilier et répondez à cette lettre. Quels conseils et suggestions est-ce que vous donneriez à cette dame?

C. Questions indiscrètes. Interviewez un(e) copain/copine sur le logement et l'argent. Faites un résumé de ses réponses à la classe.

1. Est-ce que tu habites une résidence universitaire? un appartement? une maison? un studio? une chambre? un logement en copropriété? Décris ton logement.
2. Comment est-ce que tu t'y es pris pour trouver ton logement?
3. Est-ce que tes parents sont propriétaires ou locataires? Quels sont les avantages et les inconvénients d'être propriétaire? d'être locataire?
4. Est-ce que tu as déjà emprunté de l'argent à la banque? Pour quoi faire? Est-ce que tu te souviens du taux d'intérêt?
5. Combien de comptes en banque est-ce que tu as? Est-ce que tu préfères un livret d'épargne ou un compte chèques? Pourquoi?

La grammaire à apprendre

Les phrases conditionnelles

We often use the conditional to counsel, suggest, or warn someone about something. We present a possible or hypothetical fact or condition after the word *if* and follow it with the result. In French this is accomplished by using the *imperfect* in the **si** clause and the *conditional* in the result clause.

Formation of the conditional was reviewed in **Chapitre 1** and the imperfect in **Chapitre 4.**

Écoute ta mère: si j'**étais** toi, je **déposerais** la moitié de ton chèque sur ton livret d'épargne.
Listen to your mother: if I were you, I would deposit half of your check in your savings account.

In this chapter, we discuss two types of *if*/result clauses. A third type, which uses the past conditional, will be presented in **Chapitre 10**.

***Si* clause**	**Main clause**
present	present
	future
	imperative
imperfect	conditional

Si elle **va** à la Banque Hervet, elle **retirera** la somme de 296 euros de son compte chèques.
If she goes to the Banque Hervet, she will withdraw the sum of 296 euros from her checking account.

Si nous **voulions** de l'argent, nous **irions** à la Banque Populaire.
If we wanted some money, we would go to the Banque Populaire.

NOTE

- As mentioned earlier, the order of the two clauses is interchangeable.
- Neither the future nor the conditional is used in the **si** clause.

Liens culturels

L'argent

En France, on dit que «l'argent ne fait pas le bonheur»; on dit aussi que «peine d'argent n'est pas mortelle». Une personne honnête doit se méfier de l'argent. Les Français se méfient surtout de l'argent vite fait. La crise économique a rendu le crédit, c'est-à-dire l'argent à emprunter plus rare et les Français ont peur que leur pouvoir d'achat soit diminué. Les salaires des gens riches sont souvent un sujet de conversation à la télévision. Les statistiques officielles montrent qu'il y a un accroissement des inégalités de revenus. Beaucoup de Français sont choqués par les salaires exorbitants de certaines personnalités tels que Gérard Depardieu, l'acteur célèbre, Vanessa Paradis, chanteuse et compagne de Johnny Depp, Thierry Henry, le footballeur, et Danny Boon, directeur du film *Les Ch'tis*.

Les Français se servent de plus en plus de leur carte bancaire. Longtemps réservée aux retraits d'argent dans les distributeurs automatiques, la carte sert maintenant à payer toutes sortes d'achats en magasin. Les Français font aussi de plus en plus de paiements électroniques.

Quelle est l'attitude des Américains envers l'argent? Est-elle en train de changer à cause de la crise économique? Est-ce que vous avez une ou plusieurs carte(s) bancaire(s)? Si oui, quand et dans quels contextes est-ce que vous en utilisez une? Faites-vous des paiements électroniques?

Heine, Cengage Learning

Gérard Mermet, *Francoscopie* 2010, Larousse

Activités

A. Quelle situation embarrassante! Imaginez que vous soyez dans les situations suivantes. Dites ce que vous feriez pour vous en sortir.

MODÈLE: Vous êtes arrêté(e) par un gendarme pour excès de vitesse. Vous vous rendez compte que vous n'avez pas d'argent pour payer la contravention.
Si je me rendais compte que je n'avais pas d'argent pour payer l'amende, je demanderais au gendarme s'il peut accepter un paiement par carte bancaire.

1. Vous êtes perdu(e) dans une ville que vous ne connaissez pas.
2. Vous tombez malade dans un pays dont vous ne parlez pas la langue.
3. Vous faites du ski dans les Alpes et vous êtes pris(e) dans une tempête de neige.
4. Votre voiture tombe en panne *(breaks down)* au milieu de la nuit.
5. Vous travaillez dans une banque et il y a un hold-up.
6. Vous mangez au restaurant et vous apercevez votre ancien(ne) petit(e) ami(e).
7. Vous êtes à la terrasse d'un café et une mouche se noie *(a fly drowns)* dans votre verre d'eau.

B. Questions indiscrètes. Posez les questions suivantes à un(e) copain/copine. Faites un résumé de ses réponses à la classe.

1. Qu'est-ce que tu ferais si tu avais un emploi horrible? si tu ne pouvais pas changer de travail pour des raisons financières? si tu avais un(e) patron(ne) que tu détestais?
2. Qu'est-ce que tu ferais si tu avais des octuplé(e)s? Comment est-ce que tu gagnerais de l'argent pour les élever?
3. Qu'est-ce que tu ferais si tu gagnais à la loterie? Où est-ce que tu irais? Qu'est-ce que tu achèterais? Est-ce que tu partagerais ce que tu as gagné avec tes amis?
4. Qu'est-ce que tu ferais si tu devais habiter pendant un an sur une île déserte? Si tu pouvais choisir, avec qui est-ce que tu aimerais passer ton séjour? Qu'est-ce que tu emporterais avec toi?

Interactions

A. Un prêt. Imaginez que vous voulez obtenir un prêt. Regardez le formulaire ci-dessous et discutez de ce que vous cherchez avec le conseiller financier/la conseillère financière *(loan officer)* (votre partenaire). Expliquez ce que vous voulez faire avec ce prêt. Dites combien d'argent vous voulez emprunter et combien de temps il vous faudra pour repayer l'emprunt. Le conseiller/La conseillère vous donnera des suggestions.

Réaliser vos projets immobiliers

Prêt Immobilier Évolutif.

Le prêt qui s'adapte à vos changements de situation.

SOCIÉTÉ GENERALE

CONJUGUONS NOS TALENTS.

Demande d'informations sur le prêt immobilier évolutif

❑ M. ❑ Mme ❑ Mlle

Nom : ____________ Prénom : ____________

Code guichet : ____________

N° de compte : ____________ Clé RIB: ____________

Je suis intéressé(e) par le Prêt Immobilier Evolutif et souhaite obtenir, sans engagement de ma part, des renseignements complémentaires.

Je coche la case correspondant à mes besoins :

Résidence	Principale	Secondaire	Locative
· Travaux	❑	❑	❑
· Construction	❑	❑	❑
· Acquisition (neuf)	❑	❑	❑
(ancien)	❑	❑	❑

Je souhaite emprunter : ____________ €.

Je ne désire pas rembourser plus de ____________ € par mois.

La durée de mon prêt ne doit pas excéder ____________ ans. (maximum 20 ans).

Pour vous permettre d'établir une simulation, je complète les renseignements ci-après :

- Situation de famille :
  ❑ Marié ❑ Concubin ❑ Divorcé ❑ Célibataire
- Situation du logement :
  ❑ Propriétaire ❑ Locataire ❑ Autre (préciser)

	MOI-MÊME	CONJOINT
Date de naissance	________	________
Nombre d'enfants	________	
Profession	________	________
Ancienneté chez l'employeur	________	________
Revenus mensuels	________	________
Allocations familiales	________	________
Autres revenus	________	________
Loyer	________	________
Remboursement prêts en cours	________	________
Autres charges	________	________

Fait à ____________ le ____________

Signature :

« Loi informatique et libertés (article 27 et 31) et secret professionnel :
Les informations nominatives ci-dessus sont obligatoires. Elles sont destinées à la Société Générale qui, de convention expresse, est autorisée à les conserver en mémoire informatique ainsi qu'à les communiquer aux sociétés de son groupe, à des tiers pour des besoins de gestion, ou à des sous-traitants. Vos droits d'accès et de rectification peuvent être exercés auprès du service ayant recueilli ces informations ».

B. Que faire? Vous êtes un(e) Français(e) de dix-neuf ans en première année d'université. Vous avez eu des résultats décevants à vos examens de fin d'année. Vous pensez quitter l'université et aller aux États-Unis comme jeune fille/jeune homme au pair. Vous pensez que ce serait une bonne occasion de pratiquer votre anglais, mais vous n'avez pas les économies nécessaires pour payer votre billet et votre séjour. Vous êtes le/la benjamin(e) *(youngest child)* et vos frères et sœurs ne vivent plus chez vos parents, alors ceux-ci seront attristés par votre décision. Demandez à deux ami(e)s de vous donner conseil.

GARDE(S) D'ENFANTS aux Etats-Unis. Recherche deux personnes de langue maternelle française pour s'occuper de 4 enfants. Une pour s'occuper de deux petites filles (14 mois et 3 ans), et l'autre pour enseigner le français à deux filles francophones (6 et 8 ans), d'une famille chrétienne de 8 enfants habitant les Etats-Unis (Indiana). Position permanente (avec certains week-ends). Une année minimum est requise. Non-fumeur. Devra résider en dehors de la famille. Famille peut faciliter les démarches. Salaire $20-25/hr selon expérience. Envoyez votre CV et/ou expériences.
Email: kyleb@inter-intelli.com

Est-ce que vous répondriez positivement à cette annonce? Qu'est-ce qui vous pousserait à y répondre? Sinon, qu'est-ce qui ne vous paraît pas tentant dans cette offre?

PREMIER BROUILLON Dossier d'expression écrite

1. After you have filled in your outline from **Leçon 1**, organize your letter in paragraphs according to each topic.
2. Work on the format of the letter. In France, you write your name and address on the top, left-hand side. On the right side, write the name and address of the person to whom the letter is addressed. The place and date are placed on the right-hand side two lines below.
3. There are set formalities to use when beginning and ending a letter in France. You begin a letter to someone you do not know with **Monsieur** or **Madame.** At the end, add **Veuillez croire, Monsieur (Madame), à l'assurance de mes sentiments distingués.**

LEÇON 3

COMMENT FAIRE DES CONCESSIONS

Conversation (conclusion)

Track 15

Premières impressions

1. Identifiez: les expressions qu'on utilise pour faire une concession
2. Trouvez: le type de renseignements qu'Alisa veut obtenir de ses amis

Un mois plus tard, Alisa et ses amis français se trouvent dans un café près de l'université.

ALISA Tenez! Regardez le poster que j'ai acheté pour mettre au-dessus de mon lit! La chambre de bonne que j'ai trouvée grâce à mon blog est toute petite, mais je l'adore...! Je pensais vous demander encore autre chose... Je ne sais pas quoi faire pour l'assurance-maladie°.

MARINE Je sais que pour les Français, au moins quand tu t'inscris à l'université, tu paies des droits de Sécurité sociale[1].

ALISA Et moi, est-ce que j'y ai droit en tant qu'étudiante étrangère?

DELPHINE Je ne sais pas vraiment, mais renseigne-toi auprès du CROUS[2].

ALISA Et est-ce que la cotisation° de la Sécurité sociale est élevée?

MARINE Je ne sais pas au juste, mais ce n'est pas très cher.

ALISA Aux États-Unis, c'est vraiment très cher de s'assurer puisque les assurances sont privées. Il n'y a pas encore de système d'État comme ici. Alors, beaucoup de gens ne sont pas assurés. Ils n'ont pas les moyens de payer les primes°. Mais jusqu'à vingt-six ans, les étudiants peuvent être sur la police de leurs parents. Évidemment, c'est cher...

MARINE C'est embêtant si on n'est pas assuré et qu'on a un problème médical... qu'est-ce qu'on fait?

ALISA Eh bien, on entend parler d'exemples où on peut refuser de te soigner à l'hôpital, mais quand même... dans la plupart des cas, j'imagine qu'on ne te refuse pas les soins élémentaires. Mais les choses sont en train de changer... Je ne sais pas si vous en avez entendu parler, mais il y a beaucoup de débats sur la loi sur la santé adoptée en 2010.

YANIS C'est étonnant quand même.... Les États-Unis sont un pays riche, très riche... mais malgré tout, les Américains n'arrivent pas à se mettre d'accord sur l'accès à une assurance-maladie minimale.

ALISA Oui, mais tu sais, les États-Unis, c'est un pays où certains ont extrêmement peur de tout ce qui est centralisé par le gouvernement fédéral.

MARINE Oui, mais riche ou pauvre, sans emploi ou P.-D.G.°, on est tous égaux devant la maladie...

ALISA Oui, évidemment... Il y a une dimension morale dans ce débat qui est difficile à ignorer...

[1] La Sécurité sociale est un système d'assurance-maladie administré par le gouvernement. Tous les Français et les résidents qui travaillent paient une cotisation d'environ 7,5 pour cent de leur salaire mensuel.
[2] CROUS—Centre régional des œuvres universitaires et scolaires. Cette organisation d'étudiants offre une aide pour le logement, l'assurance-maladie, etc.

l'assurance-maladie [f] *health insurance*

cotisation *contribution*

premiums

(Président-directeur général) *CEO*

Observation et analyse

1. Quelle sorte de logement est-ce qu'Alisa a enfin trouvé?
2. À quel organisme est-ce qu'Alisa va s'adresser pour trouver les réponses à ses questions d'assurance-maladie?
3. Pourquoi est-ce que Yanis et Marine sont surpris par le système d'assurance-maladie aux États-Unis?
4. Selon Alisa, pourquoi est-ce que les Américains ne sont pas tous d'accord sur la nouvelle loi concernant le système de couverture médicale?
5. D'après ce que vous savez, quelles solutions et quels problèmes la nouvelle loi concernant le système de couverture médicale apporte au système d'assurance-maladie aux États-Unis?

Réactions

Les États-Unis viennent d'adapter leur système d'assurance-maladie. D'après vous, quel serait le système de couverture médicale idéal? Expliquez et comparez vos idées avec celles de vos copains/copines de classe.

Expressions typiques pour...

Faire une concession

À première vue, je ne suis pas d'accord avec toi/vous, mais tu connais/vous connaissez mieux la situation que moi.

Bien, tu m'as convaincu(e)/vous m'avez convaincu(e).

Je suis convaincu(e).

À bien réfléchir, je crois que tu as raison/vous avez raison...

Je dois mal me souvenir/me tromper.

En fin de compte *(Taking everything into account)*, je crois que tu as raison.

Si c'est ce que tu penses/vous pensez...

Je n'avais pas pensé à cela.

D'accord je vais m'y prendre autrement.

bien que/quoique (+ subjonctif) *(although)*

Bien qu'elle ait été prudente dans ses investissements, elle a perdu de l'argent à la Bourse *(stock market)*.

quand même *(nonetheless, even so)*, **tout de même** *(in any case)*, **néanmoins** *(nevertheless)*, **pourtant** *(however)*, **cependant** *(however)*, **mais** *(but)*

Elle a bien étudié ses investissements; elle a **pourtant** perdu beaucoup d'argent.

malgré *(in spite of)*, **en dépit de** *(in spite of)*, **avec** *(with)*

Malgré ses connaissances, elle a perdu beaucoup d'argent à la Bourse.

Mots et expressions utiles

L'économie [f] *(Economy)*

l'assurance-maladie [f] *health insurance*
être assuré(e) *to be insured*
la cotisation *contribution*
une mutuelle *mutual benefit insurance company*
la prime *premium; free gift, bonus; subsidy*
souscrire *to contribute, subscribe to*
les bénéfices [m pl] *profits*
le budget *budget*
la consommation *consumption*
le développement *development*
une entreprise *business*
exporter *to export*
importer *to import*
les impôts [m pl] *taxes*
le marché *market*
aller de mal en pis *to go from bad to worse*
le progrès *progress*
s'améliorer *to improve*
un abri *shelter*
un restaurant du cœur *soup kitchen*
un(e) sans-abri *homeless person*
un(e) SDF (sans domicile fixe) *person without a permanent address*

Mise en pratique

Depuis 18 mois, l'**économie va de mal en pis.** Les entreprises ne font pas de **bénéfices** et licencient *(lay off)* des employés. Nous **exportons** moins que nous **n'importons.** Les **impôts** augmentent, les **sans-abri** font la queue devant les **restaurants du cœur.** Personne ne sait quand l'économie va **s'améliorer,** mais tout le monde attend la fin de cette récession.

Les conditions de travail

le chef (de bureau, d'atelier, d'équipe) *leader (manager) of office, workshop, team*
le directeur/la directrice *manager (company, business)*
l'employeur [m] *employer*
le/la gérant(e) *manager (restaurant, hotel, shop)*
le personnel *personnel*
le bureau *office*
la maison, la société *firm, company*
l'usine [f] *factory*
compétent(e)/qualifié(e) *competent/qualified, skilled*
motivé(e) *motivated*
une augmentation de salaire *pay raise*
le congé *holiday, vacation*
l'horaire [m] *schedule*
les soins [m] médicaux *medical care and treatment*

Karen Preuss/The Image Works

Mise en pratique

Je viens de trouver un emploi dans une petite entreprise familiale dans le centre-ville. J'aurai un **horaire** flexible, mon propre **bureau** et cinq semaines de **congé.** De plus, mon **employeur** m'a promis une **augmentation de salaire** tous les six mois, si je prouve que je suis **compétent.** Ce n'est pas mal, hein? Il y a de quoi être **motivé,** non?

Activités

A. Concessions. En petits groupes, utilisez les expressions pour exprimer une concession pour répondre aux points de vue suivants.

MODÈLE: Les jeux d'argent *(gambling)* font de l'État un spéculateur.
Pourtant, dans certains états, le budget de l'éducation reçoit une bonne partie des bénéfices de ces jeux.

1. La liberté individuelle est la chose la plus importante de notre vie.
2. Il est dangereux de développer l'énergie nucléaire.
3. Le chômage est (en grande partie) dû à un excès d'importations.
4. Le réchauffement de la planète est un danger imminent.
5. Les congés payés aux États-Unis ne sont pas assez longs.
6. Les P.D.G. sont trop bien payés.
7. Les ouvriers doivent recevoir une partie des bénéfices de leur entreprise.

B. Le travail. Traduisez en français cette petite annonce pour un journal québécois.

> American Company looking for qualified people. We need motivated workers to work in our factory in Montreal. We are also in need of managers, team leaders, and secretaries. We are only interested in people who are motivated to work hard. We offer good hours, excellent salary, and five weeks of vacation. To apply, send résumés to Mr. Blanche.

C. Complétez. Chacune des phrases ci-dessous exprime une idée de concession. Complétez ces phrases en imaginant une situation pour chaque contexte.

1. Nous allons faire de notre mieux en dépit de... (on a annoncé des licenciements *[layoffs]* / la suppression de la prime de rendement *[productivity]*)
2. Bien que je... (je suis arrivé[e] à l'heure à un rendez-vous important / j'ai oublié l'anniversaire de mon mari/ma femme)
3. Malgré nos sourires... (à la plage / dans une entrevue)
4. Nous sommes rentrés déçus; cependant... (le film était / les vacances étaient)

La grammaire à apprendre

Le subjonctif après les conjonctions

Certain subordinate conjunctions require the subjunctive mood rather than the indicative because of their meaning. Notice that the subjunctive is used in the clause where the conjunction is located, not in the clause that follows or precedes it.

A. Les conjonctions de concession

Certain conjunctions indicate a concession on the part of the speaker toward what is either reality or something that could be so and is therefore hypothetical.

bien que/quoique	*although*

Bien que ce **soit** un métier mal payé, il veut être mécanicien.
Although it is not a well-paying trade, he wants to be a mechanic.

B. Les conjonctions de restriction

Other conjunctions express a restriction, real or possible.

à moins que (+ ne)	*unless*
sans que	*without*

Il va tout acheter au Printemps **à moins que** les prix **ne soient** trop élevés.
He is going to buy everything at Le Printemps unless the prices are too high.

The **ne explétif** should be used with **à moins que.** Remember that it has no meaning and that it is used in formal speech. It is also used with **de peur que, de crainte que** (see section D), and **avant que** (see section E).

C. Les conjonctions de condition

These conjunctions introduce a condition that is not a reality.

pourvu que	*provided that*
à condition que	*on the condition that*

Il continuera à travailler dans son atelier **pourvu qu'**il **ait** assez de clients.
He will continue to work in his workshop provided that he has enough customers.

D. Les conjonctions de but

Some conjunctions express a goal or purpose. This is similar to the idea of volition. Therefore, the subjunctive mood is required.

pour que/afin que	*in order that, so that*
de peur que (+ ne)/de crainte que (+ ne)	*for fear that*

Il a tout fait **pour que** ses prix **baissent.**
He did everything so that his prices would be lower.

E. Les conjonctions de temps

These conjunctions are concerned with actions that take place at some time after the action of the main clause and may depend on the other action taking place.

avant que (+ ne)	*before*
jusqu'à ce que	*until*
en attendant que	*waiting for*

Avant qu'il **n'aille** à la banque, il doit vérifier qu'il y a de l'argent sur son compte.
Before he goes to the bank, he must verify that there is some money in his account.

F. The following conjunctions can sometimes be replaced by a corresponding preposition followed by an infinitive. This is done when the subject of the subordinate clause (introduced by a conjunction requiring the subjunctive) is the same as the subject of the main clause. The most common prepositional counterparts are:

Conjonction (+ subjonctif)	**Préposition (+ infinitif)**
à moins que (+ ne)	à moins de
sans que	sans
à condition que	à condition de
afin que	afin de
pour que	pour
de peur que (+ ne)	de peur de
de crainte que (+ ne)	de crainte de
avant que (+ ne)	avant de
en attendant que	en attendant de

Il est rentré chez lui **sans** avoir fermé son atelier à clé. Il y est retourné **de crainte de** tout se faire voler *(to be robbed)*. Il a sorti sa clé **afin de** verrouiller *(lock)* la porte. **Avant de** le faire, il a jeté un coup d'œil dans l'atelier pour examiner ses outils *(tools)*. Il s'est rendu compte que quelqu'un avait déjà tout volé!

In sentences with **bien que**, **quoique**, **pourvu que**, and **jusqu'à ce que**, the clause in the subjunctive cannot be replaced by an infinitive construction even when the subject of the main clause and dependent clause is the same. There is no corresponding prepositional construction.

Elle continuera à lire cet article **bien qu**'elle ne **soit** pas convaincue.
She will continue to read that article although she is not convinced.

Quoiqu'elle **apprécie** la Société Générale, elle a choisi le Crédit Agricole.
Although she likes the Société Générale, she chose the Crédit Agricole.

Activités

A. Sondage sur les goûts culturels des jeunes. Avec un(e) partenaire, complétez ce paragraphe en choisissant la conjonction ou la préposition appropriée.

_______ (Bien que / Pourvu que / De peur que) les étudiants s'intéressent à la politique et à l'économie, ils adorent surtout le cinéma. Leur mémoire est courte, cependant. _______ (De peur de / Jusqu'à / Quoique) ils se trompent dans le titre ou le nom du metteur en scène, 82 pour cent ont cité un film qui les avait marqués dans les trois derniers mois. Comme metteur en scène, ils admirent Louis Malle. Le même sondage révèle que les étudiants français aiment aussi la musique _______ (avant que / afin de / à condition que) ce soit du rock. Ils aiment également lire et parler de leurs lectures _______ (de peur que / à moins de / pourvu que) il s'agisse d'écrivains comme Faulkner, Dostoïevsky, Boris Vian, Jean-Paul Sartre et Steinbeck. _______ (Pour ne pas / À moins de / En attendant de) trop généraliser les résultats de ce sondage, le lecteur doit savoir que cette enquête a été effectuée auprès de 382 étudiants.

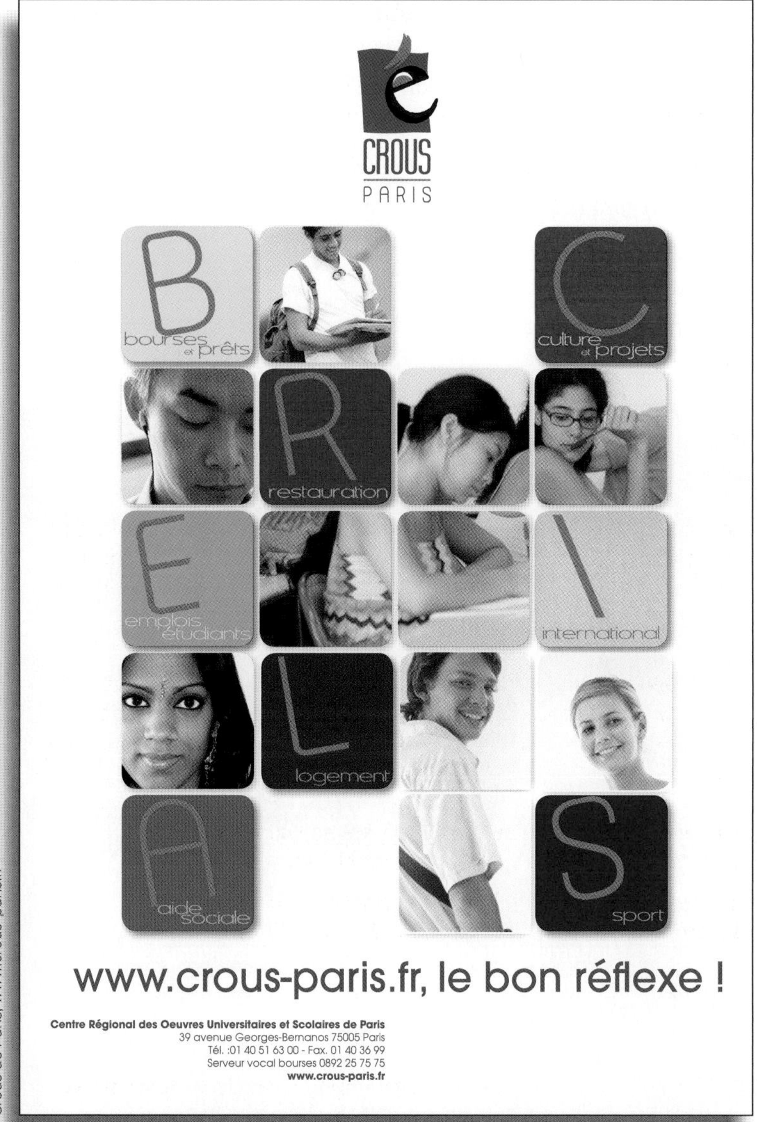

Pourquoi est-ce qu'on va au CROUS?

B. La Sécurité sociale. Marine continue à expliquer le système de la Sécurité sociale à Alisa. Remplissez les blancs avec la forme appropriée du verbe entre parenthèses en utilisant le subjonctif, si c'est nécessaire.

À moins que nous n'________ (oublier) notre Carte vitale, la Sécurité sociale paiera la majorité des frais médicaux. Par exemple, lorsqu'on ________ (avoir) une opération à l'hôpital ou dans une clinique, la Sécurité sociale rembourse presque tous les frais. Puisque tu ________ (être) américaine, il faut que tu te renseignes au CROUS parce que je ne ________ (savoir) pas si les étrangers ________ (pouvoir) s'inscrire. Afin de ________ (savoir) si tu y ________ (avoir) droit ou non, demande-leur un rendez-vous. Il vaut mieux que tu y ________ (aller) en personne. On ne sait jamais avec les renseignements par téléphone. Demande qu'on te ________ (donner) une brochure.

C. Conditions de travail. Complétez les phrases suivantes. Mettez la phrase à la forme négative si vous n'êtes pas d'accord!

1. Moi, je réussirai dans mon travail à condition que...
2. Je paierai les assurances-maladies de crainte de...
3. Je pense que les assurances-maladies sont nécessaires afin que...
4. Les syndicats *(unions)* sont importants à moins que...
5. Je m'inscrirai au syndicat quoique...
6. Je travaillerai jusqu'à...
7. Je prendrai ma retraite avant de...

Liens culturels

Savoir-vivre au travail

Si vous réussissez à trouver un poste dans un pays francophone, ne sous-estimez pas l'importance du savoir-vivre. Avec vos collègues, soyez toujours courtois; collaborez avec eux et aidez-les quand vous le pouvez. N'étalez pas vos problèmes personnels et ne passez pas trop de temps à bavarder.

Le protocole demande qu'un subordonné dise bonjour et au revoir à son supérieur mais, en général, il «ne lui tendra pas la main le premier» (d'Amécourt, p. 60). C'est le supérieur qui doit «nuancer les rapports» de courtoisie (d'Amécourt, p. 61). Vous allez, bien sûr, serrer la main de vos collègues pour dire bonjour le matin en arrivant au travail et pour leur dire au revoir à la fin de la journée. En général, il faut rendre le travail plus agréable par votre personnalité et par votre attitude, mais vous devez rester discret (d'Amécourt, p. 61).

Les habitudes de travail en France sont un peu différentes des vôtres. Ainsi, l'espace et l'heure sont abordés sous un autre angle. Souvent, dans les bureaux des sociétés françaises, les portes sont fermées. Mais chacun peut frapper et entrer rapidement, sans attendre la réponse. La porte crée une sorte de limite professionnelle. Les gens ne vont pas regarder et toucher vos affaires sans vous en demander la permission.

En ce qui concerne l'heure, les Français sont souvent dix minutes en retard à une réunion de bureau; ce n'est pas considéré comme impoli. Il leur arrive parfois aussi d'annuler ou de changer l'heure d'une réunion à la dernière minute, et ne soyez pas surpris s'il y a plusieurs

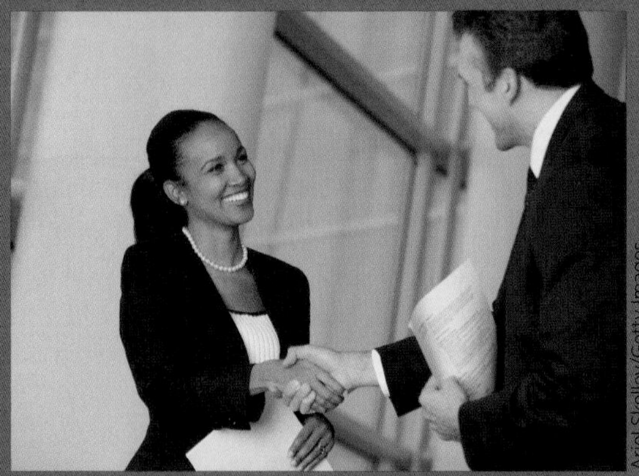
Ariel Skelley/Getty Images

interruptions pendant la réunion. C'est normal. Les Français ont une idée différente du temps. Ils voient le temps d'une manière polychronique, ce qui veut dire que plusieurs choses peuvent se passer en même temps et que les gens peuvent arriver à n'importe quel moment. Le temps est plutôt élastique. Ce qui compte pour eux ce sont les gens ou les personnes avec qui ils travaillent. Fixer l'heure d'une réunion est tout simplement pratique pour savoir en gros quand on va se retrouver et permet à ceux qui arrivent à l'heure de commencer à se mettre d'accord sur les questions à traiter.

Comparez les coutumes professionnelles de la France avec celles de votre pays. Parlez du protocole, de l'espace et de l'heure. Est-ce qu'il y a des différences régionales aux USA?

Adapté de: d'Amécourt, *Savoir-Vivre Aujourd'hui* (Paris: Bordas, 1983, pp. 59–61); Polly Platt, *French or Foe* (Skokie, IL: Culture Crossings, Ltd., 1995, pp. 41–42, 44–51).

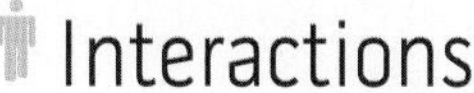 Interactions

A. Les livres perdus. Vous avez emprunté deux livres à votre colocataire il y a plusieurs mois et il/elle est fâché(e) que vous ne les lui ayez pas rendus. Avouez que vous auriez dû les rendre et donnez une excuse pour expliquer pourquoi vous ne l'avez pas fait. Expliquez que maintenant vous les avez perdus. Résolvez la situation.

B. Jouez le rôle. Votre partenaire et vous allez jouer des rôles différents. Pour chaque rôle, imaginez une concession à faire à votre partenaire. Utilisez des conjonctions autant que possible.

1. votre mari/femme/meilleur(e) ami(e): son anniversaire
2. votre enfant: l'heure de son coucher
3. votre mère/père âgé(e): son logement
4. votre chef: votre congé
5. votre secrétaire: son augmentation de salaire
6. votre médecin: votre santé
7. votre professeur: la qualité de votre composition

DEUXIÈME BROUILLON Dossier d'expression écrite

1. Write a second draft of the letter that you worked on in **Leçons 1** and **2**, focusing particularly on the way you begin and end the letter. You may want to begin the job application letter with any of the following expressions:

   Je vous prie de *(Please ...)*
   Je vous serais obligé(e) de *(I would be obliged to ...)*
   Permettez-moi de me présenter...
   Je désire poser ma candidature à un poste de...

   A letter of recommendation might begin with any of the following phrases:

   Puis-je me permettre de vous recommander...
   J'ai l'honneur de vous recommander...

2. To make the transitions smoother, you might want to add some phrases such as the following to the job application letter:

   Vous trouverez, dans mon curriculum vitae ci-joint, le résumé de ma formation académique et de mon expérience professionnelle...
   J'aimerais attirer votre attention sur...
   En vous remerciant à l'avance de votre considération,...

   In the letter of recommendation, use the following phrases:

   Elle/Il a/est (diplômes ou qualifications) et...
   Je vous serais reconnaissant(e) de ce que vous pourriez faire pour lui/elle...
   En vous remerciant dès maintenant,...
   Avec mes remerciements anticipés,...

SYNTHÈSE

Activités musicales

Zebda: *Chômage*

BEMBARON CARDINALE/CORBIS SYGMA

To experience this song, go to **www.cengagebrain.com/shop/ISBN//049590516X**

Avant d'écouter: Le contexte et les réflexions

1. Selon le titre, quel sera le ton de cette chanson? Quand vous entendez le mot «chômage», à quels autres mots pensez-vous?
2. Connaissez-vous quelqu'un qui soit au chômage? Expliquez les circonstances: depuis quand, de quelle profession, dans quelle région des USA, etc.?
3. Où dans le monde y a-t-il beaucoup de chômage? Faites une liste des pays ou des régions du monde. Quelles sont les conséquences sociales et économiques de ce chômage important?

Pendant que vous écoutez: Compréhension

1. Faites une liste des phrases et des mots qui sont répétés. Notez aussi les personnes, les maladies et les lieux mentionnés.
2. Quel type de musique est-ce? Connaissez-vous un groupe qui ressemble à ce groupe ou qui produise des chansons du même genre?

Après avoir écouté: Communication

1. Qui est votre chanteur/chanteuse ou groupe musical préféré(e)? Que savez-vous de ses opinions politiques ou sociales? Est-ce important pour vous de savoir quelles sont les valeurs politiques ou sociales de vos groupes préférés? Expliquez.
2. Zebda dit: «Donner pour donner c'est pas tout à fait ma devise. Je donne pas, j'investis dans la solidarité.» Avec un(e) copain/copine de classe, faites une liste écrite de plusieurs musiciens que vous connaissez et qui confrontent les problèmes politiques ou sociaux du monde.
3. Faites des recherches sur Internet sur le groupe Zebda. Que font les membres du groupe en ce moment? Quelles cultures ont influencé les musiciens et leurs chansons? Écrivez un petit paragraphe sur ces influences.

Activités orales

A. Un message. Vous êtes secrétaire bilingue dans une société américaine en France. Expliquez, en français, ce message téléphonique à votre patron(ne):

> Mr. Rafael returned your call. He says that it is difficult to know whether you should sell your house. It's well situated but poorly maintained. He left the name of Sophie Lambert, whom he said you should call. She is a real estate agent who is very friendly and will help you. If you follow her advice, you should make some money. He alluded to **(faire allusion à)** several other investment possibilities that he will discuss with you later.

Review the telephone expressions in **Appendice C.**

B. L'avenir. Avec un(e) partenaire, créez une histoire qui va illustrer le proverbe «Qui vivra verra». On utilise souvent cette expression quand on discute de l'avenir. Inventez un conte de fées ou une histoire à propos de vous ou de quelqu'un d'autre. Votre histoire devra se terminer par ce proverbe.

BATON ROUGE À LAVAL

Nous recherchons une équipe dynamique et enthousiaste avec expérience SERVEURS(EUSES), PRÉPOSÉS(ES) AU BAR SERVICE, HÔTESSES, AIDE-CUISINIERS(ÈRES) & PLONGEURS

Présentez-vous avec C.V. au
3035 Boul. Le Carrefour, Laval

PLACEMENT en marketing, opportunité incroyable, agence internationale besoin de 8 candidats pour projet publicitaire à Montréal, 16$ l'heure + bonus, travail d'équipe, bilinguisme un atout 514-934-2362 pour obtenir entrevue ou newmarketingjobs@hotmail.com

$$$** ATTENTION ÉTUDIANTS(es) **$$$
Fais-toi 250$/sem. en vendant bons produits de chocolat, 514-277-0083

EDUCATRICE diplômée avec esprit d'équipe, poste temps plein.
CV fax 514-256-4545

COMPTABLE parfaitement bilingue demandé(e), expérience requise, avoir connaissance des états financiers et impôts corporatives. pour firme comptable à Boul L'Acadie. (514) 858-0858, fax (514) 858-1864. info@ccimm.com

BESOIN $$$ et un travail permanent ?
IMS Compagnie bien établie depuis plusieurs années. Cherchons 27 Conseillers sérieux et bilingues pour sollicitation facile au téléphone et prise de rendez-vous pour des compagnies renommées, travail jour et soir, lundi au vendredi. Ben 514-227-7981 Métro McGill.

ASSISTANTE-DENTAIRE avec ou sans exp., demandée à Mascouche, remplacement congé de maternité, sem. 3 et 2 jours, 2 soirs par semaine et un samedi sur deux, Denise (450) 474-4177 ou faxez votre C.V. (450) 474-4650

Le Journal de Montréal, 2007

Activité écrite

Les offres d'emploi. Vous avez découpé les offres d'emploi publiées dans *Le Journal de Montréal,* un journal québécois (ci-dessus). Faites une liste des avantages et des inconvénients de chaque emploi. Ensuite, écrivez une lettre à votre tante et à votre oncle qui habitent près de Montréal. Décrivez l'emploi qui vous intéresse le plus et expliquez pourquoi. Demandez-leur conseil pour obtenir cet emploi. Demandez si vous pouvez dormir chez eux un jour ou deux si vous obtenez une entrevue.

RÉVISION FINALE Dossier d'expression écrite

1. Reread your composition and focus on the unity of the letter.
2. Examine your letter one last time. Check for correct spelling, grammar, and punctuation. Pay special attention to your use of the future tense, the sequence of tenses with **si**, and the subjunctive after conjunctions.
3. Prepare your final version using paper of good quality. The appearance of the letter will be important for making a good impression. Make sure that there are no mistakes and crossed-out corrections. The typeface of the printer should be clear and easy to read. Leave sufficient margins on the sides for legibility as well.
4. Now that you know how to write a formal letter, volunteer to help an immigrant in your town to write a letter in French or English.

Intermède culturel

I. L'UNION EUROPÉENNE ET L'EUROPE ÉTUDIANTE

Sujets à discuter

- Quelle était la situation politique, économique et sociale en Europe à la fin de la Seconde Guerre mondiale?
- Qu'est-ce que vous savez sur l'Union européenne?
- Combien de pays font partie de l'Union européenne?
- Dans quels domaines sont-ils en avance en ce qui concerne l'unification?
- Quels seraient les avantages pour un pays de faire partie d'une union entre plusieurs pays? Quels seraient les inconvénients? Y aurait-il des avantages pour les étudiants?

Introduction

The European Union was an ancient dream that finally began to take shape in the middle of the 20th century. The first stage of development began in 1951 when France, Germany, Italy, Belgium, Luxembourg, and the Netherlands formed the **Communauté européenne du charbon** *(coal)* **et de l'acier** *(steel). That same group formed a system of economic unity in 1957 which was called the* **Marché commun** *or the* **Communauté économique européenne.** *In 1992, with the Treaty of Maastricht, the Common Market transformed itself into the* **Union européenne (UE)** *and moved toward political and monetary conformity. In 2002, the euro was finally adopted as the single monetary standard.*

The European Union is also having an effect on the educational system. In this reading, you will learn about some of the opportunities and obstacles of studying in the other European countries.

Lecture

L'Union européenne a été construite progressivement depuis la fin de la Seconde Guerre mondiale (1939–1945). L'idée a été lancée par Robert Schuman, ministre français des affaires étrangères, dans son discours du 9 mai 1950. Cette date est «l'anniversaire» de la fondation de l'Union européenne et elle est célébrée chaque année comme la «Journée de l'Europe».

L'Union a commencé par un noyau de 6 pays: la Belgique, les Pays-Bas, le Luxembourg, l'Allemagne, l'Italie et la France. Le Danemark, l'Irlande et le Royaume-Uni ont demandé leur adhésion en 1973, la Grèce en 1981, l'Espagne et le Portugal en 1986, et l'Autriche, la Finlande et la Suède en 1995. En 2004, dix nouveaux pays sont entrés dans l'Union: la Pologne, l'Estonie, la Lituanie, la Lettonie, la Hongrie, la Slovénie, la République tchèque, la Slovaquie, Chypre et Malte. Aujourd'hui avec l'intégration de la Roumanie et de la Bulgarie en 2007, l'Union européenne rassemble 27 pays.

Image Source Limited/PhotoLibrary

L'Union est très en avance dans certains domaines comme l'économie, la monnaie, les douanes, les communications et les lois sociales. Dans les domaines où chaque pays a peur de perdre sa liberté d'action, comme la défense, la politique étrangère et la culture, il est beaucoup plus difficile d'avoir une politique commune.

Ce retard de l'unification affecte aussi les diplômes universitaires. Au Moyen-Âge, les étudiants européens allaient souvent fréquenter les universités d'un autre pays que le leur. Des efforts sont faits aujourd'hui pour faciliter à nouveau la mobilité des étudiants européens et recréer une véritable «Europe étudiante». Le système Erasmus permet aux étudiants de 33 pays d'Europe d'aller étudier dans les universités d'un autre pays. Les étudiants francais, toutefois, ne sont pas aussi nombreux à partir qu'on pouvait l'espérer.

Étudiants, voyagez plus!

Depuis le film «L'Auberge espagnole», la cause est entendue: les séjours étudiants en Erasmus, programmes d'études dans une fac européenne, c'est formidable! On s'y amuse «comme dans le film », confirme Shirly Elbase, une étudiante de Paris I. Mais pas seulement. Shirly a passé six mois très excitants à Liverpool. Elle a réussi des examens en anglais et connu une joyeuse bande venue du monde entier, qu'elle retrouve un week-end à Madrid, un autre à Rome. Mais la mythologie Erasmus ne doit pas cacher la réalité: 4 000 bourses° Erasmus sur 27 000 n'ont pas été utilisées en 2008 et, d'une manière générale, les jeunes Français n'étudient pas assez à l'étranger.

Tous programmes confondus°, sur les 2,2 millions d'étudiants, seuls 80 000 vont suivre des cursus° à l'étranger. Pis: la mobilité est en baisse—de 25% entre 2000 et 2006—et ceux qui partent sont surtout des étudiants «aisés et initiés», déplore la ministre de l'Enseignement supérieur, Valérie Pécresse. «C'est grave à l'heure de la compétition mondiale», dit Nicolas Jacquet, le président de Campus France, l'agence d'État chargée de la mobilité internationale des étudiants, qui prône, dans un rapport, de multiplier les séjours à l'étranger par cinq en douze ans. Mais pour cela, que d'obstacles à lever, en tout cas à la fac! D'abord, les deux principaux, le mauvais niveau en langues et l'argent: la bourse est de 192 euros par mois pour un Erasmus, 400 euros pour les boursiers sur critères sociaux! Insuffisant pour vivre à l'étranger. Il faut donc que papa et maman puissent payer ou que les régions donnent des compléments.

Et puis, à la fac, le séjour à l'étranger reste souvent une sorte de récompense pour les meilleurs alors que, dans les grandes écoles°, il est obligatoire dans le cursus. Seulement 679 établissements d'enseignement supérieur sur 3 500 étaient engagés l'an dernier dans un programme Erasmus. Enfin, l'absence d'équivalence de diplôme, l'étroitesse ou le mauvais fonctionnement des accords bilatéraux freinent° souvent les élans°. «Telle unité d'enseignement° a des échanges avec un département au Danemark alors que les étudiants veulent aller en Espagne; et finalement, personne ne prend la bourse Erasmus», raconte un universitaire.

Et puis il y a des cafouillages°: Camille, partie avec Erasmus en Grande-Bretagne, découvrit une fois sur place que son dossier avait été perdu (dans sa fac française). Élodie a appris, une semaine avant son départ, que le partenariat entre sa fac et l'université anglaise était annulé. Il faudrait, selon Nicolas Jacquet, mutualiser° les accords et créer une «bourse aux échanges entre les universités européennes». Enfin, le nez dans leurs cahiers, les étudiants et les enseignants de fac ne mesurent pas toujours à quel point il est crucial d'aller à l'étranger. Pour la culture, pour soi, pour affronter° les futurs recruteurs. Le problème est européen. Les ministres de l'Éducation des 27 doivent se retrouver dans les jours qui viennent pour renforcer leur coopération: il y a du travail! En attendant, le président de Campus France propose une mesure choc: «Rendre obligatoire (le séjour à l'étranger) pour certains diplômes, comme les masters, et dans certaines disciplines, économie, droit, ingénieur.» C'est déjà le cas de fait dans la plupart des grandes écoles ou à Sciences-Po. Proposition importante. Une seule question: qui finance?

scholarships

taken together

curriculum

grandes... *elite schools outside the university system*

stop / momentum

unité... *(college) credits*

mix–ups

create a central clearing house

to prepare to meet

«Étudiants, voyagez plus!», *Le Nouvel Observateur,* mercredi 14 avril 2010, by Jacqueline de Linares, 2008.

Compréhension

A. Observation et analyse

1. Qui a eu l'idée de former l'Union européenne? Quand? Quels pays étaient les premiers à en faire partie? Et les plus récents? (Nommez-en deux.) Pouvez-vous nommer tous les pays qui en font partie?
2. Dans quels domaines ces pays sont-ils en avance en ce qui concerne l'unification?
3. Dans quels domaines est-ce qu'il y a eu peu de progrès? Pourquoi?
4. Pourquoi l'article fait-il référence à la «mythologie» Erasmus?
5. Quelles sont les difficultés les plus importantes dont on parle dans l'article? Quelles solutions seront bientôt établies pour résoudre ces problèmes?
6. Est-ce qu'il y a des bourses d'étudiants? Expliquez.
7. Qu'est-ce que l'Europe doit faire pour que les étudiants prennent le risque d'aller étudier à l'étranger, selon l'avis d'une des personnes citées dans l'article?

B. Grammaire/Vocabulaire. Vous allez réviser le genre des noms. Relisez l'article en faisant attention aux choses suivantes:

a. Notez le genre des pays mentionnés dans l'article. Notez aussi qu'il y a quelques noms de pays, comme Malte, qui n'ont pas d'article. Résumez la règle qui permet de déterminer le genre des pays.
b. Trouvez les mots suivants et déterminez leur genre selon le contexte. Dites comment vous savez le genre de chaque mot: idée, domaine, compléments, établissements, étroitesse, fonctionnement, recruteurs.

C. Réactions

1. Quelle est votre réaction à la formation d'une Europe unifiée? Pensez-vous que cela soit une bonne chose? Expliquez votre réponse.
2. Si vous aviez le choix, dans quels pays est-ce que vous étudieriez? Expliquez pourquoi.
3. Pensez-vous qu'un jour beaucoup d'étudiants européens participeront à Erasmus? Expliquez.

Interactions

1. L'article explique que chaque pays a peur de perdre sa liberté d'action dans les domaines suivants: la défense, la politique étrangère et la culture. Avec un(e) copain/copine de classe, imaginez pourquoi l'unification dans ces domaines-là est plus difficile que dans les autres (l'économie, la monnaie, les lois sociales, les douanes et les communications). Expliquez votre réponse à la classe.
2. Imaginez que vous êtes le Secrétaire d'État américain et que vous pouvez proposer une union entre les États-Unis et d'autres pays du monde. Qu'est-ce que vous proposeriez? Expliquez pourquoi.

3. Avec un(e) copain/copine de classe, inventez un programme d'études à l'étranger. Choisissez le pays idéal et le programme d'études idéal. Combien d'étudiants peuvent participer? Selon quels critères est-ce qu'on choisira les étudiants? Combien coûtera le programme? Décrivez les logements, la durée, les cours et d'autres détails qui vous paraissent importants.

Expansion

1. Faites une comparaison entre l'Union européenne et les États-Unis. Considérez, par exemple, la structure gouvernementale, monétaire, politique, militaire et économique.
2. En utilisant les ressources de la bibliothèque et de l'Internet, écrivez un article sur les programmes d'études à l'étranger offerts par votre université ou par les universités de votre région. Trouvez un programme qui vous intéresse, décrivez-le et dites pourquoi il est intéressant à votre avis.

II. *L'ALOUETTE° EN COLÈRE°* de Félix Leclerc

lark / anger

Heinle, Cengage Learning

Sujets à discuter

- Connaissez-vous la chanson d'enfants *Alouette, gentille alouette, alouette, je te plumerai*? De quoi s'agit-il? Si vous ne connaissez pas cette chanson, jetez un coup d'œil à l'introduction.
- Comment est-ce qu'on peut décrire le ton de cette chanson? amusant? sérieux? frivole? intellectuel? tragique? Expliquez.
- Est-ce que vous avez déjà visité le Québec? Qu'est-ce que vous savez sur sa situation politique? sur sa langue?

Stratégies de lecture

A. Technique poétique: la répétition. Dans sa chanson, Félix Leclerc utilise la technique poétique de la répétition. Combien de fois trouvez-vous les mots «J'ai un fils»? Quels autres mots y sont répétés? Quel est l'effet de ces répétitions?

B. Vocabulaire thématique: Parcourez la chanson et trouvez les mots suivants:

écrasé dépouillé chômeur humilié abattre prison

D'après le titre de cette chanson de Leclerc et les questions ci-dessus, essayez de deviner ce qu'a voulu dire le poète/chanteur et précisez-en le thème.

Introduction

Alouette, gentille Alouette *is a traditional song that is very popular among children in France and Quebec. The Quebec singer Félix Leclerc transformed this song into one of revolt in which he expresses his strong support for the independence of the province of Quebec from Canada.*

Leclerc (1914–1988) was a singer, songwriter, actor and writer who was not interested in politics until 1970. His first album appeared in 1950 and won a prize for the song Moi, mes souliers. *In the 1970s Leclerc became politically active especially after the War Measures Act was invoked. These measures meant that anyone who seemed to be a sympathizer with the separatist* **Front de Libération du Québec** *party could be arrested. In 1972 his album* L'Alouette en colère *was released, and he became famous in the Francophone world soon after that. The most popular songs were the one for which the album was named and* Les 100 000 façons de tuer un homme. *Leclerc remained active throughout his life and received many awards and much recognition for his work. In fact, his name is on many schools, streets, and buildings in Quebec.*

Here are the words of the folksong Alouette, gentille Alouette:

1. Alouette, gentille Alouette
Alouette, je te plumerai.
Je te plumerai la tête
Je te plumerai la tête
Et la tête,
Et la tête,
Alouette,
Alouette,
Ooooh...

2. Alouette, gentille Alouette,
Alouette, je te plumerai.
Je te plumerai le bec,
Je te plumerai le bec,
Et la tête,
Et la tête,
Et le bec,
Et le bec,
Alouette,
Alouette,
Ooooh...

(Each time the verse is repeated, a new line is added, which is sung twice. Use verse 2 as a model for verses 3 through 8.)

3. le cou

4. le dos

5. les ailes

6. la queue

7. les jambes

8. les pieds

Lecture

J'ai un fils enragé
Il ne croit ni à dieu ni à diable ni à roi
J'ai un fils écrasé°
Par les temples à finances où il ne peut entrer
Et par ceux des paroles dont il ne peut sortir
J'ai un fils dépouillé°
Comme le fut son père porteur d'eau
Sur le bois locataire
Et chômeur dans son propre pays
Il ne lui reste plus que sa belle vue sur le fleuve

crushed

stripped, shorn; here, deprived, stripped of everything

Et sa langue maternelle qu'on ne reconnaît pas
J'ai un fils révolté
Un fils humilié
Un fils qui demain sera un assassin
Alors moi j'ai crié à l'aide au secours quelqu'un
Le gros voisin d'en face est accouru° armé
Grossier°, étranger
Pour abattre° mon fils et lui casser les reins°
Et le dos et la tête et le bec et les ailes°
Alouette.
Mon fils est en prison
Et je sens en moi, dans le tréfonds° de moi
Malgré moi, malgré moi
Entre la chair° et l'os°
S'installer la colère.

est accouru *rushed up*
Coarse, Rude
To knock down / **lui casser...** *to punch his back*
wings
the inmost depths
flesh / bone

Félix Leclerc, *L'alouette en colère,* © Éditions Olivi Musique.

Compréhension

A. Observation et analyse. Répondez aux questions suivantes.

1. Qu'est-ce que c'est que «les temples à finances»? Pourquoi est-ce que le fils ne peut pas y entrer?
2. D'après votre connaissance du Québec, quel est le fleuve qui fait la richesse du Québec?
3. Est-ce que vous pouvez expliquer le vers «sa langue maternelle qu'on ne reconnaît pas» et le fait que le fils est «chômeur dans son propre pays»?
4. Pourquoi est-ce qu'on a mis le fils en prison?
5. Quels sont les sentiments du père à la fin de la chanson?

B. Grammaire/Vocabulaire. Techniques poétiques.

1. Le renouvellement d'un cliché: Pourquoi, selon vous, est-ce que Leclerc a choisi *Alouette, gentille alouette* comme base de cette œuvre? Quels mots de cette chanson est-ce qu'il a utilisés dans sa chanson? Quel est l'effet de ces mots dans sa chanson?
2. Le récit d'une transformation: Pourquoi est-ce que le père utilise le mot «alouette» pour décrire le fils en prison?

C. Réactions

1. Quels sont vos sentiments en lisant les paroles de la chanson? Expliquez pourquoi.
2. Qu'est-ce qui vous met en colère? Expliquez pourquoi. Est-ce que les raisons de votre colère sont plutôt personnelles ou politiques?

Interactions

1. Avec un(e) copain/copine de classe, imaginez ce qui arrive au fils et au père après l'entrée du fils en prison. Qu'est-ce qui se passera s'il est libéré de prison? Écrivez une suite à la chanson en utilisant vos propres idées.
2. En petits groupes, discutez pour savoir quels autres groupes, en dehors des Québécois, ont été opprimés, enragés, écrasés et dépouillés par leur situation politique. Comparez vos réponses avec celles de vos copains/copines de classe.

Expansion

1. Faites des recherches sur Internet et à la bibliothèque sur la vie de Félix Leclerc et sur celles d'autres chanteurs/chanteuses québécois(es) qui sont politiquement engagé(e)s et faites un reportage à leur sujet pour la classe.
2. Faites des recherches sur Internet ou à la bibliothèque sur un chanteur/une chanteuse américain(e) ou français(e) qui parle de politique. Faites un reportage pour la classe en parlant de la vie de cette personne et des thèmes politiques qu'il/elle aborde.

VOCABULAIRE

LA RECHERCHE D'UN EMPLOI *(JOB HUNTING)*

l'avenir [m] *future*

la réussite *success*

chercher du travail *to look for work*

trouver un emploi *to find a job*

changer de métier *to change careers*

occuper un poste *to have a job*

avoir une entrevue/un entretien *to have an interview*

le curriculum vitae (le C.V.) *résumé, CV*

être candidat(e) à un poste *to apply for a job*

la formation professionnelle *professional education, training*

l'offre [f] **d'emploi** *opening, available position*

remplir une demande d'emploi *to fill out a job application*

la sécurité de l'emploi *job security*

le service du personnel *personnel services, Human Resources*

les allocations [f pl] **de chômage** *unemployment benefits*

le salaire *pay (in general)*

le traitement mensuel *monthly salary*

en profiter *to take advantage of the situation; to enjoy*

la promotion *promotion*

être à la retraite *to be retired*

la pension de retraite *retirement pension.*

LES MÉTIERS *(TRADES, PROFESSIONS, CRAFTS)*

les artisans: un(e) chauffagiste *(heating-cooling service engineer),* un électricien/une électricienne, un mécanicien/une mécanicienne, un menuisier/une menuisière *(carpenter),* un plombier/une plombière, un serrurier/une serrurière *(locksmith),* un paysagiste *(landscaper),* un plâtrier-peintre/une plâtrière-peintre *(plasterer-painter)*

les professions [f pl] **libérales:** un médecin/une femme médecin, un(e) dentiste, un(e) avocat(e), un architecte, un infirmier/une infirmière *(nurse),* un notaire, un pharmacien/une pharmacienne, un vétérinaire, etc.

les fonctionnaires (employés de l'État): un agent de police, un douanier/une douanière, un magistrat *(judge),* etc.

les affaires [f pl] *(business)* (travailler pour une entreprise): un homme/une femme d'affaires *(businessman/woman),* un(e) secrétaire, un(e) employé(e) de bureau, un(e) comptable *(accountant),* un(e) représentant(e) de commerce *(sales rep),* etc.

le commerce *(servir les clients):* un boucher/une bouchère, un boulanger/une boulangère, un coiffeur/une coiffeuse *(hairdresser),* un épicier/une épicière, un(e) commerçant(e) *(shopkeeper)*

l'industrie [f] *(travailler dans une usine):* un ouvrier/une ouvrière *(worker),* un(e) employé(e), un(e) technicien(ne), un chef d'atelier *(shop),* un ingénieur, un cadre/une femme cadre *(manager),* un directeur/une directrice, etc.

l'informatique [f] *(computer science):* un(e) informaticien(ne) *(computer expert),* un(e) analyste en informatique, un programmeur/une programmeuse, etc.

l'enseignement [m]: un instituteur/une institutrice ou un professeur des écoles, un professeur, un enseignant, etc.

la sécurité: un agent de police, un(e) gardien(ne) d'immeuble ou de prison, un gendarme, un inspecteur/une inspectrice, un(e) militaire, un(e) surveillant(e) *(guard),* un veilleur/une veilleuse de nuit *(night guard)*

UN MÉTIER PEUT ÊTRE...

ingrat *(thankless),* **dangereux, malsain** *(unhealthy),* **ennuyeux, fatigant, mal payé, sans avenir**

ou...

intéressant, stimulant *(challenging),* **passionnant, fascinant, enrichissant** *(rewarding),* **bien payé, d'avenir**

LE LOGEMENT

l'agent [m] **immobilier** *real estate agent*

l'appartement [m] *apartment*

la chambre de bonne *room for rent (formerly maid's quarters)*

la cité-U(niversitaire)/résidence universitaire *student residence hall(s)*

une HLM (habitation à loyer modéré) *low income housing*

l'immeuble [m] *apartment building*

le logement en copropriété *condominium*

le studio *efficiency apartment*

les charges [f pl] *utilities (for heat and maintenance of an apartment or condominium)*

le/la locataire *tenant*

louer *to rent*

le loyer *rent*

le/la propriétaire *owner; householder*

acheter à crédit *to buy on credit*

UNE HABITATION PEUT ÊTRE...

grande, petite, vieille, ancienne, neuve *(brand new)*, **récente, moderne, rénovée** *(remodeled)*, **confortable, agréable, sale, propre** *(clean)*, **commode** *(convenient)*, **pratique, facile à entretenir** *(to maintain)*, **au prix fort** *(at a high price)*

LES AVANTAGES/INCONVÉNIENTS *(DISADVANTAGES)*

bien/mal conçu(e) *(designed)*, **situé(e), équipé(e), entretenu(e)** *(maintained)*, **beau/belle, moche, laid(e), solide, tranquille, calme, bruyant(e)** *(noisy)*, **isolé(e)**

LA BANQUE

le carnet de chèques *checkbook*

la carte de crédit *credit card*

la carte électronique *automatic teller card*

le distributeur automatique de billets *automatic teller machine*

le compte chèques *checking account*

le livret d'épargne *savings account*

changer de l'argent *to change money*

déposer *to deposit*

encaisser un chèque *to cash a check*

ouvrir un compte *to open an account*

prendre son mal en patience *to wait patiently*

retirer de l'argent *to make a withdrawal*

emprunter *to borrow*

le prêt *loan*

prêter *to lend*

l'intérêt *interest*

le taux d'intérêt *interest rate*

L'ÉCONOMIE [F] *(ECONOMY)*

l'assurance-maladie [f] *health insurance*

être assuré(e) *to be insured*

la cotisation *contribution*

une mutuelle *mutual benefit insurance company*

la prime *premium; free gift, bonus; subsidy*

souscrire *to contribute, subscribe to*

les bénéfices [m pl] *profits*

le budget *budget*

la consommation *consumption*

le développement *development*

une entreprise *business*

exporter *to export*

importer *to import*

les impôts [m pl] *taxes*

le marché *market*

aller de mal en pis *to go from bad to worse*

le progrès *progress*

s'améliorer *to improve*

un abri *shelter*

un restaurant du cœur *soup kitchen*

un(e) sans-abri *homeless person*

un(e) SDF (sans domicile fixe) *person without a permanent address*

LES CONDITIONS DE TRAVAIL

le chef (de bureau, d'atelier, d'équipe) *leader (manager) of office, workshop, team*

le directeur/la directrice *manager (company, business)*

l'employeur [m] *employer*

le/la gérant(e) *manager (restaurant, hotel, shop)*

le personnel *personnel*

le bureau *office*

la maison, la société *firm, company*

l'usine [f] *factory*

compétent(e)/qualifié(e) *competent/qualified, skilled*

motivé(e) *motivated*

une augmentation de salaire *pay raise*

le congé *holiday, vacation*

l'horaire [m] *schedule*

les soins [m] **médicaux** *medical care and treatment*

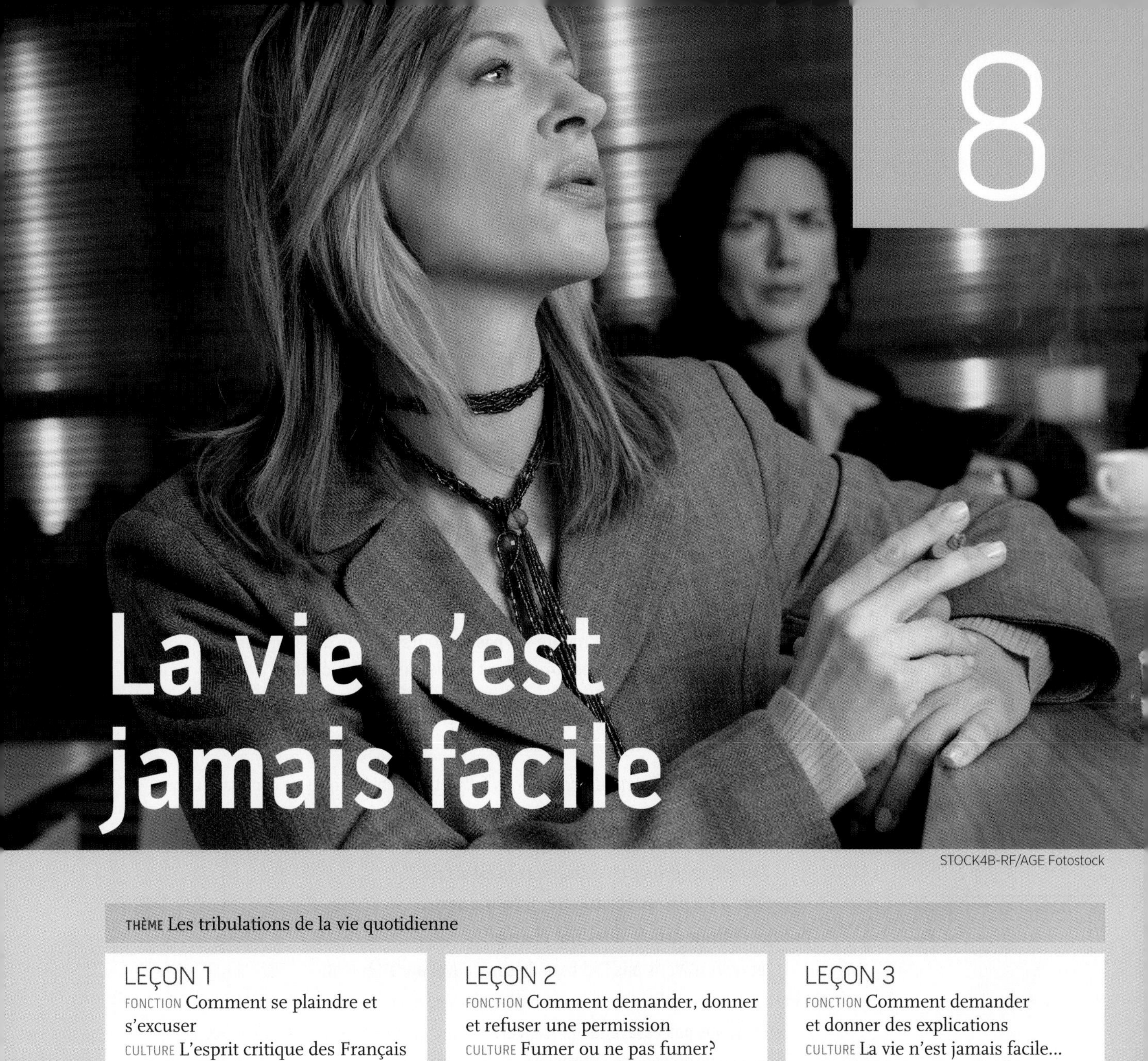

8

La vie n'est jamais facile

STOCK4B-RF/AGE Fotostock

Pour tester vos connaissances, visitez **www.cengagebrain.com/shop/ISBN/049590516X** Audio 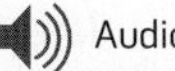 iLrn Heinle Learning Center

LA GRAMMAIRE À RÉVISER

Contradictions.

Répondez aux questions suivantes en utilisant **ne... pas.**

Modèle:
Vous travaillez beaucoup?
Non, je ne travaille pas beaucoup.

1. Vous serez toujours étudiant(e)?
2. Vous voulez être célèbre?
3. Vous cherchez du travail?
4. Vous avez cherché du travail récemment?
5. Vous avez vu un film intéressant le week-end passé?
6. Vous voulez revoir un de vos anciens professeurs un jour?
7. Vous vous marierez un jour?
8. Vous achèterez une maison un jour?

The information presented here is intended to refresh your memory of various grammatical topics that you have probably encountered before. Review the material and then test your knowledge by completing the accompanying exercises in the workbook.

AVANT LA PREMIÈRE LEÇON

L'expression négative de base: *ne... pas*

The negative expression **ne... pas** is positioned in the following ways:

Simple tense:	Je **ne** vois **pas** souvent Pierre.
with pronouns:	Je **ne** le connais **pas** très bien.
Compound tense:	Nous **n'**avons **pas** vu Pierre depuis longtemps.
with pronouns:	Même Christine **ne** l'a **pas** vu.
Inversion:	**N'**habite-t-il **pas** toujours avenue des Gaulois?
Infinitive:	Il est important de **ne pas** perdre contact avec ses amis.
Imperative:	**N'**oublie **pas** de lui téléphoner!
with pronouns:	**Ne** l'oublie **pas**!

NOTE

- While pronouns in affirmative commands *follow* the verb, in negative commands they *precede* the verb.
- The indefinite and partitive articles change to **de (d')** after **ne... pas:**

  —Pierre habite avec un colocataire, n'est-ce pas?

  —Non, il **n'a pas de** colocataire; il habite seul...

  but the definite article does not change:

  ... et nous **n'**avons **pas** l'adresse de son nouvel appartement.
- **Si** is used instead of **oui** for an affirmative answer to a negative question:

  —Tu **ne** vas **pas** essayer de la trouver?

  —**Si**, je vais essayer de la trouver!

AVANT LA DEUXIÈME LEÇON

Prépositions exigées par certains verbes

Some verbs are followed directly by an infinitive:

aimer	devoir	préférer
aller	écouter	savoir
compter *(to intend)*	espérer	sembler
faire	souhaiter	croire
falloir	venir	désirer
détester	pouvoir	vouloir

Comme mon oncle, je **veux** être médecin. Je **compte** exercer dans un village. Il **faut** dire que j'**aime** soigner les gens. Avec mes connaissances je **pourrai** les aider à guérir *(get well, cure)* rapidement.

Others require the preposition **à** or **de** before an infinitive, which you will study in ***La grammaire à apprendre.***

AVANT LA TROISIÈME LEÇON

Les pronoms relatifs: *qui* et *que*

In order to provide more detailed explanations and descriptions, two clauses are often combined into a single sentence. Relative pronouns are used to relate the second clause to a noun or pronoun already mentioned in the first clause. For example:

My sister is coming to visit.
My sister lives in Chicago. → My sister, **who** lives in Chicago, is coming to visit.

Qui is used when the relative pronoun functions as the *subject* of the relative clause:

La notice d'emploi **qui** décrit la programmation de ce portable n'est pas claire.
*The instruction manual **which** describes the programming of this cell phone isn't clear.*

J'ai besoin de quelqu'un **qui** puisse m'aider à comprendre le logiciel.
*I need someone **who** can help me understand the software.*

NOTE

- The antecedents of **qui** can be persons or things, concepts or animals.
- Elision is never made with **qui:**

La programmation **qui** est la plus difficile à comprendre commence à la page 6.
*The programming **that** is the most difficult to understand begins on page 6.*

Que (qu') is used when the relative pronoun acts as the *object of the relative clause:*

Voici les instructions **que** je ne comprends pas.
*Here are the instructions **that** I don't understand.*

Où est l'assistante **que** j'ai vue il y a juste quelques minutes?
*Where is the assistant **whom (that)** I saw just a few minutes ago?*

NOTE

- The antecedents of **que (qu')** can be persons or things, concepts or animals.
- Elision is made when **que (qu')** is followed by a vowel or mute **h.**

Relative pronouns are not always expressed in English, but must be used in French:

Le portable **que** tu aimes est en vente.
*The cell phone **(that)** you like is on sale.*

iLrn To review **Les pronoms relatifs: *qui* et *que***, consult the *Relative pronouns **(que, qui, dont, où)*** Grammar Tutorial on iLrn.

Projets.

Choisissez le verbe approprié et complétez les phrases avec la forme correcte du verbe au présent.

Modèle:
Tu ________ (aller/faire) prendre tes vacances bientôt?
Tu vas prendre tes vacances bientôt?

1. Moi, je ________ (désirer/écouter) passer du temps en Haïti.
2. Mon frère ________ (sembler/espérer) venir avec moi.
3. Nous ________ (vouloir/voir) aider avec les efforts de reconstruction.
4. Les Américains ________ (devoir/falloir) assister les moins fortunés.
5. On ________ (faire/penser) y aller la semaine prochaine.

Au travail.

Utilisez **qui** ou **que** pour lier les phrases suivantes.

Modèle:
Je travaille avec des amis. Ils sont très intelligents.
Je travaille avec des amis qui sont très intelligents.

1. Le directeur est un homme travailleur. Il arrive très tôt le matin.
2. Il a vécu beaucoup d'aventures. Il aime raconter ses aventures.
3. Il nous donne beaucoup de responsabilités. Nous apprécions beaucoup ces responsabilités.
4. Il donne des conseils aux jeunes employés. Ils demandent son avis.
5. Les jeunes employés demandent souvent une augmentation de salaire. Le directeur ne donne pas d'augmentation de salaire.

LEÇON 1

COMMENT SE PLAINDRE ET S'EXCUSER

Conversation

Track 16

Rappel: Have you reviewed the basic negative patterns? (Text p. 322 and SAM pp. 191–193)

Premières impressions

1. Identifiez: a. les expressions que M. Arnaud utilise pour se plaindre *(to complain)*
   b. les expressions que l'employée utilise pour s'excuser
2. Trouvez: a. ce que M. Arnaud ramène au rayon portables et pourquoi il le ramène
   b. pourquoi il va téléphoner à l'électricien

faire les courses *to do errands*

C'est mercredi matin. M. Arnaud, qui est en train de faire les courses°, se trouve au rayon portables.

L'EMPLOYÉE Bonjour, monsieur.

M. ARNAUD Bonjour, madame. Excusez-moi, mais je vous ramène ce nouvel iPhone que ma nièce m'a persuadé d'acheter... Il est équipé d'un GPS, de l'accès à l'Internet, de la capacité de se transformer en guitare virtuelle—toutes sortes d'applications dont je n'ai pas besoin! Mais la fonction qui permet d'appeler un numéro à partir de l'annuaire d'adresses ne marche pas. Et je ne comprends pas le programme qui est censé enregistrer mes séances d'entraînement° en cyclisme. J'ai acheté cet appareil lundi mais... franchement, il est trop compliqué. J'ai besoin d'un appareil performant, mais facile à utiliser.

est censé... *is supposed to be recording my workout sessions*

L'EMPLOYÉE Ah bon. Faites voir!

M. Arnaud lui tend le téléphone et l'emballage d'origine°.

emballage... *the original packaging*

L'EMPLOYÉE C'est un de nos top modèles. Il ne marche pas?

M. ARNAUD Non, je vais vous montrer... Vous voyez? Il n'y a pas de tonalité° quand on appuie sur un nom ou sur le numéro de l'annuaire. Il doit y avoir un problème dans les circuits internes. En tout cas, j'aimerais rendre cet appareil et être remboursé. Je regrette mais je ne peux pas me servir d'un appareil si compliqué.

dial tone

L'EMPLOYÉE Eh bien, écoutez... euh... je ne comprends pas, enfin... euh... Vous êtes sûr qu'il ne marche pas?

M. ARNAUD Ah, tout à fait, tout à fait! J'ai passé des heures à lire le manuel et à essayer de comprendre, mais en vain.

L'EMPLOYÉE Je suis vraiment désolée, enfin c'est... euh... notre maison et cette marque ont une très bonne réputation. Écoutez, ne vous inquiétez pas°. Je vais m'en occuper. On peut vous rembourser ou trouver un portable moins sophistiqué.

ne vous... *don't worry*

M. ARNAUD Eh bien écoutez, je vous remercie, je vais réfléchir. J'ai besoin d'un portable mais je ne sais pas ce que je devrais choisir. Je vais me renseigner. Je repasserai demain ou après-demain.

L'EMPLOYÉE Vous pouvez compter sur nous pour trouver un portable qui vous convienne°. Au revoir, monsieur, et à demain.

qui... *that will suit you*

M. ARNAUD Merci, madame. Au revoir.

M. Arnaud retourne à son bureau. Sa femme téléphone et lui demande de contacter l'électricien parce que le frigo° qu'on vient de faire réparer est encore tombé en panne°.

À suivre

(familiar) fridge, refrigerator / **tombé...** *broke down*

Observation et analyse

1. Pourquoi est-ce que M. Arnaud se plaint?
2. Décrivez la réaction de l'employée à la plainte de M. Arnaud.
3. Quand est-ce que M. Arnaud va retourner au rayon portables? Pourquoi ne prend-il pas de décision tout de suite?
4. Pourquoi est-ce que M. Arnaud va devoir se plaindre auprès de l'électricien?
5. D'après la conversation, décrivez les personnalités de M. Arnaud et de l'employée du rayon portables.

Réactions

1. Qui fait des courses chez vous? Et vous, vous aimez en faire? Expliquez.
2. Pensez-vous que le téléphone ne marche vraiment pas ou qu'il est trop compliqué pour Monsieur Arnaud? Expliquez.
3. Est-ce que vous avez déjà eu des problèmes comme ceux de M. Arnaud? Lesquels? Expliquez ce que vous avez fait.

George Frey/Bloomberg via Getty Images

Expressions typiques pour...

Se plaindre auprès de quelqu'un

Excusez-moi, mais je pense que...

Pardon, monsieur/madame, mais je crois qu'il y a une erreur...

Je regrette de vous déranger, mais j'ai un petit problème...

Je voudrais que vous (+ verbe au subjonctif)...

Pardon, monsieur/madame. J'aurais une réclamation *(complaint)* à faire.

Répondre à une plainte

Je suis désolé(e) *(sorry)*, mademoiselle.

Je regrette, monsieur/madame.

Je suis navré(e) *(sorry)*, monsieur/madame. *(plus formel)*

Accueil favorable; solution possible

Je vais m'en occuper *(take care of it)* tout de suite.

Voilà ce que je vous propose.

Je pourrais vous proposer un échange.

Nous allons le/la faire réparer tout de suite.

Regrets; pas de solution

Mais nous n'en avons plus.

Je ne peux rien faire.

Il n'y a rien que je puisse faire pour vous dépanner *(repair a breakdown)*.

Si vous n'êtes pas satisfait(e) de la réponse

C'est inadmissible! C'est scandaleux!

Comment voulez-vous que j'accepte ça?

Pourrais-je voir... (le chef de rayon/de service *[departmental/service supervisor]*)?

Vous allez avoir de mes nouvelles. *(You're going to hear from me.)*

S'excuser *(c'est vous qui vous excusez)*

Excusez-moi. Je suis désolé(e).

Je ne l'ai pas fait exprès *(on purpose)*.

Je ne savais pas quoi faire.

Je ne le ferai plus, je te/vous l'assure.

Je m'excuse encore, monsieur/madame/mademoiselle.

Excuser et rassurer *(répondre à une excuse)*

Ne t'inquiète pas./Ne vous inquiétez pas.

Ne t'en fais pas./Ne vous en faites pas.

Ça ne fait rien. *(It doesn't matter./Never mind.)*

Je ne t'en/vous en veux pas. *(I'm not holding a grudge against you.)*

Ce n'est pas vraiment de ta/votre faute.

Ce n'est pas bien grave *(serious)*.

Mots et expressions utiles

Les tribulations de la vie quotidienne

au secours! *help!*

un cas d'urgence *emergency*

en cas d'urgence *in case of emergency*

une panne *breakdown*

tomber en panne *to have a (car) breakdown*

annuler *to cancel*

une commission *errand*

débordé(e) de travail *swamped with work*

ça ne fait rien *it doesn't matter; never mind*

en vouloir à quelqu'un *to hold a grudge against someone*

être navré(e) *to be sorry*

faire exprès *to do on purpose*

n'en plus pouvoir (je n'en peux plus) *to be at the end of one's rope; to have had it (I've had it)*

Mise en pratique

Le monologue intérieur de M. Arnaud:

Décidément, ma journée va de mal en pis: ce téléphone portable que je viens d'acheter et qui ne marche pas et maintenant le frigo qui est **tombé en panne**; au bureau, le stress: je **suis débordé de travail... Je n'en peux plus...** J'ai besoin de vacances.

Les problèmes de voiture

la batterie *car battery*
démarrer *to get moving (car); to start*
dépanner *to repair a breakdown*
un embouteillage *traffic jam*
l'essence [f] *gasoline*
être en panne d'essence *to be out of gas*
être/tomber en panne *to break down*
les heures [f pl] de pointe *rush hours*
la station-service *gas station*

Mise en pratique

Et maintenant, la voiture de ma femme qui ne **démarre** pas! Il faut que j'appelle une dépanneuse *(tow truck)* pour la faire remorquer *(to tow)* à la **station-service.** Je ne peux pas la **dépanner** moi-même! Ce n'est pas la **batterie** et il y a de l'**essence**!

Les pannes à la maison

le congélateur *freezer*
l'électricien(ne) *electrician*
le frigo (*familiar*) *fridge, refrigerator*
marcher *to run; to work (machine)*
l'outil [m] *tool*
le plombier *plumber*

Mise en pratique

Monsieur Paul, l'**électricien**, prend 100€ de l'heure plus le déplacement *(travel expenses)*. Ça va faire une grosse somme. Je devrais peut-être acheter mes propres **outils**, mais je ne suis ni électricien ni **plombier.**

Les achats en magasin

le chef de rayon/de service *departmental/service supervisor*
demander un remboursement *to ask for a reimbursement*
faire une réclamation *to make a complaint*
les frais [m pl] *costs, charges*
le grand magasin *department store*
gratuit(e) *free, at no cost*
la quincaillerie *hardware store*
le rayon *section, aisle*
une tache *stain*
un trou *hole*
vendu(e) en solde *sold at a reduced price, on sale*

Mise en pratique

Et voilà que j'ai des **taches** sur mon pantalon neuf! Je ne comprends pas... Je n'ai rien vu quand je l'ai essayé au magasin il y a une heure! Heureusement que j'ai gardé le ticket de caisse. Je vais retourner au **grand magasin** et **demander un remboursement.** Ça devrait être facile. Mais décidément, je n'ai pas de chance aujourd'hui.

Liens culturels

L'esprit critique des Français

Zac Macaulay/Cultura/Photolibrary

Les Français ne se plaignent ni de la même façon ni avec la même fréquence que les Américains. Pourquoi? Tout d'abord, les Américains et les Français ne conçoivent pas l'éducation des enfants de la même manière (rappelez-vous les *Liens culturels* du Chapitre 3, à la page 123). Cet écart entre les deux conceptions est à la base de nombreux stéréotypes et malentendus culturels. L'éducation à la française tend à développer un esprit critique et apprend à l'enfant à se défendre et à résister tandis que l'éducation à l'américaine lui apprend plutôt à ne pas attaquer ou critiquer les autres.

Cette différence fait que les rapports d'amitié ne se développent pas non plus de la même façon dans les deux cultures. En général, il est plus difficile d'établir des rapports d'amitié avec les Français qu'avec les Américains, mais il est plus difficile d'approfondir des liens d'amitié avec les Américains. Les Américains qui visitent la France ou qui y vivent se plaignent souvent de l'apparente froideur des gens dans les grandes villes comme Paris, Lyon, Marseille, et de l'accueil peu amical dans les magasins ou dans les bureaux de gare, de banques ou de postes. En revanche les Français, étonnés par la gentillesse des Américains, les trouvent un peu superficiels. Les Français des grandes villes sourient moins souvent aux étrangers et sont moins enclins que les Américains à se parler entre eux s'ils ne se connaissent pas. Quand les Français se plaignent ou critiquent quelque chose, la vivacité de leur langage peut surprendre et froisser les Américains. Ceux-ci *(The latter)* ont plutôt l'habitude de cacher leurs sentiments derrière un sourire et des formules de politesse. Il semble ainsi que les rapports d'amitié entre les Américains soient plus fragiles que les rapports français qui supportent d'être mis à l'épreuve. Les Français acceptent plus facilement que les Américains de perdre une partie de leur liberté pour rendre service à un ami. Pour les Français, une véritable amitié doit être durable et capable de surmonter des moments de mésentente et même des opinions et des avis très différents. Ce qui trouble souvent les Américains, c'est que les amis français n'ont pas peur de se critiquer. Or, même si le ton monte ou si la discussion tourne à la dispute d'idées (politiques, souvent), les mots de reproche sont pris, non comme une mise en cause de la personne, mais comme une preuve d'amitié. Autrement dit, les amis en question peuvent discuter sérieusement, être en désaccord, et rester de vrais amis.

Quels sont, à votre avis, les avantages et les inconvénients de ces deux attitudes? Analysez votre approche de l'amitié. Est-ce qu'elle est tout à fait américaine, selon la description qu'on en fait ici, ou est-ce qu'elle en diffère en quelque façon?

Les Français, Laurence Wylie et Jean-François Brière (Englewood Cliffs, NJ: Prentice Hall, 2001, pp. 102, 107–109).

Activités

A. Les plaintes. Plaignez-vous auprès de la personne indiquée (votre partenaire) en commençant chaque réclamation par une des ***Expressions typiques pour...*** Votre partenaire doit répondre de façon appropriée.

MODÈLE: à la réceptionniste de l'hôtel: il n'y a pas d'eau dans votre salle de bains
—Excusez-moi, mademoiselle, mais j'ai un petit problème. Il n'y a pas d'eau dans ma salle de bains.
—Je suis désolée, monsieur/madame. Je vais m'en occuper tout de suite.

1. à l'épicier: les champignons en boîte que vous avez achetés ce matin sont gâtés *(spoiled)*
2. à la vendeuse: il manque un bouton au pullover que vous avez acheté il y a trois jours
3. à votre ami: il a oublié de vous retrouver ce matin à l'arrêt du bus
4. à l'agent de police: la petite fête des voisins d'à côté est trop bruyante
5. à votre copine de classe: elle n'a pas le droit de fumer dans le couloir de l'immeuble

B. Sur le vocabulaire. Où allez-vous ou qui appelez-vous quand vous avez les problèmes suivants? Utilisez les ***Mots et expressions utiles.***

1. Vous avez un pneu crevé.
2. Il y a des taches sur un vêtement que vous venez d'acheter.
3. La réception des émissions sur le câble est mauvaise.
4. Vous voulez installer un ordinateur, mais vous n'êtes pas sûr(e) que les prises de courant *(outlets)* soient bonnes.
5. Votre lave-vaisselle ne marche pas, mais vous pensez que vous pouvez le réparer vous-même.
6. Vous n'en pouvez plus! Il est impossible de réparer le lave-vaisselle sans outils professionnels!

Alliance Services

Selon les problèmes décrits dans l'exercice B, de quels services proposés par Alliance Services est-ce que vous avez besoin?

C. Toujours des excuses... Jouez les rôles. Pour chaque situation, une personne doit s'excuser en utilisant la raison donnée et l'autre doit répondre avec bienveillance *(kindly)*.

Personne qui s'excuse	**à qui**	**raison**
un enfant	sa mère	avoir renversé de l'eau sur son ordinateur
un professeur	sa classe	ne pas avoir corrigé les examens
une fille	sa sœur	avoir abîmé *(ruined)* ses talons aiguilles *(stiletttos)*
un(e) ami(e)	son ami(e)	avoir perdu son iPod
un(e) employé(e) de bureau	son/sa patron(ne)	avoir oublié de poster une lettre importante

Le rire à prendre au sérieux

Que vous soyez stressé, anxieux, malade... riez ! Le rire, même à haute dose, est sain. Il prend soin de notre moral, mais pas seulement. Il déclenche aussi une foule d'effets bénéfiques sur notre organisme, il stimule les fonctions vitales, cœur, poumons, circulation sanguine, respiration et système immunitaire... De quoi être en forme à bon prix.
Même si vous êtes "rirophobe" ou n'êtes pas, *a priori*, très doué pour faire rire, cela s'apprend. C'est ce que vous enseigne ce guide pratique, écrit par un professionnel de l'humour, psychothérapeute et *coach* d'entreprises. Entraînez-vous sérieusement pour la rentrée.
"Rire pour vivre. Les bienfaits de l'humour sur notre santé et notre quotidien". Bernard Raquin. Éd. Dangles. Coll. Grand Angle/Psycho-épanouissement.

Bernard Raquin, Éditions Dangles

Êtes-vous stressé(e)? Qu'est-ce que vous faites pour vous détendre? Est-ce que vous riez ou est-ce que vous racontez des blagues *(jokes)* pour détendre vos amis? Le stress est devenu «un fléau» *(plague)* en France au XXIe siècle. Et aux États-Unis?

La grammaire à apprendre

La négation

Negative expressions can be useful when you want to complain or apologize, or respond to someone else's complaint or apology. You have already reviewed the basic **ne... pas** pattern in ***La grammaire à réviser***. Below are additional negative expressions. The ones starred (*) are positioned in the same way as **ne... pas** and follow the same rules regarding the dropping or retaining of articles.

ne... aucun(e)	*no, not any, not a single* (stronger than **ne... pas**)
*ne... guère	*hardly, scarcely*
*ne... jamais	*never*
ne... ni... ni	*neither . . . nor*
ne... nulle part	*nowhere*
*ne... pas du tout	*not at all*
*ne... pas encore	*not yet*
*ne... pas non plus	*not either*
ne... personne	*no one, not anyone, nobody*
*ne... plus	*no longer, not any longer, no more*
*ne... point	*not* (regional or literary French)
ne... que	*only*
*ne... rien	*nothing*

A. The negative pronouns **personne**, **rien**, and **aucun(e)** can also be used as subjects, objects of the verb, or objects of a preposition. When used as subjects, they begin the sentence and are followed by **ne**. With these expressions, **pas** is never used.

Le week-end passé, **personne ne** m'a téléphoné.
Last weekend, no one phoned me.

Rien ne s'est passé.
Nothing happened.

Mes amis fidèles? **Aucun ne** m'a rendu visite.
My faithful friends? No one visited me.

B. **Aucun(e)** frequently acts as an adjective and thus is placed before the noun it modifies. It may modify a subject or an object, and no articles are needed.

Je **n**'ai eu **aucun** visiteur.
I had no visitors.

Aucune lettre **n**'est arrivée par la poste.
Not one letter came in the mail.

C. Used as the object of a verb in compound tenses, **personne** and **aucun(e)** follow the past participle, rather than the auxiliary verb. The negative adverb **nulle part** is also placed after the past participle.

Je **n**'ai vu **personne.**
I saw no one.

Je **ne** suis allé **nulle part.**
I went nowhere. (I did not go anywhere.)

As with **ne... pas**, the indefinite article and the partitive article become **de (d')** when they follow negative expressions (exception: **ne... ni... ni**). Definite articles do not change. For example: **Je ne reçois jamais de lettres! Il faut dire, cependant, que je n'ai pas le temps d'écrire à mes amis.**

D. With **ne... ni... ni**, the partitive and indefinite articles are dropped altogether. As with most negative expressions, however, the definite article is retained.

Je **n**'ai vu **ni** amis **ni** étrangers.
I saw neither friends nor strangers. (I didn't see any friends or strangers.)

Je **n**'ai parlé **ni** avec le facteur **ni** avec la concierge.
I didn't speak with the mail carrier or the concierge.

E. **Ne... que**, which is synonymous with **seulement**, is a restrictive expression rather than a true negative. Thus all articles are retained after it. **Que** is placed directly before the word group it modifies.

Je **n**'avais **que** le chat pour me tenir compagnie... Et il **n**'a fait **que** dormir.
I had only the cat to keep me company . . . And all he did was sleep.

F. In sentences with multiple negative expressions, **ne** is used just once, and the second part of each negative expression is placed in its normal position.

Personne n'a jamais frappé à la porte.
No one ever knocked at my door.

Quand mon appartement a été propre, je **n**'avais **plus rien** à faire.
When my apartment was clean, I had nothing more to do.

G. **Rien** and **personne** can be further qualified by combining them with **de** plus a masculine singular adjective.

Il **n**'y avait **rien de spécial** à la télé.
There was nothing special on television.

Personne d'intéressant n'a participé à mon émission préférée du soir.
Nobody interesting participated in my favorite evening show.

The indefinite pronouns **quelque chose** and **quelqu'un** can be modified the same way:

quelque chose d'amusant = *something fun*
quelqu'un d'intelligent = *someone smart*

H. Negative expressions such as **jamais**, **personne**, **rien**, and **pas du tout** can be used alone in answer to a question.

Qui est venu me parler? **Personne**!
Who came to talk to me? Nobody!

Qu'est-ce qui s'est passé? **Rien**!
What happened? Nothing!

Est-ce que j'ai aimé mon week-end en solitaire? **Pas du tout**!
Did I like my solitary weekend? Not at all!

Activités

A. Au contraire. M. Arnaud continue à passer une très mauvaise journée. Les phrases suivantes indiquent ce qu'il aurait préféré qu'on lui dise. Corrigez les phrases pour dire le contraire et rétablir la vérité.

MODÈLE: Ces trois taches? Je sais très bien comment elles ont été faites.
Ces trois taches? Je ne sais pas du tout comment elles ont été faites.

1. Nous avons beaucoup d'écrans plats du modèle que vous voulez.
2. Nous faisons toujours des remboursements.
3. Il y a quelqu'un qui pourra vous aider. Le chef de rayon est toujours là.
4. Tout ce que vous avez commandé dans notre catalogue est arrivé.
5. Votre frigo marche normalement.
6. M. Arnaud, vous avez de la chance aujourd'hui.

B. Embouteillages. Les phrases ci-dessous sont adaptées d'un article sur les embouteillages dans les grandes villes françaises. Changez les phrases en ajoutant l'expression négative entre parenthèses. Faites tout autre changement nécessaire.

1. Bien que la circulation ait augmenté de 5 pour cent en trois ans, circuler en voiture au centre de Paris est devenu vraiment impossible. (ne... que)
2. Comme la circulation était complètement bloquée par un accident grave, un chauffeur de taxi s'est garé pour aller au cinéma. Quand il en est sorti, tout avait bougé. (Rien ne...)
3. Les parkings aux portes *(on the outskirts)* de Paris, à l'intention des banlieusards *(suburb dwellers)*, font gagner du temps. (ne... guère)
4. Les infrastructures routières sont adaptées à l'augmentation de la circulation. (ne... plus)
5. Il y a sûrement un remède miracle qui puisse satisfaire tout le monde. (ne... pas)
6. Tout le monde aime l'idée proposée de payer des frais supplémentaires pour rouler au centre-ville. (personne... ne)

C. Plaignons-nous! Complétez chaque phrase en vous plaignant des difficultés de la vie quotidienne. Comparez vos réponses à celles de vos copains/copines de classe.

1. Personne ne...
2. Je ne... pas encore...
3. Je ne... plus... parce que...
4. Rien ne m'agace plus que...
5. Je ne... guère... parce que...
6. Mon professeur de... n'aime ni... ni...

D. Une lettre de réclamation. Vous travaillez au Québec dans une station-service. Votre patron a reçu une lettre que vous devez traduire en français.

December 26

Dear Mr. Gaspiron,

My family and I want to make a complaint. On December 23 our car broke down near your service station in Trois-Rivières. We paid an enormous sum, and you repaired our breakdown. The problem is that our car no longer works. We haven't gone anywhere or done anything for three days. (We only arrived in Berthierville and then the car broke down.) No one can help us here. They say that they have never seen such a (**une telle**) car. We are asking you for a refund and the money necessary to pay for our stay (**notre séjour**) in this hotel in Berthierville.

We will call you in two days to find out your response.

Sincerely,

Richard Grey

—Il ne sait pas encore que j'ai considérablement réduit son rôle.

Sempé/Galerie Martine Gossieaux

Expliquez l'emploi de la négation dans ce dessin humoristique.

E. Une journée horrible. Racontez une journée où vous n'avez pas eu de chance. Utilisez les exemples «du week-end passé» dans l'explication de la négation qui commence à la page 330.

Interactions

A. Je n'en peux plus! Jouez le rôle d'un couple marié ou de deux colocataires qui se disputent à cause du ménage qui n'est pas fait. Plaignez-vous aussi du fait que votre partenaire ne fait pas de recyclage. Utilisez, par exemple, les phrases suivantes: **Mais c'est moi qui fais toujours la lessive *(laundry)*. Tu ne la fais jamais!** Expliquez que vous ne ferez plus certaines choses à la maison. Expliquez ce que vous voulez que votre partenaire fasse. Votre partenaire s'excuse de temps en temps et se plaint aussi. Essayez de résoudre la situation ensemble.

B. C'est inadmissible! Vous arrivez dans un joli petit hôtel où vous avez logé auparavant. Vous découvrez cependant que cette fois-ci, on n'a pas votre réservation. Insistez pour qu'on vous donne une chambre. Plaignez-vous d'abord (assez poliment) auprès du réceptionniste et puis expliquez votre demande au directeur de l'hôtel. Les deux personnes s'excusent gentiment mais elles ne peuvent pas vous donner de chambre. Vous perdez patience et vous vous fâchez. Dites que vous ne reviendrez plus dans cet hôtel et que vous ne le recommanderez plus ni à vos amis ni à vos collègues.

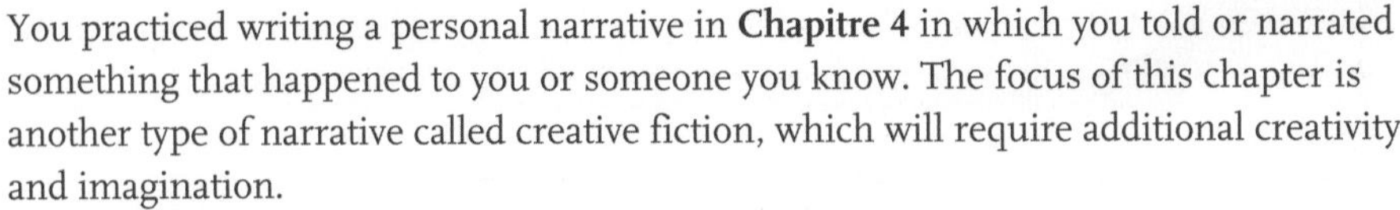

PRÉPARATION Dossier d'expression écrite

You practiced writing a personal narrative in **Chapitre 4** in which you told or narrated something that happened to you or someone you know. The focus of this chapter is another type of narrative called creative fiction, which will require additional creativity and imagination.

1. First of all, choose between writing a story of the fantastic, such as a fairy tale or science fiction, or a story based on reality but with a focus on suspense.
2. Next, determine your point of view. If you want your narrator to participate in the story, choose the first-person point of view **(je, nous)**. A first-person narrator does not have to be the writer, but can be any character you choose. The reader will be drawn into the story, feeling what the character feels. If you only want the narrator to describe the action, use the third-person point of view **(il, elle, ils, elles)**.
3. Brainstorm your story ideas, letting your imagination run freely. Take notes and don't worry for the moment about whether all the ideas will fit the story.
4. In pairs or small groups, share notes to get more ideas from classmates.

LEÇON 2

COMMENT DEMANDER, DONNER ET REFUSER UNE PERMISSION

Blog (suite)

Premières impressions

1. Identifiez: les expressions qu'on utilise pour demander la permission et pour donner ou refuser la permission
2. Trouvez: pourquoi M. Arnaud sera en retard ce soir

Rappel: Have you reviewed the prepositions required by certain verbs? (Text pp. 322–323 and SAM p. 193)

C'est un mercredi après-midi et Mme Arnaud, qui est professeur à l'université de Paris VI, n'a pas de cours à donner ce jour-là et elle écrit dans son blog...

Encore de l'imprévu° pour ce soir! Mon mari m'a téléphoné pour me dire qu'il ne rentrerait pas dîner ce soir à cause d'un rendez-vous avec des clients importants. Il ne voulait pas que ça m'embête°. C'est facile à dire! On avait prévu qu'il ferait à dîner ce soir. C'était son tour! Alors oui, ça m'embête! Je lui ai gentiment dit qu'on travaille tous les deux et que je n'ai pas plus de temps que lui... Il m'a répondu que c'était un imprévu et que les clients voulaient vraiment signer un contrat avec eux. Le marché est difficile maintenant. Je comprends, mais c'est toujours moi qui prends, c'est toujours moi qui prends°. Il veut se rattraper°, dit-il. Il m'a promis de faire quelque chose de gentil demain soir. Je ne sais pas si je peux le croire... il y a tout le temps quelque chose d'imprévu...

unexpected
ça m'embête *it to bother me*
c'est... *it's always me that everything falls on . . .* / **se...** *to make up for it*

COMMENTAIRES

GABRIELLE
Moi, je lui aurais demandé de nettoyer la maison et de faire la lessive cette semaine... Réagir contre cet avis?

MAIKA
Ah... les hommes... Ils ne pensent pas à être là le soir. Ils croient que le goûter des enfants, leurs devoirs, le dîner, ça se fait tout seul! Réagir contre cet avis?

MME ARNAUD
En fin de compte, j'ai cédé. Je lui ai dit que je comprenais puisqu'il n'y pouvait rien, du moins je suppose qu'il n'y peut rien. J'ai dû raccrocher° assez vite parce qu'on frappait à la porte... C'était l'électricien qui venait réparer le frigo, le frigo qui ne marche plus depuis hier soir—un autre contretemps°... décidément on en a beaucoup ces jours-ci! Eh bien, lui, il a eu le toupet° de me demander s'il pouvait fumer! J'en suis restée baba. «Là non! je lui ai répondu. Je suis désolée mais je ne peux pas le permettre. Je suis allergique à la fumée et je ne veux pas aller aux urgences. Et puis je n'aime pas l'odeur que le tabac laisse dans la maison.» Heureusement qu'il m'a demandé la permission! Il aurait pu, tout simplement, allumer une clope° sans rien dire. Enfin, voilà... encore une journée mouvementée... Réagir contre cet avis?

to hang up (telephone)
complication
il a eu... *he had the nerve*
(slang) a cigarette

GABRIELLE
Et le frigo? Il marche maintenant? J'espère que oui! Réagir contre cet avis?

MAIKA
Ne vous en faites pas! Ça ira mieux demain. Réagir contre cet avis?

À suivre

Observation et analyse

1. Avec qui est-ce que M. Arnaud a une réunion? Est-ce important? Comment le savez-vous?
2. Qui va préparer le dîner ce soir et pourquoi?
3. Décrivez la réaction de Mme Arnaud à la demande de son mari.
4. Si vous étiez M. Arnaud, qu'est-ce que vous feriez pour vous rattraper?
5. Qu'est-ce que l'électricien a envie de faire?
6. Est-ce que les carrières de M. et de Mme Arnaud ont une influence sur leur vie familiale? Comment résolvent-ils leurs problèmes?

Réactions

1. Est-ce que vous préparez le dîner tous les jours? Si oui, qu'est-ce que vous préparez? Sinon, qui prépare le dîner chez vous et qu'est-ce qu'il/elle prépare?
2. Selon vous, est-ce que la vie professionnelle a souvent une influence négative sur la vie familiale? Expliquez. Comment un couple peut-il résoudre ses difficultés?
3. Jouez les rôles de M. et Mme Arnaud. Imaginez que Mme Arnaud refuse de changer ce qui était prévu.

Expressions typiques pour...

Demander la permission

Est-ce que je peux/pourrais... ?

J'aimerais/Je voudrais...

Est-ce qu'il serait possible de (+ inf.)?

Est-ce qu'il serait possible que (+ subj.)?

Est-ce que vous me permettez de (+ inf.)?

Est-ce que vous permettez que (+ subj.)?

Donner la permission

Je vous en prie./Je t'en prie.

Certainement!

Je n'y vois pas d'inconvénients.

Vous avez ma permission.

Ne vous en faites pas./Ne t'en fais pas. *(Don't worry.)*

Refuser la permission

Je suis désolé(e), mais ce n'est pas possible.

Non, je regrette.

Il n'en est pas question.

Avec des questions à la forme negative

Ça ne t'embête/te dérange pas si... ?

Ça ne t'embête/te dérange pas que... (+ subj.)?

On donne la permission

Mais non, pas du tout.

Bien sûr que non.

On refuse la permission

Si! Ça m'embête.

Si! Ça me dérange.

Mots et expressions utiles

Les événements imprévus et oubliés

amener quelqu'un *to bring someone over (along)*

emmener quelqu'un *to take someone (somewhere)*

assister à *to attend*

changer d'avis *to change one's mind*

emprunter quelque chose à quelqu'un *to borrow something from someone*

prêter quelque chose à quelqu'un *to lend something to someone*

imprévu(e)/inattendu(e) *unexpected*

un congrès *conference; professional meeting*

une réunion *meeting*

Mise en pratique

—Chéri, au fait, j'allais te dire que le chef de mon département m'a dit qu'il voudrait que **j'assiste à un congrès** le mois prochain en Belgique. Il veut aussi que je fasse une conférence sur mes recherches. Je sais que c'est **imprévu** et que tu devras te débrouiller tout seul avec les enfants...

Comment réagir

s'arranger *to work out*

consentir à *to consent to*

défendre à quelqu'un de *to forbid someone to*

embêter *to bother; to annoy*

raccrocher *to hang up (telephone)*

se rattraper *to make up for it*

résoudre *to resolve, solve*

Résoudre–past part.: **résolu;** présent: **résous, résous, résout, résolvons, résolvez, résolvent**

Mise en pratique

—Ce sera quand? Le mois prochain? Bon, ça ne **m'embête** pas à condition que tu m'aides à organiser un peu. Ma mère **consentira** peut-être à venir ici quelques jours. On doit pouvoir **s'arranger** et éviter les imprévus, comme la dernière fois!

Activités

A. Permission. Pour chaque situation, utilisez deux expressions de la liste des ***Expressions typiques pour...*** pour demander la permission.

1. Vous voulez inviter votre copain/copine à dîner chez vous. Parlez-en avec votre colocataire.
2. Vous êtes en train de passer un examen mais vous avez très soif et vous voulez aller boire de l'eau. Adressez-vous à votre professeur.
3. Vous allez faire une petite fête ce soir et vous aimeriez que vos invités puissent garer leur voiture dans l'allée *(driveway)* de votre voisin. Parlez-en avec lui.
4. Vous voulez échanger vos heures de travail de samedi avec votre collègue. Parlez-en avec lui, puis avec votre patron que vous ne connaissez pas très bien.
5. Vous êtes en train de visiter une chambre à louer. Vous pensez que vous inviterez des amis de temps en temps chez vous. Adressez-vous à la propriétaire.

B. Vous êtes le prof. Vos élèves ne comprennent pas les mots et les expressions suivants. Aidez-les à les comprendre en donnant un synonyme pour chaque mot ou expression en utilisant les ***Mots et expressions utiles.***

1. aller à un congrès
2. faire venir quelqu'un avec vous
3. utiliser quelque chose qui appartient à quelqu'un d'autre
4. un meeting
5. trouver une solution
6. approuver
7. donner l'ordre de ne pas faire quelque chose
8. s'organiser
9. ne plus avoir la même opinion

C. Imaginez... Donnez ou refusez la permission dans chaque situation, en variant vos réponses.

1. Votre enfant de seize ans vous demande: «Maman/Papa, est-ce que je peux sortir avec mes amis ce soir?»
2. Un(e) copain/copine de classe vous demande: «Est-ce que tu me permets de copier tes notes de classe? J'étais malade hier.»
3. Votre voisine, avec qui vous êtes bon(ne)s ami(e)s, vous demande: «Est-ce qu'il serait possible que je laisse mon enfant chez toi pendant une heure? Je dois aller à une réunion.»
4. Votre colocataire vous demande: «Ça ne t'embête pas si je fais le ménage à fond *(thorough cleanup)* lundi prochain au lieu de ce week-end?»
5. L'instituteur de votre enfant vous envoie ce mot: «Je vous demande la permission d'emmener votre enfant à une sortie scolaire au musée d'art moderne vendredi matin.»

D. Questions indiscrètes. Posez les questions suivantes à un(e) copain/copine de classe. Faites un résumé de ses réponses à la classe.

1. Quand quelqu'un te demande la permission de faire quelque chose que tu n'aimes pas, est-ce que tu dis ce que tu penses vraiment? Dans quelles circonstances est-ce que tu dis toujours la vérité? Quand est-ce que tu modifies un peu la vérité?
2. Est-ce qu'il y a, chez les autres, certains tics ou habitudes qui t'irritent? Lesquels?
3. De temps en temps, est-ce qu'il y a quelqu'un qui demande à emprunter ta voiture? Qui? Est-ce que tu la lui prêtes?
4. Si quelqu'un d'important t'invitait à participer à une manifestation pour une cause avec laquelle tu n'étais pas d'accord, est-ce que tu dirais la vérité à cette personne ou est-ce que tu inventerais une excuse? Quelles excuses est-ce qu'on peut utiliser si on ne veut pas accepter une invitation?
5. Quelles excuses est-ce que tu entends souvent? Quelles excuses est-ce que tu donnes souvent?

Liens culturels

Fumer ou ne pas fumer?

«Ça ne vous dérange pas que je fume?», «Vous n'auriez pas du feu?» Ce sont des questions qu'on entendait assez souvent dans le passé, mais un peu moins souvent aujourd'hui, surtout depuis l'interdiction de fumer dans les lieux publics entrée en vigueur en 2007 et 2008 et les hausses de prix du tabac dans les années récentes. La majorité des responsables des établissements publics pense que l'interdiction n'a pas affecté leur chiffre d'affaires et 42% estiment même qu'il a augmenté. Cependant, le tabac est toujours responsable de 60 000 décès par an en France, représentant un cinquième de la mortalité masculine et 3% de la mortalité féminine. *(Francoscopie 2010, p. 56)*

Cengage Learning

L'image du tabac s'est dégradée. Six fumeurs sur dix veulent s'arrêter mais le «passage à l'acte est difficile...» (*Francoscopie 2010*, p. 56). Les adolescents fument de moins en moins (17% en 2009 contre 31% en 1999), mais il semble que leur consommation d'alcool augmente un peu. 13% des adolescents déclarent consommer de l'alcool assez fréquemment, c'est-à-dire au moins dix fois dans les 30 derniers jours. Selon une enquête récente d'Espad (European Survey on Alcohol and Other Drugs)[1], les garçons seraient deux fois plus nombreux que les filles dans ce cas. Quant aux conduites d'alcoolisation ponctuelle, de type «binge drinking», elles apparaissent moins répandues que ce que l'on pourrait craindre.

Le «binge drinking», autrefois une pratique réservée aux États-Unis et au Royaume-Uni, est un phénomène social en France depuis plusieurs années, avec 39% des adolescents à avoir bu 5 verres ou plus en une seule occasion au cours des 30 derniers jours. (*NouvelObs.com* 02/02/09)

Au début, les adultes français ont plutôt minimisé le problème en l'interprétant comme quelque chose de festif, une sorte de rite initiatique. En France, contrairement aux pays nordiques ou anglo-saxons, l'alcool garde une dimension familiale. Mais on trouve que les risques sont multiples: médical, accidentel, violences sexuelles, et les conséquences des ivresses répétées sont énormes sur le plan cognitif et social. Cependant, les Français trouvent qu'il est plus difficile d'aborder les problèmes liés à l'alcool que ceux liés à la drogue ou au tabac.

(*Libération.fr* 18/07/2008)

Existe-t-il toujours des campagnes anti-tabac et anti-alcool aux États-Unis? Décrivez-les. Pensez-vous que ces campagnes soient des solutions efficaces? Qu'est-ce qu'on peut faire pour réduire la pratique du «binge drinking»?

Notice that the French use a negative conditional sentence at times to soften a request, as in **Vous n'auriez pas du feu?** *(Would you have a light?)* or **Tu n'aurais pas un stylo à me prêter?** *(Would you have a pen to lend me?)*.

[1]L'enquête Espad (European School Survey on Alcohol and Other Drugs) est menée tous les 4 ans dans plus de 35 pays européens auprès des élèves âgés de 16 ans et elle est réalisée en France sous la responsabilité de l'Observatoire français des drogues et des toxicomanies (OFDT) et de l'Inserm (Institut national de la santé et de la recherche médicale). Cette enquête a été renouvelée au printemps 2007 dans 202 établissements, auprès de quelque 2.800 élèves.

La grammaire à apprendre

Prépositions exigées par certains verbes

Several of the expressions introduced for asking, giving, and refusing permission include a preposition before an infinitive. The conjugated verb determines whether **à**, **de**, or no preposition is needed before the infinitive. Below are listings of common verbs and their prepositions.

A. Some verbs that require **à** before an infinitive:

aider à	encourager à
s'amuser à	enseigner à
apprendre à	s'habituer à
s'attendre à *(to expect)*	hésiter à
autoriser à	s'intéresser à
avoir à *(to have to)*	inviter à
commencer à	se mettre à
consentir à	réussir à
continuer à	tenir à *(to insist on)*

Ma mère m'**a** toujours **encouragé à** faire de mon mieux. Elle m'**a enseigné à** respecter les droits des autres. Elle **tenait à** traiter chaque être humain d'une manière équitable. J'espère **réussir à** suivre son exemple.

B. Some verbs that require **de** before an infinitive:

s'agir de *(to be about)*	parler de
s'arrêter de	refuser de
choisir de	regretter de
décider de	remercier de *(to thank)*
se dépêcher de *(to hurry)*	rêver de
empêcher de *(to prevent)*	se souvenir de
essayer de	tâcher de *(to try)*
finir de	venir de *(to have just)*
oublier de	
avoir besoin de	avoir l'intention de
avoir envie de	avoir peur de

J'**avais décidé de** devenir médecin. Rien n'allait m'**empêcher de** finir mes études. J'**ai refusé de** me décourager pendant les longues années de préparation à cette carrière.

C. Some verbs that require **à** before a person and **de** before an infinitive:

commander à quelqu'un de *(to order)*	dire à quelqu'un de
	écrire à quelqu'un de
conseiller à quelqu'un de	permettre à quelqu'un de
défendre à quelqu'un de *(to forbid)*	promettre à quelqu'un de
	reprocher à quelqu'un de
demander à quelqu'un de	suggérer à quelqu'un de

Je **conseille à** chaque personne qui envisage la médecine comme profession **d'**y penser sérieusement. Je **suggérerais à** tous ceux qui s'y intéressent **d'**être sûrs que c'est bien ce qu'ils veulent faire.

D. **Être** + adjective + preposition + infinitive

- Most adjectives that follow the verb **être** require **de** before an infinitive:

  Je suis content **de** te voir, Nathalie.
  Tu es si gentille **de** me rendre visite.

- In sentences beginning with the impersonal expression **il est** + adjective, the preposition **de** must introduce the infinitive. The idea discussed follows the preposition **de:**

  Il est agréable **de** revoir ses anciens amis.

- In sentences beginning with **c'est** + adjective, the preposition **à** introduces the infinitive, and **ce** refers back to the previously mentioned idea.

  —J'adore Nathalie.
  —**C'est** facile **à** voir. Est-ce que tu n'es pas un peu amoureux d'elle?

For other uses of **c'est** and **il est**, see **Chapitre 3.**

Note that in informal contexts, one sometimes uses **c'est... de** without a previously mentioned idea.

C'est agréable **de** revoir ses anciens amis.

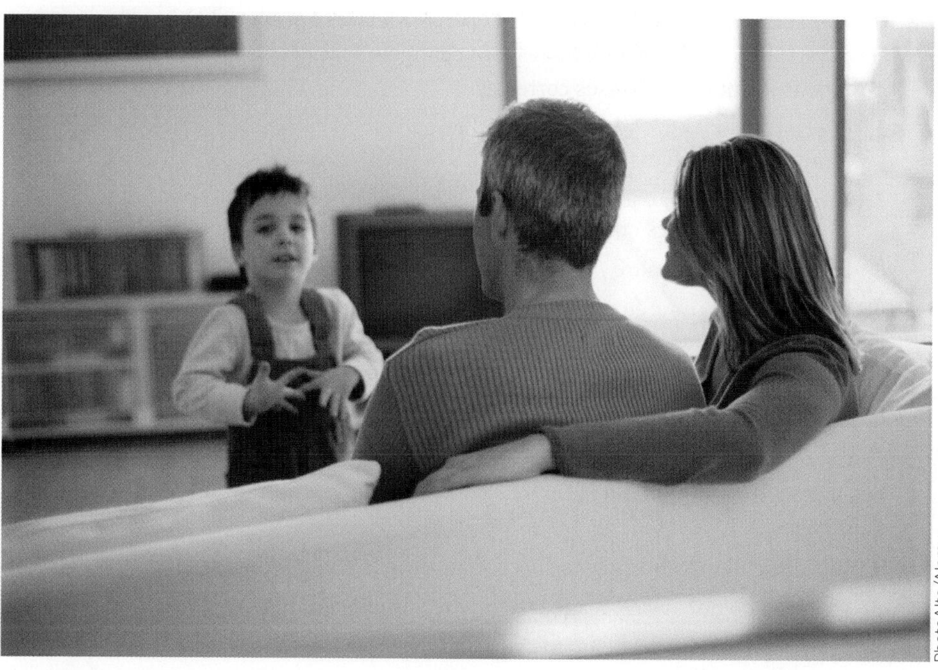
PhotoAlto/Alamy

Cet enfant veut aller jouer dehors. Qu'est-ce qu'il dit pour demander la permission à ses parents?

Activités

A. La dispute. Mélanie Ménard, qui a neuf ans, essaie sans succès d'obtenir de sa mère la permission d'aller passer la nuit chez son amie. Complétez la conversation en remplissant les blancs avec **à**, **de** ou en n'ajoutant pas de préposition.

—Maman, j'hésite ________ t'ennuyer puisque je sais que tu es occupée, mais je voudrais ________ te demander quelque chose.

—Oui, ma chère Mélanie. Qu'est-ce qu'il y a?

—Voilà. Mon amie Delphine vient ________ téléphoner pour me demander si je voulais ________ passer la nuit chez elle.

—J'ai peur que ce ne soit pas possible, Mélanie. Tu as déjà promis ________ tante Louise ________ assister à un concert avec elle ce soir.

—Tante Louise est vraiment gentille ________ m'avoir invitée ________ l'accompagner au concert, mais puisque papa et toi y allez aussi, peut-être que... ?

—Non, ma petite chérie. Il n'est pas convenable ________ changer de projet simplement parce qu'on reçoit une meilleure proposition.

—Mais, maman... !

—Arrêtons ________ nous disputer. Je refuse ________ te donner la permission et c'est tout.

B. Les pensées de Mélanie. Voilà ce que pense Mélanie après la conversation avec sa mère. Faites tout changement nécessaire pour former des phrases correctes.

1. Je / conseiller / tous les parents / tâcher / comprendre / enfants
2. Quand je / grandir / je / écouter attentivement / mes enfants
3. Je / ne jamais défendre / enfants / sortir avec / amis
4. Je / tenir toujours / être juste et compréhensif
5. Je crois / il est important / ne jamais oublier / faire cela
6. Ce / ne pas être / très facile / faire

Ray Hendley/PhotoLibrary

Pourquoi est-ce que Mélanie n'est pas contente?

C. Les pensées de la mère de Mélanie. Donnez l'équivalent français des phrases suivantes.

1. It is difficult to know how to succeed at being a good parent these days.
2. Children do not always realize **(se rendre compte de)** this.
3. They reproach us for being too strict and yet they seem to want our guidance (**conseils** [m pl]).
4. Parents should expect to receive criticism (**critique** [f]) from their children at times.
5. Probably nothing will prevent **(empêcher)** this.

La grammaire à apprendre

Les prépositions et les noms géographiques

The definite article is used with most geographical locations except cities:

l'Autriche	les Alpes	le Rhône
l'Europe	Paris	New York

unless an article is part of the name of the city:

Le Havre	Le Mans	La Nouvelle-Orléans

A. Les villes

- To express location or destination *(to, at,* or *in)*, use the preposition **à:**

  Je vais **à** San Juan.
  Ils arrivent **au** Havre.

- To express origin *(from)*, use the preposition **de:**

  Je viens **de** Québec.
  Ils sont **de** La Nouvelle-Orléans.

B. Les pays et les continents

- To express location or destination regarding continents or *feminine* countries, use **en:**

en Afrique	**en** Belgique	**en** France

NOTE All continents are feminine, and most countries that end in an unaccented **e** are feminine, with the exception of **le Mexique, le Cambodge, le Mozambique,** and **le Zimbabwe.**

- With *masculine* countries, use **au(x)** to express location or destination:

au Japon	**au** Bénin	**au** Maroc
aux États-Unis	**au** Togo	

- Origin is expressed by **de** for continents and feminine countries, and **de** + **article défini** for masculine countries:

de Suisse	**d'**Europe	**du** Mexique
des États-Unis	**du** Chili	

- Masculine singular countries beginning with a vowel use **en** to express location or destination and **d'** to express origin:

en Iran	**en** Israël
d'Irak	**d'**Afghanistan

C. Les états aux États-Unis

- Most states ending in an unaccented **e** in French are feminine and thus use the same prepositions as feminine countries:

  en/de Floride **en/de** Californie **en/de** Caroline du Sud

  EXCEPTIONS **au/du** Maine, **au/du** Tennessee, and **au/du** Nouveau-Mexique

- The expression of location or destination regarding masculine states varies with each, but usually either **dans le** or **dans l'état de (d')/du** can be used:

  Je vais **dans le** Michigan pendant une semaine avec des cousins.
  Ma famille habite **dans l'état de** New York.

  EXCEPTIONS **au** Texas, **au** Nouveau-Mexique

- Origin from a masculine state is usually expressed by **du (de l')**:

  de l'Arizona **du** Wisconsin **du** Texas **de l'**Oregon

D. Les îles, les provinces et les régions

With islands (which are sometimes also countries), provinces, and regions, usage is so varied that each case must be learned separately. Some examples are:

en Normandie	**de** Normandie
au Québec	**du** Québec
dans le Midi	**du** Midi
à Madagascar	**de** Madagascar
à Cuba	**de** Cuba
en/à la Martinique	**de/de la** Martinique
aux Antilles	**des** Antilles *(West Indies)*
aux Caraïbes	**des** Caraïbes
au Moyen-Orient	**du** Moyen-Orient
en/à Haïti	**d'**Haïti
à Taïwan	**de** Taïwan

Summary

	to/at/in	**from**
Cities	**à**	**de**
Feminine countries	**en**	**de**
Masculine countries	**au(x)**	**de** + definite article
Masculine countries beginning w/vowel	**en**	**d'**
Feminine states	**en**	**de**
Masculine states	**dans le (l')** or **dans l'état de (d')/du**	**du (de l')**
States beginning w/vowel	**en**	**d'**

Activités

A. À l'agence de voyages. Olivier a des difficultés à décider où il veut aller. Faites les changements nécessaires pour compléter ses phrases.

1. Je tiens à aller *en Chine.*
   Texas / Taïwan / Angleterre / Moscou / Virginie
2. Mais peut-être que j'irai *au Mexique.*
   Italie / Canada / Géorgie / Israël / Colombie
3. Je voudrais partir *de Paris* à la fin de l'été.
   Luxembourg / Colorado / Cuba / Le Caire / Argentine
4. Non, non. Je voudrais partir *de Rome* en septembre.
   Oregon / Australie / Le Havre / Monaco / Caraïbes

B. Les sommets de la Francophonie. Voici quelques phrases qui décrivent les réunions des représentants du monde francophone. Complétez chaque phrase en utilisant l'article et/ou la préposition qui convient.

1. Le premier sommet de la Francophonie s'est déroulé ______ Paris en février 1986. En décembre 1995, la réunion s'est tenue ______ Cotonou (la plus grande ville ______ Bénin) et plus récemment ______ Liban *(Lebanon)* a été le site du sommet de 2002.
2. 2001: En raison des attentats ______ USA, le sommet ______ Beyrouth a été reporté *(postponed)* à l'année suivante. Malgré la tension internationale, ______ Québec francophone a donné un bel exemple de tolérance et de dialogue des civilisations en sponsorisant le Festival du Monde Arabe qui s'est déroulé ______ Montréal, la plus grande ville ______ Québec.
3. Zeina el Tibi, journaliste franco-libanaise, auteur de *La francophonie et le dialogue des cultures* (avec un avant-propos du général Émile Lahoud, président de la République ______ Liban) était présente au Salon du livre ______ Montréal.
4. Les personnes qui parlent français ______ Israël et ______ Irak ont été au cœur du sommet de 2002.
5. Au sommet en 2002, il y avait, entre autres, des représentants ______ Afrique, ______ Moyen-Orient et ______ France.
6. Le dixième sommet en 2004 a eu lieu ______ Ouagadougou, la capitale ______ Burkina Faso, ______ Afrique de l'Ouest et le onzième sommet s'est tenu ______ Bucarest ______ Roumanie en 2006.
7. La XIIIe Conférence des chefs d'État et de gouvernement ayant le français en partage se réunira du 22 au 24 octobre 2010 ______ Montreux ______ Suisse.

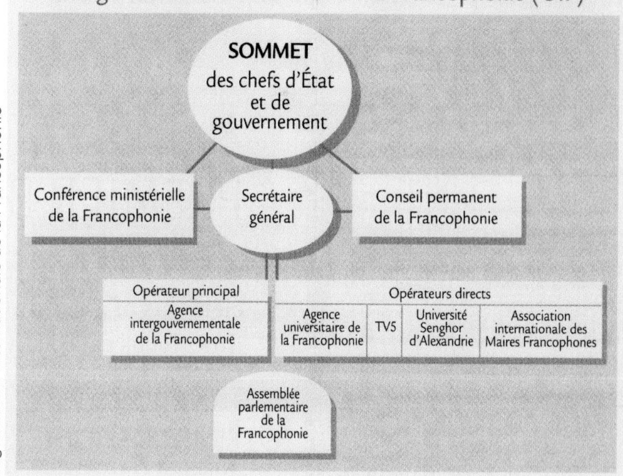

Organisation Internationale de la Francophonie

L'OIF représente 870 millions d'hommes et de femmes sur cinq continents. L'OIF a fêté ses 40 ans en 2010. Quel rôle est-ce que l'OIF joue dans la politique internationale à votre avis?

C. Le bon vieux temps *(The good old days).* Vous venez de passer la plus mauvaise journée de votre vie—votre voiture est tombée en panne, quelqu'un a volé votre portefeuille et votre copain/copine vous a quitté(e) pour quelqu'un d'autre. Pour vous remonter le moral, songez à d'heureux moments en d'autres lieux.

1. Ah! Le bon vieux temps! J'aime bien me souvenir des jours où j'habitais...
2. Je me souviens avec plaisir de nos voyages... où nous avons visité...
3. Qu'il serait bon d'être en ce moment... où je pourrais...
4. Je voudrais mieux connaître mon propre pays. J'irai... parce que...

A. Jouez les rôles. Vous êtes étudiant(e) au lycée ou à l'université. Vous avez vraiment envie de passer l'été en Europe. Vous devez, bien sûr, demander la permission et de l'argent à vos parents. Deux copains/copines de classe vont jouer le rôle de vos parents. Présentez votre idée à vos parents. Donnez autant de détails que possible. Expliquez où vous voulez aller, les moyens de transport que vous voulez utiliser, combien de jours vous avez l'intention de rester, où vous pensez loger, qui fera le voyage avec vous, les avantages et inconvénients de ce voyage, et combien d'argent vous devrez leur emprunter pour payer le voyage. Vos parents vont vous refuser la permission au début. Vous implorez vos parents de penser à votre avenir et aux contacts internationaux que vous aurez. Convainquez-les de changer d'avis.

B. Je voulais vous demander... Vous essayez de téléphoner aux personnes suivantes mais vous n'arrivez pas à les avoir. Vous décidez donc de leur écrire un petit mot. Dans chaque cas, vous demandez la permission de faire quelque chose...

1. À Monsieur Wallens: Vous voulez assister à son cours de français en tant qu'auditeur/auditrice libre.
2. À Monsieur Smith, entraîneur de l'équipe de football: Vous voulez faire partie de l'équipe. Demandez quand vous pourrez lui parler.
3. À Mme Balmain: Vous voulez rendre votre composition pour la classe de français avec un jour de retard.
4. À votre meilleur(e) ami(e): Vous voulez emprunter sa voiture ce soir.
5. À votre tante très riche qui vous adore: Vous voulez lui emprunter $1 000 pour aller en Floride pendant les vacances de Spring Break.

PREMIER BROUILLON Dossier d'expression écrite

1. Organize the notes you took in **Leçon 1** by once again thinking about the important elements of a narrative: character, setting, plot, conflict, chronological order. This time, focus especially on how the narrator feels about the things around him/her; how he/she feels physically and emotionally; and how he/she thinks and acts.
2. Begin writing your introductory paragraph in which you present the situation and give it a framework in time (e.g., **Il était une fois** (une petite fille qui s'appelait)... *[Once upon a time (there was a young girl named) . . .]*; **En l'an 2050...** *[In the year 2050 . . .]*; **La semaine dernière...** *[Last week . . .]*).
3. Write two to three paragraphs in which you present the complication. In this part you will introduce the principal action and the tensions that surround it. What is the basic conflict? What problem is the main character struggling with? What problems seem insurmountable?
4. Write the conclusion in which you describe how the conflict is resolved.

LEÇON 3

COMMENT DEMANDER ET DONNER DES EXPLICATIONS

Conversation  (conclusion)  Track 17

Premières impressions

1. Identifiez: a. les expressions qu'on utilise pour demander une explication
   b. les expressions qu'on utilise pour expliquer quelque chose
2. Trouvez: a. ce qui est arrivé à la nourrice des Arnaud
   b. qui va téléphoner pour trouver quelqu'un qui puisse la remplacer

Rappel: Have you reviewed the relative pronouns **qui** and **que?** (Text p. 323 and SAM p. 194)

Le soir la famille est enfin à la maison. Malheureusement, Mme Arnaud a de mauvaises nouvelles pour son mari.

MME ARNAUD Écoute, j'ai quelque chose d'absolument incroyable à te raconter! Figure-toi° que ce soir la nourrice°, Brigitte, a dû être transportée d'urgence° à l'hôpital.

M. ARNAUD Je ne comprends pas. Qu'est-ce qui s'est passé?

MME ARNAUD On ne sait pas très bien... ils croient que c'est un ulcère. Comme elle est enceinte°, ils veulent la garder en observation pendant une semaine.

M. ARNAUD Alors, qu'est-ce que ça veut dire pour nous? Il faudra chercher une autre nourrice?

MME ARNAUD Je le crains. C'est embêtant parce qu'elle est vraiment bien avec Sylvain. Tu ne pourrais pas te renseigner° pour voir si la dame d'en-dessous... si sa fille pourrait éventuellement nous dépanner° pendant quelque temps... ?

M. ARNAUD Autrement dit°, c'est moi qui dois m'occuper de ce problème! C'est ce que tu veux dire?

MME ARNAUD Oui. Je trouve que tu pourrais assumer un peu plus de responsabilités. C'est tout de même *notre* enfant, à nous deux!

M. ARNAUD C'est un fait, mais... dis-moi... oh, rien! On dirait que tu ne veux plus aucune responsabilité et que tu veux te décharger de tout sur° moi!

MME ARNAUD Oh, écoute! Tu y vas un peu fort là, quand même! Tout ce que je te demande, c'est de téléphoner...

M. ARNAUD Bon, écoute, je vais voir ce que je peux faire.

MME ARNAUD Merci.

M. ARNAUD C'est la goutte d'eau qui fait déborder le vase°...

Figure-toi *(slang) Believe you me, Believe it or not* / *babysitter* / **transportée...** *rushed to*

pregnant

te renseigner *to get information*
nous... *to help us out*

Autrement dit *In other words*

te décharger... *to pass off your responsibilities onto*

C'est... *That's the last straw!*

Observation et analyse

1. Où est la nourrice et pourquoi? Qui est Sylvain?
2. Pourquoi est-ce que les Arnaud sont embêtés *(bothered)*?
3. Qui va s'occuper du remplacement de la nourrice? À qui est-ce qu'ils vont téléphoner?
4. Pourquoi est-ce que M. Arnaud est irrité?
5. Pensez-vous que les Arnaud parlent souvent des responsabilités de chacun? Pourquoi ou pourquoi pas?

Réactions

1. Comment est-ce que vous réagissez lors de petites crises comme celle des Arnaud?
2. Est-ce que M. Arnaud a raison de dire que sa femme n'assume pas ses responsabilités de mère? À votre avis, fait-il face à ses responsabilités de père?
3. D'après leurs conversations, qu'est-ce que vous pensez des rapports entre Mme et M. Arnaud?
4. Qu'est-ce que vous feriez dans la même situation? Expliquez.
5. Jouez les rôles de M. et Mme Arnaud pour parler des responsabilités de mère et de père. Changez le dialogue.

Expressions typiques pour...

Asking for an explanation is sometimes included in another context, such as making a complaint. Similarly, giving an explanation or reasons for having done something might be part of making an apology.

Demander une explication

Je voulais savoir...
Pardon?/Comment?/Quoi? *(familiar)*
Excuse-moi./Excusez-moi. Je ne (te/vous) comprends pas.
Qu'est-ce que tu veux/vous voulez dire *(mean)*?
Je ne comprends rien de ce que tu dis/vous dites.
Qu'est-ce qui s'est passé?

Demander des raisons

Pourquoi? Pour quelle raison... ?
Pourquoi veux-tu/voulez-vous que (+ subjonctif)... ?
Où veux-tu/voulez-vous en venir? *(What are you getting at?)*
Explique-toi./Expliquez-vous.
Qu'est-ce qui te/vous fait penser ça?

Expliquer/Donner des raisons

Je m'explique...
Ce que je veux dire, c'est que...
J'entends par là... *(I mean by this . . .)*
C'est-à-dire...
Autrement dit... *(In other words . . .)*
C'est la raison pour laquelle... *(That's why . . .)*
... Tu vois/Vous voyez ce que je veux dire?

Mots et expressions utiles

Vous êtes déconcerté(e) *(confused, muddled)*

avoir du mal à (+ infinitif) *to have problems (doing something)*

désorienté(e)/déconcerté(e) *confused, muddled*

faire comprendre à quelqu'un que *to hint to someone that*

mal comprendre (*past part.* mal compris) *to misunderstand*

une méprise/une erreur/un malentendu *misunderstanding*

provoquer *to cause*

le sens *meaning*

la signification/l'importance [f] *significance, importance*

signifier *to mean*

Divers

autrement dit *in other words*

Mise en pratique

Un candidat au Parlement parle avec ses assistants:

—J'**ai du mal à** comprendre pourquoi les gens ont voté pour cet autre candidat et non pour moi. Il doit y avoir une **erreur.** Ils **ont** peut-être **mal compris** mes idées. Que peut **signifier** ce vote? Je me demande si la question du chômage a eu beaucoup **d'importance...**

Vous êtes irrité(e)

avoir du retard *to be late*

c'est la goutte d'eau qui fait déborder le vase *that's the last straw*

couper *to disconnect (telephone, gas, electricity, cable)*

débrancher *to disconnect, unplug (radio, television)*

se décharger de ses responsabilités sur quelqu'un *to pass off one's responsibilities onto somebody*

faire la queue *to stand in line*

rentrer tard *to get home late*

valoir la peine (*past part.* valu) *to be worth the trouble*

Mise en pratique

—Vraiment, je me demande si cette campagne **valait la peine.** J'ai serré beaucoup de mains. Il y a même des gens qui **ont fait la queue** pour me voir. Je **suis rentré tard** tous les soirs. Et puis j'ai perdu les élections à dix votes près.

Vous êtes lésé(e) *(injured; wronged)*

bouleversé(e)/choqué(e) *shocked*

céder à quelqu'un (quelque chose) *to give in to someone (something)*

léser quelqu'un *to wrong someone*

être en grève *to be on strike*

faire la grève *to go on strike*

le/la gréviste *striker*

le syndicat *union*

Mise en pratique

—Pourtant, les **syndicats** ont soutenu ma candidature. Les autres candidats étaient **bouleversés** que les syndicats aient dit qu'ils **feraient la grève** si je n'étais pas élu... Somme toute et réflexion faite, je ne devrais pas **céder à** cette défaite électorale. Je me représenterai dans quelques années.

Activités

A. Explications. Avec un(e) partenaire, entraînez-vous à employer les expressions pour demander et donner des explications dans les situations suivantes.

1. Vous ne savez pas de quoi il s'agit. Demandez à votre professeur de français d'expliquer le sens du mot «nourrice».
2. M. Arnaud rentre chez lui à 3h du matin au lieu de 11h du soir. Étant sa femme, vous demandez la raison de son retard.
3. Vous découvrez qu'on a coupé vos chaînes câblées. Demandez une explication à votre compagnie de télédistribution.
4. Votre enfant de dix ans vous dit qu'il a raté son contrôle de mathématiques. Demandez-lui de s'expliquer.
5. Depuis une demi-heure vous faites la queue pour acheter votre permis de parking; la queue n'a pas bougé. Demandez à la personne devant vous s'il/si elle connaît la raison de cette lenteur.
6. Votre ami(e) français(e) et vous avez échangé vos appartements pendant un mois. Après avoir passé une semaine dans son appartement à Caen, vous recevez cette annonce que vous ne comprenez pas. Demandez à la femme qui habite au troisième étage ce que cela signifie.

MOT UTILE **dégager** *to make way*

SERVICE DES EAUX
Les abonnés sont avisés que le relevé des compteurs sera effectué
JEUDI 15 AVR 11
PASSAGE UNIQUE
Prière de dégager les compteurs

The water meter is found in a closet that, although it is within a dwelling, actually belongs to the water company. This tall, narrow closet often becomes the storage area for all kinds of things. When one receives this notice, one has to clear out the closet so the meter can be read.

B. Expliquez. Sylvain a des difficultés à se rappeler le mot exact. Aidez-le à choisir le bon mot en utilisant les ***Mots et expressions utiles.*** Il y a plusieurs possibilités pour certains exemples.

1. arriver à la maison à dix heures du soir
2. le groupe formé pour la défense des droits des employés
3. supprimer *(take out)* un branchement électrique
4. vouloir dire
5. être désorienté/être surpris
6. attendre son tour
7. arrêter collectivement le travail

C. Questions indiscrètes. Posez les questions suivantes à un(e) copain/copine. Faites un résumé de ses réponses à la classe.

1. Est-ce qu'il t'est déjà arrivé d'attendre longtemps quelqu'un qui n'est pas arrivé? Est-ce que cette personne t'a donné une explication pour son retard ? Décris l'explication.
2. Est-ce que ton service de téléphone/d'électricité/de câble a déjà été coupé? Pour quelle raison?
3. Cela t'ennuie de faire la queue? Dans quelles circonstances est-ce que tu ferais la queue pendant plus d'une heure?
4. Est-ce que tu as déjà fait la grève? Tu connais quelqu'un qui a fait la grève? Explique comment le conflit s'est résolu.

La grammaire à apprendre

Les pronoms relatifs

When giving an explanation, you frequently link ideas back to persons or things already mentioned (antecedents) by means of relative pronouns. Relative pronouns, thus, provide coherence and enable you to increase the length and complexity of oral and written speech.

You reviewed the use of **qui** and **que** in ***La grammaire à réviser***. They are relative pronouns that act as subjects **(qui)** or objects **(que)** of a relative clause. Rules governing other relative pronouns follow.

A. Objects of prepositions with specified antecedents

- When the relative pronoun functions as the object of a preposition in the relative clause, **qui** is used if the antecedent is a person, and a form of **lequel** (agreeing with the antecedent in gender and number) is used to refer to a thing. The usual contractions with **de** and **à** are made:

  à + lequel = auquel; de + lesquelles = desquelles, etc.

  —Une femme **avec qui** je travaille m'a dit que les membres de l'Union civile des employés publics du Canada étaient en grève, les facteurs y compris.
  A woman I work with told me that the members of the Union of the Public Employees of Canada were on strike, including the mail carriers.

  —Ah, c'est la raison **pour laquelle** Michel a reçu ma lettre avec une semaine de retard.
  Ah, that's the reason why Michel received my letter a week late.

- If the relative pronoun is the object of the preposition **de,** the invariable pronoun **dont** can be used instead of **de** + **qui** or **de** + **lequel** to refer to either persons or things. **Dont** can be translated as *whose, of whom/which, from whom/which,* or *about whom/which.*

  L'argent **dont** on a besoin pour résoudre le conflit n'existe tout simplement pas.
  The money they need (of which they have the need) to resolve the dispute just does not exist.

  NOTE When **dont** is used to mean *whose,* the word order of the relative clause beginning with **dont** must be subject + verb + object, regardless of the English word order.

  Un médecin canadien **dont** je connais le fils m'a dit que la grève durerait longtemps.
  A Canadian doctor whose son I know told me that the strike would last a long time.

- After expressions of time and place (**le moment, le jour, l'année, le pays, la ville, la maison,** etc.), the relative pronoun **où** is used. With expressions of time, **où** can have the meaning *when.*

  La ville **où** habitent le plus grand nombre de grévistes est Montréal.
  The city where the largest number of strikers live is Montreal.

  Je ne sais pas le jour **où** la grève a commencé.
  I don't know what day (when) the strike began.

NOTE With expressions of place, a preposition followed by a form of **lequel** can also be used, although the shorter **où** is usually preferred.

Le bureau **dans lequel (où)** mon ami Michel travaille est à Trois-Rivières.
The office where my friend Michel works is in Trois-Rivières.

Point out that the conjunction **quand** is not a relative pronoun and thus can never be used after prepositions of time.

B. Indefinite or unspecified antecedents

In all of the above cases, the relative pronoun referred to a specific antecedent characterized by gender and number. When the antecedent is not specified or is an idea, **ce qui, ce que, quoi,** or **ce dont** is used.

- Similar to **qui** and **que, ce qui** functions as the subject of the relative clause and **ce que** functions as the direct object.

  À propos de Mathieu, **ce qui** m'agace un peu chez lui, c'est son arrogance. Tu vois **ce que** je veux dire?
  What bothers me a bit about Matthew is his arrogance. You know what I mean?

  Ce qui and **ce que** are also used if the antecedent is an entire idea composed of a subject and a verb rather than an individual word or phrase.

  Il prétend qu'il sait tout, **ce qui** est loin d'être le cas. Il se vante sans cesse, **ce que** je déteste.
  He claims he knows everything, which is far from the truth. He brags continually, which I hate.

- After prepositions, **quoi** is used when the antecedent is unspecified.

  D'habitude il nous entretient une heure avec ses monologues ennuyeux, après **quoi** il s'en va.
  Usually he entertains us for an hour with his boring monologues, after which he goes away.

- If the preposition required by the verb in the relative clause is **de, ce dont** is used:

—Mathieu? Oh, il ne changera jamais.	*Matthew? Oh, he'll never change.*
—C'est **ce dont** j'ai peur.	*That's what I'm afraid of!*

Summary

	Specified antecedent		**Unspecified antecedent**
	PERSON	**THING**	**PERSON OR THING**
subject	**qui**	**qui**	**ce qui**
direct object	**que**	**que**	**ce que**
object of preposition	prep. + **qui**	prep. + **lequel**, etc.	(ce) prep. + **quoi**
object of **de**	**dont**	**dont**	**ce dont**

Liens culturels

La vie n'est jamais facile....

Le stress est le mot qui résume la vie au XXIe siècle. «Un Français sur quatre (23%) se dit stressé presque tous les jours et 45% de temps en temps.» Les causes principales du stress sont la vie professionnelle où on se dépêche toujours et la vie dans un monde qui est en train de changer rapidement.

Beaucoup de Français ont le sentiment que leur avenir est précaire. Le terme précaire s'applique souvent à la vie professionnelle, surtout avec un taux de chômage élevé de presque 10%. Les Français s'inquiètent aussi de la fragilisation de la vie familiale: les séparations, les divorces, les changements créés par les familles décomposées-recomposées.... (*Francoscopie 2010*, p. 43; 251). Enfin, ils sont pessimistes quant à l'évolution de leur pouvoir d'achat.

La crise actuelle durcit encore la situation. En effet, depuis le mois de septembre 2008, rien ne va plus. «Dans tous les pays, le chômage des jeunes a fortement augmenté, rendant la situation potentiellement explosive,» s'alarme Stefano Scarpetta, chef de la division de l'analyse et des politiques de l'emploi de l'OCDE. «Quatre millions de jeunes ont rejoint le rang des chômeurs pendant la crise», indique l'OCDE, qui constate que le taux pour cette tranche d'âge atteint 18,8 % fin 2009, contre 8,6 % pour l'ensemble de la population, fin février 2010 (*Le Monde*, 14 avril 2010; www.lemonde.fr/economie/article/2010/04/14). Les gouvernements craignent qu'une génération entière soit sacrifiée.

Les jeunes sans diplômes sont particulièrement vulnérables. Mais il y a un paradoxe, que personne ne sait bien expliquer. C'est que les artisans et les petites entreprises ne trouvent guère de jeunes qui veuillent apprendre les métiers d'électricien, de plombier, de chauffagiste *(heating engineer)*, de menuisier-ébéniste *(carpenter-cabinet maker)*, de maçon ou de mécanicien. Mais outre le groupe de jeunes non-diplômés que l'OCDE appelle «les laissés pour compte» *(misfits)*, la récession, causée par la plus grande crise financière depuis le Krach de Wall Street de 1929, atteint aussi les jeunes diplômés qui ne trouvent souvent que des emplois pour lesquels ils sont surqualifiés. Lorsque la reprise économique s'amplifiera, ils risquent d'être moins compétitifs sur le marché du travail que les étudiants qui sortiront des écoles. (*Le Monde*, 14 avril 2010; www.lemonde.fr/economie/article/2010/04/14).

La plupart des Français savent qu'il faut réformer la France, faciliter la création des entreprises, réduire la paperasserie et alléger les effectifs de la fonction publique *(reduce the number of civil servants)*. Mais l'adaptation de la société française aux réalités économiques des années 2010–20 sera difficile et stressante. Dans la vie, les grands choix ne sont presque jamais faciles...

Et vous, êtes-vous stressé(e)? Si oui, par quoi? Êtes-vous préoccupé(e) par votre avenir? par votre retraite? par le marché de l'emploi? par l'économie dans votre pays? Expliquez.

GEORGES GOBET/AFP/Getty Images

Qui sont ces gens, d'après vous? Pourquoi est-ce qu'ils manifestent? Qu'est-ce qu'ils veulent?

CHAPITRE 8
LEÇON 3

Fondation Fartha

La vie n'est pas facile mais il y a beaucoup de choses qu'on peut faire pour aider les autres et leur rendre la vie plus facile. Est-ce que vous avez déjà donné du sang? Est-ce que vous avez travaillé comme bénévole? Est-ce que vous avez déjà pris part à un marchethon *(fundraising walk in Quebec)* pour une cause? Nommez d'autres choses qu'on peut faire pour aider les gens.

VOLET À CONSERVER PAR LE CONTREVENANT POUR JUSTIFICATIF DU PAIEMENT 76683989

CONTRAVENTION LE 19-07-2010 14.25

AGENT · SERVICE · LIEU D'INFRACTION · COMMUNE · DÉPT. · NATURE DE L'INFRACTION

CONTRAVENTION AU STATIONNEMENT · INTERDIT MATÉRIALISÉ · UNILATÉRAL NON OBSERVÉ MATÉRIALISÉ · DOUBLE FILE · ARRÊT AUTOBUS · STATION DE TAXIS · PASSAGE PIÉTONS · SUR TROTTOIR · PROLONGÉ DE PLUS D'UNE HEURE · DÉFAUT DE DISQUE · TEMPS DÉPASSÉ · STATIONNEMENT NON PAYÉ

COLLER ICI LA PARTIE DU TIMBRE-AMENDE A CONSERVER

RENAULT 1 · CITROËN 2 · PEUGEOT 3 · VW 4 · FIAT 5 · OPEL 6 · FORD 7 · AUTRES 8 · GENRE OU MODÈLE

IMMATRICULATION · CHIFFRES · LETTRES · DÉPT. · ÉTRANGER · Cas n°

POUR LE RÈGLEMENT DE CETTE CONTRAVENTION, SUIVEZ LES INDICATIONS PORTÉES SUR LA CARTE-LETTRE

IMMATRICULATION · CONTRAVENTION 76683989 · DÉPT. · ARRT. · SERVICE · JOUR · MOIS

LA CONTRAVENTION RELEVÉE A VOTRE ENCONTRE ENTRE DANS LE CAS SUIVANT :

	AMENDE FORFAITAIRE	AMENDE FORFAITAIRE MAJORÉE
CAS PIÉTON	5 €	8 €
CAS N° 1	12 €	36 €
CAS N° 2	38 €	80 €
CAS N° 3	72 €	195 €
CAS N° 4	145 €	400 €

L'AMENDE FORFAITAIRE MINORÉE NE S'APPLIQUE QU'AUX CONTRAVENTIONS DE LA 2e A LA 4e CLASSE AU CODE DE LA ROUTE PUNIES D'UNE SIMPLE PEINE D'AMENDE A L'EXCEPTION DE CELLES RELATIVES AU STATIONNEMENT.

	AMENDE FORFAITAIRE MINORÉE	AMENDE FORFAITAIRE	AMENDE FORFAITAIRE MAJORÉE
CAS N° 2 *bis*	24 €	38 €	80 €
CAS N° 3 *bis*	48 €	72 €	195 €
CAS N° 4 *bis*	96 €	145 €	400 €

CAS N° 5 VOUS ALLEZ FAIRE L'OBJET D'UNE PROCÉDURE DEVANT LE TRIBUNAL DE POLICE

PAIEMENT OU CONTESTATION VOIR INSTRUCTIONS AU VERSO

CARTE-LETTRE cerfa N° 10-0084

Pourquoi est-ce que cette personne a eu cette contravention?

Activités

A. Mon amour. Thierry vous parle de Laure, la femme de sa vie. Complétez ses phrases en vous servant du pronom relatif qui convient.

1. Laure est la fille...
   - ________ est dans mon cours d'histoire.
   - ________ je t'ai parlé.
   - ________ je suis tombé amoureux fou.
2. «Chez Arthur» est le restaurant...
   - ________ nous avons mangé pour la première fois.
   - ________ a la meilleure cuisine de la ville.
   - ________ je vais lui faire ma demande en mariage.

3. Où est le papier...
   sur ________ j'ai écrit son numéro de téléphone?
   ________ j'ai mis sur cette table?
   ________ j'ai besoin?
4. L'amour me rend fou! Je ne sais pas...
   ________ je fais!
   ________ j'ai besoin!
   ________ m'arrivera!

B. Laisse-moi t'expliquer. Jacques arrive avec deux heures de retard à son rendez-vous avec Alice. Aidez-le à s'expliquer. Combinez les deux phrases en une seule en utilisant un pronom relatif et en faisant les changements nécessaires.

1. Évidemment, j'ai conduit un peu trop vite. Je regrette d'avoir conduit un peu trop vite.
2. Voici la contravention pour excès de vitesse. Un agent de police m'a donné cette contravention.
3. J'ai dû suivre l'agent au commissariat de police. J'ai attendu longtemps au commissariat de police pour payer ma contravention.
4. De plus, j'ai perdu mon portable. Je ne le savais pas.
5. Crois-moi... l'histoire est vraie. Je te raconte cette histoire.
6. Tu ne peux pas me montrer ton amour et ta compréhension? J'ai tant besoin de ton amour et de ta compréhension maintenant.

C. Le fanatique mécontent. Utilisez un pronom relatif approprié pour compléter ce que dit un fanatique de hockey mécontent.

Le match ________ il s'agit était celui entre les Canadiens et les Capitals. Les Canadiens, sur ________ j'avais parié *(bet)* une somme d'argent considérable, ont perdu en prolongation *(in overtime)*. L'histoire des Canadiens, c'est l'histoire d'un point ________ ils ont souvent été incapables d'obtenir. Les Canadiens, ________ dominent la ligue nationale de hockey ont fait la même chose lundi soir (3–2). Les reporters sportifs ont dit que ________ cette équipe avait besoin, c'était le goût de l'attaque. Moi, je ne crois pas ________ ils disent. C'est un problème plus profond. ________ ne va pas, c'est la gestion *(management)* et l'entraîneur-chef de l'équipe.

Jim McIsaac/Getty Images

Est-ce que vous êtes un(e) fanatique de hockey? Avez-vous déjà vu jouer les Canadiens de Montréal?

Interactions

A. L'entretien. Vous passez un entretien pour un poste dont vous avez vraiment envie. Pendant l'entretien le directeur du personnel mentionne plusieurs détails embarrassants de votre dossier (voir ci-dessous). Vous lui donnez des raisons valables et vous arrivez à bien justifier votre sérieux. Essayez de parler avec facilité *(articulately)* et avec élégance en utilisant des pronoms relatifs.

Ce que le directeur mentionne:

- Vous n'avez travaillé que six mois pour l'entreprise Hodik et vous voulez déjà partir.
- Vous avez oublié de mettre votre adresse sur votre demande d'emploi.
- Vous avez manqué au moins un jour par semaine à votre dernier emploi.
- On n'a reçu aucune lettre de recommandation.

B. Cher Monsieur/Chère Madame. Aujourd'hui, c'est la date limite pour rendre une dissertation sur l'existentialisme. Malheureusement vous ne l'avez pas encore terminée. Écrivez une longue explication en donnant les raisons pour lesquelles vous êtes en retard. Essayez de convaincre le professeur qui avait bien averti la classe que c'était un devoir très important. Vous ne voulez pas perdre de points à cause de votre retard. Utilisez beaucoup de pronoms relatifs pour impressionner le professeur et pour qu'il voie combien vous êtes intelligent(e).

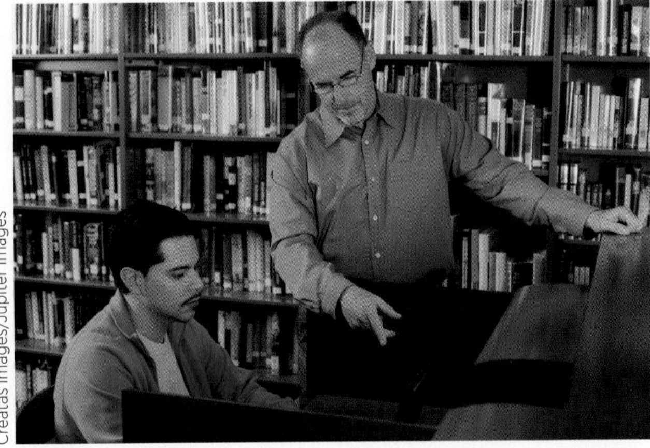

Creatas Images/Jupiter Images

Imaginez ce que ce professeur dit à cet étudiant.

DEUXIÈME BROUILLON Dossier d'expression écrite

1. Write a second draft of the narrative you started in **Leçon 2**, focusing particularly on the use of details to increase suspense and to dramatize the action. These details should heighten the interest of the story and make the reader anxious to find resolution to the conflict.
2. You might want to incorporate some of the following expressions that deal with suspense and emotional states:

EXPRESSIONS UTILES **rester paralysé; être désespéré; avoir une peur folle** *(to be terrified)*; **sauter du lit; descendre/monter rapidement l'escalier; allumer/éteindre la lumière; sentir/entendre quelque chose; quelque chose bougeait; crier; menacer**

Activités musicales

Amadou et Mariam: *Sénégal Fast-Food*

MIGUEL MEDINA/AFP/Getty Images

Amadou et Mariam

To experience this song, go to **www.cengage brain.com/shop/ISBN/ 049590516X**

Avant d'écouter: Le contexte et les réflexions

1. Dans cette chanson écrite par le couple Amadou et Mariam, originaires du Mali, on parle de voyages partout dans le monde. Aimez-vous voyager? Dans quel(s) pays êtes-vous allé(e) ou voudriez-vous aller?
2. Avez-vous jamais eu le mal du pays? Lors d'un voyage à l'étranger, vous êtes-vous senti(e) mal à l'aise à cause des différences culturelles? Expliquez.
3. Amadou et Mariam placent leur musique dans le genre afro-blues. Faites des recherches sur Internet et composez un petit paragraphe dans lequel vous décrivez les caractéristiques et les thèmes de la musique afro-blues. Voyez-vous ces thèmes dans la chanson *Sénégal Fast-Food*?

Pendant que vous écoutez: Compréhension

1. Quel effet a, sur vous, l'emploi de noms de villes et de pays dans la chanson?
2. S'il est minuit à Tokyo et cinq heures au Mali, quelle heure est-il à Paris? À Manhattan? Pourquoi est-ce que les chanteurs posent des questions sur l'heure partout dans la chanson?
3. Quel est le ton de cette chanson?

Après avoir écouté: Communication

1. Vous avez probablement remarqué que cette chanson traite des immigrants et des tribulations de leur vie dans un nouveau pays. Expliquez la juxtaposition des mots «paradis» et «ascenseur pour le ghetto». Est-ce que le mot «paradis» aurait plusieurs sens, d'après les chanteurs?
2. La nourriture est un thème culturel mentionné dans la chanson. Quels autres thèmes culturels y voyez-vous? Comment est-ce qu'ils enrichissent le thème général?
3. Relisez les strophes en traduction. Quelle est la signification de ces strophes? Qu'est-ce que «cette chose... là aucun de nous ne saurait la nommer»? Cette strophe est écrite dans une autre langue que le français, peut-être le wolof, une langue parlée au Sénégal, en Gambie et en Mauritanie. Pourquoi est-ce que les compositeurs ont changé de langue dans la chanson? Voici quelques mots en wolof:

   Question: **Numu demee? / Naka mu demee?** *How's it going?*
   Response: **Nice / Mu ngi dox** *Fine / Nice / It's going.*
4. Faites des recherches sur Internet sur Amadou et Mariam. Comment est-ce qu'ils se sont connus? Qu'est-ce qui a influencé leur musique? À quoi est-ce qu'on peut attribuer leur succès? Essayez de trouver leur mail ou leur blog. Écrivez-leur un message informel. Expliquez pourquoi la chanson *Sénégal Fast-Food* vous plaît (ou pas) et posez plusieurs questions.

Activités orales

A. Au restaurant. Vous êtes dans un restaurant élégant et très cher où vous avez dîné plusieurs fois. En général, la nourriture et le service sont impeccables. Cette fois-ci, cependant, rien ne va comme il faut. Vous demandez à parler avec le maître d'hôtel et vous vous plaignez des choses suivantes:

- Le champagne que vous adorez n'était pas frais *(chilled);*
- Le steak que vous avez commandé était froid et trop cuit *(overcooked);*
- Vous avez commandé des petits pois, mais on vous a servi un légume auquel vous êtes allergique;
- La nappe *(tablecloth)* était sale;
- Il vous manquait une fourchette.

Jouez les rôles. Le maître d'hôtel vous demandera pardon et vous donnera des raisons. Par exemple, il vous dit que le restaurant a eu des problèmes d'électricité, que le chef de cuisine est en grève et que le serveur/la serveuse travaille là depuis seulement deux jours, etc.

B. Imaginez. Un(e) ami(e) a acheté votre ancienne voiture. Il/Elle vous a fait un chèque sans provision *(insufficient funds)*. Jouez les rôles avec votre copain/copine. D'abord, plaignez-vous au sujet du chèque. Votre ami(e) répond en disant que la voiture n'a jamais démarré *(never started)*. Vous continuez la conversation en vous plaignant, en vous excusant et en donnant des explications. Vous vous parlez poliment parce que votre amitié est très importante et que vous voulez rester bon(ne)s ami(e)s.

Activité écrite

Est-ce qu'il serait possible... ? Écrivez une lettre à des amis qui ont une belle villa sur la Côte d'Azur. Demandez si vous pouvez passer la dernière semaine du mois de juillet dans la villa avec plusieurs amis et vos deux chiens. Ce ne sont pas de très bons amis mais vous pensez que vous les connaissez assez pour leur demander un tel service. Échangez votre lettre avec un(e) copain/copine de classe. Chacun d'entre vous répondra à la lettre échangée. Vous donnerez ou refuserez la permission en expliquant votre décision.

RÉVISION FINALE Dossier d'expression écrite

1. Reread your story, paying particular attention to whether the story creates the impression that you intended. Check whether the details add to this impression.
2. Examine your composition one last time. Check for correct spelling, grammar, and punctuation. Pay special attention to your use of negation, prepositions, and relative pronouns.
3. Prepare your final version.
4. Post your story on your Facebook wall and invite comments.

Intermède culturel

I. DES SANS-PAPIERS BIENTÔT EXPULSÉS DE LEUR SQUAT PARISIEN?

Sujets à discuter

- La vie des travailleurs sans-papiers *(undocumented workers)* n'est pas facile, quel que soit le pays où ils habitent. Selon vous, pourquoi? Quelles sortes de problèmes est-ce qu'ils ont? Pensez aux occupations disponibles, aux salaires, à l'éducation des enfants, etc.
- Est-ce que les travailleurs sans-papiers doivent avoir les mêmes droits que les citoyens légaux? Si oui, expliquez vos raisons. Sinon, est-ce qu'il y a certains droits fondamentaux que tous les êtres humains doivent avoir?
- Si on est privé de ses droits, quelles méthodes peut-on utiliser pour les obtenir? les grèves? les manifestations? la violence? l'occupation des immeubles? Expliquez.
- Connaissez-vous des travailleurs sans-papiers aux États-Unis? Décrivez-les.

Introduction

Although complaining about the tribulations of daily life, especially one's job, is something all human beings like to do, immigrant workers often have unique problems. The **régularisation** *(receiving working papers) of undocumented immigrant workers* in *France used to be possible after working there for 10 years. Since November 2007, however, a policy of "selective immigration" requires that only workers employed in occupations where labor shortages exist can apply for papers to work legally in France. The application process tends to be very slow for many of these workers. Over 300,000–400,000 illegal workers at any time are under permanent threat of expulsion and have resorted to other measures to get their situations "regularized."*

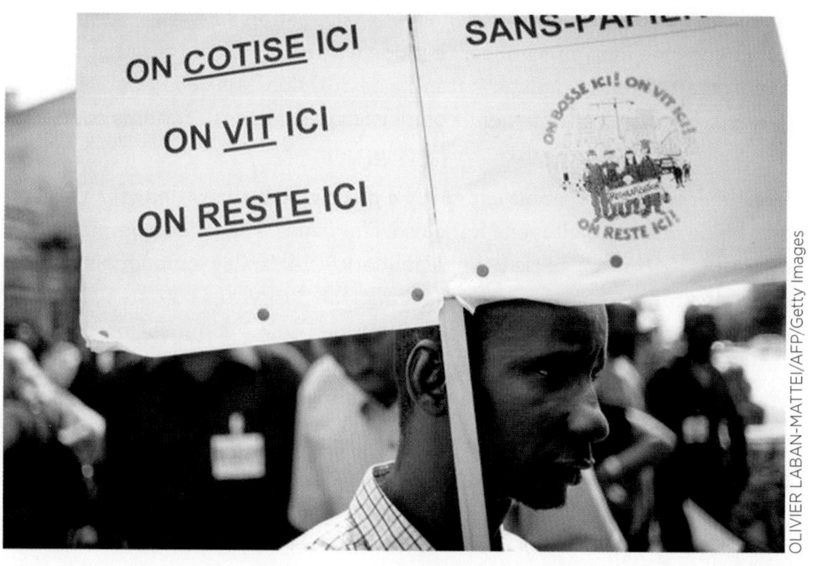

OLIVIER LABAN-MATTEI/AFP/Getty Images

Lecture

La formule°, maladroite, est peinte sur une banderole° jaune qui surplombe° la porte d'entrée des nouveaux locaux° parisiens des sans-papiers. «Régularisez enfin tous les travailleurs sans-papiers isolés de la bourse de travail occupée depuis un an».

phrase / streamer / overhangs / premises

Expulsés violemment de la Bourse du travail° le 24 juin, par le service d'ordre de la CGT°, 1200 sans-papiers, de 19 nationalités différentes, se sont installés, le 17 juillet, dans le bâtiment inoccupé de la Caisse primaire d'assurance maladie (CPAM)° de Paris, situé 14 rue Beaudelique, dans le 18e arrondissement. Destiné à la vente, «cet immeuble doit permettre de construire des logements sociaux», soupire Danielle Beer, chargée des relations avec la presse à la CPAM de Paris. Elle souhaite que l'ordonnance d'expulsion prononcée par le juge des référés, le 30 juillet, soit exécutée au plus vite.

la Bourse... *Trade Union Center* / Confédération générale du travail *(a workers' union)*
CPAM *state health insurance office*

Le ministère de la régularisation de tous les sans-papiers

Sur place, la vie s'organise tant bien que mal°. Mankama Dabo, l'un des délégués de la coordination des sans-papiers (CSP) 75 assure que: «niveau confort, on est mieux ici qu'à la Bourse du travail». Les hommes dorment sur des matelas de fortune° disposés dans la grande cour du rez-de-chaussée. Les femmes vivent dans quelques pièces réquisitionnées au premier étage. Mais pas question pour eux d'occuper tout l'immeuble. Ce serait faire croire qu'ils ont un problème de logement alors qu'ils en ont tous déjà un. Leur seule revendication°: la régularisation de tous les sans-papiers. D'ailleurs, ils n'ont pas hésité à transformer leur nouveau QG° en «ministère de la régularisation de tous les sans-papiers».

tant bien... *more or less*
des matelas de fortune *makeshift mattresses*
demand
quartier général *(general headquarters)*

Anzoumane Sissoko, le porte-parole de la CSP 75, justifie ce choix: «après seize mois de lutte, seuls 10% des dossiers de régularisation ont abouti», dit-il. «Quand on a vu le soutien grandissant des associations et des politiques, on a su que notre revendication devait aller bien au-delà de nos 1200 cas. Nous demandons la régularisation des 400 000 sans-papiers en France».

Solliciter Nicolas Sarkozy

À la préfecture de police de Paris, on s'impatiente. Marie Lajus, chargée de la communication, déplore cette nouvelle occupation «illégale»: «la CSP 75 s'était engagée à ne plus utiliser ce mode d'action». En contrepartie°, la coordination avait obtenu l'examen «attentif» de 300 dossiers de régularisation. Ces dossiers, en cours de traitement, comportent des lacunes°: certains contiennent des faux documents, d'autres sont incomplets.

En... *In return*
gaps

Plus déterminés que jamais car «il n'y a pas d'alternatives», les sans-papiers tentent de rallier les citoyens français à leur cause. Pas facile, compte tenu de la législation sur le délit de solidarité°. Mais, ils ne manquent pas d'imagination et organisent chaque dimanche des portes ouvertes°. Le discours à l'attention des riverains° est bien rôdé°: «nous sommes vos nouveaux voisins, pas des voyous°, seulement des travailleurs sans papiers, précise Mankama Dabo. On a besoin de votre solidarité afin d'obtenir des papiers».

législation sur... *legislation making helping illegal aliens remain in France a criminal offense* / **portes...** *open houses / neighbors* / **est...** *is ironed out / thugs*

Anzoumane Sissoko, qui n'exclut pas de solliciter Nicolas Sarkozy à la rentrée, prévient, à l'égard de la Préfecture°: «ils cèderont».

government office where resident permits are issued

Compréhension

A. Observation et analyse

1. Où est-ce que les 1200 travailleurs sans-papiers de l'article habitent maintenant? Où habitaient-ils autrefois? Pourquoi est-ce qu'ils ont déménagé?
2. Pourquoi est-ce que les sans-papiers ne vivent pas dans la totalité de l'immeuble? Qu'est-ce qu'ils revendiquent?
3. Pourquoi est-ce que les sans-papiers ne sont pas contents du processus d'évaluation des dossiers de régularisation?
4. Est-ce qu'il y a des gens qui sympathisent avec les sans-papiers? Quelles sortes de groupes ont exprimé leur soutien? Quel obstacle rend difficile la tâche de trouver du soutien?
5. Quelles solutions est-ce que les travailleurs sans-papiers ont trouvées?
6. Qui est Anzoumane Sissoko? Quelle est son opinion sur la probabilité de leur succès?

B. Grammaire/Vocabulaire. Révisez la grammaire du chapitre 8 et encerclez la bonne réponse dans chaque phrase adaptée du texte.

1. Le bâtiment ________ (qui/lequel/que) les travailleurs sans-papiers occupent était destiné à la vente.
2. Les sans-papiers n'ont pas hésité ________ (à/de/en) transformer l'immeuble en «ministère de la régularisation de tous les sans-papiers».
3. Au bout de 16 mois, il n'y avait ________ (pas/plus/que) 10% des dossiers ________ (dont/que/qui) étaient évalués.
4. La direction de la coordination des sans-papiers (CSP) avait promis ________ (à/de/en) ne ________ (guère/plus/que) utiliser l'occupation comme mode d'action.
5. ________ (Ce qui/Ce que/Ce dont) agace Marie Lajus, ce sont les dossiers incomplets.

C. Réactions

1. Que pensez-vous de l'occupation illégale de bâtiments comme mode d'action? Justifiez votre réponse.
2. Les sans-papiers en France ont organisé des manifestations et des grèves dont les résultats ont été positifs: la régularisation de beaucoup de travailleurs. Pensez-vous que les immigrés illégaux aux États-Unis réussiront aussi avec ces méthodes? Expliquez.

Interactions

1. Relisez cet article pour mieux comprendre ce groupe de 1200 travailleurs sans-papiers. Quels adjectifs utiliseriez-vous pour les décrire? forts? arrogants? passionnés? déterminés? dangereux? Créez une liste de 10 adjectifs et soyez prêt(e) à justifier vos choix. Comparez votre liste avec celle d'un(e) copain/copine de classe.
2. Vous êtes Anzoumane Sissoko et votre partenaire est Nicolas Sarkozy. Jouez une petite scène dans laquelle vous le convainquez de régulariser tous les sans-papiers en France.

Expansion

Faites des recherches sur Internet et à la bibliothèque sur les travailleurs sans-papiers en France. Trouvez, par exemple, les pays dont ils viennent en grand nombre et les emplois qu'ils acceptent le plus souvent en France. Recherchez la façon dont les hommes politiques de divers partis parlent d'eux, par exemple: le Parti socialiste (PS), le Parti communiste français (PCF), l'Union pour un mouvement populaire (UMP) et le Front national (FN). Trouvez aussi ce que pense le public, selon les sondages, et ce que les médias aiment souligner. Enfin, faites un reportage sur les efforts récents entrepris par les sans-papiers.

II. *PUR POLYESTER** de Lori Saint-Martin

Sujets à discuter

- Est-ce que vous avez déjà déménagé d'une région à une autre? Si oui, de quels problèmes de transition est-ce que vous avez souffert? Si vous n'avez jamais déménagé, avez-vous connu des élèves au lycée, ou plus récemment à l'université, qui ont eu des difficultés à s'intégrer dans un nouvel endroit? Expliquez si l'environnement de l'école a été un avantage ou un handicap. Pourquoi?
- Avez-vous jamais été victime de discrimination? Expliquez.

Stratégies de lecture

Trouvez les détails. Parcourez le texte et trouvez les détails suivants:

1. les noms de quatre villes québécoises
2. le pays natal des parents de la narratrice
3. la raison pour laquelle la mère de la narratrice est retournée une fois dans son pays natal
4. le résultat des élections de 1995 au Québec en ce qui concerne la décision de quitter le Canada

Introduction

The low birth rate of the Canadian French-speaking province of Quebec in recent years has resulted in larger numbers of immigrants coming to Quebec to respond to the increased workforce needs of industry and service sectors. Many of the newly arrived immigrants, the **néo-québécois,** *come from non-French speaking countries. Although the Quebec government has many programs to help immigrants integrate into society, that society is often not accepting of them. The emphasis on Quebeckers of* **pure laine** *(pure wool), that is, descended from the French colonists of the XVIIth century, creates an alienating experience for immigrants. Members of the separatist* **Parti Québécois** *have voiced suspicions that new immigrants are less interested in making a life in Quebec than in preparing their ultimate move to English-speaking Canada and the United States. In 1995, the leader of the* **Parti Québécois,** *Jacques Parizeau, went so far as to lay the blame for the failure of the referendum on the secession of Quebec from Canada on the "ethnic vote." In her novel,* Mon père, la nuit *(1999), author Lori Saint-Martin tells the story of a ten-year-old immigrant girl who arrives in Quebec with her parents from Europe. In this excerpt, you will witness the tribulations of life through the eyes of this young southern European immigrant.*

* Le Québec décrit dans *Pur polyester* a beaucoup changé. Comme les autres sociétés occidentales modernes, le Québec d'aujourd'hui est une société multiethnique ouverte et accueillante. (Note de l'auteur)

Lecture

On parle beaucoup de laine, ici. Pas n'importe laquelle, la vraie, la pure. D'où viens-tu, toi? Et tes parents, et leurs parents? Du Lac-Saint-Jean, très bien, du Bas-du-Fleuve, excellent, du fin fond de l'Abitibi, parfait. Montréalais depuis Jacques Cartier°? Alors voici ton certificat. «Un Québécois pure laine.» Pure laine comme Maria Chapdelaine°? Mais non, Louis Hémon était un maudit° Français. Faut pas confondre. Je suis immigrante, je confonds. Pour nous, pas de laine, la vie est trop chère ici et mes parents trop pauvres. Pur polyester. Faut vivre avec ce qu'on a. T'es une p'tite qui, toi?°

Jacques Cartier *first explorer of Canada in 1534–1535* / **Maria Chapdelaine** *famous novel by Louis Hémon* / *damned*

T'es une p'tite qui, toi? *Who are you a daughter of?*

À la polyvalente°, on est beaucoup d'allophones°. Allô, allophones? Des *parlant-autre*. Je parle autre. Mon affaire est confuse, douteuse. De l'Espagne à Montréal, en passant par Paris. À peine leur fille née, mes parents filent° en France, puis, dix ans plus tard, ils viennent ici. La dérive des continents°.

secondary school / **allophones** *those who speak other languages*
go
La dérive... *Continental drift*

Mon village est le plus beau, mon cousin est ton cousin, tous nous sommes parents depuis la nuit des temps. Tricotés serrés°, amoureux de notre arbre généalogique et d'une ville de France que nos ancêtres ont fuie. T'es une p'tite qui, toi? Une Gagnon, une Tremblay d'Amérique, une Gélinas? Une quoi, dis-tu? Beurk°, quels noms ils se paient ces gens-là, impossibles à prononcer, et cette peau basanée°, ces yeux bridés° qui nous volent nos jobs, cette marée° d'enfants qui monte et nous noie°, nous les salut-les-vrais°. Tu viens d'où, donc? Et quand y retournes-tu, au fait? La laine est pure ou elle n'est pas. On ne devient pas Québécois. [...]

Tricotés... *Close-knit*

slang expression to express dismay / *dark, swarthy* / **yeux...** *slanted eyes* / *flood* / *drowns* / **salut-les-vrais** *the true*

Dur l'exil, *Dios mío*. Les lettres arrivent, toutes minces sur papier bleu, et les photos, et maman rit et pleure de voir, déjà prêts pour l'école, des bébés qu'elle n'a jamais bercés. Maman est retournée une seule fois, pour la mort de sa maman à elle. Elle a tout de suite pris le deuil et ne l'a jamais quitté depuis. Quand on perd sa mère, on perd la terre entière, dit-elle, et le sel, et la lumière. Un jour tu sauras. Son visage s'éteint quand elle pense à mon futur deuil à moi. Ma pauvre petite fille que je ne pourrai pas consoler de m'avoir perdue.

Moi je ne suis pas en exil, sinon par maman et papa. Je ne suis vraiment de nulle part, tant ils m'ont dit que Paris ce n'était pas chez nous, sinon peut-être un peu, déjà, d'ici. Pour moi l'Espagne n'est qu'un mot, quelques images qui transitent par la voix de ma mère, une nostalgie de soleil. Salamanque, notre ville d'université et de cathédrales, la pierre dorée, les oiseaux qui tournoient°, la Plaza Mayor, les lézards à l'heure de la sieste, le vieillard aveugle qui vend des billets de loto, les terrasses. L'Espagne est pour eux le bonheur premier, le pays où ils habitaient leur langue, où ils ne nageaient pas encore dans le français comme des enfants malheureux dans un vêtement de la mauvaise taille. [...]

flutter around

Un jour d'automne, on nous demande à nous tous de voter pour dire si nous voulons quitter le Canada. Nous semblons avoir dit «oui», puis le «non» monte comme une vague de fond°, et puis, finalement, c'est «non», du bout, mais vraiment du bout des lèvres°.

vague... *tidal wave*

du bout... *timidely*

Canstock Images, Inc./PhotoLibrary

Le Château Frontenac

bleus et... *Quebecker*
ceux... *Canadian* / *tête...* *gloomy face* / *flabbergasted*

Alors c'est les larmes à la télé, les drapeaux bleus et blancs° si beaux, bien mieux que ceux avec la feuille d'érable°. La tête d'enterrement° du chef du gouvernement. Dès qu'il ouvre la bouche, on est estomaqués°. «L'argent et des votes ethniques.» L'argent, connais pas. Les votes ethniques je connais, c'est maman et papa et la mère de Rosa et les parents d'An Li qui se fait appeler Diana et tous les autres, *ay Dios*. Il continue de parler, le monsieur au visage rond et triste, il dit «nous», nous avons perdu, nous gagnerons la prochaine fois, les jeunes sont avec nous. Leur «nous» abolit notre «nous», fait de nous des «eux autres», des méchants. Leur «nous» me brise le cœur, me dit qu'on ne sera jamais chez nous, ici. Pourtant si j'avais eu l'âge de voter, ç'aurait été oui. [...]

edge

Mes parents ont voulu, à coup d'efforts, me donner les clés de ce pays à eux fermé. Voulu que la langue de ce pays coule de source dans ma bouche, que je sois chez moi là où ils ne seront jamais chez eux. Je suis avec eux, je suis toute seule, je suis aussi avec les gens d'ici, de mon pas-tout-à-fait-mais-presque-pays. Entre-deux, sur la brèche°, en train, peut-être, de devenir—mais le devient-on jamais?—Québécoise.

Lori Saint-Martin, «Pur polyester» in *Mon père, la nuit*, Québec, © Éditions de l'Instant même, 1999, pp. 59–68.

Compréhension

A. Observation et analyse. Répondez.

1. Comment est-ce qu'on définit «un Québécois pure laine»?
2. Qu'est-ce que c'est qu'un «pur polyester»? Expliquez l'emploi de cette expression.
3. Dans quels pays est-ce que la narratrice a vécu?

4. D'après cette lecture, quelle est l'attitude des «vrais Québécois» envers les immigrants? Pourquoi?
5. Décrivez la vie de la mère de la narratrice, d'après la jeune fille.
6. Est-ce que la narratrice se sent exilée comme ses parents? Expliquez.
7. Qu'est-ce qui s'est passé le jour des élections de 1995?
8. Comment est-ce que la jeune fille aurait voté si elle avait eu l'âge légal de voter? Pourquoi, selon vous, aurait-elle choisi de voter ainsi?
9. Quelle sorte de vie est-ce que les parents veulent pour leur fille, la narratrice?
10. Comment est-ce que la narratrice se voit sur le plan de l'identité nationale?

B. Grammaire/Vocabulaire. Entourez les adjectifs qui décrivent le mieux la narratrice et expliquez vos réponses. Lesquels peuvent décrire la mère? Est-ce qu'il y a des adjectifs qui les décrivent toutes les deux?

allophone **arrogante** **confuse** **triste** **sereine**
nostalgique **méchante** **seule** **québécoise**

Avez-vous d'autres adjectifs à ajouter pour décrire la jeune fille? la mère? Lesquels?

C. Réactions

1. Que pensez-vous de la perspective des «pure laine» envers les immigrants au Québec? Est-ce qu'aux États-Unis on voit une telle perspective envers les gens qui viennent d'une autre partie du pays? envers les gens qui viennent d'autres pays?
2. Croyez-vous que la narratrice devienne un jour québécoise? Justifiez votre réponse.

Interactions

1. Votre partenaire et vous êtes les parents de la jeune fille. Créez une conversation dans laquelle vous exprimez votre nostalgie de l'Espagne. Évoquez ce qui vous manque le plus et parlez aussi des espoirs que vous avez pour votre fille.
2. Jouez les rôles de la narratrice et de son ami(e) d'école qui est aussi un(e) immigrant(e). Parlez des difficultés qu'on a quand on se sent entre deux cultures. Parlez aussi des joies liées au fait d'avoir deux mondes de références culturelles. Choisissez l'attitude qui vous caractérise le mieux: la nostalgie ou la richesse de la pluralité.

Expansion

Faites des recherches sur l'histoire politique du Québec. Allez à la bibliothèque et cherchez sur l'Internet. Répondez aux questions suivantes: Quelle est l'histoire politique du Québec? Combien de personnes parlent toujours français au Québec? Qu'est-ce que les Québécois ont fait pour que le Québec reste francophone? Est-ce que le Québec veut toujours se séparer du reste du Canada? Comment est-ce que vous voyez l'avenir du Québec?

VOCABULAIRE

LES TRIBULATIONS DE LA VIE QUOTIDIENNE

annuler *to cancel*

au secours! *help!*

un cas d'urgence *emergency*

en cas d'urgence *in case of emergency*

ça ne fait rien *it doesn't matter; never mind*

une commission *errand*

débordé(e) de travail *swamped with work*

en vouloir à quelqu'un *to hold a grudge against someone*

être navré(e) *to be sorry*

faire exprès *to do on purpose*

n'en plus pouvoir (je n'en peux plus) *to be at the end of one's (my) rope; to have had it (I've had it)*

une panne *breakdown*

tomber en panne *to have a (car) breakdown*

LES PROBLÈMES DE VOITURE

la batterie *car battery*

démarrer *to get moving (car); to start*

dépanner *to repair a breakdown*

un embouteillage *traffic jam*

l'essence [f] *gasoline*

être en panne d'essence *to be out of gas*

être/tomber en panne *to break down*

les heures [f pl] **de pointe** *rush hours*

la station-service *gas station*

LES PANNES À LA MAISON

le congélateur *freezer*

l'électricien(ne) *electrician*

le frigo *(familiar) fridge, refrigerator*

marcher *to run; work (machine)*

l'outil *tool*

le plombier *plumber*

LES ACHATS EN MAGASIN

le chef de rayon/de service *departmental/service supervisor*

demander un remboursement *to ask for a reimbursement*

faire une réclamation *to make a complaint*

les frais [m pl] *costs, charges*

le grand magasin *department store*

gratuit(e) *free, at no cost*

la quincaillerie *hardware store*

le rayon *section, aisle*

une tache *stain*

un trou *hole*

vendu(e) en solde *sold at a reduced price, on sale*

LES ÉVÉNEMENTS IMPRÉVUS ET OUBLIÉS

amener quelqu'un *to bring someone over (along)*

assister à *to attend*

changer d'avis *to change one's mind*

un congrès *conference; professional meeting*

emmener quelqu'un *to take someone (somewhere)*

emprunter quelque chose à quelqu'un *to borrow something from someone*

imprévu(e)/inattendu(e) *unexpected*

prêter quelque chose à quelqu'un *to lend something to someone*

une réunion *meeting*

COMMENT RÉAGIR

s'arranger *to work out*

consentir à *to consent to*

défendre à quelqu'un de *to forbid someone to*

embêter *to bother; to annoy*

raccrocher *to hang up (the telephone)*

se rattraper *to make up for it*

résoudre *to resolve, solve*

VOUS ÊTES DÉCONCERTÉ(E) *(CONFUSED, MUDDLED)*

avoir du mal à (+ infinitif) *to have problems (doing something)*

désorienté(e)/déconcerté(e) *confused, muddled*

faire comprendre à quelqu'un que *to hint to someone that*

mal comprendre (past part. **mal compris**) *to misunderstand*

une méprise/une erreur/un malentendu *misunderstanding*

provoquer *to cause*

le sens *meaning*

la signification/l'importance [f] *significance, importance*

signifier *to mean*

VOUS ÊTES IRRITÉ(E)

avoir du retard *to be late*

C'est la goutte d'eau qui fait déborder le vase! *That's the last straw!*

couper *to disconnect (telephone, gas, electricity, cable)*

débrancher *to disconnect, unplug (radio, television)*

se décharger de ses responsabilités sur quelqu'un *to pass off one's responsibilities onto somebody*

faire la queue *to stand in line*

rentrer tard *to get home late*

valoir la peine (past part. **valu**) *to be worth the trouble*

VOUS ÊTES LÉSÉ(E) *(INJURED; WRONGED)*

bouleversé(e)/choqué(e) *shocked*

céder à quelqu'un (quelque chose) *to give in to someone (something)*

être en grève *to be on strike*

faire la grève *to go on strike*

le/la gréviste *striker*

léser quelqu'un *to wrong someone*

le syndicat *union*

DIVERS

autrement dit *in other words*

Ciné Bravo

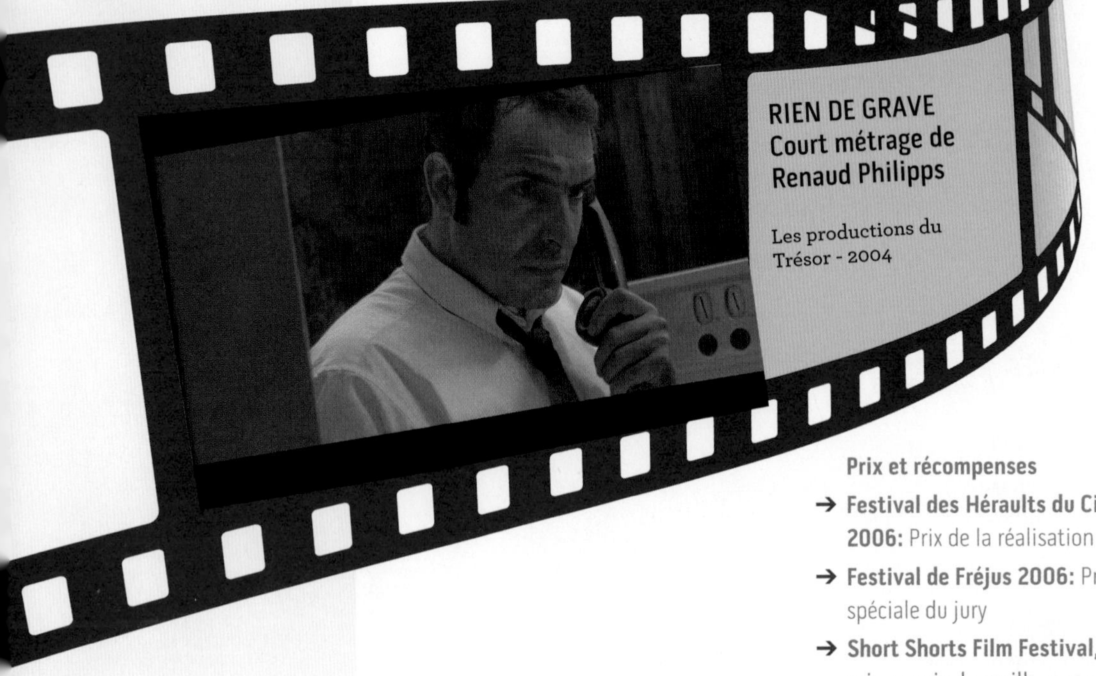

RIEN DE GRAVE
Court métrage de
Renaud Philipps
Les productions du
Trésor - 2004

Prix et récompenses

- ➔ **Festival des Héraults du Cinéma au Cap d'Agde 2006:** Prix de la réalisation
- ➔ **Festival de Fréjus 2006:** Prix du public, mention spéciale du jury
- ➔ **Short Shorts Film Festival, à Tokyo 2005:** Grand prix au prix du meilleur court-métrage étranger
- ➔ **Festival d'Alpes d'Huez 2005:** Prix du meilleur court métrage

NOTE CULTURELLE

L'adjectif **grave** se dit d'une situation qui risque d'avoir de sérieuses conséquences: une maladie ou un accident grave, par exemple.

En français courant, on dit **C'est pas grave** pour accepter les excuses.
Exemple: Je suis désolé! *(I'm so sorry!)*
C'est pas grave. *(No problem/ Don't mention it.)*

À CONSIDÉRER AVANT LE FILM

Vous êtes-vous déjà servi(e) d'une cabine pour téléphoner? Décrivez (ou imaginez) cette expérience. Quelles autres technologies démodées pouvez-vous citer et décrire?

On va au cinéma?

Jean Dujardin
Artus de Penguern
RIEN DE GRAVE
Renaud Philipps

1. **Il était une fois...** Il y a vingt-cinq ans, très peu de gens possédaient un téléphone portable. Aujourd'hui, il semble y en avoir partout. Pourquoi avez-vous décidé, oui ou non, de vous doter *(to acquire)* d'un téléphone portable? Vous en servez-vous souvent? Pour quelles raisons? Imaginez la vie moderne sans portable. Est-ce que tous les changements que cet outil entraîne seraient négatifs?
2. **Un avenir technique?**
   a. Voici cinq notions du succès individuel. Laquelle vous convient le plus? Expliquez votre réponse.
      1. quelqu'un qui m'aime
      2. une grande maison et une belle voiture
      3. une carrière passionnante
      4. des enfants
      5. des gadgets électroniques

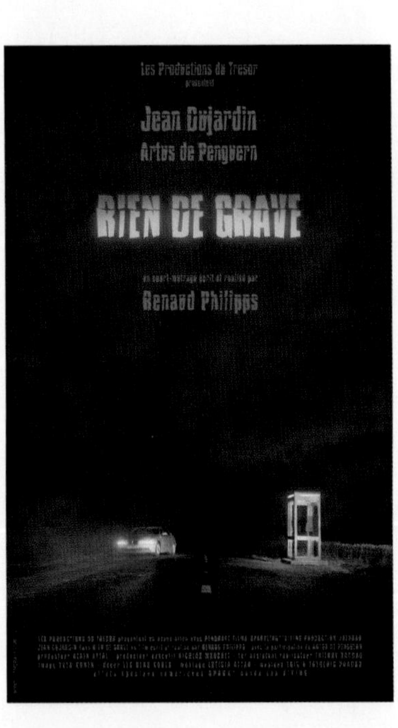

b. Dans quel aspect particulier de votre avenir est-ce que la technologie vous sera la plus utile? Est-ce que certains aspects de cette vie future sont menacés par le progrès technologique? Lesquels?

ÇA COMMENCE!

Premier visionnage

1. **Il y a un problème.** Le personnage central du film se sert de quelques outils de la vie moderne avec lesquels il a des difficultés. Indiquez ce qui lui arrive avec chaque objet mentionné.
   a. la carte de crédit
   b. la clef de voiture automatique
   c. les téléphones
   d. la voiture
2. **Le suspens.** Quels éléments du film contribuent à donner une atmosphère de suspens aux mésaventures du protagoniste de la vidéo? Expliquez.

Deuxième visionnage

Mettez les actions du personnage principal dans l'ordre chronologique, en attribuant les numéros de 1 à 6 aux descriptions du premier set (le numéro 1 est déjà donné) et les numéros de 7 à 12 à celles du deuxième set (le numéro 7 est déjà donné).

___1___ Il perd le signal en téléphonant de sa voiture et s'arrête au bord d'une route déserte.

_______ Il doit trouver un tournevis *(screwdriver)* pour déloger une pièce qui est tombée sous le sol de la cabine.

_______ Il veut payer avec une carte de crédit mais la machine ne les accepte pas.

_______ Il doit aller retrouver le numéro de téléphone dans la voiture.

_______ Il cherche une pièce de monnaie.

_______ Sa voiture se met à rouler toute seule.

___7___ Il reste bloqué dans la cabine.

_______ Il continue sa conversation téléphonique avec la cliente.

_______ Il fait tomber ses clefs et ne peut pas monter dans sa voiture.

_______ Un avion fait un atterrissage d'urgence à côté de lui.

_______ Il n'arrive pas à lire le numéro qu'il a marqué.

_______ Il voit arriver une voiture [celle du pilote instructeur] et se jette devant elle.

ET APRÈS

Observations

1. Le film commence par un appel au secours. De quelle situation urgente s'agit-il?
2. À qui est-ce que le chauffeur de la voiture parle au début du film? Pourquoi est-ce que la conversation est importante pour lui?
3. Qui est dans la voiture que l'homme fait arrêter vers la fin du film? Avec qui parle-t-il?
4. Commentez la fin du film. Est-ce que l'atterrissage de l'avion vous paraît vraisemblable? Et la réaction de l'homme au téléphone? Quel en est l'effet?

Avant et après

1. Imaginez la carrière du personnage central. Quel genre d'études a-t-il fait? Pour qui travaille-t-il? Que fait-il tous les jours pour réussir? Pourquoi se concentre-t-il sur sa carrière? Que souhaite-t-il à l'avenir?
2. Quelles seront les conséquences de ce qui s'est passé pour ce personnage, d'après vous?

À vous de jouer

1. **Technologie et controverses.** Prenez une position pour ou contre une des affirmations suivantes et discutez-en avec d'autres étudiants dans votre classe.

   Notre société profite énormément des bienfaits de la technologie. Les dangers sont regrettables mais nécessaires.

   La technologie rend le monde plus petit mais les êtres humains sont de plus en plus distants les uns des autres.

2. **Intervention.** D'après la façon dont il agit à la fin de la vidéo, le personnage principal du film va devoir changer un peu son comportement envers les autres. Faites une liste de conseils que vous lui donneriez. Ensuite, comparez vos conseils avec ceux d'un(e) copain/copine de classe. En quoi sont-ils identiques? différents?

   Il est important que..

   Je suggère que...

   Il serait préférable que...

   Il est regrettable que...

   Il faut que...

Version anglaise/Version française

Quelle est votre réaction au titre *Rien de grave*? Selon vous, pourquoi l'auteur a-t-il choisi ce titre? Quel titre anglais donneriez-vous au film? Expliquez pourquoi.

9

Je prendrais bien celui-ci...

THÈMES La maison; Les vêtements; La technologie; La cuisine

Pour tester vos connaissances, visitez www.cengagebrain.com/shop/ISBN/049590516X Audio 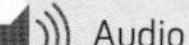 iLrn Heinle Learning Center

Bertrand Reiger/hemis/Photolibrary

LA GRAMMAIRE À RÉVISER

Les achats en magasin.

En faisant les magasins avec une copine, vous échangez vos opinions. Faites tous les changements nécessaires.

1. Comme cette robe est jolie! (jupe/pantalon/chaussures)
2. Ce grand magasin est trop cher. (restaurant/quincaillerie/station-service)
3. Quel est le prix de ce poste de télévision? (téléphone mobile/ordinateur/iPad)
4. J'adore ces tennis. (manteau/sandales/chemise/maillot de bain)
5. Ce frigo est très écologique. (congélateur/appareil/scanner)

iLrn To review **Les adjectifs démonstratifs,** consult the *Demonstratives* ***(ce, cette, celui, celle)*** Grammar Tutorial on iLrn.

iLrn To review **Les adverbes,** consult the *Adverbs* Grammar Tutorial on iLrn.

The information presented here is intended to refresh your memory of various grammatical topics that you have probably encountered before. Review the material and then test your knowledge by completing the accompanying exercises in the workbook.

AVANT LA PREMIÈRE LEÇON

Les adjectifs démonstratifs

Demonstrative adjectives are used to point out something or someone. They are the equivalent of *this, that, these,* and *those* in English. They must agree in gender and number with the nouns they modify.

	SINGULIER	PLURIEL
masculin	ce (cet)	ces
féminin	cette	ces

Dans **cette** leçon-ci, nous étudions l'emploi des adjectifs démonstratifs. Nous avons besoin de **ces** petits mots lorsque nous voulons désigner une personne particulière ou un objet particulier.

NOTE **Cet** is used before a masculine singular noun or adjective beginning with a vowel or mute **h**.

cet hôtel cet arbre

BUT: ce hors-d'œuvre

To distinguish between two elements, add **-ci** (when referring to something close to you) and **-là** (when referring to something farther away).

—Qu'est-ce que tu penses de ce livre-**là**?
—Moi, je préfère ce livre-**ci.**

Les adverbes

A. L'usage

An adverb is used to qualify a verb, an adjective, or another adverb. Many adverbs in French end in **-ment**; the English equivalent is *-ly*.

B. La formation

Most adverbs are formed by adding **-ment** to the feminine form of the adjective:

ADJECTIF	ADVERBE
actif/active	activement
doux/douce	doucement
naturel/naturelle	naturellement
sérieux/sérieuse	sérieusement

BUT: If the masculine adjective ends in a vowel, this form is often used to form the adverb:

absolu	absolument
probable	probablement
rapide	rapidement
vrai	vraiment

- When the masculine adjective ends in **-ant** or **-ent**, the endings are replaced by **-amment** and **-emment** respectively. They are both pronounced [amã]. **Lent** is an exception.

constant	constamment
méchant	méchamment
évident	évidemment
lent/lente	lentement
patient	patiemment

- A few adverbs end in **-ément:**

précis	précisément
profond	profondément
confus	confusément
énorme	énormément

C. La fonction

Adverbes de manière: ainsi *(in this way)*, bien, mal, cher, vite, ensemble, debout *(standing)*, plutôt *(rather)*, sans doute *(probably)*, volontiers *(willingly)*

Adverbes de quantité et d'intensité: plus, moins, peu, assez, beaucoup, trop, à peu près *(more or less)*, tellement *(so)*, tant *(so much)*, autant *(as much, so much)*, aussi *(as)*, davantage *(more)*, tout à fait *(completely)*, très

Adverbes de temps: avant, après, avant-hier *(the day before yesterday)*, hier, aujourd'hui, demain, après-demain *(the day after tomorrow)*, aussitôt *(immediately)*, tout de suite *(right away)*, bientôt, déjà, alors *(then)*, puis *(then)*, encore *(still)*, enfin, ensuite, d'abord *(first)*, longtemps *(long, a long time)*, maintenant, autrefois *(formerly)*, auparavant *(before)*, quelquefois *(sometimes)*, soudain *(suddenly)*, souvent, toujours, tard, tôt

Adverbes de lieu: ici, là, là-bas *(over there)*, près, loin, ailleurs *(someplace else)*, devant, derrière, dedans *(inside)*, dehors *(outside)*, dessous *(underneath)*, dessus *(on top)*, nulle part *(nowhere)*, partout *(everywhere)*, quelque part *(somewhere)*

Adverbes de restriction: à peine *(scarcely)*, peut-être *(possibly)*, presque *(almost)*, seulement, ne... jamais, ne... personne, ne... rien

Comment?

Comment est-ce que vous...

1. marchez? (lent/nonchalant/rapide)
2. étudiez? (fréquent/rare/indépendant)
3. pensez? (constant/superficiel/intelligent)
4. écrivez? (assez naturel/plutôt difficile/simple)
5. vivez? (intense/simple/royal)

LEÇON 1

COMMENT DIRE CE QU'ON PRÉFÈRE

Conversation

 Track 18

Rappel: Have you reviewed demonstrative adjectives and adverbs? (Text pp. 372–373 and SAM pp. 221–223)

Premières impressions

1. Identifiez: les phrases qui expriment les goûts et les préférences
2. Trouvez: a. en quelle matière est le vêtement que Sophie et Emily veulent acheter
   b. le prix le plus bas que le vendeur acceptera pour le blouson

Le marché aux puces° de Lyon se trouve dans la banlieue à Vaulx-en-Velin. Deux amies, Sophie, une Française, et Emily, toutes deux étudiantes à l'Université de Lyon, s'y promènent.

marché aux... *flea market*

SOPHIE Vraiment, j'adore les marchés aux puces!

EMILY Moi aussi! Il y a absolument de tout: des vêtements, des bijoux°, des cuisinières°, des poêles°, des plats à micro-ondes°.

[m pl] *jewelry*
stoves / frying pans / microwave-safe dishes

SOPHIE Oh, regarde les blousons là-bas! Moi, le cuir, j'adore!

LE VENDEUR Bonjour, ma petite dame... Oui, ce blouson, il est fait pour vous!

EMILY Hum... Je ne sais pas. Mais celui-ci... il est à combien?

LE VENDEUR Un très bon choix! Du vrai cuir.

SOPHIE Ah, mais j'aime mieux celui-là, à gauche.

LE VENDEUR Celui-là est à 350€. Un vrai blouson de cuir, un blouson de pilote de la Seconde Guerre mondiale, mademoiselle.

SOPHIE Moi, les trucs de guerre, j'ai horreur de ça...

EMILY Tiens, regarde ce blouson-ci. Il est plus joli que ce blouson-là, non?

LE VENDEUR Du très beau cuir aussi! Allez, je vous le fais à° 310€.

je vous... *I'll give (sell) it to you for*

EMILY Moi, je pensais 240€ plutôt.

LE VENDEUR Allez, je vous le fais à 270€, parce que vous êtes gentilles...

EMILY Allez, monsieur, 240€, et on vous le prend!

LE VENDEUR Non mais... mesdemoiselles, si je ne fais pas de bénéfice, je ne peux pas survivre, moi.

SOPHIE Vous ne trouvez pas qu'il faut aussi prendre en considération le revenu des gens? Nous sommes étudiantes!

LE VENDEUR Je ne peux vraiment pas. 270€, et je mets ce joli portefeuille en cuir par-dessus°...

on top of that

SOPHIE Ça, c'est une occasion°!

a bargain

EMILY OK, monsieur, nous le prenons.

SOPHIE Voilà! Merci beaucoup, monsieur!

EMILY Au revoir, monsieur!

À suivre

Observation et analyse

1. Quelles sortes de choses est-ce qu'on vend dans un marché aux puces?
2. Quelle est l'opinion de Sophie sur le blouson de pilote? Expliquez.
3. Décrivez la dernière offre du vendeur.
4. Est-ce que vous pensez que les filles aiment marchander *(to bargain)* avec les vendeurs? Expliquez.

Sergio Pitamitz/Robert Harding Travel/ Photolibrary

Réactions

1. Qu'est-ce que vous achèteriez dans un marché aux puces?
2. Est-ce que vous êtes déjà allé(e) à un marché aux puces? Où? Parlez de cette expérience.
3. Aimez-vous marchander avec un vendeur—un vendeur d'automobiles, par exemple? Expliquez.

Expressions typiques pour...

Exprimer ses goûts et ses préférences

Moi, j'adore... parce que...

Je préfère les vêtements neufs (aux vêtements d'occasion *[secondhand]*) parce que...

Je préfère ce pantalon-ci à celui-là parce que...

Je préfère celui-ci parce que...

J'aime mieux le manteau marron (que le manteau vert) parce que...

J'aime bien les tennis (mais je préfère les chaussures de bateau) parce que...

Ce que je préfère, c'est... plutôt que...

Je n'aime ni les tennis ni les sandales, mais (à tout prendre), ce sont les tennis que je préfère.

Je n'aime pas du tout.../Je n'aime pas tellement...

Ça ne me plaît pas.../ Ça ne me dit rien.

J'ai horreur de...

Parfois... *(At times . . .)*

Je ne sais pas./Bof.

CHAPITRE 9
LEÇON 1

Mots et expressions utiles

Les meubles et les appareils ménagers *(furniture and household appliances)*

l'armoire [f] *wardrobe, armoire*
le coussin *cushion, pillow*
l'étagère [f] *shelf; shelves*
le placard *cupboard; closet*
le tapis *carpet*
le tiroir *drawer*
la cuisinière *stove*
le four à micro-ondes *microwave oven*
le lave-vaisselle *dishwasher*
la machine à laver (le linge) *washing machine*
le sèche-linge *clothes dryer*

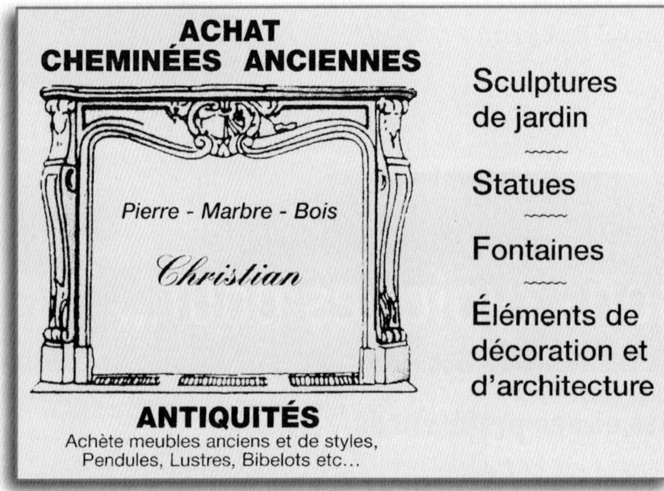

Dans quelle sorte de maison est-ce qu'on mettrait ces meubles? Devinez le sens des mots **pendules, lustres, bibelots.**

Mise en pratique

Au secours! Je cherche un appartement à louer à un prix raisonnable. J'aimerais bien avoir une grande cuisine avec beaucoup de **placards**, d'**étagères** et de **tiroirs** afin d'y ranger ma vaisselle. J'adore faire la cuisine, tu sais. Et puisque je suis très occupée, mon appartement doit être équipé d'une **machine à laver**, d'un **sèche-linge**, d'un **lave-vaisselle** et d'un **four à micro-ondes.** Où puis-je trouver cet appartement de rêve?

Les vêtements et la mode

les bas [m pl] *stockings*
les bottes [f pl] *boots*
les chaussettes [f pl] *socks*
les chaussures [f pl] à hauts talons/à talons plats *high-heeled shoes/low-heeled shoes*
le collant *pantyhose*
les bijoux [m pl] *jewelry*
- la bague *ring*
- les boucles [f pl] d'oreilles *earrings*
- le bracelet *bracelet*
- le collier *necklace*

le blouson (en cuir/de cuir) *(leather) jacket*
le pardessus *overcoat*
la veste (de sport) *(sports) jacket*
la chemise *man's shirt*
le chemisier *woman's shirt*
le costume *man's suit*
le tailleur *woman's tailored suit*
l'imperméable [m] *raincoat*

le maillot de bain *swimsuit*
le parapluie *umbrella*
les sous-vêtements [m pl] *underwear*
le tissu *fabric*
enlever (un vêtement) *to take off (a piece of clothing)*
mettre un vêtement *to put on a piece of clothing*
changer de vêtements *to change clothes*

essayer (un vêtement) *to try on (a piece of clothing)*
s'habiller/se déshabiller *to get dressed/to get undressed*
être mal/bien habillé(e) *to be poorly/well dressed*
Ce vêtement lui va bien. *This piece of clothing looks good on him/her.*
Je vous le fais (à...) *I'll give (sell) it to you (for . . .)*

Un vêtement est...

chic; élégant; en bon/mauvais état; sale; déchiré *(torn)*; râpé *(threadbare, worn)*; lavable *(washable)*; chouette *(familiar—great, nice, cute)*; génial *(fantastic)*; d'occasion *(secondhand, bargain)*; dans ses prix *(in one's price range)*; une trouvaille *(a great find)*

On vend des vêtements...

dans une boutique *in a shop, small store*
dans un grand magasin *in a department store*
dans une grande surface *in a huge discount store*
à un marché aux puces *at a flea market*

Mise en pratique

Qu'est-ce que je vais acheter comme cadeau pour ma petite amie? Elle est toujours si **bien habillée** que je dois lui trouver quelque chose de très **élégant.** Peut-être un **tailleur** pour ses voyages d'affaires? Non, ce n'est pas **dans mes prix.** Hum... Un **chemisier** très **chic**? Mais je n'aime pas beaucoup les chemisiers ici. Un **maillot**? Non, c'est trop personnel. Un parapluie? Non, c'est trop anonyme! Ça y est! J'ai trouvé le cadeau parfait: des **bijoux.** Mais de quelle sorte? un **collier**? une **bague**? un **bracelet**? Hum...

Activités

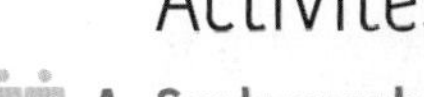

A. Sur le vocabulaire. Vous travaillez comme interprète pour un grand magasin à New York. Vous devez connaître le magasin par cœur pour pouvoir guider les touristes vers les rayons *(departments)* qu'ils cherchent. Étudiez la liste qu'on vous a donnée. Avec un(e) copain/copine de classe, jouez les rôles d'un(e) touriste français(e) et de l'interprète. (N'oubliez pas qu'en France, le rez-de-chaussée est le *first floor* américain.)

MODÈLE: ***—Excusez-moi, monsieur/mademoiselle/madame, mais où se trouve le rayon des tissus?***
—C'est au troisième étage, monsieur.

DEPARTMENT	FLOOR	DEPARTMENT	FLOOR
Blouses–women's	2	Shirts–men's	3
Fabric	4	Shoes	2
Jewelry	1	Suits–men's	3
Stockings	1	Suits–women's	2
Household appliances	3	Swimwear	2
Furniture	5	Umbrellas	1

Liens culturels

La mode

Des noms comme Chanel, Dior ou Nina Ricci évoquent le prestige de la haute couture et des parfums délicats. Plus abordables *(affordable)* sont les collections de prêt-à-porter *(ready-to-wear)* et la confection industrielle *(clothing business)*, produites en masse et meilleur marché, que l'on trouve dans les boutiques, les grands magasins et les grandes surfaces.

La mode se démocratise et les frontières de son marché s'étendent de plus en plus. Cela signifie qu'une mode typiquement française, réservée à une classe sociale aisée *(well off)*, n'existe plus à proprement parler. Presque toutes les couches *(levels)* de la société s'intéressent à la mode. Garçons ou filles, les jeunes essaient d'établir leur identité à travers leur look. Par exemple, il y a quelques années, le piercing était à la mode. Les jeunes se faisaient percer les narines *(nostrils)*, les sourcils *(eyebrows)*, le nombril *(bellybutton)*.

Pour être appelées «haute couture»—une appellation contrôlée—les maisons de confection doivent avoir leurs propres ateliers de production, employer au moins quinze personnes, présenter à la presse chaque année une collection printemps-été et une collection automne-hiver d'au moins 35 modèles, et présenter à la clientèle ses collections sur trois mannequins vivants plusieurs fois par an. Bien que le nombre de clients réguliers des vêtements de la haute couture ne soit pas grand, le prestige associé avec ces vêtements aide à vendre d'autres produits offerts par les maisons de confection, par exemple, des parfums, du maquillage et du prêt-à-porter.

FRANCOIS GUILLOT/AFP/Getty Images

(http://www.infoplease.com/spot/fashionside1.html, David Johnson, *What is Haute Couture? Uncovering the business of high fashion*, Information Please® Database, ©2007, Pearson Education, Inc.)

Un des plus grands problèmes que les couturiers et créateurs de mode rencontrent est la contrefaçon *(counterfeiting)* de leur marque. Ce problème constitue une menace pour l'économie française et il force les maisons de haute couture à payer de gros frais pour la surveillance de leur marque. De plus, la qualité médiocre de ces imitations peut ternir *(tarnish)* la réputation du créateur.

Selon vous, est-ce que la mode est un art ou une entreprise commerciale? Pensez-vous que la mode influence trop la vie de certaines personnes? Expliquez. Est-ce que les vêtements sont indicatifs de la personnalité des gens qui les portent?

Et vous, quel look est-ce que vous préférez?

Nils-Johan Norenlind/Nordic Photos/Photolibrary

GoGo Images Corporation/Alamy

Dominique Charriau/WireImage/Getty Images

B. Préférences. En utilisant les ***Expressions typiques pour...***, donnez vos préférences sur quatre des sujets proposés.

MODÈLES: villes

En ce qui me concerne, j'aime mieux les grandes villes parce qu'il y a beaucoup de choses à y faire.

OU

Je n'aime pas tellement les petites villes parce que tout le monde se connaît et se retrouve partout, au supermarché, à l'église, à la poste, etc.

la boisson	le climat	les pays
la nourriture	les films	les vêtements
le sport	les chaussures	la musique
le petit déjeuner	les magasins	les restaurants

C. Une grande surface. Votre ami est vendeur dans une grande surface. Aidez-le à apprendre le vocabulaire nécessaire pour son travail en lui donnant un synonyme ou un antonyme pour chacune des expressions suivantes. Utilisez les ***Mots et expressions utiles.***

Synonymes

1. chouette
2. un type de manteau pour se protéger du froid
3. ce qui couvre le plancher d'une pièce
4. un appareil pour faire cuire *(cook)* très rapidement
5. un type de manteau pour se protéger de la pluie

Antonymes

6. mettre un vêtement
7. se déshabiller
8. un vêtement neuf
9. propre
10. à un prix exorbitant

La grammaire à apprendre

Les pronoms démonstratifs

A. Les pronoms définis

You reviewed demonstrative adjectives earlier. Expressing preferences also necessitates at times the use of demonstrative pronouns. The definite demonstrative pronouns agree in number and gender with the nouns that they replace.

	SINGULIER	PLURIEL
masculin	celui	ceux
féminin	celle	celles

They are used to point out or designate something or someone. They must always be used with **-ci** or **-là**, a preposition, or a dependent clause headed by a relative pronoun. Note that **-là** is used much more frequently than **-ci** in spite of the distinction between **-ci** *(close by)* and **-là** *(farther away)*. These usages are illustrated as follows:

- Followed by **-ci** *(this one, these)* and **-là** *(that one, those)*

  J'aime bien cette **casserole-ci**, mais le marchand me recommande **celle-là.**
  I like this pan a lot, but the salesperson recommends that one.

If you are shopping and there is a variety of similar items, say, tomatoes, you can point and say:

  Donnez-m'en deux (trois, etc.) de **ceux-ci (celles-ci)**, s'il vous plaît.

The expressions **celui-là** and **celle-là** have a pejorative meaning when used to talk about a person who is not present. For example:

  —Tu connais le grand blond qui est avec Caroline?
  —Oh, **celui-là.** Ne m'en parle pas!

- With a preposition (usually **de**)

  Tiens, tu peux pendre mon pardessus et **celui de** Marc aussi, s'il te plaît?
  Say, can you hang up my overcoat and Marc's too, please?

NOTE With **de**, the demonstrative pronoun indicates the owner or possessor.

- Followed by a dependent clause headed by a relative pronoun

  De tous les pardessus je préfère **ceux qui** tiennent chaud.
  Of all the overcoats, I prefer those that keep you warm.

  Celui que je préfère est en laine. Il est chaud.
  The one I prefer is wool. It is warm.

  C'est pour **ceux qui** aiment avoir chaud.
  It's for those who like to be warm.

- In order to precisely indicate an object, the following words can be added:

celui
celle
ceux
celles

{ de gauche
de droite
d'en bas
d'en haut
du milieu

TOUT L'HABILLEMENT
POUR DAMES
ROBES — MANTEAUX — TAILLEURS
ET ROBES DE MARIEES
GYSELE
PRÊT A PORTER ET SUR MESURE
57, Rue de Rivoli
75001 PARIS
Métro : CHATELET
BONS DE LA SEMEUSE ACCEPTÉS

Courtesy of Magasin Gisèle

Quels types de vêtements est-ce qu'on peut trouver chez Gysèle?

B. Les pronoms indéfinis

The indefinite demonstrative pronouns **ceci** *(this)* and **cela (ça)** *(that)* do not refer to a specific noun but to a concept or idea. **Ceci** is rarely used except to announce an idea to follow. **Ça** is considered informal; **cela** is more formal and is used in written language.

  —Dis-moi si tu comprends **ceci:** la laine est le tissu le plus recommandé pour se protéger du froid et de la pluie.
  —**Ça**, c'est facile à comprendre.

Activités

A. Trouvailles *(Lucky finds)*. Vous revenez du marché aux puces où vous avez acheté beaucoup de choses. Maintenant vous montrez vos trouvailles à votre sœur. Complétez les blancs avec un pronom démonstratif approprié.

1. 2,80 mètres de tissu exotique. C'est ________ que Sophie voulait pour se faire une robe.
2. Trois Rolex (des imitations!). ________ que je préfère, ce sont les deux plus petites.
3. Deux paires [f pl] de bottes. ________-ci est pour Julien; ________-là est pour Jessica.
4. Ces pulls en acrylique sont exactement ________ dont maman avait besoin.
5. Malheureusement, leurs manteaux n'étaient pas super et ________ que j'ai choisi est un peu râpé aux manches.
6. Ces lunettes à bordure rouge sont un peu comme ________ de Laurence, non?
7. Cet iPod ressemble à ________ que Bénédicte s'est acheté, pas vrai?
8. Il y avait un choix énorme d'outils. J'espère que ________ que j'ai choisi pour papa sera utile.

Manchan Manchan/Digital Vision/Photolibrary

Est-ce que vous aimeriez commander des vêtements sur mesure? Pour quelle(s) occasion(s)?

B. Une boutique chic. Imaginez que vous alliez dans une boutique à Paris avec une amie riche et snob de votre mère. Traduisez ce qu'elle dit. Ensuite, donnez votre réaction.

I'm looking for a red dress. I like that one over there, but I'd prefer that it have long sleeves **(une manche)**.

Oh, this wool **(en laine)** pullover is much prettier than that one.

What is that? Is that a skirt? It looks like a bag **(un sac)**! The ones that I prefer have a cut **(une coupe)** that suits me better than this! This other model is for those who are taller.

What is that woman doing over there? That one. Why is she staring at me **(me dévisager comme cela)**? Let's leave!

C. À la recherche d'une tenue habillée *(dressy clothes).* Racontez ce qui s'est passé la dernière fois que vous avez acheté une robe habillée *(elegant dress)* ou un costume.

1. Quelle était l'occasion?
2. Qu'est-ce que vous cherchiez?
3. Qu'est-ce que vous avez fini par acheter?
4. Vous étiez satisfait(e)? Expliquez.
5. Est-ce qu'il y avait des retouches *(alterations)* à faire?

La grammaire à apprendre

Les adverbes

Adverbs are useful when expressing preferences and in many other contexts to give details regarding when, where, and how the act of communication takes place. You have already reviewed the basics of adverb formation in ***La grammaire à réviser***. The irregular formation and placement of adverbs will now be discussed.

A. La formation des adverbes irréguliers

The columns below show the meanings shared by common adjectives and adverbs. Be sure to use adjectives to modify nouns. Only adverbs can modify verbs. For example: **cette tarte est bonne; ce pull te va bien.**

- Some adverbs are formed in an irregular way.

Adjectif	Adverbe
bon/bonne *good*	bien *well*
bref/brève *brief*	brièvement *briefly*
gentil/gentille *nice*	gentiment *nicely*
mauvais(e) *bad, wrong*	mal *badly*
meilleur(e) *better*	mieux *better*
petit(e) *small*	peu *little*

—Ce manteau en polyester me protègera **peu** du froid en hiver.
—C'est vrai. Un manteau en pure laine te tiendrait plus chaud. Mais ce modèle-ci te va **mieux** que l'autre.

- In certain expressions, an adjective may be used as an adverb. There is, therefore, no change in form.

chanter faux *to sing off key*
parler bas/fort *to speak softly/loudly*
coûter cher *to cost a lot*
sentir bon/mauvais *to smell good/bad*
travailler dur *to work hard*
voir clair *to see clearly*

—Ces croissants **sentent bon.**
—Oui, mais ils **coûtent cher.**

- An adverb that is a direct equivalent to those we often use in English may not exist in French. For example:

  en colère *angrily*
  de façon permanente *permanently*
  avec espoir *hopefully*
  avec plaisir *gladly*

B. La position des adverbes

- In general, adverbs follow the verb they modify in the simple tenses in French. In English they often come between the subject and the verb. This is *never* the case in French.

  Il fait **rapidement** un tour au marché aux puces.
  He quickly takes a walk around the flea market.

- In French, some adverbs can begin a sentence. The most common are adverbs of time, **heureusement**, and **malheureusement.**

  D'abord elle achète une paire de chaussures d'occasion.
  First she buys a pair of secondhand shoes.

- When a compound tense is used, many common adverbs are placed between the auxiliary and the past participle.

  Elle s'est **presque** acheté une Mercedes.
  She almost bought a Mercedes.

  Est-ce qu'elle aurait **vraiment** fait cela?
  Would she really have done that?

  NOTE Adverbs may be placed after the past participle for emphasis:

  Ces jouets-là lui ont plu **énormément.**
  Those toys pleased her enormously.

- When a verb is followed by an infinitive, common adverbs are placed beween the two verbs.

  Il va **sûrement** retourner au marché le week-end prochain.
  He is surely going to go back to the market next weekend.

- As in English, French adverbs precede the adjectives and adverbs that they modify.

  Il a **très bien** fait de partir au bout d'une heure.
  He did very well to leave after one hour.

Activités

A. La vie universitaire. Un employé de l'université vous pose des questions pour savoir si vous vous adaptez bien à la vie universitaire. Répondez à ses questions en employant un des adverbes de votre choix ou le dérivé d'un des adjectifs proposés.

régulier / vrai / précis / sûr / absolu / constant / naturel / franc / bref / gentil / énorme / complet / rare / heureux / malheureux / fréquent / petit / patient / bon

Est-ce que...

1. vous étudiez?
2. vous dormez sept heures par jour?
3. vous mangez trois fois par jour?
4. vous sortez?
5. vous aimez votre cours de français?
6. vos professeurs sont bons?
7. vous êtes content(e) de l'université?
8. vous allez revenir l'année prochaine

B. Une lettre. Laurent écrit une lettre à un ami. Vous trouvez que ce qu'il a écrit n'est pas très intéressant. Embellissez la lettre en ajoutant les adverbes suivants.

demain / hier / méchamment / énormément / gentiment / très / vraiment trop / malheureusement / heureusement / presque / soudain / doucement dehors / ailleurs / complètement / en même temps / bien entendu

Lyon, le 5 juin

Cher Justin,

Tu ne devineras jamais ce qui m'est arrivé ______! J'étais dans le parking de Carrefour et un chien a couru vers moi. Il aboyait *(was barking)* ______. Il était ______ costaud et il avait l'air ______ féroce. ______ j'avais peur et je ne savais pas ______ quoi faire. J'étais ______ sûr que si je courais, il allait courir après moi. ______, j'ai eu une idée. Je lui ai parlé ______ et ______ je suis monté sur le capot *(hood)* de ma voiture! Les clients qui étaient dans le parking me regardaient comme si j'étais ______ fou! À l'avenir, je ferai mes courses ______. Quel embarras!

À la prochaine! Tiens-moi au courant de ce que tu fais!

Laurent

C. La réponse. Justin, un Américain, répond à son ami Laurent. Traduisez cette lettre en français pour lui.

Columbus, June 17

Dear Laurent,

I can just see you (**Je t'imagine bien**) standing on your car! You can do better than that! They say that with dogs you must sing slowly—even if you sing off key (I know you sing well!)—and walk slowly. Frankly, you did precisely the wrong thing (**le contraire de ce qu'il fallait faire**). One should absolutely not show that one is afraid (**avoir peur**) of dogs. They are extremely sensitive (**sensible**) to fear. The next time, I hope that you will react (**réagir**) more intelligently (**d'une façon plus intelligente**).

Hope to hear from you soon.

Justin

Interactions

A. Les possibilités. Vous voulez un(e) chat(te) ou un(e) chien(ne). Lisez les petites annonces «Animaux». Expliquez à un(e) copain/copine à quelle annonce, parmi celles que vous voyez, vous préférez répondre et pourquoi. Est-ce qu'il/elle choisirait la même annonce que vous? Discutez de vos choix avec la classe.

Animaux

Votre Petite Annonce
01 44 67 5000

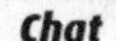

Chat

Chaque samedi, de 14h à 18h, adoption de chatons et chats, au 9, rue Civiale (Paris 10e - M° Belleville), pièces à fournir : carte identité, justif. domicile + 100€ (frais stérilisation et tatouage).

A placer chat roux & blanc 6a castré tat. FRY591 non loof 06 60 14 50 59

Persans 2M 1F nés 22/02 bleu/blanc m. CWN826 à part. 450€ 01 45 76 21 37

SOS offre délicieux Chatons, chats, chattes adultes, opérés, tat. et vac. très affectueux, propres à très bons maîtres et foyers sûrs 01 45 31 61 98 Eiffel Suffren GAA

2 chatons persan M. F coul point 2ms tat FPJ318, 06 22 62 66 55

Laissez-vous séduire par le chien qui vous plait.
ABC DU CHIEN vous propose + de 30 races telles que :
Golden Ret, Basset Hound, Bichon, Caniche, Cavalier K. Charle, Doberman, Fox Terrier, Pekinois, Shih Tzu, etc.
Facilités de paiement 7J/7
03.22.94.38.35

Chien

A placer labrador sable 8ans gentil non lof XJJ976 06 30 81 77 20

À p. 30€/ms jack russel (p4), westie (p4), bichon (p4), york (p2), pincher (p3), ts 2ms n/lof MSA 155006, 06 07 83 81 07

Samedi de 14h à 18h, adoption de chiens de petite taille au 9, rue Civiale (10e, M° Belleville) 06 61 38 68 89

Vds chiot chihuahua F, 3ms, couleur fauve, pucée 250269600825150, non lof, 06 62 68 74 88

Passez votre annonce page 8

Vds boxer mâle, 3 mois, tat. 2BHL947, vac., lof, 06 70 15 75 28

Animaux Divers

Particulier vend 3 chevaux de randonnée 06 12 47 65 19

Pension Animaux

91, garde petit chien ou chat, grand terrain 01 64 91 28 01

Pension famil. chat & chien, terrain, tte l'année, transp. 06 63 91 19 36 01 48 91 97 93

Pension pour chats en pavillon, affection, espace 01 46 68 67 33

Promène votre chien passage à domicile tél à 13h 01 48 49 67 81

B. Débat. En français, il y a un proverbe qui dit: «L'habit ne fait pas le moine *(monk)*». Est-ce qu'on peut juger la personnalité de quelqu'un par ses vêtements? Prenez parti en paires ou en groupes de trois et discutez de la question.

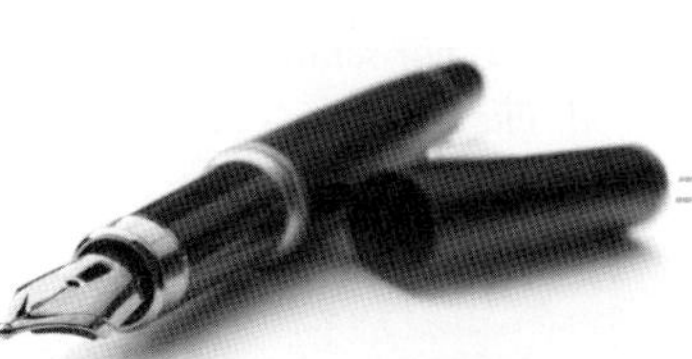

PRÉPARATION

Dossier d'expression écrite

One of the communication goals of this chapter is to learn to write directions that teach your reader how to understand something or how to do something. This activity should help you logically develop an idea and then explain it.

1. First of all, choose an idea or process that you know well so that you can carefully explain it to someone else. In fact, giving directions will help you learn the process. You may want to choose from among the following ideas: describe an experiment; explain a graph, a map, caption, sketch or outline, or survey; explain the rules of a game; explain a recipe; write directions for skills, such as eating with chopsticks, playing a musical instrument; explain how to save someone from choking to death, etc. Feel free to use another idea. Whatever you choose, you should be prepared to explain your directions orally while other students follow along.
2. Write out a draft of the steps to the instructions.
3. If possible, watch someone do the activity and take notes.

LEÇON 2

COMMENT COMPARER

Blog (suite)

Premières impressions

1. Identifiez: les expressions pour dire que des choses sont identiques, comparables ou différentes
2. Trouvez: a. les différences entre les iPods qu'on compare
   b. les différences entre l'iPhone et l'iPad

Sophie est devenue une vraie internaute. Elle écrit un blog au moins une fois par semaine. Aujourd'hui elle essaie de décider entre un iPhone, un iPad ou un iPod. Elle demande l'avis de ses lecteurs.

Salut tout le monde! Bienvenue sur mon blog! Je suis étudiante à l'Université de Lyon.

Il y a trois ans j'ai fait le choix entre un micro° et un portable°. Ce n'était pas facile! J'ai choisi un portable après avoir compris que les portables pouvaient avoir un cédérom°, un lecteur de DVD°, et autant de mémoire, de puissance° et de logiciels° sophistiqués que les micros. Je suis devenue une vraie internaute.

desktop computer
laptop computer / CD-ROM / DVD drive / power, speed / [m] software

Maintenant je veux acheter un iPod, un iPhone ou un iPad mais je ne sais pas lequel. Tous les iPods se ressemblent et maintenant la plaquette iPad vient d'apparaître en France. Je sais que l'iPhone est un smart phone mais je ne sais pas si je veux changer de compagnie d'opérateur. Ou est-ce que je dois choisir la plaquette iPad? J'adore la musique, je voudrais surtout écouter mes chansons préférées.

La question, c'est de décider si je veux voir des films, prendre des photos, jouer à des jeux, écouter des podcasts, lire des livres, écrire des documents ou téléphoner. Je voudrais pouvoir tout faire, pas en même temps bien sûr. Comment choisir? Comment est-ce que vous avez choisi? Et si c'était à refaire, qu'est-ce que vous feriez?

Commentaire

COMMENTAIRES

ALLAL
À mon avis, pour écouter de la musique, il vaut mieux acheter un iPod qui a beaucoup de mémoire. Les modèles diffèrent les uns des autres par le nombre de chansons qu'on peut avoir en mémoire, la durée de la pile et le nombre de fonctions. Les iPods ont beaucoup en commun mais ceux qui ont beaucoup de mémoire sont plus chers... mais moins chers que l'iPhone ou l'iPad!
Réagir contre cet avis?

BÉA
Si j'étais vous, je choisirais l'iPhone. J'ai beaucoup réfléchi à votre question, Sophie. L'iPad n'a pas d'appareil photo. Vous pouvez utiliser votre iPhone comme appareil photo. En plus, l'iPhone sert de téléphone, bien sûr, et d'iPod. Vous pouvez lire votre mail et envoyer des SMS°. C'est mieux que l'iPod et l'iPad. Vous serez emballée par l'iPhone, j'en suis sûre!
Réagir contre cet avis?

text messages

MONA
Je ne suis pas d'accord! Je prendrais l'iPad. Un mois après sa sortie aux USA, l'iPad dispose déjà de plus de 5000 applications. Le prix des applications pour iPad va automatiquement baisser avec l'augmentation du nombre d'applications sur l'AppStore. Choisissez ce qui est nouveau et dynamique.
Réagir contre cet avis?

ÉMILE
Je suis d'accord avec Mona. Si j'étais vous, je prendrais l'iPad. Vous vous amuserez plus et vous l'utiliserez beacoup plus souvent. Il y a des applications très pratiques comme *Pages* pour préparer les documents et *Keynote* pour préparer les présentations. Bonne chance!
Réagir contre cet avis?

À suivre

Observation et analyse

1. Quel ordinateur est-ce que Sophie a acheté il y a trois ans? Pourquoi?
2. Pourquoi est-ce que Sophie considère l'iPod, l'iPhone et l'iPad?
3. D'après les commentaires, quels sont les avantages des iPods les plus chers?
4. D'après les commentaires, quels sont les avantages des iPhones? des iPads?
5. Qu'est-ce que Sophie va probablement acheter? Pourquoi pensez-vous cela?

Réactions

1. Est-ce que vous avez un ordinateur? un iPod? un iPhone? un iPad? Si oui, vous en êtes content(e)? Sinon, pourquoi?
2. Si vous étiez Sophie, lequel choisiriez-vous? Expliquez.
3. Est-ce que les étudiants doivent avoir le droit de se servir de leur iPod, de leur iPhone ou de leur iPad pendant les cours? Expliquez.
4. Quel rôle la technologie joue-t-elle dans la vie universitaire? Pensez à vos devoirs, à la pédagogie en classe, à la vie sociale.
5. Pensez-vous que l'Internet ait un effet négatif sur les étudiants? Expliquez.
6. Avez-vous l'impression que vous apprenez moins parce que vous avez l'habitude de lire rapidement sans réfléchir?

Expressions typiques pour…

Comparer

Souligner les ressemblances

Il n'y a aucune différence entre ces deux articles.

Ils sont { pareils. / semblables *(similar)*. / identiques.

Ils sont (plus ou moins) comparables.

C'est le même (logiciel), mais l'un est en version francaise, l'autre en anglais.

Ils se ressemblent comme deux gouttes d'eau. *(They are as alike as two peas in a pod.)*

Cet iPod ressemble à l'autre.

Ils ont beaucoup de choses en commun.

Il n'y a pas beaucoup / Il y a peu } de différence(s).

Cet iPod a autant de mémoire que l'autre.

Il est aussi petit que l'autre.

Souligner les différences

Ils sont différents l'un de l'autre.

Cet iPod est (bien, beaucoup, un peu) plus/moins grand que l'autre.

Il n'est pas aussi rapide que l'autre.

Il a moins de/plus de mémoire que l'autre iPod.

Ils ont très peu de choses en commun.

Ils n'ont rien en commun.

C'est mieux/pire.

La qualité est (bien) meilleure.

Cet appareil n'a rien à voir avec *(has nothing to do with)* celui-là: il n'est pas comparable!

Mots et expressions utiles

La technologie/Les communications

l'informatique [f] *computer science; data processing*
être dans l'informatique *to be in the computer field*
un micro(-ordinateur) *desktop computer*
un portable *laptop computer*
le logiciel *software*
le matériel *hardware*
une clé USB *flash/memory stick*
le clavier *keyboard*
compatible *compatible*
le contrôle vocal *voice activated control*
le disque dur *hard (disk) drive*
l'écran [m] *screen*
un écran multi-touch *touch screen*
l'imprimante (à laser) [f] *(laser) printer*
le lecteur de DVD *DVD drive*
le lecteur zip *zip drive*
la mémoire *memory*
la messagerie texte *text message*
envoyer des SMS *to send text messages*
une pile *battery*
la puissance *power, speed*
la souris *mouse*
la touche *key*
les données [f pl] *data*
un fichier adjoint *attachment*
les graphiques [m pl] *graphics*
le programme *program*
appuyer *to press, push (a key)*
cliquer *to click*
faire marcher *to make something work*
synchroniser *to synch*
(re)taper *to (re)type*
le browser *browser*
se connecter/se brancher à l'Internet *to connect to the Internet*
le courrier électronique (le mail, le mél, le courriel) *email*
l'internaute *one who enjoys the Web*
importer *to download, import from the Web*
Internet [m] *the Internet*
le moteur de recherche *search engine*
le podcast *podcast*
le réseau *network*
télécharger un message/un dossier *to download a message/a file*
le site Web *website*
le Web *World Wide Web*

Mise en pratique

—De quels **logiciels** est-ce que tu te sers?

—Oh, j'ai beaucoup de **programmes** et de jeux. Mais j'utilise surtout un **logiciel de traitement de texte.** Je **tape** mes notes de cours, je fais mes devoirs, je fais tout avec.

—Et est-ce que tu te sers d'une **clé USB**?

—Ça dépend. Quand j'ai beaucoup de **données**, je les **sauvegarde** sur le **disque dur.** Mais si c'est quelque chose de très important, je le **sauvegarde** aussi sur une **clé USB** ou sur un **lecteur zip**, au cas où **j'effacerais** par accident le contenu du **disque dur.**

—Et **Internet**?

—Je **me connecte à Internet** tous les jours de mon ordi et de mon portable. Je suis une vraie accro des réseaux sociaux... C'est presque de la folie dans mon cas... Enfin, c'est ce que ma sœur me dit...

Informatique Multimédia

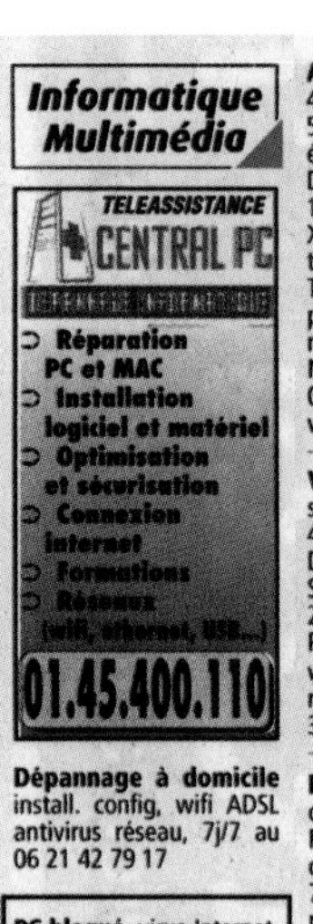

Dépannage à domicile install. config, wifi ADSL antivirus réseau, 7j/7 au 06 21 42 79 17

PC bloqué, virus Internet, 7j/7, à partir de 15€, paiement seulement si PC réparé 01 42 81 93 87

Dépannage PC à domicile à part. 25€/h, création site internet 06 80 55 78 25

Intervention à domicile sur PC ou Mac et création de site 01 43 38 87 60

Acer Travelmate 4062LMI Centrino M 740 512 DDRAM 2 60 GO écran TFT 15.1 XGA DVDRW intégré Wifi G 128Mo vidéo partage Win XP Home garantie constructeur sur site : 599€ TTC au lieu de 999€ TTC près de 40% de remise nette ! SNB Solutions Note Books 01 45 84 39 20 site web : www.snb-portables.com

Vds lots portables occasion PIII 1.2 512 SDRAM 40Go écran TFT 14.1 XGA DVD intégré modem SNB Solutions Note Books 27 rue de Domrémy 75013 Paris 01 45 84 39 20 www. snb-portables.com réseau garantie 3 mois : 329€ TTC

Réparation, installation, configuration PC/MAC et PC portable, devis gratuit, ouvert 7/7, PC d'occasion. 77, rue d'Avron 75020 Paris M° Buzenval. Tél. 01 44 64 00 27

Vds occasions reconditionnées IBM X 24 PIII 1.13 Ghz 256 SDRAM 20Go écran TFT 12.1 XGA CD ROM DVD modem WIFI garantie 6 mois : 299€ TTC. SNB Solutions Note Books : 27 rue de Domrémy 75013 Paris 01 45 84 39 20 www. snb-portables.com

Dépanne tous PC 7j/7, mini prix 06 26 45 64 10

Ordinateur portable multimédia, 300€ + Pentium PC écran 150€ 01 43 38 87 60

Techn. inform. prop. dépannage ts PC à dom., install. montage, config. wifi, ADSL, antivirus, soir & WE 06 74 62 89 50

VENTE MATÉRIEL INFORMATIQUE
d'occasion et maintenance
À PRIX D'EXCEPTION
- **ROUTEURS CISCO**
- **Pentium III et IV**
- **PC portables, écrans, et pièces détachées**

C COM
66, av. Ph. Auguste 11e
01.44.64.76.95

Dépannage et vente informatique à dom., tarif unique 39€ illimité, dépl. non inclus 01 47 36 20 19

Dépan. PC, sites programmation 01 46 58 00 38

Vds lots PC Toshiba neufs M60 188 Centrino M750 1024 Mo 17 pouces DVDRW WIFI G 128 de vidéo ATI X600 : 899€ TTC au lieu de 1.399€ TTC. SNB Solutions Note Books 27 rue de Domrémy 75013 Paris 01 45 84 39 20 www. snb-portables.com

Nouveau votre ordinateur avec graveur DVD, écran plat, imprimante, scanner à 39€/mois.Achetez maintenant et commencez à payer dans 3mois Tél: 0820 312 942

IBM THINKPAD X22 occasion PIII 800 256 SDRAM 20 GO écran TFT 12.1 XGA CD ROM 24X boîtier titane 1,3kg garantie 3 mois : 229€ ttc SNB Solutions Note Books 27 rue de Domrémy 75013 Paris 01 45 84 39 20 www,snb-portables.com

Informaticien débloque PC à dom., répar., install. et Internet 01 53 80 28 55

Dépan. PC, sites programmation 01 46 58 00 38

Dépannage inform. à dom., installation et config., matériels, réseaux, logiciels 01 43 62 94 18 ou 06 10 23 59 97

Portable PC FUJISTU SIEMENS AMILO destockage de neuf 1437G centrino M 740 1024 MO DRRAM 2 80 GO écran TFT 15.4 WXGA ultra brillant DVDRW 128 de vidéo ATI X 700 WIFI G WIN XP home garantie constructeur 1 an : 699€ ttc SNB Solutions Note Books 27 rue de Domrémy 75013 Paris 01 45 84 39 20 www.snb-portables.com

PC PII 69€, PIII 100€, PIII 800MHz 150€, portable 250€, PIV 280€, écr. 17" 35€ 06 22 33 78 11

PC portables destockage neuf constructeur HP pavillon ZD 8290EA P4 640 3.2 1024 Mo RAM 100Go écran géant 17 WXGA large ultra brillant DVDRW +- double couche 256Mo de vidéo X600 ATI RADEON : 899€ TTC au lieu d'un prix public de 1.799€ TTC. SNB Solutions Note Books 27 rue de Domrémy 75013 Paris 01 45 84 39 20 site web : www. snb-portables.com

Ordinateur Pentium parf. Internet en ADSL, complet, parf. état, UC clavier, écran souris, 145€ 01 40 85 18 62

Dépanne et installe PC et tous réseaux, Prix intéressant 01 43 07 46 60 06 25 80 47 66 Paris & RP

Vds PC portables occasion IBM Thinkpad 600 PII 400 128Mo 6Go écran TFT 13.3 XGA CD rom garantie 3 mois : 149€ TTC. SNB Solutions Note Books 27 rue de Domrémy 75013 Paris 01 45 84 39 20 site web : www. snb-portables.com

Ingén. pr dépannage, ADSL, Internet, antivirus, petit prix 06 23 47 37 10

Portables Toshiba Centrino occasion à 530€ SNB Solutions Note Books 27 rue de Domrémy 75013 Paris 01 45 84 39 20 site web : www. snb-portables.com

PC portables Acer Aspire 9503 SMI neuf Pentium M 370 512 DDRAM 2 60 Go écran TFT 17WXGA DVDRW 128 de vidéo WIFI G DVDRW WIN XP home garantie constructeur : 699€ TTC SNB Solutions Note Books 27 rue de Domrémy 75013 Paris 01 45 84 39 20 site web : www. snb-portables.com

PC portables Hewlett Packard NC 6000 gamme pro Centrino 1.5 512 DDRAM 60 Go écran TFT 14.1 XP pro garantie constructeur 3 ans sur site : 599€ TTC neuf destocké à plus de 50% de leur prix public SNB Solutions Note Books 27 rue de Domrémy 75013 Paris 01 45 84 39 20 site web : www. snb-portables.com

Dépannage inform. à dom., installation et config., matériels, réseaux, logiciels 01 43 62 94 18 ou 06 10 23 59 97

Ing. info, dépannage, virus, Internet, Wifi, formation 06 25 43 92 62

PC et portables d'occasion ou neufs, à partir de 149€ 01 47 36 20 19

Mac dépann. install. wifi cours 01 40 44 77 41

PC portable Acer Turion64 1,6Go écran 15,4 DD 100Go mémoire 1,25Go graveur DVD 700€ 06 50 11 07 73

Paris Paname, S3G, 2006

Activités

A. Petites annonces—Informatique multimédia. À quelle(s) annonce(s) ci-dessus est-ce que vous répondriez si vous vouliez ce qui est décrit ci-dessous? Expliquez votre réponse.

1. un IBM d'occasion avec garantie de 6 mois
2. quelqu'un qui pourrait réparer un Macintosh
3. un portable avec 100 Go de mémoire
4. quelqu'un qui pourrait s'occuper des connexions Internet et de la sécurité
5. un graveur et un scanner

B. Une compagnie d'informatique. Vous travaillez pour une compagnie d'informatique américaine qui souhaite vendre ses ordinateurs dans des pays africains francophones. Traduisez cette publicité.

We are presenting IZT's new laptop computer with CD-ROM and DVD. It is compatible with all systems on the market **(tous les systèmes sur le marché)**. It can use all software developed for IBT. The keyboard is sensitive **(sensible)**, the screen is easy to adjust **(régler)**. It is perfect for word processing while you are traveling. It can read almost all printers' software. Isn't it time you bought the IZT portable computer?

C. Comparaisons. En petits groupes, comparez quatre des sujets présentés ci-dessous.

MODÈLES: les livres
Les livres de poésie sont plus difficiles à lire que les livres de science-fiction.
OU
Les livres de James Joyce sont plus difficiles à lire que les livres de Scott Turow.

les villes touristiques
les boissons
les téléphones mobiles
les télés à écran plat
les universités
les logiciels de photo
les lecteurs de DVD
les vêtements
les films
la poésie
les iPhones

La grammaire à apprendre

Le comparatif et le superlatif des adjectifs

A. When comparing two things or people, **plus**, **moins**, or **aussi** is placed before the adjective and **que** after it.

Cet ordinateur-ci est **plus** rapide **que** celui-là.
This computer is faster than that one.

Cet ordinateur-ci est **moins** cher **que** celui-là.
This computer is less expensive than that one.

Cet ordinateur-ci est **aussi** puissant **que** celui-là!
This computer is as powerful as that one!

B. The superlative is used to compare three or more things or people. It is formed by placing **le**, **la**, or **les** and **plus** or **moins** before the adjective. The adjective is placed in its normal position—before or after the noun depending on the adjective. **De** is used after the adjective to indicate location. This is the equivalent of *in* or *of* in English. Do not use **dans** in this instance.

C'est l'ordinateur **le plus** cher **de** ce magasin d'informatique.
That is the most expensive computer in this computer store.

C'est **le plus** petit écran **du** magasin.
That is the smallest screen in the store.

With the adjectives that normally precede the noun, it is also correct to put them after the noun:

C'est l'écran **le plus grand et le plus facile à lire.**
That is the biggest screen and the easiest to read.

NOTE The following construction can always be used:

Cet ordinateur est **le plus cher** de tous les ordinateurs qu'on vend dans ce magasin d'informatique.
That computer is the most expensive of all the computers that they sell in this computer store.

C. The adjectives **bon** and **mauvais** are irregular in some forms.

	COMPARATIF	SUPERLATIF
bon(ne)	meilleur(e)	le meilleur la meilleure les meilleur(e)s
	moins bon(ne)	le moins bon la moins bonne les moins bon(ne)s
	aussi bon(ne)	
mauvais(e)	plus mauvais(e), pire	le plus mauvais, le pire la plus mauvaise, la pire les plus mauvais(es), les pires
	moins mauvais(e)	le moins mauvais la moins mauvaise les moins mauvais(es)
	aussi mauvais(e)	

NOTE **Pire** is often used to express abstract judgment, whereas **plus mauvais** expresses concrete judgment:

—J'ai **le meilleur** portable du monde!
I have the best cell phone in the world!

—Mais tu as **la plus mauvaise facture d'abonnement.**
But you have the worst monthly bill.

—Tu as raison, mais ce n'est pas **la pire** situation possible.
You are right, but it's not the worst possible situation.

Le comparatif et le superlatif des adverbes

A. The same constructions **(plus que, moins que, aussi que)** are used to compare adverbs.

Cette application fonctionne **plus** vite **que** celle de Cheta.
That application runs faster than Cheta's.

Ce portable fonctionne **moins** vite **que** l'autre.
That laptop runs less quickly than the other.

Ce portable fonctionne **aussi** vite **que** l'autre.
That laptop runs as fast as the other one.

B. When forming the superlative of adverbs, the articles do not change to agree in number and gender because adverbs are invariable.

Ce sont les portables qui fonctionnent **le plus** vite.

C. The adverbs **bien** and **mal** are irregular.

	COMPARATIF	SUPERLATIF
bien	mieux	le mieux
	moins bien	le moins bien
	aussi bien	
mal	plus mal	le plus mal
	(pis *[rarely used]*)	(le pis *[rarely used]*)
	moins mal	le moins mal
	aussi mal	

Cet ordinateur-ci fonctionne **le mieux.**
This computer works the best.

Celui-là fonctionne **le moins bien.** Il est vieux.
That one works the worst. It is old.

Le comparatif et le superlatif des noms

A. When comparing amounts or quantities of nouns, the expressions **plus de**, **moins de**, and **autant de** are used.

Cet ordinateur a **plus de** mémoire **que** l'autre.
That computer has more memory than the other.

Cet écran a **moins de** résolution **que** l'autre.
This screen has less resolution than the other.

Cet ordinateur-ci a **autant de** mémoire **que** l'autre.
This computer has as much memory as the other.

B. To form the superlative of nouns, the expressions **le plus de** and **le moins de** are used. As with adverbs, articles do not change.

Mais cet ordinateur-là a **le plus de** mémoire.
But that computer has the most memory.

Activités

A. La vie au lycée et à l'université. Vous écrivez une composition qui a pour sujet la comparaison entre la vie au lycée et la vie à l'université. Choisissez l'expression appropriée en complétant les phrases suivantes avec le comparatif des adjectifs. Faites tous les changements nécessaires.

1. Les lycéens / être / plus (moins, aussi) / libre / que... parce que...
2. Les cours au lycée / être / moins (plus, aussi) / difficile / que... parce que...
3. Les repas au lycée / être / aussi (plus, moins) / bon / que... parce que...
4. La responsabilité des étudiants / être / moins (plus, aussi) / grand / que... parce que...
5. La vie sociale à l'université / être / plus (moins, aussi) / intéressant / que... parce que...
6. Les étudiants / être / aussi (plus, moins) / sérieux / que... parce que...
7. Les professeurs au lycée / être / plus (moins, aussi) / strict / que... parce que...

Liens culturels

Les Français et la technologie

Actuellement, 65% des ménages sont équipés d'un ordinateur et le nombre augmente. L'ordinateur est devenu un instrument d'éducation et de communication. Il a remplacé le fax, le répondeur et le Minitel. C'est aussi le centre des jeux vidéo, de l'écoute de la musique et du visionnage des photos de famille. Six ménages sur dix disposent d'une connexion Internet à domicile. Ils l'utilisent pour l'envoi de mails, pour surfer la toile et, de plus en plus, pour acheter en ligne. 98% des jeunes de 18 à 24 ans se servent de la messagerie instantanée. Le pourcentage baisse un peu pour les 25–39 ans: 82%. Mais 57% des gens entre 40 et 59 ans s'en servent aussi. Qui l'eût cru? *(Who could have believe that?)*

Creatas/Photolibrary

On voit aussi se développer d'autres formes de communication informative et interactive, par exemple, les «blogs», Twitter, Facebook, Skype et l'encyclopédie collective *Wikipedia*. En général, la popularité d'Internet dépend de l'âge, du statut socio-économique et de la profession du consommateur. Par contre, Internet continue à transformer la vie et la perception du monde et ses applications concernent en effet tous les domaines de la vie.

Internet offre le meilleur et le pire et il suscite de nombreuses questions. Cet outil de communication sera-t-il accessible à tout le monde, y compris dans les pays pauvres et dans les régimes de dictature politique? Réduira-t-il ou renforcera-t-il les inégalités entre les individus et entre les pays? Sera-t-il un instrument de liberté ou de surveillance? Les informations diffusées seront-elles objectives ou destinées à manipuler les opinions? Qu'en pensez-vous? Discutez de ces questions avec vos copains/copines de classe. À quelles autres questions est-ce que vous pensez en parlant de l'avenir d'Internet?

Adapté de Gérard Mermet, *Francoscopie 2010* (Larousse, p. 266, pp. 453–471)

B. Super! Pour Vincent tout est super—surtout quand il parle de tous ses gadgets. Complétez ses phrases avec le superlatif. Attention! Certains superlatifs sont irréguliers. Connaissez-vous quelqu'un comme Vincent?

1. je / avoir / plus / bon / ordinateur / de / monde
2. il / marcher / plus / bien / tous / autres / ordinateurs
3. il / avoir / plus / mémoire / tous / autres / ordinateurs
4. écran / avoir / plus / bon / résolution / possible
5. imprimante / marcher / plus / vite / toutes / autres / imprimantes
6. programme que j'ai écrit / avoir / graphiques / plus / intéressants
7. ordinateur / être / moins / cher / de tous / portables
8. de tous les nouveaux iPods / iPod / avoir / plus / bon / qualité audio
9. télévision / avoir / plus / bon / couleurs / possibles
10. lecteur de DVD Blu-Ray / avoir / qualité de son / plus / bon / de tous / lecteurs de DVD / magasin
11. scanner / marcher / avec / plus / fiabilité *(reliability)*

C. Trouvez quelqu'un qui... Pendant cinq minutes, posez ces questions en français à vos copains/copines pour savoir qui dans la classe...

1. has less money on him/her than you
2. had a better grade than you on the last French test
3. takes as many courses as you
4. likes classical (popular, jazz, etc.) music more than you do
5. watched TV less than you this week
6. studies more often than you in the library this term

D. Comparaisons. Répondez aux questions suivantes. Comparez vos réponses à celles des autres étudiants de la classe.

1. Est-ce que vous avez déjà eu un job d'été? Si vous avez eu plusieurs jobs d'été, comparez-les. Parlez des horaires, de la nature du travail, du patron, des clients, etc.
2. Est-ce que vous avez vécu ailleurs qu'ici? Où? Comparez les endroits où vous avez vécu. Parlez du climat, des loisirs, de vos amis, de la vie nocturne, etc.
3. Est-ce que vous avez voyagé? Où? Comparez vos voyages. Parlez des endroits, du climat, des loisirs, des gens, etc.
4. Est-ce que vous avez lu plusieurs livres récemment? Lesquels? Comparez-les en parlant des personnages, de la longueur, du style, de l'auteur, etc.
5. Est-ce que vous avez mangé au restaurant récemment? Dans quels restaurants? Comparez-les en parlant du service, de la cuisine, de l'ambiance, etc.

Interactions

A. Tout change dans la vie. Étudiez le tableau à la page 395 qui montre les changements dans la répartition des dépenses des ménages français. Comparez les pourcentages des années 1960 jusqu'à 2008. Pour quelles catégories est-ce que les Français ont dépensé le plus au cours des années récentes? Pour quelles catégories est-ce qu'ils ont dépensé le moins?

B. Le choix de l'université. Un(e) ami(e) ou parent(e) plus jeune que vous est en train de choisir une université. Aidez-le/la à comparer plusieurs universités et à choisir celle qui est la plus appropriée. Comparez les choses suivantes:

1. les cours
2. les professeurs
3. les étudiants
4. les frais d'inscription
5. les ressources du campus
6. le logement
7. la vie sociale
8. l'éloignement de sa famille et de ses amis
9. la région géographique

Transferts et arbitrages

Évolution de la structure des dépenses de consommation effective des ménages[1] (en %, aux prix courants)

	1960	1970	1980	1990	2000	2008
Produits alimentaires, boissons non alcoolisées	23,2	18,0	14,5	13,1	11,4	10,4
Boissons alcoolisées, tabac	5,4	3,8	2,8	2,4	2,7	2,2
Articles d'habillement et chaussures	9,7	8,1	6,1	5,4	4,0	3,4
Logement, chauffage, éclairage, dont:	10,7	15,8	16,8	17,4	19,1	19,5
–location de logement	*5,6*	*10,5*	*10,0*	*12,0*	*13,6*	*14,3*
–chauffage, éclairage	*3,6*	*3,3*	*4,7*	*3,3*	*3,0*	*3,0*
Équipement du logement	8,4	7,3	6,8	5,6	5,1	4,5
Santé	1,5	2,1	2,0	2,7	2,9	2,8
Transports, dont:	9,3	10,4	12,1	12,6	12,2	11,3
–achats de véhicules	*2,2*	*2,6*	*3,6*	*4,1*	*3,2*	*2,7*
–carburants, lubrifiants	*2,6*	*2,7*	*3,2*	*2,7*	*2,9*	*2,8*
–entretien	*2,3*	*3,0*	*3,1*	*3,5*	*3,5*	*3,4*
–transports collectifs	*2,1*	*1,7*	*1,7*	*1,7*	*1,8*	*1,6*
Communications	0,5	0,6	1,3	1,5	1,7	2,1
Loisirs et culture	6,2	6,8	7,1	7,0	7,1	6,9
Éducation	0,5	0,5	0,4	0,5	0,5	0,6
Hôtels, cafés, restaurants	6,5	5,4	5,5	6,0	6,0	4,8
Autres biens et services	5,7	6,0	6,2	6,1	6,0	8,9
Total dépenses de consommation des ménages	**87,6**	**84,9**	**81,5**	**80,4**	**78,7**	**77,1[4]**
Dépenses de consommation des ISBLSM[2]	1,1	0,8	0,7	0,7	0,9	1,9
Dépenses de consommation des APU[3], dont:	11,3	14,3	17,8	18,9	20,4	21,0
–santé	*4,1*	*5,9*	*7,7*	*9,0*	*9,7*	*9,3*
–éducation	*5,3*	*5,9*	*6,2*	*5,8*	*6,4*	*6,1*
Consommation effective des ménages	100,0	100,0	100,0	100,0	100,0	100,0

(1) Les dépenses effectives sont celles directement supportées par les ménages, auxquelles on ajoute celles supportées par l'État mais dont les bénéficiaires peuvent être précisément définis (remboursements de Sécurité sociale, coûts d'hospitalisation publique, frais d'éducation). (2) Dépenses de consommation des institutions sans but lucratif au service des ménages en biens et services individualisés. (3) Dépenses de consommation des administrations publiques en biens et services individualisables. (4) Après correction territoriale.

INSEE

Gérard Mermet, *Francoscopie 2010* (Larousse, p. 372)

PREMIER BROUILLON

Dossier d'expression écrite

1. Begin the directions that you drafted in **Leçon 1** with an introductory note that presents the subject. In this section, you will give an overview or explanation of what you will discuss.
2. If appropriate, include a list of materials or ingredients and illustrations. Provide any warnings or cautionary notes about any dangers. Look ahead to the expressions on pages 397–398 for some ideas.
3. The main body of your text will contain the description of the procedures or plans. You should pay particular attention to whether your explanation is clear and shows the steps clearly. You should go from the simple to the complex, from beginning to end, from general to specific, or in chronological order depending on what you are explaining.
4. Be sure to define any words or terms for the non-specialist. Try to do this through illustrations or writing descriptive phrases or sentences explaining the word. It might also help to give the semantic category.
5. Write a title that will give readers an idea of what they'll be learning to do.

LEÇON 3

COMMENT DONNER DES INSTRUCTIONS, DES INDICATIONS ET DES ORDRES

Conversation

Track 19

Premières impressions

1. Identifiez: les expressions pour donner des instructions et pour dire qu'on ne comprend pas
2. Trouvez: où l'on met le fromage dans un croque-monsieur: sur le dessus, dedans ou sur les deux côtés

Sophie donne une leçon de cuisine à Emily, pour la remercier de son aide avec l'achat de son iPhone.

EMILY Alors, Sophie, c'est quoi, ton secret pour les croque-monsieur? Je serais vraiment curieuse de savoir!

SOPHIE Bon, écoute, je vais te montrer ça... Alors, d'abord tu prends deux tranches de pain de mie°, du pain de mie frais, évidemment... Tu prends ta poêle, tu mets un petit peu de beurre dedans, tu le fais fondre° un peu, et une fois que le beurre est chaud, tu mets du beurre sur une première tranche de pain que tu mets dans la poêle.

le pain... *sandwich bread*
fais fondre *melt*

EMILY Ah, tu mets du beurre sur le pain aussi... D'accord.

SOPHIE Oui, sinon tu vas avoir un croque-monsieur qui va coller° à la poêle, tu vois? Ensuite, tu mets une première tranche de fromage, du gruyère[1]... peu importe, selon tes goûts... Et puis, tu mets une tranche de jambon et tu laisses cuire° un petit peu, euh, pour que le fromage fonde.

stick

laisses... *let (it) cook*

EMILY Et tu fais griller° ton pain d'abord ou...

fais griller *toast*

SOPHIE Tu fais griller le pain dans la poêle avec le jambon et le gruyère, si tu veux. Fais attention de ne pas laisser coller le pain à la poêle. Ensuite, ce que tu fais, tu remets une tranche de fromage sur le dessus, tu laisses fondre le tout et tu mets bien une deuxième tranche de pain avec toujours du beurre mais sur l'extérieur parce qu'il faudra retourner le croque-monsieur pour faire dorer° l'autre côté.

faire... *to brown*

EMILY Je ne pige pas°! Tu ne mets pas de fromage sur le dessus? Juste dedans?

Je ne... (piger *familiar) I don't get it; I don't understand*

SOPHIE Oui. Sur le dessus, ça risquerait de coller!

EMILY Oh, mais c'est trop compliqué pour moi! Comprendre la technologie est vraiment plus facile qu'apprendre à faire la cuisine!

SOPHIE Mais ce n'est pas compliqué du tout! Oh là là... ! Tiens on va aller acheter ce qu'il faut.

[1] Le gruyère est un fromage suisse à pâte dure qui vient à l'origine de la région de Gruyère, dans le Jura suisse. Le Comté est l'équivalent français, aussi fabriqué dans les laiteries *(dairies)* du Jura, une chaîne de montagnes que se partagent la France et la Suisse.

Observation et analyse

1. Quels ingrédients est-ce qu'il faut pour faire un croque-monsieur?
2. Quelle sorte de fromage est-ce que Sophie recommande?
3. À quoi faut-il faire attention pour bien réussir un croque-monsieur?
4. Est-ce qu'Emily sera une bonne cuisinière? Expliquez.

Réactions

1. Est-ce que vous aimez faire la cuisine? Pourquoi ou pourquoi pas? Est-ce que vous avez déjà fait des recettes françaises? Si oui, lesquelles? Sinon, est-ce qu'il y en a qui vous intéressent?
2. Est-ce que vous avez déjà donné une leçon de cuisine à une autre personne? Si oui, décrivez cette expérience. Sinon, est-ce que vous avez déjà donné des instructions à une autre personne? Expliquez.

Tony Robins/PhotoLibrary

Le croque-monsieur, ce sandwich si populaire

Expressions typiques pour...

Donner des indications ou des instructions

D'abord/La première chose que vous faites, c'est...

Après cela/Puis/Ensuite...
- suivez cette rue, puis allez à gauche...
- prenez du beurre et, après cela, faites-le fondre dans une casserole...
- vous branchez l'appareil; ensuite vous sélectionnez la température...

Il faut d'abord faire bouillir l'eau avant de mettre les œufs dans la casserole...

Je vous explique comment vous devez faire pour faire marcher *(make something work)*... Vous allez mettre...

Maintenant...

Là, vous enfoncez *(insert)* bien la clé, vous tirez la porte vers vous et...

N'oubliez pas de (+ infinitif)...

Faites attention à ne pas (+ infinitif)...

Pensez bien à (+ infinitif)...

S'assurer que l'on comprend

Tu comprends?/Vous comprenez jusque là?

Tu y es?/Vous y êtes? *(Do you understand? Do you "get it"?)*

Tu vois/Vous voyez ce que je veux dire?

Tu piges? *(familiar—Do you understand? Do you "get it"?)*

Encourager

C'est bien... maintenant...

Très bien. Continue(z).

Tu te débrouilles/Vous vous débrouillez très bien *(getting along very well).*

Tu t'y prends/Vous vous y prenez très bien *(are doing it the right way).*

Tu es/Vous êtes doué(e) *(gifted)* pour ça.

Dire qu'on ne comprend pas

Je m'excuse mais je ne comprends pas ce que je dois faire.

Excuse-moi/Excusez-moi, mais je ne comprends pas.

Peux-tu répéter, s'il te plaît?/Pouvez-vous répéter, s'il vous plaît?

Je (ne) pige pas. Tu peux répéter?

Donner des ordres

Imprime cette lettre et trouve-moi.../Imprimez cette lettre et trouvez-moi...

Je veux que tu téléphones/vous téléphoniez à...

Tu veux me chercher..., s'il te plaît?/Vous voulez me chercher..., s'il vous plaît?

Plus fort!/À gauche!/Pas si vite!/À table!

Mots et expressions utiles

La cuisine

une casserole *(sauce) pan*
un couvercle *lid*
un grille-pain *toaster*
un faitout *large cooking pot*
le plat *dish (container); dish (part of meal), course*
la poêle *frying pan*
coller *to stick*
passer au beurre *to sauté briefly in butter*
verser *to pour*
le pain de mie *sandwich loaf*

Suivre des instructions

(faire) bouillir *to boil*

(faire) cuire *to cook*

(faire) dorer *to brown*

(faire) fondre *to melt*

(faire) frire *to fry*

(faire) griller *to toast (bread); to grill (meat, fish)*

(faire) mijoter *to simmer*

(faire) rôtir *to roast*

(faire) sauter/revenir *to sauté (brown or fry gently in butter)*

se débrouiller *to manage, get along*

doué(e) *gifted, talented*

piger *(familiar) to understand, to "get it"*

s'y prendre bien/mal *to do it the right/wrong way*

Tu y es?/Vous y êtes? *Do you understand? Do you "get it"?*

Mise en pratique

Supprimer le gras *(fat)* de mon régime! Impossible! Même si je dois en mourir! J'adore mes steaks et mes pommes de terre au beurre, avec une goutte d'huile pour empêcher que le beurre ne brûle. Pour les haricots, les choux et les autres légumes, c'est **passés au beurre**, au vrai beurre, qu'ils sont les meilleurs. Et je **fais fondre** du fromage sur presque tout ce que je **fais cuire.** Je devrais commencer à **faire griller**, à **faire rôtir**, ou bien pire, à **faire bouillir**? Il n'en est pas question!

Activités

A. Vous êtes le prof. Vos étudiants de cuisine ne comprennent pas les expressions et les mots suivants. Donnez une définition, un synonyme ou un exemple pour chaque expression.

MODÈLE: un couvercle
C'est ce que vous mettez au-dessus d'une casserole.

1. faire dorer
2. une marmite
3. faire fonder
4. s'y prendre bien
5. faire mijoter
6. un(e) étudiant(e) doué(e)

B. Une décoration. Regardez les images suivantes. Donnez les instructions à suivre pour fabriquer un artichaut-bougeoir *(artichoke candlestick)*.

MOT UTILE: **un pinceau** *(paintbrush)*

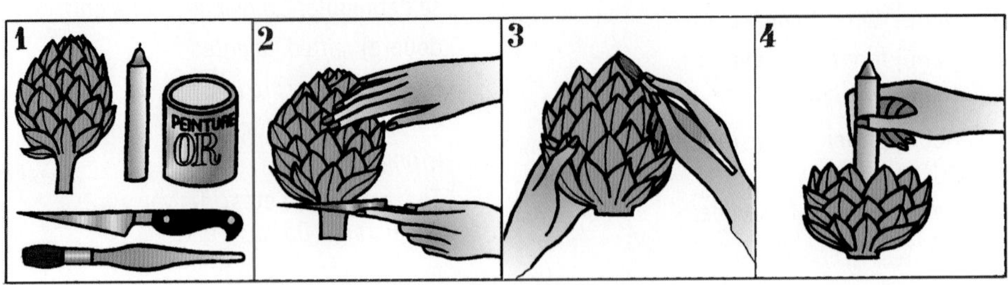

C. Instructions. Avec un(e) partenaire, donnez des instructions pour: (1) préparer un citron pressé *(fresh lemonade)*, du café, un hamburger ou votre petit déjeuner préféré; (2) ouvrir la porte de votre appartement/maison; (3) prononcer votre prénom en français; et (4) faire marcher un ordinateur ou écrire une lettre de recommandation. N'oubliez pas de poser des questions si vous ne comprenez pas les instructions. Les instructions à la page 401 sur la préparation de certains fruits peuvent servir de modèles.

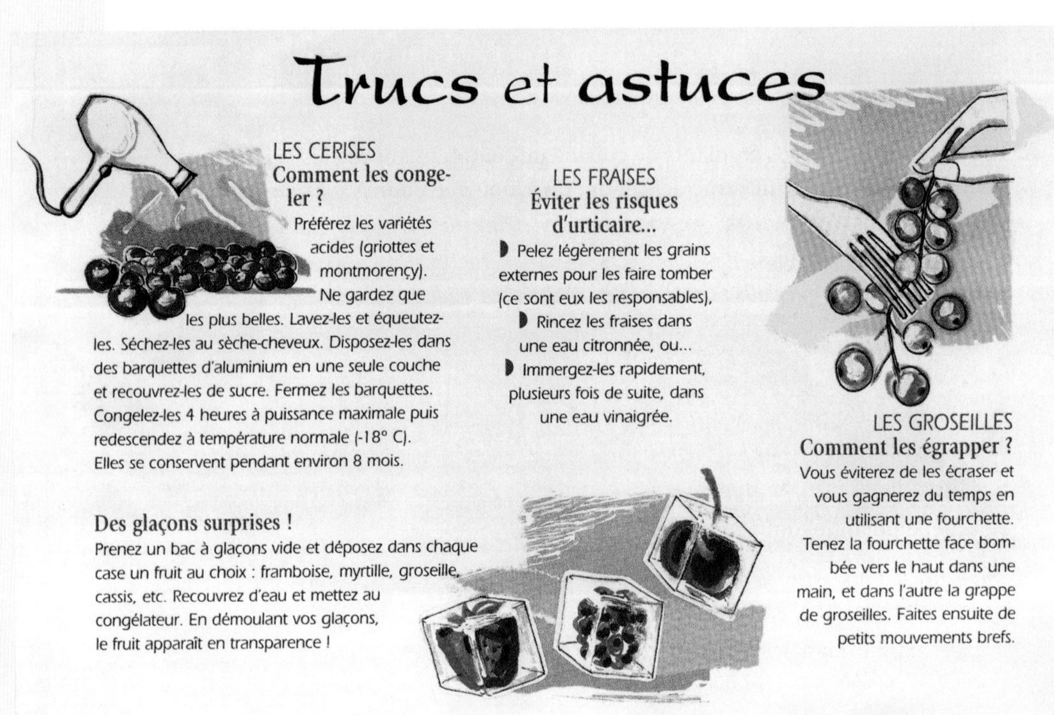

Trucs et astuces

LES CERISES
Comment les congeler ?
Préférez les variétés acides (griottes et montmorency). Ne gardez que les plus belles. Lavez-les et équeutez-les. Séchez-les au sèche-cheveux. Disposez-les dans des barquettes d'aluminium en une seule couche et recouvrez-les de sucre. Fermez les barquettes. Congelez-les 4 heures à puissance maximale puis redescendez à température normale (-18° C). Elles se conservent pendant environ 8 mois.

LES FRAISES
Éviter les risques d'urticaire...
- Pelez légèrement les grains externes pour les faire tomber (ce sont eux les responsables),
- Rincez les fraises dans une eau citronnée, ou...
- Immergez-les rapidement, plusieurs fois de suite, dans une eau vinaigrée.

LES GROSEILLES
Comment les égrapper ?
Vous éviterez de les écraser et vous gagnerez du temps en utilisant une fourchette. Tenez la fourchette face bombée vers le haut dans une main, et dans l'autre la grappe de groseilles. Faites ensuite de petits mouvements brefs.

Des glaçons surprises !
Prenez un bac à glaçons vide et déposez dans chaque case un fruit au choix : framboise, myrtille, groseille, cassis, etc. Recouvrez d'eau et mettez au congélateur. En démoulant vos glaçons, le fruit apparaît en transparence !

footstock/Superstock

Décrivez cette cuisine. Comparez-la à votre cuisine. Est-ce que vous y cuisinez souvent?

La grammaire à apprendre

Faire causatif et les verbes de perception

A. The verb **faire** is commonly followed by an infinitive when meaning: (1) to have someone do something for you; (2) to make someone do something; or (3) to cause something to be done. These constructions will be very useful as you practice giving instructions and orders in this lesson.

Elle **a fait faire** une robe pour sa fille.
She had a dress made for her daughter.

Elle **a fait travailler** les mannequins pour les clients.
She made the models work for the customers.

Ses commentaires **feront réfléchir** les clients.
Her comments will cause the customers to think.

The expression **se faire + infinitif** is used when the action is done for oneself. There is no agreement of the past participle.

Elle **s'est fait faire** une robe.
She had a dress made for herself.

NOTE If one were performing the action oneself, the expression would be:

Elle **a fait** une robe pour sa fille.
She made a dress for her daughter.

B. The causative construction may have one or two objects. When there is only one object, it is a direct object.

Le couturier **a fait** travailler **ses mannequins.**
Il **les a** vraiment **fait** travailler.

The fashion designer made his models work.
He really made them work.

When the construction has two objects, the person is the indirect object and the thing is the direct object.

Il **a fait** couper **cette robe à son assistante.** (Il **la lui a fait** couper.)
He had his helper cut the dress. (He had her cut it.)

NOTE The object pronouns are placed before the form of **faire.** The past participle is invariable in the causative construction because the real object is the infinitive phrase.

In affirmative commands, however, the object pronouns follow **faire.**

Fais-le couper. *Have it cut.*

C. The following are some very useful constructions with faire:

faire venir	*to have someone come; to send for*
faire voir	*to show*
faire tomber	*to drop something*
Ça me fait rire/ pleurer/penser à...	*That makes me laugh/cry/ think about . . .*

NOTE The expression **rendre + pronom personnel** or **nom** is used with an adjective.

Cette nouvelle **me rend heureux.** Ça **me fait sourire**!
That news makes me happy. That makes me smile!

D. The verbs of perception **laisser, entendre,** and **voir** resemble the construction of the ***faire*** **causatif,** and the placement of the object pronouns follows the same pattern.

J'**entends venir** le couturier.
I hear the fashion designer coming.

J'**ai vu arriver** le mannequin il y a dix minutes.
I saw the model arrive ten minutes ago.

Je me demande s'il la **laissera partir** de bonne heure.
I wonder if he will let her leave early.

Activités

A. Une recette. On vous a donné cette recette. Aujourd'hui, avec votre famille, vous décidez de l'essayer. Décrivez comment préparer un repas.

MOTS UTILES: **les haricots** [m pl] *(beans);* **les moules** [f pl] *(mussels);* **refroidir** *(to cool down);* **mélanger** *(to mix);* **orner** *(to decorate);* **une rondelle** *(slice)*

Salade de haricots aux moules

Nous / faire / cuire / haricots / avec / carotte, / deux oignons, / sel / et / poivre. Je / les / laisser / refroidir. Julien / ouvrir / les moules. Tu / préparer / vinaigrette. Tout ça / faire / réfléchir / mère. Elle / n'a pas l'habitude de / nous / entendre / travailler / la cuisine.

Au moment de servir, / nous / mélanger / les haricots / les moules (après en avoir réservé quelques-unes pour orner les rondelles de tomates) et les trois quarts de la vinaigrette. Tu / décorer / plat de rondelles de tomates. Je / verser / reste / de vinaigrette dessus. Julien / faire / voir / salade / maman. Ça / la / faire / sourire / et elle / nous / féliciter.

B. Questions indiscrètes. Parlez avec un(e) copain/copine. Ensuite, comparez vos réponses avec celles des autres étudiants.

Qu'est-ce qui te fait...

1. rire?
2. chanter?
3. réfléchir longuement?
4. rêver?
5. perdre patience?
6. crier *(yell out)*?
7. pleurer?

C. Votre réaction. Comment réagissez-vous et que décidez-vous de faire ou de faire faire dans les situations suivantes? (**Ça me fait... / Ça me rend... / Ça me donne envie de...**)

1. Votre mère/père vous offre un cadeau dont vous aviez envie depuis longtemps.
2. Vous lisez un livre très triste.
3. Vous regardez un ancien film de Will Smith.
4. Vous regardez un programme sur les sans-abri.
5. Votre fils/fille revient de l'école avec un deuxième zéro en maths.
6. Vous organisez une fête pour célébrer le vingt-cinquième anniversaire de mariage de vos parents.

D. Échange de recettes! Avec un(e) copain/copine, échangez une recette, oralement, puis par écrit. La recette à droite peut servir de modèle. Voici quelques idées:

coq au vin | **omelette aux champignons**
crêpes ou gaufres | **soupe de légumes**
salade de thon

Confiture de fraises express

La recette

Préparation : 20 minutes
Cuisson : 10 minutes

Pour 4 verrines de 200 g :
500 g de fraises, 400 g de sucre gélifiant, 1 citron, 1 orange.

1 - Laver les fraises. Les équeuter et les couper en morceaux. Les verser dans une jatte. Saupoudrer de sucre gélifiant. Ajouter les jus de citron et d'orange. Laisser macérer 1/2 heure.

2 - Faire cuire à couvert 5 minutes au micro-ondes, puissance maximale. Mélanger. Cuire à nouveau pendant 5 minutes, puissance maximale, à découvert cette fois. Verser dans les verrines. Laisser refroidir avant de fermer.

Apports nutritionnels pour 100 g (1/2 verrine) :
230 kcalories (960 kJoules),
54 g de glucides,
1,4 g de fibres,
110 mg de potassium.

From *Santé Magazine*

Quels plats ou desserts est-ce que vous aimez préparer? Quels plats est-ce que vous n'aimez pas préparer?

Interactions

A. Comment faire. Circulez parmi vos copains/copines de classe pour compléter l'activité suivante. À la fin de votre description, votre copain/copine doit deviner le nom de ce que vous avez décrit.

- Dites au premier/à la première copain/copine de classe comment aller à votre endroit préféré sur le campus pour étudier.
- Dites au suivant/à la suivante comment faire votre sandwich préféré.
- Dites au suivant/à la suivante comment trouver votre petit café préféré.

B. Descriptions. Avec un(e) copain/copine de classe, décrivez une activité liée à vos loisirs, à votre travail ou à vos études. Si vous n'êtes pas sûr(e) de la façon de dire quelque chose, essayez d'utiliser d'autres mots pour exprimer ce que vous voulez dire. Votre partenaire va vous poser des questions, puis va décrire une de ses activités. Après, dites à la classe ce dont vous avez discuté.

Liens culturels

Se renseigner

Qu'est-ce que vous faites quand vous êtes perdu(e)? Est-ce que vous consultez un plan ou un guide? Est-ce que vous demandez le chemin à un inconnu? Et quand vous voulez utiliser un appareil qui ne vous est pas familier, lisez-vous le mode d'emploi ou demandez-vous à un(e) ami(e) de vous aider?

Que font la plupart des Français dans ces mêmes circonstances? La première chose qu'ils feront est de demander à quelqu'un d'autre de les aider. Un Français consulte peu les indicateurs ou les horaires. La même chose se produit avec les modes d'emploi insérés dans les emballages des appareils en vente. Les Français sont peu enclins à déchiffrer des notices souvent insuffisantes ou mal traduites de l'anglais. Ils aiment mieux demander à quelqu'un d'autre de les aider. Cela explique la facilité avec laquelle les Français se demandent des petits services.

Quand un Français demande un renseignement ou un service, il affirme l'importance d'une amitié. Cette observation se vérifie dans les liens d'amitié qui existent en France. Les amis font tout leur possible pour s'entraider. Aux États-Unis nous accordons plus d'importance à l'art de se débrouiller tout seul (on aime se suffire à soi-même). On essaie de montrer qu'on n'a besoin de personne. En France on donne *l'occasion* à quelqu'un de rendre service.

Robert Fried/Alamy

Et vous, est-ce que vous aimez demander des petits services aux autres ou préférez-vous vous débrouiller tout(e) seul(e)? À qui demandez-vous un service de temps en temps? Parlez des circonstances où vous prendriez des décisions différentes.

Adapté de Raymonde Carroll, *Évidences invisibles.* Américains et Français au quotidien, Édition du Seuil, 1987, pp. 167–168.

DEUXIÈME BROUILLON Dossier d'expression écrite

1. Write a second draft of the explanation you started in **Leçon 1**, focusing primarily on the use of details to clarify the instructions.
2. Discuss any cause and effects (**causes et effets**) in the steps you will mention. This will help you focus on the consequences of certain moves or actions. You might want to incorporate some of the following expressions that deal with cause and effect.

   EXPRESSIONS UTILES: **par conséquent, en effet, alors, donc, ainsi, en résumé, en conclusion**
3. Review **Chapitre 2 Dossier d'expression écrite**, p. 81, to see how you can strengthen comparing and contrasting to add details. Use any of the following terms to compare and contrast some of the ideas: **contrairement à, par contre, au contraire, ne pas être compatible avec.**
4. Write a conclusion or ending line to give closure to your directions.

SYNTHÈSE

Activités musicales

France Gall: *Évidemment*

Avant d'écouter: Le contexte et les réflexions

1. Dans la chanson que vous allez entendre, France Gall parle des sentiments qu'on ressent après la disparition d'une personne chère. Qu'est-ce qui change quand on perd quelqu'un soudainement? Qu'est-ce qui ne change pas?
2. Qu'est-ce qu'on peut faire pour surmonter *(to overcome)* ce genre de tragédie? Qu'est-ce qu'il faut éviter de faire?

Pendant que vous écoutez: Compréhension

1. Combien de fois la chanteuse répète-t-elle les mots suivants: «évidemment» et «mais pas comme avant»?
2. Nommez les choses mentionnées dans la chanson qu'on continue à faire après la disparition d'une personne chère.

Après avoir écouté: Communication

1. Après la disparition d'une personne chère, est-ce qu'on vit sa vie de la même manière qu'avant? Expliquez.
2. Qu'est-ce qui est différent après la disparition d'un être cher, d'après la chanson?
3. En vous inspirant des paroles, essayez d'imaginer et de comparer les vies de ceux qui ont aimé la personne disparue avant et après sa disparition. Utilisez des comparatifs et des superlatifs.
4. À votre avis, pourquoi est-ce que l'adverbe «évidemment» a été choisi comme titre pour cette chanson? Est-ce que vous pensez que c'est un bon titre? Si oui, expliquez pourquoi. Sinon, suggérez un autre adverbe que vous trouvez plus approprié et expliquez votre choix.
5. Faites des recherches sur Internet sur France Gall. Depuis quand est-elle chanteuse? Comparez-la à un chanteur (une chanteuse) américain(e) ou canadien(ne). Nommez plusieurs chansons qu'elle a chantées. Est-ce que France Gall a un fan club qui la suit? Expliquez.

Erin Patrice O'Brien/Taxi/Getty Images

To experience this song, go to **www.cengagebrain.com/shop/ISBN/049590516X**

Activités orales

A. Un repas parfait. Avec un(e) partenaire, créez le menu d'un repas parfait. Décrivez les hors-d'œuvre que vous voulez préparer. Discutez de vos préférences. Expliquez comment préparer le plat principal, les légumes et le dessert. Expliquez pourquoi vous préférez ces recettes en les comparant à d'autres que vous aimez moins.

Nigel Blythe/Cephas Picture Library/Photolibrary

Quel(s) poisson(s) est-ce que vous préférez: la sole, le saumon, les sardines, le thon? Connaissez-vous quelqu'un qui sache bien préparer le poisson? Vous avez une recette à suggérer?

B. Vous avez gagné! Imaginez qu'un(e) copain/copine et vous ayez le billet de loterie gagnant pour un prix de 20 millions d'euros! Décidez de la façon dont vous allez dépenser l'argent. Comparez vos préférences en matière de voitures, de maisons, de vêtements, de fondations de bienfaisance *(charities)*, de destinations de vacances, etc. Si vous n'êtes pas d'accord, vous devrez faire un compromis.

Activité écrite

Un gadget. Faites la description d'un gadget. Décrivez comment il marche et comparez-le à d'autres choses. Les autres étudiants et le professeur vont deviner ce que vous décrivez.

RÉVISION FINALE Dossier d'expression écrite

Reread your instructions, paying particular attention to whether what you say is clear. You may want to try to follow the directions yourself before you take them to class. If you can't follow them, be sure to revise by adding another step or switching steps around.

1. Bring your draft to class and be prepared to present your instructions to two classmates who will follow your directions.
2. Examine your composition one last time. Check for correct spelling, grammar, and punctuation. Pay special attention to your use of demonstrative adjectives, adverbs, comparative and superlative of adjectives, and **faire causatif**.
3. Prepare your final version.
4. Be prepared to present your instructions in class.

Intermède culturel

I. L'AMITIÉ
de Raymonde Carroll

Sujets à discuter

- Que représente le concept de l'amitié pour les Américains? Par exemple, si un(e) ami(e) vous invite à dîner chez lui/elle, est-ce que vous recevez cet(te) ami(e) chez vous la prochaine fois ou est-ce que c'est toujours la même personne qui invite l'autre? Si un(e) ami(e) vous donne un cadeau pour votre anniversaire, est-ce que vous lui donnez aussi un cadeau pour son anniversaire? Pourquoi?
- Quand vous avez des problèmes, est-ce que vous les racontez à vos ami(e)s ou pas? Expliquez.
- Que savez-vous sur l'amitié chez les Français?

Introduction

In her book Évidences invisibles, *the French ethnographer Raymonde Carroll, who has lived in the United States for several years, discusses French and American attitudes toward friendship. She analyzes the different ways that Americans and the French express friendship and their differing expectations of friends. This reading complements the information given in this lesson's* **Liens culturels** *that you read earlier. Discussing both of these readings will help you compare and understand habits and cultural differences, a useful skill in our increasingly interconnected world and one that you have practiced in this chapter.*

Lecture

J'ai souvent entendu des Français déclarer que les Américains «n'avaient aucun sens de l'amitié»... Une de mes amies, française et qui vivait aux États-Unis depuis deux ans, est arrivée un jour chez moi pour déverser° un trop-plein de rancune° contre ses «amis-voisins». J'avais appris qu'elle était «très fatiguée»... Je proposai aussitôt de garder ses enfants pour qu'elle puisse se reposer, ce qu'elle accepta tout de suite... Elle s'est amèrement° plainte, chez moi, du fait que sa voisine, qu'elle considérait comme une bonne copine, une Américaine, ne lui avait justement pas fait la même offre: «Tu crois qu'elle m'a dit je vais te prendre les enfants pour que tu te reposes? Tu crois qu'elle a apporté un plat quelconque pour m'éviter de faire la cuisine? Non, rien. Elle me demande seulement comment je vais, tous les jours... quelle hypocrite... » Puis, nostalgie de la France, où on sait ce que c'est que l'amitié. Sourire reconnaissant°:

déverser: throw
rancune: resentment, anger
amèrement: bitterly
reconnaissant: grateful

«Heureusement qu'il y a toi, parce que toi, tu sais ce que c'est que l'amitié, tu vois, tu m'as proposé tout de suite de me prendre les gosses°... Tandis que les Américains, eux, ils vous laisseraient crever°... »

(familier) *kids*
ils vous... *they would just drop you in a flash*

Ce à quoi l'on s'attend, c'est que l'ami propose «spontanément» de faire ce qu'on souhaiterait lui demander de faire. Comme l'ami doit être mis au courant°, on commence par raconter qu'on a un «ennui», on expose la situation qui fait le cas échéant° problème.

mis... *brought up to date*
le cas... *if the case arises*

L'ami, si c'est un «vrai ami», devrait alors intervenir, prendre en quelque sorte la situation en main, proposer une solution, c'est-à-dire son aide. Ce qui appelle la réponse: «Oh, non, je ne veux pas trop t'embêter»... Et c'est alors à l'ami d'insister: «Mais non, ça ne m'ennuie pas du tout, à quoi servent les amis alors, si on ne peut pas compter sur eux... » Cela explique pourquoi on ne s'étonne pas de voir un ami annoncer d'un ton péremptoire°: «Pas d'histoires, je passe te prendre ce soir à 8 heures, et nous allons au cinéma. Tu es crevé°, tu as besoin de te détendre, je ne vais pas rester là à ne rien faire, alors que tu te tues° de travail sous mes yeux...», ou encore: «N'insistez pas, nous vous emmenons avec nous à la campagne ce week-end, cela vous fera le plus grand bien, et je n'accepterai pas que vous refusiez.»

with authority
(familier) *dead tired*
te tues *kill yourself*

Face à une telle prise en main, un(e) Américain(e) se recroquevillerait°. En effet, cela représenterait une invasion insoutenable° de sa vie privée, et, pire, une suggestion qu'il (elle) est incapable de mener sa barque°, de se débrouiller tout(e) seul(e). On comprend pourquoi l'amie-voisine américaine de mon amie française se serait bien gardée de lui proposer de «lui prendre les enfants». Cela en effet aurait signifié que la voisine avait remarqué que mon amie était incapable de prendre soin de ses enfants...

se... *would withdraw*
unbearable
boat

Une raison pour laquelle j'ai des amis est que leur présence est une source de plaisir, que je sois français ou américain. Pour des Français, cela se traduit par de fréquentes sorties ensemble: restaurants, cinéma, pique-niques, et autres activités qui varient selon l'âge. Il est donc possible que Zoé invite plusieurs fois de suite son amie Géraldine (et son partenaire ou mari le cas échéant) à des dîners chez elle, sans que cela ne gêne Géraldine qui, elle, reçoit rarement. La règle de réciprocité entre amis va cependant être respectée: Géraldine s'arrangera pour faire des petits cadeaux «pour rien», sans occasion spéciale, et pour rendre service, payer à Zoé le cinéma ou le théâtre, lui garder les enfants, ou faire quelque chose d'équivalent. Parfois, la présence même de Géraldine à un dîner de Zoé est un service rendu à Zoé: celle-ci a demandé à Géraldine de «ne pas la laisser seule».

Dans un contexte parallèle, semblable, des Américains préféreraient des échanges de même nature. On dîne l'un chez l'autre à tour de rôle, sans que l'alternance doive être respectée de façon rigide. Des cadeaux répondent à des cadeaux, et ainsi de suite. Cela élimine la possibilité que l'un ou l'autre se sente exploité, ce qui minerait° l'amitié...

would diminish

La différence vient du fait que pour les Français, les liens d'amitié une fois établis, ils sont assez solides pour résister à toutes sortes d'intempéries°. Mes amis connaissent mon sale caractère, mes petites manies°, mes sautes d'humeur°, mon habitude de mettre les pieds dans le plat°, mon manque de tact, que sais-je. S'ils sont mes amis, c'est parce qu'ils savent tout cela sur moi, mais qu'ils trouvent autre chose en moi qui compense, fasse supporter° mes défauts, ou encore qu'ils se retrouvent en moi...

difficulties
obsessions
sautes... *mooodiness /* **mettre...** *put your foot in your mouth / to put up with*

Pour les Américains, cependant, l'amitié la plus solide semble contenir en elle un élément constant de fragilité. Une multitude de dangers la menace: la séparation, la distance, le silence, c'est-à-dire tout ce qui menace l'équilibre de la relation, qui repose sur l'égalité et l'échange, l'alternance. Une relation de dépendance qui deviendrait trop forte signalerait la fin de l'amitié...

Cette insistance sur l'égalité ne me paraît pas un trait important de l'amitié française, qui semble très bien s'accommoder d'une sorte de répartition des rôles.

Ainsi, américain(e), j'ai le réconfort de savoir que mon ami(e) «fera tout pour moi», mais je dois avoir le bon sens de ne pas tester cette conviction au-delà du possible, de ne pas «exagérer», par crainte de détruire l'équilibre qui sauvegarde notre amitié. Cela ne serait pas le cas en France, où je peux partager avec mes amis «crise» après «crise» sans plus de remords qu'une phrase du genre: «Je t'embête, hein, avec mes histoires.» C'est d'ailleurs ce rôle des amis qui a longtemps donné au recours à la psychanalyse une image négative en France (une «triste nécessité» pour «ceux qui n'ont pas d'amis», «ceux qui ont besoin de payer quelqu'un pour les écouter», etc.). C'est aussi dans cette perspective que l'on peut comprendre le succès de la psychanalyse aux États-Unis: le refus d'accabler° les amis par un partage inéquitable, disproportionné des problèmes.

overwhelm

Évidences invisibles. Américains et Français au quotidien, Raymonde Carroll, © Éditions du Seuil, 1987, réédition coll. *La Couleur des idées*, 1991.

Compréhension

A. Observation et analyse

I. Répondez aux questions suivantes.

1. Selon l'amie de l'auteur, pourquoi est-ce que les Américains n'ont aucun sens de l'amitié? Parlez de la situation où la Française était fatiguée. Qu'est-ce que l'amie américaine a dit? Qu'est-ce que la Française aurait préféré?
2. Comment est-ce qu'un «vrai ami» prend la responsabilité d'aider quelqu'un en France? Selon l'auteur, quelle pourrait être la réaction d'un(e) Américain(e) si on l'aidait de la même façon?
3. Parlez de la réciprocité entre amis. Comment est-ce qu'on la voit en France? Et en Amérique?
4. Que sait un Français sur ses amis? Et en Amérique, en quoi est-ce que les liens d'amitié sont moins solides?

II. Comparez les Français et les Américains dans les domaines suivants. Utilisez le texte comme point de départ *(starting point)*.

1. les réactions spontanées
2. l'invasion de la vie privée
3. l'attitude envers la psychanalyse
4. la réciprocité
5. le sens de l'amitié

B. Grammaire/Vocabulaire

I. Mots apparentés. Les mots de la colonne de gauche sont des mots apparentés qui se trouvent dans le texte que vous venez de lire. Trouvez-leur une expression équivalente dans la colonne de droite. Cherchez dans un dictionnaire le sens de ceux que vous ne connaissez pas.

1. remords	a. s'adapter
2. réconfort	b. inégal
3. sauvegarder	c. intercéder
4. disproportionné	d. consolation
5. compenser	e. regret
6. spontanément	f. faute
7. intervenir	g. être surpris
8. s'étonner	h. instinctivement
9. défaut	i. balancer
10. s'accommoder	j. préserver

II. Familles de mots. Il y a des mots inconnus qui ressemblent à des mots que vous avez déjà appris. Vous connaissez probablement les mots de la colonne de gauche. En utilisant le contexte et votre connaissance de ces mots, déterminez le sens des mots soulignés dans les phrases à droite.

1. alternatif	On dîne chez l'autre à tour de rôle, sans que l'alternance doive être respectée de façon rigide.
2. sauter	Mes amis connaissent mon sale caractère,... mes sautes d'humeur...
3. partie	Cette insistance sur l'égalité ne me paraît pas un trait important de l'amitié française, qui semble très bien s'accommoder d'une sorte de répartition des rôles.
4. soutenir	Cela représenterait une invasion insoutenable de sa vie privée (NB: Le préfixe **in-** indique le négatif de quelque chose.)
5. sortir	Pour des Français, cela se traduit par de fréquentes sorties ensemble: restaurants, cinéma, pique-niques...

C. Réactions

1. Êtes-vous d'accord que les Américains n'ont pas le sens de l'amitié? Expliquez pourquoi en vous servant d'exemples donnés du texte.
2. Voudriez-vous avoir de bons amis français? Expliquez.

Interactions

A. L'amitié. Parlez des étapes de l'amitié: À quel moment est-ce que l'amitié entre deux personnes est «solidifiée»? Qu'est-ce qui peut détruire une amitié?

MOTS UTILES: **faire la connaissance de quelqu'un, aider quelqu'un, s'entraider** *(help each other)*, **passer des moments importants de la vie ensemble, dire des méchancetés** *(mean things)* **sur quelqu'un, mentir**

B. Sondage. Demandez à au moins cinq étudiant(e)s de la classe combien de très bon(ne)s ami(e)s ils ont. Comment savent-ils/elles que ce sont de très bon(ne)s ami(e)s?

C. Une histoire. Inventez une petite histoire pour démontrer l'importance de l'amitié.

Expansion

Votre opinion de l'amitié? Interviewez au moins trois personnes sur leur concept de l'amitié. Trouvez des gens d'origines, de pays et d'âges différents. Faites d'abord une liste de questions que vous voulez poser. Ensuite, faites les interviews et enfin écrivez un reportage que vous présenterez à la classe.

II. *LA PHOTO* de Dany Laferrière

Sujets à discuter

- Où est-ce que vous avez passé votre enfance? Décrivez la ville et la région. Est-ce que vous étiez fier/fière de votre ville natale? Expliquez. Qu'est-ce que vous faisiez pour vous amuser? Est-ce que vous voyagiez souvent? Si oui, où?
- Décrivez une chose que vous teniez beaucoup à faire pendant votre enfance mais que vous saviez être impossible. Quelles émotions est-ce que vous éprouviez?
- Qu'est-ce que vous savez de Haïti depuis le tremblement de terre de 2010 (langue, statut socio-économique, situation politique, etc.)?
- L'auteur, Dany Laferrière, est né en 1953 et il a grandi à Petit-Goâve, une petite ville en Haïti. Comment imaginez-vous sa vie pendant son enfance?

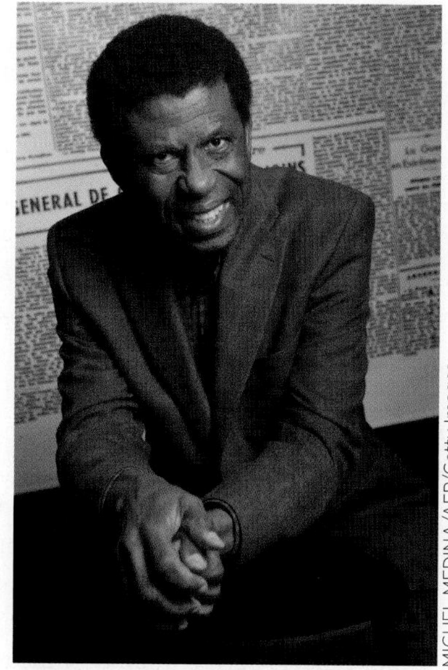

MIGUEL MEDINA/AFP/Getty Images

Stratégies de lecture

Trouvez les détails. Avant de lire le texte suivant, parcourez-le rapidement et trouvez: 1) une chose qui est sur la photo que le narrateur décrit; 2) le nombre de personnes qui sont sur la photo; 3) l'endroit où la photo a été prise; 4) l'endroit où le narrateur habite; 5) la date de la photo; et 6) la date du livre dont le texte est extrait. Faites une liste de vos réponses. Quel est probablement le thème de ce passage?

Introduction

In Le Charme des après-midi sans fin, *the author, Dany Laferrière, recounts his youth through a series of brief sketches describing life in Petit-Goâve, the small town in Haiti where he grew up. The sketch that follows demonstrates how the description of an evocative moment in the past can illuminate the present and set up an unstated comparison.*

Laferrière was born into a middle-class family in Port-au-Prince in 1953. After the repressive Duvalier regime killed a friend of his, Laferrière went into exile in Quebec in 1976, fleeing conditions in Haiti. He began writing in Quebec and published his first book in 1985. He now lives in Miami, Florida.

Lecture

Rien n'a changé dans la chambre de mon grand-père. Son chapeau, sa canne encore accrochée° au mur, près du lit, à côté de la photo d'un immense tracteur jaune dans un champ de blé. Il m'arrive de passer des heures devant cette photo.

Un homme est au volant° du tracteur. Ses deux fils (le plus jeune doit avoir à peu près mon âge) ne sont pas loin.

On les voit jusqu'à la taille°. Le reste du corps disparaît dans l'herbe haute. Je remarque qu'ils ne portent pas de chapeau. Mon grand-père n'aurait jamais toléré une pareille chose. À travailler tête nue dans le champs, on risque à coup sûr une insolation°. Ils portent tous les trois la même chemise à carreaux° dont les manches sont retroussées° jusqu'aux coudes. L'homme et ses deux fils sont aussi blonds que des épis de maïs°. Je les regarde longtemps, surtout le plus jeune, me demandant ce qui arriverait si, lui et moi, on changeait de place. Il viendrait vivre dans cette maison, à Petit-Goâve, et moi, j'irais à Chicago. Je me sens, chaque fois, tout drôle à dire ce nom qui me paraît aussi impressionnant que le plus grand des tracteurs: Chicago. Chicago. Chicago. Trois syllabes qui claquent au vent. Chicago. Je trouve ça bon dans ma bouche. Petit-Goâve sonne-t-il aussi bien? Je ne peux pas le savoir. Je suis né ici. Je ne sais plus quand j'ai entendu ce nom (Chicago) pour la première fois. Lui, le petit garçon de Chicago, peut-être mourra-t-il sans jamais avoir entendu parler de Petit-Goâve. Je me sens tout triste d'y penser. Triste pour lui, pour moi, et pour Petit-Goâve. Tout le monde connaît Chicago à cause de ses tracteurs jaunes. Et Petit-Goâve, par quoi sera-t-il connu dans le monde, un jour? Je remarque, pour la première fois, dans le coin gauche de la photo (en bas) cette inscription: Chicago, US, 1950. Même cette photo est plus vieille que moi. Ce genre de chose peut vous foutre un tel cafard°.

hung

au volant *at the steering wheel*

waist

sunstroke / **à carreaux** *checked* / *rolled up*

épis... *ears of corn*

(familiar) ***foutre...*** *to produce a fit of depression*

Dany Laferrière, *Le Charme des après-midi sans fin* (Paris, Serpent à Plumes, Éditions du Rocher, 1998).

Compréhension

A. Observation et analyse

1. Décrivez la photo dans la chambre du grand-père du narrateur.
2. Pourquoi est-ce que le narrateur est fasciné par la photo? Donnez deux ou trois raisons.
3. Qu'est-ce qu'il rêve de faire?
4. Est-ce qu'il connaît le nom de Chicago? Depuis quand? Est-ce qu'il croit que Petit-Goâve est aussi connu?
5. Comment est-ce qu'il voit Petit-Goâve? Trouvez quelques lignes dans le texte qui illustrent ses sentiments envers cette ville.
6. Expliquez la dernière ligne du texte: «Ce genre de chose peut vous foutre un tel cafard».

B. Grammaire/Vocabulaire Révisez d'abord la formation des phrases affirmatives et des phrases négatives aux pages 330–332. Ensuite, lisez les phrases suivantes adaptées de la lecture. Changez les phrases affirmatives en phrases négatives et vice versa.

1. Je remarque qu'ils ne portent plus de chapeau.
2. Mon grand-père n'aurait jamais toléré une pareille chose.
3. Rien n'a changé dans la chambre.
4. Je ne sais plus quand j'ai entendu ce nom pour la première fois.
5. Sa canne est encore accrochée au mur.
6. Le petit garçon de Chicago a déjà entendu parler de Petit-Goâve.
7. Tout le monde connaît Chicago à cause de ses tracteurs jaunes.

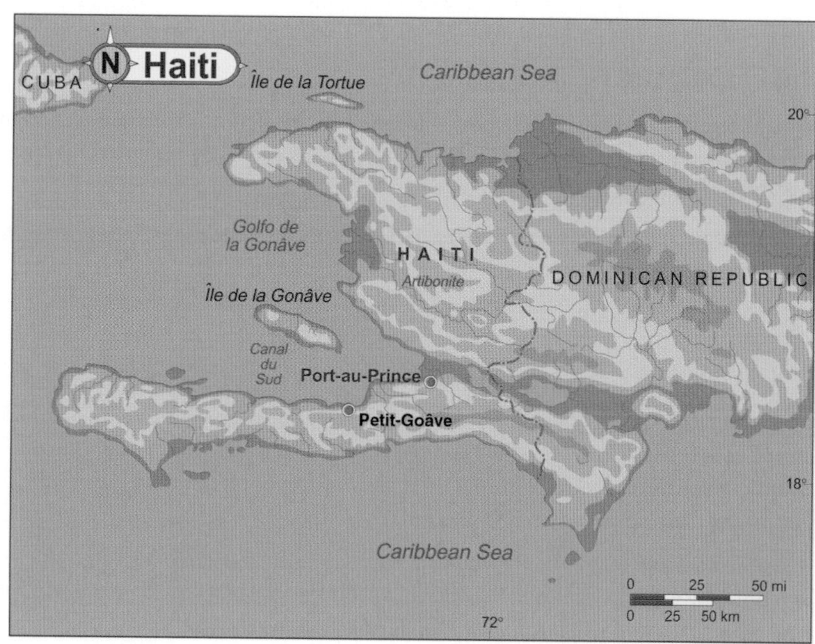

Petit-Goâve

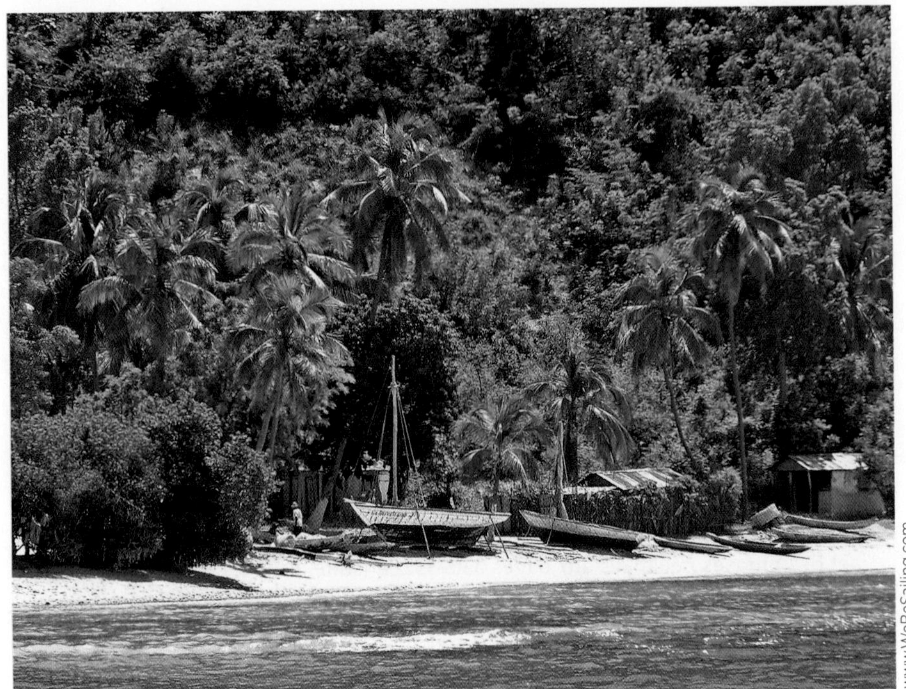
www.WeBeSailing.com

C. Réactions

1. Décrivez une photo, un poster ou un tableau qui a eu une forte influence sur vous. Chaque fois que vous le/la regardez, est-ce que vous avez la même réaction? Expliquez.
2. Comment est-ce que vous avez trouvé cet extrait de l'œuvre autobiographique de Dany Laferrière—intéressant, ennuyeux, émouvant, triste, etc.? Expliquez votre réaction.

Interactions

A. Imaginez que le narrateur et le petit garçon de la photo font un échange pendant l'été: chacun prend la place de l'autre pendant deux mois. Comment est-ce que la vie de chaque garçon est transformée?

B. En petits groupes, imaginez la vie du narrateur à vingt ans, puis à trente ans. Racontez un épisode de sa vie.

Expansion

1. Surfez sur le Web ou cherchez dans des livres, des magazines (par exemple, *National Geographic*) et des journaux pour trouver des renseignements sur Haïti avant et après le séisme dévastateur de janvier 2010 (la situation politique, le statut socio-économique, le climat, le tourisme, la population, etc.). Expliquez à la classe ce qui se passe actuellement dans le pays dans un domaine particulier.
2. Cherchez des renseignements (sur le Web ou dans des journaux) sur les Haïtiens qui ont quitté leur pays natal. Pourquoi sont-ils partis? Dans quelles régions des États-Unis habitent-ils? Pourquoi? Que font-ils comme travail?

VOCABULAIRE

LES MEUBLES ET LES APPAREILS MÉNAGERS *(FURNITURE AND HOUSEHOLD APPLIANCES)*

l'armoire [f] *wardrobe, armoire*

le coussin *cushion, pillow*

l'étagère [f] *shelf; shelves*

le placard *cupboard; closet*

le tapis *carpet*

le tiroir *drawer*

la cuisinière *stove*

le four à micro-ondes *microwave oven*

le lave-vaisselle *dishwasher*

la machine à laver (le linge) *washing machine*

le sèche-linge *clothes dryer*

LES VÊTEMENTS ET LA MODE

les bas [m pl] *stockings*

les bottes [f pl] *boots*

les chaussettes [f pl] *socks*

les chaussures [f pl] **à hauts talons/à talons plats** *high-heeled shoes/low-heeled shoes*

le collant *pantyhose*

les bijoux [m pl] *jewelry*

- **la bague** *ring*
- **les boucles** [f pl] **d'oreilles** *earrings*
- **le bracelet** *bracelet*
- **le collier** *necklace*

le blouson (en cuir/de cuir) *(leather) jacket*

le pardessus *overcoat*

la veste (de sport) *(sports) jacket*

la chemise *man's shirt*

le chemisier *woman's shirt*

le costume *man's suit*

le tailleur *woman's tailored suit*

l'imperméable [m] *raincoat*

le maillot de bain *swimsuit*

le parapluie *umbrella*

les sous-vêtements [m pl] *underwear*

le tissu *fabric*

enlever (un vêtement) *to take off (a piece of clothing)*

mettre un vêtement *to put on a piece of clothing*

changer de vêtements *to change clothes*

essayer (un vêtement) *to try on (a piece of clothing)*

s'habiller/se déshabiller *to get dressed/to get undressed*

être mal/bien habillé(e) *to be poorly/well dressed*

Ce vêtement lui va bien. *This piece of clothing looks good on him/her.*

Je vous le fais (à...) *I'll give (sell) it to you (for . . .)*

UN VÊTEMENT EST...

chic; élégant; en bon/mauvais état; sale; déchiré *(torn);* **râpé** *(threadbare, worn);* **lavable** *(washable);* **chouette** *(familiar—great, nice, cute);* **génial** *(fantastic);* **d'occasion** *(secondhand, bargain);* **dans ses prix** *(in one's price range);* **une trouvaille** *(a great find)*

ON VEND DES VÊTEMENTS...

dans une boutique *in a shop, small store*

dans un grand magasin *in a department store*

dans une grande surface *in a huge discount store*

à un marché aux puces *at a flea market*

LA TECHNOLOGIE/LES COMMUNICATIONS

l'informatique [f] *computer science; data processing*

être dans l'informatique *to be in the computer field*

un micro(-ordinateur) *desktop computer*

un portable *laptop computer*

le logiciel *software*

le matériel *hardware*

une clé USB *flash/memory stick*

le clavier *keyboard*

compatible *compatible*

le contrôle vocal *voice activated control*

le disque dur *hard (disk) drive*

l'écran [m] *screen*

un écran multi-touch *touch screen*

l'imprimante (à laser) [f] *(laser) printer*

le lecteur de DVD *DVD drive*

le lecteur zip *zip drive*

la mémoire *memory*

la messagerie texte *text message*

envoyer des SMS *to send text messages*

une pile *battery*

la puissance *power, speed*

la souris *mouse*

la touche *key*

les données [f pl] *data*

un fichier adjoint *attachment*

les graphiques [m pl] *graphics*

le programme *program*

appuyer *to press, push (a key)*

cliquer *to click*

faire marcher *to make something work*

synchroniser *to synch*

(re)taper *to (re)type*

le browser *browser*

se connecter/se brancher à l'Internet *to connect to the Internet*

le courrier électronique (le mail, le mél, le courriel) *email*

l'internaute *one who enjoys the Web*

importer *to download, import from the Web*

Internet [m] *the Internet*

le moteur de recherche *search engine*

le podcast *podcast*

le réseau *network*

télécharger un message/un dossier *to download a message/a file*

le site Web *website*

le Web *World Wide Web*

LA CUISINE

une casserole *(sauce) pan*

un couvercle *lid*

un grille-pain *toaster*

une faitout *large cooking pot*

le plat *dish (container); dish (part of meal), course*

la poêle *frying pan*

coller *to stick*

passer au beurre *to sauté briefly in butter*

verser *to pour*

le pain de mie *sandwich loaf*

SUIVRE DES INSTRUCTIONS

(faire) bouillir *to boil*

(faire) cuire *to cook*

(faire) dorer *to brown*

(faire) fondre *to melt*

(faire) frire *to fry*

(faire) griller *to toast (bread) to grill (meat, fish)*

(faire) mijoter *to simmer*

(faire) rôtir *to roast*

(faire) sauter/revenir *to sauté (brown or fry gently in butter)*

se débrouiller *to manage, get along*

doué(e) *gifted, talented*

piger (familiar) *to understand, to "get it"*

s'y prendre bien/mal *to do it the right/wrong way*

Tu y es?/Vous y êtes? *Do you understand? Do you "get it"?*

En somme...

10

SGM SGM/PhotoLibrary

THÈME Les loisirs (les sports et le cinéma)

 Pour tester vos connaissances, visitez **www.cengagebrain.com/shop/ISBN/049590516X**  Audio iLrn iLrn Heinle Learning Center

LEÇON 1

COMMENT FAIRE UN COMPLIMENT ET FÉLICITER

Conversation

Track 20

Premières impressions

1. Identifiez: les expressions qu'on utilise pour faire ou accepter un compliment et pour féliciter *(to congratulate)*
2. Trouvez: qui a gagné le match et quel était le set le plus important

Après un match de tennis important à Nice, une journaliste interviewe le gagnant, Pierre Duchêne.

LA JOURNALISTE Merci, Pierre, d'être venu nous rejoindre aussi rapidement dans nos studios. Vous avez disputé un match° absolument extraordinaire! Toutes nos félicitations. Ces cinq sets nous ont tenus en haleine° jusqu'à la fin! Bravo! Que pensez-vous de votre victoire?

PIERRE Eh bien, je suis évidemment très content d'avoir gagné ce match... Le premier set a été très, très serré°...

LA JOURNALISTE Les deux premiers même.

PIERRE Peut-être... Je pense avoir pris le dessus°... j'ai senti Jean-Jacques faiblir à la fin du deuxième set. En effet, j'aurais peut-être pu faire mieux... même au début du deuxième set, mais Jean-Jacques jouait très bien... et d'ailleurs, je dois le féliciter d'avoir joué comme il l'a fait parce qu'il m'a vraiment donné du fil à retordre°.

LA JOURNALISTE Oui, c'est vrai. Bravo, Jean-Jacques! Mais, vous aussi, vous devez être très fier.

PIERRE Merci. Oui, je suis content d'avoir réussi comme cela. Enfin, je dois dire que je m'étais entraîné très sérieusement avant ce tournoi° mais on ne sait jamais.

LA JOURNALISTE Alors, quel avenir envisagez-vous maintenant?

PIERRE Écoutez... l'avenir est loin, mais enfin bon... il faut d'abord gagner le tournoi à Roland-Garros la semaine prochaine.

LA JOURNALISTE En attendant, merci beaucoup, Pierre, d'être venu nous rejoindre...

PIERRE Je vous en prie. Ça m'a fait plaisir.

À suivre

disputé... *played a match*
nous ont tenus... *held us spellbound*
tight, closely fought
pris... *got the upper hand*
il m'a... *he really gave me trouble*
tournament

Roland-Garros est un stade de tennis à Paris où est joué un grand tournoi de tennis sur terre battue. Ce stade a été nommé Roland-Garros en souvenir de l'aviateur français qui a été le premier à survoler la Méditerranée.

Observation et analyse

1. Décrivez le match. Quels sets ont été très difficiles pour Pierre? Expliquez.
2. Selon Pierre, pourquoi est-ce qu'il a gagné?
3. Parlez de Jean-Jacques. Comment est-ce qu'il a joué?
4. Quel est le but de Pierre maintenant qu'il a gagné ce match?
5. Pensez-vous que Pierre atteigne son but?

Réactions

1. Est-ce que vous avez déjà assisté à un match de tennis professionnel? Si oui, décrivez cette expérience. Sinon, est-ce que ça vous plairait de le faire?
2. Quels sports est-ce que vous préférez? Parlez de votre sport préféré.
3. Est-ce que vous aimez les sports compétitifs? Et les sports extrêmes? Lesquels? Et pourquoi?

Expressions typiques pour...

Faire un compliment *(To compliment someone)*

Tu as/Vous avez bonne mine *(You look well)* aujourd'hui.
Quelle jolie robe!
J'adore tes/vos cheveux comme ça.
Qu'est-ce qu'elle est belle, ta/votre jupe!
Comme tu es/vous êtes joli(e)/élégant(e)!
Ça te/vous va à merveille *(wonderfully)*!
Tu as/Vous avez fait un match extraordinaire.

Accepter un compliment

Tu trouves?/Vous trouvez?
Tu crois?/Vous croyez?
Cette robe? Je l'ai depuis longtemps.

Puis, si la personne qui vous complimente persiste, répondez aimablement:

Tu es/Vous êtes très gentil(le) de dire ça.
C'est gentil de me dire ça.
Que tu es/vous êtes gentil(le).
Moi aussi, je l'aime bien. C'est un cadeau de ma mère.

Vous ferez la même chose pour accepter un compliment pour des résultats scolaires ou au travail:

Merci. Oui, je suis content(e) d'avoir réussi comme cela.
J'avais beaucoup travaillé, mais on ne sait jamais.
Merci. Tu sais, j'ai eu peur jusqu'à la dernière minute.
Merci. J'ai eu de la chance.

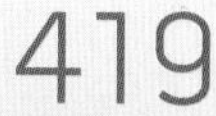

Accepter des remerciements

Je vous en prie. Ça m'a fait plaisir.
J'aurais voulu (en) faire plus.
Tu es/Vous êtes trop bon(ne).
C'est normal. Je voulais vous (t')aider.
Ce n'est rien.
Je n'ai rien fait de si extraordinaire!
N'importe qui en aurait fait autant. *(Anyone would have done as much.)*

Féliciter

Félicitations!
Toutes mes félicitations!
Tous mes compliments.
Bravo!
Chapeau! *(familiar)*
C'est fantastique/formidable/génial!
Je suis content(e) pour toi (vous).
Je suis fier/fière de toi (vous).

Pour un mariage ou des fiançailles

Tous mes vœux *(wishes)* de bonheur.

Accepter des félicitations

Pour un mariage

Merci, c'est gentil.

Pour une réussite au travail

Merci. Je te/vous dois beaucoup.

Pour une compétition sportive

Les conditions étaient bonnes.
J'étais en forme.
On a bien joué ensemble.
C'est à la portée *(within the reach)* de tout le monde.

Bruno Barbey/Magnum Photos

Qu'est-ce qu'on dirait pour féliciter ce jeune couple?

Mots et expressions utiles

La compétition

le classement *ranking*
un(e) concurrent(e) *competitor*
un coureur/une coureuse *runner/cyclist*
une course *race*
une épreuve (athlétique) *an (athletic) event*
un(e) fana de sport *jock, an enthusiastic fan*
sportif/sportive *athletic, fond of sports*
un tournoi *tournament*

la douleur *pain*
s'entraîner *to train*
l'entraîneur/l'entraîneuse *coach*
épuisant(e) *grueling, exhausting*

la pression *pressure*
se prouver *to prove oneself*

à la portée de *within the reach of*
arriver/terminer premier *to finish first*
battre *to beat, break*
faillir (+ infinitif) *to almost (do something)*
prendre le dessus *to get the upper hand*
reprendre haleine *to get one's breath back*
serré(e) *tight; closely fought*
survivre (à) (*past part.* survécu) *to survive*

la défaite *defeat, loss*
le défi *challenge*
un match nul *tied game*
le record du monde *world record*
une victoire *win, victory*

Mise en pratique

—C'est la première fois que j'assiste à une **course.** C'est passionnant, hein?

—Absolument. J'y viens chaque année, mais j'**ai failli** ne pas pouvoir y assister cette fois-ci. J'avais beaucoup de travail. Mais je suis une **fana de sport.** Surtout quand mon cousin est un des participants.

—Vraiment? Un **coureur** dans la famille? Est-ce qu'il a des chances de gagner?

—Non, pas du tout. Il veut tout simplement **se prouver** qu'il peut **survivre** à ce genre **d'épreuves athlétiques.** C'est un **défi.**

Activités

A. Félicitations! Pour chacune des circonstances suivantes, félicitez la personne indiquée, jouée par votre partenaire. Votre partenaire répondra de façon appropriée.

1. votre ami(e) qui a fini cinquième au marathon de New York
2. votre mari/femme qui a obtenu une promotion à son travail
3. de bons amis qui viennent de se marier
4. votre sœur/frère qui vient d'adopter un enfant
5. votre voisin(e) qui a trouvé un nouveau poste
6. votre fils/fille qui a obtenu un A à sa dernière interro

Liens culturels

L'art de la conversation: Ne dites pas merci!

Contrairement à l'anglais, quand vous répondez à un compliment en français, «merci» n'est pas toujours la bonne réponse. En remerciant, vous risquez de paraître vous vanter *(to boast, brag)*, comme si vous étiez d'accord avec le compliment. D'abord, il vaut mieux refuser le compliment ou le minimiser. Par exemple, si vous dites à une Française «Quel joli ensemble tu as là», au lieu de dire «merci», elle répondrait plutôt: «Ça? Oh, je l'ai acheté en solde au printemps dernier». Minimiser l'objet du compliment met en valeur la gentillesse de celui qui complimente. C'est en même temps une façon de se camoufler, de se cacher comme une maison entourée d'un mur. Cette tendance reflète l'importance de la vie privée dans l'éducation des Français. Pour être *bien élevés*, les enfants français apprennent très tôt quelle conduite avoir en société et quels mots dire pour paraître respectueux, raisonnables et obéissants (voir *Liens culturels*, Chapitre 3, Leçon 3; Chapitre 8, Leçon 1).

Pour se distinguer et être appréciés d'autrui, les Français recourent à l'élégance verbale et à une façon spirituelle de présenter les choses. C'est ainsi que, dans le jugement qu'ils portent sur les individus et leurs actions, ils attribuent généralement une plus grande importance à l'art de la conversation et aux qualités intellectuelles qu'aux qualités morales. L'intelligence, la lucidité, la rapidité d'esprit et le savoir sont les qualités suprêmes d'un individu plutôt que la sincérité, l'intégrité et la rectitude morale.

Fancy/Alamy

Et selon vous, quelles qualités sont les plus importantes? Est-ce que vous admirez les mêmes traits de caractère chez les hommes que chez les femmes?

Adapté de *Les Français*, 3e édition, Laurence Wylie et Jean-François Brière (Englewood Cliffs, NJ: Prentice Hall, 2001, p. 61) et de *Société et culture de la France contemporaine*, Georges Santoni, ed. (Albany: State University of New York, 1981, pp. 59–60).

B. Faire une leçon de vocabulaire. Votre petite sœur a une liste de vocabulaire à apprendre. Aidez-la en lui donnant un synonyme pour chacune des expressions suivantes. Utilisez les ***Mots et expressions utiles.***

Les participants

1. personne qui court
2. personne qui s'occupe de la préparation à un sport
3. personne qui adore les sports
4. personne qui participe à une compétition

Les événements

5. le succès
6. l'action de perdre
7. une épreuve sportive
8. l'ordre des gagnants

C. Questions indiscrètes. Posez les questions suivantes à un(e) copain/copine. Faites un résumé de ses réponses à la classe.

1. Est-ce que tu préfères les sports en tant que spectateur/spectatrice ou en tant que participant(e)? Quel(s) sport(s) est-ce que tu pratiques régulièrement?
2. Est-ce que tu prends part à des compétitions sportives? Lesquelles?
3. Décris une compétition sportive à laquelle tu as récemment assisté ou pris part. Il y avait combien de participants et de spectateurs? Qui a terminé premier ou quelle équipe a gagné/perdu? Quel était le score final?
4. Est-ce que tu as l'esprit compétitif quand tu fais du sport? Est-ce que c'est important, pour toi, de gagner? Pourquoi? Qu'est-ce que tu fais quand du perds un match?

PlLart/Shutterstock.com

Coupe du monde de la Fédération Internationale de Football Association (FIFA), Afrique du Sud 2010, 11 juin—11 juillet. L'équipe de France (les Bleus) participe à la quatrième Coupe du monde consécutive.

D. Tu trouves? Avec un(e) partenaire, créez de petites conversations dans lesquelles vous faites et acceptez des compliments. Discutez de vêtements, bijoux, voitures, chiens/chats, logements et iPods.

MOTS UTILES: **une coiffure** *(hairstyle)*, **une coupe** *(cut)*, **un collier, une cravate, une montre** *(watch)*, **une bague, des boucles d'oreilles, des chaussures**

MODÈLE: ***—Comme elle est belle, ta robe!***
—Tu trouves? Je l'ai achetée en solde il y a longtemps.
—On ne dirait pas. Elle a l'air toute neuve.
—Tu es trop gentille.

La grammaire à apprendre

Les mots exclamatifs

A. Compliments are often in the form of exclamatory phrases or sentences. In French, the appropriate form of the interrogative adjective **quel** is used before the noun or another adjective designating the person or thing that you wish to compliment. The indefinite article is not used in the French construction.

Quel beau service!
What a beautiful serve!

Quelle persévérance!
What perseverance!

Quels spectateurs enthousiastes!
What enthusiastic spectators!

Of course not all exclamations are necessarily complimentary or positive.

Quel idiot!
What an idiot!

B. The exclamatory adverbs **comme, que, ce que,** and **qu'est-ce que** can be used at the beginning of a clause to express a compliment or an exclamation. Contrary to English, the grammatical structures that follow the exclamatory words are in the usual declarative word order.

> **Qu'est-ce que** vous devez travailler dur!
> *How hard you must work!*
>
> **Comme** vous vous concentrez bien!
> *How well you are concentrating!*
>
> **Ce que** j'aime vous regarder servir les balles de jeux!
> *How I love to watch you serve tennis balls!*
>
> **Que** vous jouez bien!
> *How well you play!*

Activités

A. Le match de rugby. Un ami belge vient de jouer un match de rugby important. Traduisez les compliments et les commentaires qu'on lui fait pour qu'il les comprenne.

1. How well you play!
2. What a wonderful player!
3. How we loved your game!
4. What a tight (**serrée**) competition!
5. How sore (**avoir des courbatures**) you must be!
6. You are all so filthy (**sale**)!

B. À merveille! C'est vendredi après-midi et vous êtes de bonne humeur. En utilisant des mots exclamatifs, complimentez votre partenaire (qui doit répondre de façon appropriée) sur:

1. trois de ses vêtements
2. son écriture
3. sa capacité à bien s'entendre avec les autres
4. son/sa colocataire
5. son intelligence
6. un autre trait de votre choix

Coupe du Monde de la FIFA 2010

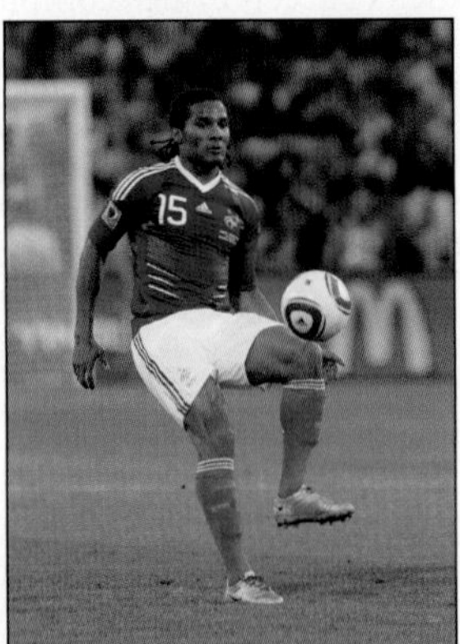

Florent Malouda fête sa fille

Avant le dîner ce dimanche soir à l'Ecrin du Val Claret, les Bleus ont fêté tous ensemble la naissance du quatrième enfant de Florent Malouda (photo).

Noël Le Graët, vice-président de la Fédération, qui a rejoint Tignes (Savoie) en fin d'après-midi, était également présent pour cette petite célébration amicale à l'hôtel de la délégation tricolore.

Félicitez M. Florent Malouda.

C. Quelle mauvaise journée! C'est lundi matin et vous arrivez au travail. Vous n'êtes d'humeur à faire de compliments à personne et vous rouspétez *(familiar—to groan, moan)* à propos de tout (par exemple: les horaires de travail, la monotonie des journées, vos collègues, votre salaire, la durée des congés, le temps qu'il fait). Défoulez-vous *(Let out some steam)* en utilisant des mots exclamatifs!

La grammaire à apprendre

Le participe présent

A. Formation

The present participle of both regular and irregular verbs is formed by dropping the **-ons** ending from the present tense **nous** form and adding **-ant.** It is the equivalent of the verbal *-ing* form in English.

utilisons	→	utilisant
finissons	→	finissant
battons	→	battant
faisons	→	faisant
EXCEPTIONS		
être	→	étant
avoir	→	ayant
savoir	→	sachant

B. Usage

The present participle functions as either a verb or an adjective.

- When used as an adjective, agreement is made with the noun that the present participle modifies:

  Le chalet où nous étions hébergés n'avait pas l'eau **courante.**
  The chalet where we were staying had no running water.

- When used as a verb, no agreement is made:

  En **sautant** à la corde, la jeune fille s'est fait mal au pied.
  While jumping rope, the little girl hurt her foot.

- Although it may be used alone, the present participle is usually preceded by the preposition **en,** to express a condition or to show that two actions are going on simultaneously:

  À chacun ses goûts. Moi, j'aime écouter la radio **en faisant** mon footing.
  To each his/her own. As for me, I like to listen to the radio while jogging.

  Les jours de compétition, je commence à me concentrer **en me levant.**
  On competition days, I begin concentrating as soon as I get up.

One of the main uses of the present participle is to express a causal relationship between two actions: **Il s'est foulé la cheville *en faisant* du ski.** *He sprained his ankle while skiing.*

NOTE **Tout** can be used before **en + participe présent** to accentuate the simultaneity or opposition of two actions. In this case, **tout** does not change form.

Tout en paraissant détendu, je me prépare à la course: je m'en fais une image mentale.
While looking relaxed, I prepare myself for the race: I picture it in my mind.

- The present participle can also express by what means something can be done:

  Comme me le dit mon entraîneur, c'est **en travaillant** à son propre rythme qu'on réussit.
  As my coach tells me, it's by working at your own pace that you succeed.

C. Différences entre le français et l'anglais

- After all prepositions except **en**, the French infinitive form is used to express the equivalent of the English present participle:

  J'ai passé tout mon temps libre **à me préparer** pour le triathlon. (passer son temps **à...**)
  I spent all my free time preparing for the triathlon.

  J'ai fini **par me placer** deuxième. (finir **par...**)
  I ended up placing second.

- The preposition **après** must be followed by the past infinitive, even though it may translate as *after* + verb + *-ing:*

  Après avoir pris une douche et **m'être changé**, j'ai mangé comme quatre.
  After taking a shower and changing, I ate like a horse.

- An infinitive in French is also used when the English present participle functions as the subject or object of a verb:

  Faire du sport est bon pour la santé.
  Practicing sports is good for your health.

Activités

A. Comme vous êtes doué(e)! Quelles activités est-ce que vous pouvez accomplir simultanément? Finissez chaque phrase en utilisant un participe présent.

1. J'écoute le professeur en...
2. Je dîne en...
3. Je fais mes devoirs en...
4. Je fais des promenades en...
5. Je regarde la télé en...

Mais il y a des limites! Quelles activités est-ce que vous trouvez impossibles à accomplir simultanément? Utilisez un participe présent.

6. Je ne peux pas parler en...
7. Je ne peux pas mâcher du chewing-gum en...
8. Je ne peux pas étudier en...
9. Je ne peux pas écrire un texto en...
10. Il est dangereux de boire en...

B. Écoute-moi! Anne Caroline Chausson, née à Dijon, est une athlète française spécialisée en cyclisme. Elle a obtenu la médaille d'or en bicycle Motocross (BMX) aux jeux Olympiques de Beijing en 2008, la première championne olympique de l'histoire du BMX. Voici des conseils qu'elle donnerait peut-être aux athlètes qui se préparent pour les jeux Olympiques de 2012 à Londres. Choisissez le verbe approprié et remplissez les blancs avec le participe présent ou l'infinitif, selon le cas.

1. On dit qu'on gagne des compétitions sportives en __________ régulièrement, et c'est tout à fait vrai. (s'entraîner/survivre)
2. La préparation comprend souvent beaucoup de séances d'entraînement __________. (épuiser/pleurer)

3. À moins d'__________ le soutien de ses amis, il est difficile de persévérer. (être/avoir)
4. Avant de/d' __________ en compétition, il faut connaître ses adversaires. (partir/entrer)
5. Tout en __________ une compétition précise, il faut toujours penser à la suivante. (se préparer à/se concentrer sur)
6. Après __________ un but, il faut immédiatement commencer à s'entraîner pour le suivant. (attendre/atteindre)
7. Plus on approche du début des Jeux, plus les journées longues et __________ deviennent la norme. (fatiguer/relaxer)
8. Mais sur le podium de la victoire en __________ une médaille d'or, d'argent ou de bronze, vous vous rendez compte que tous les sacrifices en valaient la peine. (recevoir/savoir)

C. Les proverbes. Beaucoup de proverbes français utilisent le participe présent ou l'infinitif. Avec un(e) copain/copine de classe, discutez de ce que ces proverbes veulent dire et inventez un autre proverbe du même genre. Soyez prêt(e)s à l'expliquer à la classe.

1. C'est en forgeant *(forging)* que l'on devient forgeron *(blacksmith).*
2. L'appétit vient en mangeant.
3. Vouloir, c'est pouvoir.

Interactions

A. La lettre d'un admirateur. Préparez une lettre qu'un(e) fan écrirait à un chanteur/une chanteuse célèbre. Faites beaucoup de compliments parce que vous adorez cette personne. (Vous espérez aussi qu'il/qu'elle vous offrira un CD gratuit.)

MOTS UTILES:

sensationnel(le) *(fabulous)*
l'orchestration [f] *(instrumentation)*
des paroles [f pl] **qui ont du sens** *(meaningful lyrics)*
le vidéoclip *(music video)*
la sortie de son nouvel album *(the release of his/her new album)*

B. L'interview. Vous êtes journaliste pour le journal de votre université. Votre partenaire est un(e) athlète très connu(e) qui passe plusieurs jours dans votre ville. Il/Elle vous a accordé la permission de l'interviewer pour le journal. Apprenez tout ce qui est possible sur cette personne. Commencez, bien sûr, par le/la féliciter et par lui faire des compliments.

SUJETS DE DISCUSSION POSSIBLES: s'il/si elle veut bien vous donner des détails personnels (sur son âge, sa famille, etc.); comment il/elle s'entraîne pour les compétitions; comment il/elle réagit après une victoire quand tout le monde se presse autour de lui/d'elle; s'il/si elle peut donner des conseils aux jeunes qui veulent réussir dans un sport ou dans la vie; s'il/si elle a battu un record du monde; quelle compétition a été la plus difficile pour lui/pour elle; etc.

C. Vos commentaires en ligne. Lisez le blog présenté ci-dessous et laissez un commentaire.

Une journaliste à bicyclette

Caroline Rodgers blogue sur le vélo, les voyages et autres grands plaisirs de la vie

- Accueil
- À propos

À propos

Dans ce blogue, je parle de tout ce qui concerne de près ou de loin le vélo en général, du vélo utilitaire au cyclotourisme. Je parle aussi de voyages et parfois, de transport en commun. De plus, dès que l'occasion se présente, je ne peux m'empêcher de parler de musique, car elle a toujours eu une grande importance dans ma vie. Ce blogue sert aussi de vitrine sur certains de mes articles publiés dans *La Presse* ou ailleurs. Je déblatère également sur ce qui me passe par la tête à l'occasion. Il faudra vous y faire!

Aimez-vous faire de la bicyclette? Lisez le blog et laissez un commentaire.

PRÉPARATION Dossier d'expression écrite

The focus of this chapter is writing a critical review of a film, book, or play that you have seen or read. A critical review almost always involves an opinion or judgment about the quality or effectiveness of something. It may also provide readers with a basis for making judgments or decisions. Like any statement of opinion, a critical review depends upon sound reasons and clear examples to make its point convincing.

1. Choose a film, book, or play about which you have strong positive or negative feelings.
2. Make a list of both good and bad aspects of the work you are evaluating. You may want to refer to pages 439–441 for helpful vocabulary related to your topic. Also consider the importance or lack of importance of this work.
3. After reviewing the good and bad aspects on your list, choose the overall point you want to make. Were you delighted, bored, angry, or stimulated by the work?
4. Show your list to a classmate to get helpful feedback.

LEÇON 2

COMMENT EXPRIMER LE REGRET ET FAIRE DES REPROCHES
Blog (suite)

Premières impressions

1. Identifiez: les expressions qu'on utilise pour exprimer le regret et pour faire des reproches
2. Trouvez: a. la stratégie que Jean-Jacques a utilisée
   b. l'excuse qu'il donne à propos de Monte Carlo

Jean-Jacques Dumas, qui a perdu le match, réfléchit sur sa performance dans son blog.

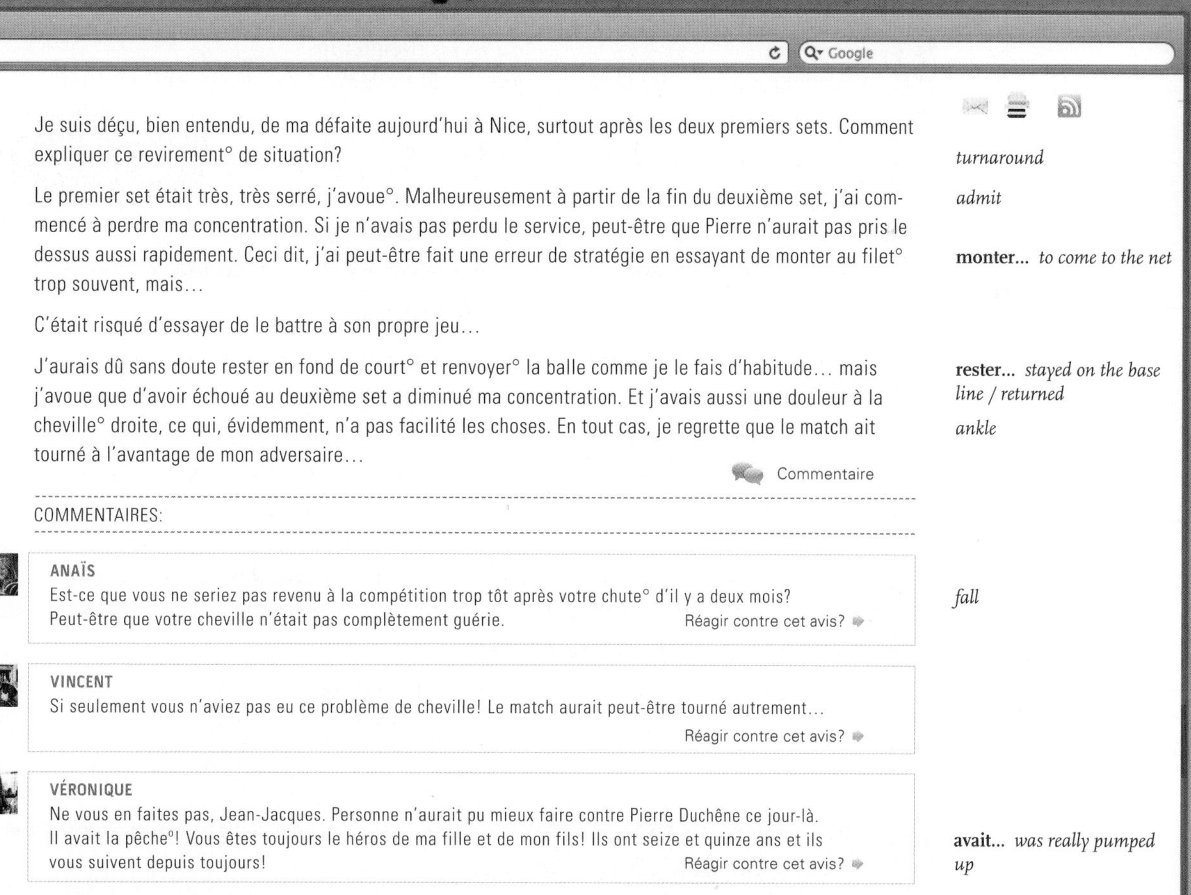

Je suis déçu, bien entendu, de ma défaite aujourd'hui à Nice, surtout après les deux premiers sets. Comment expliquer ce revirement° de situation?

Le premier set était très, très serré, j'avoue°. Malheureusement à partir de la fin du deuxième set, j'ai commencé à perdre ma concentration. Si je n'avais pas perdu le service, peut-être que Pierre n'aurait pas pris le dessus aussi rapidement. Ceci dit, j'ai peut-être fait une erreur de stratégie en essayant de monter au filet° trop souvent, mais...

C'était risqué d'essayer de le battre à son propre jeu...

J'aurais dû sans doute rester en fond de court° et renvoyer° la balle comme je le fais d'habitude... mais j'avoue que d'avoir échoué au deuxième set a diminué ma concentration. Et j'avais aussi une douleur à la cheville° droite, ce qui, évidemment, n'a pas facilité les choses. En tout cas, je regrette que le match ait tourné à l'avantage de mon adversaire...

Commentaire

turnaround

admit

monter... *to come to the net*

rester... *stayed on the base line / returned*

ankle

COMMENTAIRES:

ANAÏS
Est-ce que vous ne seriez pas revenu à la compétition trop tôt après votre chute° d'il y a deux mois? Peut-être que votre cheville n'était pas complètement guérie. Réagir contre cet avis?

fall

VINCENT
Si seulement vous n'aviez pas eu ce problème de cheville! Le match aurait peut-être tourné autrement... Réagir contre cet avis?

VÉRONIQUE
Ne vous en faites pas, Jean-Jacques. Personne n'aurait pu mieux faire contre Pierre Duchêne ce jour-là. Il avait la pêche°! Vous êtes toujours le héros de ma fille et de mon fils! Ils ont seize et quinze ans et ils vous suivent depuis toujours! Réagir contre cet avis?

avait... *was really pumped up*

À suivre

Observation et analyse

1. Est-ce que la performance de Jean-Jacques a été à la mesure de ce qu'il attendait de lui-même? Expliquez.
2. Jean-Jacques donne plusieurs raisons pour expliquer sa défaite. Quelles sont ses raisons?
3. D'après vous, pourquoi est-ce que Jean-Jacques ne mentionne pas Pierre et ses talents de joueur? Expliquez.

Réactions

1. Maintenant que vous avez lu l'interview de Pierre Duchêne et le blog de Jean-Jacques Dumas, qu'est-ce que vous pensez de leur personnalité et du match qui les a opposés?
2. Et vous, dans quelles situations est-ce que vous exprimez des regrets?
3. Et dans quelles circonstances est-ce que vous vous faites des reproches?

Expressions typiques pour...

Exprimer le regret

Je regrette qu'elle soit déjà partie.

C'est bien regrettable/dommage que... (+ subjonctif)

Si seulement elle était restée plus longtemps!

Si seulement j'avais pu venir plus tôt!

Malheureusement, je suis arrivé(e) en retard.

Je suis désolé(e) *(sorry)* { que Paul (+ subjonctif)... / de te/vous dire que (+ indicatif)...

Reprocher quelque chose à quelqu'un

Pour une action que vous ne jugez pas trop grave

Tu n'aurais/Vous n'auriez pas dû faire ça.
Il ne fallait pas...
Ce n'était pas bien de...
Je n'aurais pas fait cela comme ça.

Pour une action que vous jugez assez grave

Tu devrais/Vous devriez avoir honte.
Comment as-tu/avez-vous pu faire ça?
C'est très grave ce que tu as/vous avez fait.
C'est inadmissible! C'est scandaleux!

Se reprocher quelque chose

Je n'aurais pas dû faire ça.
Que je suis bête/imbécile/idiot(e)!
J'ai eu tort de...
J'aurais dû...
J'aurais mieux fait de...
Je n'aurais pas perdu si... (+ plus-que-parfait)

Présenter ses condoléances

Nous vous présentons nos sincères condoléances.
Nous prenons part à votre douleur.
Nous sommes tous touchés par votre grand malheur.
Nous avons appris avec beaucoup de peine le deuil *(sorrow)* qui touche votre famille.

Vers chez Antoine, le 19 février

Bonjour Linda,

Je m'appelle Magaly, je suis la femme de Michel, c'est moi qui vous écris parce qu'il nous est arrivé un grand malheur, ma belle-maman est décédée le 20 janvier de cette année. Elle m'avait très souvent parlé de vous, c'est pourquoi je me permets de vous écrire ces quelques lignes.
Nous avons tous beaucoup de peine à surmonter ce deuil. Nos 3 enfants sont aussi vivement touchés.
J'espère que vous continuerez à nous donner de vos nouvelles chaque année et qui sait, peut-être que vous nous rendrez visite une fois, cela nous ferait vraiment plaisir.

Sachez qu'elle avait gardé un très bon souvenir de vous.

Bonnes salutations à votre petite famille et à bientôt.

Grosses bises

Jean-Pierre, Michel
Magaly et Marjory 8½ ans
Michèle 5ans
Johnny 3ans

Famille M-Dubois
Vers chez Antoine
2115 Mont-de-Bains

Quelles sont les nouvelles de Magaly? Pourquoi est-ce qu'elle écrit à Linda? Quels sont les rapports entre Linda et la famille de Magaly? Quelle sorte de réponse est-ce que Linda va probablement écrire?

Mots et expressions utiles

Situations regrettables

attraper un coup de soleil *to get sunburned*

ne pas mettre d'huile [f]/de lotion [f] solaire *to not put on suntan oil/lotion*

avoir un accident de voiture *to have an automobile accident*

conduire trop vite/rapidement *to drive too fast*

oublier d'attacher/de mettre sa ceinture de sécurité *to forget to fasten/put on one's seat belt*

échouer à/rater un examen *to fail/flunk an exam*

sécher un cours *to cut a class*

être fauché(e) *to be broke (out of money)*

être sans le sou *to be without a penny*

Divers

avouer *to admit*

grossir/prendre des kilos *to put on weight*

un rendez-vous avec un(e) inconnu(e) *blind date*

ne pas se réveiller à temps *to oversleep*

Mise en pratique

—**C'est bien regrettable** que Marc n'ait pas pu finir ses cours cette année.

—Oui, **il a eu un accident de voiture.** Il **conduisait trop vite,** et en plus il **avait oublié de mettre sa ceinture de sécurité.** Il a été éjecté de la voiture.

—Et comment il va?

—Il a passé deux semaines à l'hôpital, mais quand il a repris les cours, il a eu du mal à rattraper son retard. Il a laissé tomber, je crois.

Activités

A. Les regrets. En utilisant les ***Expressions typiques pour...***, exprimez votre regret dans chaque situation.

1. Votre voisin(e) déménage et va s'installer dans une autre ville. C'est la dernière fois que vous vous voyez avant qu'il/elle ne déménage.
2. Vous n'avez pas terminé votre devoir pour le cours de français. Excusez-vous auprès du professeur.
3. Parlez avec votre ami(e) au sujet d'un(e) autre ami(e) que vous aviez invité(e) à votre soirée, mais qui n'est pas venu(e).
4. Vous vous trouvez aux obsèques *(funeral)* d'un ami de votre famille. Exprimez vos condoléances à son épouse.

Orange de colère

Un supporter hollandais, après la défaite des « Orange » en demi-finale contre l'Italie : Nous allons boycotter les pizzas aux Pays-Bas et aussi les macaronis et les spaghettis.

Pourquoi ce jeune homme va-t-il boycotter les macaronis?

B. Vous êtes fâché(e)! Faites un reproche à la personne indiquée dans chacune des circonstances suivantes. (Attention: Évaluez la sévérité de chaque action avant de formuler votre reproche.)

1. Votre fils de sept ans a demandé à son grand-père de l'argent pour acheter un nouveau jouet.
2. Votre copain/copine a admis qu'il/elle sortait avec quelqu'un d'autre depuis un mois.
3. Votre professeur vous a donné une interro-surprise.
4. Vous rendez visite à votre ami(e) et vous voyez qu'il/elle jette tous ses papiers, plastiques, etc. dans sa poubelle *(wastebasket)* au lieu de les recycler.
5. Un copain/Une copine a oublié de vous dire qu'il/elle ne pourrait pas venir vous voir à sept heures ce soir.

C. Que je suis bête! Vous vous faites des reproches dans les situations suivantes.

1. C'est le week-end et vous êtes sans le sou!
2. Vous avez raté votre examen de chimie.
3. Un(e) ami(e) vous donne un cadeau de Noël, mais vous ne lui avez rien acheté.
4. Vous êtes très fatigué(e) ce matin parce que vous n'avez dormi que trois heures la nuit dernière.
5. Vos vêtements ne vous vont plus. Ils vous serrent trop *(are too tight)*.
6. Vous avez attrapé un coup de soleil.
7. Vous avez raté une interro-surprise parce que vous aviez séché le cours précédent. Par conséquent, vous n'avez pas su répondre aux questions.
8. Vous avez eu un accident de voiture, et maintenant vous êtes hospitalisé(e) pour plusieurs jours.

La grammaire à apprendre

Le conditionnel passé

The past conditional in French expresses what *would have happened* if another event had taken place or if certain conditions had been present. Thus, it is commonly used in expressions of regret and reproach.

Je **serais venu** plus tôt si j'avais su que tu avais besoin de mon aide.
I would have come earlier if I had known that you needed my help.

A. Formation

- To form the past conditional, an auxiliary verb in the simple conditional is followed by the past participle. The rules of agreement common to all compound tenses are observed.

Je serais arrivée...
Tu lui aurais parlé...
Nous aurions fini...
Vous vous seriez fâchés...

Cette lettre? Paul ne l'**aurait** pas **écrite.**
Et Jeanne et Guillaume, ils l'**auraient écrite**?

B. Usage

- Common ways of expressing regret and reproach in English are *could have* and *should have.* In French, *could have done something* is expressed by the past conditional of **pouvoir + infinitif.**

Tu **aurais pu** me téléphoner!
You could have called me!

- *Should have done something* is expressed by the past conditional of **devoir + infinitif.**

Tu as raison. J'**aurais dû** te téléphoner.
You're right. I should have called you.

NOTE Either the simple conditional or the past conditional must be used following the expression **au cas où.**

Au cas où tu **aurais** encore des problèmes, tu **pourrais** me donner un coup de fil.
In case you have further problems, you could give me a call.

Au cas où le technicien n'**aurait** pas **pu** venir réparer ta machine à laver, donne-moi un coup de fil.
In case the repair person isn't able to come repair your washing machine, give me a call.

Les phrases conditionnelles

The past conditional is seen most often in conditional sentences in which the verb in the **si-**clause is in the **plus-que-parfait.**

Si tu me l'**avais dit,** j'**aurais pu** apporter tous les outils nécessaires pour réparer ta machine à laver.
Tu n'**aurais** pas **eu** à faire venir un plombier si tu m'**avais parlé** de tes difficultés.

Other sequences of tenses may occur occasionally; however, future or conditional tenses can *never* be used in the **si**-clause.

SUMMARY OF CONDITIONAL SENTENCES

***Si*-clause**	**Main clause**
présent	futur/présent/impératif
imparfait	conditionnel
plus-que-parfait	conditionnel passé

Activités

A. Dans ma boule de cristal. Prévoyez ce qui se serait passé dans les cas suivants, en formant des phrases avec les éléments donnés. Faites tout changement nécessaire.

Si j'avais étudié davantage pour l'examen de français hier soir...

1. ... je / obtenir / une meilleure note
2. ... professeur / être / content
3. ... je / impressionner / copains/copines de classe
4. ... je / recevoir / mon diplôme / cette année
5. ... C'est à vous de décider!

Si la plateforme pétrolière de BP n'avait pas explosé en avril 2010...

6. la vie / continuer / normalement / Louisiane et / les états du sud des États-Unis
7. les pêcheurs / ne pas être obligé / arrêter / sortir en mer
8. les hôtels / garder / tout / leurs employés
9. la région / ne pas souffrir / nouveau / récession économique / à peine cinq ans après l'ouragan Katrina
10. ... C'est à vous de décider!

Complétez la phrase: Moi, si j'étais riche,... !

B. Ah, les regrets... Avec un(e) copain/copine, complétez chaque phrase en utilisant le plus-que-parfait ou le conditionnel passé, selon le cas.

1. Je n'aurais pas échoué à l'examen si...
2. J'aurais fait du jogging ce matin si...
3. Si tu m'avais invité(e) à ta soirée...
4. Si j'avais passé plus de temps à la bibliothèque le semestre/trimestre passé...
5. J'aurais dormi plus de cinq heures hier soir si...
6. Si nous n'avions pas tant dansé hier soir...
7. Vous n'auriez pas attrapé de coup de soleil si...

C. Si seulement... La grand-mère de Sonia et d'Olivier, qui a quatre-vingts ans et qui souffre de nombreuses maladies, leur parle des regrets de sa vie passée. Elle donne aussi des conseils aux jeunes gens d'aujourd'hui pour prolonger leur vie. Utilisez le mode (indicatif, conditionnel, infinitif, participe présent, impératif) et le temps approprié pour compléter chaque phrase.

Mes médecins me disent que je ________ (pouvoir) vivre au moins dix ans de plus si j'avais suivi leurs conseils. Donc, si je les avais écoutés, je ________ (faire) davantage de gymnastique et je ________ (consommer) moins de sel et moins de graisses *(fat)*. Mais c'est trop tard maintenant.

Oh là là, ________ (regarder) comme ma peau est sèche! Je ________ (ne pas devoir) prendre de bains de soleil sans ________ (mettre) de lotion solaire, c'est certain. Et mes poumons—mon Dieu! Après ________ (fumer) pendant plus de cinquante ans, ils ne sont plus en bonne santé, je vous assure! Je ________ (ne jamais devoir) commencer à fumer.

Si j'étais vous, je ________ (s'arrêter de fumer) aujourd'hui même. De plus, je ________ (manger) moins de viande et plus de légumes et de fruits frais. Au cas où vous ________ (douter) de la valeur de ces conseils, vous ________ (n'avoir que) à regarder l'espérance de vie des Japonais.

Mais surtout, si vous ________ (vouloir) vivre bien et longtemps, il faut rester en bonne forme en ________ (faire) du sport et en ________ (éviter) les excès d'une vie trop sédentaire.

Voilà mes conseils pour la postérité! ________ (Écouter) cette vieille femme qui vous aime et ________ (ne pas faire) les mêmes erreurs!

D. Questions indiscrètes: Les fantasmes. Posez les questions suivantes sur ses fantasmes à un(e) copain/copine. Puis faites un résumé de ses réponses à la classe.

1. Si tu avais pu choisir n'importe quelle université, laquelle est-ce que tu aurais choisie?
2. Si tu pouvais habiter n'importe où, où est-ce que tu habiterais?
3. Si tu pouvais faire la connaissance de quelqu'un de célèbre, qui est-ce que tu choisirais?
4. Si tu pouvais faire une bonne action *(do a good deed)*, laquelle est-ce que tu ferais?
5. Si tu avais eu beaucoup de temps et d'argent le week-end dernier, qu'est-ce que tu aurais fait?
6. Si tu gagnes sept millions de dollars aujourd'hui, que feras-tu ou bien où iras-tu?
7. Si tu pouvais changer quelque chose dans ta vie, qu'est-ce que tu changerais?

Liens culturels

Les Français et le sport

Vous jouez au football? Vous avez participé à une course à pied quelconque? À quelle occasion? Savez-vous d'où vient le mot «marathon»?

Daniel Thierry/Photononstop/Photolibrary

Les Français sont de plus en plus nombreux à pratiquer une activité sportive, même occasionnellement. On croit qu'une meilleure résistance physique aide à mieux supporter les agressions de la vie moderne. De plus, on sait que les activités physiques sont importantes pour garder la santé et pour prolonger la vie. Le sport est considéré comme un loisir important.

De façon générale, la pratique des sports est en forte hausse. Les sports les plus pratiqués par ordre décroissant sont: le vélo; la natation; la pétanque, les boules et le bowling; la randonnée et le trekking. Aujourd'hui, «plus d'un Français sur trois pratique un sport individuel, contre un sur quatre en 1973; un sur quinze pratique un sport collectif». La popularité des sports individuels comme le jogging, l'aérobic, le tennis, l'équitation et la musculation reflète sans doute l'individualisme des Français. Cependant, beaucoup de Français pratiquent des sports individuels en groupe, par exemple, la randonnée, la danse, le vélo et le roller, pour profiter de la convivialité sans subir les contraintes de sports d'équipes, qui impliquent des entraînements et des compétitions. Parmi les sports d'équipe, le basket connaît une popularité qui profite de la médiatisation des champions américains. Les Français adorent le foot (le football), mais c'est surtout en tant que spectateurs qu'ils aiment «participer». Le championnat du monde en 1998 (Coupe du monde) et le championnat d'Europe en 2000 dominaient la mémoire collective des Français jusqu'à la qualification des Bleus en finale de la Coupe du monde de 2006, et le malheureux coup de tête de leur star Zinedine Zidane. L'intérêt des Français pour le spectacle sportif, malgré les performances pas toujours bonnes de leurs équipes, comme par exemple celle des Bleus à la Coupe du monde de 2010, s'explique, en partie, par une résurgence du nationalisme et du régionalisme.

Quels sports sont les plus populaires aux États-Unis? Quels sports préférez-vous pratiquer? Est-ce que vous suivez les matchs à la télé tout(e) seul(e) ou en groupe? Expliquez.

Adapté de Gérard Mermet, *Francoscopie 2010* (Larousse, pp. 477–478; 484).

Interactions

A. Jouez le rôle. Vous allez avoir une très mauvaise note dans une de vos classes à la fin de ce semestre/trimestre. Deux copains/copines de classe vont jouer le rôle de vos parents. Vous allez leur annoncer la mauvaise nouvelle. Ils vont vous reprocher la mauvaise note et ils vont expliquer tout ce que vous auriez pu faire pour éviter la situation (étudier davantage, passer moins de temps à texter, leur dire plus tôt pour qu'ils puissent payer des leçons particulières, etc.).

B. Composition. C'est la rentrée des classes en septembre. Le professeur de votre cours de français vous demande d'écrire une composition qui raconte ce que vous avez fait pendant les vacances d'été. Il vous demande de l'écrire en répondant à la question suivante:

En quoi est-ce que votre été aurait été différent si vous aviez disposé d'une somme d'argent illimitée et du temps nécessaire pour la dépenser?

PREMIER BROUILLON Dossier d'expression écrite

1. To guide you as you write your critical review, draft a statement that sums up your overall evaluation of the work, using the list of positive and negative aspects that you developed in the previous lesson. This statement can be placed early in the review or used as a summary point in the last sentence.
2. Begin your draft with a summary of the work. The summary can be short or more extensive, but don't reveal the whole plot of the movie, book, or play. Give your readers a chance to find it out for themselves.
3. Incorporate specific material from the work that supports your opinion. You may begin with supporting evidence and end with a statement of opinion. Or you may start with your opinion and follow it up with reasons, facts, and examples. If your review is not entirely supportive, you may want to hypothesize about what could have been different in the work or what would have improved it.

LEÇON 3

COMMENT RÉSUMER

Conversation (conclusion)  Track 21

Premières impressions

1. Identifiez: les expressions pour résumer
2. Trouvez: a. combien de personnages principaux il y aura dans le film
   b. quel acteur célèbre va jouer dans le film

Ayant remarqué dans le public la réalisatrice° Laurence Miquel qui a assisté au match, la journaliste décide de profiter de l'occasion.

LA JOURNALISTE J'accueille maintenant Laurence Miquel qui va nous parler un peu de sa nouvelle réalisation°. Alors de quoi s'agit-il? Quel est le thème du film que vous tournez?

LAURENCE MIQUEL Eh bien, c'est plutôt un documentaire fictionnel car l'intrigue° est basée sur une histoire vraie, celle d'une famille de pionniers américains. L'histoire se déroule° sur quatre générations. Avec tout un jeu de retours en arrière°, je montre en fait combien le couple d'aujourd'hui vit une histoire semblable à celle de ses grands-parents. Au fond, il s'agit de l'histoire d'un amour contrarié qui aboutit à un dénouement heureux au bout de cinquante ans. Les liens complexes qui se sont tissés° entre les personnages principaux°, cinq pour être précis, expliquent les obstacles auxquels les jeunes sont confrontés. Mais ils permettent aussi la démarche de réconciliation qui prend place.

LA JOURNALISTE Oh! Ça a l'air intéressant! Vous nous mettez l'eau à la bouche. Et l'action se déroule où?

LAURENCE MIQUEL Dans l'Ouest américain. Le contraste entre le passé et le présent a beaucoup à voir avec° le thème. En deux mots, j'essaie de créer un dialogue entre ce qui était rural et très peu développé au siècle dernier et le monde moderne d'aujourd'hui. D'où le titre «Le Retour vers l'Ouest». Le contraste fait ressortir les parallélismes.

LA JOURNALISTE Je ne crois pas que les interprètes° que vous avez choisis soient tellement connus. C'est vrai?

LAURENCE MIQUEL Non. Le public va les découvrir. À part une apparition éclair° de Romain Duris, ce sont tous de jeunes débutants°.

LA JOURNALISTE Eh bien! J'espère que ce film sera aussi bien reçu des critiques que vos deux derniers films et qu'il sera sélectionné pour le Festival de Cannes de l'an prochain.

LAURENCE MIQUEL On verra... En tous cas, je vous remercie beaucoup.

director

production

plot

takes place

retours... *flashbacks*

woven

personnages [m pl]... *main characters*

a beaucoup... *has a lot to do with*

[m pl] *the cast*

apparition... *quick appearance (cameo) / beginners*

Observation et analyse

1. Quelle sorte de film est-ce que Laurence Miquel est en train de faire?
2. Quel en est le thème?
3. Parlez de la signification *(meaning)* du titre.
4. Où est-ce que l'action se déroule?
5. À quelle époque se déroule le film?
6. Quelles sortes de gens iront probablement voir ce film? Pourquoi?

Réactions

1. Est-ce que vous avez envie de voir ce film? Expliquez.
2. Est-ce que vous avez déjà vu un film français? Lequel? Parlez-en.
3. Quels films est-ce que vous avez vus et aimés récemment? Pourquoi?
4. Qui est votre acteur préféré/actrice préférée?

Since summarizing can involve telling a shortened version of a story, you may find it helpful to review the expressions used for telling a story in **Chapitre 4.**

Expressions typiques pour...

Résumer

Donc,...
Enfin bref,...
Pour résumer, je dirai que...
Je résume en quelques mots...
En bref,...
Pour tout dire,...
En somme,...
Ceci dit,...
Somme toute *(When all is said and done)*,...
Ce qu'il a dit, c'était que...
Ce qu'il faut (en) retenir *(retain)*, c'est que...
Ce qui s'est passé, c'est que...
En deux mots, le gangster a été tué par la police...

Guide pour vous aider à résumer un film/une pièce/un roman

Est-ce que vous savez le nom du réalisateur/du metteur en scène *(stage director)*/ de l'écrivain? (Non, je ne sais pas...)

Combien de personnages principaux est-ce qu'il y a dans le film/la pièce/le roman *(novel)*? (Il y en a...)

Qui sont-ils? Décrivez ces personnages. Parlez des interprètes. (Ils sont...)

Quand est-ce que l'action se déroule? Où?

Est-ce qu'il y a des retours en arrière?

De quoi s'agit-il dans le film/la pièce/le roman? *(What is the film/play/novel all about?)* (Il s'agit de...)

Résumez l'intrigue./Racontez un peu l'histoire.

Quelle est la signification du titre? (Le titre signifie...)

Quel est le thème principal?

Comment est-ce que vous trouvez le film/la pièce/le roman? Est-ce qu'il/elle est intéressant(e)? passionnant(e)? ennuyeux/ennuyeuse? médiocre? (Je le/la trouve...)

Guide pour vous aider à résumer un article

Est-ce que vous savez le nom de l'auteur? (Oui, il/elle s'appelle...)
De quoi traite *(treats, deals with)* l'article? (L'article traite de...)
Quelles sont les idées les plus importantes présentées par l'auteur? (Les idées les plus importantes sont.../Ce que l'auteur a dit d'important, c'est que...)
Donnez plusieurs exemples que l'auteur utilise pour exprimer ses idées ou développer des arguments.
Est-ce que le titre s'explique?
Pour quelle(s) raison(s) est-ce qu'on lirait cet article? (On le lirait pour.../parce que...)
Quelle est votre réaction à la lecture de cet article? (J'ai trouvé cet article...)

Mots et expressions utiles

Une pièce

une comédie musicale *musical*
l'éclairage [m] *lighting*
l'entracte [m] *intermission*
frapper les trois coups *to knock three times (heard just before the curtain goes up in French theaters)*
jouer à guichets fermés *to play to sold-out performances*
le metteur en scène *stage director*
la mise en scène *staging*
l'ouvreuse [f] *usher*
une représentation *performance*
(avoir) le trac *(to have) stage fright*
la troupe *cast*

Un film

un acteur/une actrice *actor/actress*
un(e) cinéaste *filmmaker*
un(e) débutant(e) *beginner*
le dénouement *ending*
se dérouler/se passer *to take place*
un(e) interprète *actor/actress*
les interprètes [m/f pl] *cast*
l'intrigue [f] *plot*
le personnage (principal) *(main) character*
un producteur *producer (who finances)*
le réalisateur/la réalisatrice *director*
la réalisation *production*
un retour en arrière *flashback*
un(e) scénariste *scriptwriter*
le thème *theme*
tourner un film *to shoot a film*
la vedette *star (male or female)*
des genres de films *types of films*
- une comédie *comedy*
- un dessin animé *cartoon*
- un documentaire *documentary*
- un film d'amour *love story*
- un film d'animation *animated film*
- un film d'aventures *adventure film*
- un film d'épouvante *horror movie*
- un film d'espionnage *spy movie*
- un film de guerre *war movie*
- un film policier *police story, mystery story*
- un western *western*

un film doublé *dubbed film*
avec sous-titres [m pl] *(with) subtitles*
en version originale (v.o.) *in the original language*

Réactions

avoir à voir avec *to have something to do with*

C'est complet. *It's sold out.*

un compte rendu *review (of film, play, book)*

un(e) critique de théâtre/de cinéma *theater/film critic*

un four *flop*

un navet *third-rate film*

réussi(e) *successful*

Mise en pratique

Décidément, les comédies musicales sont de retour à Paris! Aux côtés des festivals d'été qui font le bonheur de bien des Français et des touristes à travers la France, le Théâtre du Châtelet reprend *Les Misérables* dans une nouvelle adaptation. Avec une **mise en scène** par Claude-Michel Schöenberg et Alain Boubil en 1980, ce spectacle a fait le tour du monde. Le **producteur** anglais Cameron MackIntosh a misé sur *(bet on)* le marché anglo-saxon qui a été séduit par l'histoire de Cosette et de Jean Valjean. Avec des **acteurs** de premier ordre, cet opéra moderne a souvent été **joué à guichets fermés.** Il est resté sur Broadway pendant dix-huit ans. Qui aurait pensé que le roman le plus connu et le plus aimé de Victor Hugo (1802–1885) devienne un jour un spectacle à ne pas manquer?

Activités

A. Résumez. Racontez en une ou deux phrase(s) les faits suivants en utilisant les expressions pour résumer.

1. votre dernière conversation avec votre professeur de français
2. votre dernière conversation avec votre patron ou un autre professeur
3. un programme de télévision
4. un événement d'actualité

B. En bref... Résumez en une ou deux phrase(s) le contenu des deux conversations et du blog d'un des chapitres précédents, en utilisant les expressions pour résumer.

MODÈLE: ***(Chapitre 5, Leçon 2, blog)***

Il s'agit d'un père de famille français, M. Cézanne, qui décrit dans son blog les petits soucis que lui donne sa fille Julie. Selon lui, elle passe trop de temps à regarder la télé et en oublie ses devoirs. Ce qui le consterne* (saddens him), *c'est qu'elle a pris goût aux navets et aux séries médiocres qui passent le soir.

Clara

2008. 1h45. Comédie dramatique franco-germano-hongroise en couleurs de Helma Sanders-Brahms avec Martina Gedeck, Malik Zidi, Pascal Greggory.

En 1850, Clara Schumann accompagne son mari en tournée. Le musicien, sujet à des crises d'angoisse, se laisse remplacer par son épouse qui joue ses pièces. Le couple rencontre le jeune Johannes Brahms, Clara devient sa muse. La réalisatrice de « Allemagne mère blafarde » s'attache à un portrait de femme : pianiste, compositrice, épouse, mère, muse.

.L'Arlequin 25 v.o. .Publicis cinémas 50 v.o.

Pariscope

Quel est le thème de cette comédie? Qui est Clara? Est-ce que ce film vous tenterait? Si vous aviez le temps ce week-end, avec qui iriez-vous le voir?

C. Êtes-vous cinéphile? Écrivez les titres de dix films que vous avez vus (américains et étrangers) pendant les deux dernières années. Classez chaque film d'après son genre. Comparez votre liste et votre classification avec celles de vos copains/copines. Discutez de votre genre de film préféré.

D. Oscar/César. Quels sont les films qui ont reçu des «Oscar» cette année (ou l'année dernière) pour les catégories suivantes: meilleur film, meilleur réalisateur, meilleur acteur, meilleure actrice? Qu'est-ce que vous avez pensé des décisions des membres du jury? Est-ce que vous avez vu les films qui ont reçu le plus d'«Oscar»? Est-ce que vous savez quels films français ont gagné le plus de «César» cette année (ou l'année dernière)? Voir **www.lescesarducinema.com.**

E. En peu de mots... Choisissez une pièce ou un film que vous avez vu(e) ou un article que vous avez lu récemment. Faites-en un petit résumé.

Liens culturels

Le septième art

Si les Français vont au cinéma moins souvent que les Américains (la fréquentation moyenne par habitant était de 3 fois en France contre 4,6 fois aux États-Unis en 2008), ceci ne veut pas dire que les Français manquent de passion pour le septième art. Au contraire, ils le célèbrent chaque année, surtout pendant la Fête du cinéma. On achète une Carte Fête du cinéma au prix normal du billet d'entrée de la salle où l'on se rend. Cette carte est ensuite validée, pendant sept jours et dans toutes les salles de la ville, moyennant 3€ à chaque séance supplémentaire. Divers spectacles ont aussi lieu à Paris et en province à cette occasion et des soirées sont organisées dans des bars et des discothèques. Pour en savoir plus, visitez le site **www.feteducinema.com**.

Cette passion des Français pour le cinéma remonte à plus d'un siècle. En fait, c'est en France, en 1895, que le cinéma est né. Antoine Lumière avait organisé la première projection publique de ses «photographies animées» à l'hôtel Scribe, un haut lieu de la vie parisienne à l'époque. Ses fils, Auguste et Louis, ont inventé la machine qui permettait de les montrer de façon successive. Lorsque Louis Lumière a montré les dessins de son premier cinématographe à son constructeur, Jules Charpentier, ce dernier lui a dit: «C'est intéressant mais ça n'a aucun avenir!» Aujourd'hui, avec plus de 188,8 millions de spectateurs par an, l'avenir du cinéma en France n'est guère en danger. Pourtant, il faut dire que les nouvelles technologies permettent de plus en plus de «faire venir le cinéma chez soi». Beaucoup de Français se sont équipés de télés à haute définition, avec écrans *(screens)* larges et plats, et d'un système de vidéo-projection. Par ailleurs, les chaînes numériques *(digital channels)*, accessibles par le câble, le satellite ou Internet, et les lecteurs de DVD à disque dur donnent aux Français la possibilité de recréer l'expérience du cinéma chez eux. Un troisième facteur qui entre peut-être en ligne de compte est le prix des places de cinéma: les entrées de cinéma coûtent plus cher en France qu'aux États-Unis (presque 10 euros). Il n'existe pas beaucoup de salles bon marché permettant aux familles modestes de s'offrir ce plaisir.

La récompense la plus prestigieuse du cinéma français est le «César», l'équivalent français de l'«Oscar» d'Hollywood. La première nuit des «César» s'est déroulée en 1976. À la cérémonie des «César» de 2010, *Un prophète* a remporté le prix du meilleur film français de l'année. Isabelle Adjani et Tahar Rahim ont reçu les «César» des meilleurs interprètes féminin et masculin. Le «César» du meilleur film étranger a été décerné à *Gran Torino*. Visitez le site **www.lescesarducinema.com** pour en savoir plus.

Le cinéma américain et le cinéma français sont-ils différents? Pas vraiment, mais une des différences les plus souvent citées est l'importance du rôle du metteur en scène, ou «auteur», dans le choix des sujets et dans le style des films français (et européens en général). Alors que les films américains sont plutôt basés sur des aventures au rythme rapide, les films français ont toujours tendance à être plus lents, plus psychologiques et souvent plus intellectuels. Les grands metteurs en scène considèrent leurs films comme des œuvres d'art.

Croyez-vous que cet écart entre le style des films français et celui des films américains puisse disparaître un jour? Quel style de film est-ce que vous préférez? Pourquoi? Connaissez-vous des films qui ont été primés *(awarded a prize)* il y a dix ans? quinze ans? Allez-vous souvent au cinéma? Pourquoi ou pourquoi pas? Pourquoi, à votre avis, est-ce que le cinéma continue à occuper une place importante dans la vie sociale des Français et des Américains?

Adapté de *Francoscopie 2010* (Larousse, pp. 428; 431); www.lescesarducinema.com; www.feteducinema.com

La grammaire à apprendre

La voix passive

A. Formation

The passive voice is useful in a number of contexts, including reporting the facts and summarizing what went on.

Ce qui se passe à la fin du roman *Une rage fatale*, c'est que le mari **est tué** par sa femme qui est jalouse.

An active voice construction is characterized by normal word order, where the subject of the sentence performs the action and the object receives the action.

Sujet	**Verbe actif**	**Objet**	**Complément de lieu**
La femme	a vu	son mari et sa maîtresse	dans un restaurant.

In a passive voice construction, the subject is acted upon by the object (called the agent) and thus switches roles with the object.

Sujet	**Verbe passif**	**Agent**	**Complément de lieu**
Le mari et sa maîtresse	ont été vus	par la femme	dans un restaurant.

In French, only verbs that are followed directly by an object (i.e., no preposition precedes the object) can be put into the passive voice.

NOTE The past participle agrees with the subject of the verb **être**. The formation is as follows:

subject + **être** + past participle (+ **par/de** + agent)

La femme **avait été arrêtée par** la police à une autre occasion; elle **était soupçonnée d'**avoir commis un vol.

An agent is not always mentioned. If one is expressed, it is usually introduced by **par**. However, **de** is used when the passive voice denotes a state. Typical past participles that are likely to be used with the preposition **de** are **aimé, détesté, haï, respecté, admiré, craint, connu, dévoré, entouré,** and **couvert.**

Durant toutes leurs années de mariage, elle **avait été dévorée de** jalousie.

B. Pour éviter la voix passive

The passive voice construction is used much less often in French than in English. The following are alternatives to the use of the passive voice.

- If an agent is expressed, transform the sentence to the active voice. Thus, the agent is made the subject of the sentence and the passive subject becomes the direct object.

PASSIVE: *Une rage fatale* **a été écrit** par un romancier célèbre.
ACTIVE: Un romancier célèbre **a écrit** *Une rage fatale.*

- If an agent is not expressed and is a person, use the indefinite pronoun **on** as the subject, followed by the active verb in the third-person singular form.

  PASSIVE: Ce roman **est connu** dans de nombreux pays.
  ACTIVE: **On connaît** ce roman dans de nombreux pays.

- Certain common, habitual actions in English expressed in the passive voice can be rendered in French by pronominal verbs, assuming that the subject is inanimate. Common pronominal verbs used in this situation are **se manger, se boire, se parler, se vendre, s'ouvrir, se fermer, se dire, s'expliquer, se trouver, se faire,** and **se voir.**

  Ce roman ne **se vend** pas bien en ce moment.
  This novel is not selling very well right now.

  Mais cela **s'explique** facilement, puisqu'il vient seulement de sortir en librairie.
  But that is easily explained, since it just came out in the bookstores.

Quels films est-ce que les critiques ont aimés? Êtes-vous d'accord avec leur opinion?

cinéma | hit parade

cotation des critiques

	V. Gaucher A. Gaillard PARISCOPE	Eric Libiot L'EXPRESS	Gérard Delorme PREMIERE	Peter Fondu OUI FM	Françoise Delbecq ELLE	Fabrice Leclerc STUDIO CINE LIVE	David Groison PHOSPHORE	Julien Barcilon TELE 7 JOURS	Bruno Cras EUROPE 1	Jean Roy L'HUMANITE	Pierre Murat TELERAMA
Gran Torino	★★★	★★★	★★★	★★★	★★★	★★	★★★	★★★	★★★	★★★	★
Dans la brume électrique	★★★	★★★	★★★	★	★★★	★★★			★★	★★★	★★★
Welcome	★★	★★★	★	★★★	★★★	★★★	★★★	★★★	★★★	★★	★★★
Oss 117, Rio ne répond plus	★★★	★★★	★	★★	★★★	★★★		★★★	★★★		
Ponyo sur la falaise	★★	★★★	★★★	★		★★★	★★★		★★★		★★★
The Wrestler	★★★	★★	★★★	★★★	★★★	★★				★★★	★★
Harvey Milk	★★		★★★	★	★★★	★★★			★★★	★★★	
Still Walking	★★★		★★★	★★		★★★			★★★	★★	★★
Je l'aimais	★★★			★★★	★★★	★	★★★		★★★	★	
Romaine par moins 30		★★		★		★★★			★★★		★★
Les 3 royaumes	★★	★★★	★★★	★	★★★	★★	★★	★			★
Good morning England	★★	★★	★	❑	★★★	★★★			★★★		★
Wendy et Lucy	★★	★★	★★	★		★★	★★				★★
Chéri	★★	★★★	★★	★	★★★	★			★★	★	★
Incognito	★★★	❑		★		★★★	★★	★	★★		
La journée de la jupe	★★			❑	★★★	★★	★★★				❑
Tokyo Sonata	★★★	★	★★★	★★		❑					★
Millenium le film	★	★★	★	★	★★★	★	★★★			★	
Commis d'office	★★★	★		★★					★★		❑
Sœur sourire	★★			★			★★		★★		★
Coco avant Chanel	★			★	★★	★			★★	★★	★★
La femme sans tête	★			★		❑			★★		★★★
La première étoile	★			★	★	★★		★			
Un autre homme	❑	❑		★★	★★★						★
REPRISES											
A bout de course	★★		★★★	★★★	★★★					★	★★★
Bugsy Malone	★★★	★★	★★	★★	★★★	★★★	★★★		★★★	★★	★★
Le procès Paradine	★★★	★★★		★		★★		★★★	★★		★★
Harold et Maud	★★★	★★★	★★	★★			★★★	★★		★★	★

Les critiques ont aimé :
passionnément : ★★★,
beaucoup : ★★,
un peu : ★,
pas du tout : ❑,
Chaque cote est attribuée par les critiques eux-mêmes, à notre demande.

box office

Les 20 films sortis au cours des 12 derniers mois ayant fait le plus grand nombre d'entrées à Paris et Périphérie

Madagascar 2	1 131 700
Gran Torino	1 074 098
Indiana Jones et le royaume du crâne	1 058 384
Quantum of solace	1 027 161
Slumdog millionaire	967 564
The dark knight, le chevalier noir	851 224
Hancock	800 201
Coco	779 810
Kung fu panda	761 172
Vicky Cristina Barcelona	743 429
Wall. E	731 456
L'étrange histoire de Benjamin Button	722 501
Mesrine l'instinct de mort	691 297
Sex and the city le film	677 809
Lol	644 244
OSS 117, Rio ne répond plus	626 421
Twilight	618 908
Le monde de Narnia chapitre 2	572 330
Volt star malgré lui	571 864
Burn after reading	556 275

Informations Ciné-Chiffres

hit parade du public

Semaine du 29/04/09 au 05/05/09

Nombre d'entrées Paris-Périphérie **1 085 698**

	entrées de la semaine	nombre de semaines d'exploitation	Total des entrées
X-men origins : Wolverine	297 225	1	
OSS 117, Rio ne répond plus	114 352	3	626 421
Incognito	110 841	1	
Coco avant Chanel	80 805	2	228 199
17 ans encore	64 004	2	190 975
Dans la brume électrique	42 192	3	249 222
Romaine par moins 30	41 928	1	
La première étoile	27 633	6	431 415
Sœur sourire	26 960	1	
Le missionnaire	26 360	1	
Ponyo sur la falaise	22 896	4	184 549
Meurtres à la Saint-Valentin	22 754	1	
Le sens de la vie pour 9,99$	18 143	1	
Fast and furious 4	16 776	4	350 093
Still walking	15 877	2	37 277
Monstres contre Aliens	13 900	5	284 613
Predictions	12 450	5	325 084
Gran Torino	11 983	10	1 074 098
Safari	10 656	5	309 016
La dernière maison sur la gauche	10 608	2	34 023

Informations Le Film français

112 • Pariscope • semaine du 13 au 19 mai

semaine du 13 au 19 mai • Pariscope • 113

Pariscope, from Grygnoux.be

Activités

A. Une pièce à ne pas manquer. Vous trouverez ci-dessous des phrases adaptées d'un compte rendu de la pièce *Le Cid* qu'on a jouée à Paris au Théâtre Silvia Monfort. Mettez ces phrases à la voix active et faites les changements nécessaires.

1. *Le Cid,* une pièce classique sur de jeunes amoureux contrariés par les ambitions politiques de leurs pères, a été écrite par Corneille.
2. Rodrigue et Chimène ont été promis l'un à l'autre par leurs parents.
3. À cause du choix du roi et de la jalousie qui en naît, le père de Chimène est tué par Rodrigue.
4. Dans cette pièce, le pouvoir absolu du roi est symbolisé avec élégance par un lustre *(chandelier)* de mille feux.
5. Le public sera frappé par les délectables jeux de l'amour et de l'honneur de Corneille.
6. Les rôles principaux sont interprétés par des comédiens de talent.
7. La mise en scène a été réalisée par la très jeune directrice de la troupe.
8. Si vous aimez le bon théâtre, une excellente soirée vous sera offerte par *Le Cid.*

Adapté d'un article de *Pariscope,* du 13 au 20 mai 2009, p. 11.

B. Un drame psychologique. Voici des extraits d'un compte rendu du film *Le silence de Lorna,* de Jean-Pierre et Luc Dardenne, Belgique, 2008. Mettez ces phrases à la voix passive.

1. Le Prix du scénario a récompensé au Festival de Cannes le nouveau film des frères Dardenne.
2. Encore une fois, les Dardenne nous plongent sans prévenir dans un drame qui est déjà largement original.
3. Lorna, jeune réfugiée albanaise, a contracté un mariage blanc *(marriage of convenience)* avec Claudy, un toxicomane *(drug addict)* appâté *(enticed)* par l'argent.
4. Mais un autre homme, Fabio, utilise Lorna pour contracter un autre mariage blanc dès qu'elle aura acquis la nationalité belge.
5. Arta Dobroshi, Jérémie Rénier et Fabrizio Rongione interprètent les rôles principaux de ce drame psychologique.

Adapté d'un article du Grignoux.be, Journal des cinémas, du 2 juillet au 9 septembre 2008.

C. Au cinéma. Un touriste américain est au cinéma en France. Il cherche dans son dictionnaire les mots pour poser les questions ci-dessous. Aidez-le en utilisant des verbes pronominaux.

1. Is French spoken here?
2. Where is popcorn **(le pop-corn)** sold?
3. Are soft drinks **(boissons non-alcoolisées)** sold in this theater?
4. Tipping the ushers—is that still done in France?
5. I'm not French. Does it show?

D. Le Karaoké: la machine à chanter. Voici les extraits d'un article sur le vidéo-disque à lecture laser *(video disk player)*. Mettez les phrases suivantes à la voix passive (si elles sont à la voix active) ou à la voix active (si elles sont à la voix passive).

1. Au cours des années 80, le Karaoké est inventé par les ingénieurs de Pioneer.
2. On a emprunté le mot Karaoké, qui veut dire «orchestre vide», du japonais.
3. La musique originale d'une chanson est offerte par un lecteur de DVD, de CD-G, de VCD ou de Laserdisc.
4. On projette les paroles de la chanson sur l'écran.
5. Cet appareil est utilisé par ses amateurs pour démontrer leurs talents de chanteur.
6. Des appareils de Karaoké ont été installés par beaucoup de commerçants dans les bars et dans les hôtels il y a vingt ans.
7. Plusieurs logiciels transforment un ordinateur en appareil de Karaoké aujourd'hui.

Interactions

A. En bref... Regardez un quotidien (français, si c'est possible). Jetez un coup d'œil aux gros titres et parcourez plusieurs articles. Faites un résumé de trois ou quatre événements importants qui sont présentés dans le journal que vous avez choisi. (Possibilités: **www.figaro.fr; www.lemonde.fr**)

MODÈLE: **Le Figaro *(journal français), du 13 juin***
En peu de mots, voici les événements principaux: Belgique: les indépendantistes flamands sont en tête aux élections législatives; Le Kirghizstan est au bord de la guerre civile; Les Anglais concèdent le nul contre les Américains dans la Coupe du monde; Sarkozy et Merkel sont en panne sur la zone euro. Ils cherchent un compromis sur les mesures à prendre pour sortir de la crise financière.

B. Pour résumer... Résumez un livre que vous avez lu récemment. Faites attention à l'utilisation de la voix active et de la voix passive. Utilisez les suggestions aux pages 439–440 pour vous aider à organiser votre résumé. Soyez prêt(e) à faire une présentation orale devant vos copains/copines de classe. Ils vont vous poser des questions sur votre présentation.

DEUXIÈME BROUILLON Dossier d'expression écrite

1. Write a second draft of your paper from **Leçon 2**. Fine-tune your work using the ***Expressions typiques pour...*** on pages 439–440, the expressions for summarizing in this lesson, and the expressions presented in ***Dossier d'expression écrite: Deuxième brouillon***, in **Chapitre 1** (p. 35).
2. You may also want to incorporate some of the following adjectives commonly used to discuss the style of writing used in movies, books, or plays: **gauche** *(awkward)*; **maladroit** *(clumsy)*; **vigoureux** *(energetic)*; **banal** *(hackneyed, trite)*; **passionné** *(impassioned)*; **ironique**; **vivant** *(lively)*; **émouvant** *(moving)*; **ampoulé** *(pompous)*; **plein de verve** *(racy)*; **négligé** *(slipshod)*; **guindé** *(stilted)*; **lourd** *(stodgy)*; **direct** *(straightforward)*; **attendrissant** *(touching)*; **plat, insipide** *(vapid, flat)*; **vulgaire**; **spirituel** *(witty)*; **prolixe** *(wordy)*

SYNTHÈSE

Activités musicales

Céline Dion: *Le blues du businessman*

Avant d'écouter: Le contexte et les réflexions

1. Comment est-ce que vous décririez la musique «blues»? D'où est-ce qu'elle vient? Qu'est-ce que vous lui associez? Est-ce que vous connaissez des artistes qui chantent le blues? Lesquels? Est-ce que vous aimez ce genre de musique? Expliquez.
2. Cherchez l'expression «avoir le blues» dans un dictionnaire et expliquez son sens en utilisant vos propres mots. À votre avis, pourquoi est-ce que Céline Dion a choisi ce titre pour sa chanson? De quoi est-ce qu'elle va parler, d'après vous?
3. Et vous, est-ce que vous avez parfois «le blues»? Dans quelles situations?

Pendant que vous écoutez: Compréhension

1. À quels temps est-ce que cette chanson est écrite? À votre avis, pourquoi est-ce que le compositeur n'a choisi que ces trois temps?
2. «J'aurais voulu être» est répété plusieurs fois dans la chanson. Complétez la première partie de la phrase qui est sous-entendue: «... si je(j')... »
3. Beaucoup de noms à la forme masculine apparaissent dans la chanson. Pouvez-vous en donner la forme féminine?

un artiste	un auteur	un anarchiste
un chanteur	un acteur	un millionnaire

Après avoir écouté: Communication

1. Faites un résumé de la chanson. Utilisez les expressions pour résumer que vous avez apprises dans ce chapitre et les questions suivantes pour vous aider: Quel est le sujet de la première partie de la chanson? De quoi est-ce que le «businessman» parle? Est-ce qu'il a l'air d'avoir réussi sa vie? Et dans la deuxième partie, de quoi est-ce qu'il parle? Est-ce qu'il a l'air heureux? Pourquoi?
2. Imaginez que vous êtes un(e) collègue du «businessman» et que vous essayez de le réconforter *(to comfort him)*. Écrivez-lui une lettre dans laquelle vous le félicitez pour sa réussite dans le monde des affaires. Utilisez le vocabulaire du chapitre.
3. Imaginez maintenant que vous êtes le (la) meilleur(e) ami(e) du «businessman». Vous lui écrivez aussi une lettre, mais vous lui faites des reproches parce qu'il n'a pas eu le courage de faire ce qu'il voulait vraiment faire dans la vie. Utilisez le conditionnel passé et des phrases conditionnelles.
4. Trouvez une autre chanson de blues française. Écrivez-en un résumé à présenter en classe. Faites aussi écouter la chanson à vos copains/copines. Ils vont vous poser des questions.

Matt Stroshane/Disney/Getty Images

Céline Dion

To experience this song, go to **www.cengagebrain.com/shop/ISBN/049590516X**

Activités orales

A. En somme... En une ou deux phrase(s), faites un résumé très bref de ce qui s'est passé dans chacune des situations suivantes. Dans chaque résumé, utilisez des expressions appropriées à la circonstance.

1. une conversation que vous avez eue récemment au téléphone
2. ce qui s'est passé pendant votre dernier cours de français
3. la météo de votre région pour demain
4. les instants les plus marquants d'un événement sportif que vous avez regardé à la télé récemment
5. ce qui s'est passé pendant la dernière réunion à laquelle vous avez assisté

B. Imaginez... Imaginez que vous avez participé au seul Ironman organisé sur le territoire français, à Nice (le berceau du triathlon européen), l'année dernière. Vous avez terminé le triathlon mais vous vous êtes classé(e) 869 sur 1400 au classement général. Votre partenaire est journaliste pour *Triathlète magazine,* un journal français pour ceux qui sont passionnés de triathlon. Il/Elle veut vous interviewer pour un article qui présente les gagnants et ceux qui ont moins bien réussi pendant la compétition.

SUJETS POSSIBLES: des informations personnelles; pourquoi vous avez participé au triathlon; ce que vous auriez dû faire pour être parmi les 10 premiers au classement; si vous avez déjà participé à un triathlon avant cet événement; si vous le referiez; etc.

Activité écrite

Mon journal... Écrivez une page dans votre journal où vous résumez les événements majeurs de votre vie pendant le dernier semestre/trimestre. Mentionnez ce que vous avez fait et ce que vous auriez pu ou auriez dû faire pendant ce semestre/trimestre.

RÉVISION FINALE Dossier d'expression écrite

1. Reread your paper for the extent of your coverage. Does your review tell enough about the work so that a reader can understand what it is about? Does it tell too much? Is your review an interesting piece of writing in itself? Is your opinion stated clearly, argued fairly, and supported by reasons, facts, and examples?
2. Examine your composition one last time. Check for correct spelling, grammar, and punctuation. Pay special attention to your use of participles, conditional phrases, and passive voice.
3. Prepare your final version.
4. Go to a French Website such as **http://www.premiere.fr/Cinema/Critique-Film** where one can find movie reviews and reader comments. Select a review of a movie you've seen and post a comment in French.

Intermède culturel

I. «L'IMAGE JUSTE DE MOI, C'EST QUAND JE M'OUBLIE»: Entretien avec Juliette Binoche

Juliette Binoche

Sujets à discuter

- Si on voulait vous décrire, que dirait-on de vous? Est-ce que cette description serait juste? En d'autres mots, est-ce que l'image de vous que les autres ont est juste? Expliquez.
- Vous allez lire un entretien d'un journaliste du *Monde* avec Juliette Binoche, une actrice française qui joue dans le film *Copie conforme*. Pendant l'entretien, Binoche déclare: «L'image juste de moi, c'est quand je m'oublie.» Qu'est-ce qu'elle veut dire, à votre avis?
- L'alchimie se réfère à une science occulte ayant pour but, par exemple, la transmutation des métaux comme le plomb *(lead)* en métaux comme l'argent ou l'or. Discutez comment le concept de l'alchimie peut s'appliquer à la création de l'art. Pensez aux révolutions artistiques, comme, par exemple, l'impressionnisme, le cubisme, etc.

Introduction

Juliette Binoche, born in 1964, is among the best known French actresses today. She has appeared in more than 40 films since 1983. Her mother, herself an actress, initiated the young Juliette early on to the arts of the theater. After acting in amateur stage productions, she began her career in cinema with famous directors such as Jean-Luc Godard, Jacques Doillon, and André Téchiné. She has received numerous award nominations and has won many awards for her role in films such as Mauvais sang *(1986),* Les Amants du Pont-Neuf *(1991),* Trois Couleurs: Bleu, Blanc, Rouge *(1993–1995),* Le Hussard sur le toit *(1995),* Le Patient anglais *(1996),* Le Chocolat *(2000) and* Caché *(2005). In 2010, she won the Best Actress Award at the Cannes Film Festival for her performance in* Copie conforme, *directed by Abbas Kiarostami. The film is about a meeting between a British author who has just finished giving a lecture at a conference in a small Italian village in Southern Tuscany and a French woman who owns an art gallery. In this interview, she discusses her role in the film.*

Lecture

Comment est né *Copie conforme*?

Un jour, alors que je lui rendais visite à Téhéran, Abbas Kiarostami m'a raconté l'histoire de cet homme et de cette femme qui sont dans le film, avec tous les détails, comme si ça lui était arrivé. Je l'écoutais, les yeux écarquillés°. Il m'a demandé si je le croyais, je lui ai répondu oui, bien sûr, et il m'a dit: «*Ce n'est pas vrai!*» J'ai éclaté de rire, et je crois que son envie d'en faire un film est née de là. Aujourd'hui encore, je suis sûre qu'il a vécu cette histoire… et pas sûre qu'il ne m'ait pas menti!

° *wide open*

Le film fait penser à *Voyage en Italie* de Roberto Rossellini. Ingrid Bergman vous inspire-t-elle?

J'ai plutôt pensé à Anna Magnani, cette solitaire abandonnée. Elle était à la fois volcanique° et désespérée. Une femme peut en cacher une autre. Le metteur en scène est un révélateur. On ne sait pas toujours qui on est. Lui non plus. Il nous aide à nous découvrir. C'est un risque que l'on prend à deux, un dialogue, une alchimie.

explosive, fiery

Vous parlez de l'art comme d'un moyen de désobéir. À qui?

Au comble de la complicité° avec un metteur en scène, quand on arrive à laisser passer quelque chose de sa vie à l'écran, on se désobéit à soi-même. On se découvre différente. C'est le seul moyen de se réaliser comme artiste.

Au comble... *At the height of the closeness*

Ces images que l'on voit de vous sont-elles justes, ou juste des images, comme dit Godard?

L'image juste de moi, c'est quand je m'oublie, je m'abandonne. Quand je ne suis plus consciente. Quand se reflète quelque chose d'intime, de caché, de sacré. Ce n'est pas une mise à mort, mais une mise en amour. Je suis moi-même quand j'aime. Et jouer°, c'est un échange d'amour. Mon désir le plus profond quand je joue, c'est d'éveiller en l'autre quelque chose d'indicible°. On arrive parfois à donner l'inaccessible, ce qui n'est pas montrable. Ce sont de petits miracles. Une façon de se mettre à nu.

acting

inexpressable

Dans *Copie conforme*, votre personnage se plaint d'être sans soutien, d'avoir besoin d'un homme à côté d'elle. Cette scène est la réplique d'une scène du *Voyage du ballon rouge* de Hou Hsiao-hsien.

Vous savez, le sentiment d'abandon, Juliette, elle vit avec! Le film d'Abbas était écrit, mais si j'improvisais dans chaque film, ce thème reviendrait à chaque fois.

Vous vous sentez seule?

Comme tout le monde! Chacun de nous se sent seul. C'est une vérité à laquelle il faut faire face. La solitude est aussi un besoin. On n'est soi-même que dans son intimité. Il n'y a que ça qui m'intéresse. Mais le sentiment d'abandon, c'est différent. On ne peut pas s'en guérir. Je vis avec, plus ou moins bien. Cela vient de loin. C'est un mystère. Comme la raison pour laquelle je suis actrice. On maîtrise plus ou moins ce qu'on est mais la vie décide aussi pour vous. Moi, j'avais besoin de m'exprimer à travers une forme. Si cela n'avait pas été le jeu, cela aurait été autre chose. C'était mon chemin. Je ne pouvais pas rester dans le silence.

Mais ce sentiment d'abandon?

Je l'ai depuis toute petite. En sortant de l'adolescence, je n'arrivais pas à parler. J'avais du mal à m'exprimer par des mots, j'avais besoin des paroles des autres. Cela me poursuit *[elle éclate de rire]:* on m'a si souvent proposé des rôles où je n'avais rien à dire!

Le doute vous habite-t-il?

J'ai eu des passages difficiles. Trois mois avant mon Oscar [pour *Le Patient anglais,* en 1997], j'étais sans désir, en dépression. Avant d'incarner Marie Madeleine [dans *Mary,* d'Abel Ferrara, en 2005], je n'avais plus d'énergie. Mon corps disait non. Les épreuves que l'on subit touchent des zones fragiles. Dans ces cas-là, je me réfugie dans mon devoir de mère. Et puis la soif revient.

www.lemonde.fr 19.05.10. Propos recueillis par Jean-Luc Douin

Compréhension

A. Observation et analyse. Répondez aux questions.

1. Est-ce que l'histoire de la femme et de l'homme racontée par Abbas Kiarostami lui est vraiment arrivée? Qu'est-ce que Kiarostami dit? Que pense Juliette Binoche?
2. Quelle actrice a inspiré Juliette Binoche pour son nouveau rôle dans *Copie conforme*? Pourquoi?
3. D'après Binoche, on se désobéit à soi-même quand on réussit à laisser passer quelque chose de sa vie dans un film. Est-ce qu'elle pense que cet acte de désobéissance est bon ou mauvais pour un artiste? Expliquez.
4. Quel est son désir quand elle joue dans un film? Qu'est-ce qu'elle veut faire?
5. Est-ce que Binoche comprend le sentiment d'abandon, éprouvé par son personnage dans *Copie conforme*? Comment le savez-vous?
6. Qu'est-ce qu'elle pense de la solitude—est-ce qu'elle y voit quelque chose de bon? Expliquez.
7. Souffre-t-elle de doutes? Donnez des exemples. Qu'est-ce qu'elle fait pour en sortir?
8. Quand Binoche parle de «soif», de quoi est-ce qu'elle parle?

B. Grammaire/Vocabulaire. Révisez la grammaire des **Chapitres 8, 9** et **10** puis remplissez les blancs dans ces phrases adaptées de l'interview que vous venez de lire.

1. _______ *(While visiting)* à Abbas Kiarostami à Téhéran, Juliette Binoche a écouté une histoire intéressante sur un homme et une femme.
2. _______ (*What*) n'est pas montrable est fascinant pour Binoche.
3. (Mettez à la voix active.) *Copie conforme* a été présenté en compétition à Cannes mardi 18 mai 2010.
4. Le metteur en scène est un révélateur _______ *(who)* nous aide à nous découvrir.
5. *Copie conforme* _______ *(reminds us of)* le film *Voyage en Italie.*
6. Il était difficile _______ s'exprimer par ses propres mots en sortant de l'adolescence.

C. Réactions

1. En répondant aux questions du journaliste, Juliette Binoche dit «Une femme peut en cacher une autre.» Qu'est-ce qu'elle veut dire par cette phrase? Comment est-ce que ce dédoublement *(splitting in two)* se produit? Donnez des exemples tirés de votre vie.
2. Avez-vous jamais éprouvé des sentiments d'abandon, de solitude, de doute? Qu'est-ce que vous avez fait pour en sortir?

Interactions

A. Écrivez une liste de caractéristiques qui sont essentielles, d'après vous, pour être bon acteur/bonne actrice. Donnez des exemples d'acteurs/d'actrices qui démontrent ces caractéristiques. N'oubliez pas les acteurs internationaux/actrices internationales! En petits groupes, comparez vos réponses, mettez-vous d'accord et présentez le consensus final à la classe.

B. Imaginez que quelqu'un vous donne (à vous-même et à votre partenaire) $500 000 pour interviewer un(e) comédien(ne) de votre choix pour un programme à la télé. Décidez qui vous allez interviewer, où le tournage va avoir lieu, quels renseignements vous voulez obtenir, la durée de l'interview et quels points de vue vous allez présenter. Présentez ces informations à la classe et sollicitez l'opinion de vos copains/copines sur les chances de succès de votre interview.

Expansion

A. Faites des recherches sur le cinéma français, sur les «César», sur le Festival de Cannes ou sur Juliette Binoche. Allez à la bibliothèque et cherchez sur Internet. Faites une présentation orale sur ce que vous avez appris et sur ce qui vous intéresse.

B. Juliette Binoche fait référence à Anna Magnani dans l'entretien. Trouvez des renseignements sur cette actrice. Dans quels genres de films a-t-elle tourné? A-t-elle aussi joué dans des pièces de théâtre? Est-ce qu'elle vit encore? Est-ce qu'elle a un autre nom? Parlez de son succès. Pourquoi est-ce que Binoche l'a choisie comme source d'inspiration, à votre avis?

II. *MERMOZ* d'Antoine de Saint-Exupéry

Sujets à discuter

- Avez-vous déjà pratiqué une de ces activités aventureuses: sauter en parachute? piloter un avion? faire une course d'auto ou de bateau? faire du deltaplane *(hang gliding)*? faire de l'alpinisme? faire du «bungee jumping»? descendre des cascades? Décrivez vos expériences.
- Connaissez-vous quelqu'un qui pilote un avion? Parlez de cette personne, de sa personnalité, de son caractère, des raisons pour lesquelles il/elle a choisi de piloter, etc.
- Connaissez-vous quelqu'un qui adore l'aventure? Décrivez cette personne. Avez-vous de l'admiration pour elle? Expliquez.

Stratégies de lecture

Trouvez les détails. Parcourez le texte et trouvez les détails suivants:

1. la profession de Mermoz
2. le nom du désert que Mermoz a traversé avec difficulté

3. le nombre de jours que Mermoz a passés comme prisonnier des Maures
4. le nom des montagnes dans lesquelles Mermoz et son ami ont été bloqués
5. le nom de l'océan que Mermoz a traversé avec difficulté
6. le nombre d'années que Mermoz a passées à pratiquer sa profession

Introduction

As you've read in this chapter, although the French do play team sports, their culture inclines them to a preference for individual performance. Individual sports and activities still provide an opportunity for dazzling displays of individual courage. The French have always been fascinated by solitary daring acts, and both Antoine de Saint-Exupéry (1900–1944) and the subject of this excerpt provided their countrymen with superb examples of individual courage and daring.

Saint-Exupéry, one of France's most admired figures, is well known as the author of Le Petit Prince, *a story about a lonely prince from an asteroid who explores the planets searching for a friend. In addition to a successful writing career, Saint-Exupéry enjoyed a career as an aviator, both as a test pilot and a military pilot. During World War II, in 1944, he took off on a spy mission for the Allies and was never seen again. Sixty years later, the twisted wreckage of his plane was found near Provence. In his autobiographical novel* Terre des hommes, *Saint-Exupéry remembers his friend Jean Mermoz (1901–1936), a famous pilot who set up the first airmail liaison from France to West Africa and then from France to South America in the early 1930s.*

Lecture

Albert Harlingue/Roger-Viollet/The Image Works

Antoine de Saint-Exupéry, aviateur et écrivain célèbre, dans son avion

Quelques camarades, dont Mermoz, fondèrent la ligne française de Casablanca à Dakar, à travers le Sahara insoumis[1]. Les moteurs d'alors ne résistant guère, une panne° livra° Mermoz aux Maures[2], ils hésitèrent à le massacrer, le

breakown / left

[1]région au sud du Maroc dont les habitants étaient en rébellion contre la domination française ou espagnole

[2]populations nomades du Sahara occidental

gardèrent quinze jours prisonnier, puis le revendirent°. Et Mermoz reprit ses courriers au-dessus des mêmes territoires.

Lorsque s'ouvrit la ligne d'Amérique, Mermoz, toujours à l'avant-garde, fut chargé d'étudier le tronçon° de Buenos Aires à Santiago, et, après un pont sur le Sahara, de bâtir un pont au-dessus des Andes. On lui confia un avion qui plafonnait à° cinq mille deux cents mètres. Les crêtes° de la Cordillère s'élèvent à sept mille mètres. Et Mermoz décolla° pour chercher des trouées°. Après le sable, Mermoz affronta° la montagne, ces pics qui, dans le vent, lâchent° leur écharpe° de neige, ce pâlissement° des choses avant l'orage, ces remous° si durs qui, subis entre deux murailles de rocs, obligent le pilote à une sorte de lutte au couteau. Mermoz s'engageait dans ces combats sans rien connaître de l'adversaire, sans savoir si l'on sort en vie de telles étreintes°. Mermoz «essayait» pour les autres.

Enfin, un jour, à force d'«essayer», il se découvrit prisonnier des Andes. Échoués, à quatre mille mètres d'altitude, sur un plateau aux parois° verticales, son mécanicien et lui cherchèrent pendant deux jours à s'évader°. Ils étaient pris. Alors, ils jouèrent leur dernière chance, lancèrent° l'avion vers le vide, rebondirent° durement sur le sol inégal, jusqu'au précipice, où ils coulèrent°. L'avion, dans la chute°, prit enfin assez de vitesse pour obéir de nouveau aux commandes. Mermoz le redressa° face à une crête, toucha la crête, et, l'eau fusant° de toutes les tubulures° crevées° dans la nuit par le gel°, déjà en panne après sept minutes de vol, découvrit la plaine chilienne, sous lui, comme une terre promise.

Le lendemain, il recommençait.

Quand les Andes furent bien explorées, une fois la technique des traversées bien au point, Mermoz confia ce tronçon à son camarade Guillaumet et s'en fut explorer la nuit.

L'éclairage° de nos escales° n'était pas encore réalisé, et sur les terrains d'arrivée, par nuit noire, on alignait en face de Mermoz la maigre illumination de trois feux d'essence. Il s'en tira° et ouvrit la route.

Lorsque la nuit fut bien apprivoisée°, Mermoz essaya l'Océan. Et le courrier, dès 1931, fut transporté, pour la première fois, en quatre jours, de Toulouse à Buenos Aires. Au retour, Mermoz subit une panne d'huile au centre de l'Atlantique Sud et sur une mer démontée°. Un navire° le sauva, lui, son courrier et son équipage. [...]

Enfin après douze années de travail, comme il survolait une fois de plus l'Atlantique Sud, il signala par un bref message qu'il coupait le moteur arrière droit. Puis le silence se fit.

La nouvelle ne semblait guère inquiétante, et, cependant, après dix minutes de silence, tous les postes radio de la ligne de Paris jusqu'à Buenos Aires commencèrent leur veille° dans l'angoisse. Car si dix minutes de retard n'ont guère de sens dans la vie journalière°, elles prennent dans l'aviation postale une lourde signification. Au cœur de ce temps mort, un événement encore

sold
segment
could not fly above / ridges
took off / gaps
attacked
let go / scarf / fading
wind currents
grips, pressures
walls
to escape
hurled
bounced / sank
fall
straightened up
gushing / pipes / burst / frost
runway lights / stop(over)s
s'en... *came out of it*
tamed
stormy / ship
watch
daily

inconnu se trouve enfermé. [...] Nous espérions, puis les heures se sont écoulées° et, peu à peu, il s'est fait tard. Il nous a bien fallu comprendre que nos camarades ne rentreraient plus, qu'ils reposaient dans cet Atlantique Sud dont ils avaient si souvent labouré le ciel.

passed

Compréhension

A. Observation et analyse. Répondez aux questions suivantes.

1. Pendant combien de temps est-ce que Mermoz a été prisonnier des Maures?
2. Pourquoi devait-il chercher des trouées dans les Andes?
3. Nommez des pays et des continents dans lesquels Mermoz a voyagé.
4. Qu'est-ce que Mermoz a exploré après les Andes?
5. Quel message Mermoz a-t-il laissé le jour où il a disparu?
6. Pensez-vous que Mermoz était satisfait de sa vie? Expliquez.

B. Grammaire/Vocabulaire. Récrivez les phrases suivantes au passé, et ensuite, mettez-les dans l'ordre chronologique selon l'histoire.

______ Mermoz devient pilote en Amérique du Sud.

______ Mermoz se perd dans les Andes.

______ Mermoz meurt entre Paris et Buenos Aires.

______ Mermoz a une panne d'huile mais il est sauvé dans l'océan Atlantique.

______ Mermoz est prisonnier d'un peuple nomade.

______ Les pilotes fondent une ligne aérienne postale en Afrique du Nord.

C. Réactions

1. Comment est-ce que vous trouvez cet extrait: triste, motivant, émouvant, etc.? Expliquez votre réaction.
2. Nommez des chercheurs et des explorateurs que vous admirez. Expliquez pourquoi.

   MOTS UTILES: **trouver des remèdes pour sauver des vies, découvrir un pays, explorer,** etc.
3. Connaissez-vous quelqu'un qui exerce une profession dangereuse? Parlez de cette personne.

   IDÉES: parachutiste, agent de police, pompier, bûcheron *(lumberjack)*

Interactions

A. Une liste. Faites une liste des mots qui démontrent le sens de l'initiative, la détermination et le courage de Mermoz et des autres pilotes. En petits groupes, comparez vos listes et parlez du caractère de Mermoz.

B. L'aventure

1. Saint-Exupéry, aviateur et écrivain, a décrit dans ses œuvres la vie des pilotes. Il a lui-même disparu au cours d'une mission pendant la Seconde Guerre mondiale. Est-ce que les problèmes auxquels les pilotes d'avion doivent faire face aujourd'hui sont différents de ceux que devait affronter Mermoz? Expliquez.

2. En groupe de trois personnes, racontez une aventure que vous avez vécue pendant les vacances, à l'école ou pendant une soirée. Qui a vécu l'aventure la plus intéressante? la plus amusante? la plus effrayante?

C. Une histoire. Étudiez les expressions suivantes. Avec un(e) partenaire, racontez une histoire en utilisant tous ces mots. Ensuite, comparez l'histoire de Mermoz avec celle que vous avez racontée.

être pilote pour une ligne aérienne postale
être en panne de moteur
être prisonnier/prisonnière
continuer à transporter le courrier
explorer les Andes
tomber en panne d'huile *(run out of oil)* au-dessus de l'Atlantique
être sauvé(e) par un navire
disparaître un jour

Expansion

Faites des recherches sur Internet ou à la bibliothèque sur un(e) de vos héros ou héroïnes. Faites une petite biographie de sa vie, y compris une description de son caractère. Expliquez pourquoi il/elle est votre héros/héroïne. Comparez votre choix avec celui des autres étudiants de la classe. Discutez des traits de caractère qu'il faut avoir ou de ce qu'il faut avoir fait pour être considéré comme un héros ou comme une héroïne.

VOCABULAIRE

LA COMPÉTITION

à la portée de *within the reach of*

arriver/terminer premier *to finish first*

battre *to beat, break*

le classement *ranking*

un(e) concurrent(e) *competitor*

un coureur/une coureuse *runner/ cyclist*

une course *race*

la défaite *defeat, loss*

le défi *challenge*

la douleur *pain*

s'entraîner *to train*

l'entraîneur/l'entraîneuse *coach*

une épreuve (athlétique) *an (athletic) event*

épuisant(e) *grueling, exhausting*

faillir (+ infinitif) *to almost (do something)*

un(e) fana de sport *jock, an enthusiastic fan*

un match nul *tied game*

prendre le dessus *to get the upper hand*

la pression *pressure*

se prouver *to prove oneself*

le record du monde *world record*

reprendre haleine *to get one's breath back*

serré(e) *tight; closely fought*

sportif/sportive *athletic, fond of sports*

survivre (à) (past part. **survécu**) *to survive*

un tournoi *tournament*

une victoire *win, victory*

SITUATIONS REGRETTABLES

attraper un coup de soleil *to get sunburned*

avoir un accident de voiture *to have an automobile accident*

conduire trop vite/rapidement *to drive too fast*

échouer à/rater un examen *to fail/ flunk an exam*

être fauché(e) *to be broke (out of money)*

être sans le sou *to be without a penny*

ne pas mettre d'huile [f]**/de lotion** [f] **solaire** *to not put on suntan oil/lotion*

oublier d'attacher/de mettre sa ceinture de sécurité *to forget to fasten/put on one's seatbelt*

sécher un cours *to cut a class*

UNE PIÈCE

une comédie musicale *musical*

l'éclairage [m] *lighting*

l'entracte [m] *intermission*

frapper les trois coups *to knock three times (heard just before the curtain goes up in French theaters)*

jouer à guichets fermés *to play to sold-out performances*

le metteur en scène *stage director*

la mise en scène *staging*

l'ouvreuse [f] *usher*

une représentation *performance*

(avoir) le trac *(to have) stage fright*

la troupe *cast*

UN FILM

un acteur/une actrice *actor/actress*

un cinéaste *filmmaker*

un(e) débutant(e) *beginner*

le dénouement *ending*

se dérouler/se passer *to take place*

un film doublé *dubbed film*

des genres de films *types of films*

- **une comédie** *comedy*
- **un dessin animé** *cartoon*
- **un documentaire** *documentary*
- **un film d'amour** *love story*
- **un film d'animation** *animated film*
- **un film d'aventures** *adventure film*
- **un film d'épouvante** *horror movie*
- **un film d'espionnage** *spy movie*
- **un film de guerre** *war movie*
- **un film policier** *police story, mystery story*
- **un western** *western*

une(e) interprète *actor/actress*

les interprètes [m/f pl] *cast*

l'intrigue [f] *plot*

le personnage (principal) *(main) character*

un producteur *producer (who finances)*

le réalisateur/la réalisatrice *director*

la réalisation *production*

un retour en arrière *flashback*

un(e) scénariste *scriptwriter*

(avec) sous-titres [m pl] *(with) subtitles*

le thème *theme*

tourner un film *to shoot a film*

la vedette *star (male or female)*

en version originale (v.o.) *in the original language*

RÉACTIONS

avoir à voir avec *to have something to do with*

C'est complet. *It's sold out.*

un compte rendu *review (of film, play, book)*

un(e) critique de théâtre/de cinéma *theater/ movie critic*

un four *flop*

un navet *third-rate film*

réussi(e) *successful*

DIVERS

avouer *to admit*

grossir/prendre des kilos *to put on weight*

un rendez-vous avec un(e) inconnu(e) *blind date*

ne pas se réveiller à temps *to oversleep*

Ciné Bravo

Prix et récompenses

- → **Festival du dessin animé – 1984, Les Menuires – France:** Prix l'Étagne - Grand Prix, Prix Le Bouquetin, Prix Le Cabri
- → **Learning A-V Magazine – 1982:** Prix du magazine
- → **Itinérant - American Film and Video Festival – 1982:** Prix Red Ribbon
- → **British Academy of Film & Television Awards, 1981:** Prix du meilleur court métrage

Pour en savoir plus sur ce film, visitez le site officiel: **www.onf-nfb.gc.ca.**

NOTE CULTURELLE

Bien avant la production de ce court métrage, le livre, *Le chandail de hockey* de Roch Carrier, a eu un succès énorme au Canada. Sur le nouveau billet canadien de 5 dollars, vous trouverez une citation tirée du texte: «Les hivers de mon enfance étaient des saisons longues, longues. Nous vivions en trois lieux: l'école, l'église et la patinoire; mais la vraie vie était sur la patinoire.»

À CONSIDÉRER AVANT LE FILM

Le célèbre Québécois Maurice Richard a joué pour les Canadiens de Montréal de 1942 à 1960. Il a été le premier joueur a marqué 50 buts en 50 jeux et a aidé son équipe à gagner 8 coupes Stanley. Son talent exceptionnel a fait de lui un grand héros pour les Québécois de son époque. Qui était le plus grand héros de votre enfance? Pour quelles raisons admiriez-vous cette personne? Est-ce que votre enthousiasme était partagé par d'autres?

On va au cinéma?

1. **Souvenir d'enfance.** *Le Chandail* est un souvenir d'enfance. De quels éléments de votre jeunesse vous souvenez-vous le mieux?
   a. Les vêtements: Quels types de vêtements portiez-vous quand vous étiez enfant? Qui choisissait ces vêtements pour vous? Y avait-il des vêtements que vous refusiez de porter? Vous souvenez-vous d'un vêtement préféré?
   b. Le sport: Quels sports aimiez-vous pendant votre enfance? Dans quelles circonstances et avec qui y jouiez-vous? Si vous n'aimiez pas le sport, à quels autres passe-temps collectifs participiez-vous?
   c. Le climat: Tandis que d'autres régions francophones s'associent à la grande chaleur, la neige et le froid font surtout partie de la vie québécoise. Comment est-ce que le climat de votre ville vous influence?
2. **Jouons au hockey!** Chaque sport a son vocabulaire spécifique. Trouvez l'équivalent anglais des mots français suivants associés au hockey.

1. la patinoire
2. la partie
3. l'arbitre
4. le baton
5. le chef
6. la feuille d'érable
7. le disque
8. siffler
9. la glace
10. lacer les patins
11. l'équipe
12. le patinage

a. game
b. to whistle
c. ice
d. stick
e. ice rink
f. referee
g. captain
h. skating
i. to lace skates
j. maple leaf
k. puck
l. team

ÇA COMMENCE!

Premier visionnage

1. **Le décor.** À travers les images présentées, quelles idées nous faisons-nous de la ville dans laquelle le narrateur a grandi? Notez les éléments visuels associés à la vie québécoise. Quelles impressions vous donnent-ils de ce lieu à cette époque?

2. **Des expressions à chercher.** Indiquez les expressions que vous entendez dans le film.

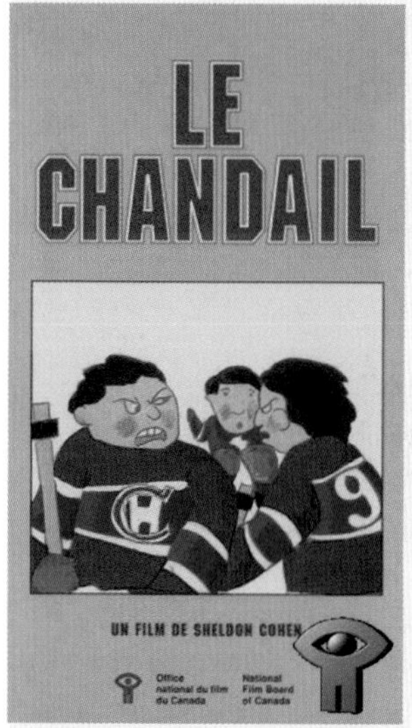

briser *(to break)*	**la colle** *(hair cream)*	**lavable** *(washable)*
la déception *(disappointment)*	**l'emballage** *(packing)*	**s'élancer** *(to hurry forward)*
la douleur *(pain)*	**pleurer** *(to cry)*	**se mettre en colère** *(to get angry)*
étroit et déchiré *(narrow and torn)*	**être mal habillé** *(to be poorly dressed)*	
les formules de commande *(order forms)*	**le vicaire** *(the priest)*	
	les mites *(moths)*	
	prier *(to pray)*	

Deuxième visionnage

Quelles actions accompagnent les répliques suivantes?

1. C'était injuste! C'est de la persécution!
2. Et Goal - Maurice Richard! Et maintenant 3 à 2 pour les Canadiens.
3. Les larmes aux yeux, je trouvais assez de force pour dire que je ne porterais jamais cet uniforme-là.
4. J'avais toujours porté le chandail bleu, blanc, rouge des Canadiens de Montréal.
5. Si tu te fais une idée des choses sans les même essayer, mon garçon, tu n'iras pas bien loin dans la vie.
6. Le printemps va arriver et tu n'auras pas joué une seule partie.
7. Vous ne me mettrez jamais dans la tête de porter le chandail des Maple Leafs de Toronto.

a. Roch court dans sa chambre pour célébrer avec son chandail.
b. Il imagine les vaches à la place de la patinoire.
c. Il regarde le chandail avec horreur.
d. Il essaie d'échapper à sa mère.
e. Sa mère lui met le chandail de force.
f. Il croise les bras et imagine le soutien de son héros.
g. Il jette son bâton sur la glace.

ET APRÈS

Observations

1. Pour quelles raisons est-ce que Maurice Richard est devenu le héros de son village? Comment est-ce que les garçons comme Roch montrent leur admiration pour lui?
2. Pourquoi est-ce que Roch ne veut pas mettre son nouveau chandail quand il arrive de Toronto? Comment est-ce que sa mère arrive à le lui faire mettre?
3. Comment expliquez-vous l'erreur dans la commande?
4. Qu'est-ce qui arrive à Roch quand il essaie de jouer avec son nouveau chandail? Êtes-vous d'accord avec lui quand il dit que c'est de la persécution?

Avant et après

1. Imaginez d'autres activités qui intéressaient Roch quand il était jeune.
2. Si le chandail de Roch n'est pas dévoré par des milliers de mites, que deviendra-t-il? Est-ce que Roch continuera à le mettre? Est-ce que les autres apprendront à l'accepter?
3. Quels héros ont les jeunes joueurs de hockey québécois aujourd'hui? Où et quand jouent-ils? Comment s'habillent-ils? Quelles autres différences, par rapport à la période pendant laquelle le petit Roch vivait, imaginez-vous dans leurs vies quotidiennes?

À vous de jouer

1. **La plus grande déception de votre vie.** En groupes de trois, parlez d'un moment de déception ou d'injustice dans votre enfance. Utilisez les questions suivantes pour raconter votre histoire. Vos partenaires vont réagir.

   Quel âge aviez-vous à l'époque? Où et avec qui habitiez-vous? Qu'est-ce qui vous est arrivé(e)? Pourquoi était-ce un moment difficile pour vous? Comment est-ce que cet événement vous a influencé(e) plus tard?

C'est une histoire qui s'appelle...

L'histoire de Roch et son chandail a eu d'abord pour titre, *Une abominable feuille d'érable sur la glace*. Quel titre préférez-vous? Pourquoi? Quelle traduction anglaise donneriez-vous à ce titre?

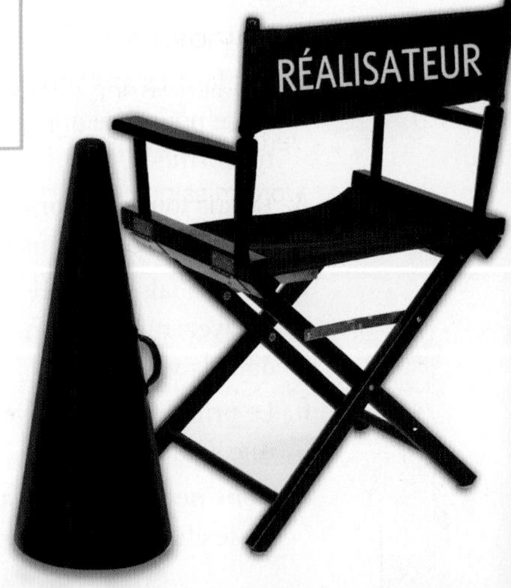

Appendix A

ÉVALUATION DES COMPOSITIONS

Grammaire

AA	adjective agreement wrong
AC	accent wrong or missing
ADV	adverb wrong or misplaced after negative or expression of quantity
AUX	auxiliary verb problem
CONJ	conjunction wrong or missing
E	failure to make elision, or inappropriate elision
GN	gender wrong
MD	mood incorrect (indicative, imperative, or subjunctive)
NB	number wrong—sing./plur.
NEG	negative wrong, misplaced, or missing
OP	object pronoun wrong or missing
POS	possessive adjective wrong or missing, lacks agreement
PP	past participle in wrong form or has wrong agreement
PR	preposition wrong or missing
PRO	**y** or **en** wrong or missing
REL	relative pronoun wrong or missing
RP	reflexive pronoun wrong or missing
SP	spelling error
SPN	subject pronoun problem
SVA	subject/verb agreement lacking
TN	tense incorrect
VC	vocabulary wrong, wrong word choice
VF	verb form (e.g., stem) wrong or missing words
WM	word missing
WO	word order wrong

Style

AWK	acceptable, but awkward
COM	combine sentences
INC	incomprehensible, due to structure or vocabulary choice that makes it difficult to pinpoint the error
NC	not clear
NL	not logical in terms of paragraph development
POL	incorrect level of politeness (make more or less polite)
REP	use pronoun to avoid repetition
RS	repetitive structure
SYN	find synonym to avoid repetition

Appendix B

CHAPITRE 1

Saluer/Prendre congé *(To take leave)*

à la prochaine *until next time*
(se) connaître *to meet, get acquainted with; to know*
(s')embrasser *to kiss; to kiss each other*
se faire la bise *(familiar) to greet with a kiss*
faire la connaissance (de) *to meet, make the acquaintance (of)*
(se) rencontrer *to meet (by chance); to run into*
(se) retrouver *to meet (by prior arrangement)*
(se) revoir *to meet; to see again*

Les voyages

un aller-retour *round-trip ticket*
annuler *to void, cancel*
l'arrivée [f] *arrival*
atterrir *to land*
un (billet) aller simple *one-way ticket*
un billet électronique *an electronic ticket*
la consigne *checkroom*
décoller *to take off*
un demi-tarif *half-fare*
le départ *departure*
desservir une gare, un village *to serve a train station, a village*
la destination *destination*
les frais d'annulation [m pl] *cancellation fees*
le guichet *ticket window, office; counter*
un horaire *schedule*
indiquer *to show, direct, indicate*
le panneau d'affichage électronique *electronic schedule*
partir en voyage d'affaires *to leave on a business trip*
le quai *platform*
une réduction *discount*
les renseignements [m pl] *information*
un tarif *fare, rate*
valable *valid*
un vol *flight; theft*

La conversation

les actualités [f pl] *current events*
avoir l'air *to look, have the appearance of*
bavarder *to chat*
le boulot *(familiar) work*
être en forme *to be in good shape*
les loisirs [m pl] *leisure activities*
le paysage *countryside*

L'argent

une carte de crédit *a credit card*
un chèque de voyage *traveler's check*
le chéquier *checkbook*
emprunter *to borrow*
encaisser *to cash (a check)*
le portefeuille *wallet, billfold; portfolio*
un prêt *a loan*
prêter *to lend*

Rendre un service

aider quelqu'un (à faire quelque chose) *to help someone (do something)*
Ce n'est pas la peine. *Don't bother.*
donner un coup de main à quelqu'un *(familiar) to give someone a hand*
déranger, ennuyer *to bother*

Le voyage

les Antilles [f pl] *the West Indies*
descendre *to go down; to get off (train, etc.); to bring down (luggage)*
enlever *to take something out, off, down*
monter *to go up; to get on (train, etc.); to bring up (luggage)*
le porte-bagages *suitcase rack*
le quai *(train) platform*

Divers

à propos *by the way*
une couchette *cot, train bed*
s'installer *to get settled*
une place (de) libre *an unoccupied seat*
une place réservée *a reserved seat*

CHAPITRE 2

L'invitation

un agenda *engagement calendar*
avoir envie de (+ infinitif) *to feel like (doing something)*

avoir quelque chose de prévu *to have plans*
donner (un) rendez-vous à quelqu'un *to make an appointment with someone*
emmener quelqu'un *to take someone (somewhere)*
être pris(e) *to be busy (not available)*
ne rien avoir de prévu *to have no plans*
passer un coup de fil à quelqu'un *(familiar) to give (someone) a telephone call*
poser un lapin à quelqu'un *(familiar) to stand someone up*
prévoir/projeter de (+ infinitif) *to plan on (doing something)*
les projets [m pl] *plans*
faire des projets *to make plans*
regretter/être désolé(e) *to be sorry*
remercier *to thank someone*
vérifier *to check*

Qui?

le chef *head, boss*
un(e) collègue *fellow worker*
un(e) copain/copine *a friend*
le directeur/la directrice *director*
le/la patron(ne) *boss*

Quand?

dans une heure/deux jours *in an hour/two days*
samedi en huit/en quinze *a week/two weeks from Saturday*
la semaine prochaine/mardi prochain *next week/ next Tuesday*
tout de suite *right away*

Où?

aller au cinéma/à un concert/au théâtre *to go to a movie/ a concert/the theater*
aller à une soirée *to go to a party*
aller en boîte *to go to a nightclub*
aller voir une exposition de photos/de sculptures *to go see a photography/sculpture exhibit*
prendre un verre/un pot *(familiar) to have a drink*

La nourriture et les boissons

les anchois [m pl] *anchovies*
l'assiette [f] **de charcuterie** *cold cuts*
une brochette de poulet *chicken skewer*
le buffet chaud *warm dishes*
le buffet froid *cold dishes*
de la (crème) chantilly *whipped cream*
le chèvre *goat cheese*
la choucroute *sauerkraut*
les côtelettes [f pl] **de porc** *pork chops*
les côtes [f pl] **d'agneau** *lamb chops*
la coupe de fruits *fruit salad*
les épinards [m pl] *spinach*
la glace *ice cream*
les gourmandises [f pl] *delicacies*
le lapin *rabbit*
l'œuf [m] **dur** *hard-boiled egg*
l'omelette [f] **nature** *plain omelette*
les pâtes [f pl] *noodles, pasta*
les petits pois [m pl] *peas*
le poivron vert *green pepper*
la pression *draft beer*
les salades [f pl] **composées** *salads*
la salade de saison *seasonal salad*
le sorbet *sherbet*
la tarte (aux pommes) *(apple) pie*
le thon *tuna*
le veau *veal*
le yaourt *yogurt*

Au repas

un amuse-gueule *appetizer, snack*
un apéritif *before-dinner drink*
À votre santé! (À la vôtre! À la tienne) *To your health!*
une boisson gazeuse *carbonated drink*
Bon appétit! *Have a nice meal!*
de l'eau plate/de l'eau gazeuse *plain, non-carbonated water/ sparkling, carbonated water*
Tchin-tchin! *(familiar) Cheers!*

L'enseignement

assister à un cours *to attend a class*
une conférence *lecture*
un congrès *conference*
se débrouiller *to manage, get along*
échouer (à) *to fail*
facultatif/facultative *elective; optional (subject of study)*
les frais [m pl] **d'inscription** *registration fees*
une leçon particulière *private lesson*
une lecture *reading*
manquer, sécher *(familiar)* **un cours** *to miss, skip a class*
une matière *subject, course*
la note *grade*
obligatoire *required*
passer un examen *to take an exam*
rater *to flunk*
rattraper *to catch up*
réussir à un examen *to pass an exam*
réviser (pour) *to review (for)*
se spécialiser en *to major in*
tricher à *to cheat*

Divers

discuter de choses et d'autres *to talk about this and that*
pareil(le) *same, such a*
la rentrée *start of the new school year*
volontiers *gladly, willingly*

CHAPITRE 3

La famille

les arrière-grands-parents *great-grandparents*
le beau-frère/beau-père *brother-/father-in-law or stepbrother/-father*
la belle-sœur/belle-mère *sister-/mother-in-law or stepsister/-mother*
célibataire/marié(e)/divorcé(e)/remarié(e) *single/married/divorced/remarried*
le demi-frère/la demi-sœur *half brother/sister*
être de la famille *to be a parent, relative, cousin*
une famille nombreuse *large family*
une femme/un homme au foyer *housewife/househusband*
les gens du troisième âge/les personnes âgées *people over 70*
le mari/la femme *spouse; husband/wife*
une mère célibataire *single mother*
un père célibataire *single father*
la vie de famille *home life*

Les enfants

l'aîné(e) *elder, eldest*
bien/mal élevé(e) *well/badly brought up*
le cadet/la cadette *younger, youngest*
un fils/une fille unique *only child*
gâté(e) *spoiled*
un(e) gosse *(familiar) kid*
un jumeau/une jumelle *twin*
le siège-voiture/siège-bébé *car seat*

La possession

C'est à qui le tour? *Whose turn is it? (Who's next?)*
C'est à lui/à toi. *It's his/your turn.*
être à (+ pronom disjoint) *to belong to (someone)*

Les affaires

l'appareil photo [m] *camera*
l'appareil photo numérique *digital camera*
le Blu-ray disc *Blu-Ray disc player*
le caméscope *camcorder*
le DVD *DVD player*
les écouteurs [m pl] *headphones*
l'iPod [m] *iPod*
le lecteur de CD *CD player*
le lecteur DVD DVX *high definition DVD player*
le logiciel *software*
l'ordinateur [m] *computer*
le scanner *scanner*

Les personnes

avoir des boucles d'oreille/un anneau au nez *to have earrings/a nose ring*
avoir la vingtaine/la trentaine, etc. *to be in one's 20s/30s, etc.*
avoir les cheveux... *to have . . . hair*
- **roux** *red*
- **châtains** *chestnut*
- **bruns** *dark brown*
- **noirs** *black*
- **raides** *straight*
- **ondulés** *wavy*
- **frisés** *curly*

avoir les yeux marron *to have brown eyes*
avoir une barbe/une moustache/des pattes *to have a beard/moustache/sideburns*
être aveugle *to be blind*
être chauve *to be bald*
être dans une chaise roulante *to be in a wheelchair*
être de bonne/mauvaise humeur *to be in a good/bad mood*
être de petite taille *to be short*
être de taille moyenne *to be of average height*
être d'un certain âge *to be middle-aged*
être fort(e) *to be heavy, big, stout*
être fort(e)/mince *to be big, fat/thin, slim*
être grand(e) *to be tall*
être infirme *to be disabled*
être marrant(e)/gentil (gentille)/mignon (mignonne) *to be funny/nice/cute, sweet*
être paralysé(e)/tétraplégique *to be paralysed/quadriplegic*
être sourd(e) *to be deaf*
faire jeune *to look young*
marcher avec des béquilles *to be on crutches*
marcher avec une canne *to use a cane*
ne pas faire son âge *to not look one's age*
porter des lunettes/des lentilles de contact *to wear glasses/contact lenses*

Les objets

être en argent/or/acier/coton/laine/plastique *to be made of silver/gold/steel/cotton/wool/plastic*
être grand(e)/petit(e), bas (basse) *to be big, tall, high/small, short/low*
être gros (grosse)/petit(e)/minuscule *to be big/small/tiny*
être large/étroit(e) *to be wide/narrow*

être long (longue)/court(e) *to be long/short*
être lourd(e)/léger (légère) *to be heavy/light*
être pointu(e) *to be pointed*
être rond(e)/carré(e)/allongé(e) *to be round/square/oblong*

Les bons rapports

le coup de foudre *love at first sight*
s'entendre bien avec *to get along well with*
être en bons termes avec quelqu'un *to be on good terms with someone*
se fiancer *to get engaged*
fréquenter quelqu'un *to go steady with someone*
les liens [m pl] *relationship*
les liens de parenté *family ties*
les rapports [m pl] *relationship*
se revoir *to see each other again*
tomber amoureux/amoureuse de quelqu'un *to fall in love with someone*

Les rapports difficiles

se brouiller avec quelqu'un *to get along badly with someone*
une dispute *a quarrel*
se disputer *to argue*
être en mauvais termes avec quelqu'un *to be on bad terms with someone*
exigeant(e) *demanding*
le manque de communication *communication gap*
se plaindre (de quelque chose à quelqu'un) *to complain (to someone about something)*
rompre avec quelqu'un *to break up with someone*
taquiner *to tease*
tendu(e) *tense*

Divers

déménager *to move*
en avoir marre *(familiar) to be fed up*
faire la grasse matinée *to sleep late*
hausser les sourcils *to raise one's eyebrows*
s'occuper de *to take care of, handle*
quotidien(ne) *daily*

CHAPITRE 4

Les vacances

une agence de voyages *travel agency*
une brochure/un dépliant *pamphlet*
les congés [m pl] **payés** *paid vacation*
passer des vacances magnifiques/épouvantables *to spend a magnificent/horrible vacation*
un séjour *stay, visit*
un souvenir *memory* **(avoir un bon souvenir)***; souvenir* **(acheter des souvenirs)**
le syndicat d'initiative *tourist bureau*
visiter (un endroit) *to visit (a place)*

Des choix

aller à l'étranger *to go abroad*
aller voir quelqu'un *to visit someone*
un appartement de location *rental apartment*
descendre dans un hôtel *to stay in a hotel*
rendre visite (à quelqu'un) *to visit (someone)*
un terrain de camping *campground* **(aller dans un...)**

Les transports

atterrir *to land*
avoir une contravention *to get a ticket, fine*
avoir un pneu crevé *to have a flat tire*
être pris(e) dans un embouteillage *to be caught in a traffic tie-up/jam*
un car *bus (traveling between towns)*
la circulation *traffic*
décoller *to take off (plane)*
descendre (de la voiture/du bus/du taxi/de l'avion/du train) *to get out of (the car/bus/taxi/plane/train)*
faire le plein *to fill up (gas tank)*
flâner *to stroll*
garer la voiture *to park the car*
manquer le train *to miss the train*
monter dans (une voiture/un bus/un taxi/un avion/un train) *to get into (a car/bus/taxi/plane/train)*
se perdre *to get lost*
ramener *to bring (someone, something) back; to drive (someone) home*
se tromper de train *to take the wrong train*
tomber en panne d'essence *to run out of gas*
un vol (direct/avec escale) *flight (direct/with a stopover)*

À la douane *(customs)*/Aux contrôles de sûreté *(security)*

l'agent/l'agente de sûreté *security officer*
confisquer *to confiscate*
déclarer (ses achats) *to declare (one's purchases)*
déclencher une alarme sonore *to set off the alarm*
le douanier/la douanière *customs officer*
faire de la contrebande *to smuggle goods*
faire une fouille corporelle *to do a body search*
fouiller les bagages/les valises *to search, go through baggage/luggage*

montrer son passeport/sa carte d'identité *to show one's passport/identification card*
le passager/la passagère *passenger (on an airplane)*
passer à la douane/aux contrôles de sûreté *to go through customs/security*
passer dans un appareil de contrôle radioscopique *to go through x-ray security*
poser les objets sur le tapis de l'appareil de contrôle radioscopique *to put objects on the belt*
payer des droits *to pay duty/tax*
reprendre les objets ou vêtements après le passage sous le portique de détection *to take back objects or clothes after passing through the x-ray machine*
se présenter à la douane/aux contrôles de sûreté *to appear at customs/security*

L'avion

débarquer *to get off*
embarquer *to go on board*

L'hôtel

un ascenseur *elevator*
une chambre à deux lits *double room (room with two beds)*
une chambre avec douche/salle de bains *room with a shower/bathroom*
une chambre de libre *vacant room*
la clé *key*
un grand lit *double bed*
payer en espèces/par carte de crédit/avec des chèques de voyage/par carte bancaire *to pay in cash/by credit card/in traveler's checks/by bank card*
la réception *front desk*
le/la réceptionniste *hotel desk clerk*
régler la note *to pay, settle the bill*
réserver/retenir une chambre *to reserve a room*
le service d'étage *room service*

Divers

se débrouiller *to manage, get along*
grossier (grossière) *rude*
jurer *to swear*
piquer *(slang) to steal*

CHAPITRE 5

La volonté

avoir envie de (+ infinitif) *to feel like (doing something)*
compter *to intend, plan on, count on, expect*
tenir à *to really want; to insist on*

La télévision

les actualités/les informations [f pl] *news (in the press, but especially on TV)*
allumer la télé *to turn on the TV*
augmenter le son *to turn up the volume*
baisser le son *to turn down the volume*
une causerie *talk show*
une chaîne *channel*
un débat *debate*
diffuser/transmettre (en direct) *to broadcast (live)*
l'écran [m] *screen*
une émission *broadcast, TV show*
une émission de téléréalité *reality show*
éteindre la télé *to turn off the TV*
un feuilleton *serial; soap opera*
un jeu télévisé *game show*
le journal télévisé *TV news*
mettre la 3, 6, etc. *to put on channel 3, 6, etc.*
le poste de télévision *TV set*
le programme *program listing*
une publicité (pub) *TV commercial*
rater *to miss*
une rediffusion *rerun*
un reportage en direct *live report*
une série *series*
une télécommande *remote control*
un téléspectateur/une téléspectatrice *TV viewer*
la télévision par câble *cable TV*

Les études

bien se débrouiller en maths *to do well in mathematics*
bien se défendre en français *to speak French well*
un contrôle *test*
s'embrouiller *to become confused*

Les émotions

agacer *to annoy*
barber *(familiar) to bore*
la crainte *fear*
embêter *to bother*
en avoir assez *to have had enough*
en avoir marre *(familiar) to be fed up*
ennuyé(e) *bored, annoyed, bothered*
ennuyeux/ennuyeuse *annoying, boring, tedious, irritating*
génial(e) *fantastic*
heureusement *thank goodness*
inquiet/inquiète *worried, anxious*
s'inquiéter *to worry*

l'inquiétude [f] *worry, anxiety*
insupportable *unbearable, intolerable*
On a eu chaud! *(familiar) That was a narrow escape!*
le soulagement *relief*
supporter *to put up with*

La radio

un animateur/une animatrice *radio or TV announcer*
un auditeur/une auditrice *member of (listening) audience*
une station *(TV, radio) station*

La presse

un abonnement *subscription*
être abonné(e) à *to subscribe to*
une annonce *announcement, notification*
les petites annonces *classified advertisements*
annuler *to cancel*
un bi-mensuel *bimonthly publication*
un hebdomadaire *weekly publication*
un journal *newspaper*
un lecteur/une lectrice *reader*
un magazine *magazine*
un mensuel *monthly publication*
les nouvelles [f pl] *printed news; news in general*
un numéro *issue*
une publicité *advertisement*
un quotidien *daily publication*
un reportage *newspaper report; live news or sports commentary*
une revue *magazine (of sophisticated, glossy nature)*
une rubrique *heading, item; column*
le tirage *circulation*

La persuasion

aboutir à un compromis *to come to or reach a compromise*
avoir des remords *to have (feel) remorse*
avoir gain de cause *to win the argument*
changer d'avis *to change one's mind*
convaincre (quelqu'un de faire quelque chose) *to persuade (someone to do something)*
se décider (à faire quelque chose) *to make up one's mind (to do something)*
défendre (à quelqu'un de faire quelque chose) *to forbid (someone to do something); to defend*
une dispute *an argument*
s'efforcer de *to try hard, try one's best*
l'esprit [m] **ouvert** *open mind*
indécis(e) (sur) *indecisive; undecided (about)*
interdire (à quelqu'un de faire quelque chose) *to forbid (someone to do something)*
je te/vous prie (de faire quelque chose) *will you please (do something)*
le point de vue *point of view*
prendre une décision *to make a decision*
renoncer *to give up*
têtu(e) *stubborn*

CHAPITRE 6

La politique

une campagne électorale *election campaign*
un débat *debate*
désigner/nommer *to appoint*
un deuxième tour *run-off election*
discuter (de) *to discuss*
un électeur/une électrice *voter*
élire (past part.: **élu**) *to elect*
être candidat(e) (à la présidence) *to run (for president)*
se faire inscrire *to register (to vote)*
la lutte (contre) *fight, struggle (against)*
un mandat *term of office*
la politique étrangère *foreign policy*
la politique intérieure *internal (domestic) policy*
un problème/une question *issue*
un programme électoral *platform*
réélire (past part.: **réélu**) *to reelect*
se (re)présenter *to run (again)*
soutenir *to support*
voter *to vote*

La guerre *(War)*

l'armée [f] *army*
les armes de destruction massive (ADM) [f pl] *weapons of mass destruction*
attaquer *to attack*
un attentat *attack*
céder à *to give up; to give in*
les combats [m pl] *fighting*
le conflit *conflict*
une embuscade *ambush*
l'engin explosif improvisé (EEI) [m] *improvised explosive device*
les forces [f pl] *forces*
le front *front; front lines*
libérer *to free*
livrer *to deliver*
la mort *death;* **les morts** [m pl] *the dead*
la négociation *negotiation*

la paix *peace*
la peine de mort *death penalty*
la polémique *controversy*
les pourparlers [m pl] *talks; negotiations*
prendre en otage *to take hostage*
se produire *to happen, take place*
le soldat *soldier*
le terrorisme *terrorism*
tuer *to kill*

Les arts/L'architecture

la conception *(from* **concevoir***)* *design, plan*
en verre, en métal, en terre battue *made of glass, metal, adobe*
une œuvre *work (of art)*
rénover *to renovate*

Les perspectives

s'accoutumer à *to get used to*
attirer *to attract*
chouette *(familiar) neat, nice, great*
convaincre *to convince*
honteux (honteuse) *shameful*
insupportable *intolerable, unbearable*
laid(e) *ugly*
moche *(familiar) ugly, ghastly*
passionnant(e) *exciting*
remarquable/spectaculaire *remarkable/spectacular*
réussi(e) *successful, well executed*
super *(familiar) super*
supprimer *to do away with*

L'immigration et le racisme

s'accroître *to increase*
l'accueil [m] *welcome*
accueillant(e) *welcoming, friendly*
s'aggraver *to get worse*
la banlieue *the suburbs*
blesser *to hurt*
un bouc émissaire *scapegoat, fall guy*
le chômage *unemployment*
un chômeur/une chômeuse *unemployed person*
croissant(e) *increasing, growing*
éclairer *to enlighten*
les émeutes [f] *riots*
empirer *to worsen*
un(e) immigrant(e) *newly arrived immigrant*
un(e) immigré(e) *an immigrant well established in the foreign country*
un incendie *fire*
maghrébin(e) *from the Maghreb (Northwest Africa: Morocco, Algeria, Tunisia)*
la main-d'œuvre *labor*
une manifestation/manifester *demonstration, protest (organized)/to demonstrate, protest*
une menace *threat*
les quartiers [m pl] **sensibles** *slums*
répandre *to spread*
rouer quelqu'un de coups *to beat someone black and blue*
la xénophobie *xenophobia (fear/hatred of foreigners)*

Divers

un sans-abri *homeless person*

CHAPITRE 7

La recherche d'un emploi *(Job hunting)*

les allocations [f pl] **de chômage** *unemployment benefits*
l'avenir [m] *future*
avoir une entrevue/un entretien *to have an interview*
changer de métier *to change careers*
chercher du travail *to look for work*
le curriculum vitae (le C.V.) *résumé, CV*
être candidat(e) à un poste *to apply for a job*
être à la retraite *to be retired*
la formation professionnelle *professional education, training*
occuper un poste *to have a job*
l'offre [f] **d'emploi** *opening, available position*
la pension de retraite *retirement pension*
en profiter *to take advantage of the situation; to enjoy*
la promotion *promotion*
remplir une demande d'emploi *to fill out a job application*
la réussite *success*
le salaire *pay (in general)*
la sécurité de l'emploi *job security*
le service du personnel *personnel services, Human Resources*
le traitement mensuel *monthly salary*
trouver un emploi *to find a job*

Les métiers *(Trades, professions, crafts)*

les artisans: un(e) chauffagiste *(heating-cooling service engineer)*, un électricien/une électricienne, un mécanicien/une mécanicienne, un menuisier/une menuisière *(carpenter)*, un plombier/une plombière, un serrurier/une serrurière *(locksmith)*, un paysagiste *(landscaper)*, un plâtrier-peintre/une plâtrière-peintre *(plasterer-painter)*
les professions [f pl] **libérales:** un médecin/une femme médecin, un(e) dentiste, un(e) avocat(e), un architecte, un infirmier/une infimière *(nurse)*, un notaire, un pharmacien/une pharmacienne, un vétérinaire, etc.

les fonctionnaires (employés de l'État): un agent de police, un douanier/une douanière, un magistrat *(judge)*, etc.

les affaires [f pl] *(business)* **(travailler pour une entreprise):** un homme/une femme d'affaires *(businessman/woman)*, un(e) secrétaire, un(e) employé(e) de bureau, un(e) comptable *(accountant)*, un(e) représentant(e) de commerce *(sales rep)*, etc.

le commerce (servir les clients): un boucher/une bouchère, un boulanger/une boulangère, un coiffeur/une coiffeuse *(hairdresser)*, un épicier/une épicière, un(e) commerçant(e) *(shopkeeper)*

l'industrie [f] **(travailler dans une usine):** un ouvrier/une ouvrière *(worker)*, un(e) employé(e), un(e) technicien(ne), un chef d'atelier *(shop)*, un ingénieur, un cadre/une femme cadre *(manager)*, un directeur/une directrice, etc.

l'informatique [f] *(computer science):* un(e) informaticien(ne) *(computer expert)*, un(e) analyste en informatique, un programmeur/une programmeuse, etc.

l'enseignement [m]: un instituteur/une institutrice ou un professeur des écoles, un professeur, un enseignant, etc.

la sécurité: un agent de police, un(e) gardien(ne) d'immeuble ou de prison, un gendarme, un inspecteur/une inspectrice, un(e) militaire, un(e) surveillant(e), un veilleur/une veilleuse de nuit *(night guard)*, etc.

Un métier peut être...

ingrat *(thankless)*, **dangereux, malsain** *(unhealthy)*, **ennuyeux, fatigant, mal payé, sans avenir**

ou...

intéressant, stimulant *(challenging)*, **passionnant, fascinant, enrichissant** *(rewarding)*, **bien payé, d'avenir**

Le logement

acheter à crédit *to buy on credit*

l'agent [m] **immobilier** *real estate agent*

l'appartement [m] *apartment*

la chambre de bonne *room for rent (formerly maid's quarters)*

les charges [f pl] *utilities (for heat and maintenance of an apartment or condominium)*

la Cité-U(niversitaire)/résidence universitaire *student residence hall(s)*

une HLM (habitation à loyer modéré) *low income housing*

l'immeuble [m] *apartment building*

le/la locataire *tenant*

le logement en copropriété *condominium*

louer *to rent*

le loyer *rent*

le/la propriétaire *owner; householder*

le studio *efficiency apartment*

Une habitation peut être...

grande, petite, vieille, ancienne, neuve *(brand new)*, **récente, moderne, rénovée** *(remodeled)*, **confortable, agréable, sale, propre** *(clean)*, **commode** *(convenient)*, **pratique, facile à entretenir** *(to maintain)*, **au prix fort** *(at a high price)*

Les avantages/inconvénients *(disadvantages)*

bien/mal conçu(e) *(designed)*, **situé(e), équipé(e), entretenu(e)** *(maintained);* **beau/belle; moche; laid(e); solide; tranquille; calme; bruyant(e)** *(noisy);* **isolé(e)**

La banque

le carnet de chèques *checkbook*

la carte de crédit *credit card*

la carte électronique *automatic teller card*

changer de l'argent *to change money*

le compte chèques *checking account*

déposer *to deposit*

le distributeur automatique de billets *automatic teller machine*

emprunter *to borrow*

encaisser un chèque *to cash a check*

l'intérêt [m] *interest*

le livret d'épargne *savings account*

ouvrir un compte *to open an account*

prendre son mal en patience *to wait patiently*

le prêt *loan*

prêter *to lend*

retirer de l'argent *to make a withdrawal*

le taux d'intérêt *interest rate*

L'économie [f] *(Economy)*

un abri *shelter*

aller de mal en pis *to go from bad to worse*

s'améliorer *to improve*

l'assurance-maladie [f] *health insurance*

être assuré(e) *to be insured*

les bénéfices [m pl] *profits*

le budget *budget*

la consommation *consumption*

la cotisation *contribution*

le développement *development*

une entreprise *business*

exporter *to export*

importer *to import*

les impôts [m pl] *taxes*

le marché *market*

une mutuelle *mutual benefit insurance company*

la prime *premium; free gift, bonus; subsidy*

le progrès *progress*
un restaurant du cœur *soup kitchen*
un(e) sans-abri *homeless person*
un SDF (sans domicile fixe) *person without a permanent address*
souscrire *to contribute, subscribe to*

Les conditions de travail

une augmentation de salaire *pay raise*
le bureau *office*
le chef (de bureau, d'atelier, d'équipe) *leader (manager) of office, workshop, team*
compétent(e)/qualifié(e) *competent/qualified*
le congé *holiday, vacation*
le directeur/la directrice *manager (company, business)*
l'employeur [m] *employer*
le/la gérant(e) *manager (restaurant, hotel, shop)*
l'horaire [m] *schedule*
la maison, la société *firm, company*
motivé(e) *motivated*
le personnel *personnel*
les soins [m pl] **médicaux** *medical care and treatment*
l'usine [f] *factory*

CHAPITRE 8

Les tribulations de la vie quotidienne

annuler *to cancel*
au secours! *help!*
un cas d'urgence *emergency*
en cas d'urgence *in case of emergency*
ça ne fait rien *it doesn't matter; never mind*
une commission *errand*
débordé(e) de travail *swamped with work*
en vouloir à quelqu'un *to hold a grudge against someone*
être navré(e) *to be sorry*
faire exprès *to do on purpose*
n'en plus pouvoir (je n'en peux plus) *to be at the end of one's (my) rope; to have had it (I've had it)*
une panne *breakdown*
tomber en panne *to have a (car) breakdown*

Les problèmes de voiture

la batterie *car battery*
démarrer *to get moving (car); to start*
dépanner *to repair a breakdown*
un embouteillage *traffic jam*
l'essence [f] *gasoline*
être en panne d'essence *to be out of gas*
être/tomber en panne *to break down*
les heures [f pl] **de pointe** *rush hours*
la station-service *gas station*

Les pannes à la maison

le congélateur *freezer*
l'électricien(ne) *electrician*
le frigo *(familiar) fridge, refrigerator*
marcher *to run; work (machine)*
l'outil [m] *tool*
le plombier *plumber*

Les achats en magasin

le chef de rayon/de service *departmental/service supervisor*
demander un remboursement *to ask for a reimbursement*
faire une réclamation *to make a complaint*
les frais [m pl] *costs, charges*
le grand magasin *department store*
gratuit(e) *free, at no cost*
la quincaillerie *hardware store*
le rayon *section, aisle*
une tache *stain*
un trou *hole*
vendu(e) en solde *sold at a reduced price, on sale*

Les événements imprévus et oubliés

amener quelqu'un *to bring someone over (along)*
assister à *to attend*
changer d'avis *to change one's mind*
un congrès *conference; professional meeting*
emmener quelqu'un *to take someone (somewhere)*
emprunter quelque chose à quelqu'un *to borrow something from someone*
imprévu(e)/inattendu(e) *unexpected*
prêter quelque chose à quelqu'un *to lend something to someone*
une réunion *meeting*

Comment réagir

s'arranger *to work out*
consentir à *to consent to*
défendre à quelqu'un de *to forbid someone to*
embêter *to bother; to annoy*
raccrocher *to hang up (the telephone)*
se rattraper *to make up for it*
résoudre *to resolve, solve*

Vous êtes déconcerté(e) *(confused, muddled)*

avoir du mal à (+ infinitif) *to have problems (doing something)*
désorienté(e)/déconcerté(e) *confused, muddled*
faire comprendre à quelqu'un que *to hint to someone that*

mal comprendre (past part. **mal compris**) *to misunderstand*
une méprise/une erreur/un malentendu *misunderstanding*
provoquer *to cause*
le sens *meaning*
la signification/l'importance [f] *significance, importance*
signifier *to mean*

Vous êtes irrité(e)

avoir du retard *to be late*
C'est la goutte d'eau qui fait déborder le vase! *That's the last straw!*
couper *to disconnect (telephone, gas, electricity, cable)*
débrancher *to disconnect, unplug (radio, television)*
se décharger de ses responsabilités sur quelqu'un *to pass off one's responsibilities onto somebody*
faire la queue *to stand in line*
rentrer tard *to get home late*
valoir la peine (past part. **valu**) *to be worth the trouble*

Vous êtes lésé(e) *(injured; wronged)*

bouleversé(e)/choqué(e) *shocked*
céder à quelqu'un (quelque chose) *to give in to someone (something)*
être en grève *to be on strike*
faire la grève *to go on strike*
le/la gréviste *striker*
léser quelqu'un *to wrong someone*
le syndicat *union*

Divers

autrement dit *in other words*

CHAPITRE 9

Les meubles et les appareils ménagers *(Furniture and household appliances)*

l'armoire [f] *wardrobe, armoire*
le coussin *cushion, pillow*
la cuisinière *stove*
l'étagère [f] *shelf; shelves*
le four à micro-ondes *microwave oven*
le lave-vaisselle *dishwasher*
la machine à laver (le linge) *washing machine*
le placard *cupboard; closet*
le sèche-linge *clothes dryer*
le tapis *carpet*
le tiroir *drawer*

Les vêtements et la mode

les bas [m pl] *stockings*
les bijoux [m pl] *jewelry*
  la bague *ring*
  les boucles [f pl] **d'oreilles** *earrings*
  le bracelet *bracelet*
  le collier *necklace*
le blouson (en cuir/de cuir) *(leather) jacket*
les bottes [f pl] *boots*
Ce vêtement lui va bien. *This piece of clothing looks good on him/her.*
changer de vêtements *to change clothes*
les chaussettes [f pl] *socks*
les chaussures [f pl] **à hauts talons/à talons plats** *high-heeled shoes/low-heeled shoes*
la chemise *man's shirt*
le chemisier *woman's shirt*
le collant *pantyhose*
le costume *man's suit*
enlever (un vêtement) *to take off (a piece of clothing)*
essayer (un vêtement) *to try on (a piece of clothing)*
être mal/bien habillé(e) *to be poorly/well dressed*
s'habiller/se déshabiller *to get dressed/to get undressed*
l'imperméable [m] *raincoat*
le maillot de bain *swimsuit*
mettre un vêtement *to put on a piece of clothing*
le parapluie *umbrella*
le pardessus *overcoat*
les sous-vêtements [m pl] *underwear*
le tailleur *woman's tailored suit*
le tissu *fabric*
la veste (de sport) *(sports) jacket*

Un vêtement est...

chic; élégant; en bon/mauvais état; sale; déchiré *(torn);* **râpé** *(threadbare, worn);* **lavable** *(washable);* **chouette** *(familiar—great, nice, cute);* **génial** *(fantastic);* **d'occasion** *(secondhand, bargain);* **dans ses prix** *(in one's price range);* **une trouvaille** *(a great find)*

On vend des vêtements...

dans une boutique *in a shop, small store*
dans un grand magasin *in a department store*
dans une grande surface *in a huge discount store*
à un marché aux puces *at a flea market*

La technologie/Les communications

appuyer *to press, push (a key)*
le browser *browser*

le clavier *keyboard*
une clé USB *flash/memory stick*
cliquer *to click*
compatible *compatible*
se connecter/se brancher à l'Internet *to connect to the Internet*
le contrôle vocal *voice activated control*
le courrier électronique (le mail, le mél, le courriel) *email*
le disque dur *hard (disk) drive*
les données [f pl] *data*
l'écran [m] *screen*
un écran multi-touch *touch screen*
envoyer des SMS *to send text messages*
faire marcher *to make something work*
un fichier adjoint *attachment*
les graphiques [m pl] *graphics*
importer *to download, import from the Web*
l'imprimante (à laser) [f] **(laser)** *printer*
l'informatique [f] *computer science; data processing*
être dans l'informatique *to be in the computer field*
l'internaute *one who enjoys the Web*
Internet [m] *the Internet*
le lecteur de DVD *DVD drive*
le lecteur zip *zip drive*
le logiciel *software*
le matériel *hardware*
la mémoire *memory*
la messagerie texte *text message*
un micro(-ordinateur) *desktop computer*
le moteur de recherche *search engine*
une pile *battery*
le podcast *podcast*
un portable *laptop computer*
le programme *program*
la puissance *power, speed*
le réseau *network*
le site Web *website*
la souris *mouse*
synchroniser *to synch*
(re)taper *to (re)type*
télécharger un message/un dossier *to download a message/a file*
la touche *key*
le Web *World Wide Web*

La cuisine

une casserole *(sauce) pan*
coller *to stick*
un couvercle *lid*
un faitout *large cooking pot*
un grille-pain *toaster*
une marmite *large cooking pot*
le pain de mie *sandwich bread*
passer au beurre *to sauté briefly in butter*
le plat *dish (container); dish (part of meal), course*
la poêle *frying pan*
verser *to pour*

Suivre des instructions

se débrouiller *to manage, get along*
doué(e) *gifted, talented*
(faire) bouillir *to boil*
(faire) cuire *to cook*
(faire) dorer *to brown*
(faire) fondre *to melt*
(faire) frire *to fry*
(faire) griller *to toast (bread); to grill (meat, fish)*
(faire) mijoter *to simmer*
(faire) rôtir *to roast*
(faire) sauter/revenir *to sauté (brown or fry gently in butter)*
piger *(familiar) to understand, to "get it"*
s'y prendre bien/mal *to do it the right/wrong way*
Tu y es?/Vous y êtes? *Do you understand? Do you "get it"?*

CHAPITRE 10

La compétition

à la portée de *within the reach of*
arriver/terminer premier *to finish first*
battre *to beat, break*
le classement *ranking*
un(e) concurrent(e) *competitor*
un coureur/une coureuse *runner/cyclist*
une course *race*
la défaite *defeat, loss*
le défi *challenge*
la douleur *pain*
s'entraîner *to train*
l'entraîneur/l'entraîneuse *coach*
une épreuve (athlétique) *an (athletic) event*
épuisant(e) *grueling, exhausting*
faillir (+ infinitif) *to almost (do something)*
un(e) fana de sport *jock, an enthusiastic fan*
un match nul *tied game*
prendre le dessus *to get the upper hand*
la pression *pressure*
se prouver *to prove oneself*

le record du monde *world record*
reprendre haleine *to get one's breath back*
serré(e) *tight; closely fought*
sportif/sportive *athletic, fond of sports*
survivre (à) (past part. survécu) *to survive*
un tournoi *tournament*
une victoire *win, victory*

Situations regrettables

attraper un coup de soleil *to get sunburned*
avoir un accident de voiture *to have an automobile accident*
conduire trop vite/rapidement *to drive too fast*
échouer à/rater un examen *to fail/flunk an exam*
être fauché(e) *to be broke (out of money)*
être sans le sou *to be without a penny*
ne pas mettre d'huile [f]/**de lotion** [f] **solaire** *to not put on suntan oil/lotion*
oublier d'attacher/de mettre sa ceinture de sécurité *to forget to fasten/put on one's seatbelt*
sécher un cours *to cut a class*

Une pièce

une comédie musicale *musical*
l'éclairage [m] *lighting*
l'entracte *intermission*
frapper les trois coups *to knock three times (heard just before the curtain goes up in French theaters)*
jouer à guichets fermés *to play to sold-out performances*
le metteur en scène *stage director*
la mise en scène *staging*
l'ouvreuse [f] *usher*
une représentation *performance*
(avoir) le trac *(to have) stage fright*
la troupe *cast*

Un film

un acteur/une actrice *actor/actress*
un cinéaste *filmmaker*
un(e) débutant(e) *beginner*
le dénouement *ending*
se dérouler/se passer *to take place*
un film doublé *dubbed film*
des genres de films *types of films*
  une comédie *comedy*
  un dessin animé *cartoon*
  un documentaire *documentary*
  un film d'amour *love story*
  un film d'aventures *adventure film*
  un film d'épouvante *horror movie*
  un film d'espionnage *spy movie*
  un film de guerre *war movie*
  un film policier *police story, mystery story*
  un western *western*
un(e) interprète *actor/actress*
les interprètes [m/f pl] *cast*
l'intrigue [f] *plot*
le personnage (principal) *(main) character*
un producteur *producer (who finances)*
le réalisateur/la réalisatrice *director*
la réalisation *production*
un retour en arrière *flashback*
un(e) scénariste *scriptwriter*
(avec) sous-titres [m pl] *(with) subtitles*
le thème *theme*
tourner un film *to shoot a film*
la vedette *star (male or female)*
en version originale (v.o.) *in the original language*

Réactions

avoir à voir avec *to have something to do with*
C'est complet. *It's sold out.*
un compte rendu *review (of film, play, book)*
un(e) critique de théâtre/de cinéma *theater/film critic*
un four *flop*
un navet *third-rate film*
réussi(e) *successful*

Divers

avouer *to admit*
grossir/prendre des kilos *to put on weight*
ne pas se réveiller à temps *to oversleep*
un rendez-vous avec un(e) inconnu(e) *blind date*

Appendix C

EXPRESSIONS SUPPLÉMENTAIRES

Les nombres

Les nombres cardinaux

1	un/une	12	douze	23	vingt-trois	41	quarante et un	80	quatre-vingts
2	deux	13	treize	24	vingt-quatre	42	quarante-deux	81	quatre-vingt-un
3	trois	14	quatorze	25	vingt-cinq	50	cinquante	82	quatre-vingt-deux
4	quatre	15	quinze	26	vingt-six	51	cinquante et un	90	quatre-vingt-dix
5	cinq	16	seize	27	vingt-sept	52	cinquant-deux	91	quatre-vingt-onze
6	six	17	dix-sept	28	vingt-huit	60	soixante	92	quatre-vingt-douze
7	sept	18	dix-huit	29	vingt-neuf	61	soixante et un	100	cent
8	huit	19	dix-neuf	30	trente	62	soixante-deux	101	cent un
9	neuf	20	vingt	31	trente et un	70	soixante-dix	200	deux cents
10	dix	21	vingt et un	32	trente-deux	71	soixante et onze	201	deux cent un
11	onze	22	vingt-deux	40	quarante	72	soixante-douze		

1 000	mille
1 001	mille un
1 300	treize cents/mille trois cents
1 740	dix-sept cent quarante/ mille sept cent quarante
8 000	huit mille
10 000	dix mille
100 000	cent mille
1 000 000	un million
1 000 000 000	un milliard

note

→ When **quatre-vingts** and multiples of **cent** are followed by another number, the **s** is dropped.

quatre-vingts	quatre-vingt-trois
deux cents	deux cent quinze

Mille is always invariable: quatre mille habitants.

→ French and English are exactly the opposite in their use of commas and decimal points.

3.5 in English is 3,5 in French.

→ However, in numbers above 999, the French use a space.

15,000 in English is 15 000 in French.

Les nombres ordinaux

1er (1ère)	premier (première)	*first*
2e	deuxième, second(e)	*second*
3e	troisième	*third*
4e	quatrième	*fourth*
5e	cinquième	*fifth*
6e	sixième	*sixth*
7e	septième	*seventh*
8e	huitième	*eighth*
9e	neuvième	*ninth*
10e	dixième	*tenth*
11e	onzième	*eleventh*
20e	vingtième	*twentieth*
21e	vingt et unième	*twenty-first*
100e	centième	*one hundredth*

note

→ In titles and dates, cardinal numbers are always used, except for "the first."

François **1er** (Premier)	le **1er** (premier) avril
Louis **XVI** (Seize)	le **25** (vingt-cinq) décembre

→ Contrary to English, the cardinal number always precedes the ordinal number when both are used.

les deux premiers groupes *the first two groups*	les vingt premières pages *the first twenty pages*

Les jours

lundi
mardi
mercredi
jeudi
vendredi
samedi
dimanche

Les mois

janvier	juillet
février	août
mars	septembre
avril	octobre
mai	novembre
juin	décembre

Les saisons

l'été	en été
l'automne	en automne
l'hiver	en hiver
BUT: le printemps	au printemps

Les dates

le ________ ________ ________
(nombre) *(mois)* *(année)*

exemples

→ le 15 juin 1989
le 1er avril 1992

L'heure

Quelle heure est-il?

1h	Il est une heure.
3h	Il est trois heures.
6h10	Il est six heures dix.
5h50	Il est six heures moins dix.
8h15	Il est huit heures et quart.
8h45	Il est neuf heures moins le quart.
10h30	Il est dix heures et demie.
12h	Il est midi/minuit.

note

→ The French equivalents of A.M. and P.M. are **du matin** (*in the morning*), **de l'après-midi** (*in the afternoon*), and **du soir** (*in the evening*). The 24-hour clock is also used, especially for schedules.

6 P.M. would be **dix-huit heures**.

Les expressions de temps

Il fait beau.	*The weather is nice.*
Il fait mauvais.	*The weather is bad.*
Il fait (du) soleil.	*It is sunny.*
Il fait chaud.	*It is warm.*
Il fait froid.	*It is cold.*
Il fait frais.	*It is cool.*
Il fait du vent.	*It is windy.*
Il fait humide.	*It is humid.*
Il fait sec.	*It is dry.*
Il fait brumeux.	*It is misty.*
Il fait jour.	*It is daylight.*
Il fait nuit.	*It is dark.*
Il se fait tard.	*It is getting late.*
Il pleut.	*It is raining.*
Il neige.	*It is snowing.*
Il gèle.	*It is freezing.*
Il grêle.	*It is hailing.*
Il y a un orage.	*There is a storm.*
Le temps est couvert/*nuageux*.	*It is cloudy.*
La température est de 20°C.	*The temperature is 20 degrees Celsius.*

Les couleurs

beige	*beige*
blanc/blanche	*white*
bleu/bleue	*blue*
brun/brune	*brown*
crème	*cream*
jaune	*yellow*
gris/grise	*gray*
marron	*chestnut brown*
noir/noire	*black*
orange	*orange*
pourpre	*crimson*
rose	*pink*
rouge	*red*
vert/verte	*green*
violet/violette	*purple*
bleu clair	*light blue*
rouge foncé	*dark red*

note

→ **Marron**, **orange**, and **crème** are invariable, as is any adjective modified by **clair** or **foncé**.

Expressions au téléphone

Allô? Bonjour, monsieur. — Allô, oui. Bonjour.

C'est bien le 03.12.53.55.87?
- Oui.
- Non, vous faites erreur.
- Quel numéro demandez-vous?

Ici, c'est Madame Dubois.
À qui ai-je l'honneur (de parler)?
Qui est-ce?
- C'est...

Pourrais-je parler à... ?
Puis-je parler à... ?
- En personne.
- Mais oui. Ne quittez pas. *(Hold on.)*
- Je l'appelle./Je vous le (la) passe. *(I'll put him/her on.)*
- Ne coupez pas. *(Don't hang up.)*
- Non, il n'est pas là.
- Est-ce que je peux prendre un message?
- Il vous rappellera quand il rentrera.

Appendix D

LES TEMPS LITTÉRAIRES

Four past tenses, two indicative and two subjunctive, are used in written French in formal literary style. The literary tenses are the **passé simple**, the **passé antérieur**, the **imparfait du subjonctif**, and the **plus-que-parfait du subjonctif**.

Le passé simple

Many French authors express themselves in writing using the tense **le passé simple**, and thus it is used in several of your readings. This literary tense is the equivalent of the **passé composé**; in fact, the same distinctions that exist between the **passé composé** and the **imparfait** are made with the **passé simple** and the **imparfait**. However, whereas the **passé composé** is used in all forms of the spoken language and in correspondence, the **passé simple** is reserved exclusively for use in literary narrative writing. Since it is not likely that you will need to actively use this tense, you only need to learn to recognize and understand the forms.

The **passé simple** is composed of just one form. Regular verbs use the infinitive minus the **-er**, **-ir**, or **-re** endings as the stem, and add the following endings:

- **-er** verbs, including **aller**

je parl**ai**	nous parl**âmes**
tu parl**as**	vous parl**âtes**
il/elle/on parl**a**	ils/elles parl**èrent**

- **-ir** verbs, including verbs like **partir**, **dormir**, **servir**

je pun**is**	nous pun**îmes**
tu pun**is**	vous pun**îtes**
il/elle/on pun**it**	ils/elles pun**irent**

- **-re** verbs

je rend**is**	nous rend**îmes**
tu rend**is**	vous rend**îtes**
il/elle/on rend**it**	ils/elles rend**irent**

As for the irregular verbs, some verbs use the past participle as the stem, while others do not. Most irregular verbs and their stems are listed below. The endings for the irregular verbs are:

je	**-s**	nous	**-mes**
tu	**-s**	vous	**-tes**
il/elle/on	**-t**	ils/elles	**-rent**

A circumflex (ˆ) is placed above the last vowel of the stem in the **nous** and **vous** forms, as in the example below.

croire

je crus	nous crûmes
tu crus	vous crûtes
il/elle/on crut	ils/elles crurent

Stems of irregular verbs

apercevoir	**aperçu-**	mettre	**mi-**
asseoir	**assi-**	mourir	**mouru-**
atteindre	**atteigni-**	naître	**naqui-**
avoir	**eu-**	offrir	**offri-**
boire	**bu-**	ouvrir	**ouvri-**
conduire	**conduisi-**	paraître	**paru-**
convaincre	**convainqui-**	plaire	**plu-**
connaître	**connu-**	pleuvoir	**il plut**
courir	**couru-**	pouvoir	**pu-**
craindre	**craigni-**	prendre	**pri-**
croire	**cru-**	recevoir	**reçu-**
devenir	**devin-**	résoudre	**résolu-**
devoir	**du-**	rire	**ri-**
dire	**di-**	savoir	**su-**
écrire	**écrivi-**	suivre	**suivi-**
être	**fu-**	taire	**tu-**
faillir	**failli-**	valoir	**valu-**
faire	**fi-**	venir	**vin-**
falloir	**il fallut**	vivre	**vécu-**
fuir	**fui-**	voir	**vi-**
lire	**lu-**	vouloir	**voulu-**

Le passé antérieur

The **passé antérieur** is a literary tense used to designate a past event that occurred prior to another past event that is usually expressed in the **passé simple.** It often appears after the conjunctions **quand**, **lorsque**, **dès que**, **aussitôt que** and **après que**. The **passé antérieur** is formed with the **passé simple** of **avoir** or **être** and the past participle.

parler

j'eus parlé	nous eûmes parlé
tu eus parlé	vous eûtes parlé
il eut parlé	ils eurent parlé
elle eut parlé	elles eurent parlé
on eut parlé	

partir

je fus parti(e)	nous fûmes parti(e)s
tu fus parti(e)	vous fûtes parti(e)(s)
il fut parti	ils furent partis
elle fut partie	elles furent parties
on fut parti	

se réveiller

je me fus réveillé(e)	nous nous fûmes réveillé(e)s
tu te fus réveillé(e)	vous vous fûtes réveillé(e)(s)
il se fut réveillé	ils se furent réveillés
elle se fut réveillée	elles se furent réveillées
on se fut réveillé	

L'imparfait du subjonctif

The **imparfait du subjonctif** may be used in subordinate clauses when the verb in the main clause is in a past tense or in the conditional. It is formed by dropping the ending of the **passé simple** and adding the endings below. The **imparfait du subjonctif** corresponds in meaning to the present subjunctive and, in fact, in spoken language the present subjunctive is used.

aller

(passé simple: **j'allai**, etc.)

que j'allasse	que nous allassions
que tu allasses	que vous allassiez
qu'il allât	qu'ils allassent
qu'elle allât	qu'elles allassent
qu'on allât	

finir

(passé simple: **je finis**, etc.)

que je finisse	que nous finissions
que tu finisses	que vous finissiez
qu'il finît	qu'ils finissent
qu'elle finît	qu'elles finissent
qu'on finît	

croire

(passé simple: **je crus**, etc.)

que je crusse	que nous crussions
que tu crusses	que vous crussiez
qu'il crût	qu'ils crussent
qu'elle crût	qu'elles crussent
qu'on crût	

Le plus-que-parfait du subjonctif

The **plus-que-parfait du subjonctif** may replace the **plus-que-parfait** or the **conditionnel passé**. It may be used in subordinate clauses for events that occurred prior to the time of the verb in the main clause. Like the **imparfait du subjonctif**, it is used when the main-clause verb is in a past tense or in the conditional. It is formed with the **imparfait du subjonctif** of **avoir** or **être** and the past participle. The **plus-que-parfait du subjonctif** corresponds in meaning to the **passé du subjonctif**.

parler

que j'eusse parlé	que nous eussions parlé
que tu eusses parlé	que vous eussiez parlé
qu'il eût parlé	qu'ils eussent parlé
qu'elle eût parlé	qu'elles eussent parlé
qu'on eût parlé	

venir

que je fusse venu(e)	que nous fussions venu(e)s
que tu fusses venu(e)	que vous fussiez venu(e)(s)
qu'il fût venu	qu'ils fussent venus
qu'elle fût venue	qu'elles fussent venues
qu'on fût venu	

Appendix E

LES VERBES

Les verbes réguliers

INFINITIF	PRÉSENT	IMPÉRATIF	PASSÉ COMPOSÉ	IMPARFAIT
parler *(to talk, speak)*	je **parle** tu **parles** il **parle** nous **parlons** vous **parlez** ils **parlent**	**parle** **parlons** **parlez**	j'**ai parlé** tu **as parlé** il **a parlé** nous **avons parlé** vous **avez parlé** ils **ont parlé**	je **parlais** tu **parlais** il **parlait** nous **parlions** vous **parliez** ils **parlaient**
finir *(to finish)*	je **finis** tu **finis** il **finit** nous **finissons** vous **finissez** ils **finissent**	**finis** **finissons** **finissez**	j'**ai fini** tu **as fini** il **a fini** nous **avons fini** vous **avez fini** ils **ont fini**	je **finissais** tu **finissais** il **finissait** nous **finissions** vous **finissiez** ils **finissaient**
rendre *(to give back)*	je **rends** tu **rends** il **rend** nous **rendons** vous **rendez** ils **rendent**	**rends** **rendons** **rendez**	j'**ai rendu** tu **as rendu** il **a rendu** nous **avons rendu** vous **avez rendu** ils **ont rendu**	je **rendais** tu **rendais** il **rendait** nous **rendions** vous **rendiez** ils **rendaient**
se laver *(to wash oneself)*	je **me lave** tu **te laves** il **se lave** nous **nous lavons** vous **vous lavez** ils **se lavent**	**lave-toi** **lavons-nous** **lavez-vous**	je **me suis lavé(e)** tu **t'es lavé(e)** il/elle **s'est lavé(e)** nous **nous sommes lavé(e)s** vous **vous êtes lavé(e)(s)** ils/elles **se sont lavé(e)s**	je **me lavais** tu **te lavais** il **se lavait** nous **nous lavions** vous **vous laviez** ils **se lavaient**

PASSÉ SIMPLE	FUTUR	CONDITIONNEL	SUBJONCTIF	PARTICIPE PRÉSENT
je **parlai** tu **parlas** il **parla** nous **parlâmes** vous **parlâtes** ils **parlèrent**	je **parlerai** tu **parleras** il **parlera** nous **parlerons** vous **parlerez** ils **parleront**	je **parlerais** tu **parlerais** il **parlerait** nous **parlerions** vous **parleriez** ils **parleraient**	que je **parle** que tu **parles** qu'il **parle** que nous **parlions** que vous **parliez** qu'ils **parlent**	**parlant**
je **finis** tu **finis** il **finit** nous **finîmes** vous **finîtes** ils **finirent**	je **finirai** tu **finiras** il **finira** nous **finirons** vous **finirez** ils **finiront**	je **finirais** tu **finirais** il **finirait** nous **finirions** vous **finiriez** ils **finiraient**	que je **finisse** que tu **finisses** qu'il **finisse** que nous **finissions** que vous **finissiez** qu'ils **finissent**	**finissant**
je **rendis** tu **rendis** il **rendit** nous **rendîmes** vous **rendîtes** ils **rendirent**	je **rendrai** tu **rendras** il **rendra** nous **rendrons** vous **rendrez** ils **rendront**	je **rendrais** tu **rendrais** il **rendrait** nous **rendrions** vous **rendriez** ils **rendraient**	que je **rende** que tu **rendes** qu'il **rende** que nous **rendions** que vous **rendiez** qu'ils **rendent**	**rendant**
je **me lavai** tu **te lavas** il **se lava** nous **nous lavâmes** vous **vous lavâtes** ils **se lavèrent**	je **me laverai** tu **te laveras** il **se lavera** nous **nous laverons** vous **vous laverez** ils **se laveront**	je **me laverais** tu **te laverais** il **se laverait** nous **nous laverions** vous **vous laveriez** ils **se laveraient**	que je **me lave** que tu **te laves** qu'il **se lave** que nous **nous lavions** que vous **vous laviez** qu'ils **se lavent**	**se lavant**

Les verbes en *-er* avec changement d'orthographe

INFINITIF	PRÉSENT	IMPÉRATIF	PASSÉ COMPOSÉ	IMPARFAIT
acheter *(to buy)*	j'**achète** tu **achètes** il **achète** nous **achetons** vous **achetez** ils **achètent**	**achète** **achetons** **achetez**	j'**ai acheté** tu **as acheté** il **a acheté** nous **avons acheté** vous **avez acheté** ils **ont acheté**	j'**achetais** tu **achetais** il **achetait** nous **achetions** vous **achetiez** ils **achetaient**
Verbs like **acheter:**	**amener** *(to bring [someone])*, **élever** *(to raise)*, **emmener** *(to take away [someone])*, **enlever** *(to take off, remove)*, **peser** *(to weigh)*			
appeler *(to call)*	j'**appelle** tu **appelles** il **appelle** nous **appelons** vous **appelez** ils **appellent**	**appelle** **appelons** **appelez**	j'**ai appelé** tu **as appelé** il **a appelé** nous **avons appelé** vous **avez appelé** ils **ont appelé**	j'**appelais** tu **appelais** il **appelait** nous **appelions** vous **appeliez** ils **appelaient**
Verbs like **appeler:**	**épeler** *(to spell)*, **jeter** *(to throw)*, **rappeler** *(to recall, call back)*, **rejeter** *(to reject)*			
préférer *(to prefer)*	je **préfère** tu **préfères** il **préfère** nous **préférons** vous **préférez** ils **préfèrent**	**préfère** **préférons** **préférez**	j'**ai préféré** tu **as préféré** il **a préféré** nous **avons préféré** vous **avez préféré** ils **ont préféré**	je **préférais** tu **préférais** il **préférait** nous **préférions** vous **préfériez** ils **préféraient**
Verbs like **préférer:**	**célébrer** *(to celebrate)*, **espérer** *(to hope)*, **inquiéter** *(to worry)*, **posséder** *(to own)*, **protéger** *(to protect)*, **répéter** *(to repeat)*, **sécher** *(to dry)*, **suggérer** *(to suggest)*			
manger *(to eat)*	je **mange** tu **manges** il **mange** nous **mangeons** vous **mangez** ils **mangent**	**mange** **mangeons** **mangez**	j'**ai mangé** tu **as mangé** il **a mangé** nous **avons mangé** vous **avez mangé** ils **ont mangé**	je **mangeais** tu **mangeais** il **mangeait** nous **mangions** vous **mangiez** ils **mangeaient**
Verbs like **manger:**	**arranger** *(to fix, arrange)*, **changer** *(to change)*, **corriger** *(to correct)*, **déménager** *(to move one's residence)*, **déranger** *(to disturb)*, **diriger** *(to manage, run)*, **nager** *(to swim)*, **négliger** *(to neglect)*, **obliger** *(to oblige)*, **partager** *(to share)*, **plonger** *(to dive)*, **protéger** *(to protect)*, **ranger** *(to put in order, put away)*, **songer à** *(to think of)*, **voyager** *(to travel)*			
commencer *(to start, begin)*	je **commence** tu **commences** il **commence** nous **commençons** vous **commencez** ils **commencent**	**commence** **commençons** **commencez**	j'**ai commencé** tu **as commencé** il **a commencé** nous **avons commencé** vous **avez commencé** ils **ont commencé**	je **commençais** tu **commençais** il **commençait** nous **commencions** vous **commenciez** ils **commençaient**
Verbs like **commencer:**	**annoncer** *(to announce)*, **avancer** *(to move forward)*, **effacer** *(to erase)*, **lancer** *(to throw, launch)*, **menacer** *(to threaten)*, **placer** *(to put, set, place)*, **remplacer** *(to replace)*, **renoncer** *(to give up, renounce)*			
payer *(to pay, pay for)*	je **paie** tu **paies** il **paie** nous **payons** vous **payez** ils **paient**	**paie** **payons** **payez**	j'**ai payé** tu **as payé** il **a payé** nous **avons payé** vous **avez payé** ils **ont payé**	je **payais** tu **payais** il **payait** nous **payions** vous **payiez** ils **payaient**
Verbs like **payer:**	**employer** *(to use, employ)*, **ennuyer** *(to bore, annoy)*, **envoyer** *(to send) (except in future and conditional)*, **essayer** *(to try)*, **essuyer** *(to wipe)*, **nettoyer** *(to clean)*			

PASSÉ SIMPLE	FUTUR	CONDITIONNEL	SUBJONCTIF	PARTICIPE PRÉSENT
j'**achetai**	j'**achèterai**	j'**achèterais**	que j'**achète**	**achetant**
tu **achetas**	tu **achèteras**	tu **achèterais**	que tu **achètes**	
il **acheta**	il **achètera**	il **achèterait**	qu'il **achète**	
nous **achetâmes**	nous **achèterons**	nous **achèterions**	que nous **achetions**	
vous **achetâtes**	vous **achèterez**	vous **achèteriez**	que vous **achetiez**	
ils **achetèrent**	ils **achèteront**	ils **achèteraient**	qu'ils **achètent**	
j'**appelai**	j'**appellerai**	j'**appellerais**	que j'**appelle**	**appelant**
tu **appelas**	tu **appelleras**	tu **appellerais**	que tu **appelles**	
il **appela**	il **appellera**	il **appellerait**	qu'il **appelle**	
nous **appelâmes**	nous **appellerons**	nous **appellerions**	que nous **appelions**	
vous **appelâtes**	vous **appellerez**	vous **appelleriez**	que vous **appeliez**	
ils **appelèrent**	ils **appelleront**	ils **appelleraient**	qu'ils **appellent**	
je **préférai**	je **préférerai**	je **préférerais**	que je **préfère**	**préférant**
tu **préféras**	tu **préféreras**	tu **préférerais**	que tu **préfères**	
il **préféra**	il **préférera**	il **préférerait**	qu'il **préfère**	
nous **préférâmes**	nous **préférerons**	nous **préférerions**	que nous **préférions**	
vous **préférâtes**	vous **préférerez**	vous **préféreriez**	que vous **préfériez**	
ils **préférèrent**	ils **préféreront**	ils **préféreraient**	qu'ils **préfèrent**	
je **mangeai**	je **mangerai**	je **mangerais**	que je **mange**	**mangeant**
tu **mangeas**	tu **mangeras**	tu **mangerais**	que tu **manges**	
il **mangea**	il **mangera**	il **mangerait**	qu'il **mange**	
nous **mangeâmes**	nous **mangerons**	nous **mangerions**	que nous **mangions**	
vous **mangeâtes**	vous **mangerez**	vous **mangeriez**	que vous **mangiez**	
ils **mangèrent**	ils **mangeront**	ils **mangeraient**	qu'ils **mangent**	
je **commençai**	je **commencerai**	je **commencerais**	que je **commence**	**commençant**
tu **commenças**	tu **commenceras**	tu **commencerais**	que tu **commences**	
il **commença**	il **commencera**	il **commencerait**	qu'il **commence**	
nous **commençâmes**	nous **commencerons**	nous **commencerions**	que nous **commencions**	
vous **commençâtes**	vous **commencerez**	vous **commenceriez**	que vous **commenciez**	
ils **commencèrent**	ils **commenceront**	ils **commenceraient**	qu'ils **commencent**	
je **payai**	je **paierai**	je **paierais**	que je **paie**	**payant**
tu **payas**	tu **paieras**	tu **paierais**	que tu **paies**	
il **paya**	il **paiera**	il **paierait**	qu'il **paie**	
nous **payâmes**	nous **paierons**	nous **paierions**	que nous **payions**	
vous **payâtes**	vous **paierez**	vous **paieriez**	que vous **payiez**	
ils **payèrent**	ils **paieront**	ils **paieraient**	qu'ils **paient**	

LES VERBES IRRÉGULIERS

Sommaire

In the list below, the number at the right of each irregular verb corresponds to the number of the verb, or of a similarly conjugated verb, in the tables that follow. Verbs conjugated with être as an auxiliary verb in the compound tenses are marked with an asterisk (*). All other verbs are conjugated with avoir.

absoudre *(to forgive)* 1
accueillir *(to receive, welcome)* 15
acquérir *(to acquire, get)* 2
admettre *(to admit)* 26
***aller** *(to go)* 3
***s'en aller** *(to go away)* 3
apercevoir *(to catch a glimpse of)* 34
***apparaître** *(to appear)* 10
appartenir *(to belong)* 43
apprendre *(to learn)* 33
***s'asseoir** *(to sit down)* 4
atteindre *(to attain)* 13
avoir *(to have)* 5
battre *(to beat)* 6
***se battre** *(to fight)* 6
boire *(to drink)* 7
combattre *(to combat)* 6
comprendre *(to understand)* 33
conclure *(to conclude)* 8
conduire *(to drive; to conduct)* 9
connaître *(to know)* 10
conquérir *(to conquer)* 2
construire *(to construct)* 9
contenir *(to contain)* 43
convaincre *(to convince)* 41
convenir *(to agree)* 43
coudre *(to sew)* 11
courir *(to run)* 12
couvrir *(to cover)* 29
craindre *(to fear)* 13
croire *(to believe)* 14
cueillir *(to pick, gather)* 15
cuire *(to cook)* 9
décevoir *(to deceive)* 34
découvrir *(to discover)* 29
décrire *(to describe)* 19
déplaire *(to displease)* 30
détruire *(to destroy)* 9
***devenir** *(to become)* 43
devoir *(must, to have to; to owe)* 16
dire *(to say, tell)* 17
disparaître *(to disappear)* 10
dormir *(to sleep)* 18
écrire *(to write)* 19
élire *(to elect)* 25
***s'endormir** *(to fall asleep)* 18
envoyer *(to send)* 20
éteindre *(to turn off)* 13
être *(to be)* 21
faire *(to do, make)* 22
falloir *(to be necessary)* 23
fuir *(to flee)* 24
***s'inscrire** *(to join, sign up)* 19
interdire *(to forbid, prohibit)* 17
joindre *(to join)* 13
lire *(to read)* 25
maintenir *(to maintain)* 43
mentir *(to lie)* 38
mettre *(to put, place)* 26
***mourir** *(to die)* 27

	INFINITIF	PRÉSENT	IMPÉRATIF	PASSÉ COMPOSÉ	IMPARFAIT
1.	**absoudre** *(to forgive)*	j'**absous** tu **absous** il **absout** nous **absolvons** vous **absolvez** ils **absolvent**	**absous** **absolvons** **absolvez**	j'**ai absous** tu **as absous** il **a absous** nous **avons absous** vous **avez absous** ils **ont absous**	j'**absolvais** tu **absolvais** il **absolvait** nous **absolvions** vous **absolviez** ils **absolvaient**
2.	**acquérir** *(to acquire, get)*	j'**acquiers** tu **acquiers** il **acquiert** nous **acquérons** vous **acquérez** ils **acquièrent**	**acquiers** **acquérons** **acquérez**	j'**ai acquis** tu **as acquis** il **a acquis** nous **avons acquis** vous **avez acquis** ils **ont acquis**	j'**acquérais** tu **acquérais** il **acquérait** nous **acquérions** vous **acquériez** ils **acquéraient**
3.	**aller** *(to go)*	je **vais** tu **vas** il **va** nous **allons** vous **allez** ils **vont**	**va** **allons** **allez**	je **suis allé(e)** tu **es allé(e)** il/elle **est allé(e)** nous **sommes allé(e)s** vous **êtes allé(e)(s)** ils/elles **sont allé(e)s**	j'**allais** tu **allais** il **allait** nous **allions** vous **alliez** ils **allaient**
4.	**s'asseoir** *(to sit down)*	je **m'assieds** tu **t'assieds** il **s'assied** nous **nous asseyons** vous **vous asseyez** ils **s'asseyent**	**assieds-toi** **asseyons-nous** **asseyez-vous**	je **me suis assis(e)** tu **t'es assis(e)** il/elle **s'est assis(e)** nous **nous sommes assis(es)** vous **vous êtes assis(e)(s)** ils/elles **se sont assis(es)**	je **m'asseyais** tu **t'asseyais** il **s'asseyait** nous **nous asseyions** vous **vous asseyiez** ils **s'asseyaient**

***naître** *(to be born)* 28
obtenir *(to obtain, get)* 43
offrir *(to offer)* 29
ouvrir *(to open)* 29
paraître *(to appear)* 10
parcourir *(to travel over)* 12
***partir** *(to leave)* 38
***parvenir** *(to arrive; to succeed)* 43
peindre *(to paint)* 13
permettre *(to permit)* 26
***se plaindre** *(to complain)* 13
plaire *(to please)* 30
pleuvoir *(to rain)* 31
poursuivre *(to pursue)* 39
pouvoir *(can, to be able)* 32
prédire *(to predict)* 17
prendre *(to take)* 33
prévoir *(to foresee)* 45
produire *(to produce)* 9
promettre *(to promise)* 26
recevoir *(to receive, get)* 34
reconnaître *(to recognize)* 10
reconstruire *(to reconstruct)* 9
recouvrir *(to recover)* 29
***redevenir** *(to become again)* 43
réduire *(to reduce)* 9
remettre *(to postpone)* 26
reprendre *(to take back)* 33
résoudre *(to resolve, solve)* 35
retenir *(to reserve)* 43
***revenir** *(to come back)* 43
revoir *(to see again)* 45
rire *(to laugh)* 36
rompre *(to break)* 6
savoir *(to know)* 37
sentir *(to smell)* 38
***se sentir** *(to feel)* 38
servir *(to serve)* 38
***se servir de** *(to use)* 38
***sortir** *(to go out)* 38
souffrir *(to suffer)* 29
soumettre *(to submit)* 26
sourire *(to smile)* 36
soutenir *(to support)* 43
***se souvenir** *(to remember)* 43
suivre *(to follow)* 39
surprendre *(to surprise)* 33
survivre *(to survive)* 44
***se taire** *(to be quiet)* 40
tenir *(to hold)* 43
traduire *(to translate)* 9
transmettre *(to transmit)* 26
vaincre *(to conquer)* 41
valoir *(to be worth; to deserve, merit)* 42
***venir** *(to come)* 43
vivre *(to live)* 44
voir *(to see)* 45
vouloir *(to wish, want)* 46

PASSÉ SIMPLE	FUTUR	CONDITIONNEL	SUBJONCTIF	PARTICIPE PRÉSENT
n'existe pas	j'**absoudrai** tu **absoudras** il **absoudra** nous **absoudrons** vous **absoudrez** ils **absoudront**	j'**absoudrais** tu **absoudrais** il **absoudrait** nous **absoudrions** vous **absoudriez** ils **absoudraient**	que j'**absolve** que tu **absolves** qu'il **absolve** que nous **absolvions** que vous **absolviez** qu'ils **absolvent**	**absolvant**
j'**acquis** tu **acquis** il **acquit** nous **acquîmes** vous **acquîtes** ils **acquirent**	j'**acquerrai** tu **acquerras** il **acquerra** nous **acquerrons** vous **acquerrez** ils **acquerront**	j'**acquerrais** tu **acquerrais** il **acquerrait** nous **acquerrions** vous **acquerriez** ils **acquerraient**	que j'**acquière** que tu **acquières** qu'il **acquière** que nous **acquérions** que vous **acquériez** qu'ils **acquièrent**	**acquérant**
j'**allai** tu **allas** il **alla** nous **allâmes** vous **allâtes** ils **allèrent**	j'**irai** tu **iras** il **ira** nous **irons** vous **irez** ils **iront**	j'**irais** tu **irais** il **irait** nous **irions** vous **iriez** ils **iraient**	que j'**aille** que tu **ailles** qu'il **aille** que nous **allions** que vous **alliez** qu'ils **aillent**	**allant**
je **m'assis** tu **t'assis** il **s'assit** nous **nous assîmes** vous **vous assîtes** ils **s'assirent**	je **m'assiérai** tu **t'assiéras** il **s'assiéra** nous **nous assiérons** vous **vous assiérez** ils **s'assiéront**	je **m'assiérais** tu **t'assiérais** il **s'assiérait** nous **nous assiérions** vous **vous assiériez** ils **s'assiéraient**	que je **m'asseye** que tu **t'asseyes** qu'il **s'asseye** que nous **nous asseyions** que vous **vous asseyiez** qu'ils **s'asseyent**	**s'asseyant**

	INFINITIF	PRÉSENT	IMPÉRATIF	PASSÉ COMPOSÉ	IMPARFAIT
5.	avoir *(to have)*	j'**ai** tu **as** il **a** nous **avons** vous **avez** ils **ont**	**aie** **ayons** **ayez**	j'**ai eu** tu **as eu** il **a eu** nous **avons eu** vous **avez eu** ils **ont eu**	j'**avais** tu **avais** il **avait** nous **avions** vous **aviez** ils **avaient**
6.	battre *(to beat)*	je **bats** tu **bats** il **bat** nous **battons** vous **battez** ils **battent**	**bats** **battons** **battez**	j'**ai battu** tu **as battu** il **a battu** nous **avons battu** vous **avez battu** ils **ont battu**	je **battais** tu **battais** il **battait** nous **battions** vous **battiez** ils **battaient**
7.	boire *(to drink)*	je **bois** tu **bois** il **boit** nous **buvons** vous **buvez** ils **boivent**	**bois** **buvons** **buvez**	j'**ai bu** tu **as bu** il **a bu** nous **avons bu** vous **avez bu** ils **ont bu**	je **buvais** tu **buvais** il **buvait** nous **buvions** vous **buviez** ils **buvaient**
8.	conclure *(to conclude)*	je **conclus** tu **conclus** il **conclut** nous **concluons** vous **concluez** ils **concluent**	**conclus** **concluons** **concluez**	j'**ai conclu** tu **as conclu** il **a conclu** nous **avons conclu** vous **avez conclu** ils **ont conclu**	je **concluais** tu **concluais** il **concluait** nous **concluions** vous **concluiez** ils **concluaient**
9.	conduire *(to drive; to conduct)*	je **conduis** tu **conduis** il **conduit** nous **conduisons** vous **conduisez** ils **conduisent**	**conduis** **conduisons** **conduisez**	j'**ai conduit** tu **as conduit** il **a conduit** nous **avons conduit** vous **avez conduit** ils **ont conduit**	je **conduisais** tu **conduisais** il **conduisait** nous **conduisions** vous **conduisiez** ils **conduisaient**
10.	connaître *(to know)*	je **connais** tu **connais** il **connaît** nous **connaissons** vous **connaissez** ils **connaissent**	**connais** **connaissons** **connaissez**	j'**ai connu** tu **as connu** il **a connu** nous **avons connu** vous **avez connu** ils **ont connu**	je **connaissais** tu **connaissais** il **connaissait** nous **connaissions** vous **connaissiez** ils **connaissaient**
11.	coudre *(to sew)*	je **couds** tu **couds** il **coud** nous **cousons** vous **cousez** ils **cousent**	**couds** **cousons** **cousez**	j'**ai cousu** tu **as cousu** il **a cousu** nous **avons cousu** vous **avez cousu** ils **ont cousu**	je **cousais** tu **cousais** il **cousait** nous **cousions** vous **cousiez** ils **cousaient**
12.	courir *(to run)*	je **cours** tu **cours** il **court** nous **courons** vous **courez** ils **courent**	**cours** **courons** **courez**	j'**ai couru** tu **as couru** il **a couru** nous **avons couru** vous **avez couru** ils **ont couru**	je **courais** tu **courais** il **courait** nous **courions** vous **couriez** ils **couraient**
13.	craindre *(to fear)*	je **crains** tu **crains** il **craint** nous **craignons** vous **craignez** ils **craignent**	**crains** **craignons** **craignez**	j'**ai craint** tu **as craint** il **a craint** nous **avons craint** vous **avez craint** ils **ont craint**	je **craignais** tu **craignais** il **craignait** nous **craignions** vous **craigniez** ils **craignaient**

PASSÉ SIMPLE	FUTUR	CONDITIONNEL	SUBJONCTIF	PARTICIPE PRÉSENT
j'**eus** tu **eus** il **eut** nous **eûmes** vous **eûtes** ils **eurent**	j'**aurai** tu **auras** il **aura** nous **aurons** vous **aurez** ils **auront**	j'**aurais** tu **aurais** il **aurait** nous **aurions** vous **auriez** ils **auraient**	que j'**aie** que tu **aies** qu'il **ait** que nous **ayons** que vous **ayez** qu'ils **aient**	**ayant**
je **battis** tu **battis** il **battit** nous **battîmes** vous **battîtes** ils **battirent**	je **battrai** tu **battras** il **battra** nous **battrons** vous **battrez** ils **battront**	je **battrais** tu **battrais** il **battrait** nous **battrions** vous **battriez** ils **battraient**	que je **batte** que tu **battes** qu'il **batte** que nous **battions** que vous **battiez** qu'ils **battent**	**battant**
je **bus** tu **bus** il **but** nous **bûmes** vous **bûtes** ils **burent**	je **boirai** tu **boiras** il **boira** nous **boirons** vous **boirez** ils **boiront**	je **boirais** tu **boirais** il **boirait** nous **boirions** vous **boiriez** ils **boiraient**	que je **boive** que tu **boives** qu'il **boive** que nous **buvions** que vous **buviez** qu'ils **boivent**	**buvant**
je **conclus** tu **conclus** il **conclut** nous **conclûmes** vous **conclûtes** ils **conclurent**	je **conclurai** tu **concluras** il **conclura** nous **conclurons** vous **conclurez** ils **concluront**	je **conclurais** tu **conclurais** il **conclurait** nous **conclurions** vous **concluriez** ils **concluraient**	que je **conclue** que tu **conclues** qu'il **conclue** que nous **concluions** que vous **concluiez** qu'ils **concluent**	**concluant**
je **conduisis** tu **conduisis** il **conduisit** nous **conduisîmes** vous **conduisîtes** ils **conduisirent**	je **conduirai** tu **conduiras** il **conduira** nous **conduirons** vous **conduirez** ils **conduiront**	je **conduirais** tu **conduirais** il **conduirait** nous **conduirions** vous **conduiriez** ils **conduiraient**	que je **conduise** que tu **conduises** qu'il **conduise** que nous **conduisions** que vous **conduisiez** qu'ils **conduisent**	**conduisant**
je **connus** tu **connus** il **connut** nous **connûmes** vous **connûtes** ils **connurent**	je **connaîtrai** tu **connaîtras** il **connaîtra** nous **connaîtrons** vous **connaîtrez** ils **connaîtront**	je **connaîtrais** tu **connaîtrais** il **connaîtrait** nous **connaîtrions** vous **connaîtriez** ils **connaîtraient**	que je **connaisse** que tu **connaisses** qu'il **connaisse** que nous **connaissions** que vous **connaissiez** qu'ils **connaissent**	**connaissant**
je **cousis** tu **cousis** il **cousit** nous **cousîmes** vous **cousîtes** ils **cousirent**	je **coudrai** tu **coudras** il **coudra** nous **coudrons** vous **coudrez** ils **coudront**	je **coudrais** tu **coudrais** il **coudrait** nous **coudrions** vous **coudriez** ils **coudraient**	que je **couse** que tu **couses** qu'il **couse** que nous **cousions** que vous **cousiez** qu'ils **cousent**	**cousant**
je **courus** tu **courus** il **courut** nous **courûmes** vous **courûtes** ils **coururent**	je **courrai** tu **courras** il **courra** nous **courrons** vous **courrez** ils **courront**	je **courrais** tu **courrais** il **courrait** nous **courrions** vous **courriez** ils **courraient**	que je **coure** que tu **coures** qu'il **coure** que nous **courions** que vous **couriez** qu'ils **courent**	**courant**
je **craignis** tu **craignis** il **craignit** nous **craignîmes** vous **craignîtes** ils **craignirent**	je **craindrai** tu **craindras** il **craindra** nous **craindrons** vous **craindrez** ils **craindront**	je **craindrais** tu **craindrais** il **craindrait** nous **craindrions** vous **craindriez** ils **craindraient**	que je **craigne** que tu **craignes** qu'il **craigne** que nous **craignions** que vous **craigniez** qu'ils **craignent**	**craignant**

INFINITIF	PRÉSENT	IMPÉRATIF	PASSÉ COMPOSÉ	IMPARFAIT
14. croire *(to believe)*	je crois tu crois il croit nous croyons vous croyez ils croient	crois croyons croyez	j'ai cru tu as cru il a cru nous avons cru vous avez cru ils ont cru	je croyais tu croyais il croyait nous croyions vous croyiez ils croyaient
15. cueillir *(to pick, gather)*	je cueille tu cueilles il cueille nous cueillons vous cueillez ils cueillent	cueille cueillons cueillez	j'ai cueilli tu as cueilli il a cueilli nous avons cueilli vous avez cueilli ils ont cueilli	je cueillais tu cueillais il cueillait nous cueillions vous cueilliez ils cueillaient
16 devoir *(must, to have to; to owe)*	je dois tu dois il doit nous devons vous devez ils doivent	dois devons devez	j'ai dû tu as dû il a dû nous avons dû vous avez dû ils ont dû	je devais tu devais il devait nous devions vous deviez ils devaient
17. dire *(to say, tell)*	je dis tu dis il dit nous disons vous dites ils disent	dis disons dites	j'ai dit tu as dit il a dit nous avons dit vous avez dit ils ont dit	je disais tu disais il disait nous disions vous disiez ils disaient
18. dormir *(to sleep)*	je dors tu dors il dort nous dormons vous dormez ils dorment	dors dormons dormez	j'ai dormi tu as dormi il a dormi nous avons dormi vous avez dormi ils ont dormi	je dormais tu dormais il dormait nous dormions vous dormiez ils dormaient
19. écrire *(to write)*	j'écris tu écris il écrit nous écrivons vous écrivez ils écrivent	écris écrivons écrivez	j'ai écrit tu as écrit il a écrit nous avons écrit vous avez écrit ils ont écrit	j'écrivais tu écrivais il écrivait nous écrivions vous écriviez ils écrivaient
20. envoyer *(to send)*	j'envoie tu envoies il envoie nous envoyons vous envoyez ils envoient	envoie envoyons envoyez	j'ai envoyé tu as envoyé il a envoyé nous avons envoyé vous avez envoyé ils ont envoyé	j'envoyais tu envoyais il envoyait nous envoyions vous envoyiez ils envoyaient
21. être *(to be)*	je suis tu es il est nous sommes vous êtes ils sont	sois soyons soyez	j'ai été tu as été il a été nous avons été vous avez été ils ont été	j'étais tu étais il était nous étions vous étiez ils étaient
22. faire *(to do, make)*	je fais tu fais il fait nous faisons vous faites ils font	fais faisons faites	j'ai fait tu as fait il a fait nous avons fait vous avez fait ils ont fait	je faisais tu faisais il faisait nous faisions vous faisiez ils faisaient

PASSÉ SIMPLE	FUTUR	CONDITIONNEL	SUBJONCTIF	PARTICIPE PRÉSENT
je **crus** tu **crus** il **crut** nous **crûmes** vous **crûtes** ils **crurent**	je **croirai** tu **croiras** il **croira** nous **croirons** vous **croirez** ils **croiront**	je **croirais** tu **croirais** il **croirait** nous **croirions** vous **croiriez** ils **croiraient**	que je **croie** que tu **croies** qu'il **croie** que nous **croyions** que vous **croyiez** qu'ils **croient**	**croyant**
je **cueillis** tu **cueillis** il **cueillit** nous **cueillîmes** vous **cueillîtes** ils **cueillirent**	je **cueillerai** tu **cueilleras** il **cueillera** nous **cueillerons** vous **cueillerez** ils **cueilleront**	je **cueillerais** tu **cueillerais** il **cueillerait** nous **cueillerions** vous **cueilleriez** ils **cueilleraient**	que je **cueille** que tu **cueilles** qu'il **cueille** que nous **cueillions** que vous **cueilliez** qu'ils **cueillent**	**cueillant**
je **dus** tu **dus** il **dut** nous **dûmes** vous **dûtes** ils **durent**	je **devrai** tu **devras** il **devra** nous **devrons** vous **devrez** ils **devront**	je **devrais** tu **devrais** il **devrait** nous **devrions** vous **devriez** ils **devraient**	que je **doive** que tu **doives** qu'il **doive** que nous **devions** que vous **deviez** qu'ils **doivent**	**devant**
je **dis** tu **dis** il **dit** nous **dîmes** vous **dîtes** ils **dirent**	je **dirai** tu **diras** il **dira** nous **dirons** vous **direz** ils **diront**	je **dirais** tu **dirais** il **dirait** nous **dirions** vous **diriez** ils **diraient**	que je **dise** que tu **dises** qu'il **dise** que nous **disions** que vous **disiez** qu'ils **disent**	**disant**
je **dormis** tu **dormis** il **dormit** nous **dormîmes** vous **dormîtes** ils **dormirent**	je **dormirai** tu **dormiras** il **dormira** nous **dormirons** vous **dormirez** ils **dormiront**	je **dormirais** tu **dormirais** il **dormirait** nous **dormirions** vous **dormiriez** ils **dormiraient**	que je **dorme** que tu **dormes** qu'il **dorme** que nous **dormions** que vous **dormiez** qu'ils **dorment**	**dormant**
j'**écrivis** tu **écrivis** il **écrivit** nous **écrivîmes** vous **écrivîtes** ils **écrivirent**	j'**écrirai** tu **écriras** il **écrira** nous **écrirons** vous **écrirez** ils **écriront**	j'**écrirais** tu **écrirais** il **écrirait** nous **écririons** vous **écririez** ils **écriraient**	que j'**écrive** que tu **écrives** qu'il **écrive** que nous **écrivions** que vous **écriviez** qu'ils **écrivent**	**écrivant**
j'**envoyai** tu **envoyas** il **envoya** nous **envoyâmes** vous **envoyâtes** ils **envoyèrent**	j'**enverrai** tu **enverras** il **enverra** nous **enverrons** vous **enverrez** ils **enverront**	j'**enverrais** tu **enverrais** il **enverrait** nous **enverrions** vous **enverriez** ils **enverraient**	que j'**envoie** que tu **envoies** qu'il **envoie** que nous **envoyions** que vous **envoyiez** qu'ils **envoient**	**envoyant**
je **fus** tu **fus** il **fut** nous **fûmes** vous **fûtes** ils **furent**	je **serai** tu **seras** il **sera** nous **serons** vous **serez** ils **seront**	je **serais** tu **serais** il **serait** nous **serions** vous **seriez** ils **seraient**	que je **sois** que tu **sois** qu'il **soit** que nous **soyons** que vous **soyez** qu'ils **soient**	**étant**
je **fis** tu **fis** il **fit** nous **fîmes** vous **fîtes** ils **firent**	je **ferai** tu **feras** il **fera** nous **ferons** vous **ferez** ils **feront**	je **ferais** tu **ferais** il **ferait** nous **ferions** vous **feriez** ils **feraient**	que je **fasse** que tu **fasses** qu'il **fasse** que nous **fassions** que vous **fassiez** qu'ils **fassent**	**faisant**

	INFINITIF	PRÉSENT	IMPÉRATIF	PASSÉ COMPOSÉ	IMPARFAIT
23.	falloir *(to be necessary)*	il **faut**	n'existe pas	il **a fallu**	il **fallait**
24.	fuir *(to flee)*	je **fuis** tu **fuis** il **fuit** nous **fuyons** vous **fuyez** ils **fuient**	**fuis** **fuyons** **fuyez**	j'**ai fui** tu **as fui** il **a fui** nous **avons fui** vous **avez fui** ils **ont fui**	je **fuyais** tu **fuyais** il **fuyait** nous **fuyions** vous **fuyiez** ils **fuyaient**
25.	lire *(to read)*	je **lis** tu **lis** il **lit** nous **lisons** vous **lisez** ils **lisent**	**lis** **lisons** **lisez**	j'**ai lu** tu **as lu** il **a lu** nous **avons lu** vous **avez lu** ils **ont lu**	je **lisais** tu **lisais** il **lisait** nous **lisions** vous **lisiez** ils **lisaient**
26.	mettre *(to put, place)*	je **mets** tu **mets** il **met** nous **mettons** vous **mettez** ils **mettent**	**mets** **mettons** **mettez**	j'**ai mis** tu **as mis** il **a mis** nous **avons mis** vous **avez mis** ils **ont mis**	je **mettais** tu **mettais** il **mettait** nous **mettions** vous **mettiez** ils **mettaient**
27.	mourir *(to die)*	je **meurs** tu **meurs** il **meurt** nous **mourons** vous **mourez** ils **meurent**	**meurs** **mourons** **mourez**	je **suis mort(e)** tu **es mort(e)** il/elle **est mort(e)** nous **sommes mort(e)s** vous **êtes mort(e)(s)** ils/elles **sont mort(e)s**	je **mourais** tu **mourais** il **mourait** nous **mourions** vous **mouriez** ils **mouraient**
28.	naître *(to be born)*	je **nais** tu **nais** il **naît** nous **naissons** vous **naissez** ils **naissent**	**nais** **naissons** **naissez**	je **suis né(e)** tu **es né(e)** il/elle **est né(e)** nous **sommes né(e)s** vous **êtes né(e)(s)** ils/elles **sont né(e)s**	je **naissais** tu **naissais** il **naissait** nous **naissions** vous **naissiez** ils **naissaient**
29.	ouvrir *(to open)*	j'**ouvre** tu **ouvres** il **ouvre** nous **ouvrons** vous **ouvrez** ils **ouvrent**	**ouvre** **ouvrons** **ouvrez**	j'**ai ouvert** tu **as ouvert** il **a ouvert** nous **avons ouvert** vous **avez ouvert** ils **ont ouvert**	j'**ouvrais** tu **ouvrais** il **ouvrait** nous **ouvrions** vous **ouvriez** ils **ouvraient**
30.	plaire *(to please)*	je **plais** tu **plais** il **plaît** nous **plaisons** vous **plaisez** ils **plaisent**	**plais** **plaisons** **plaisez**	j'**ai plu** tu **as plu** il **a plu** nous **avons plu** vous **avez plu** ils **ont plu**	je **plaisais** tu **plaisais** il **plaisait** nous **plaisions** vous **plaisiez** ils **plaisaient**
31.	pleuvoir *(to rain)*	il **pleut**	n'existe pas	il **a plu**	il **pleuvait**
32.	pouvoir *(can, to be able)*	je **peux** tu **peux** il **peut** nous **pouvons** vous **pouvez** ils **peuvent**	n'existe pas	j'**ai pu** tu **as pu** il **a pu** nous **avons pu** vous **avez pu** ils **ont pu**	je **pouvais** tu **pouvais** il **pouvait** nous **pouvions** vous **pouviez** ils **pouvaient**

PASSÉ SIMPLE	FUTUR	CONDITIONNEL	SUBJONCTIF	PARTICIPE PRÉSENT
il **fallut**	il **faudra**	il **faudrait**	qu'il **faille**	n'existe pas
je **fuis** tu **fuis** il **fuit** nous **fuîmes** vous **fuîtes** ils **fuirent**	je **fuirai** tu **fuiras** il **fuira** nous **fuirons** vous **fuirez** ils **fuiront**	je **fuirais** tu **fuirais** il **fuirait** nous **fuirions** vous **fuiriez** ils **fuiraient**	que je **fuie** que tu **fuies** qu'il **fuie** que nous **fuyions** que vous **fuyiez** qu'ils **fuient**	**fuyant**
je **lus** tu **lus** il **lut** nous **lûmes** vous **lûtes** ils **lurent**	je **lirai** tu **liras** il **lira** nous **lirons** vous **lirez** ils **liront**	je **lirais** tu **lirais** il **lirait** nous **lirions** vous **liriez** ils **liraient**	que je **lise** que tu **lises** qu'il **lise** que nous **lisions** que vous **lisiez** qu'ils **lisent**	**lisant**
je **mis** tu **mis** il **mit** nous **mîmes** vous **mîtes** ils **mirent**	je **mettrai** tu **mettras** il **mettra** nous **mettrons** vous **mettrez** ils **mettront**	je **mettrais** tu **mettrais** il **mettrait** nous **mettrions** vous **mettriez** ils **mettraient**	que je **mette** que tu **mettes** qu'il **mette** que nous **mettions** que vous **mettiez** qu'ils **mettent**	**mettant**
je **mourus** tu **mourus** il **mourut** nous **mourûmes** vous **mourûtes** ils **moururent**	je **mourrai** tu **mourras** il **mourra** nous **mourrons** vous **mourrez** ils **mourront**	je **mourrais** tu **mourrais** il **mourrait** nous **mourrions** vous **mourriez** ils **mourraient**	que je **meure** que tu **meures** qu'il **meure** que nous **mourions** que vous **mouriez** qu'ils **meurent**	**mourant**
je **naquis** tu **naquis** il **naquit** nous **naquîmes** vous **naquîtes** ils **naquirent**	je **naîtrai** tu **naîtras** il **naîtra** nous **naîtrons** vous **naîtrez** ils **naîtront**	je **naîtrais** tu **naîtrais** il **naîtrait** nous **naîtrions** vous **naîtriez** ils **naîtraient**	que je **naisse** que tu **naisses** qu'il **naisse** que nous **naissions** que vous **naissiez** qu'ils **naissent**	**naissant**
j'**ouvris** tu **ouvris** il **ouvrit** nous **ouvrîmes** vous **ouvrîtes** ils **ouvrirent**	j'**ouvrirai** tu **ouvriras** il **ouvrira** nous **ouvrirons** vous **ouvrirez** ils **ouvriront**	j'**ouvrirais** tu **ouvrirais** il **ouvrirait** nous **ouvririons** vous **ouvririez** ils **ouvriraient**	que j'**ouvre** que tu **ouvres** qu'il **ouvre** que nous **ouvrions** que vous **ouvriez** qu'ils **ouvrent**	**ouvrant**
je **plus** tu **plus** il **plut** nous **plûmes** vous **plûtes** ils **plurent**	je **plairai** tu **plairas** il **plaira** nous **plairons** vous **plairez** ils **plairont**	je **plairais** tu **plairais** il **plairait** nous **plairions** vous **plairiez** ils **plairaient**	que je **plaise** que tu **plaises** qu'il **plaise** que nous **plaisions** que vous **plaisiez** qu'ils **plaisent**	**plaisant**
il **plut**	il **pleuvra**	il **pleuvrait**	qu'il **pleuve**	**pleuvant**
je **pus** tu **pus** il **put** nous **pûmes** vous **pûtes** ils **purent**	je **pourrai** tu **pourras** il **pourra** nous **pourrons** vous **pourrez** ils **pourront**	je **pourrais** tu **pourrais** il **pourrait** nous **pourrions** vous **pourriez** ils **pourraient**	que je **puisse** que tu **puisses** qu'il **puisse** que nous **puissions** que vous **puissiez** qu'ils **puissent**	**pouvant**

INFINITIF	PRÉSENT	IMPÉRATIF	PASSÉ COMPOSÉ	IMPARFAIT
33. prendre *(to take)*	je **prends** tu **prends** il **prend** nous **prenons** vous **prenez** ils **prennent**	**prends** **prenons** **prenez**	**j'ai pris** tu **as pris** il **a pris** nous **avons pris** vous **avez pris** ils **ont pris**	je **prenais** tu **prenais** il **prenait** nous **prenions** vous **preniez** ils **prenaient**
34. recevoir *(to receive, get)*	je **reçois** tu **reçois** il **reçoit** nous **recevons** vous **recevez** ils **reçoivent**	**reçois** **recevons** **recevez**	**j'ai reçu** tu **as reçu** il **a reçu** nous **avons reçu** vous **avez reçu** ils **ont reçu**	je **recevais** tu **recevais** il **recevait** nous **recevions** vous **receviez** ils **recevaient**
35. résoudre *(to resolve, solve)*	je **résous** tu **résous** il **résout** nous **résolvons** vous **résolvez** ils **résolvent**	**résous** **résolvons** **résolvez**	**j'ai résolu** tu **as résolu** il **a résolu** nous **avons résolu** vous **avez résolu** ils **ont résolu**	je **résolvais** tu **résolvais** il **résolvait** nous **résolvions** vous **résolviez** ils **résolvaient**
36. rire *(to laugh)*	je **ris** tu **ris** il **rit** nous **rions** vous **riez** ils **rient**	**ris** **rions** **riez**	**j'ai ri** tu **as ri** il **a ri** nous **avons ri** vous **avez ri** ils **ont ri**	je **riais** tu **riais** il **riait** nous **riions** vous **riiez** ils **riaient**
37. savoir *(to know)*	je **sais** tu **sais** il **sait** nous **savons** vous **savez** ils **savent**	**sache** **sachons** **sachez**	**j'ai su** tu **as su** il **a su** nous **avons su** vous **avez su** ils **ont su**	je **savais** tu **savais** il **savait** nous **savions** vous **saviez** ils **savaient**
38. sortir *(to go out)*	je **sors** tu **sors** il **sort** nous **sortons** vous **sortez** ils **sortent**	**sors** **sortons** **sortez**	je **suis sorti(e)** tu **es sorti(e)** il/elle **est sorti(e)** nous **sommes sorti(e)s** vous **êtes sorti(e)(s)** ils/elles **sont sorti(e)s**	je **sortais** tu **sortais** il **sortait** nous **sortions** vous **sortiez** ils **sortaient**
39. suivre *(to follow)*	je **suis** tu **suis** il **suit** nous **suivons** vous **suivez** ils **suivent**	**suis** **suivons** **suivez**	**j'ai suivi** tu **as suivi** il **a suivi** nous **avons suivi** vous **avez suivi** ils **ont suivi**	je **suivais** tu **suivais** il **suivait** nous **suivions** vous **suiviez** ils **suivaient**
40. se taire *(to be quiet)*	je **me tais** tu **te tais** il **se tait** nous **nous taisons** vous **vous taisez** ils **se taisent**	**tais-toi** **taisons-nous** **taisez-vous**	je **me suis tu(e)** tu **t'es tu(e)** il/elle **s'est tu(e)** nous **nous sommes tu(e)s** vous **vous êtes tu(e)(s)** ils/elles **se sont tu(e)s**	je **me taisais** tu **tu taisais** il **se taisait** nous **nous taisions** vous **vous taisiez** ils **se taisaient**
41. vaincre *(to conquer)*	je **vaincs** tu **vaincs** il **vainc** nous **vainquons** vous **vainquez** ils **vainquent**	**vaincs** **vainquons** **vainquez**	**j'ai vaincu** tu **as vaincu** il **a vaincu** nous **avons vaincu** vous **avez vaincu** ils **ont vaincu**	je **vainquais** tu **vainquais** il **vainquait** nous **vainquions** vous **vainquiez** ils **vainquaient**

PASSÉ SIMPLE	FUTUR	CONDITIONNEL	SUBJONCTIF	PARTICIPE PRÉSENT
je **pris** tu **pris** il **prit** nous **prîmes** vous **prîtes** ils **prirent**	je **prendrai** tu **prendras** il **prendra** nous **prendrons** vous **prendrez** ils **prendront**	je **prendrais** tu **prendrais** il **prendrait** nous **prendrions** vous **prendriez** ils **prendraient**	que je **prenne** que tu **prennes** qu'il **prenne** que nous **prenions** que vous **preniez** qu'ils **prennent**	**prenant**
je **reçus** tu **reçus** il **reçut** nous **reçûmes** vous **reçûtes** ils **reçurent**	je **recevrai** tu **recevras** il **recevra** nous **recevrons** vous **recevrez** ils **recevront**	je **recevrais** tu **recevrais** il **recevrait** nous **recevrions** vous **recevriez** ils **recevraient**	que je **reçoive** que tu **reçoives** qu'il **reçoive** que nous **recevions** que vous **receviez** qu'ils **reçoivent**	**recevant**
je **résolus** tu **résolus** il **résolut** nous **résolûmes** vous **résolûtes** ils **résolurent**	je **résoudrai** tu **résoudras** il **résoudra** nous **résoudrons** vous **résoudrez** ils **résoudront**	je **résoudrais** tu **résoudrais** il **résoudrait** nous **résoudrions** vous **résoudriez** ils **résoudraient**	que je **résolve** que tu **résolves** qu'il **résolve** que nous **résolvions** que vous **résolviez** qu'ils **résolvent**	**résolvant**
je **ris** tu **ris** il **rit** nous **rîmes** vous **rîtes** ils **rirent**	je **rirai** tu **riras** il **rira** nous **rirons** vous **rirez** ils **riront**	je **rirais** tu **rirais** il **rirait** nous **ririons** vous **ririez** ils **riraient**	que je **rie** que tu **ries** qu'il **rie** que nous **riions** que vous **riiez** qu'ils **rient**	**riant**
je **sus** tu **sus** il **sut** nous **sûmes** vous **sûtes** ils **surent**	je **saurai** tu **sauras** il **saura** nous **saurons** vous **saurez** ils **sauront**	je **saurais** tu **saurais** il **saurait** nous **saurions** vous **sauriez** ils **sauraient**	que je **sache** que tu **saches** qu'il **sache** que nous **sachions** que vous **sachiez** qu'ils **sachent**	**sachant**
je **sortis** tu **sortis** il **sortit** nous **sortîmes** vous **sortîtes** ils **sortirent**	je **sortirai** tu **sortiras** il **sortira** nous **sortirons** vous **sortirez** ils **sortiront**	je **sortirais** tu **sortirais** il **sortirait** nous **sortirions** vous **sortiriez** ils **sortiraient**	que je **sorte** que tu **sortes** qu'il **sorte** que nous **sortions** que vous **sortiez** qu'ils **sortent**	**sortant**
je **suivis** tu **suivis** il **suivit** nous **suivîmes** vous **suivîtes** ils **suivirent**	je **suivrai** tu **suivras** il **suivra** nous **suivrons** vous **suivrez** ils **suivront**	je **suivrais** tu **suivrais** il **suivrait** nous **suivrions** vous **suivriez** ils **suivraient**	que je **suive** que tu **suives** qu'il **suive** que nous **suivions** que vous **suiviez** qu'ils **suivent**	**suivant**
je **me tus** tu **te tus** il **se tut** nous **nous tûmes** vous **vous tûtes** ils **se turent**	je **me tairai** tu **te tairas** il **se taira** nous **nous tairons** vous **vous tairez** ils **se tairont**	je **me tairais** tu **te tairais** il **se tairait** nous **nous tairions** vous **vous tairiez** ils **se tairaient**	que je **me taise** que tu **te taises** qu'il **se taise** que nous **nous taisions** que vous **vous taisiez** qu'ils **se taisent**	**se taisant**
je **vainquis** tu **vainquis** il **vainquit** nous **vainquîmes** vous **vainquîtes** ils **vainquirent**	je **vaincrai** tu **vaincras** il **vaincra** nous **vaincrons** vous **vaincrez** ils **vaincront**	je **vaincrais** tu **vaincrais** il **vaincrait** nous **vaincrions** vous **vaincriez** ils **vaincraient**	que je **vainque** que tu **vainques** qu'il **vainque** que nous **vainquions** que vous **vainquiez** qu'ils **vainquent**	**vainquant**

INFINITIF	PRÉSENT	IMPÉRATIF	PASSÉ COMPOSÉ	IMPARFAIT
42. valoir *(to be worth; to deserve, merit)*	je **vaux** tu **vaux** il **vaut** nous **valons** vous **valez** ils **valent**	**vaux** **valons** **valez**	**j'ai valu** **tu as valu** **il a valu** nous **avons valu** vous **avez valu** ils **ont valu**	je **valais** tu **valais** il **valait** nous **valions** vous **valiez** ils **valaient**
43. venir *(to come)*	je **viens** tu **viens** il **vient** nous **venons** vous **venez** ils **viennent**	**viens** **venons** **venez**	je **suis venu(e)** tu **es venu(e)** il/elle **est venu(e)** nous **sommes venu(e)s** vous **êtes venu(e)(s)** ils/elles **sont venu(e)s**	je **venais** tu **venais** il **venait** nous **venions** vous **veniez** ils **venaient**
44. vivre *(to live)*	je **vis** tu **vis** il **vit** nous **vivons** vous **vivez** ils **vivent**	**vis** **vivons** **vivez**	**j'ai vécu** **tu as vécu** **il a vécu** nous **avons vécu** vous **avez vécu** ils **ont vécu**	je **vivais** tu **vivais** il **vivait** nous **vivions** vous **viviez** ils **vivaient**
45. voir *(to see)*	je **vois** tu **vois** il **voit** nous **voyons** vous **voyez** ils **voient**	**vois** **voyons** **voyez**	**j'ai vu** **tu as vu** **il a vu** nous **avons vu** vous **avez vu** ils **ont vu**	je **voyais** tu **voyais** il **voyait** nous **voyions** vous **voyiez** ils **voyaient**
46. vouloir *(to wish, want)*	je **veux** tu **veux** il **veut** nous **voulons** vous **voulez** ils **veulent**	**veuille** **veuillons** **veuillez**	**j'ai voulu** **tu as voulu** **il a voulu** nous **avons voulu** vous **avez voulu** ils **ont voulu**	je **voulais** tu **voulais** il **voulait** nous **voulions** vous **vouliez** ils **voulaient**

PASSÉ SIMPLE	FUTUR	CONDITIONNEL	SUBJONCTIF	PARTICIPE PRÉSENT
je **valus** tu **valus** il **valut** nous **valûmes** vous **valûtes** ils **valurent**	je **vaudrai** tu **vaudras** il **vaudra** nous **vaudrons** vous **vaudrez** ils **vaudront**	je **vaudrais** tu **vaudrais** il **vaudrait** nous **vaudrions** vous **vaudriez** ils **vaudraient**	que je **vaille** que tu **vailles** qu'il **vaille** que nous **valions** que vous **valiez** qu'ils **vaillent**	**valant**
je **vins** tu **vins** il **vint** nous **vînmes** vous **vîntes** ils **vinrent**	je **viendrai** tu **viendras** il **viendra** nous **viendrons** vous **viendrez** ils **viendront**	je **viendrais** tu **viendrais** il **viendrait** nous **viendrions** vous **viendriez** ils **viendraient**	que je **vienne** que tu **viennes** qu'il **vienne** que nous **venions** que vous **veniez** qu'ils **viennent**	**venant**
je **vécus** tu **vécus** il **vécut** nous **vécûmes** vous **vécûtes** ils **vécurent**	je **vivrai** tu **vivras** il **vivra** nous **vivrons** vous **vivrez** ils **vivront**	je **vivrais** tu **vivrais** il **vivrait** nous **vivrions** vous **vivriez** ils **vivraient**	que je **vive** que tu **vives** qu'il **vive** que nous **vivions** que vous **viviez** qu'ils **vivent**	**vivant**
je **vis** tu **vis** il **vit** nous **vîmes** vous **vîtes** ils **virent**	je **verrai** tu **verras** il **verra** nous **verrons** vous **verrez** ils **verront**	je **verrais** tu **verrais** il **verrait** nous **verrions** vous **verriez** ils **verraient**	que je **voie** que tu **voies** qu'il **voie** que nous **voyions** que vous **voyiez** qu'ils **voient**	**voyant**
je **voulus** tu **voulus** il **voulut** nous **voulûmes** vous **voulûtes** ils **voulurent**	je **voudrai** tu **voudras** il **voudra** nous **voudrons** vous **voudrez** ils **voudront**	je **voudrais** tu **voudrais** il **voudrait** nous **voudrions** vous **voudriez** ils **voudraient**	que je **veuille** que tu **veuilles** qu'il **veuille** que nous **voulions** que vous **vouliez** qu'ils **veuillent**	**voulant**

Lexique français–anglais

A

abîmer *to ruin*
abonnement *(m) subscription*
abonner: s'— à *to subscribe to (a magazine)*
abord: d'— *first; at first; first of all*
abordable *affordable*
aborder *to reach; to arrive at*
aboutir à *to reach*
aboyer *to bark*
abri *(m) shelter;* **sans —** *(m, f) homeless person*
abriter *to shelter*
absolument *absolutely*
accord *(m) agreement;* **d'—** *o.k., agreed*
accouchement *(m) childbirth, delivery*
accoutumer: s'— à *to get used to*
accrochages: avoir de petits — *to disagree with*
accrocher *to run into; to hang*
accroître: s'— *to increase*
accueil *(m) welcome*
accueillant(e) *welcoming, friendly*
accueillir *to welcome, greet*
accumuler *to accumulate*
acheter à crédit *to buy on credit*
acier *(m) steel;* **être en —** *to be made of steel*
acquérir (*pp* **acquis**) *to acquire*
acteur/actrice *(m, f) actor/actress*
action: faire une bonne — *to do a good deed*
actualités *(f pl) current events, news (in the press, but especially on television)*
actuellement *at the moment; at present*
aérien(ne) *aerial*
affaire: avoir — à *to be faced with*
affaires *(f pl) business*
affectueux(-euse) *affectionate*
afféterie *(f) affectation*
affiche *(f) poster*
afficher *to put up; to display*
affrontement *(m) confrontation*
afin que/pour que *in order that, so that*
agacer *to annoy, provoke*
âge *(m) age;* **ne pas faire son —** *to not look one's age;* **les gens du troisième —** *people over 70;* **— d'or** *golden age*
âgé(e) *elderly;* **les personnes** *(f pl)* **âgées** *people over 70*
agence *(f)* **de voyages** *travel agency*
agenda *(m) engagement calendar*
agent(e) *agent, security officer;* **— de police** *policeman;* **— immobilier** *real estate agent*
aggraver *to aggravate;* **s'—** *to worsen*
agir *to act;* **s'— de** *to be about*
aide *(f) help, aid;* **appeler quelqu'un à l'—** *to call someone for help*
aide *(m) helper*
aider *to help;* **— quelqu'un (à faire quelque chose)** *to help someone (do something)*
ailleurs *someplace else;* **d'—** *moreover, besides;* **par —** *furthermore*
aimer *to like, love*
aîné(e) *(m, f) elder, eldest*
ainsi *in this way, thus*
air *(m) air;* **avoir l'— en forme** *to look in good shape*
aisé(e) *easy; well-off*
alarme (sonore) *(f) alarm*
alentours *(m pl) surroundings*
allée *(f) driveway*
alléguer *to put forward*
aller *to go;* **— de mal en pis** *to go from bad to worse;* **il lui va bien** *it looks good on him/her;* **s'en —** *to go away*
aller-retour *(m) round-trip*
allocation *(f)* **de chômage** *unemployment benefits*
allongé(e) *oblong*
allumer *to turn on*
allumette *(f) match*
allusion: faire — à *to allude to*
alors *then*
amateur de musique *music lover*
ambiance *(f) atmosphere*
améliorer *to improve*
aménager *to move in*
amener *to bring;* **— quelqu'un** *to bring someone over (along)*
amical(e) *friendly;* **amicalement** *best wishes; kind regards*
amoureux(-euse): tomber — de quelqu'un *to fall in love with someone*
ampoulé(e) *pompous*
amuse-gueule *(m) appetizer, snack*
amuser: s'— *to have fun*
anchois *anchovies*
ancien(ne) *former; ancient*
animateur/animatrice *(m, f) announcer, disc jockey*
anneau *(m) ring;* **— au nez** *nose ring*
annonce *(f) announcement, notification;* **les petites —s** *classified announcements*
annuler *to void, cancel*
Antilles *(f pl) West Indies*
anxieux(-euse) *anxious*
apercevoir (*pp* **aperçu**) *to notice, see;* **s'—** *to realize*
apéritif *(m) before-dinner drink;* **apéro** *(fam)*
aplatir (*pp* **aplati**) *to flatten*
apparaître (*pp* **apparu**) *to appear; to come into view; to become evident*
appareil *(m) apparatus, machine;* **— de contrôle radioscopique** *x-ray security;* **— ménager** *household appliance;* **— photo (numérique)** *(digital) camera*
apparition éclair *(f) quick appearance (cameo)*
appartement *(m)* **de location** *rental apartment*
appeler *to call;* **— quelqu'un à l'aide** *to call for help*
approfondir *to deepen*
appuyer *to press, push (a key)*
après *after;* **— que** *when*
après-demain *the day after tomorrow*
arabe *Arab; Arabic*
argent *(m) silver; money;* **— de poche** *pocket money;* **être en —** *to be made of silver*
argot *(m) slang*
armature *(f) framework*
armée *(f) army*
armes *(f pl) arms, weapons;* **— de destruction massive (ADM)** *weapons of mass destruction*
armoire *(f) wardrobe, armoire*
arranger *to arrange;* **s'—** *to work things out*
arrestation *(f) arrest*
arrêter: s'— *to stop*
arrière-grand-parent *(m) great-grandparent*
arrivée *(f) arrival*
arriver *to arriver;* **— premier** *to finish first;* **— à** *to happen*

artichaut *(m)* **bougeoir** *artichoke candlestick*
artisan(e) *(m, f) artisan; craftsman*
ascenseur *(m) elevator*
assaisonné(e) *seasoned*
asseoir: s'— *to sit (down)*
assez *rather, quite;* **—de** *enough;* **en avoir—** *[fam] to be fed up*
assiette *(f) plate;* **—de charcuterie** *plate of coldcuts*
assis(e) *seated*
assister à *to attend*
associer *to associate*
assurance-maladie *(f) health insurance*
assuré(e): être— *to be insured*
atelier *(m) workshop; artist's studio*
attaquer *to attack*
atteindre *to reach; to arrive at*
attendre *to wait (for);* **en attendant que** *waiting for;* **s'—à** *to expect*
attendrissant(e) *touching*
attentat *(m) attack*
attente *(f) wait*
atterrir *to land*
attirer *to attract*
aucun(e) *no; none*
auditeur/auditrice *(m, f) listener; member of (listening) audience;* **assister en tant qu'—libre** *to audit (a course)*
au fait *in fact*
au fur et à mesure *as; at the same time as*
augmentation *(f)* **de salaire** *pay raise*
augmenter: —le son *to turn up the volume;* **—la température** *to raise the temperature*
auparavant *before*
auquel = à + lequel *to, at, in which one*
aussi *also; as*
aussitôt *soon;* **—que** *as soon as*
autant (de) *as much, as many, so much*
autoroute *(f) highway*
autrefois *in the past, formerly*
autrement *otherwise;* **—dit** *in other words*
autrui *(m) others*
avant (de, que) *before*
avantageux(-euse) *advantageous*
avant-hier *the day before yesterday*
avant-veille *(f) two nights before*
avec *with*
avenir *(m) future*
avertir *to alert; to notify*
avis *(m) opinon;* **changer d'—** *to change one's mind;* **être de l'—de quelqu'un** *to agree with someone*
avocat(e) *(m, f) lawyer*
avoir *(pp* **eu**) *to have;* **—à** *to have to;* **—l'air** *to look, have the appearance of;* **en—assez** *to have had enough;* **n'en—que pour quelques minutes** *to be only a few minutes*
avortement *(m) abortion, miscarriage*
avouer *to admit*

B

bac *(m) [fam] high school diploma:* **le baccalauréat**
bague *(f) ring*
baguette *(f) stick; bread*
baisser *to lower; to decrease*
balance *(f) scale*
balancer *to swing*
balayer *to sweep*
banal(e) *trite*
bande dessinée *(f) comic strip*
banlieue *(f) suburbs*
banlieusard(e) *(m, f) suburb dweller*
banque *(f) bank*
banquette *(f) (booth) seat*
banquier/banquière *(m, f) banker*
barbant(e) *boring*
barbe *(f) beard;* **ça me—** *[fam] that bores me*
barque *(f) small boat*
bas *(m pl) stockings*
bas(se) *short; low*
bassin *(m) pelvis*
bataille *(f) battle*
bâtiment *(m) building*
batterie *(f) car battery*
battre *to beat, break*
bavarder *to chat*
beau (belle) *beautiful;* **avoir—crier** *to scream and scream*
beau-frère/beau-père *(m) brother-/father-in-law or stepbrother/-father*
beignet *(m) doughnut*
belle-sœur/belle-mère *(f) sister-/mother-in-law or stepsister/-mother*
bénéfices *(m pl) profits; benefits*
bête *(f) beast; animal*
bête *stupid*
béton: laisse béton *let it go (slang; inverted pronunciation of tomber)*
beurre *(m) butter;* **—de cacahouète** *peanut butter*
bibliothèque *(f) library*
bien *well;* **faire du—à quelqu'un** *to do someone some good;* **—que** *although*
bienveillance: avec— *kindly*
bijou(x) *(m) jewel(s)*
billet *(m) ticket;* (—) **aller simple** *(m) one-way ticket;* **—électronique** *electronic ticket*
bi-mensuel *(m) bimonthly publication*
biscuit *(m) cookie*
bise *(f) kiss;* **se faire la—** *[fam] to greet with a kiss*
bistrot *(m) pub; café*
blanc *(m) blank*
blessé(e) *hurt; wounded*
blesser *to hurt*
blindage *(m) screening; plating*
blouson *(m)* **de cuir** *leather jacket*
Blu-ray disc *(m) Blu-Ray disc player*
boire (*pp* **bu**) *to drink;* **—quelque chose ensemble** *to have a drink together*
bois *(m) wood;* **avoir la gueule de—** *(fam) to have a hangover*
boisson *(f) drink;* **—alcoolisée** *alcoholic drink;* **—gazeuse** *(f) carbonated drink;* **—non-alcoolisée** *soft drink*
boîte: aller en— *[fam] to go to a nightclub*
bon marché *cheap; inexpensive*
bonhomme: le petit— *(term of endearment) little man*
bon(ne) *good*
bonté *(f) goodness*
bord *(m)* **à bord** *on board (a ship)*
bosser (un examen) *[fam] to cram (for a test)*
botte *(f) boot*
bouc émissaire *(m) scapegoat, fall guy*
boucle *(f) buckle;* **—s d'oreilles** *earrings*
bouillir: faire— *to boil*
boulanger(-ère) *baker*
bouleversé(e) *shocked, distressed*
boulot *(m) [fam] work*
bourse *(f):* **—d'études** *scholarship, grant*
bousculer *bump into*
boussole *(f) compass*
bout de chou *(m) [fam] little darling*
boutique *(f) shop, small store*
bracelet *(m) bracelet*
brancher *to plug in;* **se—** *to connect; to be connected*
brasserie *(f) bar; brewery*
brochette *(f) skewer;* **—de poulet** *chicken skewer*
brochure *(f) pamphlet*

bronzer: se faire — *to get a tan*
brouiller: se — *to become confused, mixed-up*
brouillon *(m)* *draft*
browser *(m)* *browser*
bruit *(m)* *noise;* **faire beaucoup de —** *to make a great fuss about*
brûler *to burn*
brun(e) *dark brown (hair)*
bruyant(e) *noisy*
budget *(m)* *budget*
buffet chaud *(m)* *warm dishes*
buffet froid *(m)* *cold dishes*
bureau *(m)* *office; desk*
but *(m)* *goal*

C

cacher *to hide;* **se —** *to hide oneself*
cadeau *(m)* *gift*
cadet(te) *(m, f)* *younger, youngest*
cadre *(m)* *manager; executive; frame; setting*
cahier *(m)* *notebook*
caillou(x) *(m)* *pebble(s), stone(s)*
cajoler *to be protective of*
cambrioleur *(m)* *burglar*
caméscope *(m)* *camcorder*
camoufler *to camouflage*
campagne *(f)* *country; campaign;* **— électorale** *election campaign*
candidat(e) *(m, f)* *candidate;* **être — (à la présidence)** *to run (for president)*
cantine *(f)* *cafeteria; dining hall*
capacité *(f)* *capacity; ability*
car *(m)* *bus (traveling between towns)*
carnaval *(m)* *carnival*
carnet *(m)* **de chèques** *checkbook;* **— d'adresses** *address book*
carré(e) *square*
carrière *(f)* *career*
cartable *(m)* *school bag*
carte *(f)* *card;* **— de crédit** *credit card;* **— d'identité** *identification card;* **— électronique** *automatic teller card*
carte électronique *(f)* *automatic teller card*
cas *(m)* *case;* **en — d'urgence** *in case of emergency;* **un — d'urgence** *emergency*
casser *to break;* **— la croûte** *(fam) to eat*
casserole *(f)* *(sauce)pan*
cauchemar *(m)* *nightmare*
causer *to chat; to talk*
causerie *(f)* *talk show*
ceci *this*
céder (à) *to give up; to give in*
cédérom *(m)* *CD-ROM*
ceinture *(f)* *belt;* **— de sécurité** *seat belt*
cela (ça) *that*
célèbre *famous*
célibataire *single*
censé(e) *supposed (to do something)*
cependant *however*
certain(e) *certain, particular; sure*
chacun(e) *each one*
chaîne *(f)* *channel*
chaleur *(f)* *heat*
chaleureux(-euse) *warm*
chambre *(f)* *(bed)room;* **— à deux lits** *double room (room with two beds);* **— avec douche/salle de bains** *room with a shower/bathroom;* **— de bonne** *room for rent (formerly maid's quarters)*
champignon *(m)* *mushroom*
chance *(f)* *luck;* **avoir de la —** *to be lucky*
chandail *(m)* *sweater*
changer de l'argent *to change money*
chanson *(f)* *song*
chanter *to sing*
chanteur/chanteuse *(m, f)* *singer*
chantilly *(f)* *whipped cream*
chapelet *(m)* *rosary*
chaque *each*
charges *(f pl)* *utilities (for heat and maintenance of an apartment or condominium)*
chasser *to chase; to hunt*
châtain *chestnut (color);* **— clair** *light brown;* **— foncé** *dark brown*
chaud(e) *hot;* **on a eu —** *[fam] that was a narrow escape*
chauffage *(m)* *heat; heating*
chauffagiste *(m, f)* *heating-cooling service engineer*
chaussettes *(f pl)* *socks*
chaussure *(f)* *shoe;* **—s à hauts talons/à talons plats** *high-heeled shoes/low-heeled shoes*
chauve *bald*
chef *(m)* **(de bureau, d'atelier, d'équipe)** *leader (manager) of office, workshop, team;* **— de rayon** *departmental supervisor;* **— de service** *service supervisor*
chef d'œuvre *(m)* *masterpiece*
chemise *(f)* *man's shirt*
chemisier *(m)* *woman's blouse*
chêne *(m)* *oak*
chenil *(m)* *kennel*
chèque *(m)* *check;* **— de voyage** *traveler's check;* **— sans provision** *bounced check*
chèquier *(m)* *checkbook*
cher/chère *(m, f)* *dear; expensive*
chercher *to look for;* **aller — quelqu'un** *to pick someone up*
chevauchement *(m)* *overlapping*
cheville *(f)* *ankle*
chez *with; at the home of*
chiffon *(m)* *rag;* **—s** *[fam] clothes*
chiffre *(m)* *number; figure*
choc *(m)* *shock*
chocolat chaud *(m)* *hot chocolate*
choisir *to choose*
chômage *(m)* *unemployment;* **être au —** *to be unemployed*
chômeur/chômeuse *(m, f)* *unemployed person*
choqué(e) *shocked*
choquer *to shock*
chou(x) *(m)* *cabbage(s)*
choucroute *(f)* *sauerkraut*
chouette *[fam] great, nice, cute*
chrétien(ne) *Christian*
chute *(f)* *fall; waterfall*
ciel *(m)* *sky*
cinéaste *(m)* *filmmaker*
cinéma *(m)* *movie theater;* **aller au —** *to go to a movie*
circulation *(f)* *traffic*
ciseaux *(m pl)* *scissors*
Cité-U(niversitaire)/résidence universitaire *(f)* *student residence hall(s)*
citoyen(ne) *(m, f)* *citizen*
citron pressé *(m)* *fresh lemonade*
classement *(m)* *ranking*
claustrophobe *claustrophobic*
clavier *(m)* *keyboard*
clé *or* **clef** *(f)* *key;* **— (f) USB** *flash/memory stick*
client(e) *(m, f)* *guest, client, customer*
cliquer sur *to click (on computer)*
clôture *(f)* *fence*
clou(s) *(m)* *nail(s)*
cœur *(m)* *heart*
coiffeur(-euse) *hairdresser*
coiffure *(f)* *hairstyle*
coin *(m)* *area, corner*
coincé(e): être — *to be stuck*
colère *(f)* *anger;* **se mettre en —** *to lose one's temper*

collant *(m)* *pantyhose;* **—s** *tights*
collectionner *to collect*
collègue *(m, f)* *fellow worker;* **— de bureau** *fellow office worker*
coller *to stick*
collier *(m)* *necklace*
combat *(m)* *combat, fight;* **les —s** *fighting*
lecteur CD/DVD/DVD DVX *(m)* *CD/DVD/high definition DVD player*
comédie *(f)* *comedy;* **— musicale** *musical*
comédien(ne) *comedian; actor*
comique *comical; funny*
commander *to order*
commerçant(e) *(m, f)* *shopkeeper*
commerce *(m)* *business*
commissariat (de police) *(m)* *police station*
commission *(f)* *errand*
comparaison *(f)* *comparison*
compatible *compatible*
compétent(e) *qualified, competent*
complet(-ète) *complete; sold out (movie, show)*
compliqué(e) *complicated*
comportement *(m)* *behavior*
comprendre (*pp* **compris**) *to understand;* **mal —** *to misunderstand*
compromis *(m)* *compromise;* **aboutir à un —** *to come to or reach a compromise*
comptabilité *(f)* *accounting; bookkeeping*
comptable *(m, f)* *accountant*
compte *(m)* *account;* **— chèques** *checking account;* **ouvrir un —** *to open an account;* **— rendu** *review (of film, play, book);* **tenir ses —s** *to keep one's accounts*
compter *to count; to intend;* **— sur** *to plan on, count on, expect*
conception *(f)* *(from* **concevoir***) design, plan*
concert *(m)* *concert;* **aller à un —** *to go to a concert*
concevoir (*pp* **conçu**) *conceive, design, plan*
concierge *(m, f)* *caretaker/manager (of building or hotel)*
concours *(m)* *competition, contest*
concurrent(e) *(m, f)* *contestant*
concurrer *to compete*
condition: à — que *on the condition that*
conduire (*pp* **conduit**) *to drive*
conduite *(f)* *driving; conduct*
confection industrielle *(f)* *clothing business*
conférence *(f)* *lecture*
confisquer *to confiscate*
conflit *(m)* *conflict*
confort *(f)* *comfort;* **— ménager** *household conveniences*
confus(e) *confused*
congé *(m)* *holiday, vacation, leave;* **— de maladie** *sick leave;* **—s payés** *paid vacation;* **prendre — de** *to take leave of*
congélateur *(m)* *freezer*
congrès *(m)* *conference*
connaissance *(f)* *acquaintance;* **faire la — (de)** *to meet, to make the acquaintance (of);* **des —s** *knowledge*
connaître (*pp* **connu**) *to know; to be acquainted with, be familiar with;* **se —** *to meet, get acquainted with*
connecter: se — à l'Internet *to connect to the Internet*
connivence *(f)* *complicity*
Conseil *(m)* *Council; Board*
conseil *(m)* *piece of advice;* **des —s** *guidance*
conseiller *to advise*
consentir à *to consent to*
conserves *(f)* *canned goods*
consigne *(f)* *checkroom*
consommation *(f)* *consumption*
constat *(m)* *certified report*
construire (*pp* **construit**) *to construct*
contenir *to contain*
content(e) *content*
contraste *(m)* *contrast;* **par — avec** *in contrast with*
contravention *(f)* *ticket, fine*
contre *against*
contrebande: faire de la — *to smuggle goods*
contrefaçon *(f)* *counterfeiting*
contremaître *(m)* *factory supervisor*
contrôle *(m)* *test; control;* **—s de sûreté** *security check;* **— vocal** *voice activated control*
convaincre (*pp* **convaincu**) *to convince;* **— quelqu'un de faire quelque chose** *to persuade someone to do something*
convenir *to suit*
convoqué(e) *convened*
copain/copine *(m, f)* *a friend*
copropriété *(f)* *condominium*
coquillage *(m)* *(sea)shell*
Coran *(m)* *the Koran*
cordon-bleu: un vrai — *gourmet cook*
costume *(m)* *man's suit*
côte *(f)* *chop; coast;* **— d'agneau** *lamb chop;* **sur la —** *on the coast*
côté *(m)* *side;* **chacun de son —** *each on his/her own side*
côtelette *(f)* *chop;* **— de porc** *pork chop;* **— de veau** *veal chop*
cotière *coastal*
cotisation *(f)* *contribution (money)*
couche *(f)* *level;* **des —s de la société** *social levels;* **—s moyennes salariées** *middle salary levels*
couchette *(f)* *cot, train bed*
couloir *(m)* *hallway*
coup *(m)* *hit, blow;* **— de foudre** *love at first sight;* **— de soleil** *sunburn;* **donner un — de main à quelqu'un** *[fam] to help someone;* **frapper les trois —s** *to announce the start of a performance;* **passer un — de fil (de téléphone)** *to give (someone) a telephone call*
coupe *(f)* *cut (clothing, hair); cup;* **— de fruits** *fruit salad*
couper *to disconnect (telephone, gas, electricity, cable);* **se —** *to cut oneself*
courageux(-euse) *brave; courageous*
couramment *fluently*
courant *(m)* *current; standard;* **être au — de** *to know (about)*
courant(e) *running;* **eau —e** *running water*
courbature *(f)***: avoir des —s** *to be sore*
coureur(-euse) *(m, f)* *runner, cyclist*
courir (*pp* **couru**) *to run*
courriel *(m)* *email*
courrier électronique *(m)* *electronic mail*
course *(f)* *errand; race; job;* **faire des —s** *to do errands, go shopping*
coursier *(m)* **delivery man**
court(e) *short*
courtisan(e) *(m, f)* *flatterer*
courtois(e) *courteous*
coussin *(m)* *cushion, pillow*
coûter *to cost;* **— les yeux de la tête** *to cost a fortune*
couture *(f)* *sewing; fashion;* **haute —** *high fashion*
couturier/couturière *(m, f)* *seamstress; fashion designer*
couvercle *(m)* *lid*
couvre-lit *(m)* *bedspread*
craindre (*pp* **craint**) *to fear*
crainte *(f)* *fear*

crèche *(f) day-care center*
créer *to create*
crème de cassis *(f) black currant liqueur*
crêpe *(f) pancake*
crever *to burst;* **pneu crevé** *flat tire*
crier *to yell*
crise *(f) crisis;* **— de nerfs** *fit of hysterics*
critique *(f) criticism*
critique *(m, f) critic;* **un(e) — de cinéma** *movie critic;* **un(e) — de théâtre** *theater critic*
croire (*pp* **cru**) *to believe*
croisière *(f) cruise*
croissant *(m) crescent*
croissant(e) *increasing, growing*
cru(e) *raw*
crudité *(f) raw vegetables*
cuire (*pp* **cuit**) *to cook;* **trop cuit** *overcooked*
cuisiner *to cook*
cuisinière *(f) stove*
cuivre *(m) copper*
cure-dents *(m) toothpick*
curieux(-euse) *curious, odd*
curriculum vitae (le C.V.) *(m) résumé, CV*

D

d'abord *first, at first*
davantage (que) *more (than)*
débarquer *to land*
débarrasser *to get rid of*
débat *(m) debate*
débile *idiotic;* **un(e) — mental(e)** *mental idiot*
débitant *(m) tobacco dealer*
débordé(e) de travail *swamped with work*
déborder *to overflow; overwhelm*
debout *standing;* **se tenir —** *to stand*
débrancher *to disconnect, unplug (radio, television)*
débrouiller: se — *to manage, get along;* **bien se — en** *to do well in*
débutant(e) *(m, f) beginner*
décalage *(m) gap; interval; discrepancy*
déception *(f) disappointment*
décevoir (*pp* **déçu**) *to disappoint*
décider *to decide;* **se — (à faire quelque chose)** *to make up one's mind (to do something)*
décision: prendre une — *to make a decision*
déclarer (ses achats) *to declare (one's purchases)*
déclencher *to set off;* **— une alarme sonore** *to set off the alarm*
décocher *to shoot; to fire*
décoller *to take off*
déconcerté(e) *confused, muddled*
décoré(e) *decorated*
découper *to cut*
décrocher *to pick up; to obtain*
décupler *to increase tenfold*
dedans *inside*
défaite *(f) defeat, loss*
défavorisé(e) *disadvantaged, under-privileged*
défendre de *to forbid; to defend;* **bien se défendre en français** *to speak French well*
défendu(e) *forbidden*
défense *(f) defense*
défi *(m) challenge*
défouler: se — *to let off steam*
dégager *to make way*
dégraisser *to take grease marks out; to dry-clean*
dehors *outside*
déjà *already*
déjeuner *(m) lunch;* **petit —** *breakfast*
déjeuner *to have lunch*
demande *(f)* **d'emploi** *application for employment;* **remplir une —** *to fill out an application*
demander *to ask (for);* **se —** *to wonder*
démarrer *to start (car); to get moving*
déménager *to move*
déminage *(m) minesweeping*
demi-tarif *(m) half-fare*
démolir *destroy*
dénouement *(m) ending*
dépanner *to repair a breakdown;* **nous —** *to help us out*
départ *(m) departure*
dépit: en — de *in spite of*
déplacement *(m) travel expenses*
déplaire (*pp* **déplu**) *to displease*
dépliant *(m) leaflet, pamphlet*
déposer *to put down; to deposit (a check)*
déranger *to bother, disturb*
dernier(-ière) *final; last*
dérouler: se — *to take place*
dès *from; since;* **— l'enfance** *since childhood;* **— que** *as soon as*
désaccord *(m) disagreement*
descendre *to go down; to bring down;* **— dans un hôtel** *to stay in a hotel;* **— de (la voiture, etc.)** *to get out of (the car, etc.)*
descente *(f) downhill skiing*
déshabiller: se — *to get undressed*
désigner *to appoint*
désinvolture *(f) casualness*
désolé(e): être — *to be sorry*
désorienté(e) *confused, muddled*
dès que *as soon as*
desserrer *to loosen*
desservi(e) *served*
desservir *to serve*
dessin *(m) design;* **— animé** *cartoon*
dessous *underneath;* **ci —** *below*
dessus *on top;* **ci- —** *above;* **prendre le —** *to get the upper hand*
détail *(m) detail*
détendre: se — *to relax*
détendu(e) *stretched-out (material)*
détester *to dislike*
détruire (*pp* **détruit**) *to destroy*
deuil *(m) sorrow; grief*
deuxième *second*
devancer *to get ahead of*
développement *(m) development*
devenir *(pp* **devenu***) to become;* **qu'est-ce qu'il devient?** *[fam] what's become of him?*
déverser *to pour out*
dévisager *to stare, look hard at*
devoir *(m) duty; homework*
devoir (*pp* **dû**) *to have to; to owe*
diapositive *(f) (photographic) slide*
diffuser (en direct) *to broadcast (live)*
dîner *to have dinner;* **le —** *dinner*
dire *(pp* **dit***) to say, tell*
directeur/directrice *manager (company, business)*
direction *(f) management*
diriger *to direct; to manage (business)*
discours *(m) speech*
discrètement *discreetly*
discuter (de) *to discuss;* **— de choses et d'autres** *to talk about this and that*
disparaître (*pp* **disparu**) *to disappear*
disponible *available*
dispute *(f) argument, quarrel*
disputer: se — *to argue;* **— un match** *to play a match*
disque dur *(m) hard (disk) drive*
dissertation *(f) term paper*
distributeur *(m)* **automatique de billets** *automatic teller machine*
divertir *to divert; to entertain*

divertissement *(m)* *entertainment; diversion*
documentaire *(m)* *documentary*
domaine *(m)* *domain; area*
dommage: c'est — *it's too bad*
don *(m) gift*
donc *therefore, so*
donjon *(m)* *dungeon*
données *(f pl)* *data*
dont *whose; of which; of whom*
dorer: faire — *to brown*
dormir *to sleep*
douane *(f)* *customs*
douanier(-ière) *(m, f)* *customs officer*
doubler *to pass (another car); to dub (a film)*
douche *(f)* *shower*
doué(e) *gifted*
douleur *(f)* *pain*
doute *(m)* *doubt;* **sans —** *probably*
douter *to doubt;* **se — de** *to suspect*
douteux(-euse) *doubtful*
douzaine *(f)* *dozen*
doux/douce *soft; sweet*
dramaturge *(m)* *playwright*
dresser *to train*
droit *(m)* *law*
dru: tomber — *to fall thickly (snow)*
duquel = de + lequel *of, about, from which one*
dur(e) *hard*

E

eau *(f)* *water;* **— plate** *plain, non-carbonated water;* **— gazeuse** *sparkling, carbonated water*
ébattre: s'— *to frolic*
ébloui(e) *bedazzled*
écart *(m)* *distance; space; gap*
échelle *(f)* *ladder; scale (figurative)*
échouer à *to fail*
éclairage *(m)* *lighting*
éclairer *to enlighten*
éclatement *(m)* *blow-out*
éclater *to explode*
économie *(f)* **de marché** *market economy*
économies *(f pl)*: **faire des —** *to save money*
écouter *to listen to*
écouteurs *(m pl) headphones*
écran *(m)* *screen;* **— multi-touch** *touch screen*
écrivain *(m)* *writer*
efforcer: s'— de *to force oneself to; to try hard, try one's best*
effrayer *to frighten*
égard *(m)* *consideration;* **à l'— de** *with regard to*
élaboré(e) *elaborate, complicated*
électeur/électrice *(m, f)* *voter*
élection *(f)* *election;* **perdre les —s** *to lose the election*
électricien(ne) *(m, f)* *electrician*
élevé(e) *high;* **bien/mal —** *well/badly brought up*
élire (*pp* **élu**) *to elect*
éloge *(m)* *eulogy, praise;* **faire des —s** *to praise*
emballage *(m) packaging;* **— d'origine** *original packaging*
emballer: (s')emballer *to get carried away*
embarquer *to go on board*
embouteillage *(m)* *traffic tie-up/jam;* **être pris(e) dans un —** *to be caught in a traffic jam*
embrasser *to kiss;* **s'—** *to kiss each other*
embrouiller: s'— *to become confused*
embuscade *(f)* *ambush*
émeute *(f)* *riot*
émission *(f)* *television show, radio broadcast;* **— de téléréalité** *reality show*
emmener *to bring;* **— quelqu'un** *to take someone (somewhere)*
émouvant(e) *moving*
émouvoir (*pp* **ému**) *to move (emotionally)*
empêcher de *to impede; to prevent from*
empirer *to worsen*
emplacement *(m)* *location*
emploi *(m)* *job;* **trouver un —** *to find a job*
employé(e) *(m, f)* *employee*
employeur *(m)* *employer*
empoigner *to grab*
empreinte *(f)* *mark; impression*
emprunt *(m)* *loan*
emprunter *to borrow*
encaisser *to cash (a check)*
enceinte: être — *to be pregnant*
encore *again, still*
endommagé(e) *damaged*
endroit *(m)* *place*
énerver *to unnerve*
enfant *(m, f)* *child*
enfer *(m)* *hell*
enfermer *to close*
enfin *finally*
enfoncer *insert*
engin *(m)* *device;* **— explosif improvisé (EEI)** *improvised explosive device (IED)*
enlever *to take something out, off, down; to remove*
ennuyer *to bore, annoy, bother, worry;* **s'—** *to be bored, get bored*
ennuyeux(-euse) *boring, tedious, annoying*
enquête *(f)* *poll*
enraciner *to implant;* **s'—** *to take root*
enseignement *(m)* *teaching, education*
enseignant(e) *(m, f)* *teacher, instructor*
ensemble: dans l'— *for the most part*
ensuite *then; next*
entendre *to hear;* **— dire** *to hear it said;* **j'entends par là** *I mean by this;* **s'— avec** *to get along with*
entourer *to surround*
entracte *(m)* *intermission*
entraînement *(m) training;* **séance d'—** *training session*
entraîner *to lead;* **s'—** *to train*
entraîneur/entraîneuse *(m, f) coach*
entrée *(f)* *entrance; first course (of a meal)*
entrepôt *(m)* *warehouse*
entreprise *(f)* *business*
entretien *(m)*/**entrevue** *(f)* *interview*
entrouvrir (*pp* **entrouvert**) *to half open*
envahir *invade*
envie: avoir — de *to feel like*
envier *to envy*
environnement *(m)* *environment*
envisager *to imagine*
envoyer *to send;* **— des SMS** *(m)* *to send text messages*
épaule *(f)* *shoulder*
épice *(f)* *spice*
épinard *(m)* *spinach*
épingle *(f)* *pin*
épisode *(m) episode*
épouvantable *horrible*
épouvante: film *(m)* **d'—** *horror film*
époux/épouse *(m, f) spouse*
épreuve (athlétique) *(f)* *athletic event, test*
éprouvant(e) *nerve-racking*
épuisant(e) *grueling, exhausting*
équipe rédactionnelle *(f)* *editorial team*
ère *(f)* *era*

erreur *(f) misunderstanding*
escalade *(f) rock-climbing*
espèces: payer en — *to pay cash*
espérer *to hope*
espionnage *(m) spying;* **film** *(m)* **d'—** *spy movie*
esprit *(m) spirit; mind;* **l'— ouvert** *open mind*
essayer *to try; to try on*
essence *(f) gasoline;* **être en panne d'—** *to be out of gas*
essentiel(le) *essential*
estudiantin(e) *related to university students*
établir *to establish*
établissement *(m) establishment*
étage *(m) floor; story*
étagère *(f) shelf, shelves*
étalage *(m) display (in store)*
étaler *to spread out*
étape *(f) stage; phase*
état *(m) state; federal government;* **en bon/mauvais —** *in good/bad condition*
été *(m) summer*
éteindre *to turn off/out;* **— la lumière** *to turn off the light*
étendard *(m) standard*
étendre: s'— *to spread*
étendu(e) *extensive, wide-ranging*
ethnologique *ethnological*
étonner *to surprise, astonish*
étouffer *to suffocate; to cramp one's style*
étrange *strange*
étranger: aller à l'— *to go abroad*
être *(pp* **été***) to be;* **— à** *to belong to (someone);* **— d'un certain âge** *to be middle-aged;* **— en forme** *to be in good shape;* **vous y êtes?** *do you understand? do you get it?*
étroit(e) *narrow*
étude: en — *in study hall*
éveiller: s'— *to awaken*
événement *(m) event*
évidemment *obviously*
examen *(m) test; exam*
exaucer *to fulfill; to grant*
exhaler *to exhale*
exigeant(e) *demanding*
exigence *(f) demand*
exiger *to demand*
exode *(m) exodus*
exporter *to export*
exposition *(f) exhibit*
exprès *on purpose*
extra *[fam] great*

F

fabricant(e) *(m, f) manufacturer*
fabrication *(f) manufacture*
fâcher: se — contre *to get angry with*
façon *(f) way;* **la même —** *the same way*
facultatif(-ve) *elective; optional*
faculté *(f) department (in univer-sity)*
faible *weak*
faiblesse *(f) weakness*
faillir (+ infinitive) *to almost (do something)*
faim *(f) hunger;* **avoir —** *to be hungry*
faire *(pp* **fait***) to do, make;* **ça ne te fait rien** *it does not bother you, it's ok;* **— jeune** *to look young;* **je vous le fais** *I'll give (sell) it to you;* **— des folies** *to be extravagant, to have a lot of fun;* **— une fouille corporelle** *to do a body search;* **s'en —** *to be worried*
fait: au — *by the way, come to think of it;* **en —** *in fact*
faitout *(m) large cooking pot*
falloir *(pp* **fallu***) to be necessary;* **il faut** *it's necessary; we must*
fana *(m, f)* **de sport** *jock, enthusiastic fan*
fantasme *(m) fantasy; dream*
fatigué(e) *tired*
fauché(e) *[fam] broke (out of money)*
fauve *tawny; musky;* **les Fauvistes** *(m pl) school of French painters*
faux/fausse *false*
favori/favorite *favorite*
femme *(f) woman; wife; spouse;* **— d'affaires** *businesswoman*
féliciter *to congratulate*
fête *(f) feast; party; holiday; Saint's day*
feu: avoir du — *to have a light*
feuilleton *(m) serial; soap opera*
fenêtre *(f) window;* **le rebord des —s** *windowsills*
fiançailles *(f pl) engagement (to be married)*
fiancer: se — *to get engaged*
fichier *(m)* **adjoint** *attachment*
figurer: se — *to imagine;* **figurez-vous** *[slang] believe you me, believe it or not*
fil *(m) line; wire;* **passer un coup de — à quelqu'un** *to give someone a call*
filet *(m) net;* **monter au —** *to come to the net*
fille *(f) girl; daughter;* **— unique** *only child*
film *(m) movie;* **— d'amour** *love story;* **— d'aventures** *adventure film;* **— d'épouvante** *horror movie;* **— d'espionnage** *spy movie;* **— de guerre** *war movie;* **— policier** *police story, mystery story;* **— western** *western*
fils *(m) son;* **— unique** *only child*
financier(-ière) *financial*
finir *to finish;* **— par** *to end up*
flâner *to stroll*
flanquer: se — *to fall flat*
flic *(m) [fam] cop*
foi *(f) faith*
fonctionnaire *(m, f) civil servant*
fond: au — *basically;* **rester en — de court** *to stay on the base line*
fondé(e) *founded*
fondre: faire — *to melt*
forces *(f pl) forces*
fôret *(f) forest*
forger *to forge*
forgeron *(m) blacksmith*
formation *(f) training, education;* **— professionnelle** *professional education, training*
forme: être en — *to be in good shape*
formidable: c'est — *that's fantastic*
fort(e) *strong; heavy, big, stout; high; loud*
fossé *(m) ditch; gap*
fou/folle *crazy; insane*
fouille corporelle *(f) body search*
fouiller les bagages/les valises *to search, go through baggage/luggage*
four *(m) oven; flop;* **— à micro-ondes** *(m) microwave oven*
fournir *to furnish*
foyer *(m) household;* **homme/femme au —** *househusband/ housewife*
frais *(m pl) costs, charges;* **— d'annulation** *cancellation fees;* **— d'inscription** *registration fees*
frais/fraîche *fresh*
franchise *(f) candor; frankness*
francophone *French-speaking;* **le monde —** *the French-speaking world*
frappé(e) *chilled (wine)*
fréquemment *frequently*
fréquenter: — quelqu'un *to go steady with someone*
frigo *(m) [fam] fridge, refrigerator*

fringues *(f) [fam] clothing*
friperie *(f) second-hand clothing store*
frire: faire — *to fry*
frisé(e) *curly*
froideur *(f) cold; coldness*
froisser *to crush; to hurt*
fromage *(m) cheese*
front *(m) front; front lines; forehead*
frontière *(f) border*
fumer *to smoke*
fumeur/fumeuse *(m, f) smoker;* **une place non —** *a non-smoking seat*
furieux(-euse) *furious*
fusée spaciale *(f) space rocket*

G

gâcher *to spoil*
gaffe: faire — (à) *[fam] to be careful, watch out*
gagner *to win*
garder *to keep;* **— un enfant** *to baby-sit*
gardien(ne) *(m, f) guard, keeper, warden;* **— d'immeuble** *apartment manager, super;* **— de prison** *prison guard, warden*
gare *(f) train station*
garer *to park;* **— la voiture** *to park the car*
gaspiller *to waste*
gâté(e) *spoiled (person)*
gauche *left; awkward*
gauffre *(f) waffle*
gazeux(-euse) *carbonated;* **une boisson —** *a carbonated drink*
gendarme *(m) policeman*
gendre *(m) son-in-law*
gêner *to bother*
générations: au fil des — *with the passing generations*
génial(e) *super*
géni(e) *(m, f) genius*
genou(x) *(m) knee(s)*
genre *(m) gender; kind, type*
gentil(le) *nice, kind*
gentillesse *(f) kindness*
géographie *(f) geography*
gérant(e) *(m, f) manager (restaurant, hotel, shop)*
geste *(m) gesture*
gestion *(f) management*
glace *(f) ice cream*
glaçon *(m) ice cube*
globalement *globally*
gorgée *(f) mouthful*
gosse *(m, f) [fam] kid*
gourde *(f) flask*
gourmandise *(f) gluttony; delicacy*
goût *(m) taste*
goûter *to taste*
goûter *(m) snack around 4 P.M.*
goutte *(f) drop;* **c'est la — d'eau qui fait déborder le vase** *that's the last straw*
grand(e) *great; big, tall*
grand-mère *(f) grandmother*
grand-père *(m) grandfather*
graphiques *(m pl) graphics*
gras *(m) grease*
grasse matinée *(f):* **faire la —** *to sleep in*
gratte-ciel *(m) skyscraper*
gratuit(e) *free, at no cost*
grave *serious*
graveur *(m)* **de CD/DVD** *CD/DVD burner*
grève *(f) strike;* **être en —** *to be on strike;* **faire la —** *to go on strike*
gréviste *(m, f) striker*
grignoter *to snack*
grille-pain *(m) toaster*
griller: faire — *to toast (bread); to grill (meat, fish)*
gros(se) *big; fat*
grossesse *(f) pregnancy*
grossier(-ière) *rude*
grossir *to put on weight*
guère *hardly*
guérir *to cure*
guérisseur(-euse) *(m, f) healer*
guerre *(f) war*
gueule *(f) mouth (of animal)*
guichet *(m) ticket window, office; counter;* **jouer à —s fermés** *to play to sold-out performances*
guindé(e) *stilted*

H

habiller *to dress;* **s'—** *to get dressed*
habitude *(f) habit;* **d'—** *usually*
habituellement *usually*
habituer: s'— à *to get used to*
haïr *(pp* **haï[e]**) *to hate*
haleine *(f) breath;* **reprendre —** *to get one's breath back;* **tenir quelqu'un en —** *to hold someone spellbound*
hareng *(m) herring*
hasard *(m) coincidence; chance;* **par —** *by chance*
hausse *(f) rise;* **être en —** *to be on the rise*
hausser *to raise*
haut(e) *tall; high*
hautain(e) *haughty*
hauteur *(f) height*
hebdomadaire *(m) weekly publication*
hébergement *(m) accommodations*
herbe *(f) grass*
heure *(f) hour;* **dans une —** *in an hour;* **—s de pointe** *rush hour*
heureusement *fortunately*
heureux(-euse) *happy*
hibou(x) *(m) owl(s)*
hier *yesterday*
histoire *(f) history; story*
HLM *(f)* **(habitation à loyer modéré)** *low income housing*
homme *(m) man;* **— d'affaires** *businessman*
honnête *honest*
honnêteté *(f) honesty*
honte *(f) shame*
honteux(-euse) *shameful;* **c'est —** *it's a disgrace; shameful*
hôpital *(m) hospital*
hoquet *(m) hiccup*
horaire *(m) schedule*
horloge *(f) clock*
huile *(f) oil;* **— solaire** *suntan oil;* **— d'olive** *olive oil*
humeur *(f) mood;* **être de bonne/mauvaise —** *to be in a good/bad mood*
humour *(m) humor*

I

île *(f) island*
illégitime *illegitimate*
imaginer *to imagine;* **je t'imagine bien** *I can just see you*
immeuble *(m) apartment building*
immigrant(e) *(m, f) newly arrived immigrant*
immigré(e) *(m, f) an established immigrant*
immobilier *(m) real estate business;* **une agence immobilière** *real estate agency;* **un agent immobilier** *real estate agent*
impeccable *perfect; fautless*
imperméable *(m) raincoat*
importance *(f) significance, importance*
importer *to import; to download, import from the Web*
impôts *(m pl) taxes*
imprévu(e) *unexpected*

imprimante *(f) printer;* **— à laser** *laser*
inacceptable *unacceptable*
inadmissible *inadmissable*
inattendu(e) *unexpected*
incarner to *embody a role*
incendie *(m) fire*
inciter *to incite*
inconnu(e) *unknown*
inconvénient *(m) inconvenience; disadvantage*
incrédule *incredulous*
indécis(e) (sur) *indecisive; undecided (about)*
indiquer *to show, direct, indicate*
industrie *(f)* **du livre** *publishing business*
infirmier(-ière) *(m, f) nurse*
informaticien(ne) *(m, f) computer expert*
informatique *(f) computer science; data processing;* **être dans l'—** *to be in the computer field*
ingénieur *(m) engineer*
ingrat(e) *(m, f) ungrateful (person); thankless (job)*
initiative *(f) drive*
inlassable *tireless*
inquiet(-ète) *worried*
inquiéter: s'— (de) *to worry, be anxious (about);* **ne vous inquiétez pas** *don't worry*
inquiétude *(f) worry, anxiety*
inscrire (*pp* inscrit): se faire — *to sign up; to register (to vote)*
insister *to insist*
inspecteur(-trice) *(m, f) police detective*
installer: s'— *to get settled*
instituteur(-trice) *(m, f) elementary school teacher*
insupportable *intolerable, unbearable*
interdire (*pp* interdit) *to prohibit;* **— à quelqu'un de faire quelque chose** *to forbid (someone to do something)*
intéresser: s'— à *to be interested in*
intérêt *(m) interest;* **t'as — à** *you'd better*
intermittent (du spectacle) *(m) actor employed for a short term period*
internaute *(m, f) one who enjoys the Web*
interprète *(m, f) actor/actress;* **—s** *(m, f pl) the cast*
interro *(f) quiz*
interrompre *to interrupt*
intrigue *(f) plot*
introuvable *cannot be found*
iPod *(m) iPod*
ivre *drunk*

J

jamais *never*
jardin *(m) garden; yard*
jeu *(m) game;* **—x d'argent/de hazard** *gambling;* **— de société** *board game;* **— télévisé** *game show*
joindre (*pp* joint) *to join; to enclose*
joli(e) *pretty*
joue *(f) cheek*
jouer *to play;* **— aux durs** *to act tough*
joujou(x) *(m) toy(s)*
jour *(m) day*
journal *(m) newspaper;* **— télévisé** *(m) television news*
journée *(f) day*
juif(-ve) *Jewish*
jumeau(-elle) *(m, f) twin*
jurer *to swear*
jusqu'à ce que *until*
juste *correct; fair*
justement *exactly*

L

là-bas *over there*
laid(e) *ugly*
laine *(f) wool;* **être en —** *to be made of wool*
laisser *to leave;* **— quelqu'un partir** *to let someone go;* **— quelqu'un tranquille** *to leave someone alone*
lait *(m) milk*
lancer *to throw; to launch*
lapin *(m) rabbit;* **poser un — à quelqu'un** *[fam] to stand someone up*
large *wide*
larme *(f) tear*
lavable *washable*
lave-linge *(m) washing machine*
lave-vaisselle *(m) dishwasher*
laver *to wash*
leçon *(f) lesson;* **— particulière** *private lesson*
lecteur(-trice) *(m, f) reader*
lecteur *(m):* **— de disquettes** *disk drive;* **— de vidéodisques** *video disk reader;* **— de CD/DVD** *CD/DVD player*
lecture *(f) reading*
léger(-ère) *light*
légitime *legitimate*
légume *(m) vegetable*
lenteur *(f) slowness*
lentille *(f) lentil; contact lens;* **porter des —s** *to wear contact lenses*
lequel/laquelle *which one, which*
léser *to injure, wrong*
lessive *(f) laundry*
libérer *to free*
librairie *(f) bookstore*
licence *(f) degree (academic)*
licencier: se faire — *to get laid off*
lien *(m) link, tie;* **— de parenté** *family tie*
lieu *(m) place;* **avoir —** *to take place*
ligue *(f) league (baseball)*
lire *to read*
lit *(m) bed;* **grand —** *double bed*
livre *(f) pound*
livre *(m) book*
livrer *to deliver*
livret *(m)* **d'épargne** *savings account book (bank book)*
locataire *(m, f) tenant*
logement *(m) housing; accommodations;* **— en copropriété** *condominium*
logiciel *(m) software*
loisir *(m) leisure, spare time;* **—s** *leisure activities*
long(ue) *long*
longtemps *long, a long time*
lors de *at the time of, during*
lorsque *when*
loterie *(f) lottery*
lotion solaire *(f) suntan lotion*
louer *to rent*
lourd(e) *heavy*
loyauté *(f) loyalty*
loyer *(m) rent*
lumière *(f) light*
lune de miel *(f) honeymoon*
lunettes *(f pl) glasses;* **porter des —** *to wear glasses*
lutte *(f) struggle; wrestle*
lutter *to struggle, wrestle, fight*
lycée *(m) high school*
lycéen(ne) *(m, f) high-school student*

M

mâcher *to chew*
machine à laver (le linge) *(f) washing machine*
mâchoire *(f) jaw*

maçon *(m)* *stonemason*
magasin *(m)* *store;* **grand —** *department store*
magazine *(m)* *magazine*
maghrébin(e) *(m, f)* *North African; from the Maghreb*
magistrat *(m)* *judge*
mail *(m)* *email*
maillot de bain *(m)* *swimsuit*
main d'œuvre *(f)* *labor*
maintenant *now*
mairie *(f)* *city hall*
mais *but*
maison *(f)* *house; firm, company;* **— d'édition** *publishing company*
maître d'hôtel *(m)* *headwaiter*
mal *(m)* *evil, ill, wrong;* **avoir du — à** *to have difficulty with*
maladroit(e) *clumsy*
malentendu *(m)* *misunderstanding*
malgré *in spite of*
malheur *(m)* *misfortune*
malheureusement *unfortunately*
malhonnête *dishonest*
malhonnêteté *(f)* *dishonesty*
malin/maligne *clever; shrewd*
malsain(e) *unhealthy*
manche *(f)* *sleeve; inning*
mandat *(m)* *term of office*
manette *(f)* *joystick*
manifestation *(f)* *demonstration, protest (organized)*
manifester *to protest; to demonstrate;* **se —** *to arise; to emerge*
mannequin *(m)* *model;* **— de cire** *mannequin (in store)*
manque *(m)* *lack;* **— de communication** *communication gap*
manquer *to miss;* **— le train** *to miss the train;* **il manque un bouton** *it's missing a button;* **— à quelqu'un** *to be missed by someone*
maquette *(f)* *model*
marais *(m)* *swamp;* **le Marais** *4th district of Paris*
marchander *to bargain (haggle)*
marché *(m)* *market;* **— aux puces** *flea market;* **— conclu** *it's a deal*
marcher *to work; to walk; to run, work (machine);* **faire —** *to make something work*
mardi *(m)* *Tuesday;* **Mardi gras** *Fat Tuesday*
mari *(m)* *husband, spouse*
mariée *(f)* *bride*
marier: se — *to get married*
marocain(e) *Moroccan*
marque *(f)* *brand*
marrant(e) *(slang)* *funny, strange*
marre: en avoir — *[fam] to be fed up*
marron *chestnut; brown*
Marseillaise *(f)* *French national anthem*
martelé(e) *drummed in*
martiniquais(e) *from Martinique*
match nul *(m)* *tied game*
matériel *(m) hardware*
matière *(f)* *subject, course*
matinée *(f)* *morning;* **faire la grasse —** *to sleep late*
mécanicien(ne) *mechanic*
mécanique *mechanical*
méchant(e) *mean; naughty*
mécontent(e) *discontented; displeased*
médecin *(m)* *doctor*
médecine *(f)* *medicine;* **la —** *the field of medicine*
médias *(m pl)* *the media*
médiatisation *(f)* *mediatization; promotion through media*
médicament *(m)* *medicine, drug*
méfait *(m)* *wrongdoing*
méfier: se — de *to be wary, suspicious*
mél *(m)* *email*
mélange *(m)* *mixture*
mélanger *to mix*
même *same; even*
mémoire *(f)* *memory*
menace *(f)* *threat*
menacer *to threaten*
mensuel *(m)* *monthly publication*
menteur(-euse) *(m, f) liar*
menthe *(f)* *mint;* **thé** *(m)* **à la —** *mint tea*
mentir (*pp* **menti**) *to lie*
menu *(m)* *menu*
menuisier(ière) *carpenter*
méprisant(e) *contemptuous*
méprise *(f)* *misunderstanding, mistake*
mépriser *to despise*
merde *(f) excrement (vulgar)*
mère *(f)* *mother;* **belle —** *mother-in-law; stepmother;* **— célibataire** *single mother*
merveilleux(-euse) *marvelous, fantastic*
messagerie *(f)* **texte** *text message*
métal *(m) metal;* **être en** *— to be made of metal*
métier *(m)* *job, profession*
métro-boulot-dodo *(m)* *daily grind of commuting, working, sleeping*
metteur en scène *(m)* *stage director*
mettre *to put, place;* **se — à** *to begin;* **— la 3, 6, etc.** *to put on channel 3, 6, etc.*
meubles *(m pl)* *furniture*
micro-onde *(m)* *microwave;* **un four à —** *a microwave oven*
micro-ordinateur *(m)* *desk-top computer*
mieux *better*
mignon(ne) *cute;* **super —** *very cute*
mijoter: faire — *to simmer*
militaire *(m, f)* *soldier*
mince *thin; slim*
mine *(f)* *mine;* **avoir bonne/mauvaise —** *to look good/bad*
minuscule *tiny*
mise en scène *(f)* *staging*
moche *[fam] ugly, ghastly*
mode *(f)* *fashion; style;* **— *(m)* d'emploi** *user's manual*
moine *(m)* *monk*
moins *less;* **à — que** *unless*
mois *(m)* *month*
monde: du — *people*
mondial(e) *worldwide*
monter *to climb, go up;* **— dans (une voiture/un bus/un taxi/un avion/un train)** *to get into (a car/bus/taxi/plane/train); to bring up (luggage)*
montre *(f)* *watch*
montrer son passeport *to show one's passport*
moquer: se — de *to make fun of*
morceau *(m)* *piece*
mordre *to bite*
mort *(f)* *death;* **les —s** *(m pl)* *the dead*
mosquée *(f)* *mosque*
moteur *(m)* *engine;* **— de recherche** *search engine*
motivé(e) *motivated*
mou (mol)/molle *soft*
mouche *(f)* *fly*
moucher: se — *to blow one's nose*
moules *(f pl)* *mussels*
moulin *(m)* *mill*
moulinets *(m pl):* **faire des — avec les bras** *whirl one's arms around*
mourir (*pp* **mort**) *to die*
moyen(ne) *medium; average;* **moyens** *(m pl) means*
muet(te) *mute*
musée *(m)* *museum*
musulman(e) *Islamic*
muter *to transfer*
mutuelle *(f)* *mutual benefit insurance company*

N

naître *to be born;* **— libres et égaux** *to be born free and equal*
nanti(e) *affluent, well off*
nappe *(f)* *tablecloth*
narine *(f)* *nostril*
natal(e) *native*
natation *(f)* *swimming*
nature: une omelette — *plain omelette*
naturel(le) *natural, native*
navet *(m)* *third-rate film*
navette spatiale *(f)* *space shuttle*
navré(e) *sorry (formal)*
néanmoins *nevertheless*
nécessaire *necessary*
néerlandais(e) *Dutch*
négligé(e) *neglected; slipshod*
négliger *to neglect*
négociation *(f)* *negotiation*
nerveux(-euse) *high-strung*
nettoyer *to clean*
neuf/neuve *new*
neutre *neutral*
noir(e) *black*
nombreux(-euse) *numerous*
nommer *to appoint*
normal(e) *normal, regular*
notaire *(m)* *notary*
notamment *notably; in particular*
note *(f)* *grade;* **—s de classe** *class notes*
nounours *(m)* *teddy bear*
nourrice *(f)* *babysitter*
nourriture *(f)* *food; nutrition*
nouveau: à — *again, anew*
nouvelles *(f pl)* *printed news; news in general;* **vous allez avoir de mes —** *you're going to hear from me*
noyer: se — *to drown*
nulle part *not anywhere*
numéro *(m)* *number; issue (of a periodical)*

O

obéir *to obey*
obéissant(e) *obediant*
objet *(m)* *object*
obligatoire *required*
obliger *to obligate*
obsèques *(f pl)* *funeral*
obtenir *to obtain; to get*
occasion *(f)* *opportunity; chance;* **d'—** *secondhand*
occuper *to occupy;* **s'— de** *to take care of, handle*
œil: mon — *you can't fool me*
œuf *(m)* *egg;* **— dur** *hard-boiled egg*
œuvre *(f)* *work (of art)*
offre *(f)* **d'emploi** *opening, available position;* **— de mariage** *marriage proposal*
offrir (*pp* **offert**) *to offer*
ombre *(f)* *shade; shadow*
ondulé(e) *wavy*
ongle *(m)* *nail (of finger or toe);* **se ronger les —s** *to bite one's fingernails*
opposition *(f)* *opposition*
orchestration *(f)* *instrumentation*
ordinateur *(m)* *computer*
oreiller *(m)* *pillow*
orner *to decorate*
otage *(m)* *hostage;* **prendre en —** *to take hostage*
oublier *to forget*
oubliettes *(f pl)* *the deepest and dankest of prisons in medieval castles*
ouragan *(m)* *hurricane*
outil *(m)* *tool*
outre: en — *besides*
ouvert(e) *open*
ouvrage *(m)* *work; piece of work*
ouvreuse *(f)* *usher*
ouvrier(-ière) *(m, f)* *worker*
ouvrir (*pp* **ouvert**) *to open*

P

pain *(m)* **de mie** *sandwich bread*
pair: jeune homme/jeune fille au — *one who works in exchange for room and board*
paix *(f)* *peace*
palier *(m)* *landing*
panier *(m)* **à linge** *laundry basket*
panne *(f)* *breakdown;* **être/tomber en — d'essence** *to run out of gas*
panneau *(m)* *board; sign*
Pâques *(f pl)* *Easter*
paquet *(m)* *package*
paraître (*pp* **paru**) *to appear, to seem; to come out;* **il paraît que** *it seems that; they say that*
parapluie *(m)* *umbrella*
par contre *on the other hand*
parcourir *to travel up and down*
pardessus *(m)* *overcoat*
par-dessus *on top of that*
pareil(le) *similar, alike;* **une vie pareille** *such a life*
parent(e) *(m, f)* *parent, relative*
paresseux(-euse) *lazy*
parfois *at times*
parier *to bet*
parole *(f)* *word;* **—s** *lyrics*
partager *to share;* **— les vues de quelqu'un** *to share one's views*
particulier(-ère) *particular;* **une leçon —** *a private lesson*
partir: laisser — quelqu'un *to let someone go*
partout *everywhere*
parvis *(m)* *square (in front of church)*
pas du tout *not at all*
pas mal *quite a few*
passager/passagère *(m, f)* *passenger*
passe: et j'en — *(slang)* *and that's not all*
passer *to pass; to go by; to spend;* **— à la douane/aux contrôle de sûreté** *to go through customs/security;* **— au beurre** *to sauté briefly in butter;* **— dans un appareil de contrôle radioscopique** *to go through x-ray security* **— un examen** *to take an exam;* **se — de** *to do without*
passionnant(e) *exciting*
passionné(e) *impassioned*
pâte *(f)* *dough; crust (of cheese)*
pâtes *(f pl)* *noodles, pasta*
patience: avoir de la — *to have patience, be patient*
patrimoine *(m)* *heritage*
patron(ne) *(m, f)* *boss*
pattes *(f pl)* *sideburns*
paumé(e) *lost, misfit*
paupière *(f)* *eyelid*
pauvre *poor; unfortunate*
payer *to pay;* **— par carte de crédit** *to pay by credit card;* **— avec des chèques de voyage** *to pay with traveler's checks;* **— des droits** *to pay duty/tax;* **— en espèces** *to pay in cash*
paysage *(m)* *landscape, countryside*
paysagiste *(m)* *landscaper*
PDG *(m)* **(président directeur général)** *CEO*
peigner: se — *to comb one's hair*
peine *(f)* *trouble;* **à —** *scarcely;* **ce n'est pas la —** *it's not worth the trouble; don't bother;* **— de mort** *death penalty;* **faire de la —** *to cause pain*
peintre *(m)* *painter;* **— impressionniste** *impressionist painter;* **plâtrier(-ière)-—** *plasterer-painter*
peinture *(f)* *painting; paint*
pellicule *(f)* *film (cartridge)*
péniche *(f)* *barge*
penser *to think*

pension *(f)* **de retraite** *retirement pension*
percer *to pierce*
percevoir *to perceive*
perdre: se — *to get lost*
père *(m)* *father;* **beau-—** *father-in-law; stepfather;* **—célibataire** *single father*
permettre (*pp* **permis**) *to permit*
personnage *(m)* *character;* **—principal** *main character*
personne *no one*
personnel *(m)* *personnel;* **service** *(m)* **du —** *personnel services, Human Resources*
persuader *to persuade*
perte *(f)* *loss*
petit(e) *small*
petites annonces *(f pl)* *classified advertisements*
petits pois *(m pl)* *peas*
peur *(f)* *fear;* **avoir —** *to be afraid;* **de —que/de crainte que** *for fear that*
peut-être *possibly*
pharmacien(ne) *pharmacist*
pièce *(f)* *room; play;* **—de rechange** *spare part*
piège *(m)* *trap*
piger *[fam]* *to understand; to "get it"*
pile *(f)* *battery*
pilier *(m)* *pillar*
pinceau *(m)* *paintbrush*
piquer *(slang)* *to steal*
pire/pis *worse;* **le —** *the worst*
piste *(f)* *slope; trail; run*
pitié *(f)* *pity; mercy*
placard *(m)* *cupboard; closet*
place *(f)* *square; seat;* **une —de libre** *unoccupied seat;* **une —réservée** *reserved seat*
plafond *(m)* *ceiling*
plage *(f)* *beach*
plaindre (*pp* **plaint**) *to pity;* **se —(de quelque chose à quelqu'un)** *to complain (to someone about something)*
plainte *(f)* *complaint*
plaire (*pp* **plu**) *to please*
plaisanter *to joke*
plancher *(m)* *floor*
plastique *(m)* *plastic;* **être en** *— to be made of plastic*
plat *(m)* *dish (container); dish (part of meal), course;* **—à micro-ondes** *microwave dish*
plat(e) *flat*
platine *(f)*: **—laser** *compact disc player;* **—à cassettes** *cassette deck*

plâtrier(-ière)-peintre *plasterer-painter*
plein(e) *full;* **—de** *[fam] a lot of;* **faire le plein** *to fill up (gas tank);* **être en plein air** *to be outside*
pleuvoir (*pp* **plu**) *to rain*
plombier(-ière) *plumber*
plonger *to dive*
plupart: la —(de) *most (of)*
plus *more;* **de —** *besides, furthermore;* **en —** *besides*
plusieurs *several*
plutôt *rather*
pneu *(m)* *tire;* **—crevé** *flat tire*
podcast *(m)* *podcast*
poêle *(m)* *stove*
poids *(m)* *weight*
point *(m)* *sharp pain;* **—de vue** *point of view*
pointu(e) *pointed*
poisson *(m)* *fish*
poivron *(m)* **vert** *green pepper*
polémique *(f)* *controversy*
poli(e) *polite*
politesse *(f)* *politeness*
politique *(f)* *politics; policy;* **—étrangère** *foreign policy;* **—intérieure** *internal (domestic) policy*
pop-corn *(m)* *popcorn*
portable *(m)* *laptop computer, mobile phone*
porte *(f)* *door;* **aux —s de Paris** *on the outskirts of Paris;* **—d'embarquement** *departure gate*
porte-bagages *(m)* *suitcase rack*
portée: à la —de *within reach*
portefeuille *(m)* *wallet, billfold; portfolio*
portique de détection *(m)* *x-ray machine (security)*
poser *to ask (a question);* **—les objets sur le tapis de l'appareil de contrôle radioscopique** *to put objects on the belt*
poste *(f)* *post office*
poste *(m)* *job, radio, television set;* **occuper un —** *to have a job*
poster *to mail (a letter)*
pot: prendre un — *[fam] to have a drink*
pote *(m)* *[fam] friend*
pou(x) *(m)* *louse (lice)*
poubelle *(f)* *trash can;* **sortir les —s** *to take out the garbage*
pouce *(m)* *2.5 centimeters (1 inch)*
poulet *(m)* *chicken;* **brochette** *(f)* **de —** *chicken skewer*

poumon *(m)* *lung*
pourboire *(m)* *tip (restaurant)*
pourcentage *(m)* *percentage*
pourparlers *(m pl)* *talks; negotiations*
pour que/afin que *in order that, so that*
pourtant *however*
pourvu(e) de *equipped with*
pourvu que *provided that*
poussière *(f)* *dust*
pouvoir (*pp* **pu**) *to be able to;* **n'en plus —** *to be at the end of one's rope; to have had it*
pratique *practical, convenient*
précoce *early; premature*
prélever *to levy (a tax)*
prémonitoire *that predicts the future*
prendre (*pp* **pris**) *to take;* **—congé de** *to take leave;* **—des kilos** *to put on weight;* **—fin** *to end;* **—position** *to take a stand;* **s'y —bien/mal** *to do it the right/wrong way;* **—un verre/un pot** *[fam] to have a drink*
préoccuper: se —de *to be concerned with*
près (de) *near, close to;* **à peu —** *more or less*
présenter *to introduce;* **se —** *to present oneself, to appear*
presque *almost*
pression *(f)* *pressure;* **une —** *a (glass of) draft beer*
prêt *(m)* *loan*
prêt-à-porter *(m)* *ready-to-wear*
prétendant *(m)* *suitor*
prêter *to lend*
prévenir (*pp* **prévenu**) *to warn*
prévoir (*pp* **prévu**) *to plan; to foresee*
prévu: quelque chose/rien de — *something/nothing planned*
prier *to pray; to beg;* **je t'en/je vous en prie** *you're welcome;* **je te/vous prie (de faire quelque chose)** *will you please (do something)*
prime *(f)* *premium; free gift, bonus; subsidy*
printemps *(m)* *spring*
pris(e): être — *to be busy (not available)*
prise *(f)* *catch*
prise *(f)* **de courant** *outlet*
privatiser *to take into private hands*
prix *(m)* *price; prize;* **au —fort** *at a high price;* **dans ses —** *in one's price range*
prochain(e) *next time (in a series); next (one coming);* **à la —e** *until next time*
proches *(m pl)* *close friends, relatives*

producteur *(m)* *producer (who finances)*
produire (*pp* **produit**): **se —** *to happen, take place*
produit *(m)* *product;* **—s d'entretien** *cleaning products*
profaner *to desecrate, violate*
professeur *(m)* *teacher, instructor;* **— des écoles** *elementary school teacher*
professions *(f pl)* **libérales** *liberal professions*
profiter *to profit;* **— de** *to take advantage of;* **en —** *to enjoy life*
programme *(m)* *program listing;* **— électoral** *platform*
progrès *(m)* *progress*
proie *(f)* *prey*
projeter de *to plan on*
projets *(m pl)* *plans;* **faire des —** *to make plans*
prolixe *wordy*
promenade *(f)* *walk*
promettre *to promise*
promotion *(f)* *promotion*
propre *own; clean*
propriétaire *(m, f)* *owner; householder;* **— terrienne** *landowner*
propriété *(f)* *property; ownership*
prouesse *(f)* *feat*
prouver: se — *to prove oneself*
provoquer *to cause*
prune *(f)* *ticket (slang)*
publicité *(f)* *advertisement; TV commercial*
pudeur *(f)* *modesty*
puissant(e) *powerful*
purement *purely*

Q

quai *(m)* *(train) platform*
qualifié(e) *qualified, competent*
quand *when;* **— même** *nonetheless, even so*
quartier sensible *(m)* *slum*
quel(le) *what, which*
quelconque *some; any*
quelque chose (de) *something*
quelquefois *sometimes*
quelque part *somewhere*
quelques *a few, some, several*
quelques-un(e)s *some, a few*
quelqu'un *someone, somebody*
queue: faire la — *to wait in line*
quincaillerie *(f)* *hardware store*
quoi *what;* **— que ce soit anything**
quoique *although*
quoi que ce soit *anything whatso-ever*
quotidien(ne) *(m)* *daily;* **un quoti-dien** *newspaper published daily*

R

raccrocher *to hang up (telephone)*
racisme *(m)* *racism*
raciste *racist*
raconter *to tell (a story)*
raffiné(e) *refined*
raffiner *to refine*
raide *straight (hair)*
raisin *(m)* *grape;* **— sec** *raisin*
raison *(f)* *reason*
raisonnable *sensible*
ralenti: travailler au — *to work at a slow pace; to experience slowdowns*
ramasser *to pick up; to clean up*
rame *(f)* *subway train*
ramener *to bring someone (something) back; to drive someone home*
randonnée pédestre *(f)* *sport walking (power walking), hiking*
ranger *to put away*
râpé(e) *threadbare, worn*
rappel *(m)* *curtain call*
rappeler: se — *to remember*
rapport *(m)* *relationship;* **avoir de bons/mauvais —s** *to have a good/bad relationship*
rare *rare, exceptional, unusual*
rater *to flunk; to miss*
rattraper *to catch up;* **se —** *to make up for*
ravi(e) *delighted, pleased*
rayon *(m)* *department (in store)*
rayonnant(e) *radiant*
réagir *to react*
réalisateur(-trice) *(m, f)* *director;* **— de télévision** *television pro-ducer*
réalisation *(f)* *production*
réalité: en — *actually*
rebord des fenêtres *(m)* *windowsills*
récépissé *(m)* *receipt*
réception *(f)* *front desk*
réceptionniste *(m, f)* *hotel desk clerk*
recette *(f)* *recipe*
recevoir (*pp* **reçu**) *to receive; to entertain*
recherche *(f)* *search;* **—s** *re-search;* **faire des —s** *to do research*
réclamation *(f)* *complaint;* **faire une —** *to make a complaint*
recommander *to recommend*
reconnaissant(e) *grateful, thankful*
record du monde *(m)* *world record*
récréation *(f)* *recreation; recess*
rectitude *(f)* *uprightness*
redoubler *to redouble; to reiterate*
réduction *(f)* *discount*
réélire (*pp* **réélu**) *to reelect*
réfléchir *to reflect, think*
réfrigérateur *(m)* *refrigerator*
refroidir *to cool down*
refuser *to refuse*
régal *(m)* *treat, pleasure*
regarder *to look at*
règle *(f)* *rule*
régler *to regulate, arrange, adjust;* **— la note** *to pay, settle the bill*
règne *(m)* *reign*
regretter *to be sorry*
rejoindre (*pp* **rejoint**) *to meet;* **se —** *to meet (by prior arrangement)*
réjouir *to delight, gladden;* **se — à l'idée (de)** *to look forward (to)*
remarquable *remarkable, spectacular*
remarquer *to notice*
remboursement *(m)* *refund*
rembourser *to reimburse*
remercier (de) *to thank someone (for)*
remettre (*pp* **remis**) *to hand in*
remords: avoir des — *to have (feel) remorse*
rencontrer *to meet (by chance), to run into;* **se —** *to meet at a set time*
rendement *(m)* *productivity*
rendez-vous *(m)* *meeting;* **— avec un(e) inconnu(e)** *blind date;* **se donner — avec quelqu'un** *to make an appointment with someone*
rendre *to return, give back; to make, render;* **se — compte de** *to account for; to realize;* **— service** *to do a favor; render a service;* **— visite à quelqu'un** *to visit someone*
renommée *(f)* *fame*
renoncer à *to give up*
renouveau *(m)* *revival*
rénover *to renovate*
renseignements *(m pl)* *information*
renseigner *to inform;* **se —** *to get information*
rentrée *(f)* *start of new school year*
rentrer *to go home, come home; to put away;* **— tard** *to get home late*
renvoyer *to send back*
réparer *to repair*
répartition *(f)* *dividing-up; distribution*
repas *(m)* *meal*

repassage *(m)* *ironing*
repérer: se — *to find one's place*
répéter *to repeat*
répit *(m)* *respite, rest*
réplique *(f)* *response*
répondeur téléphonique *(m)* *answering machine*
reportage *(m)* *newspaper report;* **— en direct** *live news or sports commentary*
reposer: se — *to rest*
reprendre *to take back;* **— les objets ou vêtements après le passage sous le portique de détection** *to take back objects or clothes after passing through the x-ray machine*
représentant(e) *(m, f)* **de commerce** *sales rep*
représentation *(f)* *performance*
représenter *to represent;* **se —** *to run again (for office)*
reprocher *to reproach, criticize*
requin *(m)* *shark*
réseau *(m)* *network*
réserver une chambre *to reserve a room*
résolu(e) *resolved*
résoudre *to resolve, solve*
respectif(-ive) *respective*
respectueux(-euse) *respectful*
respirer à fond *to take a deep breath*
responsabilités *(f pl)* *duties*
restaurant *(m)* *restaurant;* **— du cœur** *soup kitchen;* **— universitaire** *university cafeteria*
rester *to remain; to stay;* **— en bas de l'échelle** *to remain at the bottom of the ladder or financial scale*
retard *(m)* *lateness;* **avoir du —** *to be late;* **partir en —** *to get a late start*
retenir (*pp* **retenu**) *to hold back; to retain; to reserve (a room);* **être retenu(e)** *to be held up (late)*
réticence *(f)* *hesitation*
retirer *to withdraw;* **— de l'argent** *to make a withdrawal*
retordre: donner du fil à — *to give someone trouble*
retoucher *to retouch; to alter*
retour *(m)* *return;* **— en arrière** *flashback*
retourner *to go back; to turn again; to turn over;* **se tourner et se —** *to toss and turn*
retraite *(f)* *retirement;* **être à la —** *to be retired*
retrouver *to find again;* **se —** *to meet (by prior arrangement);* **s'y —** *to find one's way*
réunion *(f)* *meeting*
réunir *to gather;* **se —** *to get together*
réussi(e) *successful, well executed*
réussir *to succeed;* **— à un examen** *to pass an exam*
réussite *(f)* *success*
revanche: en — *on the other hand*
réveiller *to wake;* **se —** *to wake up*
révéler *to reveal;* **se —** *to prove to be*
rêver *to dream*
revirement *(m)* *turnaround*
réviser (pour) *to review (for)*
revoir (*pp* **revu**) *to review, look over;* **se —** *to see again;* **au —** *goodbye*
révolter *to revolt, shock*
revue *(f)* *magazine (sophisticated, glossy)*
rez-de-chaussée *(m)* *ground floor*
rideau *(m)* *curtain*
rien *(m)* *nothing;* **ça ne fait —** *it's nothing;* **ne —** *nothing;* **n'avoir — à voir avec** *to have nothing to do with*
rigoler *to laugh*
rire (*pp* **ri**) *to laugh*
rive *(f)* *bank*
robe *(f)* *dress*
roman *(m)* *novel*
rompre (*pp* **rompu**)**: — avec quelqu'un** *to break up with someone*
rond(e) *round*
rondelle *(f)* *slice*
rôtir: faire — *to roast*
rouer quelqu'un de coups *to beat someone black and blue*
rouler *to roll;* **— à grande vitesse** *to drive fast*
rouspéter *[fam]* *to groan, moan*
route: être en — *to be on the way*
roux/rousse *(m, f)* *redhead;* **avoir les cheveux —** *to have red hair*
rubrique *(f)* *heading, item; column*

S

sac *(m)* *bag;* **— à dos** *backpack*
saigner *to bleed*
saisissant(e) *gripping; startling*
salades composées *(f pl)* *salads*
salaire *(m)* *pay (in general)*
salam aleïkoum *peace be with you (Arabic equivalent of* **bonjour***)*
sale *dirty*
salé(e) *salty*
salir *to make dirty, soil*
saluer *to greet*
samedi *(m)* *Saturday*
sanctionner *to sanction*
sanglant(e) *bloody*
sans *without;* **les —abri** *homeless;* **les — domicile fixe (SDF)** *persons without a permanent address;* **— blague** *[fam]* *no kidding*
sans-abri *(m, f)* *homeless person*
sans domicile fixe (SDF) *(m, f)* *person without a permanent address*
santé *(f)* *health;* **à votre (ta) — (à la vôtre/à la tienne)** *to your health;* **se refaire la —** *to recover one's health*
santiags *(m pl)* *cowboy boots*
sapes *(f pl)* *[fam]* *clothing*
sarcasme *(m)* *sarcasm*
sauce *(f)* **sauce; à leur —** *to their liking (fam)*
saumon *(m)* *salmon;* **— fumé** *smoked salmon*
sauter: faire — *to sauté (brown or fry gently in butter)*
savoir (*pp* **su**) *to know from memory or from study; to know how to do something; to be aware of*
scandaleux(-euse) *scandalous*
scanner *(m)* *scanner*
scénariste *(m, f)* *scriptwriter*
séance *(f)* *session; showing*
sec/sèche *dry*
sèche-linge *(m)* *clothes dryer*
sécher *to dry;* **— un cours** *[fam]* *to cut a class*
secours *(m)* *help;* **au —** *help*
secrétaire *(m, f)* *secretary*
secrétariat *(m)* *position or office of secretary*
sécurité *(f)* *security;* **— de l'emploi** *job security*
séduire (*pp* **séduit**) *to seduce; to charm; to bribe*
séisme *(m)* *earthquake*
séjour *(m)* *stay; visit*
sel *(m)* *salt*
selon *according to*
semaine *(f)* *week;* **chaque —** *every week*
semblable *similar*
sembler *to seem*
sens *(m)* *meaning;* **— unique** *one way*
sensationnel(le) *fabulous*
sensible *sensitive;* **quartier** *(m)* **—** *slum*
sentir *to feel (an object); to smell;* **se —** *to feel (an emotion)*

série *(f) series*
serment *(m) sermon*
serrer *to press;* **— la main de quelqu'un** *to shake one's hand;* **serré(e)** *tight, closely fought*
serrurerie *(f) locksmithing*
serrurier(-ière) *locksmith*
service *(m) service;* **— d'étage** *room service;* **— du personnel** *personnel services, Human Resources;* **— compris** *tip included*
servir *to serve;* **ne — à rien** *to do no good;* **se — de** *to use*
seul(e) *only; solitary*
seulement *only*
si *if; yes*
sidérer *to stagger*
siècle *(m) century*
siège *(m):* **— bébé** *infant (car) seat;* **— voiture** *car seat*
sieste *(f) nap;* **faire la —** *to take a nap*
sigle *(m) abbreviation*
signaler *to point out*
signification *(f) signification, meaning*
signifier *to mean*
s'il te plaît *please [fam]*
SMS *(m) text message;* **envoyer des —** *to send text messages*
sino- *Asian;* **—américain** *Asian-American*
sirop *(m)* **d'érable** *maple syrup*
site *(m) site;* **— Web** *website*
situé(e) *located*
sociétaire *member of a society, of an institution*
soif *(m) thirst;* **avoir —** *to be thirsty*
soins *(m pl)* **médicaux** *medical care and treatment*
soirée: aller à une — *to go to a party*
soldat *(m) soldier*
solde: en — *on sale;* **une —** *a sale*
soleil *(m) sun*
son *(m) sound*
sondage *(m) opinion poll*
sorbet *(m) sherbet*
sorte *(f) kind; type;* **toutes —s** *all kinds*
sortie *(f) exit; outing; release (of a film or song)*
sortir (*pp* **sorti**) *to go out; to take out;* **— un revolver** *to pull out a gun*
sou: être sans le — *to be without a penny*
souci *(m) worry;* **se faire du —** *to worry*
soucoupe *(f) saucer;* **— volante** *flying saucer*
soudain(e) *sudden*
souffrir (*pp* **souffert**) *to suffer*
souhait *(m) wish*
souhaiter *to wish*
soulagement *(m) relief*
soulagé(e) *relieved*
soulager *to relieve*
soulèvement *(m) spontaneous uprising*
soulever *to lift (up)*
souligner *to underline*
sourcil *(m) eyebrow*
sourdine: mettre en — *to turn on mute*
sourire (*pp* **souri**) *to smile*
souris *(f) mouse*
sous *under*
souscrire *to contribute, subscribe to*
sous-titre *(m) subtitle;* **(avec) —s** *(with) subtitles*
sous-vêtements *(m pl) underwear*
soutenir *to support*
soutien *(m) support*
souvenir *(m) memory; souvenir*
souvenir (*pp* **souvenu**)**: se — de** *to remember*
souvent *often*
spécialiser: se — en *to major in*
spectacle *(m) show*
spectaculaire *remarkable, spectacular*
spectateurs/spectatrices *(m, f pl) studio audience*
sportif(-ive) *athletic, fond of sports*
station *(f) (TV, radio) station;* **— -service** *gas station*
stationnement *(m) parking*
statut *(m) status*
statut quo *(m) status quo*
steak-frites *(m) steak with fries*
stimulant(e) *challenging*
studio *(m) efficiency apartment*
submerger *submerge*
suffire (*pp* **suffi**)**:** *to be sufficient;* **il suffit** *it is enough*
suffisant(e) *sufficient; enough*
suggérer *to suggest*
suite *(f) series;* **de —** *in a row, in succession*
suivant(e) *following; next*
suivre (*pp* **suivi**) *to follow;* **à —** *to be continued;* **— un cours** *to take a course*
sujet *(m) subject, topic;* **au — de** *job regarding, concerning*
super *[fam] super*
supplément *(m) supplement;* **payer un — pour excès de bagages** *to pay extra for excess luggage*
supporter *to put up with, endure*
supprimer *to do away with; to take out*
sûr(e) *sure*
sûreté *(f) security;* **les contrôles de —** *security checks*
surface: grande — *(f) huge discount store*
surprenant(e) *surprising*
surpris(e) *surprised*
survécu(e) *survived*
surveillance *(f) supervision*
surveillant(e) *(m, f) guard, supervisor, monitor*
survenu(e) *intervening*
survivre (à) (*pp* **survécu**) *to survive*
survoler *to fly over*
sympa *[fam] nice; friendly*
synchroniser to synch
syndicat *(m) union;* **— d'initiative** *tourist bureau*

T

tabagisme *(m) use of tobacco*
tableau *(m) chart;* **— noir** *blackboard*
tache *(f) spot*
tâche *(f) task*
tâcher de *to try*
taille *(f) size; waist;* **être de petite —** *to be short;* **être de — moyenne** *to be of average height*
tailleur *(m) woman's tailored suit*
taire (*pp* **tu**)**: se —** *to be quiet*
talon *(m) heel*
tandis que *while; whereas*
tant (de) *so much*
taper *to type;* **retaper** *to retype*
tapis *(m) rug, carpet;* **poser les objets sur le — de l'appareil de contrôle radioscopique** *to put objects on the belt (security)*
tapisserie *(f) tapestry*
taquiner *to tease*
tare *(f) defect*
tarif *(m) fare, rate*
tarte *(f)* **aux pommes** *apple pie*
tas *(m) pile, heap;* **un — de** *a lot of*
taux *(m) rate;* **— de chômage** *rate of unemployment;* **— d'intérêt** *interest rate;* **— de natalité** *birth rate*
tchin-tchin *[fam] cheers*
technologie *(f) technology*
tel(le) *such, such a*
télécharger (un message/un dossier) *to download (a message/a file)*

télécommande *(f) remote control*
téléphoner *to telephone;* **— à quelqu'un** *to telephone someone*
téléréalité *(f) reality TV*
télésiège *(m) chairlift*
téléspectateur/téléspectatrice *(m, f) television viewer*
télévision *(f)* **par câble** *cable television*
tellement *so much, so; really*
témoignage *(m) testimony; witnessing*
témoin *(m) witness*
temps *(m) time;* **le bon vieux —** *the good old days*
tendre *to tense*
tendu(e) *tense*
tenir à *to really want, to insist on*
tenter *to tempt; to try;* **je me laisse —** *I'll give in to temptation*
tenue habillée *(f) dressy clothes*
termes: être en mauvais — *to be angry with, on bad terms*
terminer *to finish*
ternir *to tarnish*
terrain *(m)* **de camping** *campground*
terre *(f) earth; soil; dirt;* **être en — battue** *to be made of adobe*
terrine *(f) pâté*
terrorisme *(m) terrorism*
têtu(e) *stubborn*
TGV *(m)* **train à grande vitesse** *high-speed train*
théâtre *(m) theater;* **aller au —** *to go to the theater*
thé *(m)* **glacé** *iced tea*
thème *(m) theme*
thèse *(f)* **de doctorat** *doctoral thesis, dissertation*
thon *(m) tuna*
tirage *(m) circulation*
tirer *to pull*
tiroir *(m) drawer*
tissu *(m) fabric*
titre *(m) title headline*
toilette *(f) toilet;* **les —s** *bathroom; washroom;* **faire sa —** *to have a wash;* **être à sa —** *to be dressing*
tomber *to fall;* **— d'aplomb** *to beat straight down (sun);* **— en panne** *to break down*
tonalité *(f) dialing tone*
toqué: t'es — *[fam] you're nuts*
tort *(m) wrong;* **avoir —** *to be wrong*
touche *(f) key*
toujours *always; still;* **— est-il que** *it remains that, nevertheless*
tour *(f) tower*
tour *(m) trip;* **c'est à qui le —?** *whose turn is it? (who's next?);* **deuxième —** *run-off election*
tourner *to turn; to shoot (a film);* **se — et se retourner** *to toss and turn*
tournoi *(m) tournament*
tout, tous, toute, toutes *all;* **— à fait** *absolutely, completely* **— de même** *in any case;* **— de suite** *right away;* **tous les jours** *every day*
trac: avoir le — *to have stage fright*
tracé(e) *marked;* **tout(e) —** *clearly marked*
trahir *to betray*
train: être en — de *to be in the process of (doing something)*
traitement *(m) treatment;* **— mensuel** *monthly salary*
traiter *to treat, deal with;* **— en ami** *to befriend*
tranche *(f) slice*
tranquille *calm;* **laisser quelqu'un —** *to leave someone alone*
transmettre (en direct) *to broadcast (live)*
transporter *to transport;* **— d'urgence à** *to rush to*
travail *(m) work*
travaux ménagers *(m pl) chores*
travers: à — *across;* **de —** *crooked*
traverser *to cross*
trentaine: avoir la — *to be in one's 30s*
trésor *(m) treasure*
tricher à *to cheat*
triste *sad*
tristesse *(f) sadness*
tromper *to deceive; to cheat on;* **se —** *to be mistaken;* **se — de train** *to take the wrong train*
trompeur(-euse) *deceptive*
trottoir *(m) sidewalk*
trou *(m) hole*
troué(e) *with holes*
troupe *(f) cast*
trouvaille *(f) great find*
trouver *to find;* **se —** *to be located*
truc *(m) [fam] thing; trick*
tube *(m) [fam] hit (music)*
tuer *to kill*
tutoyer *to use* **«tu»**

U

une: la — des journaux *front page*
unique: sens — *one way*
université *(f) university*
urgence *(f) emergency*
usine *(f) factory*
utile *useful*
utilité *(f) usefulness*

V

vacances *(f pl) vacation;* **être en —** *to be on vacation;* **passer des — magnifiques/épouvantables** *to spend a magnificent/horrible vacation*
vachement *[fam] very*
vague *(f) wave*
vaisselle *(f) dishes;* **faire la —** *to wash the dishes*
valable *valid*
valoir (*pp* **valu**) *to be worth;* **— la peine** *to be worth the trouble;* **— mieux to be better**
vanter: se — *to boast, brag*
veau *(m) veal*
vedette *(f) star*
vendeur/vendeuse *(m, f) salesman/saleswoman*
vendre *to sell*
vendu(e) en solde *sold at a reduced price, on sale*
vénerie *(f) venery (hunting on horseback)*
venir *to come;* **— de + infinitif** *to have just*
vente *(f) sale*
vergogne: sans — *shameless; shamelessly*
vérifier *to verify, check*
véritable *real; genuine*
verre *(m) glass;* **en —** *made of glass;* **prendre un —** *[fam] to have a drink*
verrouiller *to lock*
verser *to pour; to pay a deposit or down payment*
version originale (v.o.) *in the original language*
vertu *(f) virtue*
verve *(f):* **plein de —** *racy*
veste (de sport) *(f) (sports) jacket*
vêtements *(m pl) clothing;* **ce (vêtement) lui va bien** *this (piece of clothing) looks good on her/him;* **changer de —** *to change clothes;* **— d'occasion** *secondhand clothes;* **enlever (un vêtement)** *to take off (a piece of clothing);* **essayer (un vêtement)** *to try on (a piece of clothing);* **mettre (un vêtement)** *to put on (a piece of clothing)*

vétérinaire *(m)* *veterinarian*
veuf/veuve *widower; widow*
veilleur(-euse) de nuit *night guard*
veuillez *please*
victoire *(f)* *win, victory*
vidéo-clip *(m)* *music video*
vie *(f)* *life;* **— de famille** *home life*
vieux (vieil)/vieille *old;* **les — de la vieille** *the oldest;* **mon —** *[fam] old man*
vigoureux(euse) *impressive*
villa *(f)* *summer or country house*
vingtaine: avoir la — *to be in one's 20s*
violent(e) *fierce*
violer *to violate*
visage *(m)* *face*
vis-à-vis *with regard to*
visite *(f)* *visit;* **rendre — à quelqu'un** *to visit (someone)*
visiter (un endroit) *to visit (a place)*
vitesse *(f)* *speed*
vitrerie *(f)* *glaziery*
vivant(e) *lively*
vivifiant(e) *invigorating*
vivifier *to invigorate*
vivre (*pp* vécu) *to live*
vœu (*pl* vœux) *(m)* *wish*
voir *to see;* **aller — quelqu'un** *to visit someone;* **avoir (beaucoup) à — avec** *to have (a lot) to do with*
voire *even*
voisin(e) *(m, f)* **(d'à côté)** *(next-door) neighbor*
voiture *(f)* *car;* **accident de —** *automobile accident*
vol *(m)* *flight; robbery;* **faire du — libre** *to go hang-gliding;* **— direct/avec escale** *direct flight/flight with a stopover*
voler *to steal;* **se faire —** *to be robbed*
volontaire *(m, f)* *volunteer*
volontiers *gladly, willingly*
volupté *(f)* *delight; pleasure*
voter *to vote*
vouloir (*pp* voulu) *to want;* **en — à quelqu'un** *to hold a grudge against someone*
voûte *(f)* *vault (cathedral);* **en —** *vaulted*
vouvoyer *to use* **«vous»**
voyage *(m)* **d'affaires** *business trip*
voyager *to travel*
voyant(e) *(m, f)* *fortune-teller, clairvoyant*
voyou *(m)* *[fam]* *hoodlum*
vue *(f)* *view*

X

xénophobie *(f)* *xenophobia (fear/ hatred of foreigners)*

Y

yaourt *(m)* *yogurt*
yeux *(m pl)* *eyes*

Z

zapping *(m)* *switching channels repeatedly* **(zapper)**
zip: lecteur zip *(m)* *zip drive*

Indice A

«EXPRESSIONS TYPIQUES POUR...»

Indice B

«MOTS ET EXPRESSIONS UTILES»

Indice C

«GRAMMAIRE»

Credits for design elements

Bistro in Paris; evilknevil/istockphoto.com
Generic Restaurant Menu; DNY59/istockphoto.com
Friends talking; track5/istockphoto.com
Pen; Floortje/istockphoto.com
Laptop isolated; CostinT/istockphoto.com
Gourmet food; jordan_rusev/istockphoto.com
Refreshment drink; prill/istockphoto.com
Young woman with hand to ear, close-up; PM Images/Stone/Getty Images
3d film winding away; MarsBars/istockphoto.com
The director; jgroup/istockphoto.com
Paper sheets; subjug/istockphoto.com
Hand holding an open notebook; Mitshu/istockphoto.com
Smiling young woman with glasses; billnoll/istockphoto.com